DUMONT *Kunst-Reiseführer*

Zur schnellen Orientierung – die wichtigsten Orte und Sehenswürdigkeiten an der Elbe:

(Auszug aus dem ausführlichen Ortsregister)

< In der vorderen Umschlagklappe: Karte des Elbverlaufs, südlicher Teil

In der hinteren Umschlagklappe: Karte des Elbverlaufs, nördlicher Teil >

Eberhard Czaya

Die Elbe

Vom Riesengebirge zur Nordsee:
Königgrätz, Dresden, Meißen, Wittenberg,
Dessau-Wörlitz, Magdeburg, Hamburg, Cuxhaven

Umschlagvorderseite: Tangermünde, Blick auf die Stadt mit Pfarrkirche St. Stephan
Umschlagklappe vorn: Hamburg, Blick von den Alsterarkaden auf das Rathaus
Umschlagklappe hinten: Wörlitz, Parkanlagen
Umschlagrückseite: Sächsische Schweiz, Basteifelsen über der Elbe
Frontispiz Seite 2: Litoměřice/Leitmeritz, Böhmen

Eberhard Czaya, geboren 1931 in Breslau, studierte Geographie in Jena und Berlin und promovierte 1967 zum Dr. rer. oec. Er war als Regieassistent beim Studio für populärwissenschaftliche Filme der DEFA und als Redakteur in der Abteilung Wissenschaft des Deutschen Fernsehfunks tätig. Als Wissenschaftler untersuchte er in einem Forschungsinstitut Wirtschaftsfragen der Entwicklungsländer. Neben Fachpublikationen und populären Sachbüchern veröffentlichte er die Bände ›Ströme der Erde‹, ›Zwischen Hudson und Mississippi‹ und ›Der Silberbergbau‹. Czaya lebt in Berlin und in Lutherstadt Wittenberg.

Die Deutsche Bibliothek – CIP-Einheitsaufnahme

Czaya, Eberhard:
Die Elbe: vom Riesengebirge zur Nordsee: Königgrätz,
Dresden, Meißen, Wittenberg, Dessau-Wörlitz, Magdeburg,
Hamburg, Cuxhaven / Eberhard Czaya. – Köln: DuMont, 1995
  (Kunst-Reiseführer)
  ISBN 3-7701-2945-8

© 1995 DUMONT Buchverlag, Köln
Alle Rechte vorbehalten
Satz, Druck und buchbinderische Verarbeitung: Boss-Druck, Kleve

Printed in Germany ISBN 3-7701-2945-8

Inhalt

Praktische Reiseinformationen

Stadtpläne: Cuxhaven S. 420, Děčín/Tetschen S. 79, Dessau S. 254, Dresden S. 120/121, Hamburg S. 384/385, Hradec Králové/Königgrätz S. 55, Litoměřice/Leitmeritz S. 72, Magdeburg S. 288, Meißen S. 146, Pirna S. 104, Stade S. 408, Stendal S. 318, Tangermünde S. 311, Torgau S. 201, Wittenberg S. 227

Kunstgeschichtliche und andere **Fachbegriffe,** die im Text erscheinen, werden auf den Seiten 427–431 erläutert.

Zum Geleit

Für die Tschechische Republik sowie für Mittel- und Norddeutschland ist die Elbe unbestritten *der* Hauptstrom. Generationen arbeiteten an ihr, um die von ihr für die Anwohner ausgehenden Gefahren durch Hochwasser und Eisgang einzudämmen und den Fluß besser nutzbar zu machen. Einige Nebenflüsse, namentlich Moldau, Saale und Havel, erweitern ihr *Schiffahrtsgebiet.* Ihr Anschluß an weitausgreifende Kanäle, insbesondere den Mittellandkanal, den Elbe-Seitenkanal, den Elbe-Havel-Kanal und den Oder-Spree-Kanal, vernetzt sie westwärts mit Weser, Ems und Rhein und ostwärts mit der Oder. Zusätzlich zu ihrer Mündung in die Nordsee verschaffen ihr der Elbe-Lübeck- und der Nord-Ostsee-Kanal Zugang zur Ostsee.

Was für die *wirtschaftliche Bedeutung* des Flusses besonders ins Gewicht fällt: Die Elbe dient Städten und Regionen als Wasserstraße, die zu den wirtschaftlich am meisten entwickelten Europas zählen. In ihrem Einzugsgebiet leben 25,2 Mio. Einwohner, davon 18,9 Mio. in der Bundesrepublik Deutschland (1991). Hier befinden sich zwei europäische Hauptstädte: Prag hat über die Moldau und Berlin über die Havel Zugang zu ihr.

Überdies rechnet die Elbe zu den Flüssen mit *großer historischer Vergangenheit.* Hier lagen wichtige Schauplätze für das Werden und Erstarken des Königreichs Böhmen und des deutschen Nationalstaates. Hier trafen gegensätzliche Interessen der feudalen Dynastien in blutigen Kriegen aufeinander. – Und auch das kennzeichnet die Städte und Landschaften an der Elbe: ihre großartigen Beiträge zur *Kunst und Kultur* von der Romanik bis zur Moderne.

Schließlich: Welcher andere mitteleuropäische Fluß ist die Leitlinie so vieler *Schutzgebiete* von hoher und allerhöchster Wertigkeit! An ihr reihen sich ein UNESCO-Biosphärenreservat (bei Dessau; zum Teil unter Totalschutz gestellt), mehrere Nationalparks (Riesengebirge, Elbsandsteingebirge, Hamburgisches Wattenmeer) und Naturparks (Dübener Heide, Elbufer-Drawehn, Harburger Berge) sowie zahlreiche andere Natur- und Landschaftsschutzgebiete.

Einmalig in Europa sind die *Auen der Tieflandelbe.* Während die Auen der meisten Flüsse Mitteleuropas durch unbedachte Flußregulierungen und Meliorationen – mit katastrophalen ökologischen Folgen – vernichtet worden sind, haben weite Bereiche der Elbaue – trotz der bereits vorgenommenen Regulierungen – noch immer einen naturnahen Zustand bewahrt. Hier gibt es die größten und artenreichsten Auenwälder Europas (neben denen der Save). Sie bieten einen einmaligen Lebensraum für eine große Anzahl vom Aussterben bedrohter und bestandsbedrohter Tier- und Pflanzenarten. Noch hat sich der Elbebiber in Restbeständen erhalten; noch brütet der beliebteste der einheimischen Vögel, der Weißstorch, in verhältnismäßig großer Zahl. Als Rast-, Ruhe- und Durchzugsgebiet besitzen die Elbe und ihre Flußauen für viele Vogelarten überregionale Bedeutung. Im Jahre 1991 bestanden in den Elbauen der Tschechischen Republik 36 und in Deutschland 135 Schutzgebiete.

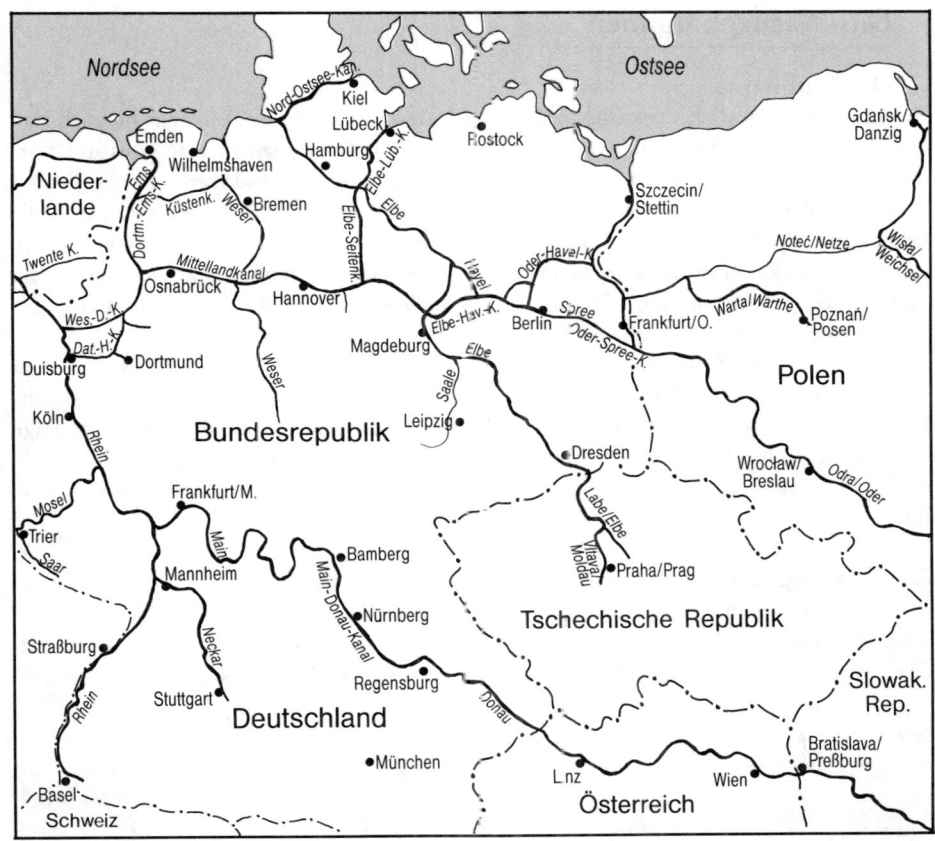

Wichtige mitteleuropäische Wasserstraßen

Einen Proteststurm der Naturfreunde löste das nach Herstellung der deutschen Einheit wiederaufgegriffene Vorkriegsprojekt aus, demzufolge die Elbe durch den Bau von Staustufen ab Magdeburg aufwärts kanalisert werden sollte. Es ist inzwischen aus finanziellen und ökologischen Gründen wieder fallengelassen worden. Fachkreise erkennen heute, daß es genauso verkehrt wäre, an der Elbe nichts zu tun (z. B. gegen die Tieferverlegung des Flußbettes, wodurch die Auenwälder im Wasserhaushalt geschädigt werden) wie etwas Falsches zu machen.

Das Naturphänomen

☐ Der Flußname

Er entstand vermutlich schon, bevor sich die Einzelsprachen Mitteleuropas herausbildeten. Dem heute gebräuchlichen deutschen Wort *Elbe* ging das germanische Wort *Albi* voraus, auch Albis (937) und Albia (965). In diesem Wort steckt die indogermanische Wurzel albh-, von der lat. albus = weiß und griechisch alphos = weißlich abgeleitet wurden. Die Eigenschaft Weiß oder Leuchtend wurde also zum namengebenden Charakteristikum, auch wenn sie kaum als tatsächliche Flußfarbe in Erscheinung tritt. Um die Mitte des 8. Jh. bedingte das ›i‹ der zweiten Silbe eine Lautverschiebung zu *Elbi*. Im 11. Jh. wurde das auslautende ›i‹ zum ›e‹ geschwächt.

Ausgehend von derselben indogermanischen Wurzel albh- gaben die Slawen diesem Fluß den Namen *Labe*. Ein vor der deutschen Ostkolonisation an der unteren Elbe wohnender Slawenstamm nannte sich Polaben: ›Leute an der Elbe‹. – Da sich auch heutzutage mit den Deutschen und den Tschechen je ein germanisch- und ein slawischsprachiges Volk in den Fluß teilen, gibt es zwei amtliche Bezeichnungen – die Deutschen nennen ihn Elbe, die Tschechen Labe.

☐ Ursprung, Länge, Mündung

Vom Gesamtverlauf der Elbe (1091 km) befinden sich etwa ein Drittel (370 km) in der Tschechischen Republik und zwei Drittel (727 km) in der Bundesrepublik Deutschland. Die Elbe entspringt in etwa 1390 m ü. M. im tschechischen Riesengebirge, das sie in süd-

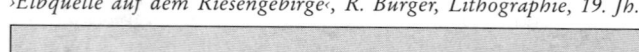

›Elbquelle auf dem Riesengebirge‹, R. Bürger, Lithographie, 19. Jh.

10

Die größten Flüsse Deutschlands

Fluß	Rang-folge*	Land an der Mündung	Einzugsgebiet gesamt km²	Lauflänge gesamt km	mittl. jährl. Abfluß m³/s	Lauflänge in Deutschland
Donau	2	Rumänien/Ukraine	817 000	2858	6450	647
Rhein	8	Niederlande	185 300	1320	2400	865**
Elbe	**10**	**BRD**	**148 268**	**1091**	**877**	**727***
Oder	12	Polen	119 000	912	580	162

   * Platz unter den größten Flüssen Europas, gemessen an den angeführten hydrographi-
    schen Kriterien
  ** Rheinbrücke in Konstanz bis niederländische Grenze
 *** Bis Cuxhaven-Kugelbake (Seegrenze)
Quellen: Statistisches Bundesamt, Wiesbaden. – Institut für angewandte Geodäsie, Frank-
furt/M. – Das Rheingebiet, KHR, 1977. – Simon, 1963; u. a.

östlicher Richtung verläßt. In Böhmen beschreibt sie einen erheblichen Umweg. In Ostböhmen tritt sie in das Gebiet der böhmischen Kreidetafel ein. Ab Pardubitz wendet sie
sich nach Westen und ab Kolín nach Nordwesten, wahrscheinlich einer in geologisch sehr
alten Zeiten tektonisch angelegten Lauflinie folgend. Nach einem Abschnitt ziemlich
flacher Randlandschaften und ruhigen Laufs durchbricht sie zunächst das basaltische
Mittelgebirge Nordböhmens und dann das Elbsandsteingebirge. Zwischen Dresden und
Meißen setzt sie ihren Lauf in der Elbtalwanne fort. Bei Meißen hat sich der Fluß abermals mit einem Durchbruch Bahn verschafft. Bei Riesa tritt die Elbe in das Norddeutsche
Tiefland ein, dem etwa die Hälfte des ganzen Flußgebiets zugehört. Bei Geesthacht erreicht sie ihren Mündungslauf, in dem bereits die Gezeiten einwirken. Bei Cuxhaven mündet sie in die Nordsee.

☐ Gefälle
Es zeigt eine weithin typische Abfolge. Einer Versteilung im Oberlauf folgt eine Abfla-
chung im Mittel- und Unterlauf. In den ersten 23 km seines Laufs von der Quelle bis
Vrchlabí/Hohenelbe beträgt das Gefälle 920 m. In den anschließenden 225 km bis zur
Moldaumündung fällt der Fluß um weitere 315 m auf 155 m ü. M. und in den folgenden
109 km bis zur tschechisch-deutschen Grenze noch einmal um 199 m auf 116 m ü. M. Nach
etwa 623 km Lauf innerhalb Deutschlands bis Hamburg (St. Pauli-Landungsbrücken)
befindet er sich voll im Tidenbereich.
   In Böhmen und Sachsen weicht das Gefälle auf einzelnen Elbstrecken noch ziemlich
bedeutend von einer ausgeglichenen Gefällskurve ab. Weiter stromab ist es im wesentlichen
ausgeglichen. Eine Ausnahme besteht bei Magdeburg, wo mehrere Felsriegel ein kurzes
Stück stärkeren Gefälles verursachen.

☐ Nebenflüsse und Einzugsgebiet

Der bedeutendste Nebenfluß in Böhmen ist die *Moldau*, tschechisch *Vltava;* sie ist im Vergleich zur Elbe bis Moldaumündung länger, wasserreicher und auf ein größeres Einzugsgebiet gestützt und nährt sich von solchen Nebenflüssen zweiter Ordnung wie der aus dem Mährischen Hügelland kommenden Sázava und der im Böhmerwald entspringenden Berounka/Beraun. Noch in Böhmen fließen der Elbe weitere böhmische Quellflüsse direkt zu: aus verschiedenen Gebirgen der Sudeten insbesondere *Orlice/Adler, Jizera/Iser, Ohře/Eger* und *Ploučnice/Poltzen* sowie vom Mährischen Hügelland die *Chrudimka.*

Die wichtigsten Nebenflüsse in Deutschland sind die Mulde mit *Zwickauer* und *Freiberger Mulde,* die *Saale* mit *Ilm, Unstrut, Weißer Elster* und *Bode,* die *Ohre* und die *Ilmenau* (links); die *Schwarze Elster,* die *Havel* mit *Spree* und die *Elde* (rechts). Ihre Ursprungslandschaften sind das Elstergebirge, das Vogtland und das sächsische Erzgebirge (Mulde), das Fichtelgebirge, der Frankenwald, der Thüringer Wald und der Harz (Saale), der Drömling (Ohre), die Lüneburger Heide (Ilmenau), die Lausitz und ihr Bergland (Schwarze Elster, Spree) sowie die Mecklenburgische Seenplatte (Havel, Elde).

Das Einzugsgebiet der Elbe endet an Wasserscheiden, die an den abgewandten Seiten zu den Flußsystemen von Oder, Donau, Rhein und Weser sowie zu solchen kleineren Flüssen wie Warnow und Peene abfallen.

Das Niederschlagsgebiet der Elbe beträgt 148 268 km², wovon 65,4% auf Deutschland entfallen (alte Bundesländer 12,0%, neue Bundesländer 53,4%). Die Tschechische Republik hat einen Anteil von 33,2%.

☐ Wasserführung

Im Vergleich zum Rhein ist das Elbegebiet erheblich trockener. Die Elbe weist nur 33% des Abflusses auf, und dieser stammt aus einem lediglich um 17% kleineren Niederschlagsgebiet. Der Rhein verfügt über eine 2,5fach höhere Abflußspende (Abfluß pro Fläche). Sein Wasserreichtum rührt vor allem aus den Alpen her – er empfängt 47% seines Wassers oberhalb von Basel. Die Elbe verfügt hingegen über kein zum stärkeren Abregnen anregendes Hochgebirge. Ihr östlicheres Einzugsgebiet liegt schon kontinentalen Einflüssen ausgesetzt. Lediglich in ihren unteren Bereichen ist die Elbe stärker den regenspendenden atlantischen Tiefausläufern zugänglich, so daß sie hier, anders als der Rhein, noch erhebliche Zuflüsse erhält.

Einzugsgebiet der Elbe und größte zusammenhängende Schutzgebiete entlang der Elbe   1 Nationalpark Riesengebirge   2 LSG Böhmisches Mittelgebirge   3 Nationalpark und LSG Elbsandsteingebirge   4 Nationalpark und LSG Sächsische Schweiz   5 LSG Radebeul mit dem anliegenden LSG linkselbische Täler zwischen Dresden und Meißen sowie LSG Nassau und Elbwiesen bei Brockwitz   6 LSG Elbtal nördlich von Meißen   7 LSG Mittlere Elbe mit UNESCO-Biosphärenreservat Mittlere Elbe   8 LSG Zuwachs-Kützauer Forst   9 LSG Untere Havel   10 LSG Naturpark Elbetal/Naturreservat Elbtalaue   11 LSG Elbhöhen-Drawehn   12 LSG Hohes Elbufer   13 LSG Kreis Pinneberg mit anliegendem LSG Kolmarer Marsch ▷

Normalhin führt die Elbe in ihrem Mittellauf 300–500 m³/s und an ihrer Mündung etwa 750 m³/s Wasser (mittlere Abflußmenge). Das Abflußregime, die jahreszeitliche Verteilung des Abflusses, ist jedoch ein völlig anderes als beim Rhein. Dessen Wasserführung ist relativ stabil. Das Maximum wird im März, April zur Schneeschmelze erreicht. Im niederschlags-ärmeren Sommer wirken die abtauenden Gletscher wie auch die in den Rhein eingeschalte-ten Seen ausgleichend. Die Schwankungsbreite zwischen den im Januar, Februar und im

Herbst eintretenden Hochwasserabflußmitteln ist mit dem Faktor 1,6 relativ geringfügig. Im Vergleich dazu hat die Elbe eine sehr ungleichmäßige, ungünstige Wasserführung. Es gibt zwar jahreszeitlich bedingte Regeln. Normal ist Hochwasser als Folge der Schneeschmelze und Niedrigwasser im Sommer. Die Elbe weist jedoch einige Besonderheiten gegenüber anderen Flüssen Europas auf. Für Überraschungen sorgt insbesondere der Umstand, daß sie auf einer relativ kurzen Strecke zwei durch ein Gebirge getrennte Wettergebiete durchfließt. In Böhmen bestehen häufig ganz andere Witterungsverhältnisse als nördlich der Mittelgebirge und im Norddeutschen Tiefland. So kann es plötzlich zu Extremen der Wasserführung kommen.

Die zur Mitte des vorigen Jahrhunderts begonnene Kanalisierung des Flußlaufs wirkte bereits auf den Abflußgang ausgleichend, und einige in diesem Jahrhundert angelegte Staubecken haben die Ungleichmäßigkeiten weiter gemildert. Alle diese Vorkehrungen vermögen jedoch auch heutzutage Extreme in den Abflußmengen nicht völlig zu beseitigen.

Hochwasser: In dem engeren Tal des Oberlaufs erreichen Hochwasserstände besonders hohe Werte. 1813 stieg zum Beispiel in Ústí/Außig und Děčín/Tetschen der Wasserspiegel um 10,35 m. Im Tiefland der mittleren Elbe kann sich das Hochwasser über die flache Talaue ausbreiten. Dennoch kommt es auch hier zu sehr beachtlichen Hochwasserständen. Zum Beispiel wurden am 5. 2. 1862 am Pegel in Lutherstadt Wittenberg 6,28 m gemessen.

Eine kritische Periode ist der Aufbruch des Eises und der dadurch ausgelöste Eisgang, der zeitlich mit der Schneeschmelze zusammenfällt. Wenn die Eisschollen, wie in Flußengen (Meißen) oder an Brückenpfeilern, nicht genügend abdriften können und sich zu stauenden Dämmen türmen, kann es zu besonders gefährlich werdendem Stauhochwasser kommen. Solche Hochwasserextreme wirkten sich früher, besonders wenn sie unvermittelt und ohne Warnung eintraten, katastrophal auf die am Fluß wohnenden Menschen und die Schiffahrt aus.

Niedrigwasser: In außergewöhnlichen Fällen sinkt die Wasserführung auf ein Fünftel des normalen Niedrigwassers. Die niedrigste Wassermenge aller Zeiten wurde am 28. 1. 1909 in Děčín/Tetschen mit 34 m³/s gemessen. Auch an der mittleren Elbe gab es Jahre, in denen die Pegellatten völlig im Trockenen lagen. – Unter zu niedrigen Wasserständen leidet vor allem die Schiffahrt. Vor dem Bau der Stauwerke im Oberlauf kam sie wiederholt monatelang zum Ruhen. Im Jahre 1904 war sie von Mitte Juli bis Mitte Oktober völlig geschlossen, und erst Mitte November trat wieder eine Normalisierung ein. Noch schlimmer war die Lage 1911. Da der Gütertransport auf die Bahn auswich, wurden viele Schiffer arbeitslos.

An besondere Notzeiten infolge extremen Niedrigwassers erinnern zeitweise trockenfallende Felsen am Uferrand, auf denen sich die eingemeißelte Inschrift findet: »Wenn du mich siehst, dann weine!« Im Volk heißen diese Felsen ›Hungersteine‹. – Auch in unserer Zeit kehren extreme Niedrigwasser wieder. Im Trockenjahr 1992 betrug die Tauchtiefe bei Torgau im Extrem nur noch 60 cm, während die Elbeschiffe einen Tiefgang von 1,80 m haben. Zum Glück für die Schiffahrt haben solche Niedrigwasser-Perioden in der jüngeren Vergangenheit nicht mehr so lange wie früher gedauert.

☐ Chemische Zusammensetzung des Elbewassers

Auch hierin unterscheiden sich Elbe und Rhein, und zwar von Natur aus wie auch durch anthropogene Umweltbelastungen und den Stand der Bemühungen, das Flußwasser rein-zuhalten und zu klären. Hinsichtlich der absoluten Werte trägt der Rhein größere Mengen an Nährstoffen und Schwermetallen mit sich. Aber relativ ist die Elbe chemisch stärker belastet, da sie nur ein Drittel der Wassermenge des Rheins aufweist. Unter den mitgeführ-ten Nährstoffen befinden sich solche, die in zu großer Konzentration das biologische Gleichgewicht zerstören: gelöster organischer Kohlenstoff, Stickstoff (Nitrat) und Phos-phor. – Während die in den Oberlauf des Rheins eingeschalteten Seen als Senken für den Kohlenstofftransport wirken, führt schon die böhmische Elbe 6 bis 7 mg/l Kohlenstoff, der vermutlich aus Mooren und gelöstem Humus stammt. Bis Hamburg steigt dieser Wert auf 10 mg/l, worin auch der Kohlenstoff aus Abwässern enthalten ist. Im Rhein ist es hingegen gelungen, den Kohlenstoffanteil durch den Ausbau der Kläranlagen auf 3 bis 5 mg/l zu senken. Bei Nitrat steigen in beiden Flüssen die Konzentrationen. Bei Phosphor ist nach den Reduktionen im Rhein die Belastung in beiden Flüssen gleich hoch.

Der andere Komplex setzt sich aus mitgeführten Metallen zusammen. Einige, wie Eisen, Aluminium, Mangan, Titan oder auch Scandium, sind natürliche Verwitterungsprodukte und werden in Verbindungen bewegt, die für Lebewesen ungefährlich sind. Die wirkliche Bedrohung geht von den in scheinbar nur kleinen Mengen vorkommenden Schwermetal-len wie Zink, Arsen, Nickel, Blei, Cadmium und Quecksilber aus. Ihr Vorkommen in der Elbe ist teilweise sogar in absoluten Werten höher als im Rhein (Cadmium, Quecksilber), ansonsten grundsätzlich im Verhältnis zur abfließenden Wassermenge. Diese Relativierung führt zu dem Ergebnis, daß die Elbe weitaus stärker als der Rhein chemisch belastet, ja in dieser Hinsicht der am stärksten belastete größere Fluß Europas ist. Während es am Rhein gelungen ist, einige Werte durch strenger gehandhabte Wasserschutz-Vorkehrungen zum Besseren zu kehren, leidet die Elbe noch unter den Altlasten einer ungenügenden Wasser-reinhaltung der ehemaligen ČSSR und DDR. Der seit der Wiedervereinigung teilweise festzustellende Rückgang der chemischen Belastung der Elbe ist weniger das Ergebnis von Umweltpolitik als des Rückgangs der Industrie- und Agrarproduktion in den neuen Bun-desländern.

Erdgeschichte und Landschaftsgliederung

☐ Die obere Elbe in Böhmen und Sachsen

Auf ihrem Lauf durchquert die Elbe Landschaften, deren geologische Beschaffenheit fast die gesamte Erdgeschichte widerspiegeln. Je weiter sie nach Norden gelangt, desto jünger ist die Entstehungszeit des Untergrunds, seiner Gesteine und Lockermassen. Die beiden

Hauptquellflüsse, Elbe und Moldau, entspringen der **Böhmischen Masse,** die Elbe den Graniten des Riesengebirges, die Moldau den Gneisen des Böhmerwaldes. Beide erreichen die tektonische Mulde bei Prag, wo sich namentlich die Moldau in geologisch sehr alte – verfaltete, umkristallisierte und magmatisch durchdrungene – Sedimente eingeschnitten hat. Beide Quellflüsse begeben sich in den Bereich der Böhmischen Kreidetafel, deren Ablagerungen sich im Elbsandsteingebirge fortsetzen. Sie bildeten sich im Mittelalter der Erdgeschichte, im Cenoman, einer Periode der Kreidezeit, als sich über Böhmen ein Flachmeer ausbreitete. Die Elbe erreicht diese Schichten vor Königgrätz, die Moldau bald nach Prag.

Der erdgeschichtlich wichtigste Vorgang bei der Herausbildung des Elbelaufs in Böhmen waren die Ereignisse während der alpiden Faltung. Die starre Böhmische Masse, über die sich die jüngeren Ablagerungen gelegt hatten, zerbrach in Blöcke; im Norden hoben sich das Erzgebirge und das Riesengebirge als Hochschollen heraus. Doch dieses Hindernis im Norden war weniger gravierend als die Heraushebung der Alpen und der Karpaten im Süden, die keinen anderen Abflußweg als den nach Norden ließ. Der Fluß vollbrachte eine grandiose Leistung, als er die ihm im Norden entgegenstehende Mittelgebirgsschwelle durchbrach.

Der Elbedurchbruch – oder besser: die Serie von Durchbrüchen – wurde durch das Vorhandensein einer geologisch sehr alten tektonischen Strukturlinie begünstigt, die als *Elbtalzone* oder *Elbe-Lineament* bezeichnet wird. Sie schiebt sich zwischen das Erzgebirge im Südwesten und das Lausitzer Granitmassiv im Nordosten und war für die Heraus-

Elbsandsteingebirge: Die Elbe von der Bastei gesehen

bildung der Laufrichtung der Elbe von allergrößter Wichtigkeit. Auf dieser Linie passiert die Elbe im Übergang von Nordböhmen in das sächsische Tiefland eine relativ schnell wechselnde Abfolge verschiedenartiger Mittelgebirgslandschaften mit jeweils eigenen Reizen: das Elbsandsteingebirge, die Elbtalwanne bei Dresden und das Elbtal bei Meißen.

Beim Elbsandsteingebirge und bei der Elbtalwanne handelt es sich um ein schon in variszischer Zeit (Paläozoikum) angelegtes Senkungsgebiet. Während die benachbarten Hochschollen angehoben wurden, verblieb das Zwischengebiet in der Lage einer Tiefscholle, über die der Auslaß der Elbe nach Norden erfolgen konnte. In diesem Bereich befand sich zur Kreidezeit eine nach Norden ausgreifende Bucht, in der sich mächtige Sedimente zunächst festländischer und dann maritimer Entstehung ablagerten. Als Liefergebiet für diese Sedimente gelten das Lausitzer Granitmassiv und andere Hochgebiete der nordöstlichen Umrahmung der Böhmischen Masse. Auf diese Weise entstand vor allem die mächtige Sandsteintafel des Elbsandsteingebirges. Von Südosten kommend fand hier die Elbe nach dem Rückzug des Kreidemeeres eine Sandsteinhochebene von etwa 400 m heutiger Meereshöhe vor. In dieses Sandsteinpaket schnitt sich der Fluß schrittweise cañonartig steil und tief ein: Aus einer ebenen Fläche modellierte er das **Elbsandsteingebirge** heraus.

Nachdem die Elbe dieses Gebirge passiert hat, erreicht sie zwischen Pirna und Meißen die **Elbtalwanne.** Hier klang die zur Kreidezeit von Süden vorgreifende Bucht aus. Dieser Randlage entsprechend nimmt die Schichtmächtigkeit von Süden nach Norden ab. Dem bei Pirna endenden großbankigen Sandstein schließen sich in der Elbtalwanne kalkigtonige Sedimente (Pläner) an, die allerdings zumeist von jüngeren Ablagerungen überdeckt sind. Bei **Meißen** schließlich trifft die Elbe auf das karbonische Syenodiorit- und Granitpluton. Mit ihm durchbricht die Elbe das letzte Hindernis, bevor sie das Tiefland erreicht. Die Elbtalwanne selbst und der Meißner Durchbruch sind erst nach dem Tertiär entstanden, d. h. geologisch recht jung.

☐ Die Elbe im Tiefland

Im Übergangssaum des **Sächsischen Hügellandes** verzahnen sich die Ausläufer zweier landschaftlicher Großräume: des Mittelgebirges mit Gesteinen älterer Entstehungszeit und das Tiefland mit den dafür typischen jüngeren Überschüttungen. Nachdem ihn die Elbe durchquert hat, erreicht sie oberhalb von Mühlberg das **Tiefland.** Es beginnt ihr Mittellauf, das Tal der **mittleren Elbe,** das sich in zwei Abschnitte gliedert. Von Mühlberg bis Hohenwarthe (dicht unterhalb von Magdeburg) reicht der mitteldeutsche, von Hohenwarthe bis Lauenburg-Geesthacht der norddeutsche Teil. Beide Abschnitte haben ihre Besonderheiten. Mit der Gezeitenwirkung beginnt die **untere Elbe.**

Im **Tiefland** überwiegen die **Überschüttungen** des Tertiär und des Quartär. Zu ihrem Aufbau trugen ebenso das Inlandeis mit seinen Geschieben (Grund- und Endmoränen, Sander; periglaziale Ablagerungen des Windes) wie auch die Elbe mit ihren Ablagerungen maßgeblich bei. Auch die Elbsedimente sind weitflächig anzutreffen, da der Fluß wiederholt großräumig sein Bett verlagerte, besonders wenn er durch äußere Ereignisse, wie den Vorstoß des pleistozänen Inlandeises, dazu gezwungen worden war. Unter den relativ

Die Elbe im Tiefland:
Landschaft bei
Lüchow-Dannenberg

jungen Sedimenten setzt sich wahrscheinlich das Elbe-Lineament im kontinentalen Untergrund nach Nordosten fort, wodurch vermutlich der generelle Verlauf der Elbe nach
Nordwesten herbeigeführt worden ist.

Festgestein reicht fortan nur noch in Form von Inseln bis zur Erdoberfläche. Im Tal der
Elbe und in den Unterläufen ihrer Nebenflüsse sind das vor allem: das Porphyrmassiv, auf
dem Torgau errichtet ist, das Porphyrvorkommen von Möhlau im Kreis Gräfenhainichen,
die Porphyrkuppen des Muldensteiner Berges, des Petersberges und des Landsberges
sowie die Porphyrhöhen im Stadtbereich von Halle/Saale, auf denen der Zoo und die
Burg Giebichenstein angelegt sind. In der Gegend von Magdeburg stellt die Flechtingen-
Roßlauer Scholle mit ihren paläozoischen Gesteinen das nördlichste Grundgebirge in Mitteleuropa dar, das durch die saxonische Gebirgsbildung emporgepreßt worden ist. Die
zugehörigen Grauwackevorkommen treten aber nur im Flechtinger Höhenzug (linkselbisch) und bei Gommern (rechtselbisch) zutage, während sie sich im Verbindungsstück
bei Magdeburg in größere Tiefe absenken. Über einer geologischen Mulde haben sich dort
jedoch jüngere Sedimentgesteine erhalten, die den Magdeburger Domfelsen und die Riffe
im angrenzenden Elbebett bilden (s. d.).

Jedenfalls sind Laufrichtung, Tal und Randlandschaften der Tieflandelbe durch nichts
stärker geprägt worden als durch die Vorstöße der bis 1000 m mächtigen Inlandeismassen
aus Skandinavien während der pleistozänen Kaltzeiten. Die Landschaft liegt nur noch wel-
lig oder abgeflacht ausgebreitet da. Aber sie ist alles andere als einförmig. Der Wechsel
erfolgt auf oft engem Raum. Ebenes Land wird von Hügeln und Höhenrücken abgelöst. Es
bestehen erstaunliche Unterschiede hinsichtlich des Wasserhaushalts, der Böden, der

natürlichen Vegetation wie auch der land- und forstwirtschaftlichen Nutzung. Trockene Sandflächen wechseln mit Bruchland, Sümpfen und Mooren, wenig abwechslungsreiche, dürre Kiefernforste mit kraftvollen Buchen- und Laubmischwäldern. Offenkundig wenig ertragreichen Landstrichen folgen saftige Wiesen und Weiden und Ackerland der allerbesten Güte. Auch wenn sich die Schönheiten im Vergleich zum Mittelgebirge und speziell den Durchbruchsabschnitten verhaltener zeigen, so ist das Tiefland in seinen wechselnden Stimmungsgehalten beeindruckend, anregend und erholsam. Teilweise sind es Landschaften von Einmaligkeit, die viele Kostbarkeiten der Natur in sich bergen und daher im Natur- und Landschaftsschutz an oberster Stelle rangieren.

Ur- und Frühgeschichte

Schon in prähistorischen Zeiten war die Elbe eine herausragende Leitlinie. Sie erlebte das Auf und Ab zahlreicher Völker und Kulturen, deren Spuren nur noch durch archäologische Ausgrabungen auffindbar sind. – Der Elbraum war bereits in der **mittleren Altsteinzeit,** zwischen den beiden letzten pleistozänen Kaltzeiten, von Menschen bewohnt. In der Elbaue stammen die ältesten Funde von Menschen, die vermutlich noch vor der Gruppe der Neandertaler lebten. Aus den Kiesgruben bei Magdeburg barg man in 10–11 m Tiefe Faustkeile und andere Feuersteingeräte zusammen mit Knochen von Mammut, Wollhaarnashorn und Riesenhirsch, die vom Beginn der Saalekaltzeit stammen dürften und somit rund 200 000 bis 250 000 Jahre alt sind.

Der erneute Vorstoß des Inlandeises während der Saalekaltzeit machte jegliches menschliches Leben unmöglich. Am **Ende des Eiszeitalters** sind dann für die Gebiete an der mittleren und unteren Elbe arktische Jäger, für die obere Elbe Berglandjäger nachgewiesen. Während der Mittelsteinzeit (etwa 8000–4000 v. Chr.) setzte allmählich seßhafteres Leben ein.

□ Übergang zu Bodenbau und Viehzucht

Aus dem Donauraum einwandernde Stämme brachten die sog. **donauländische Kultur** – die Kenntnis von Ackerbau, Viehzucht und Töpferei – vor reichlich 6000 Jahren, am Beginn der **Jungsteinzeit** (4000–1700 v. Chr.), in den Elbraum. Voraussetzungen für diese Wirtschaftsweise, die auch zur Seßhaftigkeit hinleitete, waren das Vorhandensein von Gebieten mit ausgesprochener Klimagunst sowie von Böden, die mit den ältesten, primitivsten **Ackerbau**werkzeugen (auch ohne Pflug) bearbeitbar und teilweise sogar waldfrei waren. Diese Bedingungen fielen – speziell im sächsischen Lößhügelland und in der Magdeburger Börde – zusammen. Zeugen liefern diese Elbgebiete in Form von Knochen-, Horn- und Holzgeräten, Steinhacken und Tongefäßen *(Bandkeramik)*. Am Ohretal scheint die donauländische Kultur ihr nördlichstes Vorkommen gehabt zu haben.

Die Sippen der nördlicheren und östlichen Elbgebiete blieben zunächst noch auf der mittelsteinzeitlichen Stufe der Sammler, Jäger und Fischer. Doch vor etwa 4500 Jahren übernahmen auch die bislang zurückgebliebeneren östlichen Teile der mittleren Elblande die bäuerliche Wirtschaftsweise. Die typische Gefäßform der Menschen dieser Kultur waren Trichterbecher. – Die untere Elbe und die Altmark lagen wiederum im Verbreitungsgebiet der von den nördlichen Küstengebieten übergreifenden *Megalithkultur* mit Großstein- oder Hünengräbern (4./3. Jt. v. Chr.).

Am Ende der Jungsteinzeit, vor fast 4000 Jahren, kam es bei dem damals herrschenden trockneren kontinental-gemäßigten Klima zumindest zeitweise zu einer Betonung der **Viehzucht** und in diesem Zusammenhang zu einer Belebung des Tierkults (Funde verzierter ›Widderhörner‹). Es wurden vornehmlich zur Weidewirtschaft geeignete Landstriche jenseits der fruchtbaren Böden aufgesucht. Die Bewohner der Lößgebiete, besonders der Börde, zogen es vor, ihre Siedlungen direkt in das Elbtal zu verlegen, weil sie hier günstigere Lebensbedingungen vorfanden. – Im Verlauf dieser Entwicklung wechselte die Geschlechterrolle. Während bei den Bandkeramikern allgemein das Mutterrecht herrschte (Funde von Frauenidolen), wird für die Trichterbecherleute vermutet, daß sich bei ihnen mit der Bevorzugung der vorwiegend vom Mann betriebenen Viehzucht das Vaterrecht durchsetzte.

Am Ende der Jungsteinzeit lagen die Saale und der mittlere Elblauf nördlich von Wittenberg im Verbreitungsgebiet der *schnurkeramischen Streitaxtkulturen* (3./2. Jt. v. Chr.). Die Schönfelder (genannt nach einem Ort in der Altmark), die hauptsächlich auf Dünen in der Nähe von Gewässern siedelten und sich vorwiegend von Jagd und Fischfang ernährten, waren die ersten, die ihre Toten ausschließlich verbrannten und dann die übriggebliebenen Knochenreste in Tongefäßen bestatteten.

☐ Älteste Bronzezeit

Der erstmalige Gebrauch von **Bronze,** aus dem Südosten auf dem Elbe-Saale-Weg verbreitet, ist für deutsche Elbgebiete um 1800 v. Chr. nachgewiesen. Träger dieser Kultur waren wahrscheinlich illyrische Stämme, die entlang des Elblaufs bis zur Ohre siedelten. Das Metall gab den gesellschaftlichen Verhältnissen starke Impulse. Der Fernhandel lebte in dieser Zeit auf, denn in vielen Gebieten der bronzezeitlichen Kultur fehlte das erforderliche Erz. Außer Metall tauschte man Bernstein und Salz. Die Toten begrub man in Hügelgräbern und großen Pfostenhallen-Totenhäusern (Skelettgräber), die reiche Funde bergen.

In Norddeutschland, d. h. an der unteren Elbe und an der mittleren Elbe aufwärts bis etwa Magdeburg, blieb die auf steinzeitlichen Verhältnissen beruhende nordische Kultur mit ihren Megalithgräbern länger beheimatet. Aber der Fernhandel erreichte auch die Küstengebiete, so daß sich die Metalltechnik allmählich auch in Norddeutschland durchsetzte.

☐ Lausitzer Kultur

Um 1400 v. Chr. verbreitete sich vom Oderraum her die von den Illyrern getragene Lausitzer Kultur bis in den Raum von Wittenberg. Die Totenbestattung erfolgte in Urnen und großen Flach- und Hügelgräberfeldern. Diese Periode ist vor allem für ihre vorzüglichen keramischen Erzeugnisse bekannt. Bei den ausgegrabenen Siedlungen wurden ganze Werkstätten freigelegt. Die Illyrer bauten Schutzburgen und befestigten Zentralorte, in denen sich Handel, Handwerk und Anfänge einer Art Verwaltung der Stammeseinheiten konzentrierten. Die bekanntesten illyrischen Elbeburgen finden sich zwischen Meißen und Riesa, angelegt wahrscheinlich zum Schutz gegen die von Norden eindringenden Völkerschaften.

Da das Klima wieder kühler und feuchter geworden war, erfolgte am Ende der Bronze- und der beginnenden Eisenzeit eine stärkere (Wieder-)Besiedlung der Lößgebiete, in denen eine Bevölkerungsdichte entstand, wie sie in vorgeschichtlicher Zeit und später bis zum Mittelalter kaum jemals wieder erreicht wurde. Die stärkste Konzentration im Elbtal bestand an Flußübergängen.

Die Lausitzer Kultur stand noch in voller Blüte, als vom 8. Jh. v. Chr. an **Eisen** die Bronze als Werkstoff zu ersetzen begann. Da sich Eisen auch im Elbgebiet gewinnen ließ, konnten die kostspieligen Kupfer- und Zinn-Importe eingeschränkt werden. Die Abwanderung der Illyrer begann um 800 v. Chr. An der Elbe, in einem schmalen Streifen am Übergang vom Mittelgebirge zum Tiefland, erhielt sich die Lausitzer Kultur jedoch bis weit über die Mitte des 1. Jh. v. Chr., durch das Vordringen der Germanen allerdings schon eingeengt.

☐ Kelten und Germanen

Seit dem 6. Jh. v. Chr. eroberten die Kelten das spätere Böhmen mit dem dort gelegenen Elblauf, und zwischen 600 und 400 v. Chr. begannen sich germanische Gruppen von Jütland über Niedersachsen und Mecklenburg bis in die Altmark auszudehnen. Nach und nach erreichten sie die mitteldeutsche und obersächsische Elbe – daher der Name **Elbgermanen.** Aus Norddeutschland trafen zuerst die **Sueben** ein, die aber noch vor der Zeitwende nach Südwesten abzogen. Nach ihnen erschienen in den ersten nachchristlichen Jahrhunderten die **Langobarden** in der Altmark, die **Semnonen** im Elbe-Havel-Winkel und die **Hermunduren** südlich daran anschließend. Sie siedelten bevorzugt in Wassernähe, wo sie ihre kleinen Wohnhäuser in Pfostenbauweise errichteten. Sie beherrschten die Eisenherstellung aus Raseneisenstein. Sie verbrannten ihre Toten und setzten sie in Urnen mit Waffen- und Schmuckgaben bei. Ihre Tongefäße waren anders gestaltet als die der Bronzezeit (Mäanderurnen). Die germansche *Jastorf-Kultur,* die bei Pirna einen ihrer südlichsten Ausstrahlungspunkte erreichte, kannte bereits die schnellrotierende Töpferscheibe, was auf keltische Einflüsse hindeutet. Wahrscheinlich sind auch die jüngsten Ausläufer der Lausitzer Kultur in dieser neueren Gemeinschaft aufgegangen.

☐ Römische Feldherren an der Elbe

In ihrem Bestreben, die germanischen Völkerschaften dem Römischen Reich zu unterwerfen, stießen römische Feldherren in den Jahren um die Zeitwende auch bis zu der von ihnen Albis genannten Elbe vor. Während der Germanenfeldzüge Kaiser Augustus' erreichten römische Truppen unter Claudio Nero Drusus im Jahre 9 v. Chr. vom Rhein aus die Elbe ungefähr bei Magdeburg, vermutlich in der Gegend der Ohremündung.

Ahenobarbus gelangte in diesen Elbbereich vom Castra Regina (= Regensburg) an der Donau aus (2 v. Chr.). Tiberius fuhr auf seinem Zug entlang der Westküste Jütlands auch die Elbmündung ein Stück hinauf (5 n. Chr.). Die Römer trieben mit den Elbgermanen einigen Handel. Zu dieser Zeit findet die Elbe in den Werken der antiken Schriftsteller Strabo und Ptolemäus Erwähnung. Augustus sollte das ganze Land zwischen Rhein und Elbe zur römischen Provinz machen, was aber Arminius mit seinem Sieg über Varus und Germanicus (9–16 n. Chr.) vereitelte. Jedenfalls kannten die Römer die Elbe schon recht gut, wie der eingezeichnete Verlauf des Albis Fluvius auf der Magna Germania-Karte des Ptolemäus (ca. 150 n. Chr.) beweist. Dort ist auch die Moldau völlig richtig als Ursprung der Elbe verzeichnet.

☐ Völkerwanderungszeit

Im Elbraum beschleunigten sich die Völkerbewegungen. Die keltischen Bojer verließen Böhmen. An ihrer Stelle wanderten im Jahre 9 v. Chr. von Drusus in Südwestdeutschland besiegte **Markomannen** ein, die aber bald unter römische Herrschaft gerieten. Die an der mittleren Elbe siedelnden Semnonen und Langobarden wanderten im 3. und 4. Jh. n. Chr. größtenteils nach Süden und Südwesten ab. Der Schwerpunkt des Siedlungsgebiets der Hermunduren wiederum verschob sich in den Raum zwischen Harz, Saale und Thüringer Wald.

Die westgermanischen Gruppen der **Sachsen** (untere Elbe und von dort bis zur Weser) und die aus den Hermunduren hervorgegangenen **Thüringer** (südlich daran anschließend) festigten sich zu stabilen, perspektivisch staatstragenden Stammesverbänden. Im 5. und 6. Jh. n. Chr. bestand das die mitteldeutsche Elbe erreichende frühfeudale Reich der Thüringer, an dessen Spitze erstmals ein König stand. Es wurde allerdings schon 531 von den Sachsen und Franken vernichtet, die nun die staatstragende Funktion übernahmen.

Im zweiten Jahrhundert lebten die in der Oberlausitz aufgebrochenen ostgermanischen **Burgunden** eine Zeitlang in der Gegend von Großenhain–Riesa und engten dort den Siedlungsbereich der Hermunduren ein, bis sie um 400 zum Rhein weiterzogen. – Spätestens im 6. Jh. versiegen im südlichen Bereich der mittleren Elbe die germanischen Funde, da die bisher hier siedelnden germanischen Völker größtenteils abgezogen waren. Ebenso wurde das böhmische Elbgebiet von einem Großteil der **Markomannen** wieder verlassen, als dieses Volk ausgedehnte Züge nach Oberitalien und Pannonien unternahm (2.–4. Jh.).

☐ Slawische Siedler

Offenbar zogen so viele Menschen ab, daß verbreitet eine Art Bevölkerungsvakuum entstand, das nun **slawische Stämme**, die sich im Raum von Dnjepr, Weichsel und Oder gefestigt hatten, auffüllten. Zunächst ließen sich slawische Stämme in Böhmen und Mähren nieder. Spätestens Ende des 6. Jh. durchdrangen westslawische Siedler den von den Ost- und Elbgermanen geräumten Raum. Die Elbgebiete Sachsens und Anhalts wurden von **sorbischen Stämmen** besiedelt, die aus Böhmen kamen und die Elbe abwärts zogen, die mittlere Elbe überquerten und über die Mulde bis zur Saale und über diese bis zur Ilm vordrangen. Das ganze von mittlerer Elbe und Saale gebildete Landdreieck mit Leipzig wurde slawisch. Die von der Oder kommenden **Obodriten** (auch: Obotriten, Abotriten) erreichten die untere Elbe. Sie und die Havel-Spree-Stämme **(Haveller)** überquerten in der Altmark die Elbe und nahmen das weite westelbische Innere des Elbbogens etwa zwischen Lauenburg und Magdeburg in Besitz. Slawen siedelten bis vor Lüneburg (Wendland). Die Saale-Elbe-Linie, die Elbe von der Saalemündung bis zum heutigen Lauenburg und zeitweilig auch die untere Elbe wurden zur Grenze zwischen dem germanischen/deutschen und dem slawischen Siedlungsgebiet.

Infolge der vorausgegangenen Entvölkerung scheint die Ansiedlung slawischer Stämme ein überwiegend friedlicher Vorgang gewesen zu sein. Sie kam jenseits von Saale und Elbe zum Stehen, wo die Zuwanderer auf eine zu starke deutsche Besiedlung stießen. Trotz ihrer Weiträumigkeit erreichte die slawische Neubesiedlung eine nur geringe Bevölkerungsdichte, in Obersachsen nachweislich eine geringere als zur Bronzezeit.

Während die westlich von Saale und Elbe vorgedrungenen Slawen keine bedeutendere politische Organisation aufbauen konnten, hatten sich östlich dieser Linie spätestens im 8. Jh. eigenständige slawische Stammesverbände (Gaue) mit Wirtschafts- und Verwaltungszentren herausgebildet. Staaten, die mehrere Stämme oder Gaue zusammengefaßt hätten, waren aber nicht entstanden.

Historisches Geschehen

☐ Karolingische Ostexpansion

Gegen Ende des 8. Jh. unterwarf Karl der Große die Sachsen. In Norddeutschland, im Magdeburger Raum und an der Saale erreichte sein Reich die Elbe. Um 800 standen sich auf der ungefähren Linie Lübeck – Lauenburg – Magdeburg – Halle – Regensburg – Forchheim das Karolingerreich mit den Herzogtümern Sachsen, Thüringen und Ostfranken im Westen und die slawischen Stämme im Osten gegenüber.

Saale und Elbe waren mehr als eine ethnische Scheidelinie. Die zersplitterten heidnischen Slawen waren mit dem relativ zentralisiert regierten, auf das Christentum gestützten Karolingerreich konfrontiert. Während die slawischen Stämme z. Zt. der Merowinger noch völlig unabhängig gewesen waren, machte Karl der Große die Obodriten und Wilzenen, die Haveller, die Sorben und weiter südlich die Tschechen tributpflichtig, ohne sie jedoch schon dem Reich einzugliedern. Um 800 wurde das Bistum Halberstadt zur Bekehrung der noch nicht christianisierten Bevölkerungen im Osten des Reichs geschaffen. Es gab zwar auch friedliche Beziehungen, so einen Handel, dessen Modalitäten im Kapitular von Diedenhof (Thionville, Lothringen) festgelegt waren. Aber die Slawen fühlten sich zunehmend bedroht, weshalb sie spätestens im 9. Jh. bestrebt waren, ihre Verteidigung durch den Bau von Burgwällen und Burgwarden zu stärken. Zahlreiche Anlagen – zumeist ringförmig um die Siedlungskerne angelegt – entstanden auch im unmittelbaren Elbuferbereich.

☐ Eroberung slawischer Gebiete

Die sächsischen Edelinge führten die von Karl dem Großen begonnene Ostpolitik fort. Noch ehe der Liudolfinger Heinrich erster deutscher König wurde (919), zog er im Auftrage seines Vaters »mit großem Aufgebot in das von den Deutschen Daleminzien, von den Slawen Lommatzsch genannte Land, von wo er nach schweren Verwüstungen und Brandschatzungen erfolgreich zurückkehrte« (Chronik des Bischofs Thietmar von Merseburg, um 1010). An diesem Feldzug nahm auch Heinrichs Sohn, der spätere Kaiser Otto I., teil.

Die Ungarneinfälle, unter denen auch Heinrichs eigenes Herzogtum Sachsen-Thüringen schwer gelitten hatte, trugen nicht nur zur Einigung der deutschen Stämme bei, sondern verschärften auch den deutsch-slawischen Gegensatz an Saale und Elbe. Nachdem Heinrich zum ersten deutschen König gewählt war, ergriff er energische Maßnahmen zum Schutze des jungen deutschen Staates. Der Schwerpunkt dieser Bestrebungen lag zunächst in den Gebieten zwischen Werra und Saale, die am ehesten Überfälle aus dem Osten zu erwarten hatten. In den dortigen Grenzlanden errichtete er Pfalzen und Wohnplätze, Stifte und Klöster, die befestigt oder durch Burgen geschützt wurden. Zugleich verfolgte der König eine Art offensiver Verteidigung. Die Gewinnung der Elbgrenze war eines der ersten Ziele des entstehenden deutschen Reichs. Die Vorwärts-Verteidigung schlug in forcierte Eroberung um, die an der Elbgrenze nicht haltmachte. 928 überschritt König Heinrich I. die Elbe. Er fiel über die Haveller (Havelländer) her, deren Hauptsitz Brennabor (Brandenburg) von ihm erobert wurde. Im Jahre 929 nahmen die Sachsen Luncini (Lenzen), die Hauptfestung der Obodriten an der Elbe, ein. Dann wandte sich König Heinrich nach Süden, gegen die Slawen im Gau Daleminzien und zerstörte deren Hauptfestung Gana, woraufhin er die Burg Meißen gründete. Im östlichen Sachsen waren nunmehr Quedlinburg (im alten Territorium der Sachsen), Merseburg (an der traditionellen Grenzlinie Saale) und Meißen (an der Elbe, bereits tief im damals slawischen Land) die wichtigsten Sachsen-Festungen, in deren Schutz auch bereits größere Siedlungen heranwuchsen. 930 zwang König Heinrich Herzog Wenzel II. von Böhmen zur Anerkennung der deutschen Oberherrschaft. 932 unternahm Heinrich von Meißen aus einen Kriegszug gegen die Milzener, die Slawen in der Ober- und Niederlausitz, und machte sie ebenfalls tributpflichtig. Das junge deutsche Königtum festigte sich in Staatsgrenzen, die sich schnell nach Osten erweiterten.

936 wurde Otto I., der Sohn Heinrichs I., zum deutschen König gekrönt. Die Slawen nutzten den Machtwechsel, um ihre Unabhängigkeit wiederzuerlangen. Otto I. verstärkte nunmehr die Ostpolitik seines Vaters. Er verlagerte den Schwerpunkt seines Regierens ostwärts, nach Magdeburg, direkt an die Elbe. Um den deutschen Herrschaftsanspruch gegenüber der slawischen Einwohnerschaft durchzusetzen, organisierte er die im Osten an Sachsen und Thüringen grenzenden Territorien zu zwei Markgrafschaften neu, die feindliche Einfälle abwehren, die Herrschaft in den bereits eroberten Gebieten festigen und als Operationsbasen für weitere Vorstöße nach Osten dienen sollten. Nördlich von Magdeburg entstand die Nordmark (unter Hermann Billung), südlich davon die Elbmark (Mark Meißen unter Gero).

Zwei Monate nachdem Otto I. die Ungarn am Lechfeld entscheidend geschlagen hatte (955), besiegte er die Slawen an der Recknitz. Diese beiden militärischen Erfolge sicherten Otto I. die Krönung zum Römischen Kaiser (962). Das Ziel seiner Ostpolitik bestand letztlich darin, den sich formierenden polnischen Staat zu unterwerfen bzw. seiner Westexpansion zuvorzukommen.

Was sich bei Kaiser Karl angebahnt hatte, gelangte unter Otto I. voll zur Entfaltung: das Zusammenspiel von Kreuz und Krone. Die territoriale Expansion fand den Segen der Kirche, weil sie – in einer Art Kreuzzug – mit der Ausbreitung des Christentums unter den bis dahin heidnischen Slawen einherging. Die weltliche Macht wiederum nutzte die zentralisierte Organisation der Kirche, um ihrer eigenen schwachen Verwaltung eine zusätzliche Stütze zu geben. In diesem Sinne betrieb Otto I. mit dem ›Reichskirchensystem‹ und mit päpstlicher Zustimmung eine zielstrebige Bischofspolitik entlang der Ostgrenze des Reichs. 948 gründete er die Bistümer Brandenburg und Havelberg, 968 das neue Erzbistum Magdeburg und die Bistümer Meißen, Merseburg und Zeitz. Das Erzbistum Magdeburg wurde zum Zentrum der Heidenmission in den eroberten Ostgebieten.

Da die Slawen unter der Gewalt der Eroberer und den ihnen seitens weltlicher Macht und Kirche auferlegten Abgaben litten und ihnen überdies der

Kaiser Otto I., der Große (912–973). M. Wolgemut, kolorierter Holzschnitt, 1493

christliche Glaube fremd war, erhoben sie sich wiederholt. Die stärkste Bedrohung der deutschen Herrschaft ereignete sich 983, als Kaiser Otto II. seine Politik auf Italien konzentrierte. Von Norden und Osten fielen Dänen, Liutizen und Obodriten ins Reich ein. Während die Dänen an der bei Schleswig errichteten Grenzfeste aufgehalten und zurückgewiesen werden konnten, nahmen die slawischen Liutizen und Obodriten Hamburg ein und zerstörten es. In einer Schlacht an der Tanger vermochten zwar die sächsischen Markgrafen, der Erzbischof von Magdeburg und der Bischof von Halberstadt die Slawen mit einem vereinten Heer über die Elbe zurückzuwerfen, aber die Bistümer Havelberg und Brandenburg und damit die Hälfte der Magdeburger Erzdiözese sowie die Nordmark mußten aufgegeben werden. Auf der Linie Magdeburg – Lauenburg blieb jetzt die Elbe die Nordostgrenze des Reichs, die sich nördlich dieser Linie bis Lübeck fortsetzte. Auch die Eroberungen östlich der mittleren Elbe waren gefährdet, als Boleslaw Chrobry,

Fürst und seit 1025 König von Polen und inzwischen auch von Böhmen, versuchte, Meißen in seine Gewalt zu bekommen und einige Städte in den Elblanden tatsächlich einnahm (Strehla, Zerbst). Ausgangspunkte für die militärischen Gegenaktionen Kaiser Heinrichs II. waren Magdeburg, Leitzkau und Merseburg. Der Kaiser bewies staatsmännisches Denken, als er 1003 mit den slawischen Liutizen und Redariern ein Bündnis gegen Boleslaw abschloß und den neuen Bundesgenossen ihre heidnischen Glaubensvorstellungen beließ. Die Liutizen scherten jedoch aus dem Bündnis aus, vertrieben 1018 den christlichen Obodritenführer Mitislav und überzogen das Land der Obodriten und Wagrier mit Krieg. Wie schon 983, so plünderten sie auch diesmal die Kirchen und machten die Geistlichkeit nieder. Die Bischöfe von Havelberg und Brandenburg wurden wieder verjagt und das Bistum Oldenburg in Holstein (Stargard) zerstört.

Die Lage in den ostelbischen Gebieten stabilisierte sich erst unter Kaiser Konrad II. Der deutsch-römischen Krone kam zugute, daß das von Boleslaw Chrobry gegründete Reich, das sich von den Gebieten zwischen Elbe und Oder über die Lausitz, Böhmen und Mähren bis Kiew erstreckte, zerfiel. 1033 bat Boleslaws Sohn Miezko um Frieden. 1035/36 wurden die Liutizen endgültig unterworfen. Die Lausitz fiel wieder an die deutsche Krone, und Böhmen und Mähren leisteten wieder den Lehnseid. Die völlige Rückgewinnung aller aufständischen Gebiete der verlorengegangenen Nordmark für die deutsche Krone dauerte bis 1160.

☐ Zuwanderung deutscher Siedler – Missionierung und Germanisierung der Slawen – Herausbildung der ›ostelbischen‹ Sozialstruktur

Der Niedergang der Königsmacht hatte zwar den Einfluß der Zentralgewalt schrumpfen lassen, aber die deutschen Machtstrukturen in den eroberten Gebieten hatten sich gefestigt. Durch umfangreiche Schenkungen aus Königsland an Kirche und Adel wuchs eine starke staatstragende feudale Schicht heran.

Dennoch blieb das Land zunächst dünn besiedelt, strichweise faktisch menschenleer. Nachdem die eroberten Slawengebiete befriedet waren, holten Markgrafen, Burggrafen, Bischöfe, Klöster und Adlige bäuerliche Siedler aus dem Westen des Reichs in die eroberten Ostgebiete. Die deutsche Ostexpansion trat in ihre zweite, friedliche Phase ein. Es begann die eigentliche Kolonisation, die deutsche Ostsiedlung, die um 1150 ihren Höhepunkt erreichte. Die Elbgebiete wurden von vielen Deutschen besiedelt, und noch größer war die Zahl derer, die die Saale und Elbe überquerten, um sich noch weiter östlich niederzulassen. Seit etwa 1200 war das Land rechts des ganzen Elblaufs nördlich der böhmischen Grenze unbestritten deutsch; bei Magdeburg, im westlichen Mecklenburg und östlichen Holstein erstreckten sich deutsche Siedlungskeile schon über die Elbe nach Osten. Bis 1250 hatte sich die deutsche Siedlung bereits über die Oder ostwärts ausgedehnt. In Richtung Süden durchdrang sie die menschenleeren Wälder in den nördlichen Randgebieten Böhmens.

Die von Anfang an nicht zahlreichen und sicher durch die Kriege geschwächten Slawen wurden durch die deutsche Massenbesiedlung weder ausgerottet noch verdrängt. In ausgedehnten Landstrichen zwischen Saale und Elbe, an der Elbe östlich von Lüneburg, im

Gebiet von Spree und Neiße erfolgte die deutsche Kolonisation sogar unter deutlicher Beteiligung der slawischen Bevölkerung. Im allgemeinen wurde diese aber sehr bald von den deutschen Zuwanderern zahlenmäßig um ein Mehrfaches überboten. Der historische Verlauf bestätigte die Wirksamkeit des gemeinschaftlichen Vorgehens von weltlicher Macht und kirchlicher Missionsarbeit. Unter dem Einfluß der deutschen Kolonisten, der deutschen Verwaltung und des Klerus veränderten sich die ethnische Identität und die soziale Struktur in den elbischen und ostelbischen Gebieten.

Allein schon die Herkunft der Zuwanderer sollte sich langfristig auswirken. In der Mark Meißen waren die Neusiedler vor allem fränkischer und zum kleineren Teil flämischer Herkunft, aber schon an der unteren Saale, an der Mulde und im Gebiet der mittleren Elbe überwog die Einwanderung aus den Niederlanden und dem Niederrheingebiet. Diese im Kampf gegen die Naturgewalten des Wassers erfahrenen Zuwanderer brachten ihre Kenntnisse im Deichbau, in der Flußregulierung und im Recht an die Elbe mit. Aus dieser unterschiedlichen Herkunft der Siedler entwickelte sich die Sprachgrenze zwischen dem Ober- und dem Niederdeutschen, die an der Elbe etwa bei Wittenberg verläuft.

Die Ostkolonisation hatte auch zur Folge, daß sich die Dorfformen rechts und links der Saale-Elbe-Linie erheblich voneinander unterscheiden. In den westlichen, altdeutschen Landen sind südlich einer etwa bei Magdeburg auslaufenden Linie Gewannfluren und Haufendörfer und nördlich dieser Linie Weiler typisch. Dagegen herrschen im Landdreieck zwischen Saale und Elbe und nordwärts bis ins Havelland sowie in der Altmark, im Wendland und bis Lübeck hinauf Kleindörfer mit rundem oder ovalem Dorfplatz vor, deren Anlage gewöhnlich mit slawischen Bevölkerungen in Verbindung gebracht wird. Daran reiht sich ostwärts eine Zone der großen Anger- und Straßendörfer an, die auf planmäßige Anlage während der Kolonisationszeit zurückgehen. Entsprechend tragen Ortschaften, die schon vor der deutschen Ostkolonisation vorhanden waren, noch heutzutage vielfach Namen slawischer Herkunft; hingegen haben die erst durch die Ostkolonisation entstandenen Orte deutsche Bezeichnungen.

Im Nebeneinander von Slawen und Deutschen trug die deutsche Herrschaft wesentlich dazu bei, die slawische Identität zu überwuchern. Im Gebiet von Meißen war die altsorbische Sprache schon im 14./15. Jh. verschwunden, als Haussprache mag sie sich vereinzelt länger gehalten haben. Im Zusammenleben von Sorben und Deutschen waren jedoch bereits viele sorbische Worte in die deutsche Sprache eingegangen, die sich derart bis heute erhalten haben, insbesondere Orts- und Flurnamen sowie Bezeichnungen aus dem alltäglichen Leben, die eingedeutscht wurden. Da in Sachsen die Bedingungen für eine Assimilation offensichtlich nicht ungünstig waren, war den Sorben dort auch der Zugang zur vorwaltenden Gesellschaft deutscher Prägung erleichtert. Unter den rückständigeren Bedingungen einiger nördlicher Kolonisationsgebiete wurde hingegen die Integration verzögert. Sorbische Sprache und Kultur hielten sich dort länger. Unter den wiederum anderen Verhältnissen der Lausitz haben Reste des Sorbentums bis heute fortleben können.

Eine wesentliche Erscheinung der weiteren Entwicklung war die soziale Differenzierung in den von der deutschen Ostsiedlung erfaßten Gebieten. Die Aufschwungphase der

Ostsiedlung war im 14. Jh. beendet. Während sich auf dem Lande durch das ›Bauernlegen‹ die Rittergüter und die Frondienste für die Gutsherren ausdehnten, erfolgte unter den ehemals freien und gleichen Kolonisten eine starke Aufgliederung nach Landbesitz und sozialem Stand.

Das soziale Gefälle bildete sich grundsätzlich in allen Gebieten der vorangegangenen Ostsiedlung heraus, aber in Sachsen war es zweifelsohne milder ausgeprägt (die Bauern mußten vor allem Produkten- und Geldrente leisten), dagegen besonders kraß in Brandenburg-Preußen und mehr noch in Mecklenburg (starke Verbreitung der Arbeitsrente = Fron, Robott). Hier entstand jene als ›Junker‹ apostrophierte soziale Schicht des Landadels, die fortan in der deutschen Geschichte eine höchst problematische Rolle spielen sollte. Die derart entstandene Wirtschafts- und Sozialstruktur wird gewöhnlich als ›ostelbisch‹ bezeichnet, war aber auch in ehemaligen westelbischen Besiedlungsgebieten anzutreffen, namentlich in der Altmark. ›Ostelbien‹ sollte sich fortan erheblich vom ›westelbischen‹ Mutterland unterscheiden. Die Elbe gestaltete sich abermals zu einer historisch-sozialen Scheide, nur verlief sie nunmehr innerhalb Deutschlands.

Erst das 19. Jh. ebnete den Weg für Agrarreformen ›von oben‹. Die sozialen Unterschiede auf dem Lande blieben jedoch in Teilen Sachsens und besonders kraß in Brandenburg und Mecklenburg erhalten. Die von der Bodenreform in der sowjetischen Besatzungszone abgeleitete Agrarstruktur hat wiederum neue Unterschiede zwischen ›West-‹ und ›Ostelbien‹ geschaffen.

☐ Landesherrschaften im Elbraum

Böhmen

Dort fließt die Elbe seit tausend Jahren in einem staatlich einheitlichen Territorium, das zwar Bestandteil des Römischen Kaiserreichs, aber als Königreich – verkörpert durch die Wenzelskrone – ein eigener, wenn auch nicht immer selbständiger Staat war. Im 13. Jh. war Böhmen der wirtschaftlich fortgeschrittenste Staat im Römischen Kaiserreich. Entsprechend hatte Böhmen in ihm die Führungsrolle inne. Was bereits der böhmische König Przemismysl Ottokar II. versucht hatte, glückte dem aus dem Hause Luxemburg stammenden böhmischen König Karl IV.: 1355 wurde er auch römischer Kaiser. Böhmen hatte den Höhepunkt von Macht und Ansehen erreicht; Prag wurde die Hauptstadt des Heiligen Römischen Reichs.

Die religiös-soziale und zugleich nationale Erneuerungsbewegung von Jan Hus führte zur Betonung eigenständiger Interessen der Tschechen, die auf den Widerstand vor allem des katholischen Klerus stießen. Die Verbrennung von Hus als Ketzer in Konstanz (1415) – trotz des vom Kaiser versprochenen freien Geleits – stürzte Böhmen in die Hussitenkriege (1419–36). – Unter König Georg von Podiebrad und Kunstatt, dem ersten Wahlkönig und dem letzten Tschechen auf dem böhmischen Thron, erreichte Böhmen den letzten Höhepunkt tschechischer Selbständigkeit. Der König führte das Land aus den Wirren der Hussitenkriege heraus. Kaiser und Kirche veranlaßte er zu erheblichen Zugeständnissen an die hussitische Bewegung.

Nachdem ein halbes Jahrhundert das polnische Geschlecht der Jagellonen die Wenzels-krone innehatte, wählte der tschechische Adel 1526 den österreichischen Fürsten Ferdi-nand von Habsburg zum König von Böhmen. Der Beweggrund für diese Wahl waren die vor den Toren stehenden Türken. Durch die Vereinigung der Kronen von Österreich, Ungarn und Böhmen unter dem Hause Habsburg versprach man sich den Erfolg im gemeinsamen Abwehrkampf. Böhmen leistete einen erheblichen Beitrag, um die Türken-gefahr abzuwenden; gleichzeitig erlebte es aber eine nochmalige wirtschaftliche Blüte. Unter Rudolf II. war Prag erneut eine der bedeutendsten Städte Europas.

Nach dem Tode Rudolfs II. verlagerten die Habsburger ihr Zentrum nach Wien. Immer deutlicher wurde die Politik der habsburgischen Dynastie, die Souveränität der unter ihr vereinten einzelnen Kronen – und damit auch Böhmens – zu beseitigen und einen zentrali-stischen, absolutistischen und streng katholischen Staat zu errichten. Das mußte zwangs-läufig zum Konflikt mit den Tschechen führen, die damals in der Mehrheit protestantisch waren. Der Prager Fenstersturz der könig-lichen Statthalter (1618) ging in einen Aufstand gegen die Habsburger über. Die Repressalien der Habsburger wiederum lei-teten den Dreißigjährigen Krieg ein. In der Schlacht am Weißen Berg bei Prag (1620) trug das Haus Habsburg den Sieg davon, das nun seine Politik brutal durchsetzte: Es hob die Rechte der böhmischen Krone auf; das Eigentum der böhmischen Stände, die sich am Aufstand beteiligt hatten, wurde konfisziert; die Protestanten mußten ent-weder katholisch werden oder auswandern. Böhmen wurde in ein katholisches Land zurückverwandelt.

Durch diese Entwicklung starben die alten böhmischen (tschechischen) Ge-schlechter im 17. Jh. aus (z. B. die einst mächtigen Pernsteins). Das von ihnen bis-her getragene wirtschaftliche und kultu-relle Leben verfiel. Auf den Plan traten neue Herren, die ihren Reichtum und ihre Macht auf der Grundlage ihres katholi-schen Bekenntnisses in der nachhussiti-

Poděbrady/Podiebrady, Reiterstandbild Jiří/
Georg von Podiebrady und Kunštát

schen Zeit erworben hatten und sich mit der Habsburger-Herrschaft arrangierten. Das waren entweder ›neureiche‹ Tschechen (wie die in den Adel aufgestiegenen Lobkowitz und Černy) oder Ausländer, Günstlinge des Wiener Hofes, vornehmlich Deutsche (Österreicher). Eine betonte ethnische Scheide bestand jedoch nicht. In dieser Zeit verlief die Trennungslinie weniger zwischen Tschechen und Deutschen als vielmehr zwischen den Glaubensbekenntnissen. – Das 19. Jh. stärkte wieder das tschechische Nationalbewußtsein. Die Tschechen fanden sich nicht mehr mit der Bevormundung durch die habsburgische Monarchie ab. 1918 wurde der multikulturelle Staat der Tschechoslowakei gegründet, in dem auch viele Deutsche lebten, besonders im Sudetenland, wo sie die Mehrheit bildeten.

Deutschland

In den deutschen Elblanden waren die Herrschaftsstrukturen, anders als in den böhmischen, seit der Schwächung der Zentralgewalt weitgehend vom Partikularismus souverän handelnder Landesfürsten bestimmt, der über viele Jahrhunderte an der deutschen Elbe keine umfassende Macht und keinen Staatenbund zustande kommen ließ. In religiöser Hinsicht setzte sich der Protestantismus lutherischer Prägung in allen elbanrainenden Teilstaaten durch; sogar in Sachsen, wo August der Starke zum Katholizismus übertrat, blieb er das maßgebliche Bekenntnis des Volkes. Beides wirkte sich auf die Lebensumstände und auch auf die Kunst aus.

Als Kaiser Lothar III. 1134 Albrecht von Ballenstedt die Nordmark und dem bereits in der Mark Meißen amtierenden Konrad von Wettin die Lausitz übertrug, leitete er eine Entwicklung ein, die die **Askanier** und die **Wettiner** zu den beiden führenden deutschen Feudalgeschlechtern und zu den mächtigsten Landesherren im Elbraum (und darüber hinaus) werden ließ. Beide behaupteten sich die folgenden acht Jahrhunderte an der Elbe. Rivalitäten und Erbfolgeprobleme reduzierten die Askanier allerdings auf den Besitz an den anhaltischen Fürstentümern. Teile ihres Besitzes wurden von den Hohenzollern und den Welfen übernommen.

Das **mecklenburgische** Herrschergeschlecht stellte insofern eine Besonderheit dar, als mit ihm slawischer Stammesadel in die deutschen Machtstrukturen eingebunden wurde: Der Obodritenfürst Pribislaw war 1170 Reichsfürst und als solcher zum Stammvater der bis 1918 regierenden mecklenburgischen Großherzöge geworden.

Die Belehnung des Burggrafen Friedrich IV. von Nürnberg mit der Markgrafschaft Brandenburg unter Einschluß der Kurfürstenwürde durch König Sigismund im Jahre 1415 begründete die brandenburgisch-preußische Hausmacht der **Hohenzollern,** die an der Elbe zunächst mit der Altmark und der Prignitz askanisches Erbe antrat.

Nachdem sich bereits bis zur Mitte des 14. Jh. die politischen Grundstrukturen herausgebildet hatten, reihten sich um 1400 folgende Landesherrschaften entlang der Elbe (von Süden nach Norden): Markgrafschaft Meißen, Kurfürstentum Sachsen, Fürstentum Anhalt, Erzbistum Magdeburg, Kurfürstentum Brandenburg, Herzogtum Lüneburg, Herzogtum Mecklenburg, Herzogtum Sachsen-Lauenburg, Grafschaft Holstein und Erzbistum Bremen. Des weiteren gab es kleinere selbständige Territorien. Teilweise war die Elbe Grenzfluß, so zwischen den Herzogtümern Holstein und Mecklenburg auf der einen und dem Erzstift Bremen und dem entstehenden Herzogtum Braunschweig-Lüneburg auf der anderen Seite.

Die nachfolgenden Jahrhunderte brachten mannigfache Veränderungen der territorialen Aufteilung wie auch der regierenden Dynastien. Einerseits schufen Hausmachtinteressen größere territoriale Einheiten, andererseits wurde die **territoriale Zersplitterung** durch Erbteilungen einzelner Herrschergeschlechter verstärkt. – Die Vielzahl regierender Herrscherhäuser bedingte eine Vielzahl landesfürstlicher **Residenzen**. Nicht alle Elbuferstaaten gründeten sie an der Elbe, aber auffallend viele entstanden dort.

☐ Kriegsschauplätze am Elblauf

Die Dynastien an der Elbe rüsteten unablässig gegeneinander auf. An der Elbe in Böhmen und den deutschen Fürstentümern reihte sich **Festung** an Festung, an deren Ausbau teilweise jahrhundertelang gearbeitet wurde. Das Ringen um Neuverteilung von Macht und Territorien entlud sich in verheerenden **Kriegen**, in denen an die Elbe anrainende Landesherrschaften die erbittertsten Gegner waren. Weite Elbegebiete wurden auch in überregionale Konflikte hineingezogen.

Bei territorialen Veränderungen erschien in einigen Fällen die Elblinie für neue **Grenzziehungen** hervorragend geeignet. In anderen wurde der Elbe zwar innerhalb bestimmter neu geschaffener Territorialeinheiten eine verbindende Funktion zugewiesen, aber die weiter quer durch die Elbe verlaufenden Grenzen blieben trennend genug.

Nicht zuletzt war die Elbe in vielen Kriegen nichts weiter als ein Hindernis der Natur, das die Armeen zu überwinden trachteten. Während der **Hussitenkriege** zogen deutsche Kreuzritter nach Böhmen, und 1429 stand Hussitenführer Prokop vor Meißen und zog auch die Elblande noch ein Stück abwärts. – Im **Schmalkaldischen Krieg** richtete Kaiser Karl V. 1525 den Hauptschlag gegen die Elbestädte Wittenberg und Torgau, in denen das Herz der lutherischen Reformation schlug.

Im **Dreißigjährigen Krieg,** als zwar im Namen des Glaubens gefochten wurde, tatsächlich aber politische Machtkämpfe fast aller europäischen Mächte auf deutschem Boden ausgetragen wurden, zählten die Elblande zu den am meisten umkämpften Gebieten. Graf Ernst von Mansfeld folgte auf seinem Zug im Jahre 1626 von Lauenburg dem Elblauf aufwärts. Sein kaiserlicher Gegenspieler Albrecht von Wallenstein verhinderte mit seinem Sieg an der Elbbrücke von Roßlau (25. April 1626) den Vormarsch der Mansfeldischen nach Sachsen und Böhmen. Als die Protestanten in arge Bedrängnis geraten waren, erschien 1631 Schwedens König Gustav Adolf zur Verstärkung in den Elblanden. Im selben Jahr legte Tilly Magdeburg in Schutt und Asche. Als Sachsen schließlich aus dem protestantischen Lager ausscherte und sich 1635 im Prager Frieden mit dem Kaiser und seinen Verbündeten aussöhnte, nahmen die Schweden grauenvoll Rache.

In den **Schlesischen Kriegen** Preußens lagen zahlreiche Schlachtfelder an der Elbe. Im Zweiten Schlesischen Krieg drang Preußen 1744 mit 80 000 Soldaten aus Schlesien kommend in die böhmischen Elblande ein und eroberte nach zweiwöchiger Belagerung Prag.

Kaiser Karl V. (1500–58). B. van Orley, Gemälde, um 1516

Albrecht von Wallenstein (1583–1634), Herzog von Friedland. A. van Dyck, Gemälde, 17. Jh.

Als Preußen die Gefahr einer Isolierung auf sich zukommen sah, marschierte es 1756 in Kursachsen ein und löste damit den **Siebenjährigen Krieg** (Dritter Schlesischer Krieg) aus, in dem wiederum einige Schauplätze an der Elbe lagen.

In den **Napoleonischen Kriegen** erlebte die Elbelinie bereits beim Vordringen der Franzosen dramatische Militäraktionen (Altenzaun). Nach seiner Flucht aus Rußland sammelte Napoleon nochmals seine Kräfte – an der Elbe. Er ließ die hier bestehenden Festungen weiter ausbauen und erbittert verteidigen. Der Übergang General Yorcks über die Elbe bei Wartenburg und der dadurch möglich gewordene Aufbau einer neuen Front brachte den vereinigten Truppen Preußens, Rußlands und Österreichs den entscheidenden Sieg über Napoleon in der Völkerschlacht bei Leipzig.

☐ Neuaufteilungen der Elblande
Zugunsten der Wettiner

Eine der interessantesten Erscheinungen war die Flußaufwärtsbewegung des Territorialbegriffs ›Sachsen‹. Unter ihm verstand man ursprünglich das Herzogtum dieses Namens, das sein Territorium seit dem 10. Jh. im späteren Herzogtum Braunschweig-Lüneburg hatte. Seit 1180 hieß dann das askanische Restterritorium um Wittenberg **Herzogtum Sachsen,** das 1356 zum **Kurfürstentum Sachsen** erhoben wurde. Als die Wettiner 1403 die Askanier in Wittenberg ablösten, übernahmen sie den Begriff nunmehr auch für die bisherige **Mark Meißen.** Unter der Ägide des albertinischen Zweiges der Wettiner entstand im Ergebnis des Schmalkaldischen Krieges jenes Territorialgebiet, das heute als ›Sachsen‹ verstanden wird. Hingegen verschwand dieser Territorialbegriff im Stammland der Sachsen, nachdem sich dort das Herzogtum Braunschweig-Lüneburg, das Erzbistum Bremen, die Grafschaft Hoyen usw. herausgebildet hatten. Die Bezeichnung Sachsen tritt dort – mit Blick auf das neue ›Obersachsen‹ deutlich angehoben – erst wieder im zeitgenössischen Bundesland **Niedersachsen** in Erscheinung.

Zugunsten der Dänen und Schweden

Dänemark war schon seit König Christian I. (2. Hälfte 15. Jh.) Anlieger des holsteinischen Elbufers geworden. Im Dreißigjährigen Krieg setzten sich die Schweden an der niedersächsischen Unterelbe fest (bis 1715). Die dänische Herrschaft am Nordufer der Unterelbe endete erst nach dem Krieg Preußens und Österreichs gegen Dänemark (1864).

Zugunsten Preußens

Keine Entwicklung beeinflußte die politische Landkarte der Elblande stärker als die **Expansion Brandenburg-Preußens.** Die ältesten brandenburgischen Elbgebiete waren die Prignitz (seit 1170) und die aus der Nordmark hervorgegangene Altmark (seit 1415). Den nächsten großen Territorialgewinn erzielte Kurbrandenburg im 17. Jh. Im Ergebnis des **Dreißigjährigen Krieges** (Westfälischer Frieden 1648) gewann die Hohenzollern-Dynastie auf dem brandenburgischen Kurfürstenstuhl das Rennen um die begehrten Lande nördlich des Harzes und zu beiden Seiten der mittleren Elbe gegen ihre Konkurrenten, die Wettiner in Kursachsen und die Welfen in Braunschweig. Das Bistum Halberstadt kam sofort bei Friedensschluß, das Erzbistum Magdeburg beim Tode des letzten Administrators an Kurbrandenburg (1689).

Mit Magdeburg besaß nun Brandenburg-Preußen die wichtigste Brücke zwischen seinen ost- und westelbischen Gebieten. Die Stadt, die bisher immer ein Brückenkopf gegen den Osten bildete, wurde nunmehr nach Westen orientiert und zur stärksten Festung des brandenburg-preußischen Staates ausgebaut.

Sein Sieg im Siebenjährigen Krieg brachte Preußen noch keinen direkten Territorialgewinn an der Elbe, besiegelte aber seine Herrschaft an der Oder, über Schlesien. Auf der Höhe seiner Macht beschränkte Napoleon sogar die Fortexistenz des preußischen Staates auf die Gebiete östlich der Elbe, während er seinem Bruder Jerôme mit dem Königreich Westfalen (1807–13) weite Gebiete westlich der Elbe zuwies. Nachdem sich aber Preußen im weiteren unter den deutschen Territorialherrschaften als die mächtigste Militärmacht im Kampf gegen Napoleon erwiesen hatte, erntete es mit dem **Wiener Kongreß** (1815) den Lohn: Sachsen mußte über die Hälfte seines Territoriums (mit 865 000 Einwohnern) an Preußen abtreten, wodurch seine Bevölkerung auf 1,2 Millionen schrumpfte. Preußen löste Sachsen als den größten Elbe-Anlieger ab. Sachsen mußte seinen Traum von einer Führungsrolle in Deutschland aufgeben; sie ging an Preußen über.

Seit seinen Siegen in den Kriegen gegen Dänemark (1864) und Hannover (1866) herrschte Preußen auch über die schleswig-holsteinischen und die niedersächsischen Teile der Elbe. – 1866 stand Preußen abermals an der böhmischen Elbe. Mit seinem Sieg von Königgrätz entschied es das Ringen mit Österreich um die Vorherrschaft in Mitteleuropa und die Gestaltungsweise des einheitlichen Deutschland zu seinen Gunsten (im Sinne der kleindeutschen Lösung).

☐ Die Elbe in der Machtpolitik Hitlers

Im Vorfeld des Zweiten Weltkriegs (1938) besetzte die Wehrmacht zuerst das mitten von der Elbe durchflossene Sudetenland und alsbald die gesamte Tschechoslowakei, die das Dritte Reich zu seinem ›Protektorat Böhmen und Mähren‹ kolonisierte. Die gesamte Elbe war ein ›deutscher Fluß‹ geworden. Während des Zweiten Weltkriegs fielen an der Elbe nicht nur Städte und bedeutende Kulturgüter dem Bombenhagel zum Opfer – an der Elblinie wurde die endgültige Entscheidung in Deutschland ausgefochten. Hier operierte die Armee Wenck als das letzte Aufgebot der Wehrmacht, die dann beim ostelbischen Schönhausen versuchte, sich über die Elbe nach Westen, zu den Amerikanern, zu retten und in Stendal kapitulierte. An der Elbe begegneten sich die Truppen der Alliierten.

Die Ergebnisse der Kampfhandlungen stimmten nicht mit der späteren Grenzziehung innerhalb Deutschlands überein. In den meisten Teilen Sachsens und im Norden standen auf der einen Seite der Elbe die Amerikaner und ihre Verbündeten (Niedersachsen), auf der anderen die Russen und Polen (Brandenburg und Mecklenburg). An einigen Stellen hatten jedoch die Amerikaner die Elbe ostwärts überschritten (Brückenköpfe bei Magdeburg, Zerbst und Coswig), an anderen die Russen westwärts (Vorstoß über Wittenberg durch die Dübener Heide bis zur Mulde). Erst die Beschlüsse der **Potsdamer Konferenz** (1945), die Deutschland in Besatzungszonen aufteilten und zum Rückzug der Amerikaner von der südlichen Elbelinie führten, ermöglichten den sowjetischen Truppen die Besetzung der westelbischen Gebiete Sachsens und Sachsen-Anhalts. Zu den Beschlüssen der Alliierten, die 1945 die Menschen an der Elbe besonders hart trafen, zählte die Aussiedlung der Sudetendeutschen aus ihrer angestammten böhmischen Heimat (insgesamt 3 Mio. Menschen).

Die Zeit des kalten Kriegs

Die wiedererstandene Tschechoslowakei (1945) und die im sowjetischen Einflußbereich Deutschlands geschaffene DDR (1949) standen vier Jahrzehnte unter einer stalinistischen Diktatur. Der größte Teil der Elbe lag innerhalb dieses Herrschaftsgebiets. Auf dem 97 km langen Laufabschnitt zwischen Schnackenburg und Lauenburg bildete die Elbe die Grenze im geteilten Deutschland, an der sich nicht nur zwei Staaten gegenüberstanden, sondern auch zwei gegensätzliche Machtblöcke mit unterschiedlichen gesellschaftspolitischen Konzeptionen. Der Zusammenbruch der kommunistischen Herrschaft in der Tschechoslowakei und in der DDR sowie die Wiedererlangung der Einheit Deutschlands (1989/90) hat an der Elbe eine völlig veränderte Konstellation geschaffen.

☐ Kulturelle Glanzleistungen

Auch das waren die Elblande: Hier konzentrierten sich Bestrebungen, das Trennende zu überwinden. Hier liefen mannigfaltige kulturell-künstlerische Einflüsse zusammen. Im Mittelalter waren die deutschen Lande an der Elbe noch eher auf Anregungen angewiesen. Sie verarbeiteten jedoch schon die von außen kommenden neuen künstlerischen Strömungen zu bemerkenswerten Eigenschöpfungen. Seit dem Übergang zur Neuzeit strahlten die

Elblande selbst anregend aus; ja, in einigen Bereichen sind sie seither den anderen deutschen Landen auch vorausgegangen. An der Elbe finden sich viele Bauwerke, die von dieser elbischen Pilotfunktion künden.

Während der romanischen Stilepoche erreichte deren Architektur im Elbebereich ihre östlichste Verbreitung größeren Ausmaßes. Hier differenzierte sich die Anlage romanischer Kirchen und Klöster entsprechend der verfügbaren Baustoffe in eine Naturstein-(Böhmen, Sachsen) und eine Backsteinvariante (Altmark und Prignitz). An der mittleren Elbe (Magdeburg) entstand nach französischem Vorbild die erste gotische Kathedrale im (damaligen) deutschen Osten. Die norddeutschen Elblande wiederum hatten wesentlichen Anteil an der Fortführung der Backsteinarchitektur in der Gotik. Das junge (hanseatische) Bürgertum griff die Backsteingotik in großartigen Profanbauten auf (Tangermünde, Stendal). Ebenfalls an der Elbe vollzog sich erstmals in Mitteleuropa der Wandel von der gotischen Burg zum Renaissanceschloß (Pardubitz, Meißen, Torgau).

An der Elbe feierte die Kunst des Barock Triumphe. In Böhmen ließen die Rekatholisierung und die soziale Umschichtung zugunsten des katholischen Adels viele barocke Kirchen, Klöster und Landschlösser entstehen, unter denen sich viele von hohem künstlerischem Wert befinden. In Sachsen ließ Kurfürst-König August der Starke seine Residenz zu einer Barockstadt, dem sprichwörtlichen ›Elbflorenz‹, ausgestalten. Mit der Frauenkirche in Dresden entstand die großartigste protestantische Barockkirche überhaupt.

An der Elbe (Dessau-Wörlitz) wurden erstmals in der deutschen Architektur historisierende Baustile entwickelt. Hier entstanden die ersten klassizistischen, neogotischen und neoromanischen Bauwerke in Deutschland, außerdem – in Verbindung mit ihnen – der

Bernardo Belotto, gen. Canaletto, Dresden, ›Der Neumarkt vom Jüdenhof aus gesehen‹, 1749

erste große Landschaftspark in Deutschland. – An der Elbe erreichte die avantgardistische Kunst des Sachlich-Funktionalen in den ersten Jahrzehnten des 20. Jh. ihren ersten Höhepunkt. Vom Dessauer Bauhaus gingen die entscheidenden Impulse auf die zeitgenössische Architektur aus.

Nutzen und Eingriffe

An der Elbe lebten die Menschen immer in inniger Beziehung zum Fluß. Er war der Hauptfaktor ihrer Umwelt. Von ihm waren sie abhängig; auf ihn wirkten sie ein; er gab ihnen Arbeit und Brot.

☐ Elbwasser – Lebensquell und Rohstoff

Die Elbe schätzte man wegen ihres (einst) sauberen Wassers. Sie diente ihren Anwohnern als **Trinkwasser**quelle. Die Bewohner einer so großen Stadt wie Magdeburg stillten ihren Durst völlig mit Elbwasser, das seit 1537 bis ins 19. Jh. mit Schöpfrädern 15 m hoch zum Alten Markt gehoben und von dort in Holzröhren verteilt wurde. – Nach dem Ersten Weltkrieg entstanden verbreitet an den Ufern von Elbe und Saale öffentliche **Badeanstalten,** mit Schwimmbecken, deren Umrahmungen auf Pontons montiert waren, die sich dem Wechsel des Wasserstandes anpaßten.

Elbwasser trinkt man schon seit längerem nicht mehr. Und die zunehmende Wasserverschmutzung nach dem Zweiten Weltkrieg hatte zur Folge, daß das Baden in der Elbe verboten werden mußte. Dennoch werden größere Wassermengen denn je der Elbe als **Brauchwasser** entnommen. Eine zunehmend wichtige Quelle der Wasserversorgung ist der Grundwassergehalt der Elbaue, von der ein System von Fernleitungsrohren bis in die Ballungsgebiete Mitteldeutschlands führt.

☐ Fischfang

Die Elbe war ein fischreicher Fluß. Im eigentlichen Flußlauf und in den Altwässern wurden fast alle bekannten heimischen Süßwasserfischarten gefangen: Hecht, Zander, Karpfen, Blei, Aal, Weißfisch, Wels usw. Als Wanderfische erschienen Lachs, Lamprete und Stör. Weitsichtige Mühlenbesitzer hatten ihre Anlagen mit Lachstreppen versehen. Die Störe erreichten bis zu 2½ m Länge und ein Gewicht von mehr als 100 kg.

Dieser Fischreichtum gab schon prähistorischen Völkerschaften Anlaß, sich an der Elbe anzusiedeln, und er war die Existenzgrundlage für ein über die Jahrhunderte verbreitet anzutreffendes Fischereigewerbe, das strengen Regeln unterlag. Gefischt wurde mit Wurfnetz, Treibnetz, Zugnetz, Schlepp- oder Stellnetz und Säcken. Teilweise knüpften die Fischer ihre Netze selbst. Zu Zeiten der Dampfschiffahrt ließen sich die Fischer auch gern im Schlepptau mitnehmen.

Zum typischen Bild der Elbufer-Städte gehörte der regelmäßig abgehaltene Fischmarkt (in Wittenberg bis 1936 zweimal wöchentlich). War nicht Markttag, brachten die Frauen und Töchter der Fischer den Fang auch mit Handwagen übers Land. Die Verschmutzung des Elbwassers hat dieses Gewerbe total ruiniert.

☐ Anfänge des Elbhandels – Stapelrechte und Elbzölle

Der Elbhandel erlebte im 13. Jh. seine erste Blüte. Die Hanse griff von den Küstenstädten über die Elbe weit ins Binnenland hinein, wo sogar Magdeburg ihr Mitglied war. Andere bedeutende Elb-Handelsplätze gab es elbaufwärts bis nach Leitmeritz/Litoměřice. Salz, Fische, Tuche, Flachs und Gewürze gelangten über Magdeburg elbaufwärts, Steine, Bauholz, landwirtschaftliche Erzeugnisse, Erze und Messer aus Böhmen elbabwärts. Wein wurde in beiden Richtungen gehandelt. Um 1700 waren auch schon Kupfer, Wolle, Glas, Wachs, Öl, Leinwand, Mühlsteine und Kohle bedeutende Elbhandelsgüter. Die älteste und die stets wichtigste Schiffsfracht war Getreide.

Ein empfindliches Hemmnis für den Elbhandel bildeten die Zölle, die an jeder größeren Stadt und an anderen markanten Stellen, wie Brücken, Flußengen, Grenzen usw., erhoben wurden und schon für das 10. Jh. nachweisbar sind. Außerdem beanspruchten zahlreiche Elbstädte das Stapel- oder Niederlagsrecht. Obwohl schon vor dem Dreißigjährigen Krieg Konferenzen zur Milderung der Zölle und Stapelrechte abgehalten wurden (1548 und 1549 Jüterbog, 1555 Frankfurt/Oder), verschärften die Folgen des Dreißigjährigen Krieges die Handelshemmnisse weiter. Die Belastung durch den auf einer Schiffsreise zu wiederholten Malen erhobenen Zoll erreichte bei einem Transport von Hamburg nach Sachsen mehr als die Hälfte und nach Böhmen sogar 70 Prozent der Gesamtkosten. Die Elbe war der mit Abgaben am höchsten belastete deutsche Fluß. Dieses Zollregime verursachte auch erhebliche Wartezeiten.

Der Wiener Kongreß (1815) schlug vor, die bereits auf dem Rhein bestehende Zollfreiheit auch auf der Elbe einzuführen, was die Elbuferstaaten in der Elbschiffahrtsakte von 1821 als ihr Ziel bestätigten, aber lange nicht verwirklichten. Spät einigte man sich wenigstens darauf, alle Abgaben in einem einzigen Zollsatz zusammenzufassen, der ab 1863 an einer einzigen Zollstelle, in Wittenberge, erhoben wurde. 1869 wurde das Elbzollamt nach Hamburg verlegt. Am 1. Juli 1870 entfielen endlich alle auf der Elbe erhobenen Zölle.

Der Grundsatz der Freiheit der Schiffahrt sollte hinfort ein wichtiges Anliegen der Diplomatie bleiben. Die Elbschiffahrtsakte vom 22. Februar 1922, die im Zusammenhang mit dem Versailler Vertrag stand, verfügte die Internationalisierung der Moldau von Prag und der Elbe von der Moldaumündung abwärts. Staatsangehörige, Eigentum und Flaggen aller Staaten wurden fortan auf Moldau und Elbe gleichbehandelt.

☐ Fortbewegungstechnik der motorlosen Zeit

Da sich die Elbe noch bis Mitte des 19. Jh. in einem weitgehend natürlichen Zustand befand, war sie schwierig zu befahren. Im Oberlauf gab es Klippen, Stromschnellen und Untiefen. Hochwasser und Eisgang führten zu Uferabbrüchen, veränderten das Sohlenprofil und legten bisher unbekannte Hindernisse frei. An vielen Stellen uferte der Fluß aus oder er verzweigte sich in Seitenarme, deren Wassertiefe gering war. Unterhalb der Havelmündung verursachten wandernde Sandbänke ständig wechselnde scharfe Krümmungen und Spaltungen der Fahrrinne. Überdies war das Flußbett mit treibenden und festgesetzten Baumstämmen übersät. Das unzureichende Fahrwasser, die jahreszeitlich stark schwankende Wasserführung und die Abhängigkeit von Wind und Wetter brachten Transportverzögerungen mit sich und hatten nicht selten Verluste an Schiffen und Ladung zur Folge.

Solange es die Elbschiffer mit einem wilden, voller Hindernisse und Gefahren steckenden Fluß zu tun hatten und das Fahrwasser noch nicht gekennzeichnet war, bediente man sich auf den schwierigsten Strecken, besonders bei Niedrigwasser, möglichst eines Lotsen. Männer wateten oder fuhren voraus, um den empfohlenen Fahrweg durch Stecken oder Einschlagen von Mummen (rechts) und Bloßen (links, oben mit einem Strohwisch versehen) zu markieren. Überdies war es von Vorteil, im Konvoi zu fahren; so konnte man sich in schwierigen Situationen beistehen und notfalls auch gemeinschaftlich gegen Räuber verteidigen. Auch war es angebracht, leere Kähne mitzuführen, die es an Untiefen ermöglichten, den Tiefgang der beladenen Kähne durch Leichtern zu vermindern.

In der motorlosen Zeit trieben die Schiffe in der Talfahrt mit dem Strom. Soweit es zu helfen versprach, setzte man zusätzlich ein Segel. Die größten Schwierigkeiten bereitete die Bergfahrt. Sie war nicht nur mühselig, sondern erforderte auch viel Geduld. Für die Strecke Hamburg–Dresden benötigte man – bei günstigen Wasser- und Windverhältnissen – etwa 4 bis 6 Wochen. Man versuchte zu segeln. Manchmal stakte man sich auch den Strom hinauf. Auf der Havel war das Segeln sogar unerläßlich, weil die Ufer hier weithin moorig und somit zum Treideln untauglich waren. Auf der Elbe war jedoch das Schiffeziehen verbreitet: an bestimmten Flußschlingen, wo die Schiffer unvermittelt auf Gegenwind trafen, an Flußengen mit starkem Gefälle sowie an gefährlichen Untiefen war es die Regel.

Gezogen wurde mit der Kraft des Menschen, und zwar zumeist von einer Uferseite, vom Treidel- oder Leinpfad aus. Nur bei besonders schwerer Ladung und an besonders schwierigen Stromabschnitten zog eine zweite Kolonne gleichzeitig von der gegenüberliegenden Flußseite. In Sachsen nannte man die angeheuerten Treidelknechte Bomätscher, abgeleitet von den slawischen Worten Pomotch (Beistand, Hilfe) oder Pomohacz (Hilfsmann). Zugtiere (Pferde, Ochsen) wurden nur zwischen Tetschen und Dresden benutzt.

Waren die Ufer überschwemmt, schied das Treideln aus. In diesem Fall bediente man sich des Warpens: Ein Seil wurde verankert, an dem die Besatzung ihren Kahn von Bord aus stromauf zog. Häufig wurden auch wechselseitig zwei Anker voraus in den Grund gebracht; mit dem Ankertau holte man sich stromauf.

☐ Flößerei

Der Holzreichtum Böhmens und der Sächsischen Schweiz gab den Anlaß für die einst auf der Elbe sehr bedeutende Flößerei. Mit dem Floßholz wurden vor allem die entlang der Elbe bestehenden Sägewerke beliefert. Das meiste Holz blieb schon in Sachsen. Flöße gelangten aber auch bis Magdeburg und im äußersten Falle bis Wittenberge. Weiter abwärts schloß die geringe Strömung weiteres Flößen aus. – Das Floßholz, Stämme von 6 bis 8 m Länge, wurde zu zweilagigen Tafeln zusammengebunden. Ein Floß bestand aus mehreren

Flöße auf der Elbe bei Postelwitz (Bad Schandau), Aufnahme um 1925

solcher Tafeln, die zu einem gelenkigen Ganzen zusammengefügt waren. Bei einer Länge von 130 m und einer maximalen Breite von 12,6 m gehörte viel Geschick dazu, das Gefährt in der Strommitte zu halten. – Ihren Höhepunkt erlebte die Holzflößerei vom letzten Viertel des 19. Jh. bis zum Ersten Weltkrieg. Auch in den dreißiger Jahren wurde noch erstaunlich viel Holz geflößt. Zuletzt wurden in den ersten Jahren nach dem Zweiten Weltkrieg Flöße im Schlepp kleiner Schraubendampfer gezogen. 1948 ging diese Art des Elbeverkehrs endgültig zu Ende.

☐ Schiffmühlen

An der böhmischen Elbe hatte man im Fluß viele Mühlenwehre angelegt und mit der Fallenergie des Wassers Korn gemahlen und Holz gesägt. In der Frühzeit der Industrie erweiterte sich der Anwendungsbereich dieser stationären Mühlen. Zahlreiche Industriewerke des oberen Elblaufs verdanken ihre Entstehung der Antriebsenergie des Wassers.

Schiffmühlen waren schwimmende Energieerzeuger (bewegliche Wassermühlen mit unterschlächtigen Rädern). Bis in die zweite Hälfte des 19. Jh. zählten sie zum charakteristischen Erscheinungsbild der Elblandschaft. Erste Nachrichten über sie auf der Elbe setzten im 15. Jh. ein, und schon zur Zeit der Reformation wurden nicht weniger als

Der Meißner Burgberg mit Schiffmühle, um 1835. Radierung nach einem Kupferstich von H. Winkels, erste Hälfte 19. Jh.

534 Schiffmühlen gezählt. Vor manchen Orten lagen gleich mehrere. Schiffmühlen konnten aber erst unterhalb von Mělník mit Nutzen verwendet werden, denn die höher gelegene Elbe schied auf weiten Strecken wegen zu großer Unruhe des Flusses und zu starken Gefälles für ihre Verwendung aus. Auch die untere Elbe war für Schiffmühlen ungeeignet, da hier die von der Strömungsgeschwindigkeit abhängende Schubkraft des Flusses nicht mehr ausreichte, um das Wasserrad in Drehung zu setzen. Der am weitesten stromabwärts gelegene Standort einer Schiffmühle befand sich bei Sandau (in der Nähe von Havelberg). – Mit der Entwicklung der Dampfschiffahrt wurden die Schiffmühlen mehr und mehr zum Verkehrshindernis, weshalb man sie in der zweiten Hälfte des 19. Jh. zügig abbaute. Sie wurden staatlicherseits aufgekauft und beseitigt. Auf der Elbe in Deutschland verschwand die letzte Schiffmühle 1901 und in Böhmen 1911.

☐ Regulierung des Flußlaufs

Die ersten Eingriffe in die Flußlandschaft erfolgten, um die Flußanlieger vor Hochwasser und Uferabbrüchen zu bewahren. **Deichbauten** reichten in den hochwassergefährdeten Gebieten bei Magdeburg bis ins 12. Jh. zurück, als Erzbischof Wichmann Niederländer zu Meliorationsarbeiten herbeirief. Die Bezeichnung dik = Deich ist niederländischen Ursprungs, während in Sachsen der Begriff dam = Damm gebräuchlich war. Kursachsen verfügte den Dammbau seit 1563. Durch ausgedehnte Deich- und Dammanlagen erhielt die

Elbe schon seit dem 17. Jh. ein kanalartiges Aussehen. Mit den Deichen endeten die fast jährlichen Überflutungen der Auenwiesen und damit die natürlichen Nährstoffzufuhren; aber der Schwemmboden konnte als Ackerland umgebrochen werden.

Buhnenbauten, für Magdeburg erstmals 1422 erwähnt, sollten der Seitenerosion entgegenwirken. **Durchstiche von Flußschlingen** und **Abdämmungen von Nebenarmen,** für die mittlere Elbe seit dem 18. Jh. nachweisbar, sollten Hochwasser schneller zum Abfließen bringen, Eis besser abführen und weiteren Verwilderungen des Flußbettes Einhalt bieten.

Bedürfnisse der Schiffahrt wurden erstmals in den Beschlüssen des Wiener Kongresses (1815) und in der Elbakte (1821) nachdrücklich formuliert. 1842 begann man die Regulierung des ganzen Stromes von Tetschen abwärts. Aber erst die 1858–60 für die sächsische und 1866 für die preußische Elbstrecke aufgestellten Regulierungspläne, die auch den Uferschutz berücksichtigten, erwiesen sich als langfristig tragfähig: Sie sollen (sinngemäß) bei jedem Niedrigwasserstand eine Tauchtiefe von 0,84 m garantieren.

- Um den Abfluß zu begünstigen, wurde der Elblauf durch Durchstiche verkürzt, besonders wo Durchbrüche zu befürchten waren.
- Am Magdeburger Domfelsen verschaffte man dem Hochwasser durch einen Umflutkanal schnelleren Abfluß.
- Nebenrinnen, Totarme und Weiher wurden systematisch trockengelegt, wodurch auch manche Insel verschwand. Es sollte nur noch ein Strombett geben.
- Das System der Schutzdeiche wurde systematisch erweitert und umgestaltet. Man bevorzugte geradlinige Deiche. Teilweise wurden weiter vom Fluß entfernt Zweitdeiche errichtet.
- Dabei wurde das Hochwasserbett eingeengt. Betrug es früher etwa 6–7 km Breite, so heute im allgemeinen nur noch 800 m (in einzelnen Abschnitten der mittleren Elbe aber auch 2,5–3,5 km). Folglich können heute größere Auenflächen landwirtschaftlich genutzt werden.
- Im Flußbett aufragende Felsriegel wurden durch Aussprengungen und Bohrarbeit vertieft (so bei Meißen und am Magdeburger Domfelsen).
- Mehr als 100 000 der Schiffahrt hinderliche Baumstämme wurden beseitigt.
- Auf 437 km Lauflänge wurden 3500 neue Buhnen gebaut und ältere verlängert. Damit wollte man den Fluß einengen (bei Wittenberg von 135 auf 105 m), seine Erosion anregen und ihm eine tiefere Fahrrinne geben.

Die aktivste Zeit des Flußbaus waren die Jahre 1860 bis 1915, in denen die Elbe und ihre Aue ihre heutige Gestalt erhielten. Auf einer Strecke von 437 km waren 1300 Arbeitskräfte mit Dampfbaggern, Taucherglocken und Spülern im Einsatz. Im 20. Jh. ist der Elbeausbau auf den Oberlauf konzentriert worden, wodurch die Schiffbarkeit flußaufwärts ausgedehnt werden konnte.

Diese tiefgreifenden Umgestaltungen haben die Elbe zu einem bereits weitgehend regulierten Fluß gemacht. Es gibt Orte, die durch die Flußregulierung ihre einstige Uferlage verloren haben (z. B. Mühlberg, Pretzsch, Klöden, Wartenburg). Wer aber mit wachen Sinnen durch die Elblande reist, wird noch immer an den unregulierten Fluß erinnert: in der Landschaft durch Altarme usw., im Sprachschatz durch erhaltene Ortsbezeichnungen der Schiffer früherer Jahrhunderte, die zumeist auf einstige Gefahrenstellen Bezug nehmen.

☐ Schiffbau und Reedereien

Das Elbschiff, das sich von einfachsten prähistorischen Anfängen entwickelte, erreichte in der motorlosen Zeit mit dem Katzbuckelkahn seinen letzten Höhepunkt. Die Ladung war erstmals geschützt, und bei gutem Wind ließ sich mit dem Rahesegel von 300–400 m² gut vorwärtskommen. – Das Schiffergewerbe, noch kleingewerblich oder von wohlhabenden Unternehmern betrieben, war am Fluß verbreitet anzutreffen. Auf frühere Anwesen von Schiffseignern und Schiffern weisen vielerorts Türschluß- oder Haussteine mit eingemeißelten Berufssymbolen wie Anker oder Kahn hin.

☐ Anfänge der Elbe-Dampfschiffahrt

Das erste Dampfschiff, das auf der Elbe verkehrte, war die in England gebaute ›The Lady of the Lake‹, die 1817 zwischen Hamburg und Cuxhaven pendelte. Im selben Jahr richtete der Engländer John Barnett Humphrey mit dem Dampfer ›Kurier‹ einen wöchentlichen Linienverkehr im Städtedreieck Berlin – Hamburg – Magdeburg ein. 1834 befuhr erstmals ein Dampfer die Strecke Dresden – Hamburg. 1837 eröffnete die Königlich privilegierte Sächsisch-Böhmische Dampfschiffahrts-Compagnie den Verkehr auf der oberen Elbe, und im folgenden Jahr nahm die Magdeburger Dampfschiffahrts-Compagnie den Dienst zwischen Magdeburg und Hamburg auf. Ab 1840 gab es auch einen Liniendienst zwischen Dresden und Magdeburg. Hamburg, Magdeburg und Dresden – das waren die Zentren der Elbschiffahrt. Berlin, das über die Havel und ihre Kanäle Zugang zur Elbe fand, war ein gleichrangiger Partner. – Sehr früh setzte eine Entwicklung des Elbedampfers ein: vom Holzrumpf Humphreys zum eisernen Dampfschiff (1834 ›Prinz Carl‹ in Preußen), vom versuchsweisen Heckrad-Schleppdampfer zum zweirädrigen Seitenraddampfer.

Allerdings litt die neue Verkehrstechnik an den Zuständen des Fahrwassers, am deutschen Partikularismus (Elbzölle) sowie an der noch unzulänglichen technischen Zuverlässigkeit und Leistungsfähigkeit der Fahrzeuge. Die oszillierenden Niederdruck-Zwillingsmaschinen schafften gerade eine individuelle Leistung von etwa 180 PS. Überdies war der Wirkungsgrad der hölzernen Schaufelräder gering. Und als die Dampfschiffahrt gerade ihren allergröbsten Kinderkrankheiten entwuchs und der Elbe die Rolle einer nahezu bestimmenden Verkehrsader zuzufallen schien, wurden die hochgesteckten Erwartungen durch den Siegeszug der Eisenbahn gebremst. Ab 1852 bestand der durchgehende Schienenstrang von Hamburg nach Prag. Die Eisenbahn hielt die Tarife für den Frachtverkehr bewußt niedrig. Bankrotte dämpften den anfänglichen Optimismus der Schiffahrtskreise.

Erst die Regulierung des Strombettes, die Beseitigung der hinderlichen Schiffmühlen, die Abschaffung des Elbzolls und die Beendigung der die Schiffahrt schädigenden Kampftarife der Eisenbahn brachten den Durchbruch zu einer florierenden Elbschiffahrt. Nun erst

Dampfschiff ›Königin Maria‹. Lithographie, um 1837

erwies es sich als rentabler, Massengüter, wo möglich, auf dem Wasserweg zu transportieren.

☐ Kettenschiff – Schaufelraddampfer – Schubschiff

Solange noch kein wirklich leistungsstarkes Dampfschiff zur Verfügung stand, erzielte man mit der Einführung der **Kettenschiffahrt** einen Notbehelf: In ihrer Zeit hatte sie den Vorteil, Strecken mit Flachwasser wie auch höheren Strömungsgeschwindigkeiten gewachsen zu sein. Bei dieser Technik wurde die Bewegungsenergie der Dampfmaschine nicht durch Radschaufeln oder Schiffsschrauben umgesetzt; vielmehr zog sich das Schiff mit der Kraft seiner Dampfmaschine an einer in den Flußlauf verlegten Kette vorwärts. Während der Fahrt wurde die Kette über den Bug aus dem Wasser gehoben, lief in Schleifen um die mit Dampf in Rotation versetzte Radtrommel und senkte sich über das Heck wieder ins Wasser zurück. Das Kettenschiff diente nur als Schlepper für motorlose Frachtkähne. In die Wasserstraße verlegt war immer nur eine Kette. Begegneten sich zwei Kettendampfer, so mußte einer »aus der Kette gehen«, wofür es in bestimmten Abständen Kettenschlösser gab, die gelöst werden konnten. Für den fortlaufenden Verkehr aller Beteiligten war es wichtig, daß jedes Schiff nach dem Ausscheren wieder Zugang zur Kette fand und diese immer wieder geschlossen wurde. – Nachdem die 1866 am Magdeburger Domfelsen angestellten Versuche sehr befriedigend ausgefallen waren, verlängerte man die Kette auf der einen Seite bis Hamburg und auf der anderen (1870–75) bis Mělník. Die nunmehr 730 km lange Kette bestand aus etwa zwei Millionen Gliedern. Eine Abzweigung führte die Saale bis Halle hinauf (1884–1922).

Für einige Jahrzehnte erwies sich die Kettenschiffahrt gegenüber den anderen Antriebsarten überlegen, bis es gelang, den Wirkungsgrad des **Schaufelraddampfers** durch Einführung der Verbunddampfmaschine ab 1880 zu verbessern, im Vergleich zu 1857 um das Vierfache. 1910 gab es bereits Schaufelraddampfer von 84,5 m Länge. Bei den größten und stärksten konnte die Tragfähigkeit auf 1350 t und die Leistung auf 1200 PS gesteigert werden.

Das seitenradgetriebene Schleppschiff bewährte sich nun auch in der Frachtschiffahrt. Normalerweise zog ein Schleppdampfer drei Kähne und beförderte 2500 t Frachtgut. Auch Schleppzüge mit bis zu zwölf Kähnen, die bis zu 3600 t zogen, waren auf der Elbe keine Seltenheit. Die Kähne verfügten über keine eigene Antriebsmaschine. Stromab trieben sie mit dem Fluß, hin und wieder setzten sie ein Segel.

Ebenso erreichte die Personenschiffahrt neue Dimensionen. Zwar hatte die Elbschiffahrt mit dem Siegeszug der Eisenbahn jene Passagiere, denen es auf schnelles Reisen ankam, verloren. Das Flußschiff war vorwiegend zum Transportmittel des Massengutverkehrs geworden. Aber der von der Güterschiffahrt völlig getrennte Ausflugsverkehr auf der Elbe gewann immer mehr Liebhaber. Allein die **Sächsisch-Böhmische Dampfschiffahrtsgesellschaft** beförderte 1905 2,5 Mio. Passagiere. Seit den achtziger Jahren des 19. Jh. entstanden große Luxusdampfer. Diese von der Sächsisch-Böhmischen Dampfschiffahrt AG (später *Weiße Flotte Dresden*) nach dem Ersten Weltkrieg in Auftrag gegebenen Schiffe boten 600 Personen Platz. Sie fuhren die schönsten Ausflugziele im Elbsandsteingebirge und im Weinanbaugebiet bei Meißen an; die unterste Station war viele Jahre Wittenberg (bis 1952). Auch von Wittenberg und von Magdeburg aus gab es einen regen Passagierverkehr, vor allem nach Wörlitz.

Derweil verkehrten in der Güterschiffahrt beide Dampfertypen – Raddampfer und Kettenschiff – mit Erfolg nebeneinander. Auf der Elbe und der Saale waren bis zu 36 Kettendampfer im Einsatz. Aber die Weltwirtschaftskrise und dann Alterung und Abnutzung der Kette führten zur schrittweisen und endgültigen Aufgabe der Kettenstrecke. Wegen der Nachteile dieser Betriebsart wurde die Kette nicht erneuert. Zuletzt gab es nur noch kürzere funktionsfähige Abschnitte. Auf der sächsischen Strecke wurde der Betrieb 1943 und in der Tschechoslowakei 1948 aufgegeben.

Seither hat sich auch der Schaufelraddampfer als Schleppschiff für den Güterverkehr überlebt. Der letzte derartige Schleppdampfer, der auf der Elbe verkehrte, die 1909 auf der Roßlauer Schiffswerft gebaute ›Württemberg‹, brachte es auf 65 Dienstjahre, 800 000 km Fahrstrecke und 2 Milliarden Tonnenkilometer Transportleistung (heute Museum und Gaststätte in Magdeburg). Oldtimer-Schaufelraddampfer fahren aber immer noch als Fahrgastschiffe im Ausflugsverkehr, besonders von Dresden und Lauenburg aus. Ihre Beliebtheit ist ungebrochen.

In der Frachtschiffahrt wurden in der Not nach 1945 zunächst alte Schleppkähne durch Anbringen zweier Dieselmotoren am Heck zu Selbstfahrern umgebaut, bis diese durch Motorgüterschiffe von 800 bis 1100t Tragfähigkeit abgelöst wurden. Schließlich hielt auch auf der Elbe die **Schubschiffahrt** Einzug. Angepaßt an die Dimensionen der Fahrrinne besteht eine Schubeinheit aus dem Schubboot und bis zu vier besatzungslosen Prahmen.

Es gab Bestrebungen, die Elbe oberhalb von Magdeburg durch Anlage von Staustufen ganzjährig für das Europaschiff (1350 t) – unabhängig von der Wasserführung – befahrbar zu machen. Nach gründlichen Untersuchungen hat man dieses Projekt sowohl wegen zu hoher Kosten (mangelnde Rentabilität) als auch wegen der zwangsläufigen Folgen für die Umwelt aufgegeben.

Raddampfer auf der Elbe

Blick auf Bad Schandau, im Hintergrund die Schrammsteine ▷

45

Die Elbe von der Quelle
bis zur Mündung

Die obere Elbe

Die Elbe in Böhmen

☐ Von der Quelle ins Riesengebirgsvorland

Die über dem **Riesengebirge** (Krkonoše; Nationalpark) fallenden Niederschläge scheiden sich am Gebirgskamm. Auf der nördlichen Abdachung fließen sie der Oder (Ostsee), auf der südlichen der Elbe (Nordsee) zu. Diese Wasserscheide war und ist zugleich eine uralte politische Grenze: im Norden liegt Schlesien, im Süden Böhmen.

Mehrere Quellbäche entspringen unterhalb des Riesengebirgskammes, in den Hochmooren eines Sattels mit Moorwiesen und Krüppelkiefern. Die Hauptquelle tritt auf der **Elbwiese** (Labská Louka) in etwa 1390 m ü. M. zutage und ist in einem Becken gefaßt. In diesem am meisten besuchten Gebirge der Tschechischen Republik, in der Sagenwelt des ›Rübezahl‹, gibt es – ganz nahe bei den Elbquellen – einige unheimliche Fremdlinge: die unverwüstlichen Betonklötze einstiger Bunker, errichtet von der ersten Tschechoslowakischen Republik in der trügerischen Hoffnung, damit Hitlerdeutschland abschrecken zu können.

Nach kurzem Lauf erreichen die vereinten Quellbäche den **Elbfall** (Farbabb. 1); in dessen Nähe die **Elbfallbaude/**Labská bouda, die man in neuerer Zeit zu einem Berghotel ausgebaut hat. Über Felsen stürzt das Wasser in den **Elbgrund/**Labský důl, um sich nach einigen Kilometern mit dem **Weißwasser** zu vereinigen. Der **Elbgrund** und der **Weißwasser-Grund/**Údolí Bílého Labe sind die romantischsten Täler des Riesengebirges.

Der Gebirgsfluß wendet sich mit stürmischem Lauf in südliche Richtung. In den ersten 23 km von der Quelle bis Vrchlabí/Hohenelbe beträgt das Gefälle 920 m und in den anschließenden 286 km bis zur Moldaumündung weitere 315 m. Indem die Elbe zunächst nach Süden und Südosten, d. h. entgegengesetzt zur Richtung ihrer Mündung fließt, nimmt sie einen erheblichen Umweg. Innerhalb Böhmens beschreibt sie einen weiten Bogen, der solch reizvolle Landschaften umfaßt wie das *Isergebirge/*Jizerské hory und das *Lausitzer Gebirge/*Lužiské hory an den Grenzen zu Polen und Deutschland, das *Jeschken-Gebirge/*Ještedský hřebet bei Liberec/Reichenberg und Jablonec n. Nicou/Gablonz a. d. Neiße, das *Hügelland von Doksy/*Hirschberg (Dokeská pahorkatina), das *Böhmische Paradies/*Český Ráj und das *Gitschiner Hügelland/*Jičinská pahorkatina. Auf Abstechern von der Elbe leicht erreichbar findet der Reisende Landschaften, die zum Wandern und Erholen einladen; darin sehenswerte Städte, Burgen und Schlösser mit interessanter Geschichte.

Von der Riesengebirgslandschaft nahmen die Menschen erst im 12. und 13. Jh. Besitz. Entsprechend sind die Siedlungen relativ jung. Die Kolonisten stammten zumeist aus deutschen Landen, so daß im Riesengebirge überwiegend Deutsch gesprochen wurde. Das Gebiet galt als reich an Mineralien und Metallen. Mutige Pioniere zogen zum Goldwaschen in die Berge. In Hohenelbe arbeitete eine Eisenhütte, und das hier geförderte Silber wurde zu Münzen geprägt. Auch förderte man Edelsteine. In den Tälern von Adler, Aupa und Elbe entstanden Papiermühlen, Arsen- und Kupferhütten. Die Glashütte von Nový Svet/ Neuwelt brachte es zu hoher technischer und künstlerischer Leistung. Auch der Holzeinschlag war ein wichtiger Erwerbszweig, denn die Metall- und Glashütten benötigten ausgiebig Holzkohle; überdies wurde viel Holz auf der Elbe nach Mittelböhmen geflößt (s. Kuttenberg). Die Bauern bestellten ihre Äcker mit Kraut, Hafer, Roggen und Flachs. Dieser war die Grundlage für eine blühende Leinenverarbeitung. Die größeren Unternehmungen gehörten hochadligen Geschlechtern. Christoph Jandorf von Jansdorf, der Besitzer des Herrenguts von Oberelbe, fungierte als königlicher Bergbauberater; Albrecht von Wallenstein ließ in den Eisenhütten von Hohenelbe und anderen Orten des Gebiets für Zehntausende seiner Söldner Ausrüstungen herstellen; Ernst Guido Graf von Harrach

Elbfall mit Baude. F. A. Tittel, Aquarell, um 1820

erwarb 1764 die Glashütte von Neuwelt. Die Besitzverhältnisse und die Techniken änderten sich, aber die Textil-, die Papier- und die Glasindustrie sind noch heute für das Riesengebirge und sein Vorland landschaftstypisch. Das 19. Jh. hat den Tourismus als wichtige Erwerbsquelle hinzugefügt.

Spindlerův Mlýn/Spindlermühle (1200 Einw.) ist der größte Ferienort des Riesengebirges, einer der bedeutendsten ganz Böhmens, beliebt als Ausgangspunkt für Wanderungen in die schönsten Teile des Gebirges, geschätzt auch im Winter wegen seiner schneesicheren Lage. Hotels und Pensionen bestimmen das Ortsbild. Aufzüge erleichtern die Aufstiege auf angrenzende Höhenrücken und Pisten.

Vrchlabí/Hohenelbe (13 500 Einw.), am Fuße des Riesengebirges nicht minder reizvoll und verkehrsgünstig gelegen, ist als Touristenzentrum gleichfalls beliebt. In der zweiten Hälfte des 14. Jh. besaß hier das weitverzweigte Geschlecht der Markvartic eine Befestigung, deren Reste noch südlich des Schlosses in der Mitte des von der Elbe gespeisten Teiches zu sehen sind. 1533 kaufte Christoph Jandorf von Jansdorf das Herrengut, gab die alte Festung auf und erbaute nördlich von ihr 1546 das in der Form eines Kastells gehaltene **Schloß,** das im folgenden an den Feldherrn Albrecht von Wallenstein gelangte. Nach dessen Ermordung (1634) fiel es an die Grafen Morzin und im späten 19. Jh. an die Grafen Czernin. Das zweigeschossige Bauwerk war ursprünglich von einem Wassergraben umgeben. Jeder seiner vier Ecken ist ein achteckiger Turm angefügt. In der Mitte der Anlage befindet sich statt eines Hofes ein großer Saal mit Stuckarbeiten (17. Jh.). Umbauten im 19. und 20. Jh. haben leider den architektonischen Wert des Bauwerks gemindert. Die andere architektonische Dominante des Stadtbildes ist das ehemalige *Augustinerkloster*. In der Stadtmitte haben sich einige für die städtische Volksarchitektur typische *Laubenhäuser aus Holz* erhalten. Sehenswert ist das *Riesengebirgsmuseum*.

*Spindlerův Mlýn/
Spindlermühle im
Winter*

Dvůr Králové/Königinhof, Kirche
St. Johannes Baptista

Im nahen **Jilemnice/Starkenbach** (5800 Einw.) fanden 1893 die ersten Skiwettkämpfe in Mitteleuropa statt; 1903/04 wurde hier der erste nationale Skiverband Europas, der ›Verband der Skiläufer im Königreich Böhmen‹, gegründet.

Unterhalb von Hohenelbe verläßt die Elbe das Riesengebirge. Sie wendet sich in Richtung Südosten, nach Ostböhmen. Im Riesengebirgsvorland passiert sie einen von Sandstein geprägten Übergangssaum. **Hostinné** (5100 Einw.) verfügt über eine wertvolle gotische Kirche aus dem 13. Jh., ein Renaissancerathaus und ein ehemaliges Kloster mit Barockkirche.

Dvůr Králové/Königinhof (17000 Einw.) hat seinen Namen von einem Königshof, den Przemysl Ottokar II. vor 1270 gründete und neben dem sich im 13. Jh. eine Stadt entwickelte, die 1392 Leibgedinge (Witwensitz) der böhmischen Königinnen wurde. Die *Dekanalkirche St. Johannes Baptista* enthält noch romanische Bauteile, wurde aber 1380 grundlegend erneuert. Heute ist Königinhof wie auch das folgende Jaroměř/Jaromirsch ein Standort der Textilindustrie. Bei der Stadt besteht ein *Safaripark*.

In **Kuks/Kukus** (250 Einw.) gründete Franz Anton Graf von Sporck (vgl. Lysá nad Labem/Lissa) Ende des 17. Jh. eine ebenso ungewöhnliche und interessante wie künstlerisch bedeutsame Gebäudegruppe: Auf einer Anhöhe unmittelbar über dem linken Elbufer wuchs um eine Heilquelle in drei Etappen eine städtebauliche Einheit empor, beste-

51

hend aus **Schloß**, **Kapelle** (mit der Familiengruft), **Hospital** (für Invaliden und Kriegs-veteranen der Herrschaft), **Bade-** und **Verwaltungsgebäuden, Gasthöfen, Theater** und **Bibliothek.** Der Komplex war von einem kunstvoll angelegten Garten umgeben. Das Bade-leben griff auch auf die andere Elbseite über, wo Lustschlößchen und eine Rennbahn mit Figurenplastiken entstanden. Die beiden wichtigsten Meister waren der italienische Archi-tekt G. B. Alliprandi und der aus Tirol stammende Bildhauer Matthias Bernhard Braun. Obwohl vieles vom Einstigen verschwunden ist, verkörpert das Erhaltene – eine **Frei-treppe mit Kaskaden**, die **Kirche** und das **Kernstück** des **Schlosses** – eines der bedeu-tendsten Denkmale des böhmischen Barock. Ihren Höhepunkt findet die Anlage in den zahlreichen allegorischen *Sandsteinfiguren* Brauns (1713–31), besonders der langen Reihe von Figuren der Tugenden und Laster. Bedeutend ist auch die im ursprünglichen Zustand bewahrte *Apotheke*. – In einem nahen Wald-idyll findet man bildhauerische Arbeiten, die Braun an Ort und Stelle aus dem natürlich anstehenden Gestein arbeitete: u. a. Riesen-figuren von Büßern und Heiligen sowie eine Krippenszene, nach der der Ort **Betlem/ Bethlehem** benannt ist.

☐ Durch das Böhmische Becken

Beim 75. Flußkilometer tritt die Elbe in das Böhmische Becken ein. Die Tschechen nennen diesen zur böhmischen *Kreidetafel* zählenden Elbeabschnitt ›Mittelelbe‹. Die Landschaft ist verhältnismäßig eben, nur vereinzelt ragen Anhöhen auf. Der Strom durchfließt Gebiete, in denen die tschechische Bevölkerung immer überwog. Er streift Orte und Stätten, die für die Geschichte und Staatsbildung der tschechischen Nation bedeutsam waren. An den Elbfurten und Elbzuflüssen entstanden wichtige, darunter königliche Städte. Eindrucksvolle Baudenkmale sind ihr Stolz.

Die Ebene ist fruchtbar. Schon vor Jahrhunderten nutzten Mühlen die Wasserenergie der Elbe. Elbewasser wurde in große Fischteiche geleitet. Auf der Grundlage einer reichen Landwirtschaft entstanden im 19. Jh. zuerst Lebensmittelindustrien; die Folgezeit ließ weitere Industriezweige, darunter den Maschinenbau, entstehen.

Jaroměř/Jaromirsch (12 500 Einw.; einschl. Josefov) wird durch eine Elbschleife an drei Seiten umflossen. Hier münden die Flüsse *Úpa/Aupa* und *Metuje/Mettau*. Die Stadt ist vermutlich nach dem Prager Erzbischof Jaromir benannt. Das beeindruckendste Bau-werk ist die mächtige **Stadtkirche St. Nikolaus**, an der seit dem 14. Jh. immer wieder gebaut wurde. Ihren spätbarocken Hochaltar schuf Martin Krupka. Die Stadt wurde vom 15.–17. Jh. von den Hussiten und mehreren Bränden schwer heimgesucht, blieb aber im folgenden von Kriegen weitgehend verschont. 1831/32 wurde in Jaromirsch die erste Ket-tenbrücke über die Elbe gespannt. – Dicht bei der Stadt liegt die Festungsanlage **Josefov/ Josephstadt**, die Kaiser Joseph II. nach den Erfahrungen des Siebenjährigen Krieges in den 80er Jahren des 18. Jh. anlegen ließ; sie war mit Königgrätz die Hauptfestung zum Schutz

◁ *Kukus/Kuks, Sandsteinfiguren von Matthias Bernhard Braun*

Schloß Ratibořice bei Königgrätz

der böhmischen Kernlande vor Einfällen Preußens aus Schlesien. Erhalten sind neben den Wehranlagen das *Garnisonsspital* (1787) und die *Garnisonskirche* (1805).

In **Hermanice/Hermanitz** (ca. 400 Einw.) wurde Albrecht von Wallenstein 1583 geboren. – Im Städtchen **Smiřice** (ca. 3100 Einw.) gibt es ein *Barockschloß* mit Arkadenhof (17. Jh.), Schloßkapelle (1696–99; mit wertvollen Bildern und Deckengemälden) und Park.

Nahe bei diesem Elbabschnitt liegt das *Ratiborské údolí/Ratibortal* (Naturschutzgebiet), das sich seit 1582 im Besitz der Piccolominis, der Herren von Nachód, befand. Vavrinec/Laurentius von Piccolomini erbaute hier 1708 das **Schloß Ratibořice,** das 1792 an den kurländischen Herzog Peter gelangte. Auf Einladung seiner Tochter Katharina Wilhelmine (tschech. Zahánská) weilten hier 1813 Zar Alexander I. von Rußland, König Friedrich Wilhelm III. von Preußen und der österreichische Kanzler Fürst Metternich. Literarischen Ruhm fand die adlige Dame in der Person der ›Frau Fürstin‹ in dem Buch ›Babička‹ (Großmutter) der Schriftstellerin Božena Němcová, das in der tschechischen Nationalliteratur einen herausragenden Platz einnimmt.

Die Elbe hat ihren östlichsten Punkt erreicht. Sie begibt sich nun nach Süden, tiefer ins Böhmische Becken. Am Zusammenfluß von Elbe und *Orlice/Adler* liegt die Stadt **Hradec Králové/Königgrätz** (rd. 100 000 Einw.), die Hauptstadt Ostböhmens. Hier befand sich der Schnittpunkt der Wege von der Donau über Breslau zur Ostsee und von Prag nach Krakau, weshalb wahrscheinlich schon im 10. Jh. eine slawische Burg bestand. 1225 ließ Przemysl Ottokar I. eine königliche Burg erbauen; die in ihrem Schutz bestehende Siedlung erhob er zur freien königlichen Stadt, einer der ältesten Königsstädte Böhmens. Im 14. Jh. wurde sie Residenz und Heiratsgut der Königinnen von Böhmen, wovon sich der Stadtname ableitet. Im 15. Jh. war die Stadt ein Brennpunkt der hussitischen Revolution. Als sich nach der Schlacht am Weißen Berg die Bauern in Ostböhmen 1627 erhoben, operierte Wallenstein von Königgrätz aus, um den Aufstand niederzuwerfen. 1639 besetzten die Schweden die Stadt. Mit der Rekatholisierung wurde sie 1650 Bischofssitz.

1766–89 ließen die Österreicher die schon vorher befestigte Stadt zu einem Schwerpunkt ihres Verteidigungsgürtels an der Elbe ausbauen. Zwischen Königgrätz und dem 15 km nordwestlich gelegenen Dorf **Sadowa** fand am 3. 7. 1866 die *Schlacht von Königgrätz,* die Entscheidungsschlacht im Preußisch-Österreichischen Krieg, die blutigste Schlacht des 19. Jh., statt. Bei der *Höhe Chlum* (336 m; Aussichtsturm) gibt es Hunderte von Massengräbern. (Der Sieg Preußens über Österreich führte zur Auflösung des Deutschen Bundes; Bismarck war der Weg zum kleindeutschen Nationalstaat geebnet.) Die Fortifikationen wurden 1884 geschleift.

Heute besteht die Stadt aus der Altstadt auf dem Hügel oberhalb des Zusammenflusses von Elbe und Adler und dem zwischen 1900 und 1930 entstandenen Stadtviertel zwischen Elbe und Bahnhof. Die wichtigsten Sehenswürdigkeiten befinden sich am langgestreckten dreieckigen Markt, dem *Žižka-Platz* (Žižkovo náměstí): die **Heilig-Geist-Kathedrale,** eine ehemalige Bischofskirche, ab 1307 aus Backstein errichtet (für Böhmen selten); der 68 m hohe **Weiße Turm** (Bílá věž), 1574–90, Sandstein, ein Glockenturm mit der zweitgrößten Glocke Böhmens; das **Alte Rathaus,** 15. Jh., im 16. und 19. Jh. umgebaut, bemerkenswert die breite Renaissancefassade und die beiden Ecktürme; dahinter ein schönes altes Gäßchen mit Laubengängen; die **Bischöfliche Residenz,** 1709–16, mit Kapelle, Antiquitäten- und Gemäldesammlung; das **Spulak-Haus** (Dům ›U Spuláků‹), ein Barockbau, in dessen Hintertrakt sich die Kapelle der evangelischen Böhmischen Brüdergemeinde befand; die innen reich ausgestattete **Marienkirche,** 1654–66 von C. Lurago errichtet, ehemals Jesuitenkirche, mit dem Jesuitenkolleg, erstes Viertel 18. Jh. von P. J. Beyer; des weiteren alte Bürgerhäuser mit Laubengängen. Auf der Platzmitte steht eine monumentale **Marienstatuengruppe** von 1717. – Bemerkenswert ist auch der *Platz auf der Burg* (Náměstí na hradě): An der Stelle der früheren Burg der böhmischen Königinnen er-

Hradec Králové/ Königgrätz

1 *Heilig-Geist- Kathedrale*
2 *Weißer Turm*
3 *Altes Rathaus*
4 *Bischöfliche Residenz*
5 *Spulak-Haus*
6 *Marienkirche*
7 *Marienstatuen- gruppe*
8 *Bischöfliches Seminar und Nepomukkirche*
9 *Griech.-kath. Holzkirche*
10 *Gewerbemuseum*

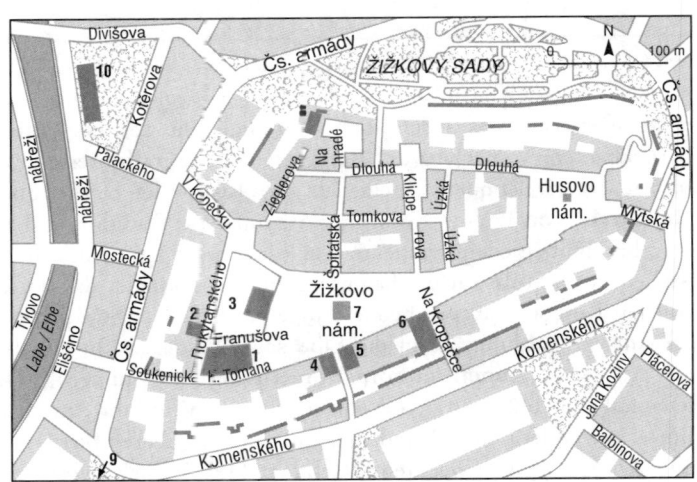

Hradec Králové/Königgrätz, Heilig-Geist-Kathedrale, Weißer Turm und Altes Rathaus

baute man 1714 das **Bischöfliche Seminar** mit der **Nepomukkirche,** zwei schöne Barockbauten. Vom Haus des Burggrafen sind Sgraffitoreste aus dem 16. Jh. erhalten. Im *Jirásekpark* befindet sich eine aus der Ostslowakei hierher überführte **Griech.-kath. Holzkirche** von 1759. – Königgrätz ist für seine Tradition in der Instrumentenherstellung berühmt (Blechinstrumente und Klaviere). Später hat sich der Maschinenbau entwickelt. Vom Stolz auf die heimische Industrie kündet das vor dem Ersten Weltkrieg von Jan Kotera in ansprechendem Jugendstil erbaute **Städtische Gewerbemuseum.**

6 km vor Pardubitz biegt die Elbe nach Westen ab. In der Flußschleife erhebt sich der Basaltkegel **Kunetická hora/Kunietitzberg** (305 m ü. M.). Die Hussiten veranstalteten auf ihm 1420 das erste Volksmeeting, und im Jahr danach legte ihr Führer Diviš Bořek von Miletín den Grundstein zum Bau der oberen **Burg,** mittels der sie Pardubitz und Königgrätz beherrschten. Nachdem 1491 Wilhelm von Pernstein (Pernštejn) die

Burg gekauft hatte, baute er ihren oberen Teil um und erweiterte sie. Seit 1853 wurde die im 17. Jh. verlassene Burg renoviert und 1928 umgebaut. Vom Burgberg herrlicher Ausblick über die Elbniederung.

Pardubice/Pardubitz (rd. 95 000 Einw.), an der Mündung der *Chrudimka* gelegen, zählt zu den historisch denkwürdigen und architektonisch schönsten Städten Böhmens und steht deshalb unter Denkmalschutz. Die bei einer Burg gelegene Siedlung wurde 1340 zur Stadt erhoben. Der alte Kern hat noch die Dimensionen, die ihr der damalige Burgherr Arnošt von Stará im 14. Jh. gab. 1491 erwarb Wilhelm von Pernstein, aus der reichsten und mächtigsten Magnatenfamilie Böhmens dieser Zeit, die Herrschaft und führte den eigentlichen Aufschwung herbei. Nach dem verheerenden Brand von 1538 ließ er die Stadt nach den Vorstellungen der Renaissance planmäßig gestalten. Er veranlaßte auch Anfang des 16. Jh. den Bau des 35 km langen *Opatowitzer Kanals*, der 350 Fischteiche in der rechtselbischen Niederung zwischen Königgrätz und Kolín mit Elbwasser versorgte. (Die Teiche wurden im 18. Jh. zu Ackerland rekultiviert.) 1560 kaufte König Ferdinand I. Stadt und Landschaft Pardubitz. Da die Schweden Pardubitz im Dreißigjährigen Krieg in Brand steckten, sind beim Wiederaufbau reichlich barocke Einflüsse hinzugekommen.

Der *Platz Wilhelm von Pernstein* (Náměstí Viléma z Pernštejna) ist trotz aller Veränderungen im Grundcharakter ein Renaissanceplatz geblieben. Hier und auf der Pernstein- und der Schloßstraße stehen noch einige Renaissancehäuser, die teilweise auf spätgotischen Fundamenten errichtet und mit Sterngewölben versehen sind. Das staatliche **Schloß** ist das größte und künstlerisch bedeutendste Bauwerk der Stadt. Im westlichen Flügel steht bis heute eine Feste aus dem 14. Jh., in der der erste Prager Erzbischof Arnošt (Sohn Wilhelms von Pernstein) seine Jugend verlebte. Wilhelm von Pernstein ließ bei der Burg das vierflügige Schloß mit einer Kapelle erbauen, das den stilgeschichtlichen Übergang von der späten Gotik zur Renaissance (erste Hälfte 16. Jh.) zeigt. Es war von einem beachtlichen Befestigungswall mit runden Eckbastionen umgeben (dieser nur in Resten erhalten). Mit dem durch die Befestigungsgräben geführten Wasser wurden Mühlen angetrieben. Unter der Leitung norditalienischer Meister reifte letztendlich das erste Werk der entwickelten Renaissance in Böhmen. Davon zeugen u. a. das reichverzierte Portal von 1529 und die wunderbaren Säle im ersten und zweiten Stockwerk, die mit dekorativen und figuralen Malereien, Kassettendecken usw. reich geschmückt sind. Von großer architektonischer Wirkung sind auch die Renaissancestiege an der nördlichen Hoffassade und der Arkadenverbindungsflügel in der Westecke des Hofes. Die Gestaltung dieses Schlosses war für Böhmen derart wegweisend, daß sich sogar der König zur Ausschmückung seines Lustschlosses im Königlichen Garten zu Prag die italienischen Künstler vom Pernsteinschen Pardubitz erbat. 1560 kaufte die kaiserliche Kammer das Besitztum. 1726 wurden unter Ulrich Avostalis nochmals einige Veränderungen vorgenommen; heute *Bezirksmuseum.*

Weitere Sehenswürdigkeiten sind das **Grüne Tor** (Zelená brána) von 1507, das früher dem Schutz eines Stadttores diente und heute ein besteigenswerter Aussichtspunkt ist, und die 1507–14 an Stelle einer älteren Kirche errichtete *Stadtpfarrkirche St. Bartholomäus.* – Die heutige Bedeutung von Pardubitz liegt in der Funktion als Verkehrsknotenpunkt, in

Industriewerken (vor allem Farb- und Chemieindustrie) und zahlreichen kulturellen Einrichtungen (Theater, Hochschulen, Museen). Die Stadt ist für ihre internationalen Pferde- und Motorradrennen bekannt. Die Pferderennen haben ihren Ursprung in den seit 1841 alljährlich (bis 1913) im Herbst in der Elbniederung bei Pardubitz von der k.u.k.-Hocharistokratie veranstalteten Parforce-Hirschjagden, an denen häufig auch das Kaiserpaar teilnahm. Daraus entwickelte sich nach dem Vorbild des britischen Derbys in Ascott das ›Große Pardubitzer Parforce‹, das schwerste Rennen des Kontinents auf einer Strecke von 7 km mit 39 Hindernissen (erstmals 1874; seit 1918 in ›Steeplechases‹ umbenannt).

Zwischen Pardubitz und Kolín fließt die Elbe auf etwa 60 km Länge in Richtung Westen. Dieser Laufabschnitt ist ihr am südlichsten gelegener. **Přelouč** (rd. 9600 Einw.) hat bereits seit 1261 Stadtrecht, ist aber gegenüber anderen Städten ins Hintertreffen geraten. Die ehemalige *Klosterkirche St. Jakob* ist über einem romanischen Vorgängerbau errichtet. – Im nahen **Kladruby nad Labem / Kladrub an der Elbe** (770 Einw.) besteht eine lange Tradition in der Pferdezucht. Das Gestüt wurde bereits 1579 von Rudolf II. gegründet. Kladruber Pferde gelangten jahrhundertelang vor allem im kaiserlichen Heer und bei der Post zum Einsatz.

Vor Kolín lohnen einige *Abstecher*. In **Kačina/ Gatschina** liegt das bedeutendste **Empireschloß** Böhmens; seit 1950 *Landwirtschaftsmuseum*. Sein Bauherr Johann Rudolf Chotek war der Oberstburggraf des Königreiches Böhmen. Den zugehörigen Park entwarf der Botaniker N. J. Jacquin 1789 im englischen Landschaftsstil. Das Schloß wurde 1802–22 nach den Plänen des Dresdner Architekten Christian Friedrich Schuricht erbaut. Im Zentrum der Anlage liegt nach Art eines antiken Tempels der *Kuppelsaal*, von dem zwei Achsen ausgehen. Die kurze Querachse endet mit je einem säulengetragenen Portikus. Die Längsachse gestaltet sich zunächst zu einem langgestreckten Mittelbau, dem sich zu beiden Seiten antikisierende Kolonnaden anschließen, die rechts zum Theater mit der Kapelle und links zur Bibliothek führen; beide greifen das

Kačina/Gatschina bei Kuttenberg, Schloß

Motiv des Säulenportikus wieder auf. Die zu einem Halbkreis gebogene Längsachse wird durch gartengestalterische Mittel zu einem Vollkreis fortgeführt, so daß ein Ehrenhof von großer Tiefenwirkung entsteht.

Kutná Hora/Kuttenberg (21 600 Einw.) am Flüßchen Vrchlice zählt bereits zu Mittelböhmen. Die Stadt war im Mittelalter (seit 1283) ein erstrangiger Fundort von Silber, und ihre Wirtschaft war eng mit der Elbe verknüpft: Von Kolín hatte man einen Kanal angelegt, über den vom Riesengebirge auf der Elbe herabgeflößtes Holz zu den Bergwerken gelangte. Man trifft auf viele wertvolle Bauwerke, die von der Tradition Kuttenbergs als Zentrum des Bergbaus und der Münzprägung und damit verbunden von ihrem einstigen Reichtum künden, weshalb sie unter Denkmalschutz steht. Im Bewußtsein der Wichtigkeit des Bergmannsstandes ist in den meisten

Kutná Hora/Kuttenberg, Welscher Hof   *Kutná Hora/Kuttenberg, St. Jacob*

historischen Bauwerken ein direkter ikonographischer Bezug zum Bergbau hergestellt. Im **Welschen Hof** (Vlašský Dvůr; Museum) wurden im Jahre 1300 die ersten Silbergroschen geprägt. Von der Münzstätte ist noch der Teil erhalten, in dem das Silber vorgebrannt wurde. In der Kapelle beachte man besonders den Altar des Kuttenberger Meisters M. Hanuš, dessen Darstellung die hl. Barbara als Schutzpatronin der Bergleute (mit Kerze) kenntlich macht. Im Sitzungssaal befinden sich eine alte Balkendecke und Wandgemälde im historisierenden Stil (u. a. Wahl des Jagellonen Vladislav zum böhmischen König). Neben dem Welschen Hof befindet sich das *Haus des Obermünzmeisters* sowie die aus dem Jahre 1600 stammende ehemalige *Schule;* am Renaissanceportal Wappen und Kunstsymbole sowie ein Ausspruch Ciceros über den Wert der Bildung. Auf dem Vorplatz steht eine Bergmannsstatue aus der Barockzeit (Bronzeguß). Vom unterhalb gelegenen Park bester Blick über das Tal zur Bar-

59

Kutná Hora/Kuttenberg, St. Barbara-Kirche (Dom), Chor

barakirche. Nahe beim Welschen Hof liegt die **Jakobskirche,** begonnen 1330, mit einem 82 m hohen Turm. Bedeutend sind der Hochaltar von Kaspar Eigler (1678), Gemälde von Peter Brandl (Heilige Dreifaltigkeit) und F. X. Balko (Köpfung des hl. Jakob) sowie das von Jiří Lorecký geschnitzte Ratsherrengestühl (1480). Beachtung verdienen die Bergmannsleuchter. 1946 wurden kostbare Fresken freigelegt. Auf dem Weg zur Barbarakirche erreicht man das **Kastell** (Hrádek), das 1490 als Sitz des Adelsgeschlechts Smíšek von Vroviště als eine typische städtische Patrizierburg erbaut wurde (heute *Kreismuseum*); architektonisch ausgearbeitet sind besonders die Erkerkapelle und der Rittersaal, beide mit schönen spätgotischen Gewölben. Es folgt die ungewöhnlich große Anlage des ehemaligen **Jesuitenkollegs**, errichtet 1667 von Orsi, dessen Südfront der Barbarakirche zugewendet ist. Die Balustrade vor dem Kolleg zieren 13 Statuen von F. Baugut (Anfang 18. Jh.). Im Südturm des Kollegs befinden sich alte Glocken (1493, 1510 und 1536). Die **Barbarakirche** (Dom) zählt zu den großartigen Kathedralen von gesamteuropäischer Bedeutung. Unverwechselbar sind das fialenbekrönte Strebewerk an den Außenfronten und die dem Dach zeltartig aufgesetzten drei Türme. Die Lage am Rande des Steiltals betont die Monumentalität der Anlage. Begonnen wurde das Werk 1388 von der Bauhütte Peter Parlers. Nach den Hussitenkriegen führten zuerst M. Hanuš und später M. Rejsek die Arbeiten fort. Von Rejsek stammen das Netzgewölbe im Presbyterium, das Maßwerk und das reichgegliederte Außensystem der Stützpfeiler 1512–32 schloß Matthias Rejt den oberen Teil des Hauptschiffs mit dem bereits von Renais-

Kutná Hora/Kuttenberg, St. Barbara-Kirche, Silbermünzenprägung, spätgotisches Fresko

sanceformen beeinflußten rosettenartigen Gewölbe ab. Die Arbeiten an der Fassade wurden 1553 abgebrochen und erst 1884–1905 unter J. Mocker zum Ende geführt. Den Hochaltar schnitzte S. Zálesák 1903 nach Modellen von J. Kastner. Auch dieser Dom ist als Gotteshaus der Berg- und Hüttenleute und der Münzarbeiter kenntlich gemacht. Spätgotisch sind die Fresken mit Darstellungen der Erzförderung in der Hasplerkapelle und des Münzprägens in der Münzerkapelle. Die überlebensgroße Votivfigur eines knienden Bergmanns stammt aus der Barockzeit. An der Fassade finden sich in Stein gehauene Wappendarstellungen mit Berufssymbolen und wappenhaltende Bergleute. Das Netzgewölbe im Triforium von Hanuš und Rejsek umflicht Wappen der Länder, die unter der Herrschaft von König Vladislav dem Jagellonen standen, sowie Wappen der Bergwerksgilden. – Unterhalb des Doms sind ein ehemaliges *Silberbergwerk* und ein *Pferdegöpel* zu besichtigen. Ein seltenes Kleinod bürgerlichen Bauens der Gotik ist das **Steinerne Haus** (Kamenný důum) am Platz 1. Mai (Museum). An der reich verzierten Giebelfront u. a. zwei Ritter im Turnier und das Wappen der Töpfergilde, eingefaßt von bergmännischen Wappen. Sehenswert ist auch der *Steinbrunnen* (Kamenná kašna) von 1493–95 am Rejskovo Platz, der von Barockhäusern mit gotischen Portalen umgeben ist. In der Sultysova Straße steht eine barocke *Pestsäule* (1713–15 von F. Baugut).

Das ehemalige **Zisterzienserkloster** in **Sedlec** (gegr. 1142; 2 km vom Stadtzentrum Kuttenbergs) besitzt mit seiner *Maria-Himmelfahrts-Kirche* ein hervorragendes Werk des barockgotischen Stils. Die ursprünglich gotische Kirche wurde von Satini barock umgebaut. Das Gewölbe stammt von I. Beyer, seine Fresken schuf J. Steiner und die Malereien Peter Brandl. Auf dem *Friedhof* befindet sich eine gotische Kapelle mit einem Beinhaus und vor dem Friedhof eine Statue des hl. Johann von Nepomuk (1704 von M. W. Jäckel).

Kolín (31 600 Einw.) wurde 1261 von König Przemysl Ottokar II. als königliche Stadt gegründet. Sie lebte vor allem vom Handel mit Holz. Man hatte hier die Elbe durch ein großes Wehr gestaut und betrieb mit der Wasserkraft zahlreiche Mühlen (vgl. auch Kuttenberg). – Von der mittelalterlichen Stadtbefestigung hat sich der *Pulverturm* (Zálabská bašta; Elbbastei) erhalten. Der **Marktplatz** in der Altstadt ist von einigen hochbarocken Häusern umsäumt. Das *Rathaus* (Neorenaissance von 1887) ist im Ursprung ein mehrfach umgebautes gotisches Bürgerhaus. Der *Mariensäule* von 1682 hat man 1764 mehrere Heiligenstatuen hinzugefügt. – Das schönste Bauwerk der Stadt ist die frühgotische Stadtpfarrkirche **St. Bartholomäus** (Beginn nach 1262), die Peter Parler – unter dem Patronat Karls IV. – nach dem Stadtbrand von 1349 durch den Anbau des hohen Chors (1360–78) zu einem Meisterwerk der Hochgotik ausgestaltete. Ein Brand von 1796 vernichtete ihre Ausstattung, und sie litt durch barocke Umformung. Erst in den 80er Jahren des 19. Jh. wurde dieser herrlichen Kirche ihr gotischer Charakter wiedergegeben (Architekt J. Mocker). Charakteristisch für das Stadtbild sind die zwei spitzbehelmten Türme über der Westfassade und der freistehende Glockenturm.

Eine Besonderheit Kolíns war eine für Böhmen verhältnismäßig starke jüdische Gemeinde. Es haben sich mehrere Häuser des ehemaligen **Ghettos** erhalten, u. a. die *Synagoge.* Der *jüdische Friedhof* ist einer der ältesten nach Prag (Gräber ab 1420). – Im Siebenjährigen Krieg (1757) hielt die befestigte Stadt den unter Friedrich II. anrückenden Preußen stand. In der sechseinhalbstündigen ›Schlacht von Kolín‹ beim nahen Chotze-

Kolín, Rathaus und Bürgerhäuser

Kolín, Stadtpfarrkirche St. Bartholomäus

mitz besiegte der österreichische Feldmarschall Graf von Daun die Preußen. Preußen zählte bei einer Truppenstärke von 32 000 Mann 13 768 Tote, die Österreicher verloren von 44 000 Mann 9000 (hochaufragendes Denkmal an der E 15). – Kolín spielte bei der Stärkung des tschechischen Nationalbewußtseins eine erhebliche Rolle. Hier und in Prag wurde 1862 die tschechische Sportorganisation ›Sokol‹ (Falken) gegründet. Der hier lebende Komponist und Dirigent František Kmoch trug wesentlich zur Entfaltung der tschechischen Blasmusik bei. Zum Gedenken wird jährlich das internationale *Festival Kmochs Kolín* veranstaltet.

Jahrzehntelang war die Elbe nur bis Kolín schiffbar; inzwischen kann sie auch darüber hinaus befahren werden. 1977 wurde bei *Chvaletice/Chwaletitz* ein Wärmekraftwerk errichtet, das mit der Elbe durch einen Stichkanal verbunden ist und auf diesem Weg Braunkohle aus dem Dux-Brüxer Becken erhält. In Zukunft soll die Schiffbarkeit in diesem Bereich der Elbe (bis Pardubitz) nochmals verlängert und verbessert werden. In diesem Zusammenhang wird auch das Projekt eines *Donau-Oder-Elbe-Kanals* diskutiert. Das Elbestück würde über die Wasserscheide zwischen Nordsee und Schwarzem Meer hinweg nach Přerov/Prerau in Mähren führen. Von dort soll sich ein Zweig südlich zur Donau und ein anderer nördlich zur Oder hinwenden.

Am Ausgang von Kolín biegt die Elbe nach Nordwesten ab. Diese Richtung wird sie fortan während ihres gesamten weiteren Laufs als Hauptrichtung beibehalten; wahrscheinlich ist sie schon seit geologisch sehr alten Zeiten tektonisch angelegt. Die Elbe umfließt in verhältnismäßiger Nähe den Osten und Norden der Hauptstadt Prag.

In **Poděbrady/Podiebrad** (13 200 Einw.) bestand eine alte Wasserburg, die der Stammsitz der böhmischen Linie des mährischen Geschlechts der Herren von Kunštát war. Nach 1262 nahm König Przemysl Ottokar II. Podiebrad in Besitz und erbaute hier eine frühgotische Burg zum Schutz des wichtigen Elbübergangs (Straße von Prag nach Breslau über Glatz – heute E 12 – sowie nach Böhmisch-Schlesien und Krakau). Von diesem Bau stehen heute nur noch der nördliche Flügel beim Schloßturm und der Palas am Elbufer, der im 15. Jh. zu einer Kapelle umgebaut wurde. In dieser Burg soll 1421 *Jiří/Georg von Poděbrady und Kunštát,* der erste böhmische Wahlkönig und zugleich der letzte Tscheche auf dem böhmischen Thron, geboren worden sein; er war ein Anhänger der gemäßigten Hussiten (Utraquisten) und versuchte, Böhmen nach den Hussitenkriegen wieder in friedliche Bahnen zu lenken. Ihm verdankt Podiebrad das Stadtrecht. Auf dem Stadtplatz vor der Burg hat man ihm ein *Reiterstandbild* gesetzt. Den Westflügel des **Schlosses** und die Gebäude in der Vorburg ließen die Kaiser Ferdinand I. und Rudolf II. durch die Hofbaumeister Hans und Ulrich Avostalis erbauen. Typische Renaissanceelemente trägt noch das bossierte Schloßtor (um 1550). Das Schloß wurde allerdings wiederholt umgebaut, wodurch es in ein stilistisch farbloses Gebilde verwandelt worden ist. Sein Blickfang besteht in dem markanten Rundturm (im 19. Jh. erneuert), in dem Georg von Podiebrad mehrmals Gegenspieler gefangenhielt. – Auch um Podiebrad wurden um 1600 ausgedehnte Fischteiche angelegt, wofür Wasser der Cidlina in einem Kanal oberhalb deren Mündung abgezweigt, um Podiebrad herumgeführt und bei Nimburg der Elbe zugeführt wurde. Sie wurden jedoch um 1750 in Wiesen und Felder umgewandelt. – Seit Mitte des 19. Jh. hat man die Stadt auf der Grundlage stark eisenhaltiger Quellen zu einem *Heilbad* (Trink- und Badekuren) entwickelt. In der Umgebung gibt es große Obstplantagen.

Nymburk/Nimburg (15 100 Einw.) ist eine Gründung von König Przemysl Ottokar II. (zweite Hälfte 13. Jh.). Ein Teil der *Stadtmauer* und einige Wehrtürme sind erhalten. Die *Kirche St. Aegidius* wurde um 1280 begonnen und etwa hundert Jahre danach von der Hütte Peter Parlers vollendet. Das *Rathaus* entstammt der Renaissance.

In **Lysá nad Labem/Lissa** (8450 Einw.) bestand auf einer Anhöhe eine 1013 erstgenannte königliche Burg. Kaiser Ferdinand III. schenkte die Herrschaft 1647 dem General Johann von Sporck (1597–1679), der die Türken in der Schlacht bei St. Gotthard besiegt hatte. Der General baute die im Dreißigjährigen Krieg geplünderte und verwüstete Stadt wieder auf und wandelte die Burg in ein Renaissanceschloß um. Des Generals Sohn Franz Anton Graf Sporck (vgl. Kuks/Kukus) erweiterte die Anlage seit 1679 zu einem Ensemble barocker Bauten. Bei der Gestaltung des **Schlosses** blieb vom Vorgängerbau nur der östliche Flügel stehen; das Hauptgebäude und der westliche Flügel wurden fast neu gebaut. Am Hang unterhalb des Schlosses ließ der Graf durch Bartholomäus Scotti 1713–31 ein vierflügliges *Augustinerkloster* mit Turm errichten (Kirche 1891 abgerissen). Etwas weiter östlich entstand 1719–40 eine neue *Pfarrkirche.* Eingebettet in Terrassen und Alleen bilden diese Gebäude ein harmonisches Ganzes. Von besonderem künstlerischen Wert sind die außergewöhnlich zahlreichen und qualitätvollen *Statuen* des Bildhauers Matthias Braun, die die Wege der Gartenanlagen säumen.

Mit der Doppelstadt **Brandýs nad Labem – Stará Boleslav / Brandeis an der Elbe – Altbunzlau** (15 600 Einw.) nähert sich der Fluß Prag am dichtesten; bis zu dessen Zentrum sind es etwa 30 km. Die wichtige Straße von Prag nach Schlesien und der Lausitz (heute E 14) überquerte hier die Elbe. – **Brandeis** liegt am linken Elbufer. Zum Schutz der Furt bestand hier schon im 10. Jh. eine Burg, die 1552 abbrannte. Seit 1547 war die Herrschaft in kaiserlichem Besitz. Kaiser Rudolf II. errichtete an der Stelle der Burg ein **Schloß** mit einem großen Garten, das sein Lieblingsaufenthalt im Sommer wurde. Zum Schloßbezirk gehörten auch Mühlen an der Elbe, ein Brau- und ein Wirtshaus. Schon 1569 wurde eine steinerne Brücke errichtet. Später wurde das Schloß Garnisonssitz, in dem auch Mitglieder der kaiserlichen Familie residierten, darunter der als Forschungsreisender bekannt gewordene *Erzherzog Ludwig Salvator von Österreich.* Von der Stadtseite gesehen gereicht dem Schloß vor allem sein Renaissanceturm zur Zierde; im übrigen wirkt es mehr durch Massigkeit als durch künstlerischen Reiz. Seine – leider stark vernachlässigte – Pracht entfaltet sich im Innenhof; hier gibt es schöne Sgrafittoarbeiten, u. a. Jagdszenen und einen triumphalen Elefantenritt (1590). – Das am rechten Elbufer liegende **Altbunzlau** war während der ältesten Geschichte des tschechischen Przemyslidenstaates ein wichtiges Zentrum. Hier wurde in den Auewäldern auf einer Landzunge an der damaligen Isermündung im ersten Viertel des 10. Jh. eine Burg errichtet, in der Herzog Vacláv/Wen-

Stará Boleslav/Altbunzlau,
St. Wenzel, romanische Krypta

Stará Boleslav/Altbunzlau, Kirche Mariä Him-
melfahrt, Gnadenbild ›Palladium Bohemiae‹

zel I. am 28. 9. 929 oder 935 durch seinen jüngeren Bruder Boleslav ermordet wurde; der
auf der Prager Burg beigesetzte Wenzel wurde schon im frühen 11. Jh. als der erste christliche Märtyrer des Landes heiliggesprochen und zum Schutzpatron Böhmens erhoben.
Wo der Brudermord geschah, errichtete man die Kirche St. Wenzel (romanische Basilika;
1046 geweiht). Zu Beginn der Gegenreformation knüpfte die katholische Kirche an den
alten tschechischen Heiligenkult wieder an und verband ihn mit dem Marienkult. Der
Klerus machte aus Altbunzlau einen der bedeutendsten Wallfahrtsorte des Landes. Die
von den Wallfahrern benutzte ›heilige Straße‹ von Prag nach Altbunzlau wurde mit
Kapellen gesäumt. In Altbunzlau gibt es seither drei Kirchen. Die alte romanische Basilika
St. Wenzel wurde 1740 barock umgebaut; nur die Krypta hat ihr romanisches Aussehen
bewahrt. Die nahe gelegene, aus dem 12. Jh. stammende Kirche **St. Klemens** (mit Malereien aus dem ersten Viertel des 12. Jh.) wurde im 17. Jh. erneuert und im 19. Jh. neu
überwölbt. **Mariä Himmelfahrt** wurde 1617 als Marienwallfahrtskirche begonnen;
bemerkenswert sind die Inneneinrichtung und die Stukkaturen; verehrt wird besonders
das Gnadenbild ›Palladium Bohemiae‹, ein vergoldetes Relief der Muttergottes, das der
Überlieferung nach aus der Zeit der Missionare Konstantin und Methodius stammt.

Auf **Schloß Obřistwí** (900 Einw.) residierte Baron Franz Koller, der das Gebäude
1824–26 grundlegend umbaute. Koller war einer der führenden Generäle der antinapoleo-
nischen Koalition; 1814 hatte er Napoleon von Fontainebleau nach Elba eskortiert. Als
Generalintendant der österreichischen Armee in Neapel sammelte er Tausende antiker
Gegenstände in Süditalien, die er nach Schloß Obřistwí überführte, das damit die größte
Antikensammlung Böhmens beherbergte. Nach dem Tode Kollers bemühte sich das
Prager Nationalmuseum vergeblich darum, sie zu erwerben. Einen großen Teil kaufte der

preußische König Friedrich Wilhelm III. für die neue Berliner Antikensammlung an. – Obřistwí war auch ein wichtiger Ort für die Elbschiffahrt. Hier endete zunächst der 1841 eingerichtete Dampfschiffbetrieb nach Dresden; die Weiterfahrt nach Prag erfolgte mit der Pferdekutsche. Vor dem Bahnbau war diese Verbindung die modernste zwischen Prag und Dresden. Die Moldau und die Elbe oberhalb von Obřistwí wurden erst später für die Schiffahrt ausgebaut, so die Elbe bis Kolín erst in den dreißiger Jahren. – Schließlich steht Obřistwí in enger Beziehung zum Leben und Schaffen des tschechischen Komponisten Bedřich Smetana. Hier lernte er seine Ehefrau Bettina kennen; hier komponierte er an seiner Oper ›Die verkaufte Braut‹.

☐ Durch das Böhmische Mittelgebirge
Bei Mělník hat die Elbe nach 261 km Lauf 155 m ü. M. und einen wichtigen Markierungspunkt erreicht:

- Von Süden kommend mündet die Moldau ein. Infolge der wesentlich vergrößerten Wasserfülle verbreitert sich der Fluß von 96 auf 147 m.
- Nach einem Abschnitt mit flachen Randlandschaften und ruhigem Lauf gelangt die Elbe erneut in Gebirge.

▌Die Moldau

Die **Moldau** (tschech. **Vltava**) sammelt alle in den östlichen, südlichen, westlichen und nordwestlichen Randgebirgen Böhmens entspringenden Wasserläufe, die sich dem Böhmischen Becken zuwenden. Mit 425 km Lauflänge und einem Einzugsgebiet von 28 090 km² ist sie nicht nur der bedeutendste Nebenfluß der Elbe in Böhmen, sondern der Elbe insgesamt. Da die Moldau bis zur Mündung im Vergleich zur Elbe länger und wasserreicher ist und sich auf ein größeres Einzugsgebiet stützt, darf man sie als den eigentlichen Quellfluß der Elbe ansehen.

Die Moldau entsteht im Böhmerwald aus Warmer und Kalter Moldau, fließt erst nach Südosten und dann, nachdem sie die Teufelswand (Čertova stena) in einem 1 km langen Engtal durchbrochen hat, nach Norden. Sie quert das Becken von České Budějovice/Budweis, fließt in meist engem Tal (Johannisstromschnellen von Štěchovice/Stechowitz) bis unterhalb von Prag, erreicht dort ebenes Land und mündet in 155 m ü. M. bei Mělník. Die wichtigsten Nebenflüsse sind: Malše/Maltsch, Lužnice/Luschnitz, Sazawa (rechts); Otava/Wottawa, Berounka/Beraun u. a. (links). Früher war die Moldau ab Vyšší Brod/Hohenfurth flößbar. Auch war der Schwarzenbergsche Schwemmkanal, der die Quellbäche der Moldau mit der Mühl in Oberösterreich verbindet, von einiger Bedeutung als Floßgraben. Die Schiffahrt wurde bis Anfang des 20. Jh. ab České Budějovice/Budweis betrieben. Heute beginnt die Großschiffahrt unterhalb der Sperrmauer Slapy, 91 km oberhalb der Mündung.

Bis Litoměřice/Leitmeritz hält sich der Fluß zunächst am Rand des Gebirges. Zur Rechten (Nordosten) liegen Waldgebiete mit romantischen Tälern, die in die Sandsteingebiete des Hügellandes von Doksy/Hirschberg (Dokeská Pahorkatina) und weiter nördlich in das Böhmische Mittelgebirge (České Středohoří) hineinführen. Dagegen erstreckt sich zur Linken (Süden und Südwesten) fruchtbare Ebene, die von den Flüssen Moldau und Ohře/ Eger durchzogen wird. In der tektonisch labilen Zone kam es im Jungtertiär schon vor dem eigentlichen Mittelgebirge zu einem regen Magmatismus, von dem die aus der Ebene aufragenden sanften Kegel erloschener Vulkane künden. Erst ab Lovosice/Lobositz gleicht sich die Landschaft auf beiden Elbseiten.

Auf ihrem Weg nach Norden durchbricht die Elbe zuerst das Böhmische Mittelgebirge und dann das Elbsandsteingebirge. Das eine ist magmatischen Ursprungs, das andere ein Sedimentgebirge. Auf den 108 km Lauflänge von Mělník bis zur tschechisch-deutschen Grenze fällt der Fluß um weitere 89 m auf 116 m ü. M. Mehrere Staustufen, die auch der Energieerzeugung dienen, regulieren das Fahrwasser. – In diesem Elbeabschnitt bleibt der Fluß in altem Kulturland. Melnik, Leitmeritz und Aussig sind alte böhmische Königsstädte, während Raudnitz und Lobositz Herrschaftssitze waren, die erst um 1600 zu Städten erhoben wurden.

Zur Schönheit der landschaftlichen Lage tragen die zwischen Mělník und Ústi n. L./ Aussig an den Elbuferhängen angelegten *Weingärten* bei. Mönche brachten die Reben mit (Zisterzienser aus Altzell bei Meißen, Prämonstratenser vom südlichen Rhein). Der Minnesänger Ulrich von Eschenbach rühmte bereits im 13. Jh. die Qualität des böhmischen Weins. Im 14. Jh. förderte Kaiser Karl IV. den Weinbau durch Rebimporte aus Burgund. Heutzutage ist Mělník das Zentrum des Weinbaus in Böhmen. Die größten Weinkeller befinden sich in Velké Žernoseky/Groß Tschernosek und im Schloß Mělník. Der Weinanbau war allerdings früher weiter verbreitet.

Das nordböhmische Elbtal ist seit Menschengedenken von wichtigen Handelsstraßen durchzogen. Böhmen exportierte auf ihnen Getreide, Holz, Wein, Obst, Gemüse und Hopfen; aus dem Norden erhielt es Salz, Heringe, Tuch und Wolle. Im Industriezeitalter ist das Gebirgsvorland zwar der ›Garten Böhmens‹ geblieben, das Elbtal hat sich aber auch zu einem bedeutenden Industrierevier entfaltet. Vorherrschend sind Nahrungsmittelwerke, Maschinenbau und Chemiefabriken. Eine wichtige Rohstoffbasis ist das Dux-Brüxer Becken, dessen Kohle auf der Elbe auch weit nach Böhmen hinein transportiert wird.

> »Die Landschaft, die rebentragenden Berge von Melnik, die gleichnamige Ruine und der mächtige Elbfluß geben ein großartiges Bild. Das ganze Land atmet Ruhe und Frieden.«
>
> Charles Sealsfield, ›Böhmische Bauern‹, engl. 1828

Mělník/Melnik (19 600 Einw.), auf einem Tuffsteinvorsprung über Weingärten am Zusammenfluß von Elbe und Moldau gelegen, ist einer der romantischsten Plätze an der böhmischen Elbe (Farbabb. 2). Hier befand sich eine alte Burgstätte, der die Pschowanenfürstin Ludmila, die Großmutter und Erzieherin des hl. Wenzel, entstammte. Ebenfalls durch Mörderhand gestorben, wurde auch sie heiliggesprochen. Die im 10. Jh. ausgebaute *Burg*, in deren Schutz die Stadt heranwuchs, erwählte sich Emma († 1005/06), die Witwe Boleslavs II., zu ihrem Sitz. Karl IV. (13. Jh.) bestimmte Mělník zur Leibgedingestadt der Königinnen. Reste der frühgotischen Pfalz bestehen noch im Mauerwerk des westlichen **Schloß**flügels. Unter Königin Barbara (Mitte 15. Jh.) entstand der nördliche Flügel, die heutige Kapelle der hl. Ludmila. 1488 wurde der Umbau der in die Anlage integrierten *Propsteikirche Peter und Paul* beendet, womit die Burg ihren heutigen Umfang erreichte. Von Elbe und Moldau gesehen bietet sich der Kirchturm als Wahrzeichen der Stadt dar. König Wladislav II. (Ende 15. Jh.) ließ Mělník verpfänden. Die neuen, schnell wechselnden Besitzer veranlaßten den schrittweisen Umbau der Burg in ein Renaissanceschloß (1542–56). Besonders wirkungsvoll ist die zweistöckige Arkadenloggia mit dem anschließenden Treppenturm, dem Ende des 17. Jh. an der Stelle der südlichen Befestigungen ein einstöckiger Arkadenflügel in einfachen Barockformen angefügt wurde; stilvoll auch das Sgrafitto an den Hoffassaden. 1739 ging die Herrschaft in den Besitz der Fürsten von Lobkowitz über. Einige im 18. Jh. am gotischen Südflügel vorgenommene Umbauten sind bei den Restaurierungen nach dem letzten Krieg zugunsten des ursprünglichen Zustands rückgängig gemacht worden. Sehenswert ist die *Schloßgalerie* mit reichen Sammlungen der Lobkowitz. Von der *Schloßterrasse* (Weinlokal) Fernblick über das Flußtal bis zum Böhmischen Mittelgebirge. – Der auf dem Landweg kommende Besucher gelangt durch das östliche *Prager Tor* (Pražká brána) zum Stadtkern. Auf dem *Marktplatz* finden sich einige Renaissance- und Barockhäuser, die teilweise Laubengänge aufweisen. Das breitangelegte *Rathaus* (1398) ist im Renaissance- und Barockstil umgebaut und erweitert.

Um Mělník entstanden auffallend viele Schlösser und Burgen. Bemerkenswert ist vor allem auf der linken Elbseite **Schloß Hořín/Horschen** (760 Einw.), eines der reizvollsten barocken Jagdschlösser Böhmens, erbaut 1713–20 von Johann Christian Spannbrucker im Auftrag der Familie Černy; mit schöner Innendekoration im Stil des Rokoko, das Stuckwerk von Giuseppe Bossi, die Wandmalereien von Fr. O. Pesina. Etwas elbabwärts **Schloß Dolní Beřkovice/Unter-Berschkowitz** (1200 Einw.), im Ursprung ein Renaissancebau, der im 19. Jh. im Stil der Romantik umgebaut wurde. Auf der rechten Elbseite folgen **Schloß Liblice** (500 Einw.) – der Bauherr Graf Ernst Pachta von Rájov (1699) fand in dem Wiener Hofarchitekten J. B. Fischer von Erlach einen hervorragenden Projektanten (Ausführung G. B. Alliprandi) – und **Burg Kokořín/Kokorschin** (wahrscheinlich Anfang 14. Jh.), wiederholt mit einem in einem Meer von Wäldern schwimmenden Schiff verglichen (u. a. Goethe). Der Fabrikant Václav Spaček ließ sich die Ruine 1911–18 renovieren und nahm das Bauwerk als Wahrzeichen in sein frisch erworbenes Adelswappen auf. – Der ursprünglichen Renaissanceanlage von **Schloß Liběchov/Liboch** (990 Einw.) ließ ein Pachta von Rajóv im 18. Jh. einen Barockflügel anbauen (Architekt F. M. Kaňka; Wandmalereien im Schloßsaal von V. V. Reiner; Gartenplastiken von Matthias Braun). Unter neuen Besitzern wurde das Schloß 1811 und 1833–55 umgebaut und mit Malereien von Josef Navrátil versehen.

Burg Kokořin/Kokorschin bei Mělník

An der Industriestadt **Štětí** (8600 Einw.) vorbei erreicht die Elbe nach zwei großen Flußschleifen das linkselbische **Roudnice nad Labem/Raudnitz an der Elbe** (13 600 Einw.). Die Herrschaft gehörte den Prager Bischöfen und Erzbischöfen. Ende des 12. Jh. erbauten sie eine bischöfliche Pfalz mit runden Türmen am Elbhang. Bischof Jan von Dražice (Johann von Draschitz) berief 1333 Baumeister und Bildhauer aus Avignon, wodurch der gotische Stil nach Böhmen gelangte. Er betrieb den Ausbau der Bischofsburg und der sich entwickelnden Stadt. Aus dieser Periode stammen auch das Augustinerkloster und die Kirche. Wilhelm von Avignon baute ab 1333 eine erste steinerne Brücke über die Elbe. Unter den Bischöfen verzeichnete Raudnitz bedeutende Ereignisse: Unter Ernst von Pardubitz, dem ersten Prager Erzbischof und Kanzler Karls IV., besuchte Francesco Petrarca Raudnitz; auf der Raudnitzer Burg wurde 1350 der römische Volkstribun Cola di Rienzo gefangengehalten; auf dem Marktplatz verbrannte man den radikalen hussitischen Prediger Martin Húska. Nach den Hussitenkriegen wechselte die Herrschaft. 1575 gelangte sie an Wilhelm von Rosenberg und 1603 an Graf Adalbert Popel von Lobkowitz, den bisherigen Oberstkanzler von Böhmen (1624 in den Fürstenstand erhoben). Die Lobkowitz förderten zielbewußt die Rekatholisierung und die Ausweisung Andersgläubiger, aber auch das kulturelle Leben. Wenige Jahre nach dem Dreißigjährigen Krieg ersetzten sie die verwahrloste Burg durch ein Barockschloß. Der musikfreudige Franz Maximilian von Lobkowitz, der erste Herzog von Raudnitz, schuf ein sinfonisches Orchester und vergab Aufträge u. a. an die Komponisten Beethoven, Haydn und Vranitzky.

Am Raudnitzer **Schloß** wirkten drei italienische Baumeister: ab 1653 Francesco Caratti, der Architekt des Černín-Palasts in Prag. 1665–67 Carlo Orsolini und abschließend 1668–72 Antonio della Porta. Die stattliche Vierflügelanlage ähnelt noch einer Burg. Auf Eckbastionen wollte man nicht verzichten, aber man hat sie bereits knapp gehalten. Im Süden wird der Hof von einem niedrigen Arkadenflügel abgeschlossen, aus dessen Mitte sich der schöne Barockturm als Dominante des Ganzen heraushebt; sein Durchgang öffnet den Weg zu Hof und Schloß. Diese Anlage wurde zum Vorbild für andere barocke Schloßbauten in Böhmen. Heute dient das Schloß (180 Zimmer) als Bibliothek, Gemäldegalerie und Archiv. Sehenswert ist auch die neben ihm stehende gotische **Kirche** von 1333, die Ottavio Broggio in der ersten Hälfte des 18. Jh. im barock-gotischen Stil umgestaltete. – Im Wirtschaftsleben von Raudnitz spielte der Holzhandel eine große Rolle. Von hier aus begaben sich viele der für Sachsen bestimmten Holzflöße auf Fahrt.

Roudnice n. L./Raudnitz, Schloß

Zwischen Melnik und Raudnitz sieht der Reisende zur Linken erstmals jungtertiäre Vulkankuppen aus der sonst flachen Landschaft aufragen. Ein solcher Basaltberg ist der bei Raudnitz gelegene, weithin erkennbare **Říp/Georgsberg** (459 m). Der Legende nach soll Urvater Čech den Stamm der Tschechen hierher geführt haben, um Böhmen in Besitz zu nehmen. Auf dem Gipfel steht die romanische Rotunde der **St. Georgskapelle,** die 1126 nach dem Sieg des Fürsten Sobeslaw über Kaiser Lothar in der Schlacht bei Chlumec/Kulm (nördlich von Aussig) erbaut wurde. Berg und Kapelle sind ein bedeutender Wallfahrtsort (Aufstieg vom Dorf Rové, 6,5 km von Raudnitz).

Mit Leitmeritz, Aussig und Tetschen gelangt die Elbe in ein Gebiet, in dem bis zu ihrer Aussiedlung 1945 viele Deutsche lebten. Die Kreisstadt **Litoměřice/Leitmeritz** (25 900 Einw.), rechtselbisch im Vorland des Böhmischen Mittelgebirges bei der Einmündung der *Ohře/Eger* gelegen, steht unter Denkmalschutz. Im 8. Jh. bestand eine slawische Stammesburg, der sich im 9. und 10. Jh. eine slawische Siedlung anschloß. 1057 wurde das Domkapitel mit der Kirche St. Stephan gegründet, 1227 unter Wenzel I. das Burgdorf zur Stadt erhoben. Leitmeritz ist damit die älteste Königsstadt Böhmens nach Prag, die sich dank des Handels an der schiffbaren Elbe günstig entwickelte. Bis Anfang des 17. Jh. war sie Sitz des Appellationsgerichts für ganz Böhmen, das nach Magdeburger Recht urteilte. Nachdem die utraquistische (reformierte) Kirche für eine Zwischenperiode eine starke Stellung innehatte, wurde die Stadt 1655 Sitz eines katholischen Bischofs. Die Industrialisierung gab aber anderen Elbestädten den Vorrang, was dazu beitrug, das historische Stadtbild zu erhalten.

Die Stadtansicht wird von der Elbseite her durch die von G. Broggio erbaute dreiflüglige bischöfliche **Residenz** bestimmt. Die Bauten am Marktplatz bilden ein hervor-

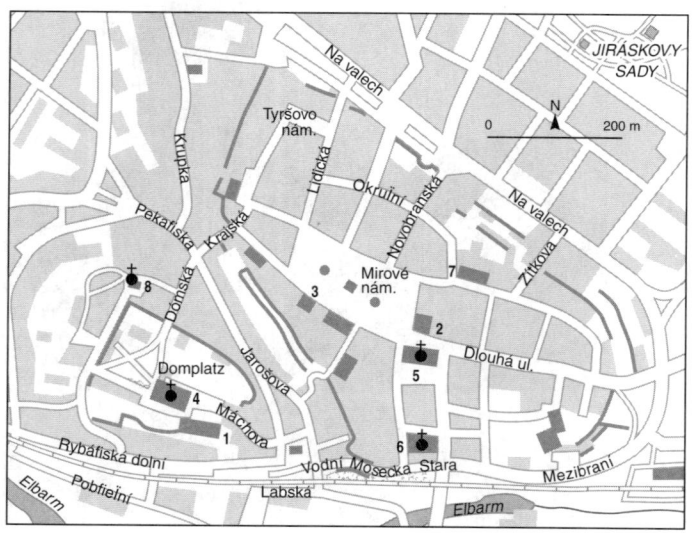

Litoměřice/Leitmeritz
1 Bischöfliche
   Residenz
2 Rathaus (Stadt-
   museum)
3 Mráz-Haus
4 Bischofsdom
   St. Stephan
5 Stadtpfarrkirche
   Allerheiligen und
   gotischer Glocken-
   turm
6 Marienkirche
7 Jakobskirche
8 Wenzelskirche

Litoměřice/Leitmeritz, Marktplatz mit Rathaus und Stadtpfarrkirche Allerheiligen mit gotischem Glockenturm

ragendes architektonisches Ensemble. Das **Rathaus** ist ein gotischer Bau mit Laubengang und Renaissancegiebeln aus der ersten Hälfte des 16. Jh. (**Stadtmuseum** mit bedeutenden Sammlungen). Bemerkenswert sind des weiteren: das **Haus ›Zum Hirschen‹** (Nr. 40); ein Haus aus der spätgotischen Zeit mit stufenförmigem Giebel (Nr. 24–16); das im Renaissancestil erbaute **Mráz-Haus** von 1584, dessen kelchförmiger Turm das Glaubensbekenntnis seines utraquistischen Bauherrn widerspiegelt. Sehenswert sind auch einige Kirchen: Der **Bischofsdom St. Stephan** wurde 1664–81 von G. Broggio und D. Orsi erbaut; mit Gemälden aus dem Kreis von Lucas Cranach, Skréta und J. P. Molitor. Die ursprünglich gotische **Stadtpfarrkirche Allerheiligen** (1235 begonnen) wurde 1704–31 von Ottavio Broggio umgestaltet; an die Kirche seitlich angebaut steht ein gotischer **Glockenturm** aus dem 13. Jh., der zugleich Wehrfunktion hatte. Ebenfalls von O. Broggio stammen die **Marienkirche** des Jesuitenordens, die **Jakobskirche** des Dominikanerordens (1730–40) und die kleine, aber sehr schöne **Wenzelskirche** (1714–16). – In Leitmeritz wirkte und starb Karel Hynek Mácha, der größte tschechische Dichter des 18. Jh.

Terezín/Theresienstadt (2900 Einw.) ist fast eine südliche Vorstadt von Leitmeritz. Hier erbauten die Österreicher unter Josef II. (1780–93) eine starke **Festung**, die zu Ehren von Kaiserin Maria Theresia benannt ist. Zu diesem Zweck wurde die Ohře/Eger (kurz vor ihrer Mündung in die Elbe) umgeleitet. Zwischen ihrem alten und neuen Flußbett entstand die Kleine Festung mit dem Rosettengraben und den Bastionen. Theresienstadt wurde nie erobert, und von hier aus wurde auch nie geschossen. Praktische Bedeutung erlangte die Festung vor allem als Kerker für italienische Revolutionäre, den Attentäter Gawrilo Princip (hatte 1914 den österreichischen Thronfolger erschossen) sowie Teilnehmer des Militäraufstands von Rumburg (Böhmen). Während der Hitlerherrschaft war die Kleine Festung eines der berüchtigsten Gefängnisse für politische Gefangene; und Anfang 1942 wurde die ganze Stadt in ein Ghetto – das größte KZ auf dem Gebiet der Tschechoslowakei – umgewandelt, in das jüdische Häftlinge aus ganz Mitteleuropa verschleppt wurden. Nach dem Zweiten Weltkrieg hat man in den *Kasematten* ein *Museum* für die Opfer der Nazigreuel eingerichtet und das Gelände vor der Kleinen Festung zum *Nationalfriedhof* gestaltet.

Terezín/Theresienstadt, Gedenkstätte an der Kleinen Festung

Das linkselbische **Lovosice/Lobositz** (9700 Einw.) ist zwar noch der Ebene zugehörig, liegt aber dicht unterhalb des Berges *Lovoc/Lobosch* (572 m; Sicht bis nach Prag). Der Ort entstand an einem wichtigen Kreuzungspunkt der Verkehrswege. Hier gab es ein Schloß, das den Wallensteins und später den Fürsten Schwarzenberg gehörte. Adam von Wallenstein veranstaltete hier für Kaiser Matthias 1617 Stierkämpfe nach der spanischen Mode. Bekannt geworden ist Lobositz vor allem wegen der Schlacht, die auf dem Lobosch am 29. August 1756 zwischen den Preußen und den Österreichern ausgetragen wurde – die erste Schlacht des Siebenjährigen Krieges. Unter großen Opfern konnten die Preußen die Vereinigung der Österreicher mit der sächsischen Armee verhindern, die auf die Hilfe der Österreicher wartete und sich in der Folge bei Pirna zur Kapitulation gezwungen sah. Im 19. Jh. baute man in Lobositz einen Elbhafen, der seinerzeit vor allem Getreide sowie Mineralwasser aus Franzensbad und Marienbad verschiffte. 1903 entstanden die Nordböhmischen Chemiewerke, die sich zu einem bedeutenden Produzenten von Kunstdünger und Kunstfasern entwickelt haben. Zugleich ist Lobositz für seine Frischgemüse produzierenden Großtreibhäuser, seinen Obstbau und zugehörige Verarbeitungsbetriebe bekannt: Südwestlich von Leitmeritz und Lobositz liegt im klimatisch begünstigten Mittelgebirgsvorland der ›Garten Böhmens‹, wo Erdbeeren, Aprikosen, Pfirsiche, Edelkastanien, Mandeln, Weintrauben und andere Früchte reifen. Es beginnt die Zone des böhmischen Hopfenbaus, die sich bis zu ihrem Schwerpunkt Žatec/Saaz erstreckt.

Empfehlenswerte Ziele um Leitmeritz und Lobositz

In Richtung Südwesten und Süden, im Gebirgsvorland und in der mit tertiären Vulkankegeln durchsetzten Ebene: **Trebenice/Trebnitz** (1750 Einw.), ein Zentrum des böhmischen Obstbaus Im *Museum* befindet sich eine ständige Ausstellung böhmischer Granate, deren reichste Fundstätte im nahen Dorf Podsedice liegt. – **Schloß Doksany/Doxan** (370 Einw.) ist aus einem Nonnenkloster hervorgegangen, in dem Töchter der angesehensten Adelsfamilien erzogen wurden. Von Josef II. aufgehoben, wird es für Amtszwecke verwendet; die wertvollsten Teile sind jedoch zugänglich. Bedeutend ist die *Krypta* der Kirche, die auf 47 verschiedenartig verzierten romanischen Säulen ruht. In der *Kirche* gibt es gotische Wandmalereien und ein Madonnenbild aus dem 12. Jh. nach byzantinischer Art, ferner barocke Ausschmückungen der Maler Karel Skretá und Peter Brandl sowie des Bildhauers Ignaz Platzer. – Von der **Burg Házmburk/Hasenburg** (14. Jh.) sind im wesentlichen nur zwei Türme erhalten. Doch von der

Doksany/Doxan, Krypta des Schlosses

Basaltkuppe, die wegen ihrer seltenen Flora unter Naturschutz steht, hat man einen herrlichen Rundblick. – **Schloß Libochovice/Libochowitz** (3650 Einw.) hat seinen Ursprung in einer Festung des Herrschaftsguts Hasenburg. Nach dessen Kauf durch die Herren von Lobkowitz 1558 entstand ein vierflügliges Renaissanceschloß, dem der nachfolgende Eigentümer Gundakar von Ditrichstein 1682–93 durch Antonio della Porta seine heutige frühbarocke Gestalt geben ließ. Innen (Museum) prachtvolle Stukkaturen, Fresken, Gemälde und Holzschnitzereien, im Saturnsaal auch Skulpturen. Der zugehörige barocke Park wurde später in einen englischen Landschaftspark umgewandelt. Im Schloß wurde als Sohn des Verwalters der bedeutende tschechische Biologe Jan Ev. Purkyně (Purkinje) geboren, der als nationaler Erwecker verehrt wird (Gedenkstätte).

In Richtung Nordosten, wo Wälder und Gebirgsland vorherrschen: **Schloß Ploskovice/Ploschkowitz** (380 Einw.), das Ottavio Broggio im Auftrag der toskanischen Großherzogin Anna Maria Franziska (Tochter des Herzogs Heinrich Julius von Sachsen-Lauenburg) ab 1720 errichtete. 1847 übernahm es Kaiser Ferdinand in seinen Privatbesitz. Er ließ es um eine Etage aufstocken und durch namhafte tschechische Künstler innen neu gestalten (bedeutende Wandmalereien von Josef Navrátil).

Schloß Ploskovice/Ploschkowitz bei Litoměřice, Mittelrisalit der Barockanlage

Schloß Libešice (1370 Einw.), 1654 als Residenz der Jesuiten angelegt und später, wahrscheinlich von Kilian Ignaz Dientzenhofer, umgebaut. Auf dem Dorfplatz stehen fünf große Statuen unbekannter Meister.

Unmittelbar nördlich von Lobositz veranlaßt der Lobosch die Elbe, einen scharfen Bogen einzuschlagen, der den Fluß mitten in den breiten Riegel des *Böhmischen Mittelgebirges* hineinführt. Seine Kegel und Kuppen bestehen größtenteils aus Basaltlaven und Phonolith, Gesteinen des jungtertiären Vulkanismus. Gute Fernsichten und die Durchzugsstraßen (darunter die Elbe) gaben den Anlaß zum Bau vieler Burgen.

Der malerisch unter Weinbergen gelegene Ort **Velké Žernoseky/Groß Tschernosek** (440 Einw.) ist nach den Steinmetzen benannt, die hier vor tausend Jahren den Gneis zu Mühlsteinen behauten (von zernov = Mühlstein und sekat = hauen). 1057 ging er samt der Weinberge in den Besitz der Kirche von Leitmeritz über. Im Ort gibt es ein Weinforschungsinstitut und den größten Weinkeller im böhmischen Elbgebiet. Das Faß ›Herzog von Burgund‹ faßt 180 Hektoliter.

Das rechtselbisch folgende Dorf **Libochovany/Libochowan** (520 Einw.) liegt mitten auf der Linie, die die beiden höchsten Erhebungen dieses Gebirges verbindet: Im Westen überragt der *Milesovka/Milleschauer Donnersberg* (837 m; mit Touristenhütte und Wetterwarte), im Osten der *Sedlo/Leviner Sattel* (726 m) die Nachbarberge. Am Fuße des Donnersberges gibt es in der Gemeinde **Milešov/Milleschau** (300 Einw.) ein **Schloß** mit Arkadenhof, das sein Eigentümer, der denkwürdige Kaspar Zdeněk Kaplíř von Sulevice, 1660–80 von Antonio della Porta im Barockstil umbauen ließ (heute sozial genutzt). Dieser Schloßherr spielte bei der Verteidigung Wiens gegen die Türken 1683 eine hervorragende Rolle. 1686 wurde er als Sechsundachtzigjähriger auf dem Altstädter Ring in Prag hingerichtet und in der ebenfalls von Porta errichteten Kirche von Milleschau beigesetzt.

Bei Libochowan beginnt die erste Etappe des Elbdurchbruchs durch die Randgebirge Böhmens. In der wegen ihrer Großartigkeit vielgepriesenen *Porta Bohemica*, der Elbpforte, verengt sich das Tal auf nur 800 m Breite. Das enge Steiltal klingt dicht vor Aussig mit dem rechtselbisch abrupt um 100 m zur Elbe abfallenden Klingsteinfelsen des **Schreckensteins/Střekov** aus (Farbabb. 4). Der Luxemburger König Johann von Böhmen hatte auf ihm 1316 die Burg zur Überwachung der Elbe erbauen lassen. 1563 gelangte die Herrschaft an die von Lobkowitz. Die Burg wurde von den Hussiten und den Schweden erobert und auch von Preußen während des Siebenjährigen Krieges besetzt. Das Bauwerk war aber schon 1658 abgebrannt, und es blieb bis ins 19. Jh. eine Ruine. Erst 1830 und 1877 wurden die Gebäude teilweise wieder bewohnbar gemacht. Erhalten sind der

Střekov/Burg
Schreckenstein
bei Aussig

Rittersaal, ein Teil des gotischen Bauwerks am oberen Ende und der hohe Wartturm. Deutsche und böhmische Künstler der Romantik – Maler, Musiker und Dichter – nahmen sich die herbe Schönheit dieser Szenerie zum Sujet. Unter dem Eindruck der böhmischen Landschaft wandelte sich Ludwig Richter vom Deutschrömer zum Darsteller der Landschaft im böhmisch-sächsischen Elbraum. Berühmtheit erlangte er mit seinem Bild ›Überfahrt am Schreckenstein‹. Richard Wagner konzipierte auf der Burg die Oper Tannhäuser (Gedenktafel an der Torfahrt des Turms). – Unter dem Schreckenstein besteht seit 1936 ein Elbe-Kraft- und Stauwerk – mit regem Schleusenverkehr –, dessen Stau (10 m) die Schiffbarkeit der Elbe und der Moldau bis Prag gewährleistet.

Ústí nad Labem/Aussig an der Elbe (100 000 Einw.), die Hauptstadt Nordböhmens, liegt linkselbisch an der Mündung der *Bilina/Biela,* grenzt im Süden an das Böhmische Mittelgebirge und im Nordwesten an das östliche Ende des Erzgebirges (Krusné hory). – Aus der Elbe-Zollstation Ústí, die ihren Namen im Jahre 993 erhielt, entstand unter König Przemysl Ottokar II. in der zweiten Hälfte des 13. Jh. eine königliche Stadt. Aus Sachsen und anderen deutschen Gebieten wanderten viele Siedler zu. Wichtige Ereignisse der bewegten Geschichte waren die Verpfändung an Meißen durch Kaiser Sigismund, die Niederlage der Kreuzritter, die Eroberung durch die Hussiten 1426 (die Stadt lag drei Jahre fast verödet da), der Dreißigjährige Krieg und die Schlesischen Kriege. Diese Eingriffe ließen Aussig als kleine Provinzstadt stagnieren. Der eigentliche Aufschwung setzte in den ›Gründerjahren‹ des 19. Jh. ein. Maßgeblich waren die Nähe zum böhmischen Braunkohlerevier im Dux-Brüxer Becken und die Elblage. Der 1856 gegründete ›Österreichische Verein für chemische und metallurgische Fabrikation‹ unterhielt in Aussig die seinerzeit größte chemische Produktionsstätte auf dem Kontinent. Industrien bestimmen auch heute das Wirtschaftsleben (Chemie, Fettwerke, Maschinenbau; auch Glas-, Textil- und keramische Industrie). Der Elbehafen wurde vor allem für den Umschlag von Kohle und chemischen Erzeugnissen ausgebaut. Im 19. Jh. wurden auch erhebliche Mengen Kohle nach Deutschland exportiert. 1945 richteten amerikanische Bombenangriffe schwere Schäden an. – Schon die Gründerzeit hatte das historische Stadtbild weitgehend zerstört. In den letzten Jahrzehnten ist der Abriß der alten Wohnstadt im Talkessel weiter vorangeschritten; hier konzentrieren sich heute kommerzielle, amtliche und kulturelle Einrichtungen. Für den Wohnbedarf sind neue Stadtteile auf den umgebenden Hügeln entstanden. Von der alten Bausubstanz haben sich im wesentlichen zwei Kirchen erhalten: Die **Erzdekanatskirche Mariä Himmelfahrt** wurde Ende des 15. Jh. – wahrscheinlich unter Beteiligung von Benedikt Ried – anstelle eines Vorgängerbaus errichtet, von dem der frühgotische Chor von 1318 einbezogen ist; sie zählt zu den bedeutenden Beispielen der böhmischen Spätgotik (sogen. Wladislaw-Gotik). Das jüngere Turmdach entwarf J. Mocker (1900; nach dem Bombenangriff 1945 neigte sich der Turm um 186 cm). Ein kostbares Kunstwerk ist der mit zahlreichen Skulpturen versehene Flügelaltar. Die unweit gelegene **Kirche St. Adalbert** entstand im 13. Jh. als Klosterkirche der Dominikaner und wurde 1731 von O. Broggio im Barockstil umgebaut. Man hat sie als Konzert- und Ausstellungssaal adaptiert.

Von Aussig empfehlen sich *Ausflüge* nach **Teplice/Teplitz-Schönau** (53 000 Einw.) und **Duchcov/Dux** (8900 Einw.). Die *Thermalquellen* von Teplitz (46 °C, radiumhaltig) waren schon den Römern und Kelten bekannt. Im 19. Jh. wurde Bad Teplitz auch von bedeutenden Persönlichkeiten des Kulturlebens aufgesucht (u. a. A. von Humboldt, Goethe, Beethoven, Wagner, Liszt). Sehenswert sind neben den Kuranlagen Reste der romanischen Basilika eines Nonnenklosters (1156), das *Schloß* (Stätte wichtiger Begegnungen der antinapoleonischen Koalition; heute *Museum*) mit seinem Park (1751 bzw. 1787), die *Dekanatskirche* (mit hervorragenden Kunstwerken des Barock) und die *Pestsäule* von Matthias Braun (1718). – *Schloß Dux* war seit 1644 im Besitz der Wallensteins. 1785–98 diente es Giacomo Casanova als Alterssitz (Casanova-Gedenksaal). Schiller suchte 1791 im Schloßarchiv Material für seine Wallenstein-Trilogie.

Děčín/Tetschen (54 340 Einw.) ist die letzte Stadt der Tschechischen Republik an der Elbe. Die malerische landschaftliche Lage und die Nähe zu beliebten Ausflugs- und Ferienorten macht sie zum Ziel vieler Touristen. Das ursprüngliche Tetschen, Mitte des 13. Jh. zur Stadt erhoben, stand auf der rechten Uferseite, wo schon die Przemysliden auf dem Felsen am Zusammenfluß von Elbe und Ploucnice/Poltzen eine Burg errichtet hatten. 50 m über dem Wasserspiegel gelegen, sollte sie die Kreuzung des Lausitzer und des Elbe-Handelsweges kontrollieren. Während der Renaissancezeit, unter der Herrschaft der

Děčín/Tetschen 1 Schloß 2 ›Lange Fahrt‹ 3 Kirche zum Hl. Kreuz 4 Brücke mit Statuen 5 Zoologischer Garten 6 Kirche Hl. Wenzel und Blasius 7 Dreifaltigkeitskapelle 8 Kirche Hl. Franziskus Seraphim 9 Kreismuseum

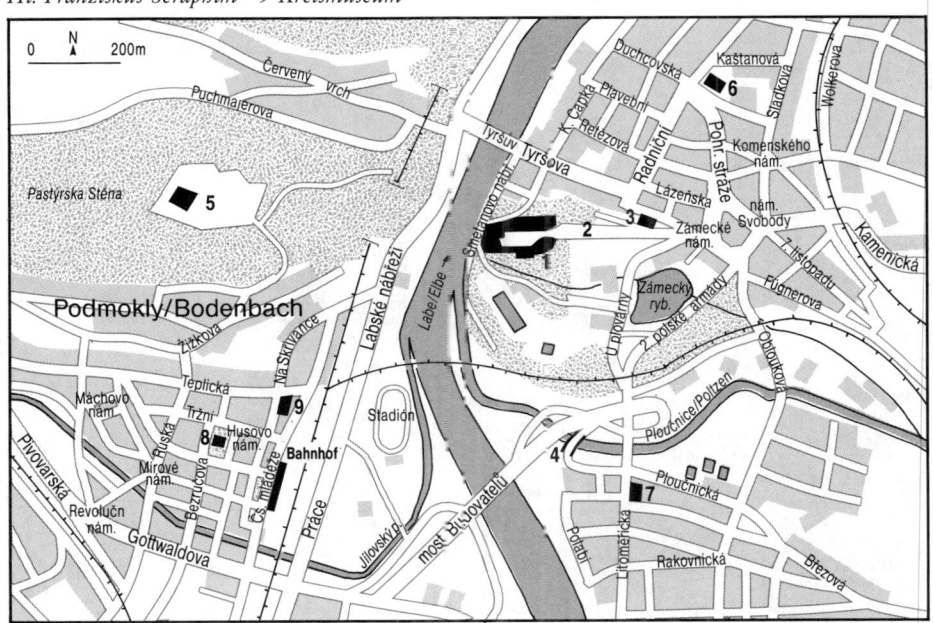

kunstliebenden Salhausen und unter den Rittern von Bünau, stand die Stadt in Blüte. Die Bürger sandten ihre Handelsschiffe bis nach Hamburg. Enge verwandtschaftliche und Handelsbeziehungen mit Sachsen begünstigten die Ausbreitung der lutherischen Lehre. 1604 wurde Tetschen zur Königsstadt erhoben. Nach der von den Habsburgern durchgesetzten Rekatholisierung wanderten die Protestanten in mehreren Wellen aus (zuletzt 1670 und 1672). Auch die von Bünau mußten ihres protestantischen Glaubens wegen ihren böhmischen Besitz verkaufen und das Land verlassen. An ihrer Stelle erhielt 1627 das aus Südtirol stammende Geschlecht der Reichsgrafen und späteren Fürsten von Thun-Hohenstein die Herrschaft über Stadt und Region, das bis ins 20. Jh. in Tetschen residierte. Angehörige dieser Familie stellten in Böhmen zahlreiche Bischöfe und Kanzler; sie vergaben Aufträge an namhafte Künstler (z. B. an Caspar David Friedrich). Auch im Umland ließen sich neue katholische Grundbesitzer nieder, namentlich die Grafen Clary-Aldringen. Die veränderten Herrschafts- und Religionsverhältnisse formten auch das Stadtbild neu. In den Jahren 1667–73 und 1786–92 ließen die von Thun-Hohenstein das aus der einstigen Burg hervorgegangene **Schloß** umbauen und erweitern. Im Elbtal wirkt es weit in die Ferne; der betont der Elbfront vorgesetzte Barockturm verstärkt die Monumentalität der Anlage. Überaus repräsentativ ist auch die *Lange Fahrt*, die 300 m lange, zum Teil aus dem Felsen gemeißelte und von Sandsteinplastiken gesäumte Zufahrt. Die **Kirche zum Hl. Kreuz** ist ein nach dem Vorbild der Peterskirche zu Rom errichteter frühbarocker Kuppelbau von 1691. Die schon im 16. Jh. erbaute **Brücke** über den *Poltzen* bestückte Josef Brokoff 1710 mit einer *Statuengruppe* böhmischer Patrone.

Děčín/Tetschen,
›Lange Fahrt‹ und
Kirche zum Hl. Kreuz

Auf der linken Uferseite, Tetschen gegenüber, liegt der Ortsteil **Podmokly/Bodenbach,** der steil von der *Schäferwand/Pastýřská stěna* überragt wird. Von deren Plateau hat man einen herrlichen Blick über Tetschen und das Elbtal. Bei diesem beliebten Ausflugspunkt wurde in jüngerer Zeit ein *Zoologischer Garten* angelegt. – Tetschen und Bodenbach hatten sich getrennt entwickelt. Seit dem Bau der Eisenbahnlinie Dresden – Bodenbach – Prag (1851) und der Überbrückung der Elbe (1855) sind sie zu einer Stadt zusammengewachsen (1942 zu Tetschen-Bodenbach vereint). Die Eisenbahn und die Anlage eines Hafens förderten die Gründung von Industriebetrieben.

Im Tetschener Hügelland (Děčínska Vrchovina) berühren sich das Sandsteingebirge und das *Lausitzer Gebirge* (Luzické hory), dessen böhmischer Teil der Elbe viel näher liegt als der sächsische. Neben Naturschönheiten locken kulturhistorische Sehenswürdigkeiten zum Besuch.

Benešov/Bensen (4200 Einw.) besitzt eine der schönsten *Schloßanlagen* Böhmens. Italienische Renaissancemotive verbinden sich mit der nördlichen Gotik. – Sehenswürdigkeiten von **Česká Lípa/Böhm. Leipa** (39 400 Einw.) sind das Renaissancejagdschlößchen *Rotes Haus* (Cervený dům; 1583; Museum), die *Hl. Kreuzkirche* (14. Jh., von J. Mocker neugotisch umgestaltet), das Augustinerkloster mit *Allerheiligenkirche* (1627 im Auftrag von Albrecht von Wallenstein errichtet, mit wertvollen Gemälden) und der *Jüdische Friedhof* mit Grabsteiner aus der zweiten Hälfte des 15. Jh. – Im naher **Zákupy/Reichstadt** (2000 Einw.) errichteter die Herren Berka von Dubá 1573 ein Renaissance-*Schloß*, das später in den Familienbesitz der Habsburger überging. Der Sohn der Österreicherin Marie Luise und Napoleons, genannt l'Aiglon, erhielt den Titel Herzog von Reichstadt. Kaiser Ferdinand I. ließ sich nach seinem Thronverzicht i. J. 1848 das Schloß als

Benešov/Bensen, Renaissanceepitaph

Sommerresidenz ausbauen (Wand- und Deckenmalereien von Josef Navrátil; Ausschmückung der Kapelle durch den Maler V. Kandler und den Bildhauer V. Levý). Hier residierte auch der Thronfolger Rudolf. – **Nový Bor/Haida** (12 250 Einw.) ist ein Zentrum der böhmischen Glasindustrie und verfügt über ein reichhaltiges *Glasmuseum*.

Elbsandsteingebirge

☐ Böhmische und Sächsische Schweiz

Nach Děčín/Tetschen überwindet die Elbe ihre zweite Barriere auf dem Weg nach Norden: die langgestreckte Mittelgebirgsschwelle, die sich zwischen die Tschechische Republik und die Bundesrepublik Deutschland legt und aus mehreren Einzelgebirgen besteht. Im Bereich der Ablagerungen des Kreidemeeres fand sie eine Zone des geringsten Widerstands. Hier formte sie das **Elbsandsteingebirge** aus. Die Großartigkeit der Felsformen und Schluchten, der Reichtum an Pflanzen und Tieren, die Vielfältigkeit auf engstem Raum wie auch die leichte Zugänglichkeit haben es zu einem der beliebtesten Reise- und Ausflugsziele in Mitteleuropa werden lassen.

> »Welche Unendlichkeit lag da um uns her! Tiefer unten in den wildbewachsenen Abgrund schlängelte sich die Elbe, wie ein schmales Band, das sich bei Dresden verlor, dessen Türme und Kuppeln sich an dem Hintergrunde der blauen Meißner Berge erhoben. Die schönste Aussicht war jedoch nach Böhmen zu. Nie habe ich mir den dunkelblauen Schein der Gebirge so deutlich vorstellen können! Wie ein versteinertes Meer lagen die Berge vor mir und weit an dem fernen Horizont erhob sich das Riesengebirge, mit seinen schneebedeckten Gipfeln, wie ein luftiges Wolkenland. An den Bergwänden zogen schwere Wolken hin; hier lag eine Partie ganz im Schatten, während sich wiederum eine andere im klarsten Sonnenlicht erhob. Auch in meinem Herzen schien die Sonne, während schwere Wolken über diese innere Welt hinfuhren. Es liegt etwas mächtig Ergreifendes darin, auf solche Weise über ein großes Land hinzuschauen.«

Hans Christian Andersen, ›Reise nach Dresden und in die Sächsische Schweiz‹, 1831

Ein Gebirge mit mehreren Namen

Obwohl dieses Gebirge eine landschaftliche Einheit bildet, trägt es unterschiedliche Namen. Der Name Elbsandsteingebirge (tschech. Labské Pískovce) ist vor allem naturwissenschaftlich zu verstehen. Die Namen **Sächsische Schweiz**/*Saské Svýcarsko* und **Böhmische Schweiz**/*České Svýcarsko* verdanken ihre Entstehung dem Landschaftserlebnis und erinnern an die unterschiedliche Staatszugehörigkeit. Als gegen Ende des 18. Jh. die Schweizer Maler *Anton Graff* (1736–1813) und *Adrian Zingg* (1734–1816) in Dresden lebten, verglichen sie dieses Elbe-Gebirge mit ihrer Heimat – und entdeckten hier ihre ›Schweiz‹. Die als Vergleich gedachte Bezeichnung wurde schon 1785 von der Presse aufgegriffen. Der Begriff ›Sächsische Schweiz‹ verfestigte sich schnell und wurde angepaßt auf den böhmischen Gebirgsteil übertragen. Zeichner und Maler der Dresdner Romantik wie *Adrian Ludwig Richter* (1803–84) und *Caspar David Friedrich* (1774–1840), die hier ihre Motive fanden, trugen wesentlich zur wachsenden Popularität des Gebirges bei.

Ludwig Richter, Überfahrt am Schreckenstein, 1837. Gemäldegalerie Neue Meister, Dresden

Eine Welt bizarrer Formen

Der Gebirgscharakter beruht weniger auf der Höhe einzelner Berge als vielmehr auf den schroffen Kleinformen. Erdgeschichtlich ist ein im Tertiär entstandenes Bruchschollengebirge vorausgegangen. Im Elbe-Lineament wurde das Sandsteinpaket zwischen Erzgebirge und Lausitzer Platte angehoben, wobei sich im äußersten Osten des Gebirges Lausitzer Granit über den Sandstein schob.

Das an der Oberfläche weithin anstehende Gestein sind zwei großbankige *Sandsteinfolgen* des Kreidemeeres, die den aus Granit und im Südwesten aus kristallinen Schiefern, Grauwacken und Quarziten aufgebauten Untergrund überlagern; in der Sächsischen Schweiz erreichen sie bis über 100 bzw. 50 m Mächtigkeit. Zwischen ihnen lagern höchstens 4 m mächtige Mergel- und Plänerschichten. Dieses Gestein bildete eine ausgedehnte niveaugleiche Hochfläche, auf die nunmehr das Oberflächenwasser reliefbildend einwirkte. Der Sandstein neigte zur Bildung steiler *Wände*, während die wasserstauenden Zwischenschichten charakteristische Kleinformen entstehen ließen, wie Gesteinswaben, Schichtauswitterung, Hohlkehlen usw.

Die nachträgliche Beanspruchung der Sandsteinfolge durch die *tektonischen Vorgänge* im Tertiär hat zu weiterer Vielfalt der Felsformen beigetragen. Schrägstellungen und Brüche verursachten im Sandsteinpaket ein Kluftnetz. Die in den Klüften und in den

83

Schichtfugen ansetzende Verwitterung und Abtragung zerlegte das Gestein in einzelne quaderförmige Gesteinskörper. Es bildete sich der für das Elbsandsteingebirge charakteristische Gesteinstyp des *Quadersandsteins* heraus, der den Abbau von Werkstein in Quadern ermöglicht. Im sächsischen und mitteldeutschen Elbraum lieferte er seit dem Mittelalter das für die architektonische und plastische Gestaltung wichtigste Material (in der Gotik z. B. für den Meißner Dom). Elbsandstein wurde aber auch die Elbe abwärts bis nach Norddeutschland und Skandinavien verfrachtet. Höhepunkte erlebte die Gewinnung im 17. Jh. mit den sächsischen Festungsbauten, im 18. Jh. mit den Monumentalbauten des Dresdner Barock (Zwinger, Hofkirche, Schloß Moritzburg) sowie im 19. Jh. mit Industrie- und Hafenbauten (u. a. Hamburg, Kopenhagen) und den in eklektizistisch-historisierenden Stilen geschaffenen Bauwerken (Hamburger Rathaus).

Über den Sandstein floß schon die Elbe, ehe er von den tektonischen Kräften allmählich angehoben wurde. Dank seiner erodierenden Kraft überwand der Fluß das wachsende Hindernis. Er schuf das scharf eingeschnittene, gelegentlich cañonartig schmale und steile Tal. Schaut man von den höchsten erhaltenen Punkten des Sandsteinpakets zu der oft senkrecht zu Füßen liegenden Elbe hinab, so streift der Blick zweieinhalb Millionen Jahre in die Tiefe: Die Elbe hat sich durch die Quadersandsteine des gesamten Turons, eine

Das Elbtal mit den Schrammsteinen

ganze Epoche der Oberkreidezeit, eingeschnitten: in Sachsen seit dem Tertiär um fast 100 m und allein seit der Elsterkaltzeit um 40–55 m und um noch mehr in Böhmen (im Raum Hrensko um 170 m). Dabei entstand ein an Kontrasten vielfältiger Formenschatz, der eine ausgeprägte *Stockwerksgliederung* aufweist. Das unterste Reliefstockwerk bildet der *Fluß* (120–110 m ü. M.). Auf dem nächsthöheren Niveau schließen sich im Bereich der kleinbankigen Sandsteine der *Ebenheiten* (mehr als 200 m ü. M.) an, die im ausgehenden Tertiär entstanden, worauf Talbodenreste (Flußschotter) der damaligen Elbe hindeuten.

Als das höchste ›Stockwerk‹ heben sich aus den Ebenheiten markante, zumeist kastenförmige *Tafelberge* heraus, die sogenannten *Steine* – Reste der alten Sandsteintafel. In ihrer Fußregion finden sich verhältnismäßig flache Böschungen, die aus blockreichem Schutt bestehen. Darüber bauen sich die bei den Bergsteigern beliebten *Wände* des großbankigen Sandsteins auf. Die Gipfelflächen befinden sich vielfach weit über 400 m ü. M. Besonders markant sind die als einzeln stehende Tafelberge aufragenden Steine, wie *Königstein* (360 m), *Lilienstein* (415 m; Farbabb. 7), *Pfaffenstein* (435 m), *Papststein* (451 m) und *Großer Zschirnstein* (560 m) in Sachsen und *Hoher Schneeberg* (726 m) in Böhmen. Andere Steine bilden größere Flächen mit langgestreckten Wänden, wie die *Schrammsteine* in Sachsen und die *Tissauer Wände* in Böhmen. Die Verwitterung (Wasser und Wind) hat die Felskronen oft stark aufgelöst: zu glockenartig abgerundeten Sandsteinquadern, Spalten, Felsgassen, flächigen Vorsprüngen sowie isoliert aufragenden Pfeilern und Türmen. Am meisten bewundert werden die *Felsentore* oder -fenster, bei denen Deckschichten als verbindende Brücke über isolierten Felsunterlagen erhalten geblieben sind *(Prebischtor, Kuhstall)*. Da sich manche Steine, so die Schrammsteine (417 m), direkt am Elbufer aufbauen, entsteht trotz der Mittelgebirgslage kleinräumig der beachtliche relative Höhenunterschied von 300 und mehr Metern.

Ein wesentliches Element dieser Landschaft sind die der Elbe zustrebenden *Nebenflüsse Kamnitz* (Böhmen), *Kirnitzsch, Polenz* und *Biela* (Sachsen). Mit der Tieferverlegung der Elbe formten auch sie cañonartige *Schluchten* aus. Nur wirken sie noch eindrucksvoller als das Elbtal: Das aufstrebende Relief der Schichtstufen wiederholt sich an beiden Talseiten spiegelbildlich. Die Tieferlegung der Nebentäler zog eine machtvolle Zerschneidung des gesamten Gebirges bis in die oberen Niveaus nach sich. Der Grünbach etwa zerfurchte das ehemals zusammenhängende Sandsteinpaket so weitgehend, daß im Rathener Felsenkessel nur noch isolierte, phantastisch geformte Felsgruppen erhalten geblieben sind. Da die Nebenflüsse mit dem raschen Tieferschneiden der Elbe nicht Schritt halten konnten, weisen sie noch viele Ungleichmäßigkeiten des Gefälles auf: so typische Hängetäler und teilweise sogar Wasserfälle (Amselfall bei Rathen). In diesen Tälern gab es früher zahlreiche Wassermühlen und eine rege Flößerei. Ihre Enge verhinderte jedoch die Herausbildung von Ortschaften; diese entstanden überwiegend an der Elbe, wo sich die Nebentäler an ihrer Mündung weiten.

Die beschriebene Formenwelt ist in diesem Gebirge ungleichmäßig verteilt. Rechtselbisch dominieren die wildzerklüfteten Felsgebiete (Schrammsteine, Bastei); linkselbisch

*Edmundsklamm
(Kamnitzklamm)
bei Hrensko/Herrns-
kretschen*

besteht der landschaftliche Reiz eher im Gegensatz zwischen den weiträumigen Ebenheiten und den aufsitzenden Tafelbergen, die wiederum in Sachsen häufiger sind als in
Böhmen.

Der *tertiäre Vulkanismus* hat der Formenvielfalt weiteres hinzugetan: Glutflüssige
Basalte haben im Sandstein bestehende Spalten, Brüche und Gänge durchdrungen; stellenweise werden sie auch oberflächenbildend wirksam. Als schildförmige Kuppen überlagern sie den *Cottaer Spitzberg* (linkselbisch; 385 m) und den *Großen Winterberg* (ostelbisch; 552 m ü. M.). Derart ist, dicht umgeben von Tafelbergen des Sandsteingebirges,
ein völlig abweichender Landschaftstyp entstanden. Im abgesenkten, hügligen Mittelteil
des böhmischen Elbsandsteingebirges schuf der Vulkanismus den hohen Vulkankegel des
Rosenbergs/Růžovský vrch (619 m).

Schließlich hat auch das *Pleistozän* mit Geschieben Spuren hinterlassen. Das skandi-
navische Inlandeis ist allerdings nur während der Elsterkaltzeit bis in das Gebiet des
Elbsandsteingebirges vorgedrungen, so daß im Gegensatz zu Mittel- und Norddeutschland die meisten Zeugen der Inlandeisbedeckung der nachfolgenden Abtragung zum
Opfer gefallen sind.

Klima, Pflanzen- und Tierwelt

Im Gegensatz zu den elbabwärts folgenden Landschaften (Elbtalwanne und Lößgebiete) ist das Elbsandsteingebirge ausgesprochen *waldreich*. Im elbnahen Gebirge findet sich vor allem Traubeneichenmischwald, der allerdings auf reliefschwachen Flächen weitgehend der Beackerung weichen mußte. Die höheren Teile im östlichen Elbsandsteingebirge tragen auf ausgedehnten Arealen Buchenmischwald. Laub- und Mischwälder sind allerdings durch Anpflanzungen von Fichte und Kiefer zurückgedrängt worden.

Die Eigenart des Klimas schafft fast übergangslose Kontraste auf engem Raum: kühle Schluchten und sonnendurchglühte Felspartien; windstille Talgründe und vom Wind überwehte Ebenheiten. In den feuchten Gründen und besonders in den Schluchten ist das Klima im Verhältnis zur Umgebung im Sommer kühler (im Hochsommer bis zu 30 °C Unterschied zu den Felskämmen) und im Winter milder. Die sonst üblichen Vegetationshöhenstufen erscheinen in umgekehrter Folge. Im ›Kellerklima‹ der feucht-kalten Talschluchten findet sich ein montaner Fichtenwald mit einer Reihe atlantischer und arktisch-alpiner Spezies (Enzian, Bergveilchen, Amselkraut usw.). Auf den trocken-warmen Höhen gedeiht ein unterholzarmer Kiefern-Heide-Wald. An den nach Süden exponierten Hängen der Böhmischen Schweiz sind neben anderen Wärme und Trockenheit liebenden Pflanzen auch Edelkastanien anzutreffen. Besonders reich vertreten sind

Fingerhut und Straußfarn

blütenlose Pflanzen. An Farnen werden etwa 25 Arten gezählt. Unter den Moosen ist Tannenbärlapp vertreten. Die Felsplateaus sind von Flechten überzogen.

An Wildtieren gibt es neben allgemeiner verbreiteten Arten, wie Reh-, Dam- und Hochwild, auch solche, die besonders dem Leben in den Felsen und Schluchten angepaßt sind, so Mufflon, Dachs, Fuchs, Marder, Fischotter usw. Mit etwas Glück kann man Gemsen beobachten. Auch einige wenige Exemplare des sonst ausgestorbenen Ziesels haben sich erhalten. Die reiche Vogelwelt findet mit dem Großen Uhu und dem Turmfalken in den Felspartien und dem Eisvogel in den Schluchten ihre seltensten Vertreter. Im klaren Wasser der Elbzuflüsse ist die Bachforelle reichlich vertreten.

Geschichte, Wirtschaft, Verkehr

Früher wurden das wild zerklüftete Elbsandsteingebirge und das hier besonders enge, damals kaum passierbare Elbtal eher gemieden. Die wichtigeren Verkehrsrouten verliefen auf den angrenzenden Hochebenen: über das Erzgebirge und durch das Lausitzer Bergland. Auch bot dieses Gebirge keinen Anreiz für dauerhafte Besiedlung. Die inneren Gebirgswälder wurden erst im 12./13. Jh. von deutschen Kolonisten besiedelt.

In politischer Hinsicht gelangte das Elbsandsteingebirge zunächst weitgehend zum Königreich Böhmen, das am Nordrand des Gebirges und im Elbtal zahlreiche Grenzsicherungsburgen anlegte (z. B. Königstein). Die nördlichen Teile fielen im meißnischböhmischen Grenzziehungsvertrag (Vertrag von Eger 1459) an Sachsen.

Die deutschen Kolonisten waren zunächst Bauern, die auf den Ebenheiten ihre langgestreckten Waldhufendörfer gründeten. Dazu gesellten sich seit dem 16. Jh. die Häusler, die die Landwirtschaft nur im Nebenerwerb betrieben, sich im übrigen vor allem von der Arbeit im Walde, als Steinbrecher, Schiffer, Flößer und Handwerker ernährten. Ausgehend vom Flachsanbau im rechtselbischen Gebiet bestand vom 15. bis 18. Jh. in Randstädten und Orten wie Sebnitz, Lohmen und Pirna eine rege Leineweberei. Der Waldreichtum verlieh dem Holzeinschlag Bedeutung. In den an der Elbe entstandenen Orten befanden sich Holzniederlagen. Wegen des Zusammentreffens von Brauneisenerz, Holzkohle und Wasserkraft blühte die handwerklich betriebene Eisengewinnung vom 15. bis ins 19. Jh. Die Elbe diente der Holzflößerei und dem Abtransport der gebrochenen Werksteine.

Im 19. Jh. hat sich mit der Einführung von Dampfschiff (1837) und Eisenbahn (1850) die Rolle des Elbtales als *Verkehrspforte* sprunghaft erweitert. Heutzutage bündeln sich im Elbsandsteingebirge die Wasserstraße, die Landstraße (bis Bad Schandau rechtsseitig, dann bis zur Festung Königstein linksseitig) und die Elbtalbahn, die u. a. Dresden und Prag verbindet und das entscheidende Glied für die Nord-Südost-Verbindungen in Europa darstellt (seit 1976 elektrifiziert).

Touristik, Klettersport, Naturschutz

Die Wegbereiter des Tourismus waren die beiden Pfarrer *Carl Heinrich Nicolai* (seit 1797 in Lohmen) und *Wilhelm Leberecht Götzinger* (aus Struppen), die in ihren Büchern

Nationalpark
Sächsische Schweiz

die Heimat vorstellten (erster Reiseführer Nicolais 1801). Die Standardroute führte von Dresden über Pillnitz durch den Liebethaler Grund und über Lohmen durch den Uttewalder Grund auf die Bastei, über Hohnstein nach Schandau, durch das Kirnitzschtal zum Kuhstall und auf den Großen Winterberg, von dort über das Prebischtor nach Herrnskretschen oder direkt nach Schmilka. In der Regel fuhr man mit der Gondel nach Dresden zurück. Unterwegs gab es in den größeren Orten Schweizerführerstationen, wo man auch Pferde, Maultiere und Tragsessel für bequeme Aufstiege mieten konnte.

Obwohl in einigen Seitentälern der Autoverkehr viel zu rege geworden ist, kann man jenseits von Elbe und den überlaufensten Tälern den ärgsten Trubel schnell hinter sich bringen. Hier bestehen ideale Bedingungen für naturnahes Wandern. Und der Bergsteiger findet *Kletterreviere*, die höchste Ansprüche stellen. Im Kletterführer sind mehr als 1000 Gipfel und etwa 1200 Wege für den Klettersport verzeichnet. Es gelten Regeln, die das Klettern im Vergleich zu den Alpen wesentlich erschweren. Einige Hilfsmittel wie Leitern, Steigeisen und Klemmkeile sind verboten. Sicherungsringe dürfen nur sparsam geschlagen werden. Die Fortbewegung erfolgt ausschließlich an natürlichen Haltepunkten; einige Felsen haben den höchsten Schwierigkeitsgrad.

Um die Eigenart des Gebiets zu erhalten, wurden die Sächsische (1956) und die Böhmische (1972) Schweiz in ihrer Gesamtheit zu *Landschaftsschutzgebieten* erklärt, in denen begrenztere Gebiete dem strikten Naturschutz unterliegen. Innerhalb des deutschseitigen LSG wurden 1990 (letztes Gesetz der Volkskammer der DDR) zwei Teilgebiete zum *Nationalpark Sächsische Schweiz* herausgehoben.

Von Děčín nach Pirna

Große Teile der *Böhmischen Schweiz* gehörten der Fürstenfamilie Clary-Aldringen, die auf der Woge der Romantik die Schönheit dieser Landschaft erkannte, Aussichtspunkte zugänglich machte, Hotels erbauen und Wanderpfade und Promenaden einrichten ließ.

Děčín/Tetschen ist der Ausgangspunkt für die westelbischen Höhepunkte der Böhmischen Schweiz, wie die *Tissauer Wände/Tiské stěny* und den *Hohen Schneeberg/Děčínský Sněžnik,* der einzige Tafelberg in diesem Teil des Gebirges (721 m; mit 35 m hohem Aussichtsturm und weitem Panoramablick). In seiner kuppigen Beschaffenheit völlig andersartig als das Sandsteingebirge, aber nicht minder reizvoll ist die sich aus dem Senkungsgebiet (Bynovec-Plateau) östlich von Děčín erhebende Landschaft um den Basaltkegel *Rosenberg/Růžovský,* von dessen Gipfel (619 m) sich bei klarem Wetter zwischen den Tafelbergen Königstein und Lilienstein die Türme von Dresden erkennen lassen.

Die schönsten rechtselbischen Teile der Böhmischen Schweiz erreicht man vom tschechischen Grenzort **Hrensko/Herrnskretschen** (Farbabb. 3), dem am niedrigsten gelegenen Ort Böhmens (115 m ü. M.). Er war für böhmische Verhältnisse außergewöhnlich lange protestantisch geblieben. Noch Wilhelm Graf von Kinsky widerstand der Rekatholisierung. Nach dessen Ermordung mit Wallenstein 1634 wurden seine Güter dem Geschlecht Clary-Aldringen zugesprochen, unter denen der Ort bis ins 20. Jh. verblieb. In der katholischen Zeit entstand die spätbarocke Kirche ›zu St. Johann von Nepomuk‹ (1786). Früher lebten die Bewohner vorwiegend vom Holzhandel und Flößen; heute herrscht der Tourismus vor. – In Hrensko mündet der im Lausitzer Bergland entspringende Fluß *Kamnitz/Kamenice,* der abschnittsweise zwischen senkrechten Felswänden eine wildromantische Klamm bildet (nach dem Fürsten Edmund von Clary-Aldringen *Edmundsklamm* genannt). Der heute als *Stille* oder *Untere Klamm/Tichá* oder *Dolní soutěska* bezeichnete Abschnitt wurde 1890 und die höher gelegene *Wilde Klamm/Divoká soutěska* 1898 für Bootsfahrten eröffnet. Seit dieses herrliche Tal nicht mehr von der Papierfabrik in Česká Kamenice als Abwasserkanal benutzt wird, sind seine Klammen als ein Naturschutzgebiet von europäischer Bedeutung anerkannt. – Auf der oberhalb der Kamnitz befindlichen Ebenheit zieht sich ein herrlicher Wald- und Wiesengrund zur *Rainwiese/Mezní Louka* hin (Hotel). Darüber bauen sich grandiose Wände und Felsenlabyrinthe auf. Der Höhepunkt ist das *Prebischtor/Pravčická brána* (450 m ü. M.; Farbabb. 5), das eine Höhe von 16 m und eine Spannweite an der Basis von 26,6 m aufweist (geschütztes Naturgebilde; großartige Fernsicht, auch im Durchblick durch das Tor).

In diesem *Grenzbereich* zwischen der Tschechischen Republik und der Bundesrepublik Deutschland liegen sich die Grenzpunkte an der Elbe nicht genau gegenüber. Auf der linkselbischen Seite beginnt Sachsen und damit die Bundesrepublik 3,5 km die Elbe aufwärts. An der Mündung des Gelobtbaches zeigt auf sächsischem Territorium eine schwarze Tafel mit der weißen Ziffer ›0‹ an, daß hier die deutsche Elbstationierung ihren Anfang nimmt. (Der Reisende wird im weiteren auf regelmäßig am Ufer wie-

Der Kleine Prebischkegel in der Böhmischen Schweiz

derkehrenden Tafeln ablesen können, wie viele Kilometer er innerhalb Deutschlands zurückgelegt hat.) Rechtselbisch ist, von der deutschen Nullmarke an gerechnet, noch auf 3,5 km Stromlauf böhmisches Ufer, bis auch hier unterhalb von Hrensko beim tschechischen Stromkilometer ›109‹ (schwarze Zahl auf weißem Grund) Deutschland beginnt.

Unterhalb von Hrensko folgt rechtselbisch der deutsche Grenzort **Schmilka**, ein sehr günstiger Ausgangspunkt für Aufstiege in die *Schrammsteine,* in das *Winterberggebiet* und die zumeist schon recht einsam gelegenen Gebiete des *Großen Zschand* und der *Thorwalder Wände.* – Linkselbisch zeigt sich alsbald die Ortschaft **Krippen** (800 Einw.), die Ausgangspunkt für Ausflüge zur *Kaiserkrone* (355 m), zum *Zirkelstein* (385 m) sowie zum *Großen* und *Kleinen Zschirnstein* (563 bzw. 473 m) ist. In Krippen verbrachte *Friedrich Gottlob Keller,* der Erfinder der Papierherstellung aus Fichtenholzschliff (1845), seine letzten Lebensjahre (Friedrich-Gottlob-Keller-Heimatmuseum). In der Nachbargemeinde **Reinhardtsdorf** (1820 Einw.) befand sich bis August 1934 eine illegale Druckerei für antifaschistische Flugblätter; die Matrizen wurden aus der ČSR eingeschleust (mehrere Gedenktafeln). – Am gegenüberliegenden Südhang zieht sich in besonders sonniger Lage das an schmucken Fachwerk- und Umgebindehäusern reiche Dorf **Postelwitz** (Ortsteil von Bad Schandau) hin, wo früher vor allem Schiffer, Schiffszieher und Bootsbauer ansässig waren und heute noch Sportboote gebaut werden.

Alsbald erreicht die Elbe **Bad Schandau** (3200 Einw.), das rechtselbische Zentrum der Sächsischen Schweiz. Das wohl im 13./14. Jh. während der bäuerlichen Kolonisation von deutschen Kaufleuten und Handwerkern angelegte Städtchen (1437 ersterwähnt, seit 1479 Ratsverfassung) entstand auf dem schmalen Schwemmlandstreifen der hier mündenden *Kirnitzsch*. Die ursprünglichen Züge der Stadtanlage sind noch erkennbar: der rechteckige Markt, an dessen östlicher Schmalseite die Kirche, der Oberring aus Markt-, Post- und Kirchstraße sowie der Unterring zur Elbe hin. Die wirtschaftliche Grundlage waren der Elbhandel mit Holz und Getreide, die Holzflößerei auf der Kirnitzsch, Sägewerksbetrieb, Leineweberei (16.–19. Jh.) und der Bau von Elbschiffen. Die 1730 im Kirnitzschtal entdeckte eisenhaltige Quelle ließ seit etwa 1800 das Heilbad entstehen. Der Bau der Elbtalbahn 1850 sowie der Strecken nach Sebnitz 1877 und Hohnstein 1897 (7 Tunnel, 27 Brücken, 2 Viadukte) machten Schandau auch zum Eisenbahnknotenpunkt. Seit 1920 offiziell ›Bad Schandau‹; seit 1936 auch Kneippbad. – Während des Dritten Reiches war Bad Schandau Hauptsitz jener organisierten Bergsteiger (›Vereinigte Kletterabteilung‹ – VKA), die ihre Kenntnis schwer zugänglicher Teile des Gebirges für den antifaschistischen Widerstandskampf nutzten (z. B. illegale Ausschleusung deutscher Emigranten in die noch nicht besetzte Tschechoslowakei; in der Umgebung mehrere Gedenktafeln).

In der **Stadtkirche St. Johannis** (Umbauten 1645 und nach dem Stadtbrand von 1704) gibt es einen ursprünglich für die Dresdner Kreuzkirche geschaffenen Renaissancealtar von Hans Walther II. (1574–79), der als ein Hauptwerk der Dresdner Bildhauerschule des 16. Jh. gilt. Am Eingang zur Kirche (innen) beachte man die Hochwassermarken. Das neuere Stadtbild ist weitgehend von *Hotels* und *Kurhäusern* geprägt. Im *Stadtpark* befinden sich die Eisenquelle, Kneippkurhäuser, der Konzertplatz, das Kulturhaus und das *Heimatmuseum*. Oberhalb des Kulturhauses liegt der seit 1900 bestehende *Pflanzengarten*. Auf dem *Schloßberg* wurden Reste einer frühmittelalterlichen Burganlage ausgegraben. Hier steht ein als künstliche Ruine angelegter *Aussichtsturm*. Gut erhaltene ehemalige *Leinpfade* lehnen sich beiderseits der Elbe an und dienen heute zum Teil als Wander- und Radfahrwege.

Von der Stadt führt ein *Aufzug* zur *Ostrauer Scheibe*, von der es 4 km bis zu den *Schrammsteinen* (425 m) sind, die als das großartigste Felsenrevier der Sächsischen Schweiz und als ein Zentrum des Klettersports geschätzt werden. Herrlicher Fernblick von der Schrammsteinaussicht (417 m).

Zu empfehlen ist auch ein Ausflug in das *Kirnitzschtal*. Beim dortigen *Lichtenhainer Wasserfall* beginnt der Aufstieg zum nahen *Kuhstall*, einem höhlenartigen Felsentor (17 m breit, 11 m hoch und 24 m tief), wo im 15. Jh. Raubritter und im Dreißigjährigen

Krieg Bauern ihr Vieh versteckten. Darüber stehen die Überreste der Felsenburg *Wildenstein* aus dem 15. Jh. (abermals herrlicher Fernblick). – Folgt man dem Kirnitzschtal weiter aufwärts, gelangt man in dessen wild-romantischen, schluchtartigen Abschnitt. Zunächst erreicht man die 400jährige *Felsenmühle,* ursprünglich ein Sägewerk, die seit Mitte des 19. Jh. bis 1945 Holzschliff für die Papierindustrie erzeugte (heute *Technisches Museum ›Neumann-Mühle‹*). Der von Bad Schandau dorthin führende alte Flößersteig ist als *Lehrpfad* eingerichtet. Es schließt sich bei **Hinterhermsdorf** (800 Einw.) die *Kirnitzschklamm* an. Auf dem noch aus der Zeit der Flößerei stammenden Wasserstau der Oberen Schleuse sind für die Touristen Boote im Einsatz. – Aus dem Kirnitzschtal wie auch von Schmilka aus führen Wanderwege zur Basaltkuppe des *Großen Winterbergs* (552 m, Bergbaude), der bei klarem Wetter die Sicht bis zum Riesengebirge und zum Collm (313 m) bei Oschatz (über 100 km) ermöglicht.

Die **Stadt Königstein** (2800 Einw.) ist das linkselbische Zentrum der Sächsischen Schweiz. Das in einen engen Felsenkessel eingebettete Städtlein entstand wahrscheinlich im 13. Jh. als Siedlung zu Füßen jener Burg, die ihm auch den Namen gab. Das ursprünglich zu Böhmen gehörende Amt Königstein gelangte 1406 als böhmisches Lehen an die Wettiner und wurde Anfang des 16. Jh. dem Amt Pirna angegliedert. Sehenswert ist die malerisch über der Stadt gelegene **Kirche St. Marien,** die bis zur Reformation dem Bistum Prag unterstand und vom böhmischen König Wenzel II. dem Patronat des

Felsentor ›Kuhstall‹ im Kirnitzschtal

Stadt und Festung Königstein

Deutschen Ordens unterstellt wurde. Der barocke Bau von 1720–24, an dessen Entwurf George Bähr mitgewirkt haben soll, wurde durch einen Brand teilweise zerstört. Der jetzige Bau entstand 1810–12 unter Verwendung der alten Umfassungsmauern. Aus dieser Zeit stammt der mächtige klassizistische Kanzelaltar.

In Stadt Königstein beginnt das landschaftlich reizvolle, einst mühlenreiche *Bielatal*, das in einem romantischen oberen Talschluß im Grenzbereich zu Böhmen endet. Von Königstein und vom **Kurort Gohrisch** (800 Einw.) ist der als Wanderziel beliebte *Pfaffenstein* erreichbar (427 m, Aussichtsturm). Auf seinem Plateau hat sich ein kreisförmiger Wall als Rest einer bronzezeitlichen Wehranlage erhalten (Lausitzer Kultur, 11. Jh. v. Chr.). Der Zugang zum steilen Felsen war im Osten durch einen 200 m langen Sperrwall gesichert, der auch eine Siedlung am quellenreichen Bergfuß schützte. Zu diesem Bergkomplex gehört die markante Felsnadel *Barbarine*, in Bergsteigerkreisen ein Inbegriff für höchsten sportlichen Einsatz.

Westlich der Stadt erhebt sich der unweit der Elbe 40 m steil aufragende Tafelberg *Königstein* (359 m ü. M.; Plateau 550 m lang und bis zu 310 m breit), der eine weite Rundsicht (360 °C) auf alle umliegenden Gebirge und eine ungehinderte Einsicht in die Elbtalwanne bis Meißen gewährt. Die Anfänge einer Burg reichen bis ins 12. Jh. zurück (schriftliche Nennung 1241). 1408 wurde die bislang böhmische Burg durch den Markgrafen von Meißen erobert, der sie und das zugehörige Territorium 1459 im Vertrag von Eger zugesprochen bekam. Nachdem auf dem Plateau zeitweilig Mönche lebten, ließen die Wettiner die Burg ab 1589 als **Festung Königstein** in mehreren Etappen zur wichtigsten Landesfestung Sachsens ausbauen, wofür der Dresdner Hof seine namhaftesten Baumeister heranzog. Königstein wurde eine der gewaltigsten Festungen Europas. Zugleich war sie ein beliebtes Ausflugsziel des Hofes, wohin man zu prunkvollen Festen einlud. Zu den auswärtigen Hoheiten, die hier als Gäste oder militärische Inspektoren

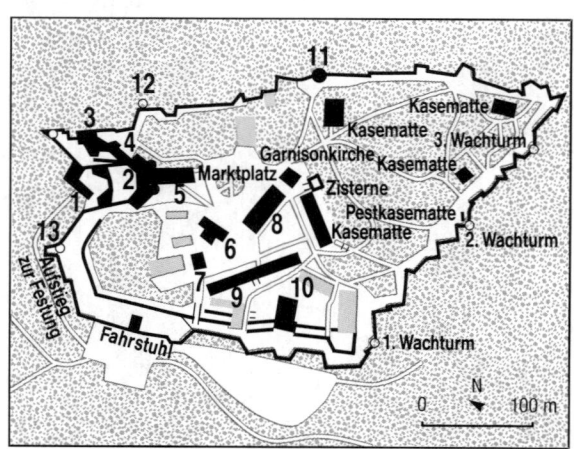

Festung Königstein, Lageplan
  1 *Eingang*
  2 *Torhaus*
  3 *Georgenburg*
  4 *Georgenbatterie (Streichwehr)*
  5 *Neues Zeughaus*
  6 *Brunnenhaus*
  7 *Schatzhaus*
  8 *Magdalenenburg*
  9 *Garnisonshaus (Alte Kaserne)*
 10 *Altes Zeughaus*
 11 *Friedrichsburg*
 12 *Hungerturm*
 13 *Seigerturm*

Feste Königstein.
C. Koehler, Stich,
um 1850

weilten, zählten Kaiser Karl IV., Zar Peter I., die preußischen Könige Friedrich Wilhelm I. und Friedrich II. wie auch Napoleon. – Im Schutz der natürlichen Lage und eines Gürtels von Verteidigungsanlagen bildete die Festung ein kleines, einst waffenstarrendes Gemeinwesen, das, mit entsprechenden Vorräten versehen, lange Zeit autochthon bestehen konnte. U. a. sorgten ein 152,5 m tiefer *Brunnen* (Wasserhebung anfangs durch Pferdegöpel), ein *Brauhaus* und das *Riesenweinfaß* Augusts des Starken (250 000 l Inhalt; Entwurf Pöppelmann) für das leibliche Wohl. Aber nur einmal diente diese Festung ihrem militärischen Zweck: beim schwedischen Angriff 1639. Während sie selbst uneingenommen blieb, legten die Angreifer das zu ihren Füßen liegende Städtchen in Schutt und Asche. – Im weiteren änderte sich die Bedeutung der Festung. Nachdem im Siebenjährigen Krieg das um sie zusammengezogene sächsische Heer von 17 000 Mann in Gefangenschaft der Truppen Friedrichs II. von Preußen geraten war, zog es der sächsische Hof vor, sie für neutral zu erklären. 1813 spielte sie noch einmal eine gewisse Rolle. Während des Waffenstillstandes (Juni bis August) ließ Napoleon die geradlinige *Kaiserstraße* für seine Truppenbewegungen von der Lausitz nach dem Osterzgebirge herstellen und in diesem Zusammenhang im Elbbereich die Burgruine Stolpen befestigen, Schanzen bei Hohnstein und am Lilienstein anlegen sowie zwei Schiffsbrücken bei Königstein bauen. Nachdem es Napoleon in der *Schlacht von Dresden* am 26. August 1813 noch gelungen war, die Österreicher zurückzuschlagen, unterlagen wenig später auf der westlich der Festung gelegenen Ebenheit von Krietzschwitz 40 000 Franzosen 14 000 deutschen und russischen Soldaten unter dem Befehl Herzog Eugens von Württemberg, womit eine wichtige Vorentscheidung für die Völkerschlacht bei Leipzig gefallen war. 1866–71 hatte die Festung eine preußische Besatzung. Im weiteren diente sie zwar noch als Garnison und Sperrfort. Nicht zuletzt wurden hier in mehreren Kriegen (1870/71 sowie während des Ersten und des Zweiten

Weltkriegs) kriegsgefangene Offiziere untergebracht. Ansonsten hatte sie ihren militärischen Sinn verloren. Innenpolitische Aufgaben traten immer mehr in den Vordergrund. Hier suchte der sächsische Hof während mehrerer Kriege (Siebenjähriger Krieg, Befreiungskrieg 1813) und politischer Krisen (zuletzt König August Friedrich II. während des Maiaufstands 1849) Zuflucht. Hier glaubte man auch einen sicheren Ort für die Dresdner Kunstschätze zu haben. Während des Siebenjährigen Krieges wurde die gesamte Gemäldegalerie hierher verbracht, 1940–45 die Sammlung des Grünen Gewölbes. Der Hauptzweck der Festung aber wurde es, als Staatsgefängnis zu dienen (August Bebel schrieb hier 1874 als Häftling einige Kapitel seines Werkes ›Die Frau und der Sozialismus‹).

Die Festung ist seit 1955 erstmals der Öffentlichkeit zugänglich. Sie beeindruckt besonders, weil ihre Bausubstanz fast vollständig erhalten geblieben ist. Insgesamt offenbart sich ein einzigartiges *militärisches Freilandmuseum* – mit Bauwerken von der Spätgotik, der Renaissance, des Barock und des 19. Jh. Ein *Rundgang* führt eingangs durch das **Außenwerk,** das **Medusentor** (beide 1. Hälfte 18. Jh.) und das eigentliche **Torhaus** (16. Jh.; Ausstellung zur geologischen Entwicklung und frühgeschichtlichen Besiedlung der Sächsischen Schweiz); im Verteidigungsring zum **Neuen Zeughaus** (erbaut 1631 als Festsaal; Ausstellung zum Festungssystem und zur Militärgeschichte), zum **Brunnenhaus,** das die Zisterne überirdisch sichert, zum **Provianthaus** mit dem Riesenfaß, zur **Garnisonskirche** (im Ursprung romanische Burgkapelle), zum **Schatzhaus** (1854/55; Aufbewahrung des sächsischen Staatsschatzes in unsicheren Zeiten), zum **Alten Zeug-**

Kurort Rathen mit Talwächter und ›Lokomotive‹

haus (1594; Ausstellung zur Entwicklung des Artilleriewesens im Kurfürstentum Sachsen), zu Bastionen, Kasematten, Wacht- und Beobachtungstürmen, Pulvermagazin, Kasernen u. ä. m. Ein *dendrologischer Lehrpfad* geleitet durch den Naturpark auf dem östlichen Festungsplateau.

Gegenüber der Festung Königstein umfließt die Elbe den in einer großen Flußschlinge hoch aufragenden, einzeln stehenden Tafelberg *Lilienstein* (413 m; Farbabb. 7) in drei Himmelsrichtungen. Auf dem Plateau, zu dem man über eine 65 m hohe Felstreppe gelangt, befinden sich noch die Grundmauern einer aus dem 14./15. Jh. stammenden *Burg*. An diesem Berg ergab sich 1756 die sächsische Armee den einmarschierenden preußischen Truppen. – Ebenfalls dicht von der Elbe umschlungen liegt wenig flußabwärts der nordwärts letzte Tafelberg des Elbsandsteingebirges, der *Große Bärenstein* (329 m). In der zu seinen Füßen liegenden Ortschaft **Naundorf** (380 Einw.) lebte der spätimpressionistische Maler *Robert Sterl* (1867–1932), der seine Motive in den Sandsteinbrüchen von Wehlen fand (Gedenkstätte). – Im Nachbardorf **Krietzschwitz** erinnert ein Denkmal an die oben genannte Schlacht vom 26. August 1813.

Beim **Kurort Rathen** (550 Einw.) und der **Stadt Wehlen** (1130 Einw.) entfaltet das Sandsteingebirge besonders nah an Dresden seine Großartigkeit. Diese Orte wie auch das schon etwas elbferner gelegene **Hohnstein** (1030 Einw.) entstanden unter Burgen in einem rechtselbisch strategisch wichtigen Gebiet, das sich vom 13.–15. Jh. abwechselnd in böhmischem und wettinischem Besitz befand. Die *Burg Rathen* bestand aus der älteren Hauptburg *Alt-Rathen* oberhalb des Ortes an der Einmündung des Grünbaches und der jüngeren, stark befestigten Vorburg *Neu-Rathen* unmittelbar östlich der Bastei-Brücke, die ihren Ursprung in einer Fluchtburg des 12. Jh. hat. Die Burg wurde bei der kurfürstlich-sächsischen Belagerung 1469 in Brand gesetzt und zerstört. Ähnlich finden sich auch in Wehlen nur noch Burgreste. Hingegen erlebte die malerisch auf hohem Felsen über der gleichnamigen Stadt gelegene **Burg Hohnstein** eine dauer-, wenn auch wechselhafte Nutzung seit ihrer Gründung als Grenzfestung des Königreichs Böhmen im 13. Jh. bis zur Gegenwart.

Das zwischen Rathen und Wehlen 149 m steil über der Elbe aufragende Felsenmassiv der **Bastei** (Farbabb. 6) ist der beliebteste Aussichtspunkt des Elbsandsteingebirges. 1814 wurde ein Fußweg mit 487 Stufen von Rathen hinauf angelegt. Nachdem 1826 der sächsische Staat das Gelände aufgekauft hatte, entstanden das erste massive Gasthaus, die Aussichtsplattform und eine hölzerne Brücke über die Mardertelle, an deren Stelle 1850/51 die heutige, 77 m lange, aus sieben ungleich großen Bögen bestehende *Steinbrücke* trat. Der Ausbau zum Luxushotel mit Königsvilla und Fürstenzimmer erfolgte ab 1883. Unmittelbar in Nachbarschaft der Bastei befindet sich die alte Flucht- und Vorburg Neu-Rathen (s. o.), die auch im Dreißigjährigen Krieg (1639) und im Nordischen Krieg (1706) Zufluchtsort war. Eine erste Rekonstruktion der Burg erfolgte 1934, die 1953 erneuert wurde. – Der andere große Anziehungspunkt, die **Felsenbühne Rathen**, ist von der 100 m hohen, waldzerklüfteten Felsenkulisse des Wehlturms umschlossen. 1935 für die Karl-May-Festspiele entstanden und in den 50er Jahren er-

Basteibrücke. C. G. Hammer, kolorierter Kupferstich, 19. Jh.

weitert, faßt sie jetzt 2000 Zuschauer. Im Sommer spielt hier das Ensemble der Landesbühne Sachsen (s. Radebeul) Stücke wie Schillers ›Wilhelm Tell‹ und Webers ›Freischütz‹.
    Ein wichtiges Ziel im Hinterland ist auch die **Festung Stolpen,** wo August der Starke
die Gräfin Cosel gefangenhielt. Von Stolpen fließt das Flüßchen *Wesenitz* zur Elbe
hin. Am Nordwestrand des Elbsandsteingebirges erreicht es die Ortschaft **Lohmen**
(3200 Einw.), die vor der Zeit der Dampfschiffahrt das Eingangstor zum Gebirge war.
Bemerkenswert ist die 1786–89 als Zentralbau errichtete *Pfarrkirche* von Johann Daniel
Kayser, die sich an die Kirchenbauten George Bährs anschließt. Im Ort gibt es einige
Umgebindehäuser. Auf dem Friedhof ruhen der Pfarrer *Carl Heinrich Nicolai* (1739–
1823), der Entdecker und Erforscher der Sächsischen Schweiz, und der Volkserzähler
Bruno Barthel († 1956).
    Gleich unterhalb von Lohmen durchfließt die Wesenitz den *Liebethaler Grund,* wo der
von Dresden kommende Reisende des klassischen Tourismus erstmals auf Sandstein traf.
Die steil aufragenden Sandsteinfelsen lieferten das Baumaterial für den ersten Meißner
Dom (1266–1290). Mit anteilnehmender Wärme schilderte 1831 der dänische Dichter
Hans Christian Andersen in seiner ›Reise nach Dresden und in die Sächsische Schweiz‹ das

»herrliche lange Felstal«. Und als sich *Richard Wagner*, damals zweiter Kapellmeister der Königlichen Hofoper Dresden, von Mai bis Juli 1846 auf das *Schäfersche Gut* (heute *R.-Wagner-Museum*) im nahen **Graupa** (2700 Einw.) zurückzog, um die Musik zu seinem ›Lohengrin‹ zu konzipieren, kam er auf Spaziergängen wiederholt dieses Tal zur *Lochmühle* herauf, wo ein *Denkmal* (Entwurf 1913 von Richard Guhr) an die landschaftlich eingebettete Entstehung der Oper erinnert.

Die Elbtalwanne bei Dresden

☐ **Landschaft**
Bei Pirna weitet sich das Elbtal zur *Elbtalwanne*, die sich bis Radebeul und Cossebaude erstreckt. Dresden liegt in ihrem Zentrum. Auch die Einbuchtung in Richtung Weinböhla, die der Elbe vor ihrem Durchbruch bei Meißen als Bett diente, ist landschaftsgeschichtlich dieser Wanne zugehörig. Es handelt sich um einen *Grabenbruch,* der in zwei Etappen entstand, im Altpleistozän (vor dem Eintreffen des Inlandeises) und in der nachfolgenden Zwischenzeit (Holstein-Interglazial). Die zweiseitigen Verwerfungen treten streckenweise gegenüber den benachbarten Hochflächen auch morphologisch zutage, besonders ausgeprägt im Raum von Radebeul. Die Einsenkung hatte zur Folge, daß der Strom, der vorher von Dresden in nördliche Richtung abfloß (Senftenberger Elblauf, Bautzener Elblauf), überhaupt erst sein heutiges Tal fand.

Rechts und links des Grabenbruchs unterscheiden sich die Landschaftscharaktere. An der Ostseite streicht die *Lausitzer Überschiebung* zwischen Pillnitz und Coswig entlang der Elbe bis nördlich von Meißen in NW-SO-Richtung. Es beginnt die flachwellige Rumpffläche der *Lausitzer Platte.* Ihr abrupter Abbruch zur Elbe wird durch pleistozäne Ablagerungen, die eine flach abgeböschte *Heidesandterrasse* bilden, gemildert. An der Westseite grenzen die Ausläufer des *Osterzgebirges* in Form einer Rumpffläche mit nur wenigen, meist sanft geschwungenen Bergrücken an, bis zwischen Dresden und Meißen das fruchtbare *Mittelsächsische Lößgebiet* beginnt. Unterhalb von Cossebaude stellen sich allerdings noch einmal kristalline Gesteine ein.

Die Elbtalwanne und das Gebiet um Meißen sind durch höhere Temperaturen (im Jahresdurchschnitt 9 °C) und relative Trockenheit (Jahresniederschlag bei 600 mm) *klimatisch begünstigt,* was besonders auch der Vergleich zu den nahe gelegenen Höhen der Mittelgebirge verdeutlicht. Wenn im zeitigen Frühjahr in Dresdens Gärten schon die ersten Blumen blühen, ist im oberen Osterzgebirge noch reger Skibetrieb im Gange. Im Elbtal beginnt die Apfelblüte zwei Wochen früher als in den anschließenden Gebieten. Diese Klimagunst ermöglicht Obst- und Gemüsekulturen und auch den Weinbau.

Bevölkerung, Wirtschaft, Verkehr
Verglichen mit ihren Durchbruchsabschnitten im Elbsandsteingebirge und bei Meißen begleitet die Elbe im Grabenbruch ein relativ *breiter Talgrund,* auf dem folglich größere

Ortschaften entstehen konnten. Die Bevölkerungsdichte ist auffallend hoch, die wirtschaftliche Betätigung rege. Das *Ballungsgebiet Oberes Elbtal* umfaßt die Kreise Dresden-Stadt und -Land, Pirna, Meißen und Freital. Auf der Woge der industriellen Revolution zogen viele Menschen aus anderen Gebieten Sachsens und auch aus Pommern, Schlesien und Böhmen zu. In der Region lebt heute etwa eine Million Menschen, davon etwa die Hälfte in Dresden. Besonders groß ist die Bevölkerungsdichte in den Kreisen Dresden(-Land) und Freital (150–200 Einw./km²).

Charakteristisch ist eine bedeutende territoriale Konzentration der *Industrie* sowie eine für ostdeutsche Bundesländer überdurchschnittliche *Verkehrsdichte*. In der Elbtalwanne und namentlich in Dresden bündeln und kreuzen sich wichtige Verkehrsverbindungen. Dresden ist sowohl als Ausgangs- und Endpunkt des Straßen- und Schienenverkehrs als auch für den Durchgangsverkehr von großer Bedeutung. In keinem Abschnitt der Elbe lehnen sich Eisenbahnen und Straßen dichter an die Elbe an als hier. Zugleich verläuft ein erheblicher Teil des die Elbe kreuzenden Verkehrs über Dresden. Besonders wichtig sind die Verkehrsströme aus den nördlichen und nordwestlichen Bundesländern und aus Skandinavien nach Prag und Südosteuropa sowie die Ost-West-Trasse aus Polen und Görlitz nach Chemnitz. Auch jene Nord-Süd-Verbindungen, die das schlingenreiche und im Elbsandsteingebirge enge Elbtal meiden, insbesondere die wichtige Straße über das Erzgebirge nach der Tschechischen Republik (über Zinnwald), nehmen ihren Weg über Dresden.

☐ Zwischen Pirna und Dresden

Die Kreisstadt **Pirna** (rd. 40 000 Einw.) liegt am Austritt der Elbe aus dem Elbsandsteingebirge und bildet den östlichen Teil des fast geschlossenen, bis nach Meißen reichenden Siedlungsgebiets der Dresdner Elbtalwanne. Hier trafen schon in prähistorischer Zeit die beiden wichtigsten Gebirgsdurchgänge aus Böhmen, durch das Gottleubatal und über die Hochebenen oberhalb der Elbe, zusammen. Es gab eine passierbare Elbfurt, die auch von der im Gebirgsvorland verlaufenden Straße (später als ›Frankenstraße‹ ostwärts bis nach Krakau führend) benutzt wurde. Diese Lage dürfte bereits verschiedene ältere Kulturen zum Bau von Siedlungen und Befestigungsanlagen angeregt haben. Aus einem frühdeutschen Burgward (11. Jh.) auf dem steil über die Elbe aufragenden ›Hausberg‹ ging eine Burg (ersterwähnt 1269) und eine Festung (seit Mitte 16. Jh.) hervor, für die sich der Name ›Sonnenstein‹ einbürgerte. Der Ausbau zu einer der stärksten Landesfestungen Sachsens erfolgte in den Jahren 1672–85 und um 1740. – Zu Füßen der Burg und in ihrem Schutze wurde um 1200 die Stadt Pirna als Kolonisationsstadt planmäßig gegründet. Mitte des 13. Jh. war sie die führende Stadt im Elbehandel zwischen Leitmeritz und Magdeburg, seit 1260 auch begünstigt durch das Stapelrecht und das Zollprivileg. Gehandelt wurden Getreide und (magdeburgisches) Salz gegen bei Pirna gebrochenen Sandstein, Bergbauprodukte (aus Berggießhübel), Holz und Flußschiffe. Pirna gelangte 1241 aus markgräflich-meißenschem Besitz an den Bischof von Meißen, der es 1294 an den König von Böhmen verkaufte. In einer zielstrebigen Territorialpolitik erwarben die Wettiner 1404 Pirna für die Mark Meißen zurück. Die Stadt wurde Verwaltungszentrum

Bernardo Belotto, gen. Canaletto (1721–80), Pirna vom rechten Elbufer bei Posta, Gemälde

für die neuen markmeißnischen Besitzungen zwischen der Müglitz, der Elbe und dem Kamm des Osterzgebirges. Obwohl Pirna eine starke Konkurrenz durch das aufstrebende Dresden erwuchs und sich auch großräumig die Handelsströme verlagerten (Betonung der Richtung Nürnberg – Leipzig, Bevorzugung der Hohen Straße), blieb es eine wirtschaftlich regsame Stadt. Die Tuchmacherei florierte. Im Amt Pirna gab es mehrere Eisenhämmer, was der Stadt eine privilegierte Stellung im Eisenhandel verlieh. Aus wirtschaftlicher Kraft entstanden während des 15. und 16. Jh. bedeutende Bauten der späten Gotik und der Renaissance.

Mit 3500 Einwohnern zählte Pirna zu den großen Städten Sachsens. Während des Dreißigjährigen Krieges suchten hier viele der aus Böhmen vertriebenen Protestanten Zuflucht; in der Nikolaikirche hielten sie ihren Gottesdienst in tschechischer Sprache. In Pirna fanden 1634 die Vorverhandlungen für den Prager Frieden zwischen Kursachsen und dem Kaiser statt, dessen Ergebnis – Sachsens Bruch mit Schweden und Anschluß an die Kaiserlichen – die Vergeltung Schwedens auf sich zog. 1639 wurde Pirna von den Schweden unter Báner erobert und geplündert; nur die Festung blieb trotz langwieriger Belagerung uneingenommen. Während des Nordischen Krieges und der Schlesischen Kriege blieb Sonnenstein von den Kriegsereignissen verschont; im Siebenjährigen Krieg (1758) kapitulierte jedoch die Besatzung vor den Preußen. 1811 richtete der Arzt *Ernst*

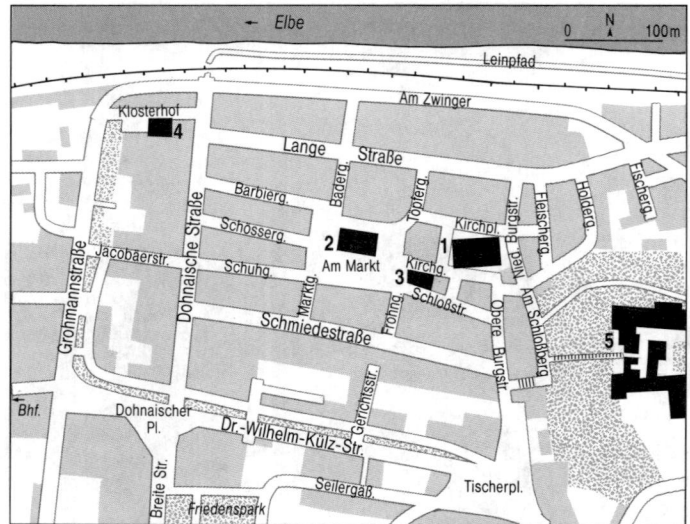

Pirna
1 Stadtkirche
  St. Marien
2 Rathaus
3 Canalettohaus
  (Markt Nr. 7)
4 Ehem. Domini-
  kanerkloster
  (Heimatmuseum)
  und Klosterkirche
5 Festung Sonnenstein

Gottlieb Pienitz auf Sonnenstein eine Heil- und Pflegeanstalt mit bahnbrechenden Methoden der Arbeits-, Musik- und Spieltherapie zur Behandlung Geisteskranker ein. Während der Hitlerdiktatur (seit 1939) zählte Sonnenstein zu den Hauptstätten des faschistischen Euthanasieprogramms (Ermordung psychisch kranker und mißgebildeter Personen). Nachdem im 18. Jh. einige Manufakturen entstanden waren (Strumpfwirkerei, Tabakverarbeitung, Kattundruckerei, Steingut und Tonwaren), kam es in der zweiten Hälfte des 19. Jh. zur Gründung von Industriebetrieben in den Bereichen Maschinenbau (1873), Zellulose (1886) und Kunstseide (1873); die beiden zuletzt genannten fusionierten um 1900 unter dem Dach der Hoeschwerke. Dennoch hat Pirna mehr als andere sächsische Städte sein historisches Aussehen bewahrt. Der Reichtum an wohlgestalteten Bürgerbauten machte Pirna zu einer von namhaften Künstlern gern gemalten Stadt. Besonders der *Markt* ist berühmt durch den ›Canalettoblick‹ auf Rathaus, Marienkirche und die Festung Sonnenstein. Die schönen Verzierungen an zahlreichen Bürgerhäusern prägten auch die Bezeichnung ›Stadt der Giebel, Erker und Portale‹.

Von erheblicher kunsthistorischer Bedeutung ist die **Stadtkirche St. Marien,** der letzte große Hallenbau der Gotik in Sachsen. Es bestand bereits ein großer Vorgängerbau aus dem 14. und frühen 15. Jh. Von ihm wurde nur der markante, 1479 vollendete Turm in das heutige Bauwerk einbezogen. Die heutige Halle entstand 1502–46 unter der Leitung des Peter Ulrich von Pirna. Dieses Bauwerk steht in der Tradition der Erzgebirgsschule, deren auf weiten und lichten Raumeindruck hinzielende Prinzipien konsequent weiterentwickelt sind. Insbesondere bestehen große Ähnlichkeiten zu den vorausgegangenen monumentalen Kirchenbauten in Annaberg und Brüx. Der Chor ist nahezu in die sehr große Halle (7 Joche; 47 m Länge, 25 m Breite, 18 m Wandhöhe) einbezogen. Die im Vergleich zum Mittelschiff nur wenig schmaleren Seitenschiffe und die Vereinheitlichung der Decke durch weitgehendes Zurückdrängen der Jocheinteilung bringen noch mehr Licht und Weite in den Raum. Die Wölbung verkörpert die größte Ideenvielfalt, die die späte Gotik hervorzubringen vermochte. Das Mittelschiff überzieht ein dichtes Rippennetz, während die Seitenschiffe Sterngewölbe tragen. Der Höhepunkt der Wölbungskunst wird im Chorpolygon mit kräuselnd verschlungenem Rippenwerk erreicht, dessen Ausläufer als Baumstämme gestaltet sind, an denen ›wilde‹ Gestalten emporklettern. Dem Gewölbestern im südöstlichen Chorgewölbe sind Hobelspan- und Schleifenrippen hinzugefügt. Diese ohnehin grandiose Rippenstruktur ist in allen drei Schiffen durch ornamentale Malereien betont. Hinzu tritt eine thematische Ausmalung der Gewölbezwickel über den Pfeilern. An einigen Stellen ist ein ikonographisches Programm nachweisbar: die Gegenüberstellung von Sünde und Erlösung, von Prophetie und Erfüllung, eine der humanistischen Bildung der Zeit entsprechende Symbolik (Herkules, Justitia) sowie reformatorisches Gedankengut. Auch gibt es direkte Hinweise auf Luther und seinen Kreis. Die unter diesen Malereien an den Gewölbeansätzen des Langhauses angebracht gewesenen Freifiguren der 12 Apostel sind leider 1778 abgeschlagen und 1802 nach England verkauft worden, was freilich die Malereien noch stärker zur Geltung bringt. Die von schlanken Säulen getragenen steinernen Emporen, mit reich ornamentierten Füllungen, sind nachträglich hinzugefügt (im Norden und Westen 1570, im Süden 1890). Die bildhauerische Ausstattung spiegelt den stilistischen

Pirna, Stadtkirche
St. Marien, Gewölbe

Umbruch wider. Die Kanzel aus Sandstein, 1525, von einem Freiberger Meister stammend, zeigt noch spätgotische Auffassung, voll entfaltete Renaissance hingegen der Taufstein von 1561, wahrscheinlich von Hans Walther II oder dessen Umkreis (nur der Fuß mit einer lebhaften Schar von Putten erhalten). Zur ausklingenden Renaissance, einem Hauptwerk dieser Zeit, führt der 10 m hohe, 1611 geweihte und überreich mit Ornamenten, Reliefs und Freiplastiken geschmückte Altaraufbau aus Sandstein von Michael und David Schwenke. Beachtlich auch die zahlreichen Grabdenkmäler und Epitaphien vom 16. bis 18. Jh. – Das **Rathaus** am Markt hat eine an Wechselfällen reiche Geschichte. Der Erstbau fiel 1458 einem Brand zum Opfer. Der daraufhin entstandene Neubau wurde 1555 durch Wolf Blechschmidt umfassend umgebaut. 1581 abermaliger Brand und Wiederaufbau. Im 19. Jh. eingreifende Umgestaltungen. An alter Bausubstanz sind vor allem einige spätgotische Portale des Baues nach 1458 sowie vom Renaissancebau einige Portale und Fenster und drei der ehemals fünf Giebel erhalten. Der ansehnliche, aus der Barockzeit stammende Turm trägt eine Kunstuhr, die auch die Mondphasen anzeigt. Er wurde 1910 abgetragen und originalgetreu wiederhergestellt.

In der Altstadt gibt es zahlreiche aufwendig gestaltete *Bürgerhäuser* der Renaissance, so am *Markt Nr. 7* (das sogenannte **Canalettohaus**; Giebelfront um 1520) und *Nr. 12* (1548), die Häuser *Niedere Burgstraße 1* mit einem prächtigen Portal, darin das Reliefbildnis des Architekten W. Blechschmidt (um 1540/45), *Obere Burgstraße 1* (1622) und *Barbiergasse 10* (1624), beide mit schönen Erkern. – Das ehem. **Dominikanerkloster** hat durch Säkularisation, Einbauten von Bürgerhäusern und Kriegsereignisse 1945 stark gelitten. Die um 1300 errichtete ehem. **Klosterkirche** zählt zu den seltenen zweischiffigen Anlagen. Sie ist bis 1956 wiederhergestellt worden und dient seit 1957 als katholische Pfarrkirche. Die Ausstattung ist aus anderen Kirchen hinzugefügt worden. Im *Kapitelsaalgebäude* befindet sich das *Heimatmuseum*.

An der **Festung Sonnenstein** haben die Um- und Neubauten für die medizinische Anstalt den einstigen Charakter der Wehranlage verwischt. Den früher durch Brücken und Außenwerke geschützten Haupteingang erreicht man vom historischen Stadtkern über die Bergstraße und die Schaftreppe. Hier Gedenktafel für die 1940/41 im Rahmen des Euthanasieprogramms ermordeten 13 720 Opfer. Bei der Rückkehr über den terrassenartigen Treppensteig zur Stadt ist das Schanzen- und Ravelinsystem noch gut erkennbar. Vom *Canalettoweg* aus ist eine Besichtigung elbseitiger Festungsanlagen möglich.

Von Pirna empfiehlt sich ein Besuch des Tales der *Gottleuba* mit **Kurort Berggießhübel** (1750 Einw.) und **Bad Gottleuba** (2100 Einw.). Diese Orte waren seit dem 15. Jh. das Zentrum des Eisenerzbergbaus und der Eisenverhüttung im Osterzgebirge. Hierher kam das ›Pirnische Eisen‹. In Berggießhübel besteht seit 1722 Badebetrieb; 1934 Ausbau zum Kneippkurbad. Bad Gottleuba ist seit 1861 Stahl- und Moorbad, seit 1913 Heilstätte, heute physiotherapeutisches Heilzentrum. Durch ein anderes Seitental gelangt man nach **Liebstadt** (850 Einw.), wo sich das Adelsgeschlecht von Carlowitz 1774 *Schloß Kuckuckstein* erbaute *(Heimatmuseum);* um 1800 neogotisch umgestaltet und mit einem Landschaftspark versehen.

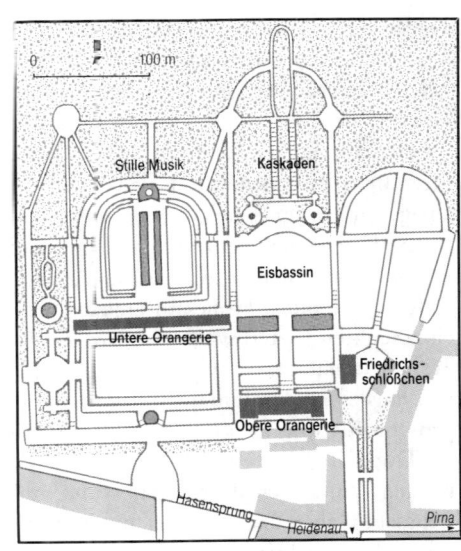

Barockgarten Großsedlitz, Lageplan

Linkselbisch liegt zwischen Pirna und Heidenau (Stadt) der mit der Geschichte Dresdens eng verbundene **Barockpark** von **Großsedlitz** (Farbabb. 9), die umfangreichste und bedeutendste Anlage im französischen Gartenstil unter August dem Starken. Der frühere Besitzer, Minister Graf Wackerbarth, hatte 1719 unter der Leitung von Johann Christian Knöffel mit dem Bau eines Schlosses und der Gartenanlagen begonnen. Das auf den Park

Barockgarten Großsedlitz, Blick zum Friedrichsschlößchen und zur oberen Orangerie

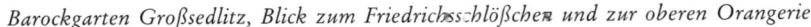

ausgerichtete dreiflüglige *Schloß (Friedrichsschlößchen)*, die *obere Orangerie* und das *untere Gewächshaus* waren etwa 1723 fertiggestellt. Da König Friedrich August an dem herrschaftlichen Anwesen Gefallen fand, mußte der Graf es ihm abtreten. Der Landesherr plante weitreichende Umgestaltungen. Das vorgesehene neue Schloß wurde aber nicht gebaut, der Garten nicht zu voller Größe gebracht. Bei aller Schönheit fehlt ihm der eigentliche Bezugspunkt: das Schloß. Nichtsdestoweniger präsentieren sich die Gartenanlagen als eine großartige Schöpfung des Barock. Ein wesentliches gestalterisches Element ist die Kammerung in zwei parallele Hauptanlagen und eine rechtwinklig dazu auf das Friedrichsschlößchen zulaufende Achse. Unter Ausnutzung der Hanglage entstehen außergewöhnliche Höhendifferenzen zwischen den verschiedenen, teils erhöhten, teils eingesenkten Parterres. Belebt wird das Bild durch die Einbeziehung der Orangerien an Terrassenrändern. Der wohl malerischste Teil ist die *Treppenanlage der ›Stillen Musik‹* mit den musizierenden Putten von Pöppelmann. Aufmerksamkeit verdienen auch die Sphingen von F. Coudray, die Figuren der Jahreszeiten von Johann Christian Kirchner sowie die Doppelfiguren von B. Thomae. Für den Hofstaat war der Park eine Stätte des Vergnügens. Im Siebenjährigen Krieg und in den Befreiungskriegen nahmen dann das Friedrichsschlößchen und der Garten ernsten Schaden. 1756 richtete hier Friedrich der Große zeitweilig sein Hauptquartier ein. Jüngere Zugaben sind das Hoftor vom ehem. Landhaus in Dresden und der Brunnen von Johann Christian Feige d. J., die nach Großsedlitz versetzt wurden, um dem Park den ihm bislang fehlenden Haupteingang zu schaffen.

Heidenau (19 300 Einw.) war unter der Grundherrschaft des Rittergutes Großsedlitz bis ins 19. Jh. ein Bauerndorf geblieben. Die Ansiedlung großer Industriebetriebe (Papier, Zellulose, Fotopapier, Maschinenbau, Eisenguß, Elektrotechnik) seit der zweiten Hälfte des 19. Jh. führte den Wandel zur Industriegemeinde herbei. Nach Eingemeindungen benachbarter Ortschaften, darunter auch des ehemaligen Gutsdorfes Großsedlitz (1923), wurde Heidenau 1924 mit 16 000 Einwohnern zur Stadt erhoben.

In Heidenau beginnt das Tal der *Müglitz*, das König Johann von Sachsen (1801–73) »das schönste Tal Sachsens« nannte. Seine Perle im elbnahen Bereich ist das auf hohem Felsensporn gelegene **Schloß Weesenstein** des Geschlechts von Bünau (heute Museum), eines der romantischsten Schlösser Sachsens, wohin sich König Johann zurückzog, um Dantes ›Göttliche Komödie‹ ins Deutsche zu übertragen. Der Felsengestalt angepaßt ist der Gebäudekomplex durch drei Höfe verbunden. Der älteste Teil ist der Rundturm (um 1300), der noch am ehesten an die ursprüngliche Burg erinnert. Um ihn gruppieren sich die ältesten Schloßteile in acht, zum Teil aus dem Felsen gehauenen Stockwerken. Im sechsten befindet sich die *Schloßkapelle,* deren Vorgängerbau von 1504 durch einen ansprechenden barocken Neubau mit ovalem Schiff (1738–41) ersetzt worden ist. Prächtig der hölzerne Kanzelaltar und die zur Kuppel gewölbte Holzdecke mit einem Gemälde nach dem Vorbild von A. R. Mengs. Dem mittelalterlichen Kern sind 1575 die Gebäude der *Vorburg* mit dem reichgeschmückten Hauptportal im Halbrund hinzugefügt worden. Innenräume mit zauberhafter Ausstattung (Rokoko, Klassizismus, Biedermeier). Glanzpunkt ist der *Festsaal* mit kostbarer französischer Ledertapete (frühes 18. Jh.) und Stuckdecke. Einige Räume wurden zu einem *Tapetenmuseum* ausgestaltet.

Schloß Pillnitz, Bergpalais

Auf der rechtselbischen Seite, im Vorfeld der geschlossenen Bebauung Dresdens, liegt zu Füßen des Borsberges (LSG, Aussichtsturm) **Schloß Pillnitz,** berühmt vor allem als einer der größten Chinoiserie-Bauten des Barock. Hier gab es bereits ein burgartiges Schloß aus dem späten 16. und frühen 17. Jh. (1818 abgebrannt). Das Besitztum wurde 1694 von Kurfürst Johann Georg IV. erworben, der es seiner Mätresse Sibylle von Neitschütz übereignete. Der nachfolgende Kurfürst, August der Starke, zog es ein und schenkte es 1706 seiner Geliebten, der Gräfin Cosel. Nachdem diese in Ungnade gefallen und auf die Festung Stolpen verbannt worden war, ließ der Monarch die Anlage für seine Garten- und Wasserfeste ausgestalten. Sehenswert ist besonders das **Wasserpalais** (Farbabb. 8), 1720/21 von Matthäus Daniel Pöppelmann im Auftrag Augusts des Starken in unmittelbarer Elbuferlage errichtet. Vom Mittelbau führt eine großzügig konzipierte *Treppenanlage* zum Fluß, so daß die kurfürstlichen Prunkgondeln unmittelbar am Schloß anlegen konnten. Der in Mode stehenden Vorliebe für exotische Formen entsprach der Architekt mit hohlgeschweiften Dächern, phantasievollen Schornsteinen und gemalten Chinoiserien auf dem als große Hohlkehle ausgeformten Gesims. Parallel dazu errichtete Pöppelmann 1723 mit dem **Bergpalais** eine fast genaue Wiederholung des Wasserpalais. Wasserpalais und Bergpalais flankierten die Zufahrt zu dem damals noch stehenden alten Schloß. Um eine gewisse architektonische Einheit herzustellen, wurden die beiden jüngeren Palais 1788–91 durch Flügelbauten verlängert und durch geschwungene Galerien mit dem älteren Schloß verbunden. Diesen Gebäudekomplex umgeben anspruchsvolle *Gartenanlagen.* Den *französischen Garten* erweiterte man ab 1778 zum Berg hin durch einen *englischen Park* mit *Englischem Pavillon* (1784), *Chinesischem Pavillon* (1804) und oberhalb des Hanges gotisierender künstlicher *Ruine* (1785). Der Park bezieht am unteren Berghang *Weingärten* ein. Hier gibt es neben alten Preß- und Wächterhäusern die reizvoll gelegene

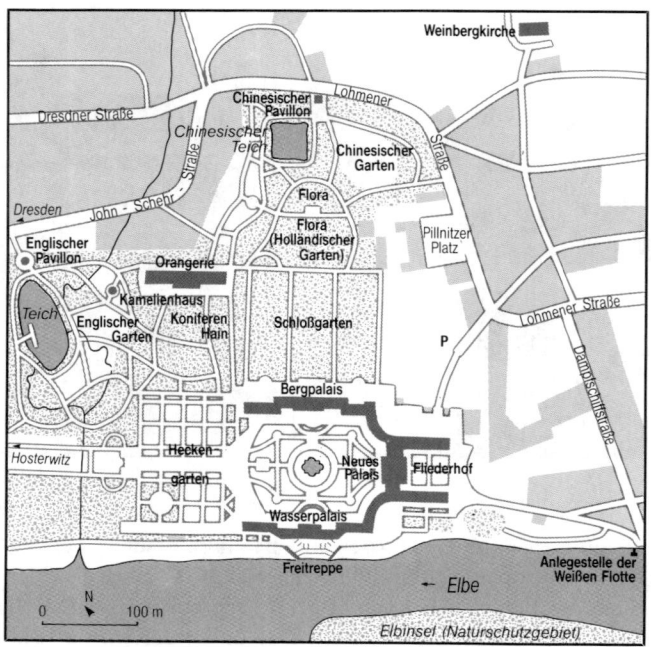

Pillnitz, Schloß und Parkanlagen

Weinbergkirche (1723–27; Entwurf von Pöppelmann), die im Inneren die Ausstattung der alten Schloßkirche übernommen hat.

Nachdem 1818 ein Brand das alte Schloß vernichtet hatte, trat das dreiflüglige **Neue Palais** (1818–26) an seine Stelle. Obwohl sich der Architekt Christian Friedrich Schuricht der klassizistischen Formensprache verpflichtet fühlte, suchte er die Harmonie mit den beiden Palais des Barock, indem er deren geschwungene Dächer wiederholte. Im Mitteltrakt befindet sich ein klassizistischer Festsaal, quadratisch, mit Malereien von Carl Vogel von Vogelstein. Die sächsischen Kurfürsten und Könige bezogen in den Jahren 1765–1918 in Pillnitz ihre Sommerresidenz. Hier trafen sich im August 1791 der neue österreichische Kaiser Leopold II. und der preußische König Friedrich Wilhelm II. als Gäste des sächsischen Kurfürsten, um ihre Haltung zur französischen Revolution und gegen Unruhen in den eigenen Ländern abzustimmen. In der ›Pillnitzer Deklaration‹ drohten sie dem revolutionären Frankreich, zugunsten des französischen Königs militärisch zu intervenieren (Auftakt für mehrere gegen Frankreich ausgetragene Kriege). Seit der Abdankung des letzten sächsischen Königs 1918 ist Schloß Pillnitz in Staatsbesitz. Nach dem Zweiten Weltkrieg diente es als Auffangstelle für Dresdner Kunstschätze. Im Wasserpalais und im Bergpalais befindet sich heute das *Museum für Kunsthandwerk* der Staatlichen Kunstsammlungen Dresden.

Dresden – Landeshauptstadt und Kunstmetropole

»Dresden war eine wunderbare Stadt, voller Kunst und Geschichte und trotzdem kein von sechshundertfünfzigtausend Dresdnern zufällig bewohntes Museum. Die Vergangenheit und die Gegenwart lebten miteinander im Einklang. Eigentlich müßte es heißen: im Zweiklang. Und mit der Landschaft zusammen, mit der Elbe, den Brücken, den Hügelhängen, den Wäldern und mit den Gebirgen am Horizont, ergab sich sogar ein Dreiklang. Geschichte, Kunst und Natur schwebten über Stadt und Tal, vom Meißner Dom bis zum Großsedlitzer Schloßpark, wie ein von seiner eigenen Harmonie bezauberter Akkord.«

Erich Kästner, ›Als ich ein kleiner Junge war‹

Dresden ist mit rund 480 000 Einwohnern die nach Hamburg größte Stadt an der Elbe. Sie verdankt ihre Entstehung dem Schnittpunkt wichtiger Handelswege: Hier kreuzten sich der Schiffahrtsweg der Elbe und die Landstraße von Meißen nach Böhmen mit der bedeutenden Frankenstraße, die von Nürnberg am Fuße der Mittelgebirge entlang nach Krakau führte. Die Elbe ließ sich hier gut überqueren (zunächst Furt oder Fähre; seit 1287 Steinbrücke).

Drezdane (von altsorb. Waldbewohner) war schon seit dem 11. Jh. der von Meißen aus verwaltete kirchliche Mittelpunkt des den Elbtalraum umfassenden ehemaligen slawischen Siedlungsgebiets Nisani. Aber im ganzen Mittelalter war Dresden eine wenig bedeutende Ackerbürgerstadt geblieben, die weit hinter Pirna, Meißen und Freiberg zurückstand.

Diese Rollenverteilung änderte sich 1485, als die Wettiner eine Landesteilung vornahmen und ihr albertinischer Zweig, der die Herzöge von Sachsen stellte, in Dresden seine ständige Residenz einrichtete. Die zur Sicherung des Elbübergangs auf dem flachen Taschenberg errichtete Burg (1206 ersterwähnt) wurde seit 1471 von *Arnold von Westfalen* umgebaut und diente seit 1485 den Albertinern als Residenzschloß.

Dresdens Bedeutung wuchs Schritt für Schritt: Nachdem Herzog Moritz sein Territorium um wettinisch-ernestinisches Gebiet erweitert und die Kurwürde erlangt hatte (1547), war Dresden zur Hauptstadt des bedeutendsten protestantischen Territoriums geworden. Der Landesherr ließ den Umfang seines Residenzschlosses verdoppeln; es zählte zu den prachtvollsten Bauwerken der deutschen Renaissance. In der zweiten Hälfte des 16. Jh. wurde der mittelalterliche Mauerring nach niederländisch-italienischem Vorbild in eine bastionierte Befestigung umgewandelt, die linkselbisch mit dem damaligen *Altendresden* einen Brückenkopf hatte.

Der Absolutismus nach dem Dreißigjährigen Krieg brachte einen neuerlichen Aufschwung in die Bautätigkeit. Und nachdem 1685 ein Stadtbrand Altendresden verwüstet hatte, entstand an dessen Stelle die *Dresdner Neustadt*, an deren Ausgestaltung drei Generationen von Barockbaumeistern beteiligt waren. Charakteristisch war der regelmäßige Bebauungsplan mit strahlenförmig auf die Elbbrücke zulaufendem Straßennetz.

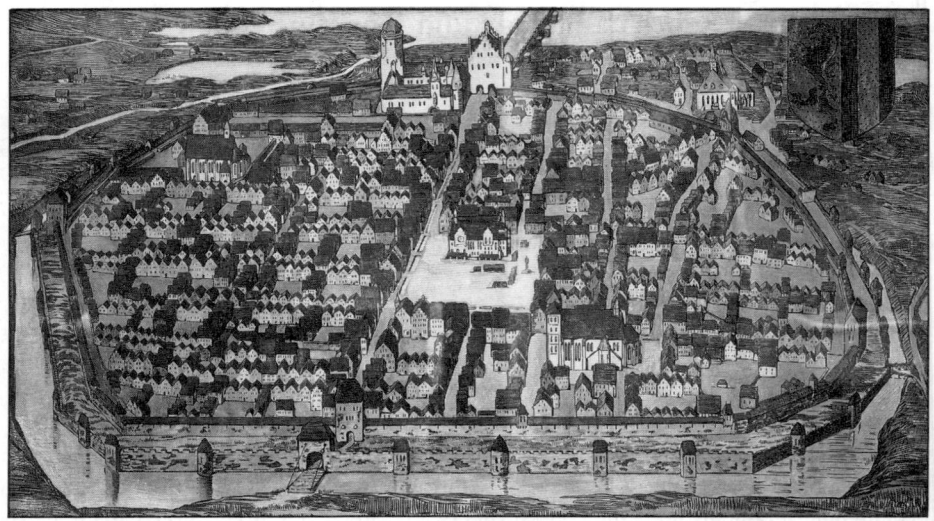

Dresden, Stadtbild nach einem Holzmodell, 1521, Stadtmuseum

In der Altstadt wurde der Grundriß durch Anlage dreier radial vom Neumarkt ausgehender Straßen neu geordnet. 1676 wurde der *Große Garten* als Lustgarten für den Kurprinzen, den späteren Johann Georg III., angelegt. In dessen Mitte erbaute G. S. Starcke 1678–83 ein *Palais,* eines der ersten durch einen deutschen Baumeister geschaffenen Werke des Hochbarock, wodurch er den Kranz von Gärten und Palais rings um die Stadt (Pillnitz, Großsedlitz, Moritzburg) einleitete. Im weiteren Verlauf des Barock erlebte der Große Garten die Wandlung vom sternförmigen Grundriß zum französischen Garten (seit 1683 durch J. F. Karcher).

Unter der Regentschaft Augusts des Starken (1673–1733) erlebte Dresden einen Höhepunkt höfischer Prachtentfaltung. Dieser Monarch war ebenso ein ambitionierter wie selten schöpferischer Auftraggeber. Seine Bauwünsche realisierte er in Konkurrenz verschiedener wie auch im Zusammenführen mehrerer Architekten, wobei sich namentlich *Matthäus Daniel Pöppelmann* als einer der begabtesten Künstler des Barock bewährte. Schon nach dem Schloßbrand von 1701 trug sich August der Starke mit dem Gedanken, das alte Schloß durch einen repräsentativen Neubau westlich des alten zu ersetzen. Für die konkrete Bautätigkeit wurden allerdings andere Schwerpunkte gesetzt. In unmittelbarer Nachbarschaft des Schlosses entstand das Taschenbergpalais (1706–11). Und 1709 hatte der König den Wunsch, den Zwingergarten im Festungsgelände zu erweitern und umzugestalten. (Zwinger nannte man in der Festungsarchitektur den freien Raum zwischen der inneren Ringmauer und der äußeren Stadtmauer.) Eine Orangerie sollte einbezogen und schließlich das Ganze mit dem Schloßbauprojekt verbunden werden.

In Vorbereitung der Feierlichkeiten zur Vermählung des Kurprinzen mit der österreichischen Prinzessin Josefa am 23. September 1719 erreichte das Dresdner Schaffen einen Höhepunkt. 1718 wurde am Zwingerbau zur Tag- und Nachtarbeit übergegangen, nachdem man dem Projekt noch ein neues Opernhaus und ein Redoutenhaus hinzugefügt hatte. Doch für August den Starken, der inzwischen auch König von Polen geworden war, wurde es zum finanziellen Problem, die höfische Bautätigkeit auf Dresden und Warschau verteilen zu müssen. Schließlich verzichtete der Monarch auf den Schloßneubau und beschränkte sich realistischerweise darauf, das alte Schloß umbauen und das Grüne Gewölbe einrichten zu lassen.

Dagegen wurde der ins Stocken geratene Ausbau der Neustadt seit 1727 mit dem Bau des Japanischen Palais und der Dreikönigskirche (ab 1732) forciert. Mit *G. Chiaveris* Hofkirche (1739–55) und der Ausgestaltung der Brühlschen Terrasse durch *J. C. Knöffel* (seit 1728) wandte sich die Stadt betont zur Elbe hin, wo Pöppelmann die alte Elbbrücke einer Modernisierung unterzog (1727–31). – Die Wohnstadt der Bürger nahm in dieser Zeit ein vom Barock geprägtes Aussehen an. Die Baugesetzgebung von 1721 gewährleistete ein Bauen nach einheitlichen Gesichtspunkten. Mit der Frauenkirche (1743), dem Altstädter (1745) und dem Neustädter Rathaus (1754) trug das Bürgertum wesentlich zur Ausgestaltung des barocken Stadtbildes bei.

Im Verlauf des 18. Jh. kamen aus Frankreich stammende klassizistische Einflüsse zur Geltung. Schon im Verlauf der ersten Jahrhunderthälfte praktizierten *Zacharias Lon-*

Bernardo Belotto, gen. Canaletto, Dresden von rechten Elbufer unterhalb der Augustusbrücke, Radierung, 1748

guelune, Jean de Bodt und *Johann Christoph Knöffel* eine zunehmend zurückhaltende spätbarocke Formensprache. Der Wandel ist z. B. an den nacheinander entstandenen Sälen des Grünen Gewölbes erkennbar. Dieser *klassizierende Spätbarock* setzte sich zur Zeit des Wiederaufbaus nach den Zerstörungen des Siebenjährigen Krieges mit einer neuen Architektengeneration voll durch. Die neue Baugesinnung, verkörpert vor allem durch das Landhaus (1770–76), den Neubau der Kreuzkirche (1764–76) und das Gewandhaus (1768–70), fand hauptsächlich in Vertretern der 1763 gegründeten Kunstakademie gegen Widerstände von Anhängern des traditionellen Barock Rückhalt und prägte Dresdens Architektur im Geiste Knöffels bis zum Ende des 18. Jh.

Am Ende hatten Bedürfnisse der zentralen Verwaltungsfunktion, architektonische Ansprüche prunkliebender und dabei kunstverständiger Herrscher wie auch der Baueifer namhafter Günstlinge des Hofes und eines sich entfaltenden Bürgertums eine Fülle von Prachtbauten und ein reichgegliedertes und dabei harmonisch um die Elbe gruppiertes Stadtensemble von seltenem künstlerisch-architektonischen Wert entstehen lassen. Die Grundstruktur des

Friedrich August I., Kurfürst von Sachsen, als König von Polen August II. Louis de Silvestre d. J., Gemälde

Stadtzentrums mit seinen zwei in Ost-West- und Nord-Süd-Richtung verlaufenden Hauptachsen und dem Altmarkt als Schnittpunkt war weiter ausgeprägt worden. Die Landschaftsachse der Elbe war betont herausgearbeitet (Brühlsche Terrasse, Brücke). Noch immer war der Stadtkern festungsumwehrt (innere Altstadt und innere Neustadt). Aber auch die Festungswerke waren in die künstlerisch-architektonische und die Grüngestaltung einbezogen. Eine einmalig schöne Silhouette war entstanden, besonders im Blick von der Neustädter Elbseite auf die Altstadt, dominiert von der Frauenkirche mit ihrer gewaltigen Kuppel. In der inneren Neustadt war die Hauptstraße im 18. Jh. die glanzvollste Straße Dresdens und mit der Brücke und der Brühlschen Terrasse die Hauptpromenade der Stadt.

☐ Industrialisierung und Stadterweiterung

Im 19. Jh. erfuhr Dresden eine Spätblüte der wettinisch-albertinischen Dynastie; sie verband sich mit der gewachsenen und beherrschend gewordenen Kraft des Bürgertums. Daraus resultierte ein neuer Schub im Städtebau.

Mit dem Niederlegen der Festungsanlagen nach 1815 fand die Einschnürung der Innenstadt ihr Ende. In der Altstadt wurden auch (im Gegensatz zur Neustadt) beträchtliche Reste der Festungswerke organisch in die nachfolgenden Ausgestaltungen einbezogen: Der Besucher bewundert den Zwinger und die Brühlsche Terrasse, ohne sich der ursprünglichen Bedeutung des Grundrisses und der Fundamente bewußt zu werden. Vom kurzen Stück am Zwinger abgesehen versäumte es aber Dresden, den Stadtgraben zu einem Grünstreifen umzugestalten. Das Glacis wurde weitgehend überbaut. Nur der Pirnaische und der Postplatz sowie eine innere Ringstraße vom Postplatz über den Georgplatz bis zur Auffahrt der Carolabrücke, die die Hauptlinien der alten Festung noch erkennen läßt, konnten frei gehalten werden. Auf der Neustädter Seite entstanden hingegen auf dem Glacis Alleen und Gärten.

Der alsbald einsetzende Eisenbahnbau konnte nur dort erfolgen, wo das Gelände noch nicht überbaut war. Daher legt sich die Haupttrasse vom Neustädter Bahnhof zum Hauptbahnhof wie eine große Schleife um den Westen der Innenstadt.

Die Architekten des 19. Jh. suchten die Harmonie mit den Dresdner Traditionen, brachten in die Lösung ihrer Bauaufgaben aber stärker funktionalistische Ideen und bürgerlich-humanistisches Gedankengut ein. *Gottfried Semper,* der bedeutendste deutsche Architekt zwischen 1840–70 und in starkem Maße der italienischen Renaissance verbunden, vervollständigte mit dem Opernhaus und der Gemäldegalerie den monumentalen Architekturbezirk zwischen Zwinger und Elbe. Von ihm stammten auch bedeutende Villen und die 1938 von den Nazis zerstörte Synagoge. Sempers Schüler H. Nicolai prägte dann in starkem Maße das architektonische Bild bis zur Gründerzeit; zu Beginn des Jahrhunderts pflegte besonders Stadtbaurat R. Erlwein die traditionelle Bauweise.

Mit der Industrialisierung setzte in der zweiten Hälfte des 19. Jh. die Entwicklung zur *Großstadt* ein. Hatten sich der Königliche Hof und die Stadtbehörden anfangs gegen die Errichtung von Fabrikanlagen in der Residenzstadt gestellt, so ließ ein lockender Markt in den 60er Jahren des 19. Jh. zahlreiche Betriebe der Leicht- sowie der Nahrungs- und Genußmittelindustrie (Zigaretten, Schokolade, Bier) entstehen. Dresden wurde für seine feinmechanisch-optische Industrie bekannt. Es folgten Betriebe des Maschinenbaus und weitere metallverarbeitende Betriebe (u. a. Näh- und Schreibmaschinen). Nach der Jahrhundertwende traten der Maschinenbau und die elektrotechnische Industrie in den Vordergrund. Dieser bedeutende Industriestandort belebte auch die technischen Wissenschaften. Aus dem Polytechnikum (1852) bildete sich die Technische Hochschule (1890) heraus; seit 1961 Technische Universität.

Eine wichtige Grundlage für die neuen Industrien bildeten die Steinkohlenlager im nahen Freitaler Revier mit großen Kohlenlagern zwischen der Friedrichstadt und der Weißeritz. Nach Dresden hinein führte die ›Kohlenbahn‹. Die Freitaler Kohle, die

Nähe zur Eisenbahn und die Anlage des Alberthafens innerhalb einer weiten Elbschleife begünstigten die Wirtschaftstätigkeit in Dresdens Westen (Neustädter Bahnhof und Umgebung, Industriegasse Friedrichstadt; erst später auch in Niedersedlitz).

Die stürmische Entfaltung der Industrie war von einem raschen Anwachsen der Stadt begleitet. Zählte Dresden 1850 etwa 100 000 Einwohner, so verdoppelte sich die Anzahl bis 1875 und verfünffachte sich bis zur Jahrhundertwende. Dieses Wachstum erfolgte durch Zuwanderungen und Eingemeindungen einstiger Bauerndörfer des Umlandes, die zu Vorstädten geworden waren. Vor dem Zweiten Weltkrieg lebten 630 000 Menschen in der Stadt. – Durch Bebauungspläne und die Festlegung von Industriestandorten nahm die Stadtverwaltung lenkenden Einfluß auf die Stadterweiterung. Diese Planung trug dazu bei, den landschaftlichen Charakter des Elbraums zu wahren.

Die Veränderungen des Stadtbilds waren aber erheblich. In Fortsetzung des mittelalterlichen Achsenkreuzes wurden Straßendurchbrüche geschaffen (1853 Prager Straße als Verbindung zwischen dem Altmarkt und dem damaligen Böhmischen Bahnhof, dem heutigen Hauptbahnhof; 1872–88 Ost-West-Verbindung Grunaer/Schweriner Straße), um die Innenstadt mit den anliegenden Vorstädten in Verbindung zu bringen. Im historischen Stadtkern wurden dadurch auch barocke Straßenzüge niedergelegt. Zugleich wurde die Umwandlung in eine Geschäfts-City begünstigt. Nach 1880 entwickelte sich die *Prager Straße* zur glanzvollsten Geschäftsstraße Dresdens.

Es entstanden auch ausgedehnte Arbeiterwohnviertel mit Mietskasernen und Hinterhöfen. Stadtteile wie die Neustadt, Löbtau und die Friedrichstadt wurden typisch für enge Bebauung und Durchmischung von Arbeiterwohnvierteln und Produktionsstätten. In der Oppellvorstadt (zu D.-Neustadt) bestand die höchste Wohndichte (1910: 672 Personen je ha). Hingegen entwickelten sich in den etwas industrieferneren Stadtteilen ›Beamtenviertel‹. Zur Herausbildung ausgesprochener Villenviertel kam es um den Großen Garten, im Schweizer Viertel südlich des Hauptbahnhofs sowie in entfernteren Vororten. – Die Stadt wuchs auch dort, wo bisher Bauverbot bestand, wie in der Pirnaischen Vorstadt, im Vorfeld des Großen Gartens. Ab 1870 erfolgte eine rapide Bebauung mit Wohnzeilen und Gewerbebetrieben in den Hintergebäuden. Es entstand die **Johannstadt,** die sich ostwärts ausdehnte.

In der zweiten Hälfte des 19. Jh. gerieten auch zahlreiche bisher dörfliche Vororte in den Sog der expandierenden Metropole. **Niedersedlitz** ist vielleicht das anschaulichste Beispiel für den Wandel vom unbedeutenden Bauerndorf zum betriebsamen Industriestandort (ab 1870), bekannt geworden vor allem durch die ZEISS IKON-Werke mit ihrem das südöstliche Stadtbild bestimmenden Turm. Andere Dörfer wurden zu Villenvororten. Bevorzugt waren die landschaftlich schön gelegenen Hänge von **Loschwitz,** wo bis zur Reblausplage (s. Radebeul) ausgedehnte Weingärten bestanden. Hier hatten sich schon seit dem 17. Jh. Edelleute, begüterte Bürger und Künstler Sommersitze geschaffen. Der sich in der zweiten Hälfte des 19. Jh. herausbildende Stadtteil erhielt seine besondere Note auch durch einige außergewöhnliche Bauten der Verkehrstechnik: die Elbbrücke ›Blaues Wunder‹, die Standseilbahn zur Kopfstation Luisenhof (seit 1895) und die Schwebe-

Dresden, die Hängebrücke ›Blaues Wunder‹ verbindet die Stadtteile Loschwitz und Blasewitz

seilbahn nach Oberloschwitz (seit 1901). Die prachtvollsten Anwesen, die das Landschaftsbild des rechten Elbhangs im Vorfeld des Dresdner Stadtkerns prägen, entstanden mit den drei Elbschlössern am westlichen Rand von Loschwitz: In einem Weinberg ließ sich Prinz Albrecht von Preußen 1850–54 *Schloß Albrechtsberg* nach dem Vorbild der Villa Medici in Rom errichten. Östlich schließen sich die *Villa Stockhausen* (Lingner-Schloß), 1850–52 von A. Lohse, sowie das burgartige, im Tudorstil errichtete *Schloß Eckberg* an, das der Großkaufmann John Daniel Souchay 1859–61 durch Christian Friedrich Arnold erbauen ließ. – Das vornehmste Viertel entwickelte sich aus der erst 1838 formierten kleinen Landgemeinde **Weißer Hirsch**. Der Arzt Dr. Heinrich Lahmann eröffnete hier 1883 das alsbald Weltruf genießende Sanatorium. Nach dem letzten Krieg richtete hier Manfred von Ardenne sein Forschungsinstitut ein. Die Villen erstrecken sich heute bis in die Flur von Loschwitz.

Einige Vororte behielten zunächst ihren Charakter von selbständigen Trabantenstädten, wie Klotzsche und Hellerau, die erst 1950 eingemeindet wurden. **Klotzsche** nahm den Weg vom Dorf zum Villenvorort und Kurbad (Verwendung des ›heilbringenden‹ Wassers der Prießnitz) ab 1880. Auch hier ließen sich namhafte Künstler nieder. **Hellerau,** bekannt als *erste deutsche Gartenstadt,* ist erst seit 1909 auf Bauernland entstanden (Bebauungsplan von Richard Riemerschmid). Als Kristallisationspunkt fungierte die künstlerisch ausgereifte und für die Arbeitshygiene bahnbrechende Möbelfabrik (*Deutsche Werkstätten;* Entwurf Heinrich Tessenow). Zum architektonischen Höhepunkt wurde das 1912 vollendete *Festspielhaus* (H. Tessenow) mit einer Bildungsanstalt für rhythmische Gymnastik und Ausdruckstanz.

Die Stadtviertel in Randlage wuchsen durch ihre eigene Ausdehnung, ihre Einbeziehung in die städtebauliche Planung Dresdens und ihre schrittweise Eingemeindung ringförmig zusammen. Von der Bebauung blieb, von den Friedhöfen abgesehen, im wesentlichen nur der *Große Garten* verschont, der vom Randgebiet der Altstadt genau zum Mittelpunkt des zeitgenössischen Stadtgebiets, zu einem gewissen Ruhepol im Zentrum, geworden ist. In der Zwischenzeit hatte man ihn zum Landschaftspark im englischen Stil erneuert und der Öffentlichkeit zugänglich gemacht. Mitte des 19. Jh. legte man hier die *Bürgerwiese* an. 1861 wurde der *Zoologische Garten* eröffnet und 1889 der *Botanische Garten* hierher verlegt. 1885 wurde ein ständiges *Ausstellungsgelände* geschaffen, auf dem 1911 die vielbeachtete ›Internationale Hygieneausstellung‹ stattfand.

☐ Kriegszerstörung und Wiederaufbau

Kurz vor Ende des Zweiten Weltkriegs, am 13./14. Februar 1945, wurde das bislang vom Krieg völlig verschonte Dresden Ziel konzentrierter anglo-amerikanischer Bombenangriffe. In der rund 15 km² umfassenden Innenstadt wurden 85% der Bausubstanz zerstört. Eine zweite Welle der Bomber traf u. a. den Großen Garten, wohin Zehntausende

Dresden, Blick vom Rathausturm nach Westen zur Annenkirche, Aufnahme nach 1945

verzweifelter Menschen aus der brennenden Stadt geflohen waren. Etwa 35 000 Menschen, darunter viele durchziehende Flüchtlinge aus dem Osten, fanden in dieser Schreckensnacht den Tod.

Beim Wiederaufbau wurden die im Mittelalter entstandene Dichte und die geringe Breite der Neben- und selbst der Hauptstraßen nicht wieder aufgenommen. Im Zentrum blieben im wesentlichen nur die sich rechtwinklig kreuzenden Hauptstraßen erhalten. Nicht einmal der Altmarkt ist grundrißgetreu wiedererrichtet worden. Er und historisch überkommene Durchgangsstraßen seiner Umgebung wurden verbreitert, während die kleinen Gassen verschwanden. Die Kreuzkirche, bis 1945 außerhalb des Altmarkts gelegen, bildet nun den südlichen Endpunkt der Bebauung der Altmarkt-Ostseite. Östlich der geschleiften Festungswerke, wo im 19. Jh. eine dichte Bebauung entstanden war, wurde eine neue Nord-Süd-Tangente geschaffen, die sich als ein verkehrsgünstiger äußerer Ring um die Altstadt legt und die radial zum Zentrum führenden neuen Grünzüge und Verkehrsstraßen aufnimmt. Die Prager Straße hat man zur Fußgängerzone gestaltet.

In jahrzehntelanger Arbeit wurden zahlreiche kulturhistorisch wertvolle Bauwerke wiederhergestellt, namentlich der Zwinger mit der Gemäldegalerie, die Hofkirche, das Italienische Dörfchen, das Georgentor, das Johanneum, die Sekundogenitur, das Landhaus, die Kreuzkirche und die Semperoper. Aber die Kraft der DDR reichte nicht, um in einem halben Jahrhundert alle Schäden zu beseitigen (s. Schloß und Frauenkirche). Trotz des schicksalsschweren Kriegserbes und auch der Sünden des Wiederaufbaus ist Dresden als großartige Kulturstadt wiedererstanden. Lehre und Forschung nehmen bedeutende Plätze ein (Technische Universität, Hochschule für Wirtschaft und Technik, Pädagogische Hochschule, Medizinische Akademie).

Nachdem es gelungen ist, einen sehr großen Teil der ausgelagerten wie auch der 1945 in die Sowjetunion verbrachten Museums- und Kunstschätze zurückzuführen (1955) und ihnen die zugehörigen Ausstellungsräumlichkeiten wiederzugeben, sind Dresdens Kunst- und Museumsschätze wie einst ein weltweiter Anziehungspunkt. Auch ist Dresden bestrebt, seinem Ruf als Stadt der Musik, des Theaters und der bildenden Kunst gerecht zu werden. Für die Ausbildung des künstlerischen Nachwuchses sorgen die Musikhochschule, die Hochschule für Kirchenmusik und die Hochschule für bildende Künste. Als die führenden Klangkörper und Theater sind hervorzuheben: die Semperoper, die Dresdner Philharmonie, die Dresdner Staatskapelle und der Kreuzchor. Mit speziellen Festwochen ist Dresden das Zentrum des europäischen Dixieland.

☐ **Baudenkmale im inneren Stadtring: Vom Hauptbahnhof zur Neustadt**
Die Bebauung der **Prager Straße** als ausgedehnte Fußgängerzone ist in der zweiten Hälfte der 60er und der ersten Hälfte der 70er Jahre industriell-standardisiert neu geschaffen worden (Wohn-, Kaufhaus- und Hotelbauten, Pavillons, Pergolagänge und Brunnen, Rundkino ›Ufa-Palast‹). Für den Zeitgeist sprach auch das von sowjetischen Künstlern gearbeitete *Leninmonument* am südwestlichen Ende der Straße (nach der Wende entfernt).

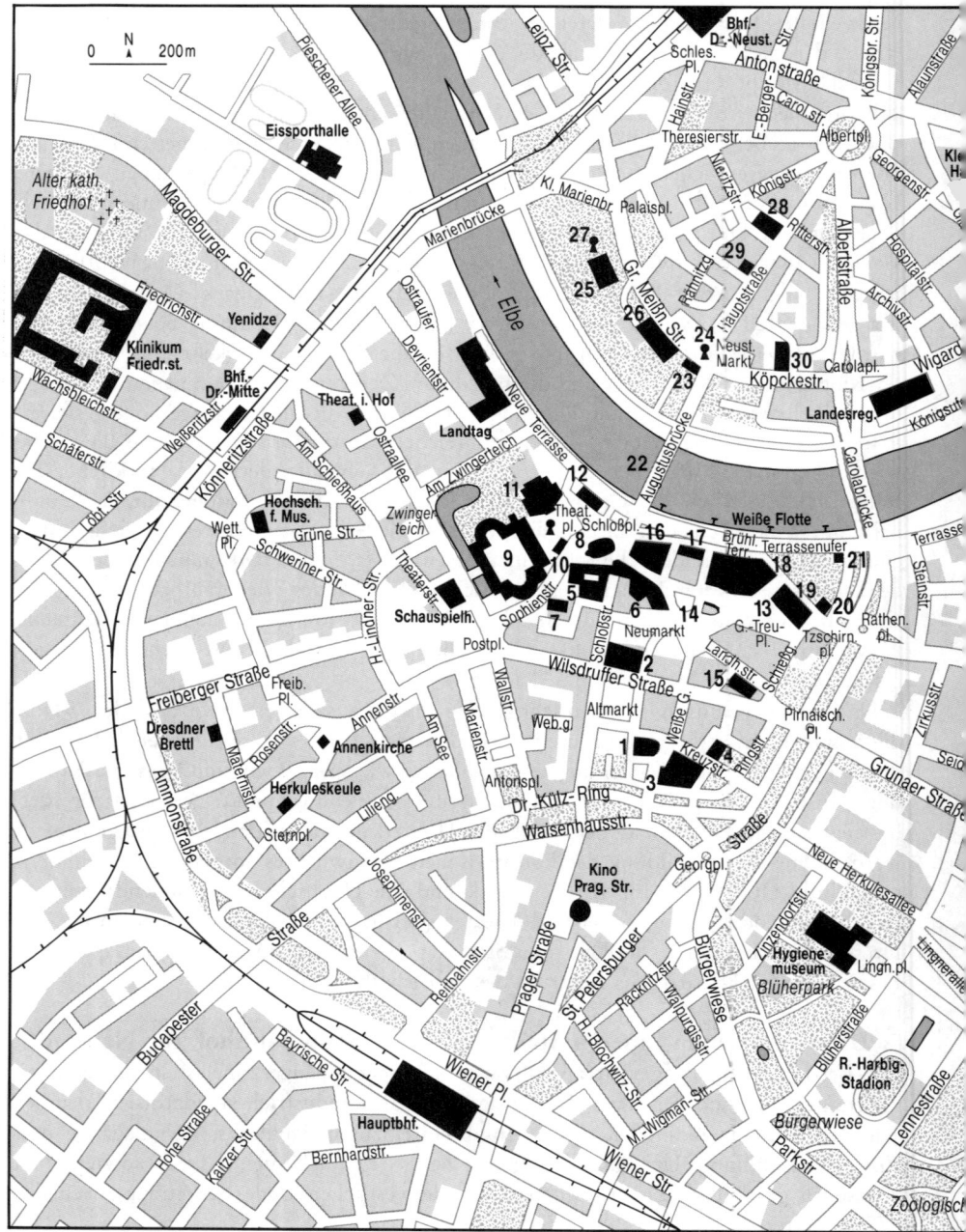

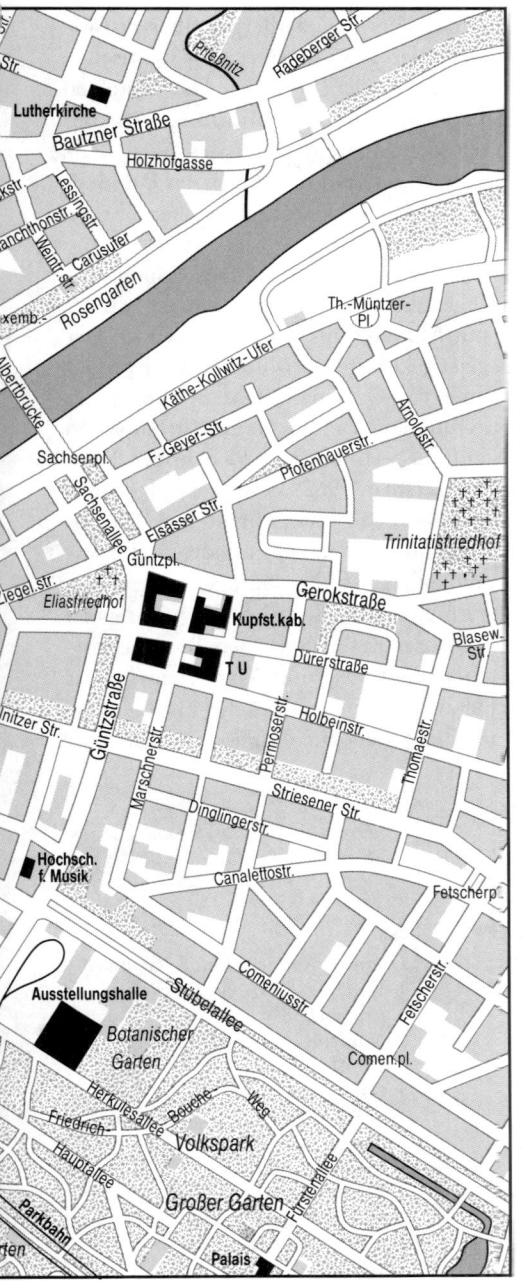

Dresden

1 *Kreuzkirche*
2 *Kulturpalast*
3 *Neues Rathaus*
4 *Gewandhaus (Hotel)*
5 *Residenzschloß mit Georgenbau und Stallhof*
6 *Johanneum (Verkehrsmuseum)*
7 *Taschenbergpalais (Hotel)*
8 *Ehem. kath. Hofkirche (Kathedrale)*
9 *Zwinger und Gemäldegalerie*
10 *Altstädter Wache*
11 *Semperoper (Hoftheater)*
12 *Italienisches Dörfchen*
13 *Coselpalais (Torbauten)*
14 *Frauenkirche (Ruine)*
15 *Landhaus (Stadtmuseum)*
16 *Ständehaus*
17 *Sekundogenitur*
18 *Hochschule für Bildende Künste und Ausstellungsgebäude des ehem. Sächsischen Kunstvereins*
19 *Albertinum (Galerie Neue Meister, Skulpturensammlung, Grünes Gewölbe)*
20 *Ehem. Hofgärtnerhaus*
21 *Kurfürst-Moritz-Denkmal*
22 *Augustusbrücke*
23 *Blockhaus (Ehem. Neustädter Wache)*
24 *Reiterstandbild Augusts des Starken (›Goldener Reiter‹)*
25 *Japanisches Palais (Museum für Völkerkunde und Landesmuseum für Vorgeschichte)*
26 *Maritim-Hotel Bellevue*
27 *Denkmal Friedrich Augusts I.*
28 *Dreikönigskirche*
29 *Kügelgenhaus (Museum zur Dresdner Frühromantik)*
30 *Jägerhof (Museum für Volkskunst)*

Am zentral gelegenen **Altmarkt** gibt es nur ein einziges wiederhergestelltes historisches Bauwerk: die **Kreuzkirche** (1764–92 anstelle der 1760 zerstörten spätgotischen Kirche erbaut; nach einem Brand 1897–1900 innen im Jugendstil gestaltet). Die zerstörten Flächen der 1945 ausgebrannten Kirche hat man mit Rohputz versehen. Im übrigen stammt die Bebauung des Altmarkts aus den 50er Jahren, der Anfangsperiode des Wiederaufbaus. Mit herkömmlicher Bauweise versuchte man noch, an Traditionslinien des Dresdner Barock anzuknüpfen (Sandstein-Putzfassaden, Arkaden, Dachreitertürmchen, Erker, Figurengruppen).

Als 1966–69 der Altmarkt an der breiten Wilsdruffer Straße (damals Ernst-Thälmann-Straße) nach Norden mit dem **Kulturpalast** städtebaulich abgeschlossen wurde, wandte man sich bereits der Stahlbetonskelettbauweise mit Aluminium-Glas-Elementen zu. Der Bau sollte im Sinne des DDR-Sozialismus den geistig-kulturellen Mittelpunkt der Stadt verkörpern (großes Wandbild ›Weg der roten Fahne‹ von G. Bondzin). Mehr Zeugen der Geschichte finden sich östlich des Altmarkts. Dominant ist das **Neue Rathaus** von 1904–10, mit sechs Innenhöfen und einem das Stadtbild bestimmenden 98 m hohen Turm mit dem vergoldeten Rathausmann (1945 teilweise zerstört, 1962–65 wieder aufgebaut). In seiner Nachbarschaft steht das **Gewandhaus** (1768–70 von J. G. Schmidt u. J. F. Knöbel), das man 1925 zur Stadtbank umgebaut hatte und dessen erhaltene Fassaden nach weitgehender Kriegszerstörung 1965–67 in den Neuaufbau als Hotel einbezogen wurden.

Zwischen Wilsdruffer Straße und südlichem Elbufer schließen sich die wichtigsten Residenzbauten an. Städtebaulich fungierte das aus der mittelalterlichen Burg hervorgegangene **Residenzschloß** als der historische Kristallisationspunkt. Das Kernstück ist die Vierflügelanlage der Renaissance mit Treppentürmen in den Ecken (1549–56 von C. Voigt von Wierandt). Der **Georgenbau,** am dichtesten zur Augustusbrücke vor-

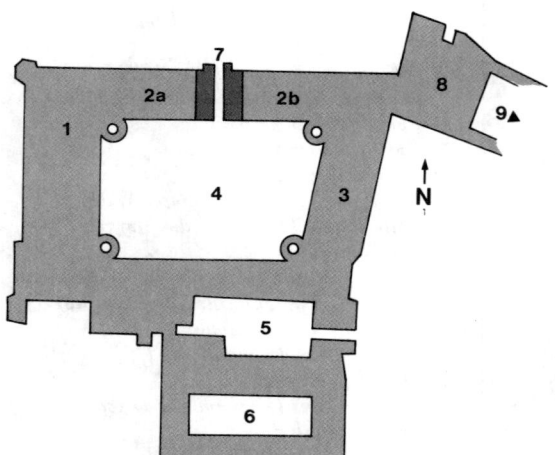

Dresden, Fürstenzug am Langen ▷
Gang des Stallhofs

Dresden, Residenzschloß, Grundriß
1 *Westflügel (Grünes Gewölbe =*
   Erdgeschoß)
2 *Nordflügel (2a Schützkapelle,*
   2b Altes Haus)
3 *Ostflügel (Riesensaal = 2. und*
   3. Stock und Englische Treppe)
4 *Großer Schloßhof*
5 *Kleiner Schloßhof*
6 *Wirtschaftshof*
7 *Hausmannsturm*
8 *Georgenbau (Georgentor)*
9 *Stallhof mit Langem Gang*

Dresden, Residenz-
schloß, von der
Zwingerbalustrade
gesehen

gestreckt, wurde bereits 1530–35 errichtet. Der *Kleine Hof* (1590–94 von P. Buchner) lagert sich südlich der Vierflügelanlage an. Südöstlich vom Georgenbau folgt das **Johanneum** (1586–91 von P. Buchner) als Teil des **Stallhofs,** dessen *Langer Gang* mit den zweigeschossigen Säulenarkaden die Verbindung zu den eigentlichen Stallgebäuden

herstellt. – Die ursprüngliche Schloßanlage erfuhr im Laufe der Jahrhunderte zahlreiche Veränderungen. Der *Hausmannsturm* wurde nachträglich auf 97 m erhöht (1674 von W. C. Klengel). Vereinfachungen des Äußeren brachte der Schloßbrand von 1701. Die doppelläufige Freitreppe des Langen Ganges stammt vom Umbau 1729. Eine Erneuerung des Schlosses in den Formen der deutschen Renaissance erfolgte 1883–1901. Damals ist auch die Fassade des Langen Ganges längs der Augustusstraße historisierend mit dem *Fürstenzug,* einer genealogischen Abfolge der wettinischen Herrscher, dekoriert worden (1871–76 von W. Walther in Sgraffittotechnik, 1905/06 durch Fliesen aus Meißner Porzellan ersetzt). – Nachdem von der Schloßanlage 1945 nur Umfassungsmauern stehengeblieben waren, sind in jahrelanger Arbeit schrittweise Teilbereiche wiedererstanden. Das ehemalige Stallgebäude des Johanneums dient seit dem Wiederaufbau Mitte der 50er Jahre als *Verkehrsmuseum.* Unmittelbar anschließend findet sich das prunkvolle Portal der ehemaligen *Schloßkapelle,* auch Schönes oder Goldenes Tor (1555 von H. Walther II nach einem Entwurf von Juan Maria da Padua; 1872 hier angebracht). Vor dem Johanneum steht der *Türkenbrunnen* (1648 von C. M. Süßner zum Gedenken an das Ende des Dreißigjährigen Krieges 1649 auf dem Neumarkt aufgestellt; die Friedensgöttin Irene wurde 1683 nach dem Sieg von Kurfürst Johann Georg III. über die Türken in eine Siegesgöttin mit Fahne und Lorbeerkranz umgewandelt und an den heutigen Standort versetzt). Die Wiederherstellung der Kernbereiche (Außenansicht) ist inzwischen weit gediehen.

Von dem südlich des Schlosses stehenden **Taschenbergpalais,** das August der Starke 1707–12 für die Gräfin Cosel errichten ließ (M. D. Pöppelmann und J. F. Karcher), blieben nach 1945 nur die Umfassungswände stehen. Der historisch getreue Wiederaufbau ist abgeschlossen (Luxushotel). Erhalten hat sich der davor befindliche neogotische *Cholerabrunnen* (1843 von G. Semper).

Nördlich in Richtung Elbe schließt sich die ehemalige **Katholische Hofkirche** an (1739–55; Entwurf G. Chiaveri, vollendet durch Knöffel und Schwarze). Obwohl ein Werk

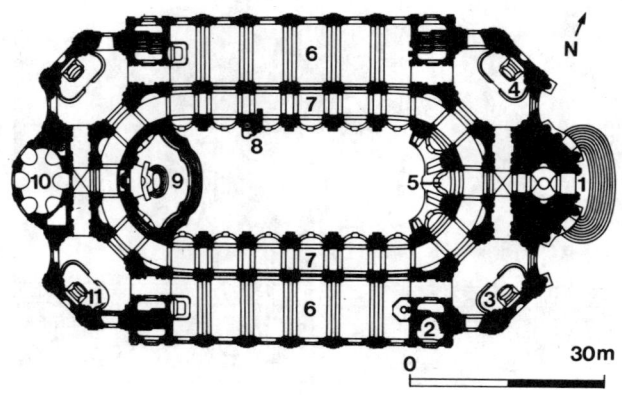

Dresden, Kathedrale
(ehem. Hofkirche), Grundriß
1 Haupteingang
2 Nebeneingang
3 Bennokapelle
4 Nepomukkapelle
5 Silbermannorgel
6 Seitenschiffe
7 zweigeschossiger
  Prozessionsumgang
8 Kanzel
9 Altar
10 Sakristei
11 Sakramentskapelle

Dresden, Kathedrale (ehem. kath. Hofkirche). Ansicht von der Augustusstraße

des italienischen Spätbarock, bildet es mit dem Renaissanceschloß funktionell und baukünstlerisch eine wohlgelungene Einheit. Charakteristisch ist die Gliederung in ein niedrigeres Sockelgeschoß mit zwei Seitenschiffen und vier Eckkapellen und ein höheres Hauptschiff mit einem zweigeschossigen Umgang, womit auch Prozessionen innerhalb der Kirche möglich waren. Dieses monumentale Bauwerk – der mehrgeschossig aufgebaute, durchbrochene Turm zeigt besonders von der Elbfront seine Harmonie und Eleganz – ist auch in der Ausstattung hervorragend: Statuen von L. Matielli; Hochaltarbild 1750 von A. R. Mengs; Kanzel 1722 von B. Permoser mit Schalldeckel 1750 von J. Hackl; Prospekt der Silbermannorgel 1750–54 von J. Hackl und P. Coudray; Kuppelbemalung 1887 von B. Theil; in der Nepomukkapelle Pietá aus Meißner Porzellan 1972–73 von F. Preß. Nach starken Kriegszerstörungen Wiederherstellung 1945–68. Heute Kathedrale St. Trinitatis des Bistums Dresden/Meißen.

Vom Schloß sind es nur wenige Schritte über die Sophienstraße zum **Zwinger** (1710–38; Wiederaufbau 1945–64; Farbabb. 12), der sich an den Festungswall anlehnt. Bei der Konzipierung und der Ausführung der großzügigen festlichen Freilichtanlage entstand eine einmalige schöpferische Beziehung zwischen dem Architekten M. D. Pöppelmann und dem Bildhauer B. Permoser, so daß architektonische Struktur und plastische Gestaltung genial miteinander verwoben sind. Der Zugang von der Ostraallee erfolgt durch eine Langgalerie mit dem *Kronentor* als porta triumphalis (über der alten Bastion Luna errichtet), aus dem die prächtige Zwiebelkuppel herauswächst; darauf die goldene, von Adlern bewachte polnische Königskrone. Beidseits schließen sich im rechten Winkel spiegelgleiche Bogengalerien an. Im Wechsel von eingeschossigen Galerien und zweigeschossigen Pavillons entsteht in der architektonischen Linienführung ein be-

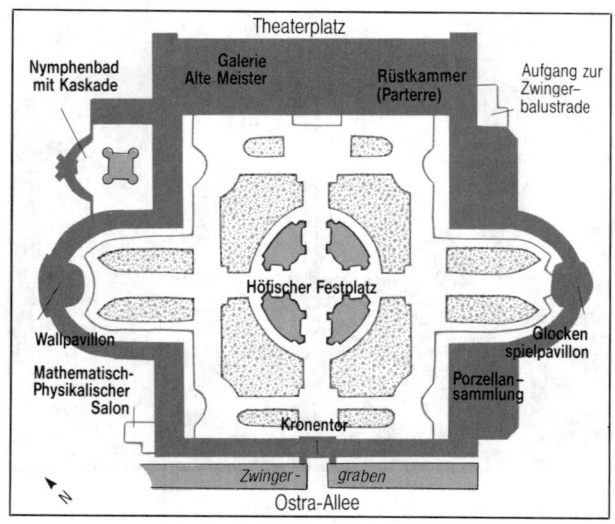

Dresden, Zwinger, Grundriß

*Dresden, Wallpavillon des
Zwingers*

schwingtes Auf und Nieder. Die Fassaden sind überreich plastisch gestaltet. Die Fallhöhe des Festungswalls ist für die Anlage des intimen *Nymphenbades* genutzt (Plastiken von B. Permoser, J. C. Kirchner, B. Thomae, P. Egell; auch Kopien von G. Wrba). Die höchste Vollendung findet sich im *Wallpavillon*, cessen Pfeiler in Hermen übergehen. Auf dem Giebel mit dem riesigen sächsisch-polnischen Wappen trägt Herkules die Weltkugel. Rechts und links des Wappens hält der lorbeerbekränzte Paris (August der Starke) den damaligen Zankapfel in der Hand, die polnische Königskrone. Mit dieser Gesamtschöpfung hatte die deutsche Barockarchitektur unbestritten einen Höhepunkt erreicht.

In der ersten Hälfte des 19. Jh. wurde der freie Platz im Winkel von Zwinger, Schloß und Hofkirche gestaltet. Nach einem Entwurf von K. F. Schinkel entstand die in klassizistischem Stil gehaltene **Altstädter Wache** (1830–32 von J. Thürmer). Gottfried Semper schloß den Zwingerhof 1847–55 mit der **Gemäldegalerie,** einem Bauwerk in Anlehnung an Formen der italienischen Renaissance und einer der bedeutendsten Museumsbauten des 19. Jh. (Wiederaufbau 1955–59), wodurch auch der anschließende *Theaterplatz* die nötige Geschlossenheit erhält. Der wundervolle Bau des neuen **Hoftheaters** im Stil der italienischen Frührenaissance, ebenfalls von G. Semper, entstand in den Jahren 1838–41

Dresden, Semperoper am Theaterplatz

Bernardo Belotto, gen. Canaletto, Frauenkirche, Ausschnitt aus dem Gemälde ›Der Neumarkt vom ▷
Jüdenhof aus gesehen‹, 1749 (s. S. 35)

und stellte Dresden in den Mittelpunkt des deutschen Kunstlebens. Nachdem er 1869 niedergebrannt war, leitete Gottfried Semper von Zürich und Wien aus einen Neubau im Stil der italienischen Hochrenaissance, dessen Ausführung sein Sohn Manfred 1871–78 übernahm. Charakteristisch sind die flachgekrümmte Hauptfront zum Theaterplatz, die Pantherquadriga mit Dionysos und Ariadne über der Exedra und das 40 m hoch aufragende Bühnenhaus (1945 zerstört, Wiederaufbau 1977–85 mit größerer Bühnenfläche und zusätzlichen Seitenbühnen). – Im Schnittpunkt der Hauptachsen von Gemäldegalerie und Theater steht im Zentrum des Theaterplatzes das *Reiterstandbild König Johanns* (1889 von J. Schilling) auf reich gestaltetem Sockel. Mit der gestalterisch angepaßten Gaststätte *Italienisches Dörfchen* (1911–13 von H. Erlwein) findet der Theaterplatz elbseitig seinen Abschluß.

In östlicher Richtung gelangt man jenseits vom Schloß zum *Neumarkt,* der jedoch seit der Kriegszerstörung als architektonisch gestalteter Platz nicht mehr existiert. In den Straßen seines Umfelds standen bis 1945 berühmte Bürgerhäuser. Jetzt sind nur geräumte Flächen übriggeblieben; der Blick erreicht die Rückseite der Gebäude an der Brühlschen Terrasse. Vom ehemaligen **Coselpalais,** einem Prachtbau des Rokoko, 1762–64 von J. H. Schwarze für den Grafen Friedrich August von Cosel errichtet, sind lediglich die beiden Torbauten wieder hergestellt worden. Das hervorragendste Bauwerk dieses Viertels war die **Frauenkirche,** ein großartiger protestantischer Zentralkirchenbau der Barock-

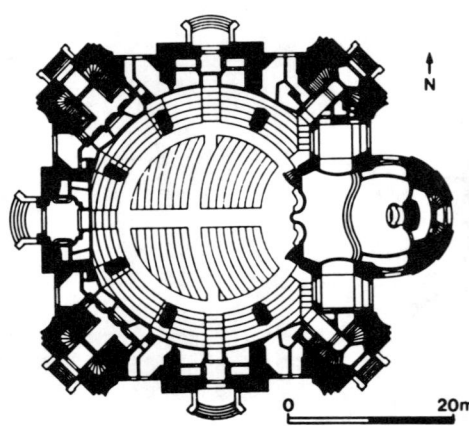

Dresden, Frauenkirche, Grundriß
(vor der Zerstörung)

zeit, entworfen und begonnen von Ratszimmermeister George Bähr (1726–38) und vollendet nach Bährs Tod 1743 von J. G. Schmid. Unter der 95 m aufragenden Kuppel befanden sich fünf Emporen; die Kirche bot 4000 Menschen Platz. Man rühmte sie u. a. auch wegen ihrer ausgezeichneten Akustik. Die von Gottfried Silbermann für diese Kirche geschaffene Orgel galt als die beste des Meisters. Feuer ließ das grandiose Bauwerk am 15. Februar 1945 in sich zusammenbrechen (derzeit Materialsicherung und Vorbereitungen für einen Neuaufbau). Vor der Trümmerstätte steht das 1955 wiederaufgestellte *Lutherdenkmal* (1885 nach einem Modell Ernst Rietschels gegossen). Ein weiteres *Denkmal* (von Ernst Hähnel) zeigt *König Friedrich August II.,* in der Hand die sächsische Verfassungsurkunde vom 4. 9. 1831. – Vom Neumarkt führt die Landhausstraße zu dem für die sächsischen Landstände errichteten **Landhaus** (1770–76 von F. A. Krubsacius), das eine selten schöne Treppenhausanlage aufweist (seit dem Wiederaufbau 1963–65 *Stadtmuseum*).

Zwischen Augustus- und Carolabrücke bildet die **Brühlsche Terrasse** das elbseitige Rückgrat des Schloß- und des Neumarktviertels. Die promenadenartige Anlage ging aus Festungswerken der zweiten Hälfte des 16. Jh. hervor. Das steil abfallende Mauerwerk war ursprünglich direkt vom Elbwasser bespült und damit praktisch uneinnehmbar. Der heutzutage vorhandene flache Ufersaum des Terrassenufers mit den Schiffsanlegestellen entstand erst durch künstliche Aufschüttung mit Trümmermassen, die nach der Zerstörung Dresdens durch Preußen 1759/60 anfielen. Auf dem oberen Festungsgelände hatte J. C. Knöffel 1739–53 einen Garten und ein Palais für den Grafen Brühl angelegt. – Begibt man sich, von der Hofkirche kommend, die breite Treppe zur Terrasse empor, so trifft man zuerst auf das **Ständehaus,** das 1901–06 an der Stelle des *Palais Brühl* von P. Wallot erbaut wurde. Nach der Zerstörung des Gebäudes 1945 wurde es teilweise zur Nutzung durch wissenschaftliche Institute wieder aufgebaut. Alsbald trifft man auf das *Rietscheldenkmal* (1875 von J. Schilling) und die **Sekundogenitur,** einen neogotischen Bibliotheksbau von 1896/97 (1963/64 als Gaststätte wieder aufgebaut). Man erreicht nun die **Hochschule für bildende Künste** und das *Ausstellungsgebäude des ehemaligen Sächsischen Kunstvereins*, 1887–93 von K. Lipsius als Neorenaissancebau geschaffen. Auf der Kuppel die Figur der Fama von R. Henze. Die Anlage mit dem *Delphinbrunnen* (1749 von P. Coudray) und den *Springengruppen* (1750 von G. Knöffler), beide noch aus dem Besitz des Grafen Brühl stammend, ist an hervorgehobener Stelle durch das *Semperdenkmal* (1892 von J. Schilling) erweitert. Diese Gruppe von Plastiken leitet zum **Albertinum** über, 1559–63 von M. Trost und P. Buchner nach einem Entwurf von C. Voigt von Wierandt als Zeughaus errichtet und 1884–87 zum Museum und Archiv umgebaut; 1945 teilweise zerstört. Hier befinden sich die *Galerie Neue Meister*, die *Skulpturensammlung* und die *Ausstellung ›Grünes Gewölbe‹*, die 1723–29 unter maßgeblicher Mitwirkung Pöppelmanns eingerichtet wurde; letztere enthält vor allem kostbare Gold- und Silberschmiedearbeiten. Dem **Albertinum** vorgelagert ist das vergleichsweise kleine **Hofgärtnerhaus,** in dessen Keller sich einstige Batteriestände erhalten haben. Daneben befindet sich der *Bärenzwinger*. In diesem Bereich verbreitert sich die Terrasse und springt entsprechend dem Grundriß der einstigen Jungfernbastei elbwärts vor. Die

Dresden, Schiffsanlegestellen an der Brühlschen Terrasse, im Hintergrund Hofkirche und Semperoper

Grünanlage trägt noch immer den Namen *Brühlscher Garten.* Vom ehemaligen Bastei- und späteren Brühlschen *Belvederehügel* bietet sich ein beliebter Blick über das Elbtal zwischen dem Alt- und dem Neustädter Ufer. Ganz an der Spitze der früheren Bastei befindet sich das **Kurfürst-Moritz-Denkmal** (1553 von H. Walther II). Am Abgang zum Rathenauplatz gemahnt ein *Denkmal* an den einstigen Standort der von G. Semper erbauten *Synagoge,* die 1938 von den Nazis zerstört wurde.

Dresden ist eine Stadt mit zahlreichen Brücken. Lohnend ist besonders ein Gang über die **Augustusbrücke.** Schon ihr im 13. Jh. errichteter steinerner Erstbau von 300 m Länge und mit 25 Pfeilern fand weithin Bewunderung. In den Jahren 1727–31 wurde sie nach Entwürfen von Pöppelmann zur Augustusbrücke umgestaltet und verbreitert. Maler verschiedener Epochen waren von ihrer gestalterischen Schönheit und ihrer eindrucks- vollen Einbindung in das Stadtbild fasziniert. Sie galt als die schönste Brücke Europas. Für die Dampfschiffahrt zum Hindernis geworden, wurde sie 1907 abgerissen und unter Wahrung der Tradition 1907–10 als sandsteinverkleidete Beton-Bogenbrücke neu errich- tet (W. Kreis).

Dresden, Reiterstandbild Augusts des Starken (›Goldener Reiter‹) am Neustädter Markt

Dresden, Japanisches Palais

Über diese Brücke erreicht man die **Dresdner Neustadt,** deren Wiederaufbau und Bereicherung durch neue repräsentative Bauten in den letzten Jahren deutlich vorangekommen ist. Vom *Neustädter Markt* blieben 1945 nur das **Blockhaus** am einstigen Brückenkopf (ehem. Neustädter Wache, 1732–39 von Z. Longuelune; heute Gaststätte), die beiden *Nymphenbrunnen* und das aus Kupfer getriebene, feuervergoldete **Reiterstandbild Augusts des Starken** (›Goldener Reiter‹; Entwurf von J. J. Vinache, 1736 aufgestellt, an die herrschaftliche Gründung dieses Stadtteils erinnernd) erhalten. – Das bedeutendste historische Bauwerk der Neustadt ist das **Japanische Palais,** im Ursprung 1715 vom Grafen Jakob Heinrich von Flemming als Landhaus erbaut, dann an den holländischen Gesandten vermietet und 1717 von August dem Starken gekauft, der es durch Pöppelmann, de Bodt und Longuelune zu einem verflügligen Palast umbauen ließ. Wie Schloß Pillnitz war es von der Mode der Chinoiserie inspiriert. Später brachte man hier die kurfürstliche Bibliothek und die Antikensammlung unter; 1945 ausgebrannt, schrittweise wieder aufgebaut; heute *Museum für Völkerkunde* und *Landesmuseum für Vorgeschichte.* Vom Garten zwischen dem Japanischen Palais und dem **Maritim-Hotel Bellevue** (mit integrierten Barockhaus Große Meißner Gasse 15), einst als französischer Barockgarten gestaltet, bietet sich die Elbe mit der Altstadt von der allerschönsten Seite dar *(Canalettoblick).* Nahe dem Eingang zum Palaisgarten steht das *Denkmal Friedrich Augusts I., des Gerechten,* das erste Monumentalwerk Ernst Rietschels (unter Mitwirkung von Christian Daniel Rauch, Karl Friedrich Schinkel und Gottfried Semper entstanden); die vier Eckfiguren symbolisieren Gerechtigkeit, Milde, Weisheit und Frömmigkeit.

Vom Neustädter Markt führt die *Hauptstraße* (Fußgängerzone) zum *Albertplatz,* dem Scheitelpunkt der fächerförmig in Richtung Elbe verlaufenden Straßen der Inneren Neustadt. Am südlichen Rande des Platzes steht ein *Schillerdenkmal* (20. Jh.), das den Aufenthalt des Dichters in Dresden würdigt. Auf einem zwischen der Hauptstraße und der Königstraße befindlichen Platz haben M. D. Pöppelmann und G. Bähr die **Dreikönigskirche** errichtet (Zweitbau 1732–39), von der 1945 nur die Umfassungsmauern und der erst 1857 fertiggestellte Turm erhalten blieben. Das Gotteshaus ist nur teilweise originalgetreu rekonstruiert worden. – Von den einst zahlreichen *barocken Wohnhäusern* in der Inneren Neustadt gibt es seit dem Bombenangriff nur noch wenige. Ein Anziehungspunkt ist das einstige *Wohnhaus* der Malerfamilie *von Kügelgen,* in der zeitweilig auch Graf von Zinzendorf, der Gründer der Herrnhuter Brüdergemeinde, lebte; heute *Museum zur Dresdner Frühromantik* (›Gottessegenhaus‹). In der am Palaisplatz beginnenden Königstraße wohnte im Haus Nr. 17 *Johann Joachim Winckelmann,* der Begründer der klassischen Kunsttheorie. – In dem nahe dem Carolaplatz gelegenen **Jägerhof,** 1567/68 unter Kurfürst August errichtet (im Westflügel noch Renaissancegiebel und drei Treppentürmchen), befindet sich seit 1913 das sehr empfehlenswerte *Museum für Volkskunst.*

☐ Zwischen Dresden und Meißen
Rechts der Elbe: Eine Landschaft des Weines

Unmittelbar nach Dresden erreicht die Elbe die **Lößnitz,** eine nach dem *Lößnitzbach* benannte Landschaft. Östlich von ihm liegt die *Oberlößnitz,* westlich die *Niederlößnitz.* Der Landschaftsname steht heutzutage nicht nur synonym für den Raum Radebeul, sondern auch für das seit dem 13. Jh. bezeugte *Weinanbaugebiet* zwischen Dresden und Meißen. Die entscheidende Voraussetzung für diese Nutzung ist die hier bestehende klimatische Gunst. In den Weinbergen ist zwar die ursprüngliche Vegetation vernichtet, aber noch immer gibt es in der Lößnitz Stellen, an denen sich trockene Wärme verlangende subkontinentale und submediterrane Pflanzen- und Tierarten konzentrieren.

Dennoch machte die Nähe zu seiner Verbreitungsgrenze den Weinbau zu einer sensiblen Kultur. Bald nach der Mitte des 19. Jh. verschlechterte sich die Konkurrenzlage der Elbweine, denn auf dem Wege der nun bestehenden Eisenbahnen gelangten Weine von Rhein und Mosel billiger nach Sachsen. Eine ausgesprochene Existenzkrise brachte der *Reblausbefall* 1886–89, der fast sämtliche Rebstöcke absterben ließ.

In einigen früheren Winzerorten und weitgehend auch auf der Heidesandterrasse ist der Weinbau nicht wiederbelebt worden. In Coswig und Weinböhla traten Spargel-, Erdbeer-, Obst- und Baumkulturen an die Stelle des Weinbaus. Nach 1945 ist dann der Spargelanbau zugunsten von Schattenmorellen mit Unterpflanzungen (z. B. Erdbeeren) zurückgedrängt worden. In beiden Orten wird auch ein bedeutender Zierpflanzenbau betrieben (Azaleen, Eriken, Kamelien). Nur in der Lößnitz erfolgte eine Neubepflanzung mit Reben (seit 1907), nunmehr allerdings beschränkt auf die warmen, südwärts gerichteten Steilhänge.

Die besondere naturräumliche Ausstattung und die Weinberge gaben Anlaß, die Lößnitz unter *Landschaftsschutz* zu stellen.

Kulturhistorische Bedeutung der Reblandschaft

Lange Zeiten waren die Weingutsbesitzer ortsfremd. Große Rebflächen gehörten dem Bistum Meißen und verschiedenen, auch entfernteren Klöstern; auch Radebeul zählte zur Grundherrschaft des Meißner Domstifts, bei der es bis ins 19. Jh. blieb. Seit 1401 hatten auch die Markgrafen von Meißen Weinbergsbesitz, und die folgenden Kurfürsten weiteten ihn erheblich aus. Seit dem 17. Jh. konzentrierte sich der landesherrliche Anteil auf die **Hoflößnitz** genannte Flur. Auch Angehörige des Adels und vermögende Dresdner Bürger erwarben Weinbergsgüter. Diese vermögenden Herren ließen die Berge von Winzern bearbeiten. Aber sie fanden Gefallen an dem ›südlich‹ anmutenden Landschaftseindruck. Sie ließen sich im Bereich ihrer Weingüter *herrschaftliche Sitze* anlegen, wo sie sich des Sommers aufhielten. Solche Sommersitze schufen sich seit dem 14. Jh. die Bischöfe von Meißen (*Hohenhaus* in **Radebeul-Zitschewitz**, Barkengasse) und seit etwa 1600 die Kurfürsten. Später blieben besonders bürgerliche Weinbergsherren auch im Winter hier. Jedenfalls sind nirgendwoanders im Elbtal Herrensitze und Häuser wohlhabender Winzer zahlreicher anzutreffen als in der Lößnitz.

Die Angehörigen des Adels und des wohlhabenderen Bürgertums gaben sich einem heiteren Lebensstil hin, und einige vermögende Bürger wetteiferten in ihren gesellschaftlichen Ansprüchen mit dem Adel. Die Nähe der Weinberge lockte zu bacchantischen Festen. Die meisten Herrenhäuser verfügen über einen Festsaal. Oberhalb der eigentlichen Herrensitze entstanden Lusthäuser oder Pavillons in den Weinbergen, überwiegend mit Aussichtsplattformen versehen.

Schloß Hoflößnitz (Oberlößnitz, Knollweg) ist das bedeutendste Bauwerk der Lößnitz. Kurfürst Georg II. ließ es auf seinem umfangreichen Weinberggrundstück als Aufenthaltsort für die Weinlese errichten (1613–50 von Ezechiel Eckhardt). Das Untergeschoß ist zum *Heimatmuseum* ausgestaltet, während sich das prachtvolle Obergeschoß im Zustand des 17. Jh. darbietet. Hier befinden sich in der Mitte der große Festsaal und seitlich angeordnet die Wohn- und Schlafräume des Kurfürstenpaares. Die Wände tragen eine Pilasterarchitektur nach dorischer Art mit gemalten Darstellungen von Tugenden, die von Versen erläutert sind, wohl von Centuric Wiebel. Großartig ist die Holzbalkendecke, die im Festsaal durch eingeschobene Querleisten in 80 quadratische Füllungen aufgegliedert ist, von denen jede Leinwandbilder brasilianischer Phantasievögel aufweist. Sie stammen von dem Holländer Albert van den Eckhout (1653–63 Hofmaler in Dresden), der zum Kreis jener Wissenschaftler und Künstler zählte, die Fürst Moritz von Nassau-Siegen während seiner Statthalterschaft über die niederländische Kolonie Pernambuco (1636–44) nach Brasilien geholt hatte. Die anderen Zimmer sind mit Jagdszenen, allegorischen Figuren und Sinnbildern ausgemalt. Auffallend auch die Sandsteinkamine und die reichverzierten Meißner Öfen. – Oberhalb des Schlosses liegen *Bismarckturm* und *Spitzhaus*.

*Radebeul, Schloß Hof-
lößnitz, frühbarocke
Decken- und Wand-
malerei*

Wackerbarths Ruhe (**Niederlößnitz,** Friedrichstr.), der zweite Höhepunkt der Lößnitz, wurde nach 1727–29 von Johann Christoph Knöffel für Reichsgraf August Christoph
von Wackerbarth, den Generalfeldmarschall Augusts des Starken, errichtet. Das schloß-
artige Hauptgebäude ist ein zweigeschossiger Bau mit einem in der Mitte vorgezogenen
Festsaal, von dessen Innenausstattung sich nur zwei Supraporten mit Ruinenlandschaf-
ten erhalten haben. Nach den Weinbergen steigt ein Terrassengarten (mit reizendem Belvedere) an (Farbabb. 11), wo noch einige Plastiken zu finden sind. Heute Zentrum eines
Weinguts und einer Sektkellerei. – Ein bekanntes Wahrzeichen der Lößnitz ist auch der
Jakobstein oberhalb von Wackerbarths Ruhe. Die Dachkuppel des 1743 errichteten
rundturmartigen Gebäudes krönt eine Figur des Jakob, des Schutzheiligen des Weines
(Kopie von Werner Hempel).
   Die Heiterkeit der Landschaft und die Nähe des Weinbaus brachten gemütliche Wein-
schänken hervor (Mohrenhaus, Weintraube). Und als nach dem Bau von Eisenbahn (1839)
und Straßenbahn immer mehr Besucher, besonders aus Dresden, herbeiströmten, kamen
die großen *Terrassengaststätten* in Mode (Spitzhaus, Friedensburg). Sie wurden für Massen
von Ausflüglern die ›Lusthäuser‹ der Weinberge des 19. und 20. Jh. Diese Landschaft
zog auch namhafte Künstler an, von denen sich einige hier längere Zeit aufhielten oder
niederließen. Auf dem Anwesen *Hohenhaus* (s. o.) war der Schriftsteller *Gerhart
Hauptmann* (1862–1946) bei der Familie Thienemann zu Gast, als er 1884 an der Dresdner Akademie Zeichenunterricht nahm. Er und seine Brüder Carl und Georg fanden hier

ihre Ehefrauen, was den Stoff zu Gerhart Hauptmanns Werken ›Die Jungfern vom Bischofsberg‹ (1892) und ›Die Hochzeit auf Buchenhorst‹ (1932) gab. (Weitere Prominente: Carl Sternheim, Moritz Resch, Eugen d'Albert mit seiner Frau Theresa Carenno, Ernst von Schuch und seine Frau, die Kammersängerin Clementine Schuch-Prochazka, Karl May u. a.)

Radebeul und Coswig – Herausbildung einer Stadtlandschaft

Im rechtsseitigen Elbtal zwischen Dresden und Meißen gab es bis ins 19. und 20. Jh. zahlreiche selbständige Landgemeinden, von denen eigentlich nur Kötzschenbroda einige Bedeutung hatte, weil hier ein alter Elbübergang bestand (der Ortsname stammt von altsorbisch Skoći brod = Spring über die Furt). Bekannt wurde es durch den am 27. August 1645 im Pfarrhaus zwischen dem kursächsischen und dem schwedischen Beauftragten geschlossenen *Waffenstillstand von Kötzschenbroda*, der für das ausgeplünderte Sachsen das Ende der Kampfhandlungen des Dreißigjährigen Krieges brachte. Demgegenüber war **Radebeul** bis Anfang des 19. Jh. ein wenig bedeutendes Dorf geblieben, nicht anders Coswig.

Das 19. Jh. veränderte die Siedlungs- und Beschäftigungsstruktur radikal. Nach dem Bau der Eisenbahnlinie Leipzig–Dresden im Jahre 1839 entwickelten sich zuerst *Kötzschenbroda* und *Coswig* und seit 1870 auch Radebeul zu bedeutenden Industriestandorten. Mit dem Bau der Eisenbahnlinie nach Meißen (1860) und der Eisenbahnstrecke Dresden–Berlin (1875) wurde schließlich Coswig zum Eisenbahnknotenpunkt. Ende des 19. Jh. wurden Coswig, Kötzschenbroda und Radebeul untereinander und mit Dresden durch Straßenbahnen vernetzt, was ihre Integration beschleunigte.

Im Einzugsbereich von Dresden gelegen, nahm das Elbtal zwischen Dresden und Meißen an Dresdens Wachstum im 19. Jh. teil. Durch Verdichtung der Bevölkerung im Weingutsland bildeten sich die zunächst selbständigen Gemeinden Niederlößnitz und Oberlößnitz. Vor allem expandierten Radebeul, Kötzschenbroda und Coswig. Radebeul wurde 1890 eine eigene Kirchgemeinde und 1923 Stadt. Kötzschenbroda und Coswig erhielten 1924 bzw. 1939 jeweils den Stadtstatus. Der fortschreitende Ballungsprozeß führte 1935 zur Eingemeindung von Kötzschenbroda nach Radebeul, so daß unter diesem Namen seinerzeit neun einstmals selbständige Gemeinden vereinigt waren.

Das Ideal der Stadtväter von Radebeul war die Heranbildung einer *Gartenstadt*. Namentlich die Stadtteile Ober- und Niederlößnitz entwickelten sich zu Villensiedlungen. Der Zeit entsprechend baute man in verschiedenen Neostilen, wobei man sich zumeist an Dresdner Vorbildern orientierte. Auch die Exotik südländischer Landschaften und der Alpen, zu denen man im Elbtal Vergleichbares zu sehen glaubte, regte zu architektonischen Nachahmungen an (Kopien vom italienischen Belvedere, Häuser im Tiroler und Schweizer Stil). Man fühlte sich so ›südlich‹, daß man sogar Straßen entsprechend benannte (Nizzastraße).

1945 nahm das unzerstört gebliebene Radebeul viele Dresdner Institutionen und Betriebe auf. Die Industrie expandierte weiter, und mit ihr entstanden in Radebeul und

Coswig große Neubauviertel. Radebeul (30 350 Einw.) hat sich inzwischen derart ausgedehnt, daß es sich fast lückenlos an die nordwestlichen Dresdner Stadtteile anschließt,
während noch ein schmales Stück landwirtschaftlich genutzte Flur in Richtung Coswig
(24 750 Einw.) verblieben ist.

Ungeachtet dieses Wachstums ist Radebeul ein wichtiges touristisches Ziel geblieben.
Neben den Weinbergen und den Weinbergshäusern locken solche Ziele wie das *Karl-
May-Museum* mit dem ehemaligen Wohn- und Sterbehaus Karl Mays (1842–1912) und
der völkerkundlichen Sammlung des *Indianer-Museums,* das *Planetarium* auf den Ebenbergen oberhalb des Jakobsteins sowie die *Lößnitztalbahn,* eine der wenigen noch in
Betrieb befindlichen Schmalspurbahnen Deutschlands (Technisches Denkmal). Sie
überwindet im Lößnitzgrund auf 5 km Länge einen Höhenunterschied von 60 m und
überquert auf Damm und Brücke den *Dippeldorfer Teich* (69 ha); danach erreicht sie
Moritzburg *(Jagdschloß),* führt bei **Bärnsdorf** am Südufer der *Großteiche* entlang und
endet in **Radeburg.** Ein kultureller Mittelpunkt Radebeuls ist nicht zuletzt die *Landesbühne Sachsen,* das bedeutendste Wandertheater Ostdeutschlands (Gastspiele in anderen
Städten Sachsens und auf der Felsenbühne Rathen.)

Links der Elbe: Seitentäler und Herrensitze
Auf ihrem Lauf zwischen Dresden und Meißen verläßt die Elbe bald nach Cossebaude
die Elbtalwanne bei Dresden und tritt in das Meißner Syenitmassiv ein, das in seinen

Jagdschloß Moritzburg nördlich von Dresden

oberen Lagen von Löß überdeckt ist. Der Strom drängt sich dicht an den Steilhang, so daß auf dem Talgrund kaum Platz für Siedlungen besteht. Da das Gelände steil zur Elbe abfällt, haben sich die kurzen Seitentäler teilweise tief zu Schluchten eingeschnitten. Diese Eigentümlichkeit wird gleich zu Beginn dieses Talabschnitts für die Energiegewinnung genutzt. Von der Elbe sieht man die Druckleitungen dreier Hochbehälter, durch die das Wasser des *Pumpspeicherwerks Niederwartha* zu den 140 m tiefer im Tal gelegenen Turbinen hinabstürzt. Die Versteilung erreicht vor Meißen ihren Höhepunkt. Von der Bayerhöhe (322 m) fällt das Gelände auf nur 4 km Luftlinie um 220 m zur Elbe ab.

Das gesamte Gebiet links der Elbe von *Cossebaude* bis kurz vor *Siebeneichen* steht unter Landschaftsschutz *(LSG Linkselbische Täler zwischen Dresden und Meißen)*. Der Abschnitt zwischen Gauernitz und Scharfenberg, mit noch sehr naturnahen Laubholzbeständen am Elbtalhang, ist seit 1961 Naturschutzgebiet *(NSG Elbleiten)*. Sucht man in dieser Landschaft die größte Vielgestaltigkeit, so findet man sie im *Regenbachtal*, das in das Tal der *Wilden Sau* mündet.

In **Gauernitz** (900 Einw.), schon 1393 als Rittersitz genannt und bis 1945 Rittergutsdorf, ließen die Fürsten von Schönburg-Waldenburg als neue Gutsherren (seit 1819) das *Schloß* im Stil der Neurenaissance zu einer großen Anlage ausbauen. Im Ortsteil **Constappel** gibt es eine ehemalige Wallfahrtskirche, jetzt *Dorfkirche*, die als eines der ältesten romanischen Bauwerke des Meißner Landes gilt und eine nicht unbedeutende Altartafel besitzt (Beweinung Christi von einem Maler aus dem Umkreis der Cranach-Werkstatt).

In **Scharfenberg** (1800 Einw.) erreicht ein nordöstlicher Ausläufer des Freiberger Erzreviers die Elbe, weshalb hier *Silber* abgebaut wurde, vielleicht schon seit dem 11. Jh. Zum Schutze des Bergbaus und als Festung an der Elbgrenze gegen die Slawen hatte man 100 m über der Elbe eine **Burg** errichtet (urkundlich seit 1227). Auch das dicht vor Meißen gelegene **Schloß Siebeneichen** (Ortsteil von Bockwen, 60 m über der Elbe) ist aus einer frühmittelalterlichen Wehranlage hervorgegangen; 1220 als Klostergut genannt. Scharfenberg und Siebeneichen gelangten Anfang/Mitte des 15. Jh. als Rittergüter an das Adelsgeschlecht von Miltitz. Der ›Vierfürstenrat‹ Ernst von Miltitz machte Siebeneichen zum Mittelpunkt des ›Miltitzer Ländchens‹, das er aus säkularisiertem Kirchenland zusammengebracht hatte, wodurch er zum größten Grundbesitzer im Umland von Meißen wurde. Die von Miltitz nahmen erhebliche Um- und Ausbauten vor. Die Anlage von Scharfenberg zeigt neben romanischen und gotischen vor allem Renaissanceformen (Bau 1560 beendet, nach Zerstörung im Dreißigjährigen Krieg im wesentlichen in dieser Form wiederhergestellt), während in Siebeneichen nach den Zerstörungen im zweiten Schlesischen Krieg um 1748 eine barocke Dreiflügelanlage entstand; Renaissance ist noch der turmbewehrte Rechteckbau (um 1550). Für Siebeneichen ist auch der schöne, bergige *Schloßpark* erwähnenswert.

Ein weiteres *Schloß* besaßen die von Miltitz in **Batzdorf** (Ortsteil von Scharfenberg). Hier ist vor allem der Rittersaal vom 17. Jh. mit Holzbalkendecke und Wappenfries des Schloßherrn und seiner Familie erwähnenswert. Als Begräbnisstätte der von Miltitz fungierte die *Dorfkirche* im Scharfenberger Ortsteil **Neustadt** (im Ursprung 1598), wo es die Taufe von Hans Köhler d. Ä. (1596), den als Denkmal gestalteten Altaraufsatz von Hans Köhler d. J. (1606) und unter den zahlreichen vorzüglichen Grabdenkmälern vor allem das von Joh. Joachim Kändler gearbeitete Wandgrab des A. von Miltitz († 1738) zu beachten gilt.

Von Siebeneichen und Scharfenberg gingen bedeutende Impulse auf das kulturelle und politische Leben aus. Die Schloßherren *Dietrich* und *Karl Borromäus v. Miltitz* kämpften im Widerspruch zum kollaborierenden sächsischen König gegen Napoleon. Sie machten ihre Schlösser zu Treffpunkten gleichgesinnter Künstler, unter ihnen der durch seine Märchendichtung ›Undine‹ bekannt gewordene Friedrich Baron de la Motte Fouqué.

Das Elbtal bei Meißen

☐ Schroffe Formen – süße Früchte

Von Scharfenberg bis Meißen treten von Steilabfällen begrenzte Hochflächen beiderseits dicht an den Fluß heran. Die Elbe erreicht das *Massiv von Meißen*, einen Grundgebirgssockel aus hartsteinigem Pluton, der während der Steinkohlenzeit als Schmelze zwischen den Ausläufern der Lausitzer Platte und des Erzgebirges aufgedrungen war. Das Plutondach ist bereits im Perm eingeebnet und erneut von Quarzporphyren überdeckt worden. Rote und gelbe Gesteine, die sich elbabwärts bis Seußlitz erstrecken, bieten sich als fast senkrechte Felspartien dar. Während nördlich und südlich von Meißen Granite verschiedener Zusammensetzung überwiegen, herrschen im Osten und Westen später emporgedrungene Syenodiorite vor.

Die Oberflächengestalt schuf die Elbe im Ergebnis eines ›jugendlichen‹ *Durchbruchs*. Als die Elbe zunächst in einem pleistozänen Urstrombett durch die Nassau (Coswig – Weinböhla – Niederau) geflossen war, das das Spaargebirge östlich umging, wurde sie wahrscheinlich durch einen von Meißen nach Norden abfließenden, sich rückwärts einschneidenden Fluß angezapft. Eine Zeitlang bildete das **Spaargebirge** eine Insel im Urstrom, bis die Austiefung zwischen Spaar und Siebeneichen so weit gediehen war, daß die Elbe das durch die Nassau führende Bett aufgab.

Das Spaargebirge und besonders sein Kamm, der *Bosel* (189 m), ist eines der lohnenden Ausflugziele bei Meißen. Man sieht in die um 90 m, beinahe senkrecht abfallende Schlucht des Elbdurchbruchs hinab; und in nordöstlicher Richtung kann man das ehemalige pleistozäne Urstromtal der Elbe überschauen. Bei klarem Wetter bietet sich ein Fernblick über den gesamten Elbtalkessel bis zu den Bergen der Lausitz, der Sächsischen Schweiz und des Osterzgebirges. Auf der Bergkuppe bestand schon in der Bronzezeit eine befestigte Siedlung, von der noch Reste einer Wallanlage zu sehen sind.

Die Felsenufer bei Meißen sind an vieler Stellen durch Menschenwerk weithin sichtbar verändert. Durch den Abbau des anstehenden Gesteins in *Steinbrüchen* (vor allem Pflaster-, Mauer- und Bordsteine) hat die naturgegebene Schroffheit der Uferpartien eine weitere Versteilung erfahren. Der durch den billigen Flußtransport begünstigte Abbau erreichte 1870–1900 seinen Höhepunkt, als Pflastersteine das vorwiegende Material für den Straßenbau abgaben. In den meisten Steinbrüchen ist inzwischen im Interesse des Landschaftsschutzes der Betrieb eingestellt worden. Anders verhält es sich mit dem Riesengranitsteinbruch bei *Zscheila* (Ortsteil von Meißen), der vor allem große Werk- und Monumentalstücke hergibt, die auch wegen ihrer guten Polierfähigkeit geschätzt sind.

Das Urgestein, nur noch am Elbrand sichtbar, setzt sich beidseits der Elbe unter den jungen Überschüttungen des Sächsischen Hügellandes fort, hier vor allem als Quarzporphyr. Seine tiefgründige Verwitterung im feuchtwarmen Klima der Kreidezeit und des Tertiär zeugte Lagerstätten von hochwertigem Kaolinit und anderen weißbrennenden Tonen mit beachtlicher Trockenbiegefestigkeit, die für die keramische Industrie abgebaut werden. Kulturgeschichtliche Bedeutung hat das *Kaolinitlager* von *Seilitz* (Ortsteil von Zehren) erlangt, weil es seit 1764 der Rohstoff für das Meißner Porzellan liefert.

Schon in geringer Entfernung vom Elbtalrand sind die geologisch älteren Gesteine von pleistozänen Ablagerungen überschüttet. Die hier eingeschnittenen Täler, so von Triebisch, Röder und anderen Elbenebenflüssen, tragen einen flachwelligen Charakter. Der weitverbreitete Löß verleiht dem Hinterland von Meißen große Fruchtbarkeit.

Diese Übergangslandschaft, die im Pleistozän nur während der maximalen Vereisung zur Saalekaltzeit und auch nur in den tieferen Teilen vom Inlandeis erreicht wurde, ist sowohl gegenüber dem eigentlichen Mittelgebirge als auch dem Tiefland durch *trockene Wärme* klimatisch begünstigt. Meißen ist die wärmste Stadt in den sächsischen Elblanden. Die Frostperiode ist im Durchschnitt um einige Tage kürzer als im Riesa-Torgauer Elbtal. Besonders die nach Süden geöffneten Hänge weisen ein günstiges Kleinklima auf (größere Sonneneinstrahlung, Windschutz). Demzufolge besteht eine große Vielfalt der Pflanzen- und der Tierarten. Das Nebeneinander von trockenen und feuchten sowie von kühleren und trockenwarmen Geländeabschnitten führt zu einer Begegnung von (sub)kontinentalen, atlantischen, montanen und mediterranen Pflanzen. Auffallende *Vegetationstypen* sind einerseits artenreiche Laubmischwälder im Lößland (linkselbische Seitentäler bei Meißen, Seußlitzer Grund) und andererseits wärme- und trockenheitliebende Pflanzengesellschaften, die durch Rodung aus einstmals gut ausgebildeten Eichen-Elsbeer-Wäldern hervorgegangen sind: Weingärten sowie eine floristisch artenreiche Steppenheideflora (Trocken- und Halbtrockenrasen, Trockengebüsch). Besonders interessante Biotope haben sich auch in den zahlreichen aufgelassenen Steinbrüchen herausgebildet, die wärme- und trockenheitliebenden Pflanzen wie auch vielen, anderenorts in Bedrängnis geratenen Tierarten (z. B. Fuchs, Dachs, Steinmarder, Wiesel, Turmfalke, Dohle) eine Heimstatt bieten. Die xerothermen Biotope kennzeichnet eine außergewöhnlich reichhaltige Insektenfauna.

Diese vielseitige Ausstattung hat das Elbtal bei Meißen zu einem erstrangigen *biologischen Forschungsfeld* werden lassen. Hier wurde besonders früh der Gedanke des Naturschutzes gefördert (seit 1880 durch *Oscar Drude*). Seit 1910 gibt es auf der Bosel einen *Pflanzenschutzgarten,* der die steppenflorähnliche Pflanzenwelt des Spaargebirges vereint. Seit 1920 sind mit Xerothermvegetation bestandene Hangabschnitte des *Ketzerbachtals* zum Flächennaturdenkmal erklärt. Und seit 1974 besteht das *LSG Elbtal nördlich von Meißen,* in das mehrere *Naturschutzgebiete* eingestreut sind.

Die Klimagunst macht sich der *Weinbau* zunutze, der heute vor allem noch rechtselbisch zwischen Meißen und Diesbar-Seußlitz betrieben wird. Seine Einschränkung führte zur Ausdehnung des Obstbaus. Aber auch wo früher keine Trauben geerntet wurden, wie in manchen Seitentälern, reifen Kirschen, Äpfel, Birnen und Pflaumen.

Meißen – Von der Reichsburg zur Stadt des Porzellans

Meißen (rd. 33 000 Einw.; Farbabb. 10) war schon seit der zweiten Hälfte des 18. Jh. ein Anziehungspunkt für Künstler. Die altehrwürdigen Bauten lockten zur Besichtigung, und die reizvolle Landschaft bot Motive für bildnerisches Schaffen und Dichtung. Heutzutage wird Meißen jährlich von etwa einer halben Million Touristen besucht.

☐ Die Burg als Herrschaftszentrum

Meißen ist ein Platz von erstrangiger historischer Bedeutung. Als Heinrich I. im Jahre 929 in den Slawengau Daleminze vorgestoßen war, erkannte er bereits die Lagegunst des 50 m steil über dem Elbufer aufragenden Felsmassivs, das die Kontrolle des vorbeiziehenden Verkehrs ermöglichte. Als Otto I. 968 Mark und Bistum Meißen gründete, wurde die mitten im Slawenland erbaute kaiserliche Burg sofort das frühdeutsche – weltliche und geistliche – Verwaltungszentrum für den unterworfenen Slawengau und alsbald auch die wichtigste Ausgangsbasis für Kriegszüge und Missionsarbeit in Böhmen und in der Lausitz.

Die Schwächung der Zentralgewalt gefährdete allerdings zeitweilig die deutsche Herrschaft. 984 ging die Burg an Böhmen verloren, und 1002 wurde sie vorübergehend vom polnischen Herzog Boleslaw Chrobry eingenommen. 1015–18 führte dessen Sohn Mieszko II. abermals Feldzüge gegen Meißen, bei denen er auch die Burg belagerte, aber zurückgeschlagen wurde. In nochmaligen Glanztagen der deutschen Zentralgewalt hielt Kaiser Heinrich III. 1046 in Meißen einen bedeutenden Fürstentag ab, und Heinrich IV. berief 1071 einen Reichstag hierher ein.

Dann war der Burgberg einige Jahrhunderte lang Sitz dreier reichsunmittelbarer Verwaltungsträger: des Markgrafen, des Bischofs und des Burggrafen. Auf dem dreieckigen Grundriß der mittelalterlichen Burganlage beanspruchte jede der drei arbeitsteiligen und dabei rivalisierenden Autoritäten eine Ecke für sich. In den zur Elbe weisen-

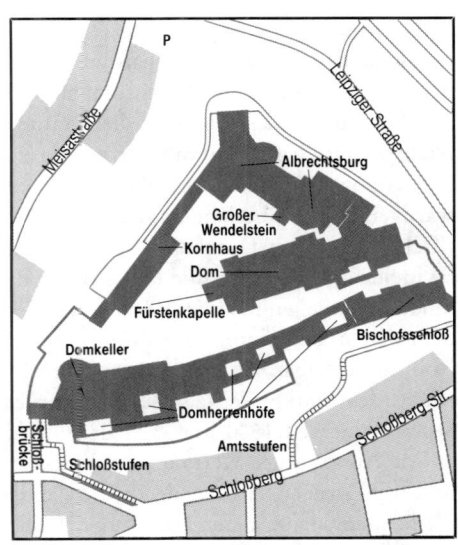

Meißen, Lageplan des Burgbergs mit Dom und Albrechtsburg

den beiden Ecken hatten im Nordosten, an der Stelle der heutigen Albrechtsburg, der Markgraf und im Südosten der Bischof mit der Bischofsburg ihren Sitz. Dazwischen baute sich die Bischofskirche, der spätere Dom, als Zentrum der Burganlage auf. Das Elbtor der Burg war direkt an den Bischofssitz angefügt. Der Burggraf amtierte im gegenüberliegenden spitzen, westlichen Winkel, am mittleren Burgtor, wo sich heute der Burgkeller befindet.

Aus dem Kreis dieser Autoritäten hob sich der mit militärischer und richterlicher Gewalt ausgestattete Markgraf als die immer stärker werdende Kraft heraus. Waren die Markgrafen ursprünglich Verwalter des Kaisers, die aus verschiedenen Geschlechtern stammten, so folgten seit Ende des 11. Jh. mehrere Mitglieder des Hauses Wettin, die die Mark schließlich in erblichen Besitz übernahmen. Burg und Mark Meißen wurden zur Keimzelle für die Landesherrschaft der Wettiner und des Kurfürstentums Sachsen. Seit dem frühen 12. Jh. war die Meißner Burg kaum noch eine Reichsburg, sondern vor allem eine Fürstenburg.

Ihre dennoch gewachsene Bedeutung führte zu einer regen Bautätigkeit. Im 11. Jh. wurden die Holzbauten durch wehrhaftes Steinwerk ersetzt, das die drei auf dem Burgberg residierenden Gewaltenträger bis zum 14. Jh. in ihren Pfalzen kunstvoll ausgestalten ließen. Als im frühen 13. Jh. die höfisch-ritterliche Kunst und Kultur eine klassische Periode erlebte, stand sie auch in Meißen in Blüte.

Das Verlangen nach Großartigerem ließ wahrscheinlich noch unter Heinrich dem Erlauchten (13. Jh.) den Plan zu dem Neubau eines gewaltigen gotischen Doms heranreifen. Mit ihm und dem Palas (Vorläufer der Albrechtsburg) ballte sich, eingeengt auf verhältnismäßig geringem Raum, mit beeindruckender künstlerischer Ausdruckskraft zusammen, was die gesellschaftlichen Ordnungskräfte des Mittelalters an architektonischer Monumentalität hervorbrachten.

Währenddessen setzte sich die Kräfteverschiebung zwischen den drei ursprünglich reichsunmittelbaren Gewaltenträgern auf dem Burgberg fort. Nachdem sich mit der Befriedung des Landes und der deutschen Besiedlung die militärisch bestimmte Burgwardverfassung überlebt hatte, erloschen die Funktionen des Burggrafen. Die letzten Bischöfe mit dem Domkapitel gerieten unter die Oberherrschaft des Landesherrn, der sie in bezug auf Steuern und Heerfolge in die Pflicht nahm. Um das Bistum im Widerstreit mit der weltlichen Kraft zu stärken, wurde es 1365 vom Erzbistum Magdeburg gelöst und dem neuen Erzbistum Prag unterstellt. Im weiteren unterstand es als exemtes Bistum Rom unmittelbar. Aber schon im Jahre 1400 zogen sich die Bischöfe wegen der Übermacht des Markgrafen aus Meißen zurück. Hundert Jahre residierten sie in der Burg Stolpen und seit 1500 in der Stadt Wurzen.

Der Aufstieg der Wettiner von Markgrafen zu Herzögen und schließlich Kurfürsten und die Zurückdrängung der beiden anderen Gewaltenträger brachten Meißen keinen bleibenden Glanz. Einen Höhepunkt erreichte die weltliche Repräsentation mit dem Bau der Albrechtsburg (Beginn 1471). Doch schon seit dem 13. Jh. hatten die Markgrafen auch in anderen sächsischen Burgen hofgehalten. Als sich dann 1485 das regierende Herrscherhaus der Wettiner in die albertinische und die ernestinische Linie geteilt hatte, schwand das Interesse an Meißen. Eine Entwicklung, die Meißen Gesellschaftsbauten von erstrangigem künstlerischen Wert beschert hatte, brach unvermittelt und vollends ab. Die weiteren kunstschaffenden Aktivitäten verlagerten sich im wettinischen Elbraum vor allem nach Dresden (albertinische Linie), Torgau und Wittenberg (ernestinische Linie). Meißens Rolle schrumpfte vom regionalen Herrschaftszentrum zu einem der vielen Sitze lokaler Verwaltungen im Kurfürstentum Sachsen. Entsprechend widerfuhr dem einst mächtigen religiösen Zentrum nach Einführung der Reformation 1546 – in der Hülle des übernommenen grandiosen Bauwerks – der Bedeutungsverlust zur kleinstädtischen Pfarrkirche.

☐ Stadtgemeinde – Fürstenschule – Porzellan

Der alte Schnittpunkt der Verkehrswege zog Händler und Handwerker an, die sich auf der flachen Mündungsaue der Triebisch unterhalb der Schutz gewährenden Burg niederließen. Früher als andere sächsische Städte wurde Meißen schon um 1150 als ›civitas‹ bezeichnet. Das Zentrum dieser Bürgerstadt war der Marktplatz. Ein zweiter Kristallisationspunkt der Altstadt lag am Afraberg, wo sich vor allem Kleriker, Dienstritter und der meißnische Landadel niederließen, die nicht den städtischen Behörden unterstellt waren (darum trug dieser Stadtteil den Namen ›Freiheit‹; verwaltungsrechtlich erst seit 1847 zur Stadt gehörend). Während die Bürgerhäuser in der Stadt eine gleichmäßige Zuteilung der Grundstücke widerspiegeln, sind die Höfe auf dem Afraberg weitläufig und willkürlich angelegt. Jeder Hof ähnelte einer kleinen Festung, denn die Stadtmauer, die Stadt und Afraberg umschloß, dürfte erst nach diesen Höfen, kaum vor 1200, geschaffen worden sein.

Die Stadt Meißen wurde vor allem durch zwei kulturelle Leistungen berühmt. Im aufgehobenen Franziskanerkloster St. Afra ließ Herzog Moritz 1543 eine der drei Landesschulen einrichten, sogenannte *Fürstenschulen*, die allen begabten Landeskindern kostenlos offenstanden. Aus der Meißenschen gingen bedeutende Absolventen hervor (Georg Fabricius, Gotthold Ephraim Lessing, Christian Fürchtegott Gellert, Johann Elias Schlegel u. a.).

Meißens Weltruf begründete jedoch seine **Porzellanmanufaktur.** Nachdem es in den Jahren 1708/09 *Johann Friedrich Böttger* gemeinsam mit *Walter von Tschirnhaus* gelungen war, das bisher nur den Chinesen und Japanern bekannte Verfahren zur Herstellung von Porzellan für Europa erstmals zu entdecken, war sich der Landesherr August der Starke der Bedeutung dieser Erfindung sofort voll bewußt. 1710 ließ er das Böttgersche Laboratorium auf der Dresdner Jungfernbastei zu einer kleinen Produktionsstätte umwandeln. Da aber die Räume zu eng waren, entschied man sich, die Manufaktur noch im selben Jahr in die leerstehende Meißner Albrechtsburg zu verlagern. Für diesen Standort sprachen mehrere Gründe: Der kostbare Rohstoff Kaolin wurde unweit westlich der Stadt gegraben. Das für den Brennprozeß erforderliche Holz konnte auf der Elbe heran-

Arbeitsraum der Porzellanmanufaktur in der Albrechtsburg zu Meißen. Holzstich, Mitte 19. Jh.

geflößt werden. Die Stadt Meißen sicherte die nötigen Arbeitskräfte und Dienstleistungsgewerke. Die steinernen Gewölbe boten Sicherheit gegen die von den Brennöfen ausgehende Brandgefahr. Die isolierte Lage auf dem steilen, felsigen Burgberg ermöglichte die Kontrolle aller das Gelände betretenden Personen.

Der Weltruhm des Meißner Porzellans beruht ebenso auf der hohen Qualität des keramischen Erzeugnisses wie der bahnbrechenden künstlerischen Gestaltung in plastischer Formgebung und Malerei. Entscheidenden Anteil an dieser Leistung hatten vor allem *J. G. Höroldt* und *J. J. Kaendler* mit ihren aus dem Schönheitsideal des Barock und des Rokoko geborenen Schöpfungen.

Unter Victor Acier, 1764 aus Versailles nach Meißen berufen und dem betagten Kaendler zur Seite gestellt, wandte sich die Manufaktur dem Klassizismus zu. In der ersten Hälfte des 19. Jh. erfolgte eine neuerliche Umstellung durch Anlehnung an Romantik und Biedermeier. Der Manufaktur wurde eine Zeichenschule angegliedert, die weit über den betrieblichen Rahmen ausstrahlte. Obwohl sie solche namhaften Künstler wie G. F. Ker-

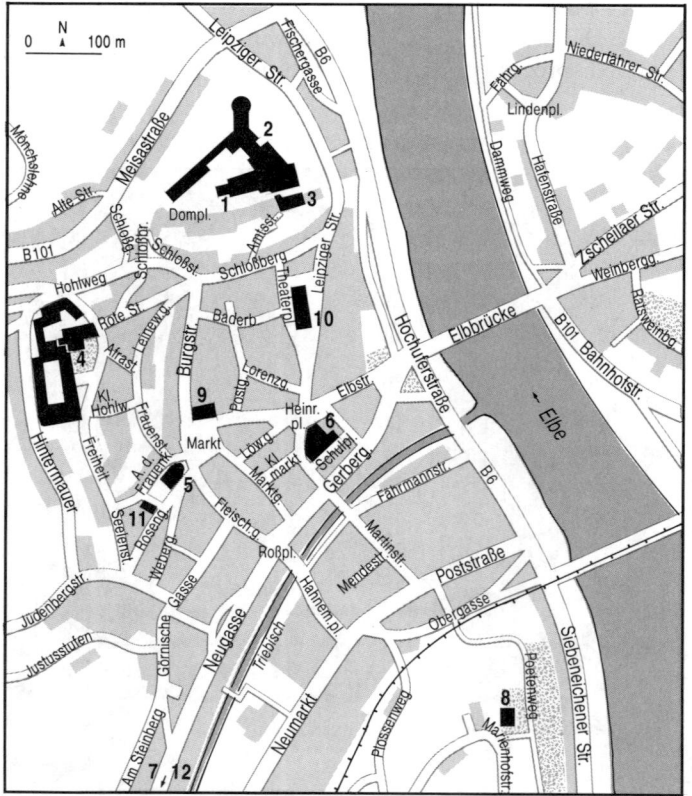

Meißen
1 Dom
2 Albrechtsburg
3 Bischofsschloß
4 Kirche St. Afra und Afrakloster
5 Frauenkirche
6 Kirche des ehem. Franziskanerklosters (Stadtmuseum)
7 Nikolaikirche
8 Martinskirche
9 Rathaus
10 Ehem. Gewandhaus (Stadttheater)
11 Tuchmachertor
12 Porzellanmanufaktur

sting (1818) und, als Leiter der Zeichenschule, Ludwig Richter (1828) zur Mitarbeit gewann, geriet sie in künstlerische Erstarrung. Dessenungeachtet konnte die Manufaktur seit dem Beitritt Sachsens zum Deutschen Zollverein (1834) eine merkliche Steigerung der Aufträge für sich verbuchen, weshalb die Produktionsstätte in den 70er Jahren des 19. Jh. aus der Albrechtsburg in ein neues Werksgelände im Triebischtal verlegt wurde.

Neue Künstlergenerationen gingen u. a. im Geiste des Jugendstils (H. van de Velde) und des Werkbunds (R. Riemerschmid, A. Niemeyer) neue gestalterische Wege. Gleichzeitig griff Meißen immer wieder auf das Erbe von Höroldt und Kaendler zurück. Die 1913 eingerichtete *Schauhalle der Porzellanmanufaktur* vermittelt einen hervorragenden Einblick in Geschichte, Schönheit und Gestaltungsvielfalt des ›weißen Goldes‹ von Meißen. – Die Porzellanmanufaktur und die reichlichen Vorkommen hochwertiger Tone regten dazu an, Meißen zum Standort weiterer keramischer Werke werden zu lassen (Ofenplatten, Schamottesteine, Wandplatten, Porzellan).

☐ Der Dom

Die von Kaiser Otto I. veranlaßte erste Bischofskirche auf der Burg wurde in der ersten Hälfte des 12. Jh. durch einen romanischen Neubau abgelöst, der bereits ein auffallender Bau war, mit Querschiffen und zwei Turmpaaren. Die Stellung der Osttürme westlich des Querschiffs läßt Anregungen der Hirsauer Bauschule vermuten.

Etappen des Bauablaufs

Die Arbeiten am jetzigen gotischen Dom wurden 1266 unter Bischof Withego I. aufgenommen. Im ersten Bauabschnitt bis etwa 1298 entstanden als die ältesten Teile Chor, Querhaus und die Untergeschosse der zwei Osttürme, ferner das erste, östliche Langhausjoch mit dem Anbau der achteckigen Portalvorhalle, der Mittelteil des Lettners sowie die Allerheiligenkapelle. In dieser Zeit wurde der Bau reichlich mit Bauplastik versehen.

Das Langhaus hatte man noch im Geiste der Romanik als Basilika begonnen, das heißt mit hohem Mittelschiff, niedrigen Seitenschiffen und Pultdach. Diese Bauform bedingte niedrige Fenster, wodurch sich schlechte Lichtverhältnisse im Mittelschiff ergeben hätten. Reste des basilikalen Anfangs sind noch am südlichen Ostjoch unter der

Meißen, Dom, Grundriß
1 *Fürstenkapelle*
2 *Georgskapelle*
3 *Johanniskapelle*
  (Achteckbau)
4 *Lettner*
5 *Kreuzgang*
6 *Maria-Magdalena-Kapelle*
7 *Sakristei*

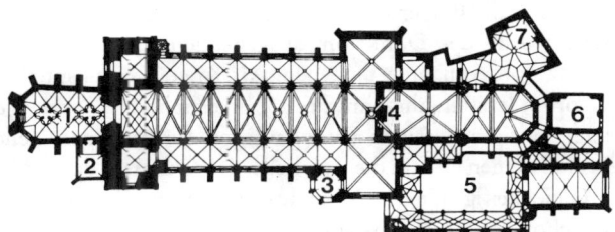

Lettnerempore und in Spuren des alten Pultdachs an der südwestlichen Querhauswand erkennbar. Inzwischen hatte sich jedoch das Schönheitsideal geändert, so daß sich die Meißner Bauherren entschlossen, das Langhaus als gotische Halle mit sieben Jochen und Bündelpfeilern weiterzuführen. Unter Beibehaltung des alten Grundrisses wurden alle drei Schiffe auf die gleiche Höhe gebracht, wodurch ein großartig geschlossener Raumeindruck entstanden ist.

Der Bau dieser Halle zog sich durch das 14. Jh. hin, in dem allerdings weniger intensiv als im 13. Jh. gebaut wurde. Eine Beschleunigung trat erst wieder ein, seit Meißen ab 1365 Rom direkt unterstand. Deutlich ist erkennbar, wie sich auch in dieser Etappe eine Stilentwicklung vollzogen hatte. Während die vier östlichen Nordfenster noch die geometrisch sparsamen Motive der Hochgotik vom Ende des 13. Jh. aufweisen, hat das Maßwerk des folgenden Fensters aus dem 14. Jh. alle ›Restformen‹ in zentrale Sternmotive einbezogen. Im letzten Viertel des 14. Jh. wurden die mit Baldachinen versehenen Figuren des Südportals nachträglich angefügt (Maria, von vier weiblichen Heiligen begleitet, wegen starker Verwitterung durch Kopien ersetzt).

Änderung ergab sich auch bei der Turmgestaltung. Ursprünglich waren dem Dom nur die beiden Osttürme zugedacht. Diese Türme im Winkel von Querschiff und Halle entsprachen der Tradition der Romanik, wie sie noch in der frühen Gotik der Dome von Bamberg, Magdeburg und Naumburg festzustellen ist. Verwirklicht wurde aber nur der schlanke südöstliche. Den zwei schlichten quadratischen Grundgeschossen folgt ein eleganter achteckiger Aufbau, der im Geschmack der Gotik freistehende Strebebögen erhielt. Der steinerne, durchbrochene Helm aus Fischblasenmaßwerk schließt sich an das Vorbild des berühmten Turmhelms von Freiburg im Breisgau an.

Anfang des 14. Jh. wurde dann aber die im französischen Kathedralbau entwickelte, durch Straßburg und Magdeburg vermittelte Frontalität des hochgotischen Richtungsbaus mit doppeltürmiger Westfassade in Meißen zur Leitschnur. Mit dem Bau der je zwei Untergeschosse für die beiden Westtürme samt dem dazwischengefügten gewaltigen Portal wurde schon 1315 unter Bischof Withego II. begonnen, ehe der Hallenbau bis dorthin vorgedrungen war.

Im folgenden erhielt der Dom noch einige Anbauten: Nachdem Markgraf Friedrich der Streitbare die Kurwürde erlangt hatte, ließ er um 1423 an der Stelle des bisherigen Westportals mit der spätgotischen *Dreikönigskapelle* ein Erbbegräbnis der Wettiner einrichten. Höchstes Können entfaltete Meister Moysses von Altenburg bei der Wölbung, die durch die Prager Domchorwölbungen des Peter Parler angeregt ist. – An seiner Ostseite wurde der Dom vom ausgehenden 13. bis zur Wende zum 16. Jh. mit einem Kranz von Anbauten umgeben. Als Kristallisationspunkt fungierte die südöstlich vom Chor im letzten Jahrzehnt des 13. Jh. errichtete *Allerheiligenkapelle*. Ein 1470/71 errichteter zweigeschossiger *Kreuzgang* mit formschönen Zellengewölben und skulptierten Schlußsteinen umfaßt diese Kapelle, den Chor und das südliche Querschiff klosterhofartig. – Gleichzeitig mit der Albrechtsburg ließen die Wettiner von 1470–80 das hohe dritte Geschoß des Westturms durch Arnold von Westfalen errichten. Wie mit dem Wendelstein

Meißen, Aufgang zum Burgberg

der Albrechtsburg schuf er damit eine der bemerkenswertesten Treppenanlagen der Spätgotik. Die elegante Linienführung und die Durchsichtigkeit des schwergewichtig tragenden Mauerwerks künden von meisterhafter Raumdisposition. – In axialer Fortsetzung des Chors wurde 1492 elbseitig das *Stiftsarchiv* angefügt, das mit Vorhangbogenfenstern versehen ist, wie sie Arnold von Westfalen für die profane Architektur eingeführt hatte. – Als letzter Anbau folgte die nordöstlich in den Chorumgang eingeschobene *Sakristei,* deren asymmetrischer Grundriß die herkömmlichen Raumkonstruktionen der Gotik bereits sprengt. Eine annähernd mittig stehende Rundsäule trägt das spätgotische Rippengewölbe. Die reichbeschlagene Verbindungstür zum Dom mit der Jahreszahl 1504 markiert den Abschluß des hoch- und spätmittelalterlichen Bauens.

Nach der Reformation zeigten die Albertiner kein Interesse mehr am Dom, da Meißen gegenüber der neuen Residenz Dresden in den Hintergrund gerückt war. Es entstand lediglich noch die *Georgskapelle* als Grablege für Herzog Georg den Bärtigen († 1539), ein Erweiterungsbau der *Dreikönigskapelle.* Der Zugang erfolgt von dorther durch ein kunsthistorisch interessantes Frührenaissanceportal, eines der ältesten reinen Renaissanceportale Sachsens (etwa 1522, Visierung wahrscheinlich durch den Augsburger Adolf Daucher oder dessen Sohn Hans). – Mit der Beisetzung Herzog Georgs endete auch das Grabgelege der Albertiner in Meißen. Die fortan (bis zu August dem Starken) protestantischen albertinischen Landesherren ließen sich im Freiberger Dom bestatten. Den Bedeutungswandel zur Pfarrkirche veranschaulicht die 1591 in den schlichten Formen der Spätrenaissance angebrachte Kanzel für die nun protestantische Predigt.

Innenausstattung

Chorverglasungen (um 1270). Aufmerksamkeit verdient besonders das mittlere Chorfenster wegen seiner reichen figürlichen Ausfüllung. Von den drei senkrechten Bahnen zeigen die beiden äußeren die Opfer des Alten und des Neuen Testaments, während sich die mittlere den thronenden Königen des Alten Testaments widmet. Überragt wird die theologisch durchdachte Komposition von christlichen Szenen: dem Einzug Christi in Jerusalem, dem Abendmahl, Christus entsteigt dem Grabe, dem in der Majestas thronenden Christus.

Bildhauerarbeiten. Einen wesentlichen Beitrag lieferte die Naumburger Werkstatt. Ihre beste Leistung verkörpern die wahrscheinlich im letzten Drittel des 13. Jh. entstandenen sieben überlebensgroßen Skulpturen: Im mittig eingefügten schmalen Chorjoch die weltlichen Stifterfiguren Otto I. und Gemahlin Adelheid, beide mit

Krone, der König dazu mit Zepter und Reichsapfel; sowie die geistlichen Dompatrone Johannes der Evangelist und der als Slawenmissionar verehrte Bischof Donatus. Im Achteckbau (Anbau neben dem Südportal) Maria mit dem Kinde, Johannes der Täufer und Diakon.

Diese Figuren schließen sich gestalterisch an die berühmten Stifterfiguren im Naumburger Dom (6. Jahrzehnt des 13. Jh.) an. Unmittelbar nach ihrer Vollendung wird der Naumburger Meister für Meißen tätig gewesen sein. Mit seinen Meißner Figuren erreichte die Bildhauerkunst der Gotik einen künstlerischen und ideellen Höhepunkt.

Auch Sakramentssäule, Chorgestühl und Lettner zählen zu den bildhauerisch hervorragend gestalteten Teilen des Doms. Die einzelnen Sitze des *Chorgestühls* sind durch Blendarkaden bezeichnet, über die sich auf zarten Säulen mit Blattwerkornamentik steinerne Baldachine span-

Meißen, Dom, Stifterfiguren im Chor:
Kaiser Otto I. und Kaiserin Adelheid

nen. Der ebenfalls an das Naumburger Vorbild erinnernde *Lettner* wurde in den Jahren 1347–70 nach Vollendung des Querschiffs eingebaut. Er separiert den Bereich des Domkapitels (Chor) vom Querhaus; die den Mittelteil tragenden spitzbogigen Arkaden geben den Durchgang frei. Auf dem Weg über einen in den Lettner eingebauten Aufgang sind ferner die *Kapellen der Osttürme* zu erreichen. Auffallend schmückende Elemente sind die Brüstung mit dem säumenden Blendmaßwerk, die Figuren an der Stirnseite und die Wappenbilder, darunter das Wappen des damaligen Bischofs Johann I. von Isenburg. Beachtlich auch die Zierelemente an Konsolen, Kapitellen und Schlußsteinen: immer wiederkehrend das naturnahe Blattwerkmotiv (Weinlaub, Efeu, Eiche usw.), Köpfe von Dämonen, animalische Fabelwesen und andere Allegorien. Besonders vollkommen der Laubwerkfries an der Rückseite.

Man beachte auch die von der Dreikönigskapelle umbaute Außengestaltung des *Westportals*. Sie bietet eine erzählende Abfolge biblischen Geschehens auf einem Bogenfeld: oben Christus als Weltrichter mit einer Reihe von Apostelfiguren, darunter im dreigegliederten Tympanonfeld Christi Geburt, die Anbetung der Heiligen Drei Könige sowie (groß) Christus mit Reichsapfel und Kreuz, die gekrönte Maria segnend. Die ernste Grundstimmung des früher entstandenen hochgotischen Domkorpus, die ursprünglich sicher auch für dieses Portal gedacht war, ist allerdings durch den wimpernartig aufgesetzten Reigen musizierender Engel einer heiteren binnenräumlich-dekorativen Gestaltung gewichen.

Grabplatten. Der Dom verfügt über viele künstlerisch und historisch wertvolle Grabmäler. Das älteste ist das für Bischof Withego I., den ersten Bauherrn des gotischen Doms (im Nordosten des Querschiffs). Eine technische Eigenart

Meißen, Dom, Westportal mit reichem Figurenschmuck

151

der Grabplatten der Bischöfe und Domherren aus dem ganzen 15. und dem ersten Viertel des 16. Jh. sind die im Stein eingetieften, mit kreisförmigen oder rechteckigen Bronzeeinlagen versehenen Umrißdarstellungen der Verstorbenen.

Die bedeutendsten Gußarbeiten befinden sich in den beiden Grabkapellen. Bemerkenswert ist die Tumba für Kurfürst Friedrich I. († 1428) in der Dreikönigskapelle; auf der Grabplatte die eindrucksvolle lebensgroße Gestalt des Kurfürsten im Halbrelief; 36 Darstellungen der Wappen wettinischer Lande und von trauernden Repräsentanten des Hofstaats umlaufen in feingliedriger Arkadenfolge die Tumbawände.

Mehrere der älteren Gießplatten fertigten Angehörige der Nürnberger Vischer-Familie, deren Tradition im bildhaft-graphischen Typ der Renaissance von der Hillgerschen Gießhütte in Freiberg fortgesetzt wurde. Bedeutende Künstler lieferten die Entwürfe, so Albrecht Dürer, Lucas Cranach d. Ä., der Leipziger Fürstenmaler Hans Krell sowie einer aus dem Kreise Peter Flötners.

Bedeutende Altäre. In den frühen vierziger Jahren des 16. Jh. sind die meisten Altäre des Doms entfernt worden. Den Bildersturm haben nur drei überdauert, die in der Art ihrer Darstellung bereits im neuen Zeitgeist wurzeln. *Im Hochchor:* dreiflügliger Hochaltar niederrheinischer oder niederländischer Herkunft, um 1500, ursprünglich für die Dreikönigskapelle bestimmt. Auf der Mitteltafel Anbetung der Heiligen Drei Könige, auf den Flügeln je zwei Apostel. – *Vor dem Lettner:* Kreuzaltar, auch Laienaltar, angeblich 1526; bereits mit dem lehrhaften Charakter der Reformationskunst, wahrscheinlich aus der Cranach-Werkstatt. Die in drei Felder gegliederte Mitteltafel vergleicht theologisch belehrend die Kreuzigung Christi (obere Hälfte) mit dem Opfer Abrahams (u. li.) und der Errichtung der Ehernen Schlange (u. re.). – *In der Georgskapelle:* Flügelaltar von Lucas Cranach d. Ä. zur Erinnerung an Herzog Georg und seine Gemahlin Barbara, mit 1534 datiert. Die Mitteltafel vereint die Themen des Schmerzensmanns, der Beweinung und der Auferstehung Christi. Auf den Altarflügeln ist das Herzogspaar von Aposteln begleitet, die sich fürbittend an die im Mittelteil Dargestellten wenden. Links: Herzog Georg mit Jacobus d. Ä. und Petrus; rechts: Herzogin Barbara mit Paulus und Andreas.

Vollendung der Westtürme

Mit dem dritten Geschoß des Arnold von Westfalen hatte der Turmbau gerade die Firsthöhe des Langhauses erreicht. Die folgenden dreieinhalb Jahrhunderte stand ein Torso. Zeitgenossen der Romantik, die die Schönheit der altdeutschen Kunst wiederentdeckten, empfanden das fehlende Turmpaar als unwürdig. Im Jahre 1826 malte Friedrich Wilhelm Schwechten mit bemerkenswertem Einfühlungsvermögen in die Formensprache der Gotik seine Vision von einem vollendeten Turmpaar. Diese Idee wurde nun auch in wissenschaftlich-konservatorischer Sicht diskutiert. Aber erst 1903–07 wurde der Entwurf des Architekten Carl Schäfer realisiert. Es entstanden das über Arnold von Westfalens Schöpfung hinausführende vierte Turmgeschoß und die zwei vom Licht durchfluteten Turmaufbauten – ganz ähnlich der Vision des Malers Schwechten. Die organische Verbindung von alten und neuen Bauteilen läßt den unbefangenen Betrachter schwerlich erkennen, wie historisch jung das Westturmpaar tatsächlich ist.

□ Die Albrechtsburg

Der alte Markgrafensitz mit dem vermutlich aus dem 12. Jh. stammenden Palas wich ab 1471 einem Neubau, der der gemeinsamer Hofhaltung der Brüder Kurfürst Ernst und Herzog Albrecht dienen sollte. Der Entwurf stammte von Arnold von Westfalen, der aber schon 1482 verstarb. Der Baukörper war um 1489 weitgehend vollendet, doch die Ausgestaltung zog sich bis 1525 hin.

Arnold von Westfalen schuf mit der Albrechtsburg ein Bauwerk voller künstlerischer und bautechnischer Neuerungen. Insbesondere brach der Meister mit der deutschen Burgenarchitektur. Sein Vorbild war die französische Architektur, die bereits den Weg zur Schloßbaukunst gefunden hatte. Die Albrechtsburg wurde zum *ersten Schloßbau* auf deutschem Boden und hier zugleich zum bedeutendsten spätgotischen Profanbau. In

Meißen, Albrechtsburg,
Großer Wendelstein

einer Zeit des Umbruchs entstanden und selbst bereits mit Elementen der Renaissance vollendet, eröffnete sie die Reihe deutscher Renaissanceschlösser.

Allein schon der Grundriß erweist sich als überaus einfallsreich. Die Kernstücke der Anlage sind die im rechten Winkel zueinander gestellten Prunkräume: der *Große Saal* (Eingangshalle mit Kapelle) und der *Große Bankettsaal* (beide im ersten Obergeschoß). Wo die frühere Burg gewiß Bastionen hatte, die die Elbfront schützen sollten, hat auch Arnold Räumlichkeiten aus der allgemeinen Bauflucht vorspringen lassen, so die beiden *Kurfürstenzimmer* im östlichen Seitenflügel und den im Winkel von 45° angesetzten *Kleinen Bankettsaal.* Gerade mit den Anbauten am Hauptflügel hat der Meister zusätzliche Möglichkeiten geschaffen, den Blick zur Elbe weit zu öffnen, nicht jedoch aus Verteidigungsbedürfnissen, sondern um im Ausblick Genuß zu verschaffen. Allerdings sind die zur Elbe weisenden Fenster noch ziemlich schmal gehalten, wodurch die östliche Außenfassade ein Antlitz der Strenge und Wehrhaftigkeit bewahrt hat.

Alle Pracht der Fassadengestaltung ist auf die Hofseite gerichtet. Sie äußert sich vor allem in den Fenstern und dem Treppenturm. An der Albrechtsburg ist die von Arnold von Westfalen entwickelte Form des *Vorhangbogenfensters* erstmals in der Baugeschichte angewendet worden. Die Fensteröffnungen sind durch profiliertes Stab- und Maßwerk in einer Weise gegliedert, daß der Eindruck einer geöffneten Gardine entsteht.

Von den beiden Treppentürmen ist der vorgestellte *Große Wendelstein* der auffallendste. Allein schon seine Konstruktion war neuartig. Arnold hat auf eine feste, die Treppenstufen tragende Spindel verzichtet. Die Wendeltreppe und der Handlauf winden

Meißen, Albrechtsburg,
Großer Saal

154

sich um drei dünne, stark gekehlte Sechseckstäbe. Dieser Treppenturm ist – ebenso wie der zum Dom hinführende Schloßteil – in drei Geschossen von einem Loggiengang ummantelt.

Im Inneren legte der Baumeister größten Wert auf die Deckengestaltung. Die Albrechtsburg ist berühmt für die Schönheit und die Formenvielfalt ihrer *Gewölbe*. Das erste Obergeschoß mit den Haupträumen trägt figurierte Rippengewölbe, deren polygone Stützen und Wandvorlagen in Runddienste münden, aus denen die Gewölberippen herauswachsen. Die Widerlager ragen weit in die Räumlichkeiten hinein, so daß tiefe Nischen entstehen, die fast den Eindruck von Erkern hervorrufen. Die Decken des zweiten Obergeschosses bestehen hingegen aus rippenlosen Zellengewölben, die das Spiel von Licht und Schatten beeindruckend plastisch hervortreten lassen.

Als eine Besonderheit hebt sich der im zweiten Obergeschoß befindliche *Wappensaal* heraus (1520–25). Er übernimmt den Grundriß des darunter befindlichen Kleinen Bankettsaals und setzt dessen Außenkonstruktion in den Pfeilern und Nischen fort. Aber die Deckengestaltung in Form eines Schlingrippengewölbes, das zentrisch auf den Schlußstein zuläuft, unterscheidet sich von allen anderen im Schloß. Als ihr Schöpfer gilt Jacob Heilmann von Schweinfurt, der Baumeister der Annenkirche zu Annaberg; das Vorbild ist in der böhmischen Bauschule des Benedikt Ried zu suchen (Wladislawsaal in der Prager Burg).

Bildhauerische Ausgestaltung

Bei der Verwendung von Bauplastik übten die Meister der meißenschen Spätgotik Zurückhaltung. Aber wo solche angebracht wurde, geschah es wirkungsvoll. Die lebhafteste Ausschmückung empfingen die Umgänge am Großen Wendelstein. Die noch schematisch-steif wirkenden Reliefs am dritten Geschoß schuf ein unbekannter Meister in den Jahren 1477–83. Erst 1520–25 wurden weitere Bildwerke angefügt, nun vor allem von Christoph Walther I und seiner Werkstatt. Walther versah die unteren Brüstungen des Wendelsteins mit Wappen und Regalien des Hauses Wettin (zweites Geschoß) sowie mit Gestalten des Alten Testaments und der griechischen Mythologie (erstes Geschoß). Die dargestellten Personen sind lebendige, der Renaissance entstammende Volkstypen. Erstmals in der deutschen Plastik hat es der Künstler gewagt, auch den nackten Frauenkörper darzustellen. Von Walther stammen auch die Plastiken im Wappensaal: der Schlußstein mit Wappen wettinischer Lande, der dem Prunkraum seinen Namen gegeben hat, sowie die Gewölbeauffangsteine in Form wappenhaltender Frauengestalten.

Wechselvolle Geschichte

Je mehr sich die albertinischen Landesherren auf den Ausbau Dresdens konzentrierten, desto mehr sank ihr Interesse an der Meißner Schloßanlage. Die Belagerung und die Erstürmung durch die Schweden im Dreißigjährigen Krieg unter General Königsmarck (1645) hinterließen dann das Schloß in einem zerschossenen, demolierten Zustand. Kurfürst Johann Georg I. ließ es wieder instandsetzen, aber erst unter Johann Georg II.

155

konnte wieder Hoftafel gehalten werden (1674). Das Schloß war nun erstmals mit kostbarem Inventar ausgestattet.

Die Aufwertung zum Wohnpalast währte kurz. 1710 erteilte August der Starke den Befehl, die entstehende *Porzellanmanufaktur* in der Albrechtsburg unterzubringen. Als sich die Produktion ausweitete, wurde die gesamte Schloßanlage ›Fabrik‹. Im Zweiten Schlesischen Krieg (1745), im Siebenjährigen Krieg und 1813/14 wurde das Schloß von Preußen und Franzosen militärisch genutzt. Als letztlich am meisten zerstörerisch erwies sich aber die hier betriebene Manufaktur.

Freunde des Denkmalschutzes kritisierten zunehmend die Gefährdung des bedeutenden Bauwerks durch Dampfmaschine, Pochwerk und Brennbetrieb. Ihre Forderung nach Verlagerung der Produktion an einen anderen Standort wurde dadurch unterstützt, daß sich zur Mitte des 19. Jh. die Albrechtsburg als Hemmnis für die Einführung neuer Produktionstechniken erwies. Das gab den Ausschlag für den Bau des neuen Manufakturgebäudes im Triebischtal (1858), die Räumung der Albrechtsburg (1863) und deren umfassende Restaurierung.

Da sich nach der langen Manufakturperiode keine ehemaligen Einrichtungsgegenstände erhalten hatten und auch sonst nichts zur geschichtstreuen Ausstattung der Räume zur Verfügung stand, entschloß man sich, den weiten Sälen eine großzügige *Ausmalung* zu geben. Anlaß bot das achthundertjährige Bestehen des Hauses Wettin. Unter der künstlerischen Leitung von Hofrat Dr. Wilhelm Roßmann schufen in den Jahren 1873–82 elf namhafte Maler, vornehmlich Professoren der Dresdner Kunstakademie, einen Zyklus von etwa 50 Wandgemälden. Im Enthusiasmus für vaterländische Geschichte werden dem Betrachter in chronologischer Folge Persönlichkeiten und Ereignisse aus der Vergangenheit Meißens und der wettinischen Herzöge und Kurfürsten vorgestellt. Außerdem sind nahezu alle Säle mit farbenprächtiger Ornamentik versehen worden. Diese Ausmalung ist durch neuangefertigte Möbel im historisierenden Stil ergänzt.

Diese Ausstattung entspricht dem Zeitgeschmack des 19. Jh. Den künstlerischen Mitteln Arnolds von Westfalen ist entgegengewirkt, die ursprüngliche Raumwirkung beeinträchtigt. Das künstlerische Gemeinschaftswerk verdient dennoch Beachtung, denn mit ihm erreichte die monumentale Wandmalerei des 19. Jh. ihren großartigen Abschluß. Den Reiz dieser Schau verstärkt die Zusammenfassung deutlicher Individualitäten und unterschiedlicher Malschulen.

☐ Weitere Baudenkmale

Auf dem *Burgberg* reihen sich an der der Stadt zugewandten östlichen Burgseite einige früher dem Bistum gehörende Bauten, hervorhebenswert vor allem das **Bischofsschloß**, das Bischof Johann von Weissenbach in der zweiten Hälfte des 15. Jh. errichten ließ (jetzt Kreisgericht). Zu dem Schloß gehört der *Liebenstein* oder *Bischofsturm*, der letzte Zeuge der alten Burganlage, der erst beim Bau des Schlosses seine spätgotischen Fenster und Gewölbe erhielt. Am Domplatz finden sich auch einige interessante *Kapitel-* oder *Kurienhäuser* aus dem 16.–18. Jh.

Das auf dem *Afraberg* (›Freiheit‹) bestimmende Bauwerk ist die **St. Afra-Kirche.** Nach Mitte des 11. Jh. als Pfarrkirche errichtet, anläßlich der Gründung des Augustiner-Chorherrenkonvents 1205 zur dreischiffigen Basilika umgebaut, Ende des 15. Jh. Mittelschiff mit Kreuzrippengewölbe versehen, Seitenschiffe erhöht und mit einem gemeinsamen, die Basilikaform verdeckenden Dach zusammengefaßt. 1965–72 wurde die spätgotische Farbigkeit aufgefunden und rekonstruiert. Altar, Kanzel und Taufstein 17. Jh. Bemerkenswerte Grabsteine und Epitaphien 15. Jh. und jünger. – Vom ehemaligen **Afrakloster** Remter, Kreuzgang mit Barbarakapelle, Küche und Wirtschaftshof erhalten. Seit der Reformation von der *Fürstenschule* (jetzt St. Afra-Gymnasium), später auch als Hochschule (zu DDR-Zeiten für landwirtschaftliche Produktionsgenossenschaften, jetzt Verwaltungsfachhochschule für das Land Sachsen) genutzt. – Die *Dienstritter-* und *Klerikerhöfe* stammen teilweise aus dem 13. Jh. wie die Superindentur Freiheit 19, im Garten die sogenannte Tausendjährige Eibe (Naturdenkmal). Im Burglehen *Freiheit 2* wohnte 1828–35 der Maler *Ludwig Richter.* Vor dem Haus der Rest eines Steinkreuzes, vermutlich vom romanischen Dom stammend. Die vom ›Malerblick‹ zum Prager Tor (Burgeingang) führende *Schloßbrücke,* ›Das Gewölbe‹ genannt, Mitte 13. Jh.

Zu den Sehenswürdigkeiten der *Stadt* zählen: die **Frauenkirche** auf dem Markt; jetziges spätgotisches Bauwerk zwischen 1450 und 1500, wertvolle Kunstwerke aus dem 15. und 16. Jh. In das nach dem Markt weisende Turmfenster wurde 1929 ein von Prof. E. P. Börner geschaffenes *Glockenspiel* mit 37 Glocken aus Meißner Porzellan eingebaut. – Vom alten **Franziskanerkloster** (Mitte 13. Jh.) steht noch die **Klosterkirche,** die das *Stadtmuseum* beherbergt; im Kreuzgang wertvolle Grabsteine, darunter von Johann Joachim Kaendler. – Die **Nikolaikirche,** um 1150 für die Neumarktsiedlung erbaut, wurde 1929 von E. Börner als *Gedenkstätte für die Toten des Ersten Weltkriegs* gestaltet: Triumphbogen aus Porzellan im maurischen Stil; an den Wänden Porzellanepitaphe; in den Raumecken Figurengruppen trauernder Mütter mit ihren Kindern. Mit 2,50 m Höhe sind es die größten jemals hergestellten Porzellanstatuen. – Die **Martinskirche** auf dem Martinsberg (Mitte 12. Jh.) ist typisch für die kleinen romanischen Kirchen im Meißner Gebiet. – Das **Rathaus** am Markt wurde 1472 unter Einbeziehung früherer Gebäude (Schule Arnolds von Westfalen) begonnen. – Für den Besucher sind des weiteren von Interesse: Reste der *Stadtbefestigung;* das 1545 als Kaufhalle der Tuchmacher errichtete **Gewandhaus,** nach Wiederauf- und Umbauten jetzt *Stadttheater;* das um 1600 von der Tuchmacherinnung als Eingangstor zum Stadtfriedhof hinter der Frauenkirche errichtete **Tuchmachertor** sowie zahlreiche **Bürgerhäuser,** darunter: am Markt *Bennohaus* Nr. 9 (Ende 15. Jh.), der ehemalige *Gasthof zum Roten Hirsch* Nr. 2 (Portal um 1600, Neubau 1901), Nr. 3 (1538), *Apotheke* Nr. 4 (1560), Nr. 5 (1548) und 7 (1533, mit Renaissancegiebel, an dem von Christoph Walther gestalteten *Erker* vier Medaillons: Kaiser Karl V., Herzog Georg, Kurfürst Moritz und seine Gemahlin, und vier Wappen: zweimal Sachsen sowie Polen und Hessen); in der Bergstraße Nr. 8 (1670), 9 (1539), 11 und 23 (18. Jh.) sowie 32 (16. Jh., zum Rasthaus gehörig); am Schloßberg *Heynitzer Hof* Nr. 2 (1524); An der Frauenkirche Nr. 3 *Bahmanns Brauhaus* (1569–71). – Bader-

berg 9 wurde die Schriftstellerin *Luise Otto-Peters,* die Gründerin der deutschen Frauen-
bewegung, 1819 geboren. 1846 schrieb sie, vom Elend der Fabrikarbeiter erschüttert,
ihren gesellschaftskritischen Roman ›Schloß und Fabrik‹.

Vom Elbtalkessel ins Hügelland

Elbabwärts fällt das Granit-Syenit-Massiv sanft ab. Die Elbhänge weisen allmählich
geringere Höhen auf. Der Höhenunterschied zum Fluß vermindert sich von 90 m bei
Meißen auf 40 m bei Zehren und etwa 10 m bei Leckwitz. Das die Steilhänge bildende
Festgestein bleibt schon vor seinem endgültigen Ausklingen auf die Talränder beschränkt,
während in geringer Entfernung vom Elbtalrand pleistozäne Überschüttungen auftreten.
Die Elbe erreicht das südlichste, der Maximalvereisung zur Saalekaltzeit entstammende
Moränenland. Es sind die ältesten an der Elbe erhalten gebliebenen *Endmoränen;* sie zeigen demzufolge die Merkmale der Einebnung am ausgeprägtesten. Ihre höchste Erhebung
ist der 184 m hohe Eckardsberg, der aber nur 40 m aus der Umgebung herausragt. Vor
allem sind jedoch die älteren Gesteine von einer Schicht aus sandigem *Löß* und *Lößsand*
bedeckt.

Es verzahnen sich der ausklingende Elbtalkessel und das ihn beidseits einfassende
Lößhügelland. Westlich der Elbe liegt das *Mittelsächsische Lößgebiet* (Lommatzsch-
Meißner Lößhügelland, Lommatzscher Pflege), östlich das landschaftsgeschichtlich ziem-
lich gleichartige *Großenhainer Land* (Großenhainer Pflege). Im Raum Neuhirschstein –
Riesa treten *Moränenplatten* an die Elbe heran, deren von jugendlich eingeschnittenen
Tälern isolierte *Plateaus* teils hüglig, teils eingeebnet sind.

In ihrer Gesamtheit verkörpern diese Einzellandschaften das *Sächsische Hügelland,*
das sich als ein Übergangsraum zwischen das Mittelgebirge (Erzgebirge, Lausitzer Platte)
im Süden und das Tiefland im Norden schiebt. Nur noch vereinzelt ragen Inseln von
Bergen und Bergesgruppen älterer Entstehung als auffällige Geländepunkte aus der ziemlich flachen pleistozänen Überschüttung heraus (Collm bei Oschatz, 316 m; Ortrandter
Berge, 200 m; Keulenberg bei Königsbrück, 414 m).

Das Hügelland ist sehr fruchtbar, besonders wo der Löß zu tiefgründigen Lößlehm-
böden umgewandelt ist. Auf den frühzeitig vom Wald gerodeten Ackerflächen werden
vorherrschend Getreide, Zuckerrüben und Gemüse angebaut. Die Siedlungs- und Bevölkerungsdichte ist – für ländliche Räume – beträchtlich (in den westelbischen Kreisen
Oschatz und Riesa 100–150 Einw./km²). Der Kreis Oschatz zählt mit der Lommatzscher Pflege zu den *landwirtschaftlich leistungsfähigsten* in den neuen Bundesländern.
Bei einer ebenfalls hochentwickelten Landwirtschaft ist der Kreis Riesa zugleich als *Industriezentrum* von Bedeutung.

Die starke ackerbauliche Nutzung hat auch die Tierwelt beeinflußt. *Charakteristische
Tiere* des Lößhügellandes sind Hamster, Kanin und Hase, Rebhuhn und Fasan. Nur
noch vereinzelt ist die vom Aussterben bedrohte Großtrappe anzutreffen.

☐ Verkehrsbedeutung des Hügellandes

Das Sächsische Hügelland durchqueren seit alters wichtige Verbindungen des Fernverkehrs, für die die Elbeüberquerung stets ein zentrales Glied war. Im Mittelalter war deren wichtigste die *Hohe Straße*, die, am Nordrand der Mittelgebirge entlangführend, das westliche und das östliche Mitteleuropa als eine der bedeutendsten Ost-West-Fernverkehrsadern verband. Heutzutage verläuft hier die traditionsreiche B6 Bremen – Hannover – Goslar – Leipzig – Wurzen – Oschatz – Meißen – Dresden – Görlitz. Der Fluß wurde längere Zeit, nachweisbar seit dem 13. Jh., an der Furt bei Strehla überquert. 1555 wurde dann den schlesischen Fuhrleuten auferlegt, den Elbübergang zwischen Merschwitz und Boritz zu benutzen. Im Interesse ihrer Messestadt Leipzig wachten die Wettiner argwöhnisch darüber, daß die Fuhrleute den Straßen- und Stapelzwang innerhalb Kursachsens einhielten. Seit der Konsolidierung von Brandenburg-Preußen und besonders der Eingliederung Schlesiens in Preußen (1740) verlagerte sich jedoch der Verkehr zunehmend auf die Wasserstraßen in Richtung Berlin, so daß die Hohe Straße schon vor dem Eisenbahnzeitalter, besonders seit der Verkleinerung des sächsischen Staatsgebiets (1815), ihre frühere monopolartige Stellung im Ost-West-Verkehr verlor. Die Veränderung der Routenführung zur schnurgeraden Trasse, etwa der heutigen B6 entsprechend, durch den – früher gemiedenen – Elbtalkessel mit dem Elbübergang in Dresden, erfolgte erst in der ersten Hälfte des 19. Jh.

Die erstrangige Verkehrsbedeutung des Sächsischen Hügellandes bestätigte sich mit dem Bau der Eisenbahnlinie Leipzig – Dresden. Diese zweite Strecke in Deutschland (nach Nürnberg – Fürth) und die erste deutsche Fernlinie überhaupt, am 7. April 1839 durchgehend eröffnet, folgte dem Plan von Friedrich List, das zu schaffende deutsche Eisenbahnnetz – wie früher schon die Hauptfernstraßen – auf Leipzig auszurichten. Anders als die B6, die bis Dresden linkselbisch bleibt, quert die Eisenbahn bei Riesa die Elbe und nimmt zwischen Riesa und Dresden eine Streckenführung, die der Route der alten Hohen Straße ähnelt.

☐ Von Meißen nach Strehla

Mit **Diesbar-Seußlitz** (760 Einw.) erreicht die Elbe den nördlichsten Endpunkt des sächsischen Weinbaugebiets. Dank seiner reizvollen Lage ist Diesbar-Seußlitz ein beliebtes Ziel für Ausflügler und Urlauber. Ausgezeichnete Wandermöglichkeiten (mit Wein- und Geschichtslehrpfad, NSG Seußlitzer Grund). Mehrere Weingaststätten schenken heimischen Wein aus und servieren zur Saison den hier angebauten Spargel. Sehenswert ist der aus einem Kloster (1271) hervorgegangene Schloßkomplex, den Graf Heinrich von Bünau 1722–33 nach Plänen von George Bähr errichten ließ. Das **Schloß** ist eine dreiflüglige Barockanlage mit Festsaal und Parkterrasse (als Altenheim genutzt). Die *Schloßkirche* ist aus der ehemaligen Klosterkirche hervorgegangen. Der *Schloßgarten* besteht aus mehreren Teilen: Von der breiten Schloßterrasse mit den Balthasar Permoser zugeschriebenen Sandsteinfiguren der Vier Jahreszeiten gelangt man in eine in französischem Gartenstil gestaltete Anlage. Der *Landschaftspark*, mit zahlreichen seltenen Gehölzen,

Diesbar-Seußlitz, Schloß und Gartenanlagen

liegt im Blickfeld der zum Schloß gehörenden *Heinrichsburg,* eines Gartenhauses mit sechs Terrassen, kleinem Saal und Fernblick auf das Elbtal und zum nahen Schloß Neuhirschstein. Auf den Terrassen Sandsteinfiguren der zwölf Monate, ebenfalls Permoser zugeschrieben. Im Schloßweinberg das Lusthaus *Luisenburg.*

Seußlitz fast gegenüber steht linkselbisch auf einem 28 m über der Elbe gelegenen Granitfelsen **Schloß Neuhirschstein** (Ortsteil von Bahra). Von der südlichen Geländeecke bietet sich ein herrlicher Blick über frühere Weinbauterrassen und die Elbe. Der älteste Teil der Schloßanlage ist der massige, viereckige Schloßturm von 1687; die übrigen Bauten stammen überwiegend aus der Zeit um 1700, angelegt von den damaligen Besitzern, der gräflichen Familie von Loß. 1944 war König Leopold von Belgien im Schloß interniert (derzeit Kindersanatorium). In dem über der Eingangshalle befindlichen barocken Festsaal finden gelegentlich Schloßkonzerte statt.

In **Merschwitz** (1100 Einw.) durchfließt die Elbe einen einstmals wichtigen Verkehrsort. Zwischen Merschwitz und Boritz überquerte ein Strang der *Hohen Straße* die Elbe, woran die an ihr bei Merschwitz stehenden drei Malteserkreuze ›Drei Jungfern‹ erinnern. Bei Niedrigwasser benutzten die Fuhrleute die Furt. Das Bestehen einer Fähre ist seit 1455 bezeugt. Im Schlußstein des Hauses Fährstraße 10 weisen noch zwei gekreuzte Kurschwerter auf den einst landesherrlichen Besitz des **Fährhauses** hin. Der an ihm ange-brachte Wasserstandsanzeiger zeugt von gefahrvollen Hochwassern, und die Eckpfeiler des Hauses künden vom Abrieb durch die Schollen vehementer Eisfahrten der Elbe. Den Fuhrleuten dienten das Schenkgut (1641) als Gasthof und die alte *Schmiede* (1785) zum handwerklichen Beistand. Durch den Bau der Eisenbahn- und der Straßenbrücke in Riesa verlor der Übergang in Merschwitz seine Bedeutung. – Im Elbe-Längsverkehr war Merschwitz vor dem Aufkommen der Kettenschiffahrt (1870) ein Hauptsitz und eine *Wechselstation der Schiffsszieher* (Bomätscher). – Von den Kirchen dieses Gebiets ver-dient vor allem die *Dorfkirche* (1755) von **Boritz** (540 Einw.) Beachtung, deren wert-voller Schnitzaltar dem Meister des Döbelner Hochaltars zugeschrieben wird und der Überlieferung nach aus dem Meißner Dom stammt (1886 neu gefaßt). Im Mittelschrein die Heiligen Laurentius, Andreas und Nikolaus; auf der Außenseite u. a. Papst Fabian in reicher Renaissancekleidung.

Bei Diesbar-Seußlitz und Neuhirschstein kann man noch bedeutende Reste umfangreicher *Be-festigungsanlagen* aus der *Bronzezeit/Lausitzer Kultur* sehen. Sie sicherten den alten Elbüber-gang der ›Rauhen Furt‹ und lösten sich wahr-scheinlich zeitlich ab (etwa 1500–400 v. Chr.; reiches Fundmaterial im Landesmuseum für Vorgeschichte Dresden). Älteste Anlage: *Gold-kuppe-Heinrichsburg* (rechtes Elbufer, 11. Jh. v. Chr.), mit 18 ha eine der größten bronze-zeitlichen Befestigungsanlagen Sachsens. Mitt-lere Anlage: *Göhrisch-Schanze* (linkes Elbufer 10. Jh. v. Chr.). Jüngste Anlage: *Burgberg bei Löbsal* (linkes Elbufer, ab 9. Jh. v. Chr., zur Eisenzeit überleitend), an den Steilwänden zur Elbe nur wenig gesichert, aber mit einem hohen Sperrwall zum Hinterland. Die Burg war innen offenbar stark besiedelt. – Bei **Bahra** bestand ein ehemaliger *slawischer Ringwall*, de-sich in die Kette der slawischen Befestigun-gen entlang der Elbe einordnete (wahrschein-lich 5./6. Jh.).

Bei Boritz und **Leckwitz** erkennt man die Aufschüttungen zweier gegenüberliegender *sla-wischer Flußübergangsburgen*. Auf der hohen Terrasse über dem Elbufer befindet sich die dicht bei Merschwitz gelegene *Leckwitzer Schanze* (9. Jh.). Die elbseitigen Teile des einst geschlos-senen ovalen Walls sind einem Steinbruchbe-trieb zum Opfer gefallen. Auf der Landseite besitzt sie immer noch Ausmaße von 120 m Länge und 80 bis 90 m Breite am Fuße sowie eine Wallhöhe von mehr als 10 m an der Außenfront. Die Anlage war bis zur deutschen Eroberung im 10. Jh. wahrscheinlich der Mit-telpunkt eines Bezirks im slawischen Gau Dale-minze. Mindestens bis ins 13. Jh. als Schutz-anlage benutzt.

In dem rechtselbisch folgenden Dorf **Grödel** (Ortsteil von Nünchritz) mündet der 1740 angelegte *Floßkanal* (Technisches Denkmal), der von Elsterwerda über Gröditz zur Elbe führt und bis in die zweite Hälfte des 19. Jh. benutzt wurde. Er diente u. a. der Holzversorgung des Hammerwerks in Gröditz (letzteres 1780 durch den Grafen Einsie-del, den Besitzer des Hüttenwerks Lauchhammer, angelegt; später Stahlwerk Gröditz).

Die zwischen den Mündungen der Elbenebenflüsse Jahna und Döllnitz auf Höhen um 110 m, etwa 15 bis 20 m oberhalb der Elbaue, gelegene Kreisstadt **Riesa** (43 700 Einw.) ist die bedeutendste Industriestadt zwischen Dresden und Magdeburg, das Zentrum des

Industriegebiets Riesa–Strehla–Zeithain–Nünchritz. Der Ort ist aus einem von Naumburg aus gegründeten Kloster, dem ältesten in der Mark Meißen, hervorgegangen; ersterwähnt 1119. Vorausgegangen war die slawische Siedlung Riezowe. Das Kloster wurde 1542 säkularisiert und in ein Rittergut umgewandelt. – Obwohl Riesa schon 1623 förmliches Stadtrecht bekam und zwei Jahrmärkte abhielt, setzte sich die Bezeichnung ›Stadt‹ nicht durch. Die Einwohnerschaft war nach ihrer Beschäftigung in eine Bürger- und eine Bauerngemeinde getrennt, an deren Spitze je ein Richter stand; die volle Gerichtsbarkeit und Polizeigewalt lag beim Rittergut. Amtlich galt Riesa noch in der ersten Hälfte des 19. Jh. als Landgemeinde. Erst 1831 erfolgte die Bildung einer Art Stadtrat; die Grundherrschaft des Ritterguts endete 1832. 1859 wurde Riesa regulär Stadt. – Entscheidende Impulse für einen steilen wirtschaftlichen Aufschwung kamen von der Dampfschiffahrt (Aufnahme des Verkehrs von Hamburg stromauf bis Dresden 1835) und vom Bau der Eisenbahn Leipzig – Dresden. Die im April 1839 eingeweihte Brücke bei Riesa war die erste Eisenbahnbrücke Deutschlands. Mit seinem Elbhafen und seinen Eisenbahnanschlüssen, sehr bald auch nach Berlin (1847) und Chemnitz (1842), gelangte Riesa in den Rang eines erstrangigen Verkehrsknotenpunkts, insbesondere auch für den Umschlag zwischen Fluß und Schiene. In der Nähe von Bahnhof und Hafen schuf das 1843 gegründete Eisenhammerwerk die Grundlage für einen bedeutenden Standort der Schwerindustrie. Riesa wurde auch zu einem wichtigen Abnehmer von böhmischem Floßholz (Holzhandel und Sägewerksbetrieb). Die Einwohnerzahl verzehnfachte sich von 1600 im Jahre 1839 (Inbetriebnahme der Eisenbahnbrücke) auf 15 300 1907. – An der Wende vom 19. zum 20. Jh. gab es bereits vielfältige Industrieunternehmungen. Mit seinem 1863–1910 errichteten Hafenbecken rückte Riesa zum größten Elbumschlagplatz Sachsens auf. Mit Eingemeindungen erhöhte sich die Einwohnerzahl auf nahezu 25 000 im Jahre 1923. Nach dem Zweiten Weltkrieg setzte sich das Wachstum mit Produktionserweiterungen, -umprofilierungen und -neugründungen sowie mit weiteren Eingemeindungen fort, so daß Riesa, seit 1952 auch Kreisstadt, in den 80er Jahren rund 52 000 Einwohner zählte.

Das Kernstück von Riesas Industrie blieb die Gewinnung und Verarbeitung von Stahl. 1926 ging das Werk in den Besitz des Flick-Konzerns über (Mitteldeutsche Stahlwerke AG). Als Staatsbetrieb der DDR ortsübergreifend zum Kombinat erweitert, beschäftigte es zuletzt über 13 000 Personen. Auf Grund stark veralteter Technik und fehlender Absatzmärkte konnte jedoch der Stahlstandort nach der Wiedervereinigung nicht erhalten werden. Gegenwärtig erfolgt der Abriß mit dem Ziel der industriellen Umprofilierung.

Die wichtigste historische Sehenswürdigkeit Riesas ist das ehemalige **Kloster** (12. Jh.). Im Westflügel nördlich des Klostertors befindet sich die **Klosterkirche St. Marien.** Nachdem sie 1243 durch eine Feuersbrunst zerstört worden war, baute man sie 1244–61 in gotischer Gestalt wieder auf; heutiger Zustand vermutlich nach 1429. Langhaus tonnengewölbt, der schmalere Chor mit reichem Sternnetzgewölbe. Südlich des Tors liegt der 1440 errichtete *Kapitelsaal* mit Rippennetzgewölben. Zu den erhaltenen Altbestandteilen des Klosters zählt auch der in Richtung Jahna gelegene, 12 m hohe *Wartturm* aus

Die Eisenbahnbrücke bei Riesa. C. Müller nach einer Zeichnung von G. Täubert, Lithographie, 19. Jh.

Bruchstein, der über einen Brückenzugang zum Kloster verfügte. Nach der Säkularisation ließ der Rittergutsbesitzer den Südflügel 1626 zum Schloß umbauen. Die Klosterkirche wurde schrittweise barock ausgestattet und erhielt eine grundherrliche Begräbnisgruft unter dem Chor. Da die Stadt zunächst über keine weiteren Kirchen verfügte, diente sie als Stadtkirche, bis 1895–97 der monumentale neoromanische Zentralbau der **Trinitatiskirche** entstanden war (Architekt Jürgen Kröner, Berlin). Nachdem die Stadt 1874 das Rittergut angekauft hatte, wurde der Klostersüdflügel zum *Rathaus* umgebaut. Ende des 19. Jh. wurde auf Teilen des Klostergeländes der *Markt* angelegt; auf diesem zu DDR-Zeiten ein Lenin-Denkmal. – Der sich an das ehemalige Kloster anschließende Auewald an der Jahnamündung ist nach 1874 zum *Stadtpark* gestaltet worden. Die heutige Promenade entstand aus dem alten Treidelweg entlang der Elbe. Der Park wurde schrittweise mit Schwimmbad, Freilichtbühne, Konzerthalle und Freigehegen versehen. – Im *Wohnhausbau* gibt es aufschlußreiche Zeugen für die Umwandlung einer vorwiegend agrarisch bestimmten Gemeinde in eine Industriestadt und deren schnelles Wachstum: Bauernhöfe (Meißner Straße), Niederlagen der Schiffs- und Handelsherren aus der zweiten Hälfte des 18. Jh. (Elbstraße), kleine Arbeiterwohnhäuser in ländlicher Bauweise aus der ersten Hälfte des 19. Jh. (Parkstraße) sowie städtische Hausformen, beginnend erste Hälfte des 19. Jh. Neben typischen ›Mietskasernen‹ (zweite Hälfte 19. Jh.) hat auch die Jugendstilzeit (1900–10) im Wohn-, Schul- und Krankenhausbau ihre Spuren hinterlassen. – *Heimatmuseum* am Poppitzer Platz.

Strehla (4000 Einw.), an einem Steilufer der Elbe (Furt) gelegen, ist der letzte größere Elbort im Sächsischen Hügelland. Der Stadtkern der alten Ackerbürgerstadt steht unter Denkmalschutz. Die erstmals 929 erwähnte deutsche Niederlassung war Glied der von Meißen ausgehenden Kette frühdeutscher Befestigungsanlagen längs der Elbe. Strehla wurde in die Polenkriege hineingezogen. 1002 eroberte der polnische Herzog und spätere Polenkönig Boleslaw Chrobry die Stadt. Er schenkte sie seiner Tochter Reglinde, die sich im Jahr darauf mit dem Markgrafen Hermann von Meißen vermählte. Im weiteren gelangte Strehla durch königliche Schenkung in den Besitz des Bistums Naumburg. Zeitweilig war Strehla auch Lehen des böhmischen Königs Wenzel. Die Burggrafen von Strehla suchten durch Landesausbau und Stadtgründung (1210) eine eigene Territorialpolitik einzuleiten, was aber von den Meißner Markgrafen unterbunden wurde, denen Strehla 1397 endgültig zufiel. Schloß- und Grundbesitzer waren seit 1386 (bis ins 19. Jh.) Angehörige des Adelsgeschlechts von Pflugk. Unter ihnen wurde die Stadt nach dem Stadtbrand von 1752 in schlichtem Barockstil wieder aufgebaut; sie hat sich seither im wesentlichen unverändert erhalten. Das schon vorher mehrmals abgebrannte **Rathaus** trägt einen inschriftlichen Hinweis auf die Wiederherstellung 1756 und die Regentschaft von Friedrich August sowie die Herren von Pflugk. Gegenüber eine sächsische *Postmeilensäule*. – Die **Stadtkirche Corporis Christi** (Zum hl. Leichnam) wurde im 15. Jh. begonnen, gelangte aber erst in der Barockzeit ohne Gewölbe zum Abschluß. Der nüchtern wirkende dreischiffige Innenraum besitzt mit Altar und Kanzel zwei kunstgeschichtlich bedeutende wie auch ungewöhnliche Ausstattungsstücke. Der Freiberger Bildschnitzer Franz Dittrich d. Ä. hat das Renaissance-Altarretabel (im Mittelfeld Bild der Auferstehung) zu einer monumentalen *Altaranlage* des Manierismus und zugleich zum Denkmal des Otto Pflugk († 1591) erweitert (1605). Die Architravstücke der Umgangstüren sind mit den lebensgroßen, holzgeschnitzten Kostümfiguren des Altarstifters und

Strehla, Schloßhof

seiner Familie besetzt. Die *Kanzel* von Melchior Tatze (1565), mit einer Stützfigur des Moses, ist ein seltenes Werk farbig glasierter Keramik des 16. Jh., in Deutschland einzigartig. In der Halle interessante *Grabdenkmäler* der Familie von Pflugk (15.–18. Jh.). Bedeutend ist auch das **Schloß**. Die jetzige Anlage wurde im 15./16. Jh. anstelle der alten Burg unter Einbeziehung älterer Teile von der Familie von Pflugk errichtet. Der Zugang zu der nach wie vor burgartigen Anlage erfolgt von der Stadtseite über eine *Vorburg*. Die Wirtschaftsgebäude, die hier standen, wurden in den letzten fünfzig Jahren größtenteils abgerissen, so daß das erhaltene Torhaus (um 1560) mit der seitlichen Bastion um so mehr zur Geltung gelangt. Zwei mächtige Toreinfahrten führen in den eigentlichen *Schloßhof*. Von ursprünglich vier Hauptflügeln sind drei erhalten. Die schöne Ansicht dieser Anlage resultiert vor allem aus der Turm-, Giebel- und Fenstergestaltung, die den Übergang von der späten Gotik (Südgiebel des Ostflügels mit wabenförmigem Blendmaßwerk, Vorhangbogenfenster) und der Renaissance (Turmkappen mit vier Schweifgiebeln je Turm) erkennen lassen. Der Gleichklang der Giebelgestaltung verdeckt das erheblich unterschiedliche Alter der Bauteile. Ein Kleinod ist das im Südwestturm befindliche *Trinkstübchen* mit Zellengewölbe und wertvollen Malereien (Jagdszenen, Zeltlager) von 1532. – Der stattliche Erdwall am Hang zur Elbaue ist der Rest einer *slawischen Wallburg* (Südteil durch Erosion fortgespült).

Zu den bemerkenswerten Orten der näheren Umgebung zählt **Seerhausen** (7 km von Riesa, im Jahnatal; 430 Einw.), dessen *Rittergut* seit 1729 der Familie von Fritsch gehörte, der bekannte kursächsische und sachsen-weimarische Staatsmänner entstammten. General *Werner von Fritsch* zog sich 1938 nach Seerhausen zurück, nachdem er unter entehrenden Umständen sein Amt als Oberbefehlshaber des Heeres verloren hatte. Das ›Schloß‹ (Herrenhaus) wurde 1946 aus politischen Gründen abgebrochen. Erhalten ist noch eine **Kapelle** von 1677. Die jetzt offene Herrschaftsloge ziert eine reichgeschnitzte Front. Der spätgotische Flügelaltar stammt vom Meister des Brandenburger Altars, der 1510–20 in Leipzig wirkte. Der kleine Taufstein zeigt romanische Stilelemente. Eines der Ölgemälde beinhaltet die Bitte für Frieden im Siebenjährigen Krieg.

Der *Schloßpark* wurde 1695 nach holländischen Vorbildern angelegt, 1744 im französischen Gartenstil umgewandelt (aus dieser Zeit noch Sandsteinplastiken) und im 19. Jh. im Sinne der Romantik verändert.

Der 5 km nordöstlich von Riesa gelegene kleine Industrieort **Zeithain** (4080 Einw.) ist durch das ›Campement bei Radewitz‹ oder *Lustlager von Zeithain* bekannt geworden, zu dem August der Starke im August 1730 30 000 wehrfähige Männer aus ganz Sachsen zu einem militärischen Manöver zusammengezogen hatte. Der Monarch wollte mit dieser Demonstration sein nach preußischem Vorbild organisiertes Heer der Weltöffentlichkeit vorstellen. Für die herrschaftlichen Gäste wurde ein ›Königliches Hoflager‹ mit Pavillons und Zelten eingerichtet. Das militärische Ereignis wurde mit einem pomphaften Fest verbunden. Anwesend waren fast 50 Fürsten, aus Preußen vor allem König Friedrich Wilhelm I. und Kronprinz Friedrich. An das Geschehen erinnern vier *Obelisken* (1730). Auf dem Gelände seit 1873 Truppenübungsplatz; 1941–45 riesiges *Kriegsgefangenenlager*, in dem mehr als 75 000 Sowjetbürger ums Leben kamen (mehrere *Ehrenfriedhöfe*).

In der weiteren Umgebung empfehlenswert: *Lommatzsch, Mügeln, Schloß Hubertusburg, Oschatz, Dahlen, Großenhain, Zabeltitz.*

Die mittlere Elbe in Mitteldeutschland

In der Talbucht von Riesa verläßt die Elbe das Hügelland. Die obere Elbe endet; es beginnt das *Tiefland* und mit ihm die *mittlere Elbe*. Dieser Abschnitt ist ca. 470 km lang. Er reicht bis dicht unterhalb von Lauenburg. Beträgt der Gefällspunkt bei Riesa 90 m ü. M., so nahe Wartenburg (zwischen Pretzsch und Wittenberg) 60 m und vor Magdeburg 44 m. Bei Lauenburg beginnt die Gezeitenwirkung. Die mittlere Elbe teilt sich in einen mitteldeutschen und einen norddeutschen Teil. Die *Landschaftsgrenze* liegt auf etwa halber Laufstrecke am Magdeburger Tor (zwischen Rothensee und Hohenwarthe).

An der Mittelelbe in Mitteldeutschland gibt es einige Industriezentren mittlerer Größe wie Torgau, Wittenberg, Dessau-Roßlau und Schönebeck sowie den bedeutenden Industriestandort Magdeburg. Ansonsten sind die Randlandschaften vorwiegend agrarisch bestimmt. Diese Landwirtschaft ist aber wesentlich produktiver als an der norddeutschen Mittelelbe. Auch finden sich reicher Waldbestand und teilweise ausgesprochene Erholungsgebiete. Insgesamt weisen die Randlandschaften am mitteldeutschen Laufabschnitt hinsichtlich ihrer wirtschaftlichen Entwicklung und Besiedlungsdichte Mittelwerte auf, die ihnen im Süd-Nord-Gefälle eine *Übergangsstellung* zwischen den Landschaften an der Oberelbe in Sachsen und an der Mittelelbe in Norddeutschland zuweisen.

Zwischen Riesa und Torgau

Mit dem Verlassen des Hügellandes tritt die Elbe in das *Elbe-Elster-Tiefland* ein. Der Tieflandcharakter zeigt sich am klarsten, wo die Flußaue in die Breite ausladt. Linkselbisch finden sich solche Abschnitte zwischen Torgau und Dommitzsch sowie zwischen Pretzsch und Kemberg. Aber schon bei Riesa beginnen auf dieser Elbseite jenseits der Flußaue, unweit vom Fluß, *Endmoränen* verschiedener saalekaltzeitlicher Eisrandlagen. Einige sind niedrige, flachwellige Höhen, bei denen die Einebnung weit fortgeschritten ist. Eine Ausnahme bildet die *Dahlener Heide*. Zu ihren bis zu 50 m betragenden Höhenunterschieden haben vor allem durch Pendelbewegungen der mächtigen Dahlener Gletscherzunge verursachte Stauchungen und Aufpressungen des tertiären Untergrundes und nachfolgende Reliefumkehr (schnellere Abtragung der jüngeren pleistozänen Kiesrücken) beigetragen. Die Dahlener Heide ist die Vorstufe zu der geologisch ähnlich strukturierten, aber viel großräumigeren *Dübener Heide*.

Rechtselbisch bietet sich die Landschaft andersartig dar. Elbe und Schwarze Elster arbeiteten gemeinsam das Tiefland heraus. Ihr vereintes Wirken ließ im Elbe-Elster-Winkel das Auenland beider Flüsse großflächig verschmelzen. In das Tiefland eingestreut liegen die Zeithainer und die Annaburger Heide. Die *Zeithainer Heide* liegt nur wenig oberhalb des Elbauen-Niveaus. Niederterrasse und Aue lieferten das Material für schlanke, in schmalen Rücken angeordnete Dünen, die der Wind im Periglazial aufwarf. Sie sind die einzigen Erhebungen, die die flache Umgebung nur um einige Meter überragen. Hingegen ist die *Annaburger Heide* eine in dieses Tiefland eingelagerte größere Moräneninsel mit weitflächigem Sanderland.

Das alte Schifferstädtchen **Mühlberg** (3000 Einw.) lag ursprünglich am linken Elbufer. In der Stadt und in ihrer Umgebung sind die Reste ehemaliger Elbläufe erkennbar. Mühlberg ist wahrscheinlich eine germanische Gründung. Für das 8./9. Jh. wird das Bestehen einer slawischen Burganlage vermutet. An ihrer Stelle legten die Markgrafen von Meißen wohl schon im 12. Jh. eine frühdeutsche Wasserburg an, in deren Schutz sich zu Ende des 12. Jh. deutsche Kolonisten ansiedelten (Altstadt). 1227 erfolgte die Gründung des Zisterzienser-Nonnenklosters. Die zur Elbe näher gelegene und deshalb entwicklungsfähigere Neustadt entstand 1280. Somit bildete sich eine mittelalterliche Doppelstadt heraus. Jeder Stadtteil lag auf einer Insel; jeder hatte Rathaus, Markt, Kirche und Friedhof für sich. 1370 kaufte Kaiser Karl IV. die Herrschaft; 1422 ging sie aus böhmischem in wettinischen Besitz über. – Mit dem Namen Mühlberg verbindet sich die militärische Entscheidung zwischen dem katholischen und dem protestantischen Lager zur Reformationszeit (›Schlacht von Mühlberg‹ am 24. 4. 1547). Die vereinten Truppen von Kaiser Karl V. und Herzog Moritz von Sachsen trafen auf das Heer des Schmalkaldischen Bundes unter Kurfürst Johann Friedrich (Gedenkstein in der Nähe des Mühlberger Hafens). Die

Mühlberg, Maßwerkgiebel der Klosterkirche

kaiserlichen Truppen schnitten dem Kurfürsten den Rückzug ab und nahmen ihn bei Falkenberg gefangen.

Mühlberg war eine Ackerbürgerstadt. Gleichzeitig bestand ein blühendes Schiffergewerbe, und auf der Elbe mahlten zahlreiche Schiffmühlen. Zeitweilig wurde in Mühlberg eine Schifferschule unterhalten. – Als 1853 das Elbknie bei Mühlberg verkürzt wurde und dadurch Fluß und Elbübergang von der Stadt abrückten, hat man einen Restarm zum offenen Hafen gemacht, der ab 1875 auch als ›Winterhafen‹ diente (Zufluchtsort vor dem Eis). Mühlberg konnte jedoch seine Position als Schifferstadt nicht behaupten.

Die Wasserburg wurde von Herzog Moritz um 1545 als **Schloß** der frühen Renaissance wieder aufgebaut. Die Vierflügelanlage über hohem Kellergeschoß läßt noch den Wasserburg-Charakter erkennen. – Das im Jahre 1228 gegründete Zisterzienser-Nonnenkloster (›Marienkloster zum güldenen Stern‹) entfaltete eine anspruchsvolle Bautätigkeit. Nach seiner Auflösung (1542) Fortführung als großer Gutsbetrieb, zuerst in landesherrlichem, dann erzbischöflichem Besitz. Im weiteren Rittergut unterschiedlicher Gutsherren. 1945 im Zuge der Bodenreform aufgelöst und aufgeteilt. Noch vorhanden sind: *Kirche, Abtei, Propstei* (jetzt *Stadtmuseum*), *Refektorium* (Brandruine) und *Hospiz* (im Volksmund fälschlich ›Torhaus‹ genannt). Die **Klosterkirche St. Maria** gilt als die südlichste der Backsteingotik im deutschen Raum. Um 1230 als romanischer Bau begonnen, wurden die Ostteile in der zweiten Hälfte des 13. Jh. frühgotisch verändert. Bei dem Umbau von 1330–50 erhielt das Langhaus die große Nonnenempore. Bemerkenswert ist die aufwendig gestaltete Westfassade (spätgotisch, zweite Hälfte 15. Jh.) mit spitzbogigen Blendarkaden, zum Kreuz geformtem Gitterfries und Staffelgiebel mit Fialen. Dieser Giebel schloß früher an der Spitze mit einem harmonisch eingefügten kleinen Glockentürmchen ab; der für den zierlichen Unterbau zu massig wirkende Zwiebelturm und der Dachreiter stammen von der Renovierung 1901–06. Von der wertvollen Ausstattung besonders erwähnenswert der Flügelaltar, 1569 von Henning Godechen (auch Göding) aus Dresden. – Andere ansehnliche Bauten sind das **Rathaus** am Neustädter Markt, im wesentlichen Renaissance mit älteren Teilen, am Ostgiebel spätgotisches Maßwerk mit Fialen, Westgiebel 17. Jh. mit gestaffelten Rundbögen; die **Neustädter Kirche** (Frauenkirche), Anfänge 13. Jh.; heutiger Bau spätgotisch 1487–1525, mit dreiflügeligem Schnitzaltar von 1525 und romanischer Sandsteintaufe; die *Friedhofskapelle* (1590) mit einem Renaissancealtar von 1614 und Kanzel um 1600 sowie einige *Bürgerhäuser*. In der ›Löwen-Apotheke‹ (Einrichtung im wesentlichen 1904) praktizierte der Vater von Theodor Fontane (bis 1827). *Postsäule* von 1730 mit dem Wappen Augusts des Starken.

Die im Kern unter Denkmalschutz stehende Landstadt **Belgern** (3700 Einw.) entstand an einem alten Elbübergang, an dem während der deutschen Ostexpansion ein Burgward errichtet wurde (973 ersterwähnt). In der ersten Hälfte des 11. Jh. war Belgern wiederholt Ausgangspunkt für Feldzüge gegen den unter Boleslaw Chrobry erstarkenden polni-

◁ *Das Heer Karls V., die Elbe bei Mühlberg überquerend. Kupferstich, 1551*

schen Staat. Die deutschen Könige Heinrich II. (1010) und Konrad II. (1031) sammelten hier ihre Heere. Die Stadt gehörte 1309–1526 dem Kloster Buch (bei Döbeln), war danach kursächsisch und seit 1815 preußisch. Von dem einstigen, zu Klosterbuch gehörenden *Zisterzienserkloster* sind das alte Diakonatsgebäude (im wesentlichen 1258, seit 1663 Pfarrhaus), ein Eckturm sowie Räume mit Kreuzgratgewölben erhalten. Daneben die **Pfarrkirche St. Bartholomäus** (1509–12), ein verputzter, einschiffiger Backsteinbau mit Sterngewölbe. Das schöne **Rathaus** auf dem von Rotdornbäumen umsäumten Marktplatz ist ein Renaissancegebäude von 1574 (1661 erneuert) mit drei Volutengiebeln, Sitznischenportal und Eingangspforte mit Wappen. Vor der Südwestecke steht einer der größten steinernen *Rolande* Deutschlands (6 m), 1610 statt eines Holzrolands aufgestellt. Im *Oschatzer Tor* (1805) befindet sich das *Heimatmuseum*. 3 km südöstlich von Belgern wurde 1930 der *Treblitzscher Park* (5 ha) angelegt.

Im rechtselbischen **Martinskirchen** (380 Einw.) ließ Friedrich Wilhelm Graf von Brühl, der Bruder des bekannten kursächsischen Staatsmannes Heinrich Graf von Brühl, 1754–56 das **Barockschloß** errichten, das aber nur sieben Jahre im Besitz der Familie Brühl blieb. 1763 kaufte es der Torgauer Kaufmann Stephan, dessen Nachkommen den Besitz bis ins 20. Jh. bewahrten (1945 enteignet). Den Haupttrakt der Dreiflügelanlage ziert ein halbrunder Pavillon; im Giebeldreieck die Grafenkrone und zwei Wappen des Erbauers. Die Mittelgiebel der Seitenflügel tragen allegorische Figuren. Während die bewegliche Ausstattung verlorenging, haben sich Wand- und Deckenmalereien erhalten (Besichtigung anmelden bei Amt Mühlberg, Fremdenverkehrsamt). – Die **St. Martinskirche** ist im Ursprung ein charakteristischer spätromanischer Backsteinbau (erste Hälfte 13. Jh.), den der damalige Gutsbesitzer 1690–99 barock umbauen und erweitern ließ. Damals wurden der Hochchor verlängert, der Kirche durch Anbau des nördlichen Seitenschiffs (mit Flachportal) Kreuzform gegeben, die beiden quadratischen Türme zu einem Block zusammengebaut (Bedeckung durch Walmdach und Dachreiter) und der Backsteinbau insgesamt verputzt. Im Inneren fällt der Umbau durch die unterschiedliche Deckengestaltung auf: barock sind die Flachdecke in Lang- und Querhaus und die Holztonne im Querraum, romanisch das am starken Gurtbogen ansetzende Tonnengewölbe im übrigen Teil. Der zur herrschaftlichen Kapelle gestaltete nördliche Kreuzflügel erhielt das Patronatsgestühl, der ältere südliche, gewölbte Raum eine Gutsempore.

In der am Nordrand der Dahlener Heide gelegenen **Gneisenaustadt Schildau** (1600 Einw.) wurde der preußische Generalfeldmarschall Neidhardt von Gneisenau am 27. Oktober 1760 während der Wirren der Schlacht auf der Süptitzer Höhen (s. Torgau) geboren und als Findel aufgezogen (Gedenkstätte, Denkmal). Schildau wird auch mit der Entstehung des ›Schiltbürgerbuches‹ (1598) in Verbindung gebracht, dessen Urheberschaft, wenn auch nicht voll geklärt, dem kursächsischen Amtmann Hans Friedrich von Schönberg aus dem benachbarten Sitzenroda zugeschrieben wird. *Schildbürgerwanderweg* mit zwölf Tafeln an ›Originalschauplätzen‹ der Schildauer Narreteien. – Die *Pfarrkirche St. Marien* ist eine im Kern spätromanische dreischiffige Pfeilerbasilika; im Mittelschiff gotisches Kreuzrippengewölbe. Auf dem Gelände des Kirchhofs der älteste *Maulbeerbaum* Deutschlands. Auf dem nahen *Schildberg* (215 m) Aussichtsturm.

In **Graditz** (290 Einw.) ließ August der Starke einen kurfürstlichen Landsitz errichten, mit *Schloß* (1722/23 durch M. D. Pöppelmann), Barockgarten und achteckigem Teepavillon. Das hinter dem Schloß gelegene Gelände wurde nach englischem Vorbild zum *Gestütshof* ausgebaut. Seit 1782 sächsisches Landgestüt; seit 1815 preußisches Hauptgestüt (neben dem ostpreußischen Trakehnen); nach 1945 Spezialisierung auf die Vollblüterzucht. – Auf Schloß Graditz starb während der Rückreise von Berlin Großherzog Karl August von Sachsen-Weimar-Eisenach, der Freund und Förderer Goethes (14. 6. 1828).

Torgau – Im Glanz von Renaissance und Reformation

☐ Vom slawischen Handelsplatz zur Residenzstadt der Wettiner

Was die Ortslage **Torgaus** (rd. 21 000 Einw.) so verlockend gestaltete, war der aus der flachen und sumpfigen Niederung am Elbufer, an einer Furt, 15 m steil aufragende Porphyrfelsen, von dem aus die sich hier kreuzenden Handelsstraßen kontrolliert werden konnten. Bereits im 8./9. Jh. bestand die wendische Siedlung Torgov(y) (dt. Handels- oder Marktort). Im 10. Jh. wurde die Porphyrkuppe durch die Errichtung eines deutschen Burgwards ein wichtiger Platz zur Sicherung der Elblinie. Die Burg gelangte in der zweiten Hälfte des 11. Jh. unter die Herrschaft des Markgrafen von Meißen und damit der wettinischen Landesherren. Schon Markgraf Wilhelm I. residierte des öfteren in Torgau (urkundlich 1382). 1463 wurde hier der spätere Kurfürst Friedrich der Weise geboren.

Nach der Teilung Sachsens unter den bisher gemeinsam regierenden Brüdern Ernst und Albrecht (1485) fiel Torgau an den älteren, den ernestinischen Zweig der Wettiner, der die Kurwürde übernahm. Die Ernestiner hatten drei Residenzen: Torgau, Wittenberg und Weimar. Zwischen Torgau und Wittenberg entwickelte sich ein besonders enges Verhältnis. Zunächst residierten die ernestinischen Kurfürsten mehr in Torgau, wo sie mit dem Albrechtsbau (1485) bereits über ein repräsentatives Schloß verfügten. Danach entschied sich Friedrich der Weise (1486–1525) für Wittenberg als Hauptresidenz, die er großzügig ausgestalten ließ. Sein Nachfolger, Friedrichs Bruder Johann der Beständige (1525–32), und mehr noch dessen Sohn Johann Friedrich der Großmütige (1532–47) wandten sich wieder mehr Torgau zu. Der zuletzt genannte Kurfürst bestimmte 1533 Torgau zur Hauptresidenz; das Torgauer Schloß ließ er beträchtlich erweitern. In diesem Hin und Her bewahrten Torgau und Wittenberg ihr enges Miteinander. Als Friedrich der Weise Wittenberg zur Residenz erkor, holte er seine Hofkünstler aus Torgau herüber, genauso war es umgekehrt, als wieder am Torgauer Schloß gebaut wurde.

Wittenberg sollte vor allem mit dem Reformator Luther einen wesentlich mitbestimmenden Einfluß auf die Politik der in Torgau residierenden Kurfürsten ausüben. Zugleich waren nach dem Ableben Friedrichs des Weisen die in Torgau residierenden Kurfürsten Johann und Johann Friedrich jene Landesherren, die *Luther* schützten und die Reformation machtpolitisch absicherten. Auf dem Torgauer Schloß trafen sich die Kurfürsten mit den Reformatoren zu zahlreichen Beratungen. Luther ist nachweislich über vierzigmal nach Torgau gekommen. Hier schlossen 1526 die beiden führenden protestantischen Fürsten, Landgraf Philipp von Hessen und Kurfürst Johann der Beständige, ihr Bündnis, aus dem 1531 der umfassendere, gegen die katholischen Reichsstände gerichtete *Schmalkaldische Bund* mit weiteren evangelischen Fürsten hervorging. Die *Torgauer Visitationsartikel* von 1527 gaben Anweisungen zur Neuordnung der kirchlichen Verhältnisse in Sachsen. Luther und seine Freunde verfaßten hier 1530 die *Torgauer Artikel,* mit denen die lutherische Lehre systematisiert wurde; sie bildeten die Grundlage für das *Augsburgische Bekenntnis,* das 1536 Kaiser Karl V. vorgetragen wurde. Man sagt, Wittenberg wäre die Mutter und Torgau die Amme

Johann Friedrich, der Großmütige, Kurfürst von Sachsen. Tizian, Gemälde, 1550/51

der Reformation gewesen. Beide haben jedenfalls die Reformation gemeinschaftlich geprägt.

In Torgau wurden großartige höfische Feste gefeiert. Da weder das Wittenberger noch das Dresdner Schloß der Größe nach an das Torgauer heranreichten, wurde dieses jahrhundertelang zum Abhalten fürstlicher Hochzeiten bevorzugt. Zur Vermählung des Kurprinzen Johann Friedrich mit Sibylle von Cleve (1527), bei der auch Luther zugegen war, erschienen Mitglieder oder Gesandte fast aller evangelischen Fürstenhäuser Deutschlands. Die Festlichkeiten erstreckten sich über neun Tage; laut Überlieferung wurden 31000 Personen verköstigt.

Jedenfalls war Torgau zu dieser Zeit eine der glänzendsten Metropolen und das hier ansässige Herrschergeschlecht eines der mächtigsten Deutschlands. Der von Torgau aus regierte ernestinische Teil Sachsens war gegenüber dem von Dresden aus regierten albertinischen der wichtigere, erkennbar allein schon daran, daß der Torgauer Zweig den Kurfürsten-, der Dresdner zunächst aber nur den Herzogtitel trug.

☐ Die Bürgerstadt

Sie entstand aus zwei Kernen: der Burgmannensiedlung in Burgnähe mit einer Basilika (Ende 11. Jh.), aus der die *Marienkirche* hervorgegangen ist, und der Niederlassung deutscher Kaufleute und Handwerker am heutigen Marktplatz (11./12. Jh.), zunächst mit unregelmäßigem Straßenverlauf. Als im 12./13. Jh. der Zustrom Deutscher weiter zunahm, erfolgte in einer zweiten Entwicklungsphase eine schon herrschaftlich geplante Stadterweiterung mit regelmäßigem Grundriß (Gitterschema), die bis Anfang des 14. Jh. ihre hochmittelalterliche Vollendung fand. Der anfangs eher am Rande der Kaufmanns-siedlung gelegene Marktplatz war in den Mittelpunkt der Stadt gerückt. Dort erbauten sich die Bürger mit der dem Schutzpatron der Händler geweihten *Nikolaikirche* die älteste Pfarrkirche.

Seinen Höhepunkt erlebte Torgau von 1525–47, als der erzgebirgische Silberbergbau reiche Erträge abwarf und die Stadt maßgeblich an den geistigen Umwälzungen der Reformation teilnahm. Damals verdoppelte sich die Bevölkerungszahl. Torgau zog viele Künstler und Kunsthandwerker an, die ihm sein architektonisches Gepräge gaben. Aus-gehend von den großen bildhauerischen Aufgaben, die im zweiten Viertel des 16. Jh. beim Bau des Schlosses gestellt waren, bildete sich in Torgau eine eigene bildhauerische Tradi-tion heraus, vertreten vor allem durch *Simon* und *Georg Schröter* und ihren Schülern, die sich von der im wesentlichen italienisch bestimmten Bildhauerkunst am Dresdner Hof absetzte. Torgau wurde aber keine Heimatstadt für berühmte Maler; die hier führend wirkenden waren in Wittenberg ansässig (*Cranach* und seine Werkstatt). In der Torgauer *Gelehrtenschule* sammelte sich ein Kreis intellektuell Interessierter.

☐ Von der ernestinischen zur albertinischen Herrschaft

1547 rückte Kaiser Karl V. in Kursachsen ein, um die reformatorische Bewegung an den Wurzeln zu treffen. Der vom Kaiser gefangengenommene Kurfürst Johann Friedrich (s. Mühlberg) wurde zuerst zum Tode und dann zu lebenslanger Haft verurteilt, die er bis 1552 in Süddeutschland verbüßte. In der Wittenberger Kapitulation (Mai 1547) mußte er die Kurlande an der Elbe sowie die ernestinischen Anteile an den silberreichen erzgebir-gischen Städten an die albertinischen Vettern abtreten und die Regentschaft in den ver-bliebenen herzoglich-ernestinischen Landen in Thüringen seinen Söhnen übergeben. Torgau und Wittenberg und damit verbunden der Kurfürstentitel fielen an die alberti-nische Linie der Wettiner, die mit dem Kaiser kollaboriert hatte.

Die Albertiner beließen ihre Hauptresidenz in Dresden. In Torgau erkennbar ge-wesene Ansätze einer hauptstädtischen Entwicklung brachen ab. Torgaus Schloß war aber weiter ein wichtiges gesellschaftliches Zentrum, und der Wohlstand der Bürgerstadt erlebte seinen letzten Höhepunkt (Bau des aufwendigen Rathauses seit 1561). Höhe-punkte der Diplomatie Torgaus waren u.a. der *Torgauer Vertrag* von 1591, ein Bündnis, das die Reichsverfassung und den Frieden sichern sollte und dem König von Frankreich im Kampf gegen die spanische Krone Unterstützung zusagte, und, nachdem der (Dreißig-jährige) Krieg dennoch ausgebrochen war, die im Torgauer Schloß mit Schwedenkönig *Gustav Adolf* und den Kurfürsten von Sachsen und Brandenburg geführten Bündnis-verhandlungen zur *Union*.

1627 vermählten sich auf dem Torgauer Schloß Herzogin Sophie Eleonore von Sach-sen mit dem Landgrafen Ludwig II. von Hessen-Darmstadt. Für dieses Ereignis kom-

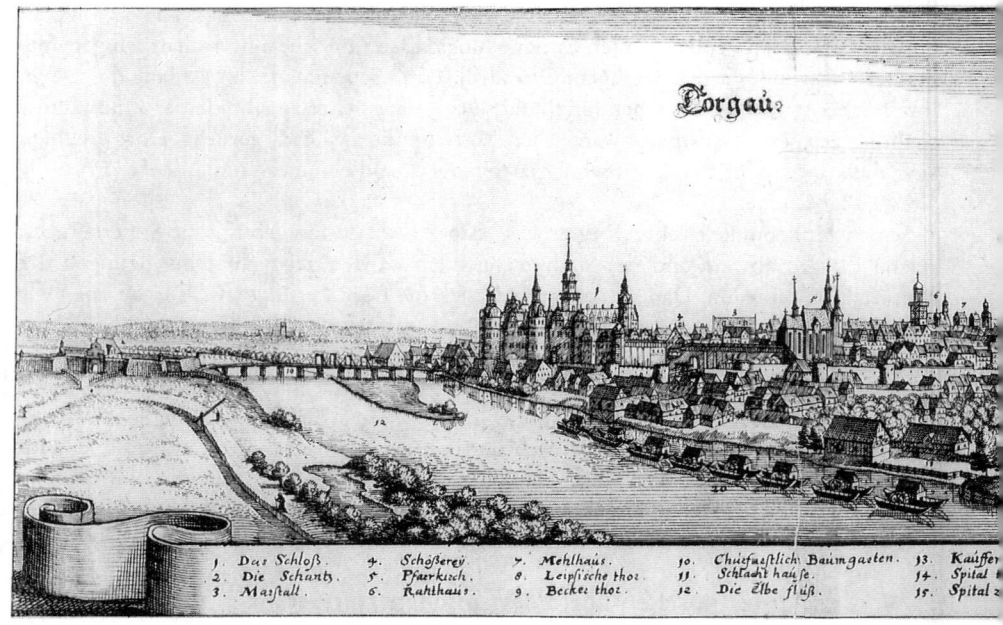

1.	Das Schloß.	4.	Schößerey.	7.	Mehlhaus.
2.	Die Schuntz.	5.	Pfarrkirch.	8.	Leipsische thor.
3.	Marstall.	6.	Rahthaus.	9.	Becker thor.

10.	Churfuestlich Baumgarten.	13.	Kauffer
11.	Schlacht hauße.	14.	Spital
12.	Die Elbe fluß.	15.	Spital 2

ponierte der Hofkapellmeister *Heinrich Schütz* das Werk ›Daphne‹, die *erste deutsche Oper.* Und als 1771 Prinzessin Charlotte von Braunschweig-Wolfenbüttel in Torgau mit dem russischen Zarensohn Alexejewitsch Petrowitsch vermählt wurde, kamen auch *Zar Peter der Große* und Kurfürst August der Starke nach Torgau. In der dortigen kurfürstlichen Kanzlei fand die zweite Begegnung des Zaren mit dem deutschen Gelehrten *Gottlieb Wilhelm Leibniz* statt.

☐ Kriege, Festung, Garnisonsstadt

Nach dem *Dreißigjährigen Krieg* waren von 6200 Einwohnern 2000 übriggeblieben; von 1029 Häusern war die Hälfte zerstört oder aufgegeben. Im *Siebenjährigen Krieg* war Torgau eines der ersten Ziele Preußens. Am 3. November 1760 tobte auf den dicht westlich vor der Stadt liegenden *Süptitzer Höhen* (dort Denkmal) die größte Massenschlacht des 18. Jh. *(Schlacht bei Torgau).* Die Preußen verfügten über 50 000 Mann mit 288 Geschützen, die Österreicher hatten 52 000 Mann mit 275 Geschützen. Erstmals in der Kriegsgeschichte wurde die starre Linientaktik aufgegeben. Nach siebenstündiger Schlacht hatten beide Seiten zusammen *32 000 Tote zu beklagen.* Letztlich räumten die Österreicher das Feld.

Später kam *Napoleon* nach Torgau. In aller Eile ließ er die Stadt zur beherrschenden Festung an der mittleren Elbe ausbauen. Um ihr Raum zu schaffen, wurde 1811 ein Vier-

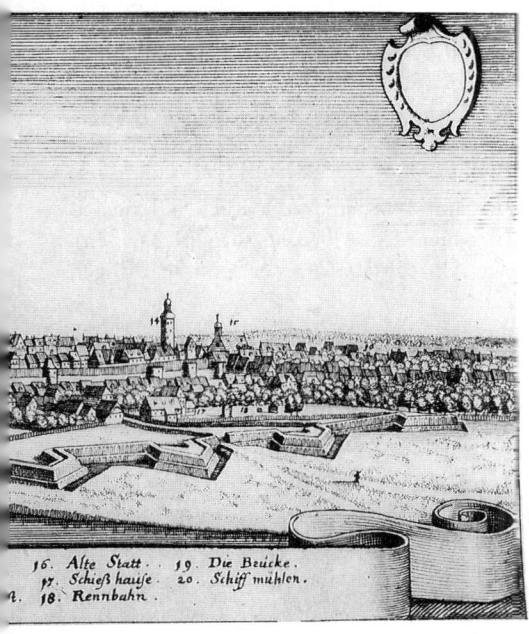

Torgau. Matthäus Merian d. Ä. (1593–1650), Kupferstich

16. *Alte Statt.*   19. *Die Brücke.*
17. *Schießhause.*   20. *Schiffmühlen.*
18. *Rennbahn.*

tel aller Gebäude dem Erdboden gleichge-macht. Im Mai 1813 übernahmen die Fran-zosen die Festung, die nach der Völker-schlacht bei Leipzig (19. 10. 1813) zu einem Auffangzentrum für sehr viele von dort ge-flohener Franzosen und zum letzten fran-zösischen Stützpunkt auf deutschem Boden wurde. Die preußischen Truppen schlossen die Stadt ein. Eine bis dahin beispiellose *Typhusepidemie* machte Torgau zum Mas-sengrab für 20 000 belagerte französische Soldaten *(Grabmal Graf Louis de Narbonne,* französischer Festungskommandant von Tor-gau, gest. 1813; bis 1902 im Gelände einer Bastion, heute auf dem Städtischen Friedhof; dort weitere interessante Kriegerdenkmä-ler). – 1815 fiel der Nordwestteil Sachsens mit Torgau und dem Kurkreis Wittenberg an Preußen, das Torgau als *Grenzfestung,* nunmehr gegen Sachsen, weiter verstärkte. An Industriegründungen, die neue Bedeutung hätten verleihen können, hatte Torgau nicht teil. Als die Stadt 1872 – verhältnismäßig spät – mit der Strecke Halle – Cottbus Eisen-bahnanschluß erhielt, war die wichtigere, von Dresden nordwärts führende Strecke längst an Torgau vorbeiverlegt worden.

Als man in den 80er Jahren die einengenden Festungswälle schleifte, wurde deutlich, daß Torgau gegenüber anderen sächsischen Städten ins Hintertreffen geraten war. Nur zögernd belebte sich die Wirtschaft (1894 Bau eines Flußhafens, 1926 Gründung einer Steingutfabrik ›Villeroy & Boch‹ und eines Flachglaswerkes). Erst jetzt überschritt die Bebauung jene des 16. Jh.

Am Ende des *Zweiten Weltkriegs* (25. April 1945) kam es bei Torgau zur ersten Begegnung amerikanischer und sowjetischer Truppeneinheiten (*Denkmal* unterhalb des Schlosses am Elbufer).

☐ Schloß Hartenfels

Die Anlage ist eines der größten Schlösser Sachsens und eines der schönsten Beispiele deutscher Renaissancearchitektur. Der Schloßname nimmt auf den harten Porphyrunter-grund Bezug. Das Bauwerk ist vom italienischen Palastbau angeregt; ebenso hat es Elemente der französischen Renaissancearchitektur übernommen. Aber in der Zusammenführung von Gotik und Renaissance, in der Aufnahme des Geistes der Reformation auch in das architektonische Gestalten und in den barocken Zugaben zeigt es mitteldeutsch-sächsische Eigenständigkeit.

Der Standort der alten Elbwarte muß im Bereich des jetzigen Schloßflügels B angenommen werden. Teile von Grundmauern finden sich noch im Flügel B, vor allem im ehemaligen *Burgfried.*

Die schrittweise Errichtung des Schlosses begann 1468 am nordöstlichen Flügel B unter der Leitung Arnolds von Westfalen (Erbauer der Albrechtsburg in Meißen). 1482–85 entstand der südöstliche Flügel D, der **Albrechtsbau**, unter Konrad Pflüger, dem bedeutendsten Schüler Arnolds.

Nachdem Friedrich der Weise den Wittenberger Schloßbau vollendet hatte (1509), ließ er den Albrechtsbau nach Norden hin bis zum heutigen Hauptportal erweitern, womit der Anschluß an die alte Burg hergestellt war, die nun selbst einem Neubau für das Personal und Wirtschaftsräumen wich.

Eine starke Bautätigkeit setzte wieder unter Kurfürst Johann Friedrich dem Großmütigen ein, der den nach ihm benannten **Johann-Friedrich-Bau,** den südöstlichen Flügel C, von Konrad (Cunz) Krebs errichten ließ. Er ist der repräsentativste, von der Hofseite am stärksten ins Auge fallende Teil des Schloßkomplexes. Hier lagen der große getäfelte *Festsaal,* ein *venezianischer Spiegelsaal,* eine mit Malereien versehene *Prälatenstube* usw. Diese Räume waren kostbar ausstaffiert. 1563 wurden 109 Tafelbilder und 52 bemalte Spanntücher gezählt, die vornehmlich aus der *Cranachschen Werkstatt* stammten. Das große *Saalportal* ist eine der hervorragendsten Schöpfungen der Frührenaissance und geht auf das Vorbild der Porta della Rana des Doms zu Como zurück. Das beherrschende Thema der Innenausstattung und der Bauplastik ist die Repräsentation des kurfürstlichen Hauses Wettin. Der *Wappenfries* bietet eine Lehrschau weitreichender verwandtschaftlicher Verbindungen. Die Darstellung der obrigkeitlichen Hierarchie geschieht jenseits der Tagespolitik, in der geachteten Rangfolge Kaiser – Könige – Kurfürsten. Zugleich bekräftigte der Landesherr sein Bekenntnis zur Reformation. An dem am stärksten ins Auge fallenden Platz, am großen Saalportal, am Zugang zum Festsaal, ließ Johann Friedrich plastische Bildnismedaillons der Wittenberger Reformatoren Luther und Melanchthon anbringen, wohl das erste in Stein gehauene Lutherbild überhaupt. Und auch an anderen Stellen kehrt das *Reformationsthema* wieder. Zahlreiche Wappen sind fürstlichen Angehörigen des Schmalkaldischen Bundes zuzuordnen. Kampfgeist und Siegeszuversicht, in dieser Zeit vor allem auf den Religionsstreit bezogen zu verstehen, sprechen aus den am Altan aufgegriffenen mythologischen Themen. In der einstigen Raumausmalung erschien die protestantische Thematik u. a. in einem großen Cranachgemälde von Christi Himmelfahrt und des Papstes Höllenfahrt. – Nach dem Tod von Krebs vollendete Nickel Grohmann den Flügel B mit dem kurfürstlichen

1 Elbfall und Elbgrund im Riesengebirge ▷

2   MELNIK   Schloß und Weinberge

4   Blick von der Burg Schreckenstein (Střekov) elbabwärts ▷
3   HERRNSKRETSCHEN (HŘENSKO)   Böhmische Schweiz. Mündung der Kamnitz (Kamenice)

5   Prebischtor (Pravčicka brána) in der Böhmischen Schweiz

6   Bastei mit Basteibrücke in der Sächsischen Schweiz ▷
7   Blick von der Festung Königstein ins Elbtal, links der Tafelberg Lilienstein ▷

8   Schloß Pillnitz, Wasserpalais von der Elbe gesehen

9   Barockgarten Großsedlitz, ›Stille Musik‹ und Untere Orangerie

10 MEISSEN Dom und Albrechtsburg

12 DRESDEN Zwinger mit Kronentor und Wallpavillon ▷

11 RADEBEUL ›Belvedere‹ im Park Wackerbarthsruh

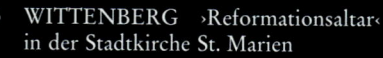

AD·
1547

13 WITTENBERG ›Reformationsaltar‹
in der Stadtkirche St. Marien

A·D·
1928

15 WÖRLITZ   Gotisches Haus in der Parkanlage Schochs Garten

◁ 14 Schloß Pretzsch, überschwemmungsfrei am Rand der Elbaue gelegen

16 DESSAU   Schloß Georgium

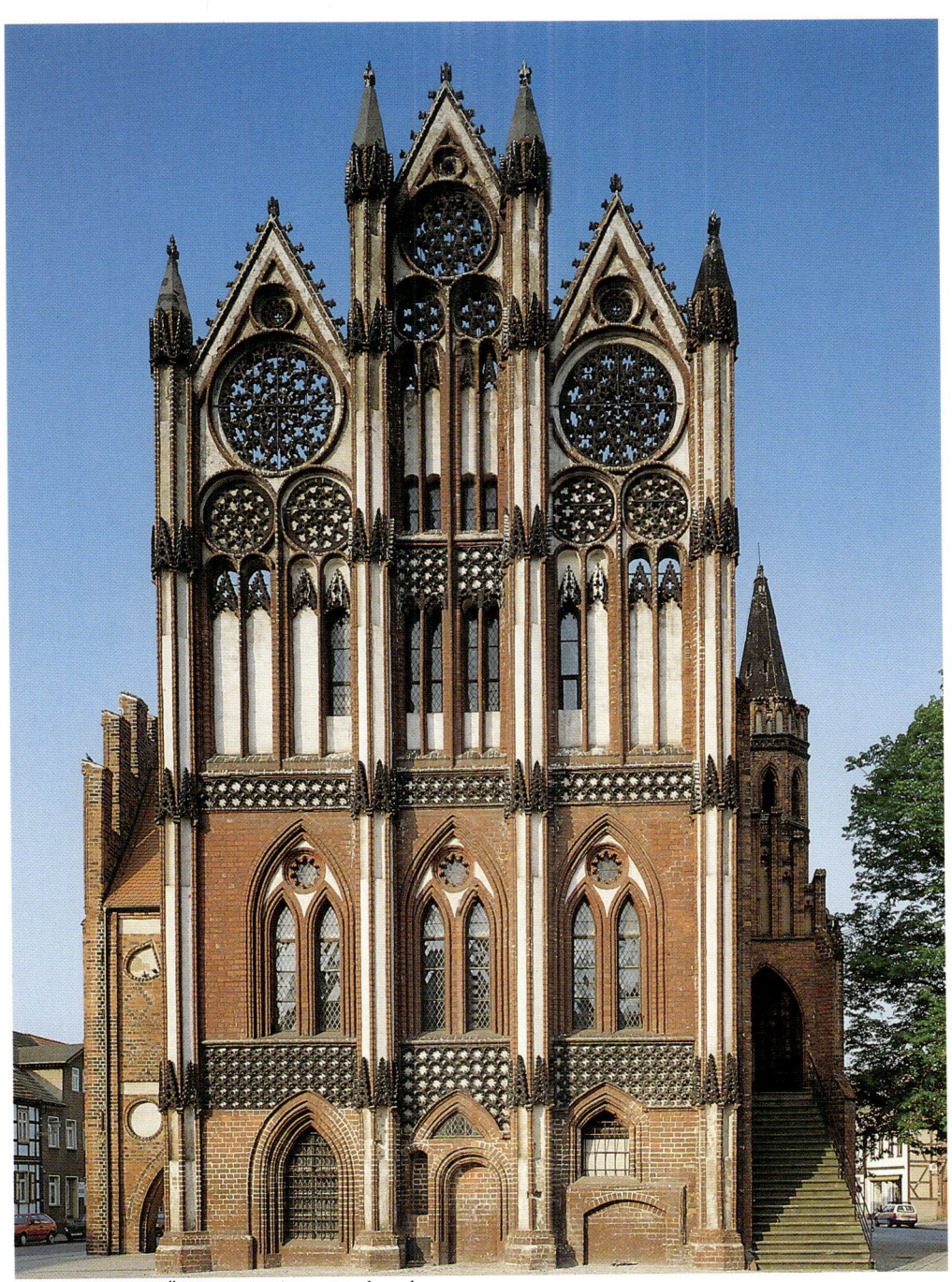

18 TANGERMÜNDE Rathaus, Ostfassade

◁ 17 MAGDEBURG Dom von Südosten

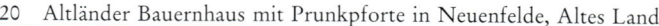

19 STADE Häuserfront am ›Wasser West‹ (ehemaliger Hafen)

20 Altländer Bauernhaus mit Prunkpforte in Neuenfelde, Altes Land

21 LAUENBURG Blick über die Elbe auf die Altstadt und den Burgberg

22 Kirche St. Johannis in Curslack, Vierlande

23 Lovis Corinth, ›Blick auf den Köhlbrand‹, 1911. Hamburger Kunsthalle

24 HAMBURG   Binnenalster mit den Türmen von St. Nikolai (links) und dem Rathaus (rechts)

25 HAMBURG   Alsterarkaden an der Kleinen Alster

26 HAMBURG St. Pauli-Landungsbrücken, Norderelbe und die Werften auf Steinwerder

27 HAMBURG Speicherstadt

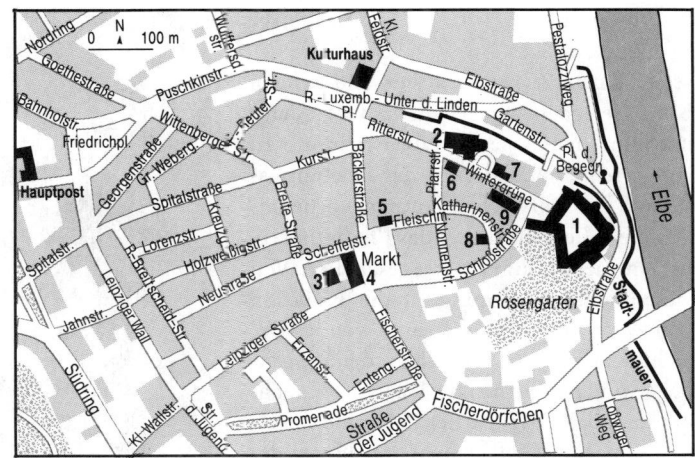

Torgau
1 Schloß Hartenfels
2 Marienkirche
3 Ehem. Nikolai-
 kirche
4 Rathaus
5 Mohrenapotheke
6 Superintendentur
7 Kurfürstliche
 Kanzlei
8 Sterbehaus der
 Katharina Luther
9 Kornhaus (später
 Zeughaus)

Amtszimmer – man beachte den schönen Flacherker von Stefan Hermsdorf – und der Schloßkapelle (1544).

Keinem anderen Teilstück des Johann-Friedrich-Baus wurde größere Aufmerksamkeit und Sorgfalt zuteil als dem außen angefügten **Großen Wendelstein,** dem dominierenden Element der Fassadengestaltung, dem ›Wunder von Torgau‹ (Fertigstellung 1536). Auf einem Altan baut sich in einem Gehäuse aus schlanken, lichtdurchfluteten Außenpfeilern das Treppenhaus auf, dessen Kern in ganzer Höhe hohl ist und den Blick bis zum abschließenden Netzgewölbe freigibt. Kontrapunktisch verlaufen die balkonartigen *Umgänge,* die die Verbindung zu dem kleinen *Erker* zur Linken und der *doppelten Loggia* zur Rechten herstellen (1540). Es handelt sich um eine Weiterentwicklung des Treppentyps der Albrechtsburg in Meißen, die möglicherweise durch die um 1516 errichtete Treppe des französischen Königsschlosses Blois (Loire) angeregt ist. Ein Einfluß des Nürnberger Peter Flötner auf die Bauornamentik Torgaus gilt als wahrscheinlich.

Der Bau der **Schloßkapelle** erfolgte mit besonderer Förderung des Kurfürsten Johann Friedrich, von dem gesagt wird, daß er hier seine Grablege geplant hatte. Er trieb seinen Baumeister zu höchster Eile an, denn der Ausbruch des Religionskrieges ließ sich bereits ahnen. Der Bau beanspruchte lediglich neun Monate. Am 5. Oktober 1544 hielt Luther die Einweihungspredigt (meisterhafte *Dedikationstafel* der Bronzegießer Oswald und Johann Hilger an der südlichen Seitenwand des Binnenraums).

Der außerordentliche kulturhistorische Wert dieser Kirche liegt in der erstmaligen Realisierung neuer kirchengestalterischer Vorstellungen: Der vom Protestantismus be-

◁ 28 OTTERNDORF Kanzel in der Kirche St. Severi

Torgau, Schloß Hartenfels und Stadtkirche

seelte Kurfürst hatte *Luther* und seinem Kreis Gelegenheit gegeben, das Gotteshaus im Sinne der neuen Glaubensrichtung zu entwerfen. Die Änderung des Bekenntnisses und der liturgischen Formen, vornehmlich die Orientierung auf das Predigthören, hat eine neue Raumqualität geschaffen. Von wesentlicher Bedeutung ist die Funktion von Altar und Kanzel ebenso wie das Beziehungsverhältnis zwischen dem Geistlichen und der Gemeinde. Der *Altar* (Nachbildung; das Original fiel 1945 einem Kellerbrand zum Opfer) steht frei hinter der Orgelempore, gegenüber der Fürstenempore. Es wird angenommen, daß die Tischform – in urchristlicher Tradition gedacht – auf Luthers Wunsch zurückgeht und Lucas Cranach d. Ä. danach den Entwurf zeichnete, den der Torgauer Bildhauer Simon Schröter d. Ä. ausführte.

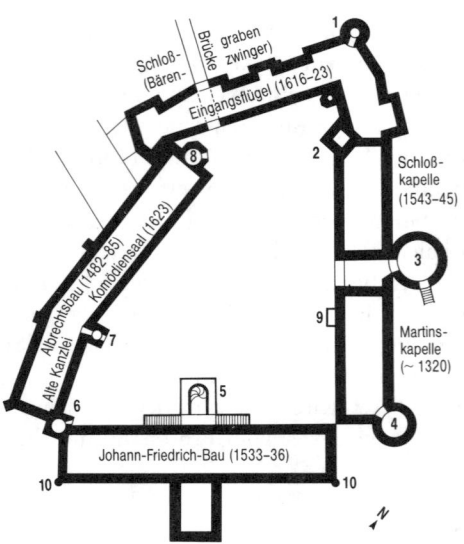

Auch die durch einen Treppenaufgang im Mauerpfeiler zugängliche *Kanzel* (Original), von der Luther zur Einweihung und später wiederholt predigte, stammt von diesem Künstlerduo. Die Bildthemen des Kanzelkorbs: Mitte – Der zwölfjährige Jesus im Tempel im Kreise debattierender und in der Bibel forschender Schriftgelehrter. In dem links neben dem Jesusknaben stehenden Mann wird eine Abbildung Luthers vermutet, der wie Jesus in die

Torgau, Schloß Hartenfels, Grundriß 1 Turm im Zwinger 2 Kapellenturm 3 Flaschenturm (1540) 4 Grüner Turm oder Hasenturm (1540) 5 Großer Wendelstein (1536) 6 Hausmannsturm mit Loggien (1482, 1535, 1620) 7 Kleiner Wendelstein (1538) 8 Glockenturm (1621) 9 Schöner Erker (1544) 10 Eckerker (1534)

Bibel weist. Links – Die Ehebrecherin im Spannungsverhältnis von Verurteilung und Begnadigung. Rechts – Vertreibung der Wechsler aus dem Tempel, ein Sinnbild für kämpferische Kirchenerneuerung.

Die Torgauer Schloßkapelle von Nickel Grohmann ist nicht nur der erste Neubau einer evangelischen Kirche, sie ist auch in gestalterischer Hinsicht zum *Prototyp* des evangelischen Kirchenbaus geworden. Die im Gottesdienst aktiv mitwirkende Gemeinde und die Wortverkündigung durch den Geistlichen in Liturgie und Sakrament vom Altar sowie in der Predigt von der Kanzel aus – das sind die Pole, die auch im räumlichen Verhältnis zueinanderstehen. Die Kanzel ist in das Zentrum des neuentwickelten protestantischen Innenraums gerückt, in dem nicht mehr dem Altardienst, sondern der in deutscher Sprache gehaltenen Predigt die Hauptbedeutung zukommt.

Bis zu seiner Verbannung aus Torgau blieben dem Kurfürsten noch drei Jahre, in denen er sich des vollendeten Schlosses erfreuen konnte. Erst der albertinische Kurfürst Johann Georg I. belebte die Bautätigkeit nach 1620 neu. Hatte die Frührenaissance die charakteristische Ansicht des Innenhofs geprägt, so erhielt nun die Ansicht von der Stadtseite aus ihr frühbarockes Gepräge. Die ursprüngliche Burganlage ist noch mehr zum Schloß hingeführt worden. Insbesondere wurde große Mühe auf den Ausbau des dem Hof zugewandten Turmpaars verwendet (1620/21 Erhöhung des *Wächterturms* auf

*Torgau, Schloß Hartenfels,
Großer Wendelstein*

*Torgau, Schloß Hartenfels,
Schloßkapelle*

53 m und Errichtung des *Glockenturms*). 1623 ordnete der Kurfürst den Neubau des Flügels A an, womit er die Baumeister Hans Steger und Andreas Schwarz beauftragte. Es entstand die Einfahrt über eine tonnengewölbte steinerne *Brücke*, von der man in den tiefen Schutzgraben hinabsieht, in dem sich ein Bärenfreigehege befindet. Auf der Stadtseite ist der Zugang von zwei auf Podesten sitzenden *Wächterlöwen* flankiert. Der Eingang zum Innenhof ist triumphbogenartig mit wappenhaltenden Löwen gefaßt. Trotz des Krieges verfügte der Landesherr 1623 den Ausbau des *Komödiensaals* im Flügel D (Albrechtsbau), wo 1627 die Oper ›Daphne‹ uraufgeführt wurde.

Schloß Hartenfels ist in Kriegszeiten nie zerstört worden, aber es litt katastrophal, seit Preußen 1756 Torgau okkupiert hatte und im Schloß zweckentfremdend ein Feldkriegsdirektorium und ein Lazarett unterbrachte. Innerhalb weniger Jahre wurde die gesamte Inneneinrichtung verkauft, zerstört oder versteigert. Nach ihrem Abzug 1770 ließen die Preußen einen völlig verwahrlosten Bau zurück, in dem der sächsische Staat 1771 ein *Zucht- und Arbeitshaus* einrichtete, das 1780 zum Irren-, Armen- und Waisenhaus erweitert wurde.

In der napoleonischen Zeit hatte hier erst die sächsische und danach die französische *Festungsbehörde* ihren Sitz. Hier war auch das französische *Seuchenlazarett* untergebracht (1811–14). Die Elbtürme wurden zu *Geschütztürmen* umfunktioniert.

In der nachfolgenden – zweiten – preußischen Periode verschwanden zahlreiche Giebel und Turmspitzen, und die großen Festsäle wurden unterteilt, um möglichst viele Soldaten kasernieren zu können. Der Schloßkomplex blieb bis 1905 preußische Kaserne. Nun erst begann die Wiederherstellung der kunsthistorisch bedeutenden, aber verfallenen Bausubstanz, die heute als Landratsamt und *Kreismuseum* genutzt wird.

Marienkirche

Torgaus Hauptkirche, als die Begräbnisstätte der *Katharina Luther* von weither besucht, ist die dritte am Platz. Voraus gingen ein Gotteshaus der Burgmannensiedlung und ein romanischer Bau. Romanisch sind noch die Anlage der ursprünglich doppeltürmigen Westfront, erkennbar an den Rundbogenzwillingsfenstern im Mittelteil und dem einzig vollständig erhaltenen Nordturm. Ansonsten haben sich auf dem Boden der Romanik starke Veränderungen vollzogen. Gotisch ist das nachträglich in die Turmfront eingefügte Rosenfenster (zweite Hälfte 15. Jh.). Noch radikaler war der Wandel am *Langhaus.* Mit der wachsenden Bedeutung von Burg und Stadt wurde die einschiffige romanische Halle als zu klein abgerissen und an ihrer Stelle im 14. Jh. eine dreischiffige *gotische Halle* errichtet (beendet 1450). Ungewöhnlicherweise sind die Seitenschiffe breiter als das Mittelschiff, so daß auch die Halle insgesamt breiter als die Turmfront ist. Von den vier Jochen des Langhauses ist das vierte durch Gurtbögen querschiffartig betont. Nach Süden öffnet sich dieser Hallenteil zur Sängerempore.

Die Entwicklungen innerhalb der Gotik werden durch den Formenwandel der ab 1479 eingezogenen *Gewölbe* veranschaulicht. Hat man im Langhausgewölbe noch weitgehend am Kreuzgewölbe festgehalten, so findet sich im zuletzt gewölbten Chor eine

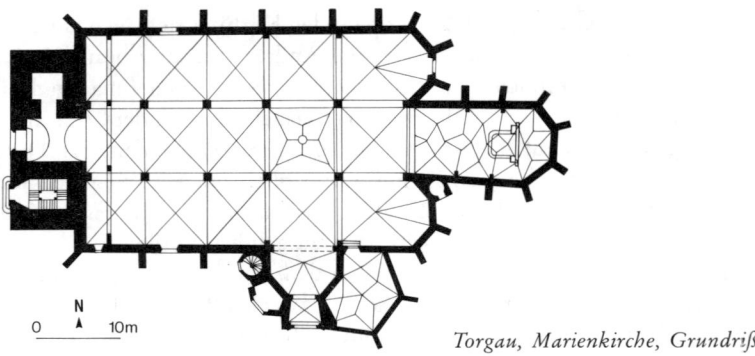

N
0 ▲ 10m

Torgau, Marienkirche, Grundriß

gerade erst an der Albrechtsburg in Meißen voll entwickelte Wölbform: ein herrliches Zellengewölbe, das dem als Hans von Torgau bekannt gewordenen Werkmeister Hans Meltwitz zugeschrieben wird. Im Chor fallen auch die von unbekannter Meisterhand stammenden fünf farbig bemalten *Schlußsteine* auf, die die Tradition des Naumburger Meisters fortsetzen.

Von der einst sicher reichen spätgotischen Innenausstattung ist nur wenig erhalten. Kostbar sind zwei *Grabstätten* des 16. Jh. im südlichen Nebenchor. Die Bronzeplatte für die 1503 verstorbene Gemahlin des Kurfürsten Johann des Beständigen, der *Sophie von Mecklenburg*, ist ein Werk *Peter Vischers d. Ä.* Die steinerne Grabplatte der *Katharina Luther* besagt in ihrer umlaufenden Inschrift: »Anno 1552 den 20. Decembr. Ist in Gott Selig entschlaffen alhier zu Torgau Herrn D. Martin Luthers seligen Hinterlassene wittbe Katharina.« Das Flachrelief zeigt Katharina Luther mit Haube und in einen weiten Mantel gehüllt, auf der Brust ein aufgeschlagenes Buch haltend. Das volle Gesicht ist ein lebensnahes Porträt der Verstorbenen. Links oben das Wappen Luthers, rechts oben das der Familie von Bora.

Unter den in der Marienkirche befindlichen *Gemälden* beachte man das Bild der Vierzehn Nothelfer von *Lucas Cranach* (um 1507; Rückseite stark beschädigt). Es handelt sich um die Predella eines Dreiflügelaltars, der möglicherweise im Schmalkaldischen Krieg von König Ferdinand nach Spanien gebracht worden war und 1906 in den Besitz des Städelschen Kunstmuseums in Frankfurt am Main gelangte. Spätgotisch ist auch der *Dreiflügelaltar* eines unbekannten Meisters wahrscheinlich süddeutscher Herkunft (1509; Mittelteil 1945 teilweise zerstört). Den barocken *Hauptaltar* aus Holz und Stuck mit säulengetragenem Segmentbogen und holzgeschnitzten Statuen von Evangelisten, hoch oben der auferstandene Christus, schuf *Giovanni Simonetti* (1694–97). Die einbezogenen Gemälde stammen von dem Hallenser Johann Heinrich Sperling. Die holzgeschnitzte *Kanzel* (1582) von *Georg Wittenberger* zählt zu den bemerkenswerten Werken der mitteldeutschen Plastik. Auffallend qualitätvoll ist auch der alabasterne *Taufstein* (1693).

Marktplatz und Bürgerhäuser

Der *Marktplatz* war einst von der **Nikolaikirche** architektonisch bestimmt. Als drei-schiffige Pfeilerbasilika Mitte des 13. Jh. erbaut, entstand sie wahrscheinlich gleichzeitig mit der Marienkirche. In der Reformationszeit war sie der erste Versammlungsort von Anhängern der neuen Glaubensrichtung (1519/20). Aber ab 1529 überließ die Stadt sie Händlern und Handwerkern zur gewerblichen Nutzung.

Derweil errichtete die Bürgerschaft an der Westseite des Marktes, unmittelbar dem Kirchenchor angefügt, ein neues **Rathaus** (1561–65) – mit rechteckigem Grundriß und zwei kurzen Seitenflügeln, wohl nach Entwürfen von Andreas Brettschneider und Valten Wegern aus Dresden. Anbauten (1607/08 und 19. Jh.) haben schließlich einen Rathaus-hof geschaffen, der die Nikolaikirche allseits umschließt. Seit dem Brand von 1667 stehen von ihr allerdings fast nur noch Umfassungsmauern.

Den Anblick des Rathauses prägen charakteristische Volutengiebel mit Figuren-schmuck von Georg Schröter und zwei Dachreitertürme. Unter den Details erregt beson-ders der dreigeschossige *Runderker* an der Ecke zur Fischerstraße Bewunderung (1577 von C. Reinwald und A. Buchwitz angefügt) Seine Massigkeit ist in spielerische Eleganz aufgelöst. Die Last ruht scheinbar auf den beiden an der Erkerbasis befindlichen Atlanten. Seine volle Pracht entfaltet er in feldförmig gegliederten Bildbändern. Im Untergeschoß, flankiert vom sächsischen und dänischen Wappen, die Halbfiguren der Förderer des Baus: Kurfürst August und Kurfürstin Anna von Sachsen. Im Mittelgeschoß symbolisie-ren figürliche Reliefs Klugheit, Gerechtigkeit, Tapferkeit und Mäßigkeit. Im Oberge-schoß Darstellungen zu berühmten Persönlichkeiten der Geschichte: links Gottfried von Bouillon, Anführer des ersten Kreuzzugs und Beschützer des heiligen Grabes, in der Mitte Julius Caesar, rechts Alexander von Mazedonien.

Unweit des Rathauses finden sich *spätgotische Bauten* nach 1482: Leipziger Str. 26 und 28. – *Renaissancegiebel*, überwiegend Mitte 16. Jh.: bemerkenswert besonders Markt 3 und 4. – *Portale* aus Spätgotik und Renaissance: vorherrschend ist die Rundbogen-begrenzung mit muschelförmigem Abschluß, Sitznischen sind verbreitet; besonders ansehnlich Bäckerstr. 3, um 1520, Wittenberger Str. 6, um 1530. – Alte *Erker:* Markt 2 und Wintergrüne 2 (ursprünglich reich ornamentiert).

Plastiken aus verschiedenen Epochen: Spätgotische Madonnenstatue als Eckfigur am Fleischmarkt, Ecke Pfarrstraße. Büsten (Gaffköpfe) eines Paars am spätgotischen Portal Bäckerstr. 3. Auf einigen Renaissancegiebeln als Bekrönung Schild und Lanze tragende Figuren. An zahlreichen Toren Abschlüsse mit Familienwappen oder kartuschenartigen Ornamenten. Schmückende Reliefplatten und Inschriften an mehreren Fassaden. Ein unter aufgeblähtem Segel fahrendes Kauffahrteischiff als Wirtshauszeichen am ehemali-gen Gasthaus zum Goldenen Schiff. An der *Mohren-Apotheke* Mohrenfigur mit Turban, Pfeilen und Bogen.

Bauten von historischer Bedeutung

Superintendentur, Wintergrüne 2. Hier brachten Luther, Melanchthon, Johas und Bugenhagen im März 1530 die Torgauer Artikel, die Grundlage des Augsburger Bekenntnisses, vor ihrer Überreichung an Kurfürst Johann zum Abschluß (Gedenktafel von 1883).

Kurfürstliche Kanzlei, Wintergrüne 5. Hier fand am 26. Oktober 1711 die Begegnung zwischen Zar Peter I. von Rußland und Gottfried Wilhelm Leibniz statt.

Sterbehaus der Katharina Luther, geb. von Bora, Katharinenstr. 11 (1542 errichtet, stark verändert).

Frühere Wirtschaftsgebäude, die bei aller Schlichtheit typische Stilelemente des sächsischen Barock aufweisen:

Korn- oder *Zeughaus,* Schloßstr. 26, dicht vor dem Zugang zum Schloß; 1479 begonnen, wiederholt umgebaut, 1811 an die Festungsbehörde abgetreten und als Artilleriezeughaus eingerichtet;

Militär-Proviant-Magazin, Kurstr. 13; 1727 als Getreidemagazin, wohl hauptsächlich für militärische Zwecke, errichtet, 1784 zum *Amtskornhaus* erweitert;

Elbmagazin, Elbstr.; 1782/84 errichtet, die längste Zeit als Festungsmagazin für Heu und Stroh genutzt;

Salzhof, Fischerdörfchen 10. Im 15. Jh. Sitz des Salzverwalters, später königlicher Rentamtskornboden, danach Offiziersreitbahn sowie Exerzierhaus; beherbergt heute Handwerksbetriebe.

Erhaltene Teile der Stadtbefestigung

Spätmittelalterlich: Reste der alten *Ringmauer* nördlich der Marienkirche. Der *Hausmannsturm* in der Schloßstraße ist der einzige noch erhaltene Stadtturm.

19. Jahrhundert: Die sternförmigen Grundrisse der ehemaligen *Hauptfestung* und des *Forts Zinna* (westliches Vorfeld) im heutigen Stadtplan noch erkennbar. Von der Hauptfestung sind größere Partien der *Wallanlagen* und ihrer Einbauten an den früheren *Bastionen II, III* und *VII* erhalten.

Bestimmend für die Ansicht Torgaus von der Elbseite ist die sandsteinverkleidete, mehrmals rückspringende *Ufermauer,* die sich zusammenhängend von der Bastion I am Oberhafentor bis zum Unterhafentor hinzieht und oberhalb der Brücke zur *Elbbatterie* ausgebaut ist. Stadtseitig entsprechen die *Grünanlagen* dem früheren Glacis. *Außenwerke* bei *Fort Zinna* (Strafvollzugseinrichtung), dort auch gemauerte Gänge des Minensystems; bei der Siedlung *Brückenkopf* gut erhaltene Anlage samt Bastionen und Gräben, flankiert von den Lünetten Zwethau und Werdau. In Zwethau entsprechen Gräben und Wälle dem Zustand des 19. Jh.

Großer Teich. 1483/84 am südwestlichen Stadtrand durch Aufschüttung von Deichen und Stau zweier Bäche als kurfürstlicher Fischteich angelegt; wurde auch als Reservoir für die Wasserhaltung der Festungsgräben verwendet; ursprünglich 261 ha. Heute mit noch 175 ha der *größte Fischteich Sachsens* und Erholungsgebiet; historisch-technisches Denkmal.

Zwischen Torgau und Wittenberg

Bald nach Torgau begibt sich die Elbe in den langen Abschnitt des *Magdeburger Urstromtals,* der während des Warthestadiums der Saalekaltzeit entstanden ist. Ein Glied des seinerzeit hier fließenden Urstroms war das Tal der heutigen Schwarzen Elster, das im Eiszeitalter über eine längere Periode auch die Ur-Oder aufgenommen haben dürfte, als dieser der Weg nach Norden durch das Inlandeis versperrt war (darum auch Breslau-Magdeburger Urstromtal genannt). Die aktuelle Linienführung von Schwarzer Elster und

Elbe ergibt sich aus der Eisrandlage, die in dem langen Endmoränenzug des *Südlichen Landrückens* erkennbar ist; er zieht sich vom Hügelland der Niederlausitz über den Fläming, die Colbitz-Letzlinger Heide und die Lüneburger Heide bis zu den Erhebungen vor Hamburg hin. Das Magdeburger Urstromtal lehnte sich als Entwässerungsrinne für das abschmelzende Eis dem Abfall dieses Endmoränenzugs an. Das glazial geprägte Beziehungsverhältnis von Endmoräne und Fluß hat die Elbe bis Magdeburg unverändert beibehalten. Einst fand dieses Urstromtal mit der Ur-Elbe über Magdeburg hinaus seine Fortsetzung entlang der Ohre-Aller-Linie, bis sich durch einen ziemlich jungen Elbdurchbruch neue Entwässerungsverhältnisse durchsetzten.

Unter den heutigen Bedingungen erreicht die Elbe ab Torgau das *mitteldeutsche Trockengebiet*. Wie schon das Elbtal bei Dresden und Meißen klimatisch bevorzugt ist, so besteht auch hier infolge minderer Niederschläge und höherer Sommertemperaturen eine gewisse Klimagunst; ihre allgemeinen Züge werden durch die Einbettung des Elbtals zwischen Moränenzüge und an bestimmten Standorten (Südlagen) zusätzlich durch das Kleinklima verstärkt. Es treten wieder Pflanzenarten auf, die größere Sommerwärme lieben, namentlich solche kontinentaler Herkunft. Noch einmal setzt eine für den Weinbau geeignete Zone ein (›Mitteldeutsches Weinbaugebiet‹). Heute gibt es fast nur noch bei Jessen kommerziellen Weinbau; aber früher war er erheblich verbreiteter. Man fand ihn in Süptitz bei Torgau und ausgiebig im Fläming, wo vielerorts noch der Flurname ›Weinberg‹ anzutreffen ist. Seine volle Entfaltung erfährt dieses Klima und der davon abgeleitete Landschaftscharakter im Dessau-Magdeburger Elbtal mit den wärmegetönten Auewäldern des Steckby-Lödderitzer Forstes und den Leitpflanzen der steppenartigen Magdeburger Börde.

In *politisch-historischer* und *kulturhistorisch-künstlerischer* Hinsicht ist Torgau kein Wendepunkt. Mit den zwischen Torgau und Wittenberg befindlichen Schlössern Prettin (Lichtenburg), Annaburg und Pretzsch liegen in diesem Elbabschnitt bemerkenswerte Schauplätze höfischer Geschichte und architektonischen Gestaltens des wettinischen und später des albertinischen Sachsen. Lichtenburg und Annaburg waren auch wichtige Stätten der Reformationsgeschichte. Die Aneignung des Territoriums durch Preußen (1815) führte auch hier, wie in der gesamten Elbtallandschaft von Torgau bis Wittenberg, zu einem merklichen kulturellen Bedeutungsschwund.

Rechts der Elbe
Annaburger Heide und Elbe-Elster-Winkel

Dem Elbabschnitt Torgau – Prettin lehnt sich nur ein schmaler Auenstreifen der Elbe an, dem weitläufiger die **Annaburger** (früher **Lochauer**) **Heide** folgt, ein während der Saalekaltzeit aufgeschüttetes Moränen- und Sandergebiet, das bereits weitgehend eingeebnet ist. Fast das gesamte Heidegebiet ist mit Wald bedeckt, der früher ein beliebtes *kurfürstliches Jagdgebiet* abgab. Südöstlich der Stadt Annaburg bestand ein außergewöhnlich großer ummauerter Tiergarten. In den trockneren, höher gelegenen Teilen ist der alte Mischwald allerdings weitgehend schnellwüchsigen Kiefernforsten gewichen.

Der zur Schwarzen Elster hingewandte niedrigere Teil der Heide war ein überaus hochwassergefährdetes, versumpftes Gebiet, den noch heute unzählige Bäche und Gräben durchziehen.

Die Entwässerung ist durch den 1571 künstlich angelegten, 71 km langen *Neugraben* wesentlich verbessert worden. Der schlechte Boden und kurfürstliche Jagdinteressen haben die Gründung von Dörfern auf einer großen Fläche verhindert. Straßen umgehen das Gebiet. Armeen unterschiedlicher Zeitalter nutzten ausgedehnte Flächen als Übungsgelände.

Im Anschluß an die Annaburger Heide verbreitert sich die Aue. Im **Elbe-Elster-Winkel** siedelten bereits die ersten Askanier niederländische Bauern an, die in dem feuchten, hochwassergefährdeten Gebiet Meliorationsarbeit leisteten. Auch Antonitermönche sowie mehrere Kurfürstinnen, die im Kloster beziehungsweise Schloß Lichtenburg (Prettin) lebten, trugen wesentlich zur Verbesserung der Landeskultur bei. In einem großen Dreieck, das von den Städten und Gemeinden Prettin, Annaburg, Jessen und Elster sowie von den Flüssen Elbe und Schwarze Elster gebildet wird, entstand ein weitläufiges Ackerbaugebiet mit schwerem Boden, wo vor allem Weizen und Zuckerrüben angebaut werden.

Die diesen Auenbezirk begrenzenden Flüsse Elbe und Elster bildeten hier zahlreiche Schlingen, deren Begradigung Altarme hinterlassen hat, die Lebensgrundlage für eine wertvolle Vegetation und Fauna sind. Hier gibt es noch den Elbebiber, und fast jede Gemeinde in der Aue ist stolz auf ihr Storchennest.

Der Fläming

Mit der Einmündung der Schwarzen Elster nähert sich die Elbe dem leicht bogenförmigen Höhenzug des Fläming, dem sie sich bis Magdeburg anlehnt. Den östlichen Abschnitt bis etwa Jüterbog und Zahna nennt man den **Niederen Fläming**, obwohl auch hier, bei Golssen, Erhebungen bis 144 m erreicht werden. Bei Jüterbog, zur Elbe hin, ist er jedoch mit Höhen um 80 bis 100 m flacher. Hier verläuft die bei Wittenberg über die Elbe geführte Eisenbahnstrecke von Berlin nach Halle – Leipzig. Nordwestlich schließt sich der **Hohe Fläming** an. Seine höchsten Erhebungen sind der *Hagelberg* bei Belzig (201 m), der *Rabenstein* (188 m), der *Hirse-* und der *Michelsberg* bei Wittenberg (187 bzw. 184 m) und die *Wache Berge* bei Wiesenburg (172 m). Richtung Magdeburg und Burg setzt er sich im **Westfläming** in ähnlichen Höhen wie im Niederen Fläming fort. Auch hier gibt es noch einmal einzelne Höhepunkte, so bei Leitzkau (113 m) und östlich von Hohenwarthe (*Kapaunberg,* 105 m). Wie überall im Südlichen Landrücken nehmen die eigentlichen Endmoränen nur relativ kleine Areale ein. Ausgedehnte Flächen bestehen aus Sandern, die von den Randlagen südwärts und südwestwärts zum Magdeburger Urstromtal geschützet wurden, sowie aus Flottsand (Sandlöß), der nach dem Rückzug des Eises besonders zwischen Belzig und Dahme aufgeweht wurde.

Wenngleich es auch reichlich prähistorische Fundstätten gibt, erfolgte eine tiefgreifende Rodung und Besiedlung erst während der deutschen Kolonisationszeit durch vorwiegend niederdeutsche, flämische Siedler, die dem Höhenzug seinen bleibenden Namen gaben (›Flamingia‹). Aus den sumpfigen Urstromniederungen herausgehoben, mußten diese Höhen den Siedlern besonders verlockend erscheinen. Heute sind die Höhen des Niederen und des Hohen Fläming in einem breiten Gürtel fast lückenlos Ackerland – mit nur wenigen Inseln von Wald. Anreiz für den Ackerbau gaben besonders die lößähnlichen Feinsandablagerungen, die die Geschiebe und Sande auf einem 55 km langen und 4 bis 5 km breiten Streifen überschüttet haben. Da sie die Niederschläge lange an sich zu binden vermögen, gedeihen auch auf den Höhen Rüben, Klee und Weizen. Entsprechend gehörten Windmühlen in großer Zahl zum charakteristischen Bild der offenen Fläminghöhen. Auch der für Endmoränenland ungewöhnliche Laubwald am Rabenstein wurzelt auf solchem Feinsand. Die Gunst dieser Bodenart besteht trotz des extrem tiefliegenden Grundwasserspiegels (wird im Hohen Fläming zum Teil erst in 50 m Tiefe erreicht). Gerade die Ackerbaugebiete sind fast ohne Quellen und Bäche. Vereinzelt gibt es aber auch Quellmoore und schmale Wiesentäler. Der wichtigste Fluß ist die in Rabensteinnähe entspringende *Plane*, die einst zahlreiche Wassermühlen antrieb und deren klares Wasser heutzutage bei Niemegk zur Forellenzucht genutzt wird.

Auf halbem Wege von Berlin in die Zentren Mitteldeutschlands sehr verkehrsgünstig gelegen, lohnen Abstecher zu kulturhistorisch interessanten Städtchen, Burgen und Klöstern. Reizvoll und landschaftsprägend sind auch die zumeist spätromanischen, wehrhaft angelegten *Feldsteinkirchen*.

Die Stadt **Prettin** (2500 Einw.) entstand an einem weniger wichtigen Elbübergang, wo es bereits einen slawischen Burgwall gab, der unter Otto I. in einen deutschen Burgward umgewandelt wurde (965 ersterwähnt). Die Burg gelangte 1290 in Besitz des Kurfürstentums Sachsen-Wittenberg. Stadtrecht besteht seit mindestens 1334. Bedeutung erlangte Prettin vor allem durch das hier gegründete Antoniterkloster und das ihm nachfolgende Schloß. Kurfürst Rudolf I. errichtete an der Stelle der alten Burg ein Jagdschloß. Unter Kurfürst August von Sachsen wurde das Bauwerk abgebrochen; die Steine wurden zum Bau des Schlosses Lichtenburg verwendet.

In Prettin wohnten Ackerbürger und Handwerker. Auf Jahrmärkten wurde Flachs- und Wollhandel getrieben. Ende des 19. Jh. ließen sich kleinere Industriebetriebe nieder. Sehenswert ist die **Pfarrkirche St. Martin**, ein 1315 ersterwähnter Backsteinbau. Der außergewöhnlich schöne, reichhaltig geschnitzte Altar (um 1480) befand sich ursprünglich im Antoniterkloster und wurde 1614 von Kurfürstin Hedwig der Stadtkirche geschenkt. Auf der Rückseite Darstellungen aus dem Leben des Heiligen Antonius in Blau und Gold. Es gibt auch einen gotischen *Backsteinturm* am ehemaligen Lichtenburger Tor (13. Jh.) und eine alte *Spitalkapelle* (1761).

Kloster und Schloß Lichtenburg

500 m östlich der Stadt errichteten um 1312 Antoniter (Bettelmönche) das Ordenshaus Lichtenbergk. Durch Schenkungen von Landbesitz gelangte es zu Reichtum. Die Klostervorsteher Goßwin von Orsoy (1502) und Wolfgang Reißenbusch (1511) stellten die ersten Rektoren der Wittenberger Universität, woraus sich enge Beziehungen zu Luther und dem Reformationsgeschehen ergaben. Die für den Verlauf der Reformation entscheidenden Verhandlungen Luthers mit dem vom Kurfürsten beauftragten Rat Spalatin (Dezember 1518) und dem päpstlichen Abgesandten Karl von Miltitz (Oktober 1520) fanden im Kloster Lichtenbergk statt. 1525 schloß sich das Kloster der Reformation an. 1533–45 fand hier Kurfürstin Elisabeth von Brandenburg Zuflucht, die ihren Mann, den Kurfürsten Joachim I., aus Glaubensgründen verlassen hatte. Das Kloster wurde 1533 aufgehoben und sein Besitz in eine landesherrliche Domäne umgewandelt. Nachdem 1553 das ehemalige Klostergebäude abgebrannt war, ließ Kurfürstin Anna mit Zustimmung ihres Mannes, des Kurfürsten August I., an dessen Stelle 1575–81 das heutige **Renaissanceschloß** errichten. Als eine geborene Prinzessin von Dänemark fühlte sie sich in der ebenen Weitläufigkeit dieses Abschnitts der Elbaue an ihre Heimat erinnert. Die Bauarbeiten verliefen einige Jahre gleichzeitig mit denen am nahe gelegenen neuen Jagd-

schloß ihres Mannes (Annaburg), zogen sich aber insgesamt über einen längeren Zeitraum hin. Baubeginn 1565 unter Hans Irmscher, Vollendung 1582 unter Christoph Tendler aus Gelenau. Das Bauwerk präsentiert sich als stattliche Dreiflügelanlage mit reichen Portalen, Volutengiebeln, drei runden Treppentürmen, im Hof stark hervortretendem, auf drei Pfeilern ruhendem Mittelrisalit und wohlgestaltetem Neptunbrunnen; innen zahlreiche kreuzgratgewölbte Räumlichkeiten. Die *Schloßkirche*, zweischiffig mit Westempore, wurde 1581–1600 angebaut; Altaraufsatz 1610–15, Frühbarock.

Das Schloß diente mehreren Kurfürstinnen zum ständigen Wohn- bzw. Witwensitz, darunter Anna Sophie, der Mutter Augusts des Starken, die hier als Witwe im Konfessionsstreit zwischen ihrem Sohn und seiner Gemahlin Christiane Eberhardine (s. Pretzsch) ihren Enkel, den späteren Kurfürsten Friedrich August II. (geb. 1696), erzog. Damals erlebte das Schloß seine letzte Glanzzeit. Es wurde durch Wand- und Deckenmalereien verschönert; der Garten wurde nach französischer Art gestaltet. Nach dem Tod von Anna Sophie (1717) wurde das Schloß in ein weltliches Fräuleinstift umgewandelt, dann (seit 1812) in ein Zuchthaus (durchschnittlich 800 Häftlinge). Hier wurden auch politische Gefangene untergebracht (1848/49; November 1918; 1921 2000 Teilnehmer an den mitteldeutschen Märzkämpfen). Ab Juni 1933 richteten die Nazis hier ein Konzentrationslager ein (›Prominenten-KZ‹). 1936 gab es 2000 Häftlinge, die 1937 in das neuerrichtete KZ Buchenwald überführt wurden. Ab 1937 waren 5000 Frauen inhaf-

Prettin, Kloster und Schloß Lichtenburg von Süden

tiert, die 1939 in das Frauen-KZ Ravensbrück kamen. Während des Zweiten Weltkriegs SS-Zeugamt und Sammellager für Häftlinge aus verschiedenen KZ, die anschließend in den Gaskammern von Bernburg getötet wurden. Durch diese mißbräuchliche Nutzung büßte das Schloß viele schöne Details ein, besonders seine Malereien und seine Ausstattung; aber die Grundstruktur des architektonischen Kunstwerkes ist erhalten, und seit 1965 beherbergt das Schloß eine *Gedenkstätte* für die hier inhaftiert gewesenen Opfer des Faschismus, seit 1974 auch ein sehenswertes kulturhistorisches *Regionalmuseum*. Die Wiederherstellung der jahrelang als Kornspeicher genutzten Schloßkirche hat begonnen.

Empfohlen sei ein Abstecher in die 12 km nordöstlich gelegene Kleinstadt **Annaburg** (3600 Einw.; Stadtrecht seit 1939). Der Wildreichtum der südöstlich anschließenden Annaburger Heide hatte wohl schon die ältesten Wittenberger Askanier im 13. Jh. veranlaßt, ein *Jagdschloß* anzulegen. Als dieses 1422 in Brand geriet, erlitt Kurfürst Albrecht III. von Sachsen-Wittenberg schwere Brandverletzungen, denen er erlag. Da er ohne Erben war, trat der Erbfall ein. Kaiser Sigismund sprach den Kurkreis und die Kurwürde den Markgrafen von Meißen aus dem Hause Wettin zu (1423/25, s. Wittenberg).

Mit dem Jagdschloß und der Annaburger Heide verbinden sich bedeutende reformationsgeschichtliche Ereignisse: Im wieder aufgebauten Schloß starb 1525 der ernestinische Kurfürst Friedrich der Weise, der Förderer Luthers. Kurfürst Johann Friedrich wurde 1547 im Südosten der Heide von den Heerscharen Kaiser Karls V. gefangengenommen (s. Mühlberg). Die 1551 zwischen Kursachsen und Frankreich geführten Verhandlungen, die Frankreichs Eingreifen zugunsten der deutschen Protestanten bezweckten, sollen teilweise bei Jagden auf Annaburg stattgefunden haben. – Das heutige größere **Jagdschloß** wurde 1572–75 durch Baumeister Christoph Tendler im Auftrage des albertinischen Kurfürsten August I. und dessen tatkräftiger Gemahlin Anna von Dänemark neu errichtet. Der Renaissancebau besteht aus dem Vorder- und dem Hinterschloß. Am Vorderschloß an den Ecken und über dem Mittelportal massige Rundtürme. Das Hinterschloß ist eine Vierflügelanlage um einen kleinen Lichthof; dort

offene, von Säulen getragene Loggia; mehrere außenseits erkerartig vorspringende Eck- und Mittelbastionen mit gestaffelten Volutengiebeln; im Südturm gepflasterte Wendeltreppe ohne Stufen. Im Dreißigjährigen Krieg geriet das Gebäude in Verfall, die kostbare Inneneinrichtung ging verloren. Ab 1762 war es kursächsische und seit 1815 preußische Kadettenanstalt. Das Schloß wurde 1988 als Wohnhaus restauriert. Die umliegenden historischen Militärgebäude sind im Verfall.

Jessen (9500 Einw.) ist das Zentrum eines vorwiegend agrarisch bestimmten Gebiets, das Teile der Elbe-Elster-Aue (schwere Böden) und Ausläufer des Fläming (leichtere Böden, in Südlage Obst- und Weinbau) umfaßt. An den nach Süden exponierten *Jessener Bergen* (Himmelsberg, 133 m) läßt sich der Weinbau bis ins 13. Jh. zurückverfolgen. Seine Blütezeit erreichte er im 16. Jh. (300 ha). Bis 1815 in staatlichem Besitz, wird er seither von privaten Winzern betrieben. Infolge des Sinkens der Weinpreise nach Gründung des Deutschen Zollvereins (1834) stellten sich viele ehemalige Weinbauern auf den Anbau von Obst (Äpfel, Pfirsiche, Kirschen, Beeren) und Spargel um. Derzeit sind noch 9 ha Rebfläche in Nutzung.

Die Stadt verfügt über ein aus einem slawischen Burgwall hervorgegangenes burgartiges *Schloß* (12./13. Jh.), das im Mittelalter u. a. adligen Familien als Witwensitz diente und nach mehreren Bränden im 19. Jh. in seiner heutigen Form wieder errichtet wurde. Die *Pfarrkirche St. Nikolai* ist ein Frühbarockbau (zweite Hälfte 17. Jh.) unter Verwendung älterer Teile; mit einem Altaraufsatz von 1662. Gegenüber der Gaststätte ›Bergschlößchen‹ steht eine historische *Spindelweinpresse* (18. Jh.; technisches Denkmal).

Empfehlenswert sind *Ausflüge* in den Niederen Fläming: nach **Wiepersdorf,** dort Herrenhaus (1738), Park und Gutskirche (15. Jh., verändert) der Familie von Arnim; Grabstätten von Achim und Bettina von Arnim (1831 und 1859); **Jüterbog** mit zahlreichen Zeugen seiner mittelalterlichen Stadtgeschichte (Kirchen, Stadttore, Heimatmuseum); **Kloster Zinna** (Zisterzienserkloster, 13. Jh.; Neue Abtei, 15. Jh.; Heimatmuseum).

☐ Links der Elbe
Die Dübener Heide

Die Heide erstreckt sich, unweit von Torgau beginnend, an Wittenberg vorbei bis dicht vor Gräfenhainichen über reichlich 50 km Länge (ca. 2000 km²). Im Nordosten ist sie von der mittleren Elbe, im Südwesten von der unteren Mulde begrenzt. Sie entstand zur Saalekaltzeit, als der Eisrand im Raum Gräfenhainichen – Bad Schmiedeberg verharrte und hier einen Endmoränenkomplex herausbildete. Eine vielbeachtete geologische Erscheinung sind die gehäuft bei Bad Schmiedeberg auftretenden parallel gelagerten Rücken von Endmoränen, die durch oszillierende Bewegungen des Eises und Stauchungen des tertiären Untergrundes entstanden sind.

Mit ihrem höhenzugartigen Charakter und ihrer abwechslungsreichen Formgebung ähnelt die Dübener Heide dem Fläming. Wie dort gibt es Anhöhen bis dicht an 200 m ü. M. (*Hohe Giek,* 191 m; *Schweden-* oder *Gabelberg,* 187 m; *Wurzelberg,* 182 m). Ist das Relief im Inneren der Heide sanft-wellig, so haben sich an den Rändern einzelne Talungen jugendlich tief eingeschnitten, besonders am Abfall zur nahen Elbe, wo die Höhendifferenz um 100 m beträgt.

Aber es bestehen auch Unterschiede zum Fläming. Die *Bodenqualität* bleibt deutlich zurück. Es finden sich zwar viele Sachzeugen

für eine Besiedlung während der Lausitzer Kultur und der slawischen Zeit, und auf Sandlöß entstanden auch hier Kolonistendörfer mit hübschen Feldsteinkirchen, zumeist mit romanischen Ursprüngen; aber Ackerbau wird nur auf kleinen Inseln im Waldland betrieben, und die meisten Dörfer sind in trockener Höhe gelegen. Früher gab es weitaus mehr Dörfer und Ackerflächen; zahlreiche sind im Laufe der Zeit, vor allem im Dreißigjährigen Krieg, wieder wüst geworden, demzufolge die Dübener Heide dünn besiedelt ist.

Die Hauptorte mit ihren Burgen und Klöstern haben sich – anders als im Fläming – außerhalb des Hügellandes gehalten. Sie finden sich an den beiden begrenzenden Flüssen: an der Elbe mit Dommitzsch, Pretzsch, Trebitz und Kemberg, an der Mulde mit Eilenburg und Düben. Der einzig bedeutende Feudalsitz im Inneren der Heide, Schloß Reinharz, entstand, zumindest in dieser Größe, erst nach dem Dreißigjährigen Krieg; der dazugehörige Grundbesitz wuchs durch die Auflassung von Bauernland.

Anders als der Fläming ist die Dübener Heide vorwiegend *Wald.* Der ursprüngliche Bestand an Traubeneichen – Rotbuchen und Eichen – Hainbuchen ist jedoch durch forstwirtschaftliche Nutzung zugunsten schnellerwüchsiger Kiefern stark zurückgedrängt.

Die Dübener Heide war ein beliebtes Jagdgebiet sächsischer Kurfürsten. Noch immer findet man zahlreiche Jagdhütten. Heute leben in der Heide Reh, Rot- und Damwild, Hase und Kaninchen, Wildschwein, Fasan, Rebhuhn, Wildente, Wildgans, Fuchs, Baummarder, Steinmarder, Maulwiesel, Hermelin, Iltis, Marderhund und Dachs. Eine Biberkolonie läßt sich in der Nähe des Luthersteins beobachten (Aussichtsplattform). Der längste Biberdamm mißt ca. 70 m, der höchste ca. 1,90 m. Der letzte Bär ist 1607 erlegt worden. Bei Weidenhain (an der B 183) stellt die *Bärensäule* den angstvoll auf einen Baum geflüchteten Kurfürsten August dar.

Der vielleicht größte Unterschied zum Fläming besteht im Reichtum an Quellen, Bächen,

Fließen und Rinnsalen. Es gibt 40 Heidequellen, die sich zu mehreren Bächen vereinen. In dieser *wasserreichen,* hügeligen Landschaft drehten sich viele Wassermühlen.

Nicht wenige fließende Gewässer nehmen ihren Ursprung in einem der zahlreichen *Moore.* Die bedeutendsten sind der *Zadlitzbruch* und der unweit liegende *Wildenhainer Bruch.* Beide stehen unter Naturschutz. Die heute in diesen Mooren anzutreffenden Teiche rühren größtenteils vom Torfstich her. In diesem Bruch- und Moorland wächst eine selten gewordene Moorflora mit Wollgras und Sonnentau, auch Preiselbeeren. Hier haben Reiher ihren Lebensraum; Kraniche finden ihren südwestlichsten Brut-, Sammel- und Rastplatz. Im Herbst fliegen auf ihrem Zug nach Süden Scharen von Wildgänsen ein. Durch den Zadlitzbruch haben Naturfreunde einen *Wanderpfad* angelegt.

Die *Lausiger Teiche* (ca. 25 ha) sind die Reste eines postglazialen Stausees, der sich am Ende der Kaltzeit beim Abschmelzen des Eises hinter der Schmiedeberger Stauchendmoräne sammelte und später als anmutiges Tal zur Elbe durchbrach.

Wald, Sumpf, Sand- und Kiesboden gestalteten den früheren *Verkehr* durch die Heide beschwerlich. Wegelagerer und marodierende Söldnerbanden fanden hier Versteck und Opfer. Dennoch war es für jeden, der bei Wittenberg die Elbe in Richtung Halle/Leipzig und weiter nach Nürnberg und Venedig überquerte, unerläßlich, diesen Wald zu durchdringen. Diesen Weg nahm zum Beispiel Luther des öfteren, woran der legendäre ›Lutherstein‹ und die ›Studentenwiese‹ erinnern. Diese Straße zogen die Armeen in mehreren *Kriegen,* kurz bevor oder bald nachdem sie die Elblinie in der zentralsten Lage Deutschlands überschritten hatten.

Der Eigenart dieser Landschaft entsprach der *Lebensunterhalt* ihrer Bewohner. Holzfäller, Köhler und Torfstecher gingen ihrem Hand-

Militärisches Aufmarschgebiet Dübener Heide

Auf der Burg von (Bad) Düben trafen sich am 15. September 1631 König *Gustav Adolf von Schweden* und in seinem Gefolge sein Schwager, der brandenburgische Kurfürst *Georg Wilhelm,* mit Kurfürst *Johann Georg von Sachsen* und hielten Kriegsrat. Mit 38 000 Soldaten zogen sie als Verbündete in Richtung Leipzig, wo sie den Kaiserlichen unter Tilly bei Breitenfeld eine schwere Niederlage zufügten. – Vom 5. bis 9. Oktober 1813 bezog das Oberkommando der Schlesischen Armee im Dübener ›Neuhof‹ ihr Hauptquartier. Zugegen waren u. a. die preußischen Generale *Blücher, Yorck* und *Gneisenau* sowie die russischen Generale *Langerow, Korff* und *Karzewitsch,* die hier ihre Strategie für die bevorstehende Leipziger Völkerschlacht festlegten. Als *Napoleon* am 13. Oktober in Düben eintraf, war die preußisch-russische Führung bereits gen Leipzig abgezogen. Auch Napoleon gab von Düben aus den Aufmarschbefehl für die Leipziger Schlacht und verließ selbst am 14. Oktober die Burg. Seinen eigenen Aufzeichnungen zufolge brachte er auf der Dübener Burg die schrecklichsten Stunden seines Lebens zu. Ihn beunruhigte, daß Blücher eine Allianz mit den Österreichern eingehen könne und er am Ende der Verlierer werde, was sich am 16. und 18. Oktober mit seiner vernichtenden Niederlage bestätigte. Zeugen dieser und anderer Ereignisse finden sich auf der sehenswerten *Burg Düben* (Museum).

werk nach. In den Dörfern gab es Korbmacher, Holzspalter, Schindelmacher, Splitthacker und dort, wo sich Ton fand, Töpfer. Oft wurden auch die Männer als Treiber zu herrschaftlichen Jagden geholt. In Pechhütten wurde Harz gesiedet. In Tornau sieht man noch das Gebäude des alten Eisenhammers, in dem der in der Heide vorkommende Raseneisenstein verhüttet und bearbeitet wurde.

Die alten landschaftstypischen Handwerke sind so gut wie eingegangen. Nur noch die *Töpferei* in Lubast ist bemüht, die alte in der Heide vorherrschende Bauernkeramik am Leben zu halten. Die *Köhlerei* auf halbem Wege zwischen Kemberg und Bad Düben ist die einzige in Mitteldeutschland; die Holzkohle wird jedoch längst in Großbehältern aus Stahl und Beton hergestellt. Mit einem Schaumeiler wird die altväterliche Meilertechnik vorgeführt. – Da das Leben in der Heide ärmlich war, suchte man neue Erwerbsquellen. Stark eisenhaltige Moorerde ermöglichte die Gründung der *Heilbäder* in Pretzsch, Schmiedeberg und Düben. Viele Heidebewohner arbeiten heute auch in den umliegenden Industriegebieten.

Im Industriezeitalter fraß sich der *Bergbau* besonders an die nördliche Umrandung heran.

Einige Gruben sind bereits wieder aufgelassen worden und inzwischen zu Erholungsgebieten umgestaltet, wie die Gniester Seen zwischen Kemberg und Radis (ehemalige Kiesgruben), der Bergwitzer See (ehemalige Braunkohlengrube) und die Seen um Möhlau (bei Gräfenhainichen; ehemals teils Porphyrbrüche, teils Braunkohlengruben). Aber schon heute läßt sich sagen, daß die Wunden, die der derzeit noch aktive Braunkohlenbergbau bei Zschornewitz und Gräfenhainichen nach seiner Erschöpfung hinterlassen wird, allein schon wegen ihrer Größe schwerer zu behandeln sein werden.

Insgesamt ist die Dübener Heide das *größte zusammenhängende Waldgebiet* in Nachbarschaft der Ballungs- und Industrieräume Leipzig – Halle – Bitterfeld und Wittenberg – Dessau und folglich als Ausflugs- und Erholungsgebiet sehr beliebt. Markierte Wanderwege führen durch die landschaftlich schönsten und kulturhistorisch interessantesten Winkel. Seit 1992 ist die Dübener Heide im Zusammenwirken der Länder Sachsen und Sachsen-Anhalt zum *Naturpark* erklärt. Von der Gesamtfläche (173 000 ha, davon 60 000 ha Wald) sind etwa 80% Landschaftsschutzgebiet.

Das am Nordostrand der Dübener Heide gelegene Städtchen **Pretzsch** (2300 Einw.) ist vor allem als Sitz sächsischer Kurfürstinnen und später als Moorbad bekannt geworden. Schloß und Stadt lagen bis zur Elbregulierung an einem der hochwassergefährdetsten Abschnitte des Elblaufs. – 981 erstmals in einer Urkunde Kaiser Ottos II. erwähnt, verfügte Pretzsch wahrscheinlich schon damals über einen Burgward gegen die Wenden, der für 1180 nachgewiesen ist. 1380 entstand eine Burg, die im Besitz des Rittergeschlechts Löser war und 1571–74 von diesem durch das noch heute stehende Renaissanceschloß ersetzt wurde. Alle Anlagen hatten durch Ausnutzung des Elbwassers den Charakter einer Wasserburg bzw. eines Wasserschlosses. – Während des Dreißigjährigen Krieges (1637) wurde die Gemeinde Pretzsch durch eine zwei Tage dauernde Kanonade der Schweden fast völlig zerstört, aber das Schloß wurde durch den kaiserlichen Oberst Wolf Christoph von Arnim vor der Zerstörung bewahrt. Nach dem Krieg kaufte es Arnim mit den dazugehörigen Dörfern; aber schon 1689 ging es in landesherrlichen Besitz über. Kurfürst Johann Georg III. bestimmte es zum Witwensitz sächsischer Kurfürstinnen. Die prominenteste Bewohnerin war *Christiane Eberhardine,* geb. von Brandenburg-Bayreuth, die

Gemahlin Augusts des Starken. Nachdem die Gegensätze zwischen dem Herrscherpaar unüberbrückbar geworden waren, nahm sie ab 1720 Pretzsch zur ständigen Residenz. Sie führte ein streng protestantisches Leben, während ihr Gemahl zum Katholizismus übergetreten war, um sich den Zugang zur polnischen Krone verschaffen zu können. Sie holte sich 1720–23 den Dresdner Oberlandesbaumeister M. D. Pöppelmann nach Pretzsch, um hier durch ihn wesentliche Um- und Neubauten durchführen zu lassen. Der große Meister der sächsischen Barockarchitektur arbeitete in dieser Zeit auch für Pretzscher Stadtbürger. – Nachdem Pretzsch 1815 an Preußen abgetreten war, wurde das Schloß von der neuen Landesherrschaft dem ›Großen Potsdamschen Militärwaisenhaus‹ übergeben. Den damit verbundenen Umbauten fiel leider die aufwendige barocke Innenausstattung zum Opfer. Auch heutzutage dient das Schloß als Kinderheim.

Das heutige in der zweiten Hälfte des 16. Jh. errichtete **Renaissanceschloß** (Farbabb. 14) ist eine zweiflüglige Anlage mit mehreren Volutengiebeln und reichgeschmücktem Portal. Von der älteren Burganlage ist allein der mit Zeltdach und Laterne gedeckte Bergfried (Turm) erhalten. Die an der Stelle der Vorburg errichteten Nebengebäude stammen aus Renaissance und Barock. Der zugehörige *Park*, der einen lohnenden Blick über die Elbaue bietet, ist vom Schloß und dem Elbdeich eingegrenzt. Die dort befindlichen *Kavaliershäuser* sind von oder unter Mitwirkung von Pöppelmann angelegt. Die Sandsteinfiguren, vermutlich auch die Figurette des Narren vor dem Schloß, schuf B. Permoser. Im Park ferner drei Sühnegrabsteine von 1530.

Die **Stadtkirche St. Nikolaus,** wohl als dreischiffige Halle spätgotisch errichtet, wurde im Dreißigjährigen Krieg (1637) zerstört. Schloßherr Christoph von Arnim ließ sie 1647–52 unter Verwendung früherer Teile als flachgedeckten Saalbau wieder aufbauen. Aus dieser Zeit stammen Altar und Kanzel, zwei kostbare frühbarocke Sandsteinarbeiten von Johann George Kretzschmar aus Dresden. Von 1720–27 ließ Christiane die Kirche nach den künstlerischen Vorstellungen Pöppelmanns erweitern. Nun wurden die dreiseitig umlaufende hölzerne Doppelempore und die gekehlte Gipsdecke eingezogen; letztere empfing eine großzügige Bemalung mit den Symbolen der Landesherrschaft. Von der vorgesehenen Barockisierung des Äußeren gelangte nur die wirkungsvolle Turmgestaltung zur Ausführung, in der Kunsthistoriker eine Nähe zur Zwingerarchitektur sehen. In einer schlichten Gruft dieser Kirche fand die Monarchin ihre letzte Ruhestätte.

Die Stadt Pretzsch ist nach den Stadtbränden und Hochwasserschäden des 17.–19. Jh. fast neu erbaut worden. Beachtung verdient das *Rathaus*, ein nach dem Stadtbrand von 1793 errichteter Fachwerkbau. Das *Wiecksche Haus* am Markt (um 1725) zeigt in seiner schönen Barockarchitektur den Einfluß Pöppelmanns. Bekannt wurde es durch den 1785 hier geborenen Musikpädagogen *Johann Gottlob Wieck*. Seine beiden Töchter, namentlich Clara, die spätere Ehefrau von Robert Schumann, wurden durch die Erziehung im Elternhaus namhafte Pianistinnen.

Im 20. Jh. wurde der 1909 eröffnete Moorbadebetrieb für Pretzsch zur Haupterwerbsquelle. Er vermochte jedoch nicht mit dem Vorbild Schmiedeberg Schritt zu halten; 1990 hat man ihn endgültig eingestellt.

Bad Schmiedeberg (4150 Einw.), gegen Mitte des 12. Jh. durch flämische Kolonisten als Straßendorf gegründet, später mit Tuchmachergewerbe und Korbmacherei, hat sich erfolgreich zu einem elbnahen Zentrum des Fremdenverkehrs entwickelt. Seinen neueren Aufschwung verdankt Schmiedeberg der Eröffnung des Eisenmoorbades 1878, das derzeit durch den Bau neuer Kurkliniken erweitert wird. Seit 1993 besteht das erste große Ganzjahres-Erlebnisbad in den neuen Bundesländern. – Die bemerkenswerte **Stadtkirche** wurde nach den Zerstörungen durch die Hussiten (1429) mit Resten einer romanischen Wehrkirche errichtet und im Dreißigjährigen Krieg (1637) von den Schweden ausgebrannt, wobei das gotische Gewölbe im Langhaus einstürzte. Der Wiederaufbau erfolgte 1640 mit Flachdecke und einer reichen barocken Ausstattung. In der kreuzrippengewölbten südlichen Vorhalle haben sich Wandmalereien aus der zweiten Hälfte des 15. Jh. erhalten. – Das große **Rathaus** ist im Kern Renaissance (1570); aus dieser Zeit stammen Volutengiebel, Dachreitertürmchen und Torportale. Nach Zerstörung 1637 wurde es mit barocken Elementen 1648 wieder aufgebaut. – Es gibt auch einige *Wohnhäuser* der Renaissance mit Sitznischenportalen, ansonsten überwiegend schlichter Barock aus der Zeit des Wiederaufbaus nach dem Dreißigjährigen Krieg. – Von der *Stadtbefestigung* ist das *Au-Tor* (1490) erhalten. Das benachbarte Torhaus mit Fachwerk aus der Barockzeit ist heute *Heimatstube* und *Galerie*. – Bemerkenswert ist das **Kurhaus**, ein repräsentativer Jugendstilbau mit Elementen der landschaftsgebundenen Spätgotik und Renaissance, 1905–08 von dem Leipziger Architekten E. Arthur Hänsch errichtet.

Mit zahlreichen, über das ganze Haus verteilten Jugendstilfenstern; in dieser Vielzahl und schönen farbigen Gestaltung wohl einmalig im Osten Deutschlands! 1990–92 restauriert. Im *Kurpark* Denkmal des Bundes Deutscher Radfahrer zur Erinnerung an seine im Ersten Weltkrieg umgekommenen Bundeskameraden, 1923 anläßlich eines Sterntreffens eingeweiht. Man hatte den Ort Bad Schmiedeberg gewählt, weil etwa hier der mathematisch-geographische Mittelpunkt des Deutschen Reichs lag.

In dem kleinen Nachbardorf **Reinharz** erbaute 1696–1700 der sächsische Staatsminister Hans von Löser ein **Wasserschloß**. Der Wirtschaftshof dient als Vorschloß. Bei schlichtem Äußeren beeindruckend durch seine schöne landschaftliche Lage, die Größe und den 68 m hohen Turm, der in den unteren Etagen als Treppenhaus dient und im Oberteil vom Erbauer für astronomische Studien benutzt wurde (auf der Plattform befand sich ein Observatorium). In Reinharz durch von Löser konstruierte und gebaute astronomische Instrumente, darunter das erste deutsche Spiegelteleskop, befinden sich im Mathematisch-Physikalischen Salon des Dresdner Zwingers. Der Hang des Bauherrn zur Astronomie zeigt sich auch in der Grundkonzeption des Schlosses: Entsprechend der Anzahl der Tage, Wochen und Monate im Jahreslauf hatte das Schloß früher 365 Fenster, 52 Türen und 12 Säle. Im Speisesaal 3000 Delfter Kacheln, vermutlich 15./16. Jh., vom Abriß eines holländischen Schlosses stammend. Einige Räume waren nachträglich mit Rokokodecken versehen worden, die teilweise noch erhalten sind. Das Schloß war bis 1990 Frauengenesungsheim; z. Z. unbenutzt.

Die in der Elbaue liegende Ortschaft **Wartenburg** (950 Einw.) ist durch den *Befreiungskrieg 1813* bekannt geworden. Hier hatten sich 30 000 Franzosen und Württemberger unter Napoleons Großmarschall *Bertrand* bei der Verteidigung der von ihnen aufgebauten Elblinie verschanzt. Am 3. 10. 1813 begann auf Befehl Blüchers der preußische General *Johann David Ludwig Yorck* den Elbübergang mit 24 000 Mann von Elster aus bei Klöden mit Hilfe zweier Schiffbrücken. Bei der Aktion verloren 1600 Preußen und 1000 Franzosen ihr Leben. Yorck war es gelungen, die französische Stellung im Süden zu umgehen, woraufhin sich Bertrand zurückziehen und Napoleon die Elblinie aufgeben mußte. In Wartenburg nahmen der preußische Feldmarschall *Blücher,* die Generale *Yorck, Gneisenau* und *Horn,* der Kronprinz von Preußen, Prinz Wilhelm von Preußen, Prinz Karl von Mecklenburg sowie die russischen Generale Langerow, Korff, Sacken und Priest ihr Hauptquartier. Man rechnet, daß in und um Wartenburg schließlich 80 000 Soldaten lagerten, vor allem Preußen und Russen. Diese Position war eine wichtige Voraussetzung für den Erfolg der Verbündeten in der Völkerschlacht bei Leipzig (19. 10. 1813). Yorck wurde 1814 vom König in den Adelsstand (Graf) erhoben und mit dem Namenszusatz ›von Wartenburg‹ geehrt.

General Ludwig Graf Yorck von Wartenburg (1759–1830). B. Woltze, Gemälde

In Wartenburg gibt es ein größeres barockes *Herrenhaus* (zuletzt im Besitz der Grafen von Hohenthal, heute Kinderheim). Der nördliche Schloßflügel der kastellförmigen Vierflügelanlage mit dem ›Blüchersaal‹, in dem es im Oktober 1813 zu dem denkwürdigen Treffen der preußischen und russischen Befehlshaber kam, ist um 1927 abgetragen worden. Im Park noch mehrere Plastiken aus dem 18. Jh. – Sehenswert ist das *Denkmal für Yorck von Wartenburg* im Dorf, mit einem ausdrucksvollen Porträtmedaillon des Generals und Kriegstrophäen. Entwurf von Hans Arnold, Berlin, vollendet durch Werneking; Grundsteinlegung zur 100-Jahr-Feier des Elbübergangs.

Wittenberg – Wiege der Reformation

Wittenberg (53 000 Einw.) trägt den amtlichen Zusatz ›Lutherstadt‹, ging doch mit der Reformation Luthers (erste Hälfte 16. Jh.) von Wittenberg jene Umwälzung aus, die zu einer Neubesinnung der Christenheit führte. Auch Wittenberg selbst ist bis heute in seinem Erscheinungsbild vom Gedankengut der Reformationszeit geprägt. Filtert man gedanklich den weitgehend abgerissenen Befestigungsgürtel und das Beiwerk des 19. und 20. Jh. fort, so ähnelt Wittenbergs Altstadt in verblüffender Weise den bildlichen Darstellungen früherer Jahrhunderte. Die damaligen architektonischen Fixpunkte (Schloß und Schloßkirche, die Pfarrkirche St. Marien, Rathaus, Kloster und Universität) sind auch heute die Dominanten des Stadtbilds. Überdies reiht sich entlang der wichtigsten Straßenzüge Haus an Haus von denkmalpflegerischem Wert. Ganze Straßenzüge entsprechen ihrer mittelalterlichen Anlage. Daher ist die gesamte Innenstadt samt des Geländes der ehemaligen Festung zum *Denkmalschutzgebiet* erklärt.

☐ Kurfürstliche Landeshauptstadt

Als Stützpunkt für die Ostkolonisation 1180 erstmals urkundlich, verkörpert Wittenberg den Typ einer im eroberten Slawengebiet planmäßig gegründeten Stadt. Die niederländisch-flämischen Bauern, die sich im Schutz des Burgwards niederließen, prägten den Namen ›Wittenburc‹ (Weißenburg). In Wittenberg kreuzten sich die bedeutenden Handelsstraßen Brandenburg – Naumburg (Elbübergang an einer Furt) und Magdeburg – Lausitz – Böhmen (Alte Salzstraße; auf dem rechtsseitigen, höheren Elbufer entlangführend).

Wittenberg wurde im 13. Jh. die Hauptstadt des aus Erbteilungen der Askanier hervorgegangenen Restherzogtums Sachsen-Wittenberg. Der erste Herzog, der in Wittenberg seinen ständigen Wohnsitz nahm, war Albrecht II. (1260–98), dem Kaiser Rudolf von Habsburg seine Tochter Agnes zur Gemahlin gab. Als der bedeutendste askanische Herrscher von Sachsen-Wittenberg ist Herzog Rudolf I. (1298–1356) in die Geschichte eingegangen. Nach dem Aussterben der brandenburgischen Askanier (1320) besetzte er große Teile der Mark Brandenburg, um sie sich anzueignen. Diese Absicht wurde zwar von Kaiser Ludwig dem Bayer vereitelt. Später sah sich jedoch Herzog Rudolf durch die Zuerkennung der Kurfürstenwürde im Rang erhöht (1356).

Nachdem mit dem Tode Albrechts III. (1422) die Wittenberger Linie der Askanier ausgestorben war, erhob Kurfürst Friedrich I. von Brandenburg, ein Hohenzoller, Anspruch auf Kursachsen. Kaiser Sigismund wollte jedoch den Machtzuwachs Brandenburgs (Besitz zweier Kurfürstentümer) verhindern. Er zog es vor, Friedrich den Streitbaren von Wettin, Markgraf von Meißen und Landgraf von Thüringen mit dem Kurfürstentum Sachsen-Wittenberg zu belehnen (1423).

Unter den Wettinern büßte Wittenberg eine Zeitlang seine Residenzfunktion ein. Die neuen Herren bevorzugten ihre Sitze in Meißen, im Erzgebirge und in Thüringen. Auch nachdem es zur Erbteilung Sachsens unter den Wettinern gekommen war (1485), regierte die für Wittenberg zuständig gewordene ernestinische Linie zunächst von Torgau aus.

Die eigentliche Glanzperiode Wittenbergs begann unter Kurfürst Friedrich III. (1463–1525), der sich für Wittenberg als Haupt- und Residenzstadt seines Kurfürstentums entschied. Dieser Kurfürst, den seine Zeitgenossen mit dem Beinamen ›der Weise‹ belegten, zählte zu den herausragenden Persönlichkeiten der deutschen Frührenaissance. In Wesen und Lebensstil zeigte er Ähnlichkeiten mit seinen beiden anderen großen Zeitgenossen: Kaiser Maximilian und Albrecht II. (Markgraf von Brandenburg, seit 1513 Erzbischof von Magdeburg und seit 1514 auch Kardinal und Kurfürst von Mainz).

☐ Eine Stadt der Künste

Nach der wettinischen Erbteilung (1485) ließen die Ernestiner die alte askanische Burg abreißen und statt dessen ein neues prunkvolles Renaissanceschloß (1490–96) und eine bedeutend vergrößerte Schloß- und Stiftskirche (1496–1509) errichten. Friedrich der Weise zog für dieses Vorhaben mit Konrad Pflüger und Claus Röder die nach dem Tode Arnolds von Westfalen bedeutendsten sächsischen Baumeister heran. Für die erlesene Ausstattung gingen zahlreiche Aufträge an Künstler aus Süddeutschland, Holland und Italien. Für die Ausgestaltung der beiden großen Wittenberger Kirchen, der Schloß- und der Stadtkirche, waren gleich drei Vertreter der Nürnberger Bronzegießerfamilie Vischer beschäftigt. Hans Burgkmair aus Augsburg malte den Sebastianaltar (1505) für die Schloßkirche. An Tilman Riemenschneider in Würzburg ging der Auftrag für den großen Kruzifixus in der Schloßkirche (1505). Der für die Entwicklung der Renaissanceplastik bald ungemein wichtige Conrad Meit schuf als sein erstes größeres Werk eine Doppelmadonna (1509/10) für die Schloßkirche. Friedrich der Weise war auch schon früh auf das außergewöhnliche Talent *Albrecht Dürers* aufmerksam geworden. 1496 und nochmals 1523 ließ er sich von Dürer porträtieren. Auch an der Ausgestaltung der Schloßkirche war Dürer maßgeblich beteiligt. Während der Hauptaltar von Lucas Cranach d. Ä. stammte, lieferte Dürer und seine Werkstatt mehrere Nebenaltäre.

Zu den Berühmtheiten, die sich bleibend in Wittenberg niederließen, zählte vor allem *Lucas Cranach d. Ä.,* den Friedrich der Weise 1505 als Hofmaler berief. In Wittenberg machte der Maler eine deutliche Entwicklung durch. Hatte er in seiner Wiener Zeit (1501–05) vor allem religiöse Szenen in spannungsgeladener Atmosphäre mit dramatischer Wucht dargestellt, so wurde sein Ausdruck allmählich ruhiger. Der Wandel kündigte sich in seiner 1516 entstandenen großformatigen Zehn-Gebote-Tafel an, einem wertvollen

Kurfürst Friedrich der Weise. Kupferstich von Albrecht Dürer, 1524

Lucas Cranach d. Ä. Selbstbildnis, 1550

Taufe Christi in der Elbe vor Wittenberg. J. Lucius, Holzschnitt, 1555

Zeitdokument vom Vorabend der Reformation. Bestimmend für Cranachs Werdegang wurden seine in Wittenberg geschlossenen Freundschaften mit Luther, Melanchthon und anderen ortsansässigen Humanisten. Unter ihrem Einfluß wurde er zum Mitstreiter für die Reformation. Er schuf Illustrationen zur Luther-Bibel. Einige seiner Gemälde griffen unmittelbar in den religiös-politischen Kampf ein und stellten Luthers Lehre in Verbindung mit biblischen Themen gleichnishaft dar. Cranach malte auch viele Porträts berühmter Zeitgenossen, so die Kurfürsten, die Mitglieder der Familie Luther, Melanchthon usw. Speziell mit den Bildniswerken, die Cranach von dem ihm befreundeten Reformator anfertigte, hat er das Lutherbild bleibend geprägt. Cranach hielt sich aber auch für die Gegenseite offen. Folglich war es möglich, daß er fast gleichzeitig den Reformator Luther und dessen energischsten Widersacher, Kardinal Albrecht, porträtierte.

☐ Meistbesuchte Universität Deutschlands

1502 rief Friedrich der Weise in Wittenberg eine ernestinische Landesuniversität ins Leben. Eng mit der Kirche verzahnt, standen religiöse Studien vornan. Augustinereremiten, die im neuen Universitätskomplex ein Kloster bauten, stellten Professoren, zunächst vor allem den Prior Johann von Staupitz und sodann Martin Luther. Die seit 1517 erkennbaren Bestrebungen zur Reformierung der Hochschule setzten sich mit der Kirchenreformation voll durch. Für die Professur der griechischen Sprache wurde der erst 21jährige Philipp Melanchthon gewonnen, der zum hervorragenden Repräsentanten der humanistischen Reform wurde, während an der theologischen Fakultät vor allem Luther die Reform vorantrieb. An die Stelle scholastischer Lehrmeinungen traten Kenntnis der Bibel in ihren Originalsprachen und Bibelinterpretation.

1521 wurde die Universitätsreform abgeschlossen. Die Universität Wittenberg war die für ihre Zeit modernste höhere Bildungsanstalt in Deutschland geworden und strahlte als solche weit aus. Während Luther innerhalb der Kirche der überragende Reformer war, gab Melanchthon auf vielen Reisen seine Erfahrungen und Vorschläge anderen Hochschulen zur Kenntnis. Zugleich wurde Melanchthon als Freund und Mitstreiter Luthers mit dem von ihm verfaßten *Augsburger Bekenntnis* (Confessio Augustana) zum ersten Systematiker des Luthertums. Mit solchen Lehrern und Leistungen zog die Universität Wittenberg Studenten in wachsender Zahl an. Hinsichtlich ihrer Immatrikulationen trat sie seit 1521 an die erste Stelle in Deutschland.

> *»... Der Glaube will nicht gefangen noch gebunden noch durch Ordnung an ein Werk gehaftet sein ... Nehmt ein Exempel an mir. Ich bin dem Papst, dem Ablaß und allen Papisten entgegen gestanden; aber mit keiner Gewalt, mit keinem Frevel, mit keinen Stürmen, sondern Gottes Wort habe ich allein gepredigt und geschrieben.«*
>
> Martin Luther, März 1522, in seinen Invocavitpredigten

Luther und die Reformation

Niemand bestimmte die Geisteshaltung und das Ansehen Wittenbergs nachhaltiger als Martin Luther. Sein Werdegang entsprach zunächst voll dem Anliegen der katholischen Kirche und des Augustinerordens, dem er seit 1505 angehörte. Dessen Generalvikar für Deutschland, Johannes von Staupitz, hatte den begabten, nachdenklichen jungen Mönch aus Erfurt zu sich nach Wittenberg geholt. Schritt für Schritt wuchsen die Luther übertragenen Verantwortlichkeiten: 1511 wurde er Subprior des Klosters Wittenberg; im selben Jahr übernahm er von Staupitz den theologischen Lehrstuhl an der Universität, und 1512 promovierte er zum Doktor der Theologie. Auf dem Kapiteltag zu Gotha folgte die Ernennung zum Distriktvikar für Meißen und Thüringen, womit er elf Klöster beaufsichtigte.

Zur tiefumwälzenden Besinnung führte die Auseinandersetzung mit dem Papsttum, namentlich seit seiner Reise zum Vatikan (1510). Den entscheidenden Anstoß für sein Aufbegehren gab der Handel mit Ablaßbriefen. Luthers Empörung gipfelte im Anschlag seiner 95 *Thesen* gegen den Ablaßhandel am 31. Oktober 1517 an der Tür der Schloßkirche zu Wittenberg, die, zunächst zum akademischen Disput gedacht, eine Lawine ins Rollen brachten. Vom Thesenanschlag ausgehend wurde die Wittenberger Universität zum Zentrum der geistigen Auseinandersetzung des 16. Jh.

Die Verknüpfung von Kirche und weltlicher Macht verschaffte dem ernestinischen Sachsen mit Wittenberg und Torgau eine einzigartige Stellung unter den deutschen Fürstentümern. Obwohl Kaiser und Papst Luther in Acht und Bann legten, konnte sich die lutherische Reformation konsolidieren und von Deutschland in schneller Folge über weite Teile Europas ausbreiten.

Bibelübersetzung und Buchdruck

Luther hatte in seinem Versteck auf der Wartburg (1521) in nur elf Wochen das Neue Testament in das damals übliche sächsische Kanzleideutsch übertragen. Als nach zwölf Jahren die gesamte Bibelübersetzung vorlag, hatte er eine für die deutsche Sprache und Literatur bahnbrechende Leistung vollbracht.

Davon ausgehend etablierte sich Wittenberg zum Zentrum des Buchdrucks. Melchior Lotter d. J. druckte Luthers Neues Testament erstmals 1522 in mehreren tausend Exemplaren, und zwar mit einem eigens hierfür von ihm entwik-

223

 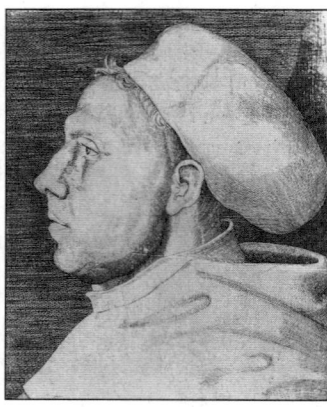

Philipp Melanchthon.
Albrecht Dürer,
Kupferstich, 1526

Martin Luther mit dem
Doktorbarett. Lucas
Cranach d. Ä., Kupfer-
stich, 1521

kelten Schnelldruckverfahren. Aufgelegt wurden – neben der Bibel – Luthers Katechismus, die Augsburgische Konfession sowie viele von den Reformatoren und Professoren zum Zeitgeschehen verfaßte Schriften. Von Luther stammten allein im Zeitraum 1517–20 etwa 30 Publikationen, von denen etwa 370 000 Exemplare in Wittenberg gedruckt wurden. Das am meisten aufgelegte Werk war das Neue Testament in Luthers Übersetzung, von dem 1522–24 über 200 000 Exemplare allein in Wittenberg gedruckt wurden. Ein weiterer Aufschwung setzte ein, als 1534 die Bibelausgaben als Gesamtwerk erschienen.

Hans Lufft (1495–1584) wurde zum bedeutendsten Drucker der Reformation. Seine Werkstatt in der Kupfergasse 10 druckte im Zeitraum 1534 bis ca. 1600 in 41 Auflagen rund 100 000 Gesamtbibeln, z. T. in Folio. Die Verleger boten die Ware auf den Messen in Frankfurt und Leipzig an, ja ihre Geschäftsverbindungen reichten bis in die Türkei, nach Siebenbürgen und Island. Auf dem Höhepunkt des Gewerbes waren hier zwei Drittel der Erwerbstätigen in irgendeiner Form mit dem Buchdruck und Buchhandel verbunden. Das Druckgewerbe verschaffte auch Künstlern Aufträge. Allein zu Luthers Bibelausgaben sind 500 Bilder entstanden.

Ursprung der evangelischen Kirchenmusik

War in der katholischen Kirche der gregorianische Gesang als Ritualgesang in lateinischer Sprache üblich, so erarbeitete Luther vor allem in Gemeinschaft mit dem Torgauer Kantoreisänger Johannes Walther ein neues deutschsprachiges Meßritual. Eine wichtige Änderung bestand in der viel stärkeren Einbeziehung der Gemeinde, deren Choral mehrstimmig in das Ritual einsetzte und dabei stärkeres Eigengewicht erhielt.

Das evangelische Kirchenlied war zunächst weithin Luthers Lied. Luther stützte sich auf Volkslieder und die damals in hoher Blüte stehenden volksmäßigen Gesänge, denen er geistliche Texte unterlegte. Er verdeutschte und verbesserte mit Hilfe seiner Freunde alte lateinische und deutsche Gesänge. Vor allem auch dichtete er selbst neue – bei den Liedschöpfungen war er vor allem der Dichter. Bekannt sind 43 Lieder Luthers, darunter 37 Kirchenlieder. Der Reformator hat aber nur fünf Lieder völlig neu geschaffen, in den anderen lehnt er sich an Vorlagen an, die er reformatorisch durchdacht und überarbeitet hat. Rund zwanzig Lieder sind auch von Luther selbst vertont. ›Aus tiefer Not schrei ich zu Dir‹, eine freie Bearbeitung des 130. Psalms, ist eines der bekanntesten. Es wurde 1525 beim Begräbnis Kurfürst Friedrichs des Weisen in der Schloßkirche angestimmt, und man sang es, als Luthers Leichnam von Eisleben nach Wittenberg überführt wurde. Aus Anlaß des zehnjährigen Gedenktages des Thesenanschlags entstand 1527 das bekannte ›Ein feste Burg ist unser Gott‹, das mit seiner Glaubenszuversicht in schwerer Zeit (Herzkrankheit Luthers, Pest in Wittenberg, Ermordung von Bekennern der lutherischen Lehre) zum Kampf- und Siegeslied, zum Reformationslied schlechthin wurde.

Schmalkaldischer Krieg und Religionsfrieden

Im selben Jahr, als Luther starb (18. 2. 1546), rief die katholische Kirche mit dem Konzil von Trient zur eigenen Erneuerung auf, womit die Weichen zur *Gegenreformation* gestellt waren. Bald nach dem Trienter Konzil eröffnete der katholische Kaiser den Krieg gegen die Protestanten.

Die in Oberdeutschland ausgebrochenen Feindseligkeiten verliefen für die Protestanten zunächst siegreich, bis Herzog Moritz von Sachsen (albertinische Linie) – mit von König Ferdinand geschickten böhmischen Truppen – im Rücken der protestantischen Hauptstreitmacht in Kursachsen erschien. (Der Kaiser hatte ihm für diesen Fall den Kurfürstentitel und den Besitz des Kurkreises Torgau-Wittenberg versprochen.) Die 1539/40 verstärkte und ausgebaute Festung Wittenberg wurde eingeschlossen. Da aber die Stadt zur Verteidigung gerüstet war, verlagerten sich die Kämpfe zunächst in die zugänglicheren Elbgebiete. Hier kam es zur Entscheidung, nachdem auch der Kaiser mit seinem Heer aus spanischen Söldnern eingetroffen war: Am 24. 4. 1547 geriet Kurfürst Johann Friedrich in die Gefangenschaft des Kaisers (s. Mühlberg). Nun zog die kaiserliche Streitmacht nach Torgau, das sich kampflos ergab, und dann nach Wittenberg, um das ›Ketzernest‹ auszuräuchern. War auch eine weitere Verteidigung sinnlos, so gelang es den Wittenbergern, sehr günstige Übergabebedingungen auszuhandeln.

Am 25. 9. 1555 schloß Ferdinand, seit 1556 auch deutscher König, den *Augsburger Religionsfrieden*, der den weltlichen Reichsständen, den Fürsten und Städten, *Religionsfreiheit* gewährte. Damit wurde die bisherige Religionseinheit in *einer* Amtskirche aufgehoben und die Augsburger Konfession, die lutherische Glaubenslehre, zugelassen.

□ Niedergang und Historismus

Aneignung durch das albertinische Sachsen: So erfolgreich die Wittenberger bei der Durchsetzung der lutherischen Lehre waren – am Ende hatte die Stadt auch viel verloren. Der albertinische Herzog Moritz von Sachsen erntete die Früchte, die ihm sein Beistand für den Kaiser eingebracht hatte. 1548 wurde er vom Kaiser mit der Kurfürstenwürde belohnt. Wittenberg und der ganze Kurkreis wurde dem albertinischen Teil Sachsens zugeschlagen. Während sich der Ausbau Dresdens zur glanzvollen Landeshauptstadt fortsetzte, begann für Wittenberg ein Prozeß fortschreitenden *Bedeutungsverlusts*. Seit Ende des 16. Jh. brachte Wittenberg keine Kunstwerke von überregionaler Bedeutung mehr hervor. Und die Wittenberger Universität rückte mehr und mehr in den Schatten der älteren Universität Leipzig und der 1683 in Halle neugegründeten.

Festung und Kriege: Eine Funktion verlor Wittenberg indes nicht: die eines strategisch höchstwichtigen Platzes. Um Wittenberg wehrhaft zu machen, war schon im 14. Jh. eine steinerne Mauer mit hölzernen Brüstungen um die Stadt errichtet worden, und um 1400 begann man, sie durch Wälle zu ergänzen. Kurfürst Johann Friedrich ließ dann

Wittenberg in Voraussicht des Glaubenskrieges nach den Vorstellungen der Renaissance-architekten (u. a. Conrad Krebs) zu einer starken Festung ausbauen. – War die Befestigung bis zum Dreißigjährigen Krieg überwiegend eine Angelegenheit der Bürgerschaft, so wurde Wittenberg nun zur *Landesfestung* erklärt und als solche im 17. und 18. Jh. nach dem Vorbild der niederländischen Festungsmanier mit neuen und verbesserten Bastionen, Lünetten und Ravelins versehen. Für Sachsen wurde Wittenberg *Grenzfestung* gegen das erstarkende Preußen.

Kriegsfolgen: In den älteren Kriegen hatte sich die Festung als Schutz für die darin lebende Bevölkerung bewährt, so im Schmalkaldischen und im Dreißigjährigen Krieg. Im weiteren gereichte sie der Stadt zum Verhängnis. – Im *Siebenjährigen Krieg* wurde Wittenberg ein Spielball der feindlichen Armeen. Bald hatte es eine sächsische, bald eine preußische Besatzung. Den schlimmsten Schaden erlitt die Stadt, als sie am 13. Oktober 1760 durch die mit Sachsen verbündeten kaiserlichen Truppen unter Beschuß genommen wurde. Zwar wurde die preußische Besatzung zum Abzug gezwungen, aber ein Drittel der Stadt und alle Vorstädte lagen in Schutt und Asche.

Napoleon erkannte die militärische Bedeutung Wittenbergs. Er ließ die Festungsanlagen wieder herstellen und nach französischem Vorbild erweitern. Nachdem die Völkerschlacht bei Leipzig sein Schicksal schon besiegelt hatte, erkor er Wittenberg zu einem seiner letzten Stützpunkte, um von hier aus mehrere Vorstöße zu unternehmen. Schließlich war Wittenberg einer sinn- und rücksichtslosen Verteidigung gegen die anrückenden Preußen ausgesetzt. Die Erstürmung der Stadt am 14. Januar 1814 war für Preußen ein Sieg von außerordentlicher Tragweite, denn damit war Napoleons Schicksal endgültig besiegelt. König Friedrich Wilhelm III. würdigte die Leistung seines kommandierenden Generals von Tauentzien, indem er ihm und seinen Nachkommen den Namen *Graf Tauentzien von Wittenberg* verlieh. Wittenberg selbst brachte jedoch der Sieg abermals Zerstörung und Verarmung.

Preußische Verwaltung: Mit der Eroberung durch Preußen im Jahre 1814 und besiegelt durch den Wiener Kongreß gehörte Wittenberg hinfort zu Preußen (Provinz Sachsen). Dessen Regierung ließ die Gedenkstätten der Reformation wiederherstellen und gedachte Luthers und seiner Mitstreiter mit neuen Kunstwerken. Anlaß gab die 300-Jahr-Feier 1817, zu der König Friedrich Wilhelm III. nach Wittenberg kam. Die Krone bot mit *Schadow, Schinkel* und *Drake* die besten Künstler auf, über die Preußen verfügte.

Ansonsten fand Preußen keine befriedigenden Wege, um die Stadt aus der Krise herauszuführen. Kennzeichnend waren Zustand und Zukunft der Universität. Nachdem im vorausgegangenen Krieg ihre Gebäude zerstört oder zweckentfremdet sowie die Professoren und Studenten geflohen waren, blieb sie geschlossen. Sie wurde mit der in Halle zur ›Universität Halle-Wittenberg‹ vereint. In Wittenberg selbst wurde fortan nicht mehr gelehrt. Lediglich das damals neugegründete Predigerseminar führt Traditionslinien der einst so bedeutenden theologischen Fakultät fort. – Wittenbergs Lage als Elbübergang erschien auch dem neuen Landesherrn so wichtig, daß er die Wälle und Bastionen erneuerte. Erst 1873 wurde die Stadt entfestigt.

☐ Architektonische Zeitzeugen der Reformation und Kunstwerke des Reformationsgedenkens

Schloß und Schloßkirche

An der Stelle der alten Askanierburg wurde 1490 der **Schloßbau** unter der Leitung des Werkmeisters *Claus* (wohl Claus Roder) begonnen, zuerst mit dem der Elbe zugewandten Flügel: dem großen Turm und den beiden Wendelsteinen (bis 1496). Als letzter (dritter) Flügel des Hauptschlosses entstand die Schloßkirche, der hervorragendste Bauteil der gesamten Anlage. Der Plan, durch Bau eines weiteren Flügels den quadratischen Innenhof zu umschließen, ist nicht zu Ende geführt worden.

Das Schloß gehört in die Reihe der großen Neubauten sächsisch-thüringischer Schlösser der Übergangszeit von der Spätgotik zur Renaissance. Die Formen waren im einzelnen noch Gotik, wie die Zellengewölbe und die Vorhangbogenfenster, aber die regelmäßige Gesamtkonzeption entsprach bereits der Renaissance. Der Übergangscharakter findet sich auch in den zugedachten Funktionen bestätigt. Noch war das Schloß halb Burg, aber halb schon höfischer Wohnpalast. In seiner Außenansicht bot es sich als ein Wehrbau dar, was durch die trutzigen Ecktürme (Schloßturm und Turm der Schloß-

Wittenberg 1 Schloß und Schloßkirche 2 Stadtkirche St. Marien 3 Rathaus 4 Lutherdenkmal 5 Melanchthondenkmal 6 Cranachhaus 7 Beyerhof 8 Luthereiche 9 Ehemaliges Kloster, jetzt Lutherhalle; im Vorderhaus Collegium Augusteum 10 Melanchthonhaus (Museum) 11 Bastion ›Tauentzien‹ 12 Kasematte (Aquarien)

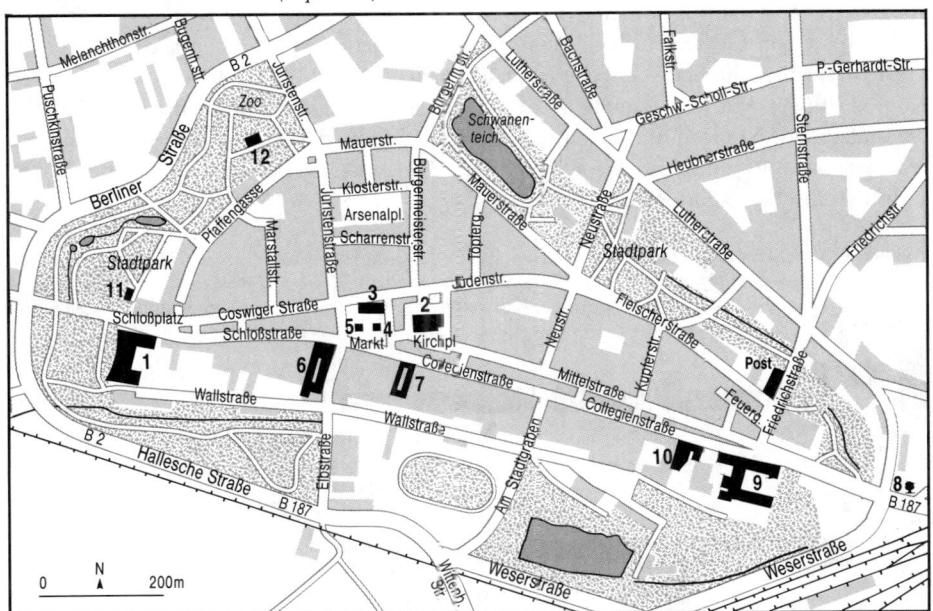

kirche) unterstrichen wurde. Alle Pracht war auf den Hof und die Innenausstattung verwendet. In den beiden Treppenhäusern auf der Hofseite mit ihren laubenartigen überdachten Balkonen, ihren weitgeschwungenen Öffnungen (Altanen) und dem Wappenfries von Klaus Heffner klingt die durch den Großen Wendelstein der Albrechtsburg in Meißen vermittelte spätgotische französische Schloßbaukunst nach.

Auch bei der Gestaltung des Schloßinneren kam das Vorbild Meißens zum Tragen. Die hellen quadratischen Räume des Wittenberger Südtrakts waren eine Weiterbildung des Albrechtsburg-Nordflügels. Wie in Meißen, später in Torgau und auch im Ludwigsbau der Prager Burg war er reich gegliedert, besonders in den Giebelbereichen. Die Aussicht auf die Elblandschaft gab ihm eine bevorzugte Stellung, namentlich als Tafelstube. Anders als bei der Albrechtsburg in Meißen wurde aber auf die Wölbung der Wohn- und Repräsentationsräume verzichtet, so daß eine für einen Schloßbau des späten 15. Jh. ungewohnte malerische Ausgestaltung möglich wurde, die eine humanistische Welt widerspiegelte.

Die einstige Schönheit der Wohnflügel läßt sich heute nur erahnen. Der Krieg von 1760 wie auch nachfolgende Zerstörungen und Umbauten haben das Ursprüngliche entweder vernichtet oder stark in Mitleidenschaft gezogen. Der Südflügel verschwand ebenso wie das Vorschloß. Der verbliebene *Westflügel* mit dem Stumpf des südwestlichen *Eckturms* wirkt eher roh und kahl. Von den zierenden Giebeln, den Malereien und Schnitzereien wie auch den schönen steingehauenen Kaminen ist nur schriftliche Überlieferung geblieben. Das Schloß litt darunter, daß die späteren Wiederherstellungen und Umgestaltungen darauf abzielten, es wie eine Zitadelle in die Stadtbefestigung einzugliedern. Die Wohnflügel hatten nicht teil an der Aufmerksamkeit, die der Schloßkirche später im Gedenken der lutherischen Reformation gewidmet wurde.

Die ursprüngliche **Schloßkirche** entstand in den Jahren 1497–1506 unter Baumeister Konrad Pflüger. Mit ihren kaum von der Wand gelösten Innenpfeilern, die als Träger für die umlaufende Empore fungierten und die Strebepfeiler der Außenwand unterstützten, tendierte sie zur einschiffigen Kirche. Das Netzgewölbe bildete den wesentlichen architektonischen Schmuck des Raumes.

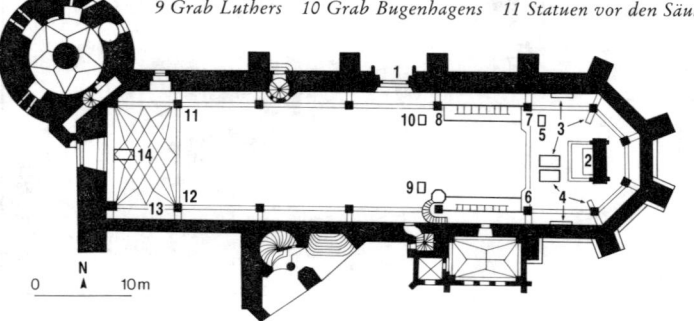

Wittenberg, Schloßkirche, Grundriß 1 Thesentür 2 Altar 3 Kurfürst Friedrich der Weise: Marmorstatue, Grab und Bronzeepitaph 4 Kurfürst Johann der Beständige: Marmorstatue, Grab und Bronzeepitaph 5 Kaiserstuhl 6 Kalksteinstatue Luthers 7 Kalksteinstatue Melanchthons 8 Kalksteinstatue Bugenhagens 9 Grab Luthers 10 Grab Bugenhagens 11 Statuen vor den Säulen von Westen nach Osten: Nikolaus von Amsdorf, Urbanus Rhegius und Georg Spalatin 12 Statuen vor den Säulen von Westen nach Osten: Caspar Cruziger, Johannes Brenz und Justus Jonas 13 Grabplatten für Herzog Rudolf II. und seine Gemahlin Elisabeth 14 Askaniergrabmal (Gruftgewölbe)

Wittenberg, Schloß und Schloßkirche von Südwesten

Auf seiner Pilgerfahrt nach Palästina (1493) hatte Kurfürst Friedrich den Entschluß gefaßt, diese Kirche zu einer prächtigen Wallfahrts- und Gnadenstätte auszugestalten. Der Hauptaltar von Lucas Cranach wurde durch zahlreiche weitere hervorragende Altargemälde, darunter niederländischer und italienischer Herkunft, ergänzt. Kunstvolle Gießarbeiten und Plastiken gereichten der Kirche zur Zierde. Die Verglasung bestand aus venezianischem Glas. Reliquien waren in kostbare Reliquiare gefaßt. Insgesamt stellte die Schloßkirche eine für das deutsche Spätmittelalter einzigartige Schatzkammer dar.

Die Bedeutung dieser Kirche wurde dadurch aufgewertet, daß sie der Kurfürst 1507 zur Universitätskirche erhob. Als solche war sie auch Aula der Universität, wo alle akademischen Amtshandlungen wie auch Disputationen veranstaltet wurden. Der hölzerne Türflügel des Hauptportals diente der Universität als Anschlagbrett. Genau hier nahm die Reformation ihren Ausgang, als Luther am 31. Oktober 1517 seine 95 Thesen anschlug.

Zwar faßte die Reformation zuerst in der Pfarrkirche St. Marien Fuß. 1525 wurde aber auch in der Schloßkirche der evangelische Gottesdienst eingeführt. Letztlich wurde die Schloßkirche zur großen Manifestation der Reformation. Hier fanden nicht nur die beiden Kurfürsten, unter denen sich die Reformation durchgesetzt hatte, sondern mit Luther und Melanchthon auch die beiden bekanntesten Reformatoren ihre letzte Ruhestätte.

Der *Entzug künstlerischer Werte* setzte mit der Veräußerung und mit dem Einschmelzen der Reliquiare ein. Was man nicht schon aus reformatorischen Gründen abgegeben hatte, fiel Kriegs- und Geldnöten zum Opfer. Bei der Kanonade am 13. Oktober 1760

wurde auch die Schloßkirche erheblich getroffen. Der größte Teil der kostbaren Innenausstattung wurde vom Feuer verzehrt oder durch das herabstürzende Gewölbe zer-
schlagen, darunter der Hauptaltar von Cranach, das Kruzifix von Riemenschneider
u. v. a. m. Unter diesen Umständen erwies es sich im nachhinein sogar als ein Glücksfall,
daß manche Kunstwerke schon vor 1760 aus der Schloßkirche verbracht worden waren,
z. B. nach Torgau, in die Dresdner Kunstkammer und als Gaben an andere Potentaten,
darunter Dürers Kleiner Marienaltar (heute Dresdner Gemäldegalerie), Dürers Anbetung der Könige (heute Uffizien Florenz) und Burgkmaiers Sebastianaltar (heute Ger-

Wittenberg, Schloßkirche, Langhaus und Chor

Wittenberg, Schloßkirche, Grabdenkmal Martin Luthers und Epitaph Friedrichs des Weisen von Peter Vischer d. J.

manisches Nationalmuseum Nürnberg). Angenommen wird, daß Cranachs Dresdner Katharinenaltar und sein Dessauer Fürstenaltar ebenfalls aus der Schloßkirche stammen.

Da nicht das ganze Gewölbe einstürzte, überdauerten auch am Ort des Unglücks einige wenige Stücke der alten Ausstattung. *Zeugen der Askanierresidenz* (14. Jh.) sind ein Relief unter der Orgelempore, mit einer Abfolge von Gestalten heiliger Jungfrauen, sowie die Grabplatten an der Südwand für Herzog Rudolf II. von Sachsen († 1370) und seine Gemahlin Elisabeth († 1373).

Der *Renaissance* entstammen die beiden lebensgroßen, ursprünglich farbig gehaltenen *Alabasterfiguren,* die heute vor dem Altar stehen. Die linke Figur verkörpert Friedrich den Weisen, die rechte Johann den Beständigen (wahrscheinlich süddeutsche Arbeiten, 1519/20). Zu dieser Epoche zählen auch die zahlreichen *Gießarbeiten,* die bedeutendsten aus der Nürnberger Vischer-Hütte. Die vor dem Altar liegende Messinggrabplatte für Kurfürst Friedrich den Weisen wurde nach einer Zeichnung von Lucas Cranach wohl von Peter Vischer d. J. (1487–1528) gegossen. Die künstlerisch wertvollste Arbeit ist das *Bronzeepitaph für Kurfürst Friedrich den Weisen,* eines der edelsten der deutschen Frührenaissance, das *Peter Vischer d. J.* 1527 nach einer Visierung Lucas Cranachs aus 26 Teilen herstellte. Aus einem Rahmen vor zwei Säulen mit aufgesetztem Rundbogen hebt sich lebensgroß die Gestalt des Kurfürsten als Halbrelief vor einem teppicharti-

gen Hintergrund ab. Man beachte die ernsten, ausdrucksvollen Gesichtszüge des Herr-
schers und den elegant wallenden Faltenwurf seines Hermelinmantels. – Auch Johann der
Beständige († 1532) sollte ein solches würdiges Grabmal erhalten. Da Peter Vischer d. J.
inzwischen verstorben war, erging der Auftrag an dessen Bruder Hans. Der kopierte im
wesentlichen das Vorbild, ohne die ursprüngliche Meisterschaft zu erreichen.

Ebenso war *Luther* eine ansehnliche Bildplatte zugedacht. Sie wurde 1546 bei dem
Erfurter Erzgießer *Heinrich Ziegeler d. J.* bestellt, konnte dort aber erst nach der
Schlacht von Mühlberg (1547) zur Ausführung gelangen. Der neu eingesetzte Kurfürst
Moritz verweigerte die Annahme, so daß auf Luthers Grab um 1550 nur eine kleine,
schlichte Schrifttafel gelegt wurde. Entsprechend verfuhr man beim Grabmal Melanchthons. Die Luther eigentlich zugedachte Platte blieb in Thüringen und wurde 1571 in
der Michaeliskirche zu Jena aufgestellt. Die heute zu sehende Lutherplatte ist ein Nach-
guß der Arbeit von Ziegeler, die der Schloßkirche anläßlich ihrer Wiedereinweihung 1892
vom Kloster Loccum gestiftet worden ist.

Ursprünglich befand sich in der Schloßkirche ein 1562 von der Universität bei Lucas
Cranach bestelltes *Lutherbild*. Dieses Ölgemälde verbrannte 1760. Das 1770 zum Ersatz
aufgehängte soll eine Kopie des Originals von Paul Keil († 1744) sein. Schließlich haben
sich viele *Grabsteine von Professoren* der Wittenberger Universität erhalten.

Umbau und Neugestaltung: Landbaumeister Christian Friedrich Exner baute aus den
Ruinen der 1760 weitgehend zerstörten Schloßkirche ein *spätbarockes* Bauwerk wieder
auf, das in seiner Schlichtheit den evangelischen Vorstellungen entsprach. Die neue,
nunmehr tonnenförmige Überwölbung war aus Sparsamkeitsgründen aus Holz aufge-
führt. Den einzigen Schmuck verkörperte der im Zopfstil gehaltene Kanzelaltar. Diese
Kirche überdauerte den Beschuß vom 28. September 1813. Nur der Turm mit seinem
barocken Aufsatz brannte ab.

Die preußische Regierung war mit dem gegebenen Bauzustand unzufrieden und
beorderte 1815 ihren Baumeister *Friedrich Schinkel* nach Wittenberg, der anregte, den
Baucharakter der Lutherzeit wiederherzustellen. Aber zunächst gelangte lediglich das von
König Friedrich Wilhelm III. gestiftete bronzene *Taufbecken* in die Kirche. Um 1830
gegossen, geht es auf einen Entwurf Schinkels zurück. An schöpferischem Wert übertrifft
es die meisten Werke der späteren Restaurierung. Schinkel verschmolz gotischen und
klassischen Geist zu einem den Idealen seiner Zeit gemäßen Stil.

Während immer wieder neue Vorschläge unterbreitet wurden, kam es vorerst nur zur
Restaurierung des *Portals* (Entwurf Friedrich Drake, Ausführung Friedrich Holbein;
Einweihung 1858). Das Tympanonfeld über der Tür erhielt ein Lavagemälde: vor der
Stadtsilhouette Wittenbergs der Gekreuzigte und, davor kniend, Luther und Melanchthon,
die Bibel bzw. die Augsburger Konfession in den Händen haltend. Auf den beiden neuen,
aus Bronze gegossenen Türflügeln ist der Text der 95 Thesen Luthers zu lesen. – Im weiteren nahm Kronprinz Wilhelm, der spätere *Kaiser Friedrich III.,* regen Anteil an der
Gestaltung der Schloßkirche, so daß ab 1883 Regierungsbaumeister *Friedrich Adler*
endgültig zur Tat schreiten konnte.

Wittenberg, ›Thesenportal‹ der Schloßkirche

Der Außenbau mit seinen schlichten spätgotischen Formen blieb verhältnismäßig unberührt, aber die im *Inneren* vorgenommenen Veränderungen waren erheblich. Dort wurden Strebepfeiler hochgezogen und ihnen ein vielgliedriges Netzgewölbe aufgesetzt. Die Empore wurde niedriger angefügt. Kenner loben die Präzision und die Regelmäßigkeit der handwerklichen Arbeit. Im Wandel vom einfachen Emporensaal zur dreischiffigen Hallenkirche entstand ein interessanter Raumeindruck. Obwohl der Spätgotik nachempfunden, strahlt das ganze Werk aber »eine nüchterne Kälte aus, die den Werken der obersächsischen Spätgotik ganz fremd ist« (S. Harksen).

Der Umbau des Kirchenschiffs wurde zum Anlaß genommen, die Gebeine von 27 Mitgliedern der askanischen Fürstenfamilie – von der Herzogin Helene von Sachsen († 1273) bis zur Kurfürstin Barbara von Sachsen († 1435) –

aus der ehemaligen Franziskanerkirche in die Schloßkirche umzubetten, wo sie in einem Gruftgewölbe vor der Westwand ruhen (Grabmal um 1885).

Bei der Erneuerung des *Kirchturms* wurde das alte brüchige Mauerwerk bis auf wenige Stockwerke abgetragen und dem verbliebenen Stumpf der neue, nunmehr schlankere aus Ziegelsteinen bestehende Turm aufgesetzt. Unter dem Helmansatz ist das Spruchband mit dem Anfangstext des Lutherliedes ›Eine feste Burg ist unser Gott‹ weithin sichtbar. Darüber sitzt der von aufstrebendem, kielbogenförmigem Maßwerk gerahmte Helm mit einem gotischen Spitztürmchen. Es handelt sich um eine neue Formgebung, die aber in Teilen an einen Cranachschen Holzschnitt von 1509 anknüpft. Insgesamt eine wohlgelungene Turmgestaltung, die zu außerordentlicher städtebaulicher Wirkung gelangt. Völlig verändert wurde die Turm und Schloß verbindende *Westfassade*.

Bei der *Ausstattung* wurden jene Kunstwerke, die das Inferno von 1760 überdauert hatten, würdig einbezogen. Bei den Neuanfertigungen verfuhr man ungeachtet des ursprünglichen Zustands der Kirche. Der Chorraum hat einen neugotischen *Altar* mit Figuren von Christus, Petrus und Paulus erhalten, über dem sich Filigranmaßwerk aus französischem Kalkstein erhebt. Vor den Innensäulen hat man Standbilder bedeutender Persönlichkeiten der Reformationszeit aufgestellt. Die Empore ist mit Maßwerk und Stadtwappen verziert. Den Zwickeln der die Empore tragenden Bögen sind bronzene Köpfe bekannter Persönlichkeiten der Reformationszeit aufgesetzt. Die Fenster tragen Wappen jener Städte, die sich früh zur Reformation bekannten. Bei dieser Dekoration ist es den Urhebern wohl mehr auf die Masse der Fälle als die Qualität des Einzelwerks angekommen. Eher beeindrucken die drei mit reichen Malereien versehenen *Chorfenster*, die nach Holzschnitten Albrecht Dürers zu den Themen Kreuzigung, Auferstehung und Pfingstwunder gestaltet sind.

Als warm und lebendig werden auch die vom Wittenberger Hofbildhauer *Loher* geschaffenen hölzernen Ausstattungsgegenstände empfunden: der Orgelprospekt, die Kanzel und das Gestühl. Die *Kanzel* lehnt sich in ihrer Grundkonzeption an die spätgotische Kanzel der Annaberger Annenkirche an. Im Unterbau trägt sie die Wappen der Städte Eisleben, Erfurt, Worms und Wittenberg, der wichtigsten Lebensstationen Martin Luthers. Besonders prachtvoll ist das von den Fürsten Deutschlands gestiftete *Fürstengestühl*. Der links von der Kanzel stehende thronartige Stuhl war für den Kaiser reserviert.

Die erneuerte Schloßkirche wurde am 31. Oktober 1892 durch Kaiser Wilhelm II. eingeweiht. Der Besucher findet nicht mehr die Kirche der Reformationszeit vor, sondern eher eine gründerzeitlich beeinflußte *Ruhmeshalle* der wilhelminischen Epoche, die dem Gedenken der Reformation und der Reformatoren gewidmet ist und zugleich den kirchenpolitischen Hoheitsanspruch der Hohenzollern dokumentiert. Wohltuend heben sich die zahlreichen Werke von außergewöhnlichem historischen und künstlerischen Wert heraus, die aus unterschiedlichen Stilepochen (Gotik, Renaissance, Historismus des 19. Jh.) stammen.

Stadtkirche St. Marien

Ihre historische Bedeutung ergibt sich aus der Verknüpfung mit Luthers Lebensweg: Zu den umfangreichen geistlichen Obliegenheiten Luthers gehörte auch das Amt eines Predigers an dieser Kirche. Hier ist der Gottesdienst nach Luthers Vorstellungen – das Abendmahl in Gestalt von Brot und Wein – zuerst gefeiert worden (1521). Hier hat Luther die bekannten Invokationspredigten gehalten (1521/22). Und hier sind mit Sicherheit auch Luthers Lieder zuerst gesungen worden (1524).

Im weiteren war diese Kirche die Hauptwirkungsstätte von *Johannes Bugenhagen*, der zum Kreis der führenden Reformatoren zählte. Aus Pommern gekommen, lehrte er zunächst an der Universität. Als die Stelle des Stadtpfarrers frei wurde, sorgte Luther dafür, daß sie an Bugenhagen fiel (1523). Ab 1539 unterstand ihm als Generalsuperinten-

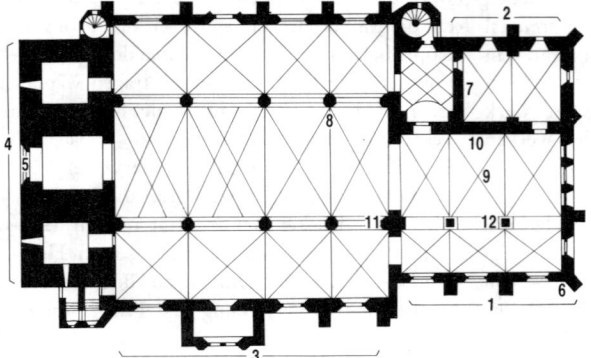

Wittenberg, Stadtkirche St. Marien, Grundriß 1 Chor, Ende 13. Jh. 2 Sakristei, um 1300 3 Dreischiffige Hallenkirche, 1439 geweiht 4 Westanlage: aus Feldstein errichtet, 14. Jh.; Mittelstück aus Backstein, 1432; Turmaufbauten 1556–58; steinerne Brücke, 1655/56 5 Hauptportal mit Madonnenstatue, um 1370 6 ›Judensau‹, Sandsteinrelief um 1304 7 Christus als Weltenrichter, Sandsteinrelief um 1400 8 ehem. Standort der alten Lutherkanzel (jetzt Lutherhalle) 9 Flügelaltar (Reformationsaltar) 10 Epitaph für Lucas Cranach d. J. 11 Grabplatte für Johannes Bugenhagen von Simon Schröter 12 Taufe von Hermann Vischer d. Ä., 1457

Wittenberg, Stadt-
kirche St. Marien

denten die Kirche des ganzen Kurkreises. Gleichzeitig blieb er dem niederdeutschen Sprachraum verbunden. Noch bevor die lutherische Gesamtbibel in Hochdeutsch gedruckt vorlag, erschien 1534 in Lübeck eine niederdeutsche Ausgabe, die sogenannte Bugenhagen-Bibel. Rastlos begab er sich auf Reisen, um Schritt für Schritt in Norddeutschland die reformatorische Ordnung des Kirchenwesens einzuführen. Das Haus Kirchplatz 9 (vor 1523), wo Bugenhagen Wohnung und Amtssitz hatte und das 1894 auf dem Kirchplatz aufgestellte *Denkmal* erinnern an diesen hervorragenden Mitstreiter Luthers.

Baugeschichte: Das Baugeschehen verteilte sich auf mehrere Abschnitte vom 13.–16. Jh. Aus dem ausgehenden 13. Jh. stammen drei aus Feld- und Backstein errichtete Joche einer *zweischiffigen Hallenkirche*, die den östlichen Chorteil bilden. *Bauplastik* findet sich hier nur an strukturell wichtigen Punkten in Form von Schlußsteinen, der künstlerisch bedeutendste, mit einem segnenden Christus, im ersten Hauptschiffjoch. Im 14. Jh. erfolgte der Anbau der Sakristei (Nordwand), und vor allem wurde der mächtige Feldsteinbau mit dem Hauptportal und den *zwei Türmen* im Westen, nach dem Vorbild des Magdeburger Doms, begonnen. Zu den Gestaltungselementen dieser Zeit gehören wahrscheinlich schon das dortige Tympanon und darüber die Maßwerkrose. 1411–39 schloß sich der *Erweiterungsbau* zur *dreischiffigen,* breiteren und höheren *Halle* an. Da sich dadurch die Hauptachse verschob, lassen sich die Bauabschnitte deutlich unterscheiden. Die Nahtstelle ist durch einen *Triumphbogen* gekennzeichnet. Bemerkenswert sind die beiden westlichen Hauptschiffjoche, in denen sich jeweils zwei Parallelrippen kreuzen, so daß als zentrale Figur ein Rhombus entsteht. Diese Bauetappe verwendete reichlich Bauplastik: innen *Konsolbüsten* an den Pfeilern, außen Apostelfiguren am Nordportal und an der Südseite. Für die vereinfachende Nachahmung des Parallelrippengewölbes wie auch die Gestaltungsweise der Konsolbüsten sind Einflüsse der Schule *Peter Parlers* (Vollendung des Prages Doms 1386), vermittelt durch die Bauhütte St. Moritz in Halle, nachweisbar.

Während der Hallenbau in wenigen Jahrzehnten emporwuchs, erstreckte sich der Bau des *Turmkomplexes* über 250 Jahre. Entstammen die eigentlichen Türme mit dem Hauptportal der ersten Hälfte des 14. Jh., so folgte der aus Backsteinen gemauerte Verbindungsbau erst seit 1432. Die ursprüngliche Abdeckung der Türme, jeweils eine vierseitige Pyramide mit einem äußeren Zinnenkranz, wurde während des Schmalkaldischen Krieges (1556) abgetragen, um Plattformen für die Aufstellung von Geschützen zu schaffen. Der heute bestehende Turmaufbau wurde 1556–58 unter Leitung von Ludwig Binder aus Zerbst nach dem Vorbild der Dessauer Marienkirche aufgesetzt – der Meister verunglückte dabei tödlich. Von den Türmen läuten die Marienglocke in *cis* (1422), die Sonntagsglocke in *e* (1583) und die Große Glocke in *gis* (1635).

Mittelalterliche Ausstattung

Als sich Luther 1522 auf der Wartburg aufhielt, wurde die Stadtkirche vom Bildersturm heimgesucht. Von den wenigen erhalten gebliebenen Gegenständen besitzt die 1457 von Hermann Vischer d. Ä., dem Stammvater der Nürnberger Künstlerfamilie, gegossene *Bronzetaufe* außerordentlichen künstlerischen Wert. Das achteckige Becken – von monumentaler Auffassung und meisterlicher Ausformung – wird durch vier Säulen getragen, die auf einem kunstreich geschwungenen Ständer ruhen. Die Füße sind von Fabeltieren und wappenhaltenden Löwen belebt. Den künstlerischen Höhepunkt erreicht die Gestaltung in den Vollplastiken der Apostel, die sich den Säulen anlehnen.

Reformationsaltar (Farbabb. 13): Als Luther 1522 nach Wittenberg zurückkehrte, beendete er den Bildersturm. Unter dem ersten protestantischen Stadtpfarrer Bugenhagen wurde die Kirche mit neuen Bildwerken versehen, in denen sich Luthertum, Renaissance und künstlerische Meisterschaft verknüpfen. Der 1547 geweihte Reformationsaltar ist das Kernstück. Seine inhaltliche Aussage, eine Komposition von Hauptelementen der lutherischen Sakramentslehre, ist wohl vor allem Melanchthon zuzuschreiben. Die wahrscheinlich in den 30er Jahren von *Lucas Cranach d. Ä.* gemalte *Mitteltafel* zeigt die mit Christus zum Abendmahl versammelten zwölf Apostel. Im Unterschied zur bekannten Abendmahlsdarstellung Leonardo da Vincis ist Christus nicht in den Mittelpunkt gerückt; er ist einer unter allen; Urchristentum und Luthertum berühren sich. Entsprechend dem damaligen Zustand der Christenheit ist die

Jüngerschar in bewegt diskutierende Gruppen aufgelöst. Die runde Form von Tisch und Bank faßt die scheinbar Auseinanderstrebenden zur Einheit zusammen. Es ist wohl das erste Mal in der Geschichte der Kunst, daß der ›Runde Tisch‹ mit dieser gesellschaftlich verbindenden Funktion malerisch gestaltet worden ist. Cranach nahm sich die Freiheit, Luther als einen nicht an der Diskussion Beteiligten in die Runde der Jünger zu setzen. Ein Mundschenk in Renaissancetracht, der offenbar die Züge von Lucas Cranach d. J. trägt, reicht ihm einen Becher Wein.

Die Seitenflügel und die Predella stammen aus den 40er Jahren des 16. Jh. und werden *Lucas Cranach d. J.* zugeschrieben. Auf dem *linken Flügel* ist eine Taufgesellschaft versammelt. Melanchthon vollzieht mit lächelnd geneigtem Haupt die *Taufe*. Der Bärtige links neben ihm ist Lucas Cranach d. Ä. Auf dem *rechten Flügel* nimmt Bugenhagen die *Beichte* entgegen. Dem links vor ihm bußfertig knienden Mann wird vermittels des ihm zugewandten Schlüssels des Petrus Vergebung zuteil. Aber vom Unbußfertigen zur Rechten weist der Schlüssel ab; der Mann wird mit gebundenen Händen fortgeschickt – ein Lehrstück zur lutherischen Auffassung vom Ablaß.

Die *Predella* ist eine aufs Wesentliche reduzierte Darlegung des *Luthertums.* Luther predigt von der Kanzel zur versammelten Gemeinde, die Männer stehend, die Frauen mit Kindern, z. T. auf Klappstühlen sitzend. Und wieder bekannte Gesichter: der Alte – Lucas Cranach d. Ä.; die Frau im Vordergrund mit dem Kind auf dem Schoß – wohl Käthe Luther mit Söhnchen Hans. Aber der predigende Luther und die Gemeinde sind Randerscheinungen. Im Mittelpunkt des kahlen Saals steht der Gekreuzigte, was bedeutet: Für die Gemeinde der evangelischen Christen habe nur Christus und das durch ihn verkündete Gotteswort zu gelten.

Epitaphien: Im Altarraum konzentrieren sich historisch und künstlerisch wertvolle Epitaphien und Grabsteine. Einige Epitaphgemälde stammen von *Lucas Cranach d. J.:* ein Weihnachtsbild, ein guter Hirte, eine Belehrung des Paulus sowie das mit starker antipäpstlicher Polemik versehene Gleichnis vom Weinberg des Herrn (nach einem Holzschnitt von Erhard Schön zu Hans Sachs' ›Klage Gottes über seinen Weinberg‹).

Unter den Plastiken verdienen die Arbeiten der Torgauer Bildhauerfamilie *Schröter* Beachtung: das Epitaph für *Johannes Bugenhagen* sowie das monumentale Erinnerungsmal für den Studenten Matthias von der Schulenburg († 1569). Das Epitaph zum Gedenken an *Lucas Cranach d. J.,* ein Alabasterrelief der Grablegung Christi des Dresdner Bildhauers *Sebastian Walter* (1606), zählt zu den bedeutendsten Bildhauerarbeiten der sächsischen Spätrenaissance.

1810–12 setzte der Dessauer Hofbaumeister *Carlo Ignazio Pozzi* neue gestalterische Akzente, indem er, an nordfranzösisch-englischen Kirchen des 15. Jh. orientiert, die unterschiedlichen architektonischen Elemente in klassizistischer Sicht verband. Pozzi befreite den Predigtsaal von den Auswüchsen der ständischen Ordnung, die sich im Rang der Sitzplätze und Grabstätten äußerte. Damit verschwand auch die Fülle an Epitaphien und privaten Denkmälern des 16.–18. Jh. Er erneuerte die Empore, den Orgelprospekt, das Chorgestühl und die Kanzel.

Rathaus und Denkmäler der Reformatoren

Dem ersten Rathaus (14. Jh.; 1521 abgebrochen) folgte ab 1541 ein dreigeschossiger Neubau (Baumeister Bastian Krüger; Oberleitung Conrad Krebs). Spätgotisch sind noch die schönen Vorhangbogenfenster; zur Renaissance strebt die gestreckte Anlage. Der für einen bürgerlichen Bau neuartige Grundriß übte eine breite Wirkung auf andere Rat-

hausbauten der zweiten Hälfte des 16. Jh. aus (u. a. Leipzig, Torgau, Pegau, Freiberg). Bei Umbauten in der zweiten Hälfte des 16. Jh. setzten sich die Renaissanceformen noch mehr durch. Die 1570 hinzugefügten Volutengiebel milderten den bisherigen kastenförmigen Eindruck. Den Höhepunkt an Prachtentfaltung bürgerlicher Renaissance erreichte *Georg Schröter* mit der ideenreichen Neugestaltung des *Portals* (1573) zur Marktplatzseite, namentlich dem *Altan,* der eine Balustrade des ersten Geschosses einbezieht. Seine Inschriften in vergoldeter Kapitale spiegeln die lutherische Auffassung von der Obrigkeit wider – als einer von Gott zum Wohle der Untertanen verordneten Institution, die zu achten und zu ehren sei. Allegorisch zu verstehen sind die zahlreichen Figuren der Tugenden auf den Giebeln.

Das im Inneren tragende Fachwerk litt unter nachträglich eingezogenen Zimmerwänden. Daher wurde 1926–28 das stark verbaute Rathausinnere vom Dach bis zum Erdgeschoß abgerissen, um einem vollständigen Neuausbau innerhalb der verbliebenen Umfassungsmauern Platz zu machen. Den historischen Zustand der Außenansicht hat man aber wie nur irgendmöglich erhalten bzw. wieder hergestellt, so daß das Rathaus eines der schönsten Mitteldeutschlands geblieben ist.

Vor dem Rathaus, auf dem Marktplatz, stehen die **Denkmäler** der beiden führenden Repräsentanten der Reformation. Das überlebensgroße *Bronzestandbild Luthers* befindet sich genau gegenüber dem Rat-

Wittenberg, Markt mit Rathaus, Denkmälern Luthers und Melanchthons und Stadtkirche St. Marien hausportal – der Reformator barhäuptig, im Talar, in der linken Hand die Bibel. Die Enthüllung erfolgte 1817 aus Anlaß des 300. Jahrestags des Thesenanschlags. Das meisterhafte Werk ist eine Gemeinschaftsleistung der beiden führenden Künstler Preußens. Die Figur entwarf *Gottfried Schadow,* den neugotischen Baldachin *Friedrich Schinkel.*

Das westlich davon stehende *Standbild Philipp Melanchthons* wurde 1860 zu dessen 300. Geburtstag errichtet. In Figur und Baldachin ist es dem Lutherdenkmal nachgebildet. Melanchthon hält in der rechten Hand die Rolle des Augsburgischen Glaubensbekenntnisses. Der Sockel ist mit Inschriften nach Bibeltexten und Aussprüchen Melanchthons versehen. Der Entwurf der Figur stammt von *Friedrich Drake,* des Baldachins von *Johann Heinrich Strack.*

☐ Bürgerhäuser

Noch heute sind der Markt und die von ihm ausgehenden Straßenzüge weitgehend von der *Renaissance* bestimmt. Charakteristisch sind die mit Gesims und Pilastern reichgegliederten Volutengiebel. Eindrucksvolle Beispiele bieten die Häuser Markt 23 und 25 (zweites bzw. viertes Viertel 16. Jh.). Das zuerst genannte befand sich 1595–1607 im Besitz von Augustin Cranach, einem Enkel von Lucas Cranach d. Ä. Ein weiteres Beispiel: das Haus Collegienstr. 7 (mit der Fassade Kirchplatz 14), wo in den Jahren 1628–42 der evangelische Liederdichter Paul Gerhardt wohnte. Eine andere Giebelgestaltung findet sich in Form von Kreisbögen auf Pilastern – als Viertelkreisbögen am Haus Schloßstr. 31 (um 1540) und als Halbkreisbögen am Melanchthonhaus, Collegienstr. 60. An vielen Stadthäusern blickt man in Fenster mit profilierten Gewänden; man durchschreitet Tore mit spätgotischen Rundbögen, Schlußstein und Sitznischen. Gelegentlich begrüßt eine Inschrifttafel den Eintretenden, wie am Haus Collegienstr. 90. In einigen Häusern finden sich noch spätmittelalterliche Tonnen-, Rippen- und Gratgewölbe, des weiteren massige Balken mit Schnitzwerk. Viele Bauherren begnügten sich nicht mit schmalen Pforten – für ihre schwerbeladenen Kaufmannswagen brauchten sie breite Toreinfahrten. Durch Seiten- und Hintergebäude gestalten sich imposante *Hofanlagen.* Die bekanntesten finden sich in den Grundstücken Schloßstr. 1 sowie Markt 3, 4 und 6.

Schloßstr. 1 wurde 1506 von dem Stadtrichter Kaspar Treuschel erbaut und 1513 von Lucas Cranach erworben; darum die Bezeichnung **Cranachhaus.** 1544 ging es in den Besitz des Sohnes Lucas Cranach d. J. über. Im späten 16. Jh. übernahm es Polycarp Leyser, ein Theologieprofessor und Schwiegersohn von Lucas Cranach d. J. Dieses Haus war früher das größte private Wohnhaus Wittenbergs und auch eines der schönsten. Hier wohnten nicht nur die Mitarbeiter der Cranachwerkstatt, auch andere Künstler mieteten sich während ihres Aufenthalts in Wittenberg ein. Im Obergeschoß gab es einen Raum mit einer reichgemalten Decke, darauf Wahlsprüche der Wittenberger Reformatoren und die Wappen Kursachsens, Cranachs d. Ä. und seiner Ehefrau Barbara. Dieses Haus hat aber durch Zerstörungen während der Belagerung 1760 und durch einen Brand 1871 schwer gelitten. 1779 ist die Adler-Apotheke von Markt Nr. 4 hierher gezogen. An die früheren Eigentümer erinnern u. a. Wappenscheiben und Eisengußtafeln. – Daneben im Haus Schloßstr. 2 befand sich schon zu Luthers Zeiten das Gasthaus ›Zum Schwarzen Bären‹, wo Luther nach seiner Rückkehr von der Wartburg beköstigt wurde. Ein Haus weiter wohnte der Goldschmied Christian Döring, der Freund und Geschäftspartner Cranachs. Es trägt noch eine Inschrift von 1592. – Auch die Grundstücke Markt 3 und 4 stehen in enger Beziehung zur Cranachfamilie. Nr. 3 hatte Lucas Cranach wohl 1533 von dem Buchhändler und Verleger Christoph Schramm († 1615) erworben, wurde aber schon 1525 ›Lucas Cranachs Buchladen‹ genannt. Seit 1564 war dieses Haus im Besitz des Bürgermeisters, Buchhändlers und Verlegers Samuel Selfisch († 1615). In Nr. 4 war die Adler-Apotheke gegründet worden. Dieses Haus erwarb Lucas Cranach 1507, die Apotheke mit dem Süßweinausschank aber erst 1520. Hier wurden Lucas Cranach d. J. (1515) und der Begründer des deutschen Strafrechts, Benedikt Carpzov (1593), ein Urenkel Cranachs, geboren.

Während an den Häusern und Höfen Cranachs viel gesündigt wurde, blieb dieses Schicksal dem Grundstück Markt 8, dem ehemaligen Wohnhaus des kurfürstlichen Kanzlers und Bürgermeisters Christian Beyer († 1535), erspart. Bemerkenswert ist besonders der Hof, der **Beyerhof**. Die Umfassung durch zweigeschossige Laubengänge verleiht der Anlage ein fast südländisches Aussehen.

Schon im 16. Jh. waren die Patrizierhäuser Wittenbergs in der Regel dreigeschossig. Eine charakteristische Eigenart waren die außen an die Hoffronten angefügten *Wendeltreppen,* häufig in Form von *Treppentürmen* gestaltet, von denen noch einige erhalten oder in Resten erkennbar sind, z. B. die Treppentürme mit polygonem Querschnitt im Beyerhof und im Cranachhaus. – Wittenberg zählt zu den wenigen Städten, in denen eine im Spätmittelalter (16. Jh.) angelegte städtische Wasserleitung, das *Jungfernröhrenwasser,* bis heute intakt geblieben ist. Auf zahlreichen Höfen der Altstadt befinden sich noch Zapfstellen, z. B. im Cranachhof.

Aufmerksamkeit verdienen die an vielen Stadthäusern angebrachten Tafeln, die an prominente Bewohner früherer Zeiten – Einheimische und Gäste – erinnern, darunter Kaiser, Könige, Feldherren, Universitätsprofessoren, Dichter, Philosophen und Erfinder.

□ Der Universitätskomplex

Hier lagen die hauptsächlichen Lehrgebäude, und hier wohnten mit Luther und Melanchthon die prominentesten Professoren. Nahebei, an der *Luthereiche,* verbrannte Luther 1520 die päpstliche Bannandrohungsbulle.

Collegium Fridericianum: 1503 an der östlichen Collegienstraße begonnenes *Hochschulgebäude* (Entwurf Konrad Pflüger, nach Kurfürst Friedrich dem Weisen benannt). Hier befanden sich mehrere Hörsäle. Nach der Zweckentfremdung durch Lazarett, Kaserne, Wohnhaus gibt das heutige Bauwerk, von einem stark verwitterten Durchgangsportal abgesehen, kaum noch Hinweise auf seine ruhmvolle Vergangenheit.

Augustinerkloster: 1502 in Verbindung mit der neu gegründeten Universität entstanden, war das schlichte Gebäude zur vornehmlichen *Bildungsstätte der Augustiner* bestimmt. Das Projekt einer Vierflügelanlage um einen Kreuzhof war noch während des Baugeschehens geändert worden. Der zuerst begonnene Südflügel, in dem schon der erste Abschnitt des Kreuzgangs realisiert war, wurde auf drei Geschosse erhöht. Hier befanden sich nunmehr im Erdgeschoß neben dem Kreuzgang das Refektorium (Speisesaal) und im ersten Stock der Hörsaal. Die Fensterreihe im zweiten Geschoß läßt die Lage der Zellen erkennen. Luthers war wohl, von der Elbseite gesehen, die äußerste links. Alte Stadtansichten zeigen dort noch einen Turm, wo Luther sein Arbeitszimmer hatte (bei Festungsarbeiten im 18. Jh. abgetragen).

Luthers Wohnhaus: Das Kloster wurde 1522 vom Bildersturm heimgesucht. 1523 verließen es die Mönche, aber Luther blieb. Der Kurfürst übereignete ihm 1532 das freigewordene Haus. Luther nahm daran einige Veränderungen vor. U. a. baute er sich in einem Flur über dem Kreuzgang die ›Familienstube‹, von folgenden Generationen *Lutherstube* genannt. Hier arbeitete er; hier traf er sich mit seinen Freunden und Gästen zur Tafel und zum Gespräch; hier werden wohl die umfangreich aufgezeichneten ›Tischgespräche‹ stattgefunden haben. Dieser Raum ist im großen und ganzen unverändert geblieben. Aus Luthers Zeit stammen noch der Fußboden, die Felderdecke und die Täfelung. Hinzugekommen sind im wesentlichen nur weitere Ausmalungen aus Anlaß von Jubiläen (Jahrhundertfeier der Universität 1602, Gedächtnisfeier zur Übergabe der Augsburger Konfession 1630). Das Mobiliar stammt aus der Zeit um 1535, der rußfarben glasierte Kachelofen mit Darstellungen der vier Evangelisten ist mit 1601 datiert. Eine Zutat der Familie Luther ist auch das mit aufwendigem Kielbogengewände gestaltete Portal, das Katharina Luther 1539 ihrem Mann zum Geschenk machte und darum *Katharinenportal* genannt wird. Im Schlußstein findet sich das Familienwappen, die Lutherrose.

Wittenberg, Lutherstube in der Lutherhalle

In diesem Haus von beträchtlichen Ausmaßen wohnten neben der Familie Luther zeitweilig auch andere Professoren. Hier wurden theologische Vorlesungen gehalten, hier hatten Studenten ihre Unterkunft. Luthers Erben verkauften es 1564 an die Universität, unter deren Regie es wiederholt restauriert wurde. Nun erst entstand der große Wendelstein, jener die Hofansicht heute so prägende Treppenturm.

Collegium Augusteum: In diese Periode fällt auch der Bau des langgestreckten Vorderhauses (1580–82 unter Ir(re)misch), das der von der Collegienstraße kommende Besucher auf dem Weg zum Lutherhaus durchschreiten muß. Sein Name erinnert an den Dresdner Kurfürsten August (1553–86), der es für die Universität errichten ließ. In ihm befanden sich die *Universitätsbibliothek,* der als Festsaal dienende *Fürstensaal,* so genannt nach den hier einst hängenden Gemälden der sächsischen Kurfürsten, dazu Räumlichkeiten für Studenten. Das Gebäude ist stark verändert, die Bibliothek weitgehend nach Halle verbracht worden. Am ursprünglichsten erhalten ist die Eingangshalle. Heute beherbergt dieses Gebäude das Evangelische Predigerseminar und Restbestände der Universitätsbibliothek (Theologie und Philosophie).

Vom Museum Lutheri zur **Lutherhalle:** Wer hinfort Wittenberg besuchte, wollte die Wohn- und Wirkungsstätte Luthers, namentlich die Lutherstube, in Augenschein nehmen. Viele Prominente nutzten die Durchreise zur Besichtigung, u. a. 1707 König Karl XII. von Schweden und 1712 Zar Peter der Große, dessen Namenszug an der Westtür der Lutherstube erhalten ist. Aus der ›Familienstube‹ war so das **Museum Lutheri** geworden. – Nach 1813 geriet der Bau in einen unwürdigen Zustand. Bei der Restaurierung (bis 1883) brachte August Stüler, Preußens oberster Baubeamte, wesentliche neogotische Elemente ein.

Inzwischen war der Plan herangereift, die Stätte des Luthergedenkens mit einem *reformationsgeschichtlichen Museum* zu kombinieren. 1883 wurde diese nun *Lutherhalle* genannte Einrichtung durch den Kronprinzen Wilhelm (II.) von Preußen eröffnet. Durch Stiftung und Ankauf gelangten wertvolle Sammlungen, Bibliotheken und Einzelstücke in ihren Besitz. Unter der Leitung von Oskar Thulin (1930–68) entwickelte sich die Lutherhalle zum bedeutendsten reformationsgeschichtlichen Museum der Welt.

Melanchthonhaus: Im Übergangsbereich vom Universitätskomplex zur Bürgerstadt gelegen, wurde es 1536 für Philipp Melanchthon gebaut. Es ist eines der schönsten erhalten gebliebenen Gelehrtenhäuser der Renaissance; seit 1967 *Gedenkstätte.* Der Hof des Hauses ist als Gewürzgarten gestaltet. Dort befindet sich unter zwei aus der Zeit Melanchthons stammenden Eiben ein ovaler Steintisch mit der Inschrift »P Melanchthon / 1551«.

☐ Relikte der Stadtbefestigung
Mittelalterliche Anlage. Ein etwa 35 m langer Rest der alten *Stadtmauer* (Unterteil aus Feldsteinen, 13./14. Jh., Oberteil aus Backsteinen mit Feldsteinen durchsetzt, 14./15. Jh.) befindet sich zwischen dem Fridericianum und dem Augusteum. – **Festungsbauten.** An die *Bastion Scharfes Eck* (17. Jh.), seit 1817 *Bastion ›Tauentzien‹,* erinnert die Aufschüt-

tung am Schloßplatz; mit Resten der nach Süden und Südosten mit Backsteinen verblendeten Wallanlage und zwei von Osten her zugänglichen Tonnengewölben. Dort seit 1945 Begräbnis- und Gedenkstätte der Roten Armee, die bis 1990 mit einem ansichtsbestimmenden sowjetischen Panzer bestückt war. – Vollständig erhalten ist die auf Befehl Napoleons aufgeführte *Kasematte* im Stadtpark, die als Vorwerk gedacht war und demzufolge schon außerhalb von Wall und Graben lag. (Die Jahreszahl 1864 oberhalb des Eingangstors erinnert an die Restaurierung in preußischer Zeit.) – Der ausgedehnte Grüngürtel des *Stadtparks* ist nach der Entfestigung (1873) durch Umgestaltung der ehemaligen Festungsanlage entstanden; mit seltenen Gehölzen, Steingärten, Schwanenteich, Tiergehegen und Volieren; in der Kasematte Aquarien.

Von Wittenberg nach Dessau

☐ Links der Elbe
Am Rand der Dübener Heide

Zwischen Pretzsch und Wörlitz trug die Elbe durch Mäandrieren Stück für Stück vom rechten Uferrand ab. Der Fluß verlagerte sich dorthin, während er linkselbisch eine tischebene Flußaue hinterließ, die sich bei Kemberg–Wittenberg auf 10 km verbreitert. Ihre Anwohner haben sie in eine ergiebige Ackerbauebene verwandelt; die Hochwassergefährdung gab aber Anlaß, die Ortschaften erhöht auf dem Rand der Dübener Heide zu gründen. Vor Wörlitz geht die Aue in einen urwüchsigen Eichenmischwald über, der wiederum in die Dessau-Wörlitzer Kulturlandschaft einmündet. Die südlich anschließende Dübener Heide endet vor Gräfenhainichen.

Die Stadt *Kemberg* (3000 Einw.) entstand zwischen 1150 und 1200 an der Straße Leipzig – Düben – Wittenberg (heute B 2). Von der uralten Bedeutung dieses Platzes kündet ein noch gut erkennbarer ovaler Ringwall (250 × 200 m) aus der jüngeren Bronze- und der mittelslawischen Zeit, der in der ottonischen Ära wahrscheinlich als Burgward zur Sicherung der Elblinie benutzt wurde (seit 1560 Friedhof; mit barocken und klassizistischen Grabsteinen). Der alte Ortsname ›Kemrick‹ leitet sich von Cambray her, was auf die Ansiedlung flämischer Kolonisten hindeutet. Kemberg wurde 1346 als Stadt genannt, die sich um 1440 mit Mauer, Wall und Graben umgab. Anfang des 16. Jh. hatte Kemberg die Größe und Bedeutung einer Mittelstadt. Wirtschaftliche Grundlage waren der Acker- und Hopfenbau, das Brauwesen und die Leineweberei. Es bestanden enge Verbindungen mit Wittenberg und dem Reformationsgeschehen. Dann geriet die Stadt in den Schatten Wittenbergs. Nachdem die Schweden Kemberg im Dreißigjährigen Krieg völlig zerstört hatten, trat ein Niedergang mit bleibenden Folgen ein. Die neuen Verkehrsverhältnisse im 19 Jh. rückten Kemberg weiter in abseitige Lage.

Sehenswert ist vor allem die **Stadtkirche Unser Lieben Frauen.** Sie besteht aus der großen dreischiffigen Halle von sechs Jochen und weitem Chor (im wesentlichen 1325–46), Sakristei (16. Jh.) und dem 86 m hohen Westturm, der vom Mittelschiff getrennt steht und mit ihm durch einen Zwischenbau verbunden ist (Ersatz für den 1856 eingestürzten Turm; neogotisch nach einem Entwurf von Friedrich August Stüler). Außen ist die Kirche von Strebepfeilern umgeben, im Westen fialenbekrönt. Das Innere ziert ein schönes Sterngewölbe mit zwei Sonnenrädern auf Achteckpfeilern; die Konsolsteine sind teilweise fratzenhaft gestaltet. Erhalten sind Wandmalereien aus der zweiten Hälfte des 15. Jh. – im Altarraum ein ›Hortus conclusus‹, hinter der Doppelempore eine Vita Christi. An der Nordwand des Chors befindet sich ein barockes Gehäuse, in dem 200 Jahre lang der Platz des Propstes war. Darüber ein gotischer Altarschrein (1470?), in seiner Mitte die Krönung Mariens durch Christus, umgeben von Heiligenfiguren; auffallend die schwarze Figur des Mauritius, des Schutzpatrons des Kirchengebiets Magdeburg in katholischer Zeit. In der Nordostecke das Sakramentshäuschen, unter fränkischem Einfluß. Kruzifixus um 1500 mit triumphartigem Korpus. Die Hufeisenempore (17./18. Jh.) schmückt im Südteil eine reichbemalte Bildwand, u. a. mit Motiven der alttestamentlichen Heilsgeschichte, gemalt von M. A. Siebenhaar (Anfang 18. Jh.). Die Orgel mit klassizistischem Prospekt (Anfang 19. Jh., 1991 erneuert). Berühmt war die Kirche für ihren *Flügelaltar* von Lucas Cranach d. J. (1565): Die Mitteltafel trug eine Kreuzigungsszene, der rechte Flügel die Auferstehung Jesu. Historisch bedeutsam war der linke Flügel mit der Taufe Jesu – als Glaubenszeugen traten im Hintergrund die Wittenberger Reformatoren Luther, Melanchthon, Bugenhagen und Jonas in Erscheinung. Dieses Kunstwerk wurde 1994 durch einen Brand zerstört. – Das *Rathaus* (1609) zeigt in den Seitengiebeln noch spätgotisches Maßwerk und an der Marktseite drei Renaissancegiebel. Der Freitreppe wurde 1783 die Laube aufgesetzt. Gegenüber eine kursächsische *Postmeilensäule* von 1727. – Am Markt befindet sich mit dem *Pfeilschen Haus* das älteste Haus der Stadt; spätgotisch, mit Sitznischenportal; Überbleibsel eines Zisterzienserklosters.

Die traditionell bäuerlich strukturierte Landgemeinde **Bergwitz** (1900 Einw.) wurde in der

Kemberg, Stadtkirche Unser Lieben Frauen, Flügelaltar von Lucas Cranach d. J., ›Taufe Jesu im Jordan‹ mit den Reformatoren als ›Zeugen‹ (linker Flügel); 1994 durch Brand zerstört

ersten Hälfte des 20. Jh. zu einem wichtigen Ort des Braunkohlebergbaus; nunmehr Zentrum eines der bedeutendsten Erholungsgebiete im Raum Wittenberg – Coswig – Dessau, dessen Einzugsgebiet bis Bitterfeld – Halle – Leipzig reicht. Hauptanziehungspunkt ist der *Bergwitzer See,* der seinen Ursprung in der Braunkohlegrube ›Roberts Hoffnung‹ hat. Seit 1955 die Förderung eingestellt wurde, hat sich der verlassene Tagebau zum 186 ha großen See aufgefüllt (2 km langer Sandstrand, Einrichtungen für Freizeitsportarten wie Segeln, Surfen, Tauchen).

Der See bietet einen wichtigen Ersatz für die ehedem zahlreichen, aber sämtlich geschlossenen Flußbadeanstalten an der mittleren Elbe.

Empfehlenswert ist ein Abstecher nach **Gräfenhainichen** (9800 Einw.), bekannt als die Geburtsstadt des evangelischen Liederdichters *Paul Gerhardt* (1607–76). Ihm zu Ehren wurde 1830–44 die klassizistische *Paul-Gerhardt-Ka-*pelle errichtet (Ausstellungsgalerie und Konzerthalle). Vor dem Paul-Gerhardt-Haus der evangelischen Kirchengemeinde ein lebensgroßes *Paul-Gerhardt-Denkmal* des Berliner Bildhauers Johann Pfannschmidt von 1911. Aus neuerer Zeit (1977) stammt das Denkmal für *Johann Gottfried Galle,* der den Planeten Neptun entdeckte.

☐ **Rechts der Elbe**
Am Rand des Fläming

Anders als auf der gegenüberliegenden Flußseite besteht keinerlei oder kaum Aueland, so daß die auf der höher gelegenen Talterrasse entstandenen Städte Coswig und Roßlau unmittelbar an der Elbe liegen und nicht wie zahlreiche andere Orte an der mittleren Elbe durch einen breiten Auestreifen von ihr getrennt sind.

Zwischen Apollensdorf und Coswig nähert sich die intensiv mäandernde Elbe kraftvoll erodierend dem Fläming. Bei Griebo ist dadurch das hohe Steilufer der *Grieboer Schweiz* entstanden (eindrucksvoller Talblick). Das unmittelbare Hinterland ist der *Roßlau-Wittenberger Vorfläming,* der sich aus Sanderflächen, Stauch- und übersandeten Grundmoränen zusammensetzt. Rasch steigt er zu den höchsten Erhebungen des *Hohen Flämings* an (Apollensberg im Stadtrandgebiet von Wittenberg 110 m; bei Berkau 184 m).

Diese Geländebedingungen lassen den der Elbe zustrebenden Bächen nur kurze Lauflängen. Bei reichlich Gefälle schuf das Schmelzwasser am Ende des Eiszeitalters tief eingeschnittene Täler mit fast Mittelgebirgscharakter, von denen sich manche heutzutage als regelrechte Trockentäler, hier ›Rummeln‹ genannt, darbieten. Wenn aber auf der Hochfläche die Frühjahrsschmelze einsetzt oder Gewittergüsse niedergehen, sammelt sich in ihnen das abfließende Wasser zu wahren Sturzbächen.

Die Elbe erreicht die Industriestadt **Coswig/Anhalt** (9500 Einw.), die im Laufe der Geschichte zu verschiedenen Linien des Fürstenhauses Anhalt gehörte. Die Lage an der alten Heerstraße Magdeburg–Wittenberg und an der Elbe zog Coswig in mehrere Kriege hinein: Im Schmalkaldischen Krieg 1547 wurde die Stadt durch spanische Truppen zerstört. Im Dreißigjährigen Krieg nahm Gustav Adolf zeitweilig sein Hauptquartier im Schloß; im weiteren plünderten die Schweden Coswig zweimal völlig aus und entvölkerten es. 1813 stand hier der schwedische König Karl XIV. Johann mit seinen Truppen. – Die Stadt lebte u. a. von Weberei, Fischerei und Töpferei. Seit Anfang des 20. Jh. brachten Papier- und Zündholzproduktion sowie chemische Industrie neuen Aufschwung.

Sehenswert ist die **Stadtkirche St. Nikolai.** Von dem spätromanischen Erstbau aus Feldsteinen (um 1150) sind der tonnengewölbte Unterbau des Westturms und das flachgedeckte Schiff mit dem Triumphbogen in das heutige einschiffige Bauwerk übernommen. Um 1240 erfolgte eine frühgotische Erweiterung durch einen Chor mit geradem Abschluß und Kreuzrippengewölbe. Bei der umfassenden barocken Erneuerung 1699–1708 wurde der romanische Unterbau des Turms ins Achteck übergehend hochgebaut. Zur alten Ausstattung gehören das frühgotische Chorgestühl (1584 ergänzt) und vier Scheiben eines Genesisfensters (zweite Hälfte 14. Jh.). Aus der Reformationszeit stammen einige Gemälde, darunter von Lucas Cranach d. J. Reich vertreten sind Werke der barocken Erneuerung, darunter der zweigeschossige Altaraufsatz, die hölzerne polygone Kanzel und die Patronatsgestühle, alles reich geschnitzt und bemalt. Die Kirche grenzt an das ehemalige *Augustiner-Nonnenkloster*, wo sich seit 1992 das *Museum* befindet. – Das ehemalige **Schloß** wurde 1555–60 und 1667–77 unmittelbar am Elbufer errichtet und diente Witwen anhaltischer Fürsten als Alterssitz. Aus der Fürstenzeit sind u. a. zwei reichgestaltete Portale erhalten. Das Bauwerk wurde im 19. und 20. Jh. stark verändert. Die seinerzeitige Nutzung als Gefängnis vernichtete die Innenausstattung. Seit 1961 Archiv. – Das **Rathaus** ist ein spätgotischer Bau (um 1500), 1569 im Renaissancestil schlicht erneuert, später durch Anbauten erweitert. – Ein ansehnlicher Renaissancebau (um 1600) ist das ehemalige *Kavaliershaus*, heute Sparkasse, Schloßstr. 41. – Interessante Volksarchitektur findet sich im ehemaligen *Fischerviertel* unterhalb des Rathauses; dort Elbepegel mit Hochwassermarken.

Die Bedeutung der Stadt **Roßlau** (14 200 Einw.) ergab sich aus dem seit alters bestehenden Elbübergang an wichtigen Fernstraßen (vgl. Dessau). Eine erste Elbbrücke entstand 1583, die im Dreißigjährigen Krieg heftig umkämpft war (25. April 1626 – Wallensteins Sieg über den Grafen Ernst von Mansfeld). Am 26. Oktober 1760 überschritt Preußens König Friedrich II. bei Roßlau die Elbe, um sich in Dessau mit seinen linkselbischen Truppen zu vereinen und mit 44 000 Mann in Sachsen einzumarschieren. Nachfolgende Brücken wurden 1784 durch Eisgang und 1806 und 1945 durch Kriegseinwirkungen zerstört. – Durch seine Brückenlage war Roßlau eng mit dem gegenüberliegenden Dessau verbunden. Roßlau wurde 1935 Dessau eingemeindet, ist jedoch seit 1945 wieder selbständig und seit 1952 Kreisstadt. – Im Roßlauer Elbhafen wurde früher vor allem Holz aus dem Fläming verfrachtet, heute werden Getreide, Stahl und Düngemittel umgeschlagen. Die verkehrsgünstige Lage förderte die Entwicklung zur Industriestadt (u. a. Schiffbau, Waschmittel, Impfstoffe) und zum Eisenbahnknotenpunkt.

Die **Burg** am Rande der Elbniederung wurde im 16. Jh. ausgebaut und war später Witwensitz und Domäne; 1740 ergänzt durch das Kleine Schloß (Jagdschloß). – Das **Rathaus** am Markt wurde 1741 durch Fürst Johann August von Anhalt-Zerbst für die Bürgerschaft errichtet. In der Stadt gibt es einige *spätklassizistische Bauten* des anhaltischen Architekten Ch. G. H. Bandhauer, so das *Brauhaus* am Markt (1826). Bemerkenswert sind auch die beiden von Bandhauer geschaffenen *Pylone* (Torbauten des ägyptischen Tempels) am früheren Friedhofsportal. Die **Stadtkirche St. Marien** ist 1851–54 von Bandhauers Nachfolger Christian Conrad Hengst in neogotischem Stil erbaut worden. – Das **Elbzollhaus** an der Elbbrücke schuf Friedrich Wilhelm von Erdmannsdorff (1788). Der daneben stehende quadratische Turm mit Zinnenkranz entstand 1835 im Zusammenhang mit dem Bau der vierten Elbbrücke. **Schloß Rotall** (auf Roßlauer Gemarkung) ließ sich Prinz Aribert, der letzte Prinzregent des Herzogtums Anhalt, errichten (jetzt Reha-Zentrum).

Dessau-Wörlitzer Kulturlandschaft

Sobald man das Dessauer Ländchen betritt, glaubt man in einen Garten zu kommen. Die Natur hat sehr wenig getan, aber die Kunst desto geschmackvoller nachgeholfen.

Georg Friedrich Rebmann, ›Hans Kiekindiewelts.
Reisen in die vier Weltteile‹, 1795

☐ Geschichte und kulturelle Verdienste

Im Bereich Coswig–Dessau–Zerbst fließt die Elbe im ehemaligen Fürsten- bzw. Herzogtum *Anhalt*, einem Restterritorium des einstmals wesentlich ausgedehnter regierenden Herrschergeschlechts der Askanier. Es war zunächst verhältnismäßig wenig bedeutend und zudem über längere Perioden in die Linien Dessau, Köthen, Bernburg und Zerbst zersplittert. Erst Mitte des 19. Jh. fielen diese Territorien an die Dessauer Stammlinie (seit 1570) zurück, die fortan das gesamte Anhalt (seit 1807 Herzogtum) bis 1918 regierte. – Die anhaltisch-dessauische Dynastie brachte einige bedeutende Fürsten hervor. Aus der absolutistischen Zeit ist besonders *Fürst Leopold* (›Der alte Dessauer‹) bekannt, der in seiner eigenen kleinen Landesherrschaft offenbar ungenügende Entfaltungsmöglichkeiten sah und als energischer Heerführer in den Dienst Preußens unter Friedrich Wilhelm I. und Friedrich dem Großen trat. Die Wertschätzung, die Anhalt-Dessau fand, beruhte jedoch vor allem auf seinen kulturellen und künstlerischen Leistungen. Im 17. Jh. öffnete die Heirat des Fürsten Johann Georg II. von Anhalt-Dessau mit der *Prinzessin Henriette Katharina von Nassau-Oranien* das Fürstentum für Einflüsse der fortgeschritteneren Niederlande. Diese Fürstin brachte auch zahlreiche Meisterwerke altniederländischer, flämischer und holländischer Künstler nach Anhalt und begründete die Neigungen späterer Mitglieder der Fürstenfamilie zur bildenden Kunst. Des weiteren brachte *Henriette Amalie,* die jüngste Tochter des Fürsten Leopold, 1792 eine sehr reichhaltige Sammlung altdeutscher, altniederländischer, flämischer und holländischer Gemälde nach Dessau, dazu eine einmalige Kollektion Frankfurter Meister (von ihr während langjähriger Abwesenheit erworben).

Seinen Höhepunkt erlebte Anhalt-Dessau unter der Regierung des *Fürsten Leopold III. Friedrich Franz* (ab 1758), einem Enkel des Fürsten Leopold, der unter dem Einfluß der bürgerlichen Aufklärung stand und sich für Wissenschaft, Künste und gesellschaftliche Neuerungen aufgeschlossen zeigte. Unter seiner Herrschaft wurde Anhalt-Dessau im letzten Drittel des 18. Jh. und zu Beginn des 19. Jh. ein Zentrum vorwärtsdrängender Ideen in Deutschland. In einem umfassenden Reformprogramm waren der Landesherr und seine Mitarbeiter bemüht, die Gedanken der Aufklärer in die Realität des Lebens zu tragen. Der Kleinstaat erreichte eine humanistische Größe, die der des goethezeitlichen Herzogtums Sachsen-Weimar ähnelte; in mancher Hinsicht ging Dessau diesem voraus. Während jedoch in Weimar mehr die geistig-dichterische Komponente hervortrat, überwog in Dessau die architektonisch-gestalterische, die vor allem von *Friedrich Wilhelm von Erdmannsdorff* getragen wurde. Der ungewöhnliche Fürst gab dem begabten Architekten einzigartige Entfaltungsmöglichkeiten. Die *Fürstin Luise* wiederum stand ihrem Gemahl, dem Fürsten Franz, an Kunstbegeisterung nicht nach. Sie kaufte eine nicht unbedeutende Zahl von Gemälden der Goethezeit an und unterstützte die Ausbildung junger Künstler.

Die *Auslandsreisen*, die Fürst Franz in Gesellschaft von Erdmannsdorff u. a. unternahm und die von Erdmannsdorff selbständig unternommenen Italienreisen regten in hohem Maße an. In Rom trug der Fürst den Grundbestand seiner Antikensammlung zusammen. Hier lernte er architektonische Vorbilder im Sinne des palladianisch-winckelmannschen Schönheitsideals kennen. Zugleich führten die Reisen nach Italien und besonders zu den Kathedralen am Rhein, in Frankreich und Flandern zur Beschäftigung mit der Gotik. England gab das Vorbild, wie man klassisch-palladianische *und* gotische Stilelemente im zeitgenössischen Bauen verwenden könne. In England lernte er aber auch neue Produktions- und Wirtschaftsmethoden kennen.

Erdmannsdorff trug wesentlich zur Geschmacksbildung und zu den Entscheidungen des Fürsten bei. Mit dem von ihm entworfenen antikischen Schloß in Wörlitz (1769–73) brach er dem *Frühklassizismus* in Deutschland Bahn. Mit seinem Gotischen Haus in Wörlitz (1773–1813) gelang ihm der Durchbruch zur *Neogotik* in Deutschland. Unter dem nachfolgenden Herzog Leopold Friedrich wurde schließlich erstmals im neoromanischen Stil gebaut (s. u. Dessau-Großkühnau). Neben und nach Erdmannsdorff waren *Georg Christoph Hesekiel* und *Carlo Ignazio Pozzi* die maßgeblichen Architekten, die der Neogotik noch stärkeren Raum gaben. Keine andere deutsche Landschaft zeigt die praktische Umsetzung der Neogotik konzentrierter als das Dessauer Land (30 Bauten). – Die Gleichzeitigkeit der Initialrolle Dessaus bei der Einführung des Klassizismus und der Neugotik in Kontinentaleuropa bleibt ein Phänomen. Doch so unterschiedlich beide Stilarten erscheinen – beide eint der Protest der Aufklärung gegen Barock und Rokoko.

*Fürst Leopold III.
Friedrich Franz,
Herzog von Anhalt-
Dessau. L. Buschhorn,
Aquatinta, 1810*

*Friedrich Wilhelm
von Erdmannsdorf
(1736–1800).
J. F. A. Tischbein,
Gemälde, 1796*

Ein Ergebnis der Englandreisen waren auch die *landschaftsgestalterischen Bestrebungen.* Nach englischem Vorbild ließ Fürst Franz ausgedehnte Auegebiete zu Landschaftsparks umformen. Ab 1764 entstand mit dem Wörlitzer Park die erste große Anlage der englischen Gartenkunst auf dem mitteleuropäischen Festland. Charakteristisch waren die weitgehende Anpassung an die natürliche Flußaue und häufig auch weitgehende Bewahrung von Naturnähe. Die anhaltischen Gärten dienten zugleich der Aufklärung; mit architektonischen Elementen sollten geistig-symbolträchtige Inhalte, Bildung und humanistische Wertvorstellungen mitgeteilt werden. – Auch die weitere Landschaft zwischen Dessau und Wörlitz wurde parkartig überformt. Charakteristische Gestaltungselemente sind bewußt gesetzte oder erhaltene Einzelbäume und Gehölzgruppen. Weithin dehnen sich Wiesenauen aus, die von Alleen durchzogen und mit Tausenden von Solitäreichen durchsetzt sind. Alleen und Durchblicke sind teilweise mit dem Schloß in Dessau in Beziehung gesetzt. Die für das Land so wichtigen Wasserschutzbauten empfingen aus ästhetischen Gründen architektonisch gestaltete Bauwerke (Dammbauten). Mit dieser großzügigen Gestaltung der *Dessau-Wörlitzer Kulturlandschaft* unter dem Leitspruch »Das Schöne mit dem Nützlichen« begann die bewußte Landschaftspflege auf dem europäischen Festland. – Während Erdmannsdorff die meisten klassizistischen Gartenarchitekturen entwarf, schuf der in Holland und England geschulte *Johann Friedrich Eyserbeck* die meisten Park- und Landschaftsgestaltungen.

Unter der Regentschaft von Fürst Franz blühten auch das Theater- und Musikleben auf. Dem Pädagogen *Johann Bernhard Basedow* wurde es ermöglicht, am Philanthropinum (1774–1810) spätaufklärerische Erziehungsideale umzusetzen, womit eine Reformbewegung des deutschen Schulwesens eingeleitet wurde. Fürst Franz betrieb eine betonte *Toleranzpolitik,* die auch der jüdischen Bevölkerung für diese Zeit beachtliche Freiheiten gewährte. – Unter dem nachfolgenden, sehr lange regierenden *Herzog Leopold IV. Friedrich* pflegte Anhalt-Dessau in einigen Bereichen seine große Tradition weiter. Soweit einige Reformbestrebungen ins Stocken gerieten, wurden sie in anderen Regionen Deutschlands aufgegriffen und fortgeführt.

Als zur Mitte des 19. Jh. die verschiedenen anhaltischen Linien zum einheitlichen Herzogtum Anhalt zusammengefügt wurden, waren die vorwärtstreibenden Kräfte aber bereits anderer gesellschaftlicher Herkunft. Die Hauptstadt Dessau wurde zu einem wichtigen Industriezentrum. Die kulturelle Tradition und die neue ökonomische Basis veranlaßten das in Weimar gegründete *Bauhaus,* sich in Dessau als ›Hochschule für Gestaltung‹ niederzulassen (1925–32), womit Anhalt noch einmal zum Zentrum avantgardistischer Kunst wurde. Die von neuer Sachlichkeit getragenen Lehrmeinungen und Bauwerke seiner führenden Vertreter, wie *Walter Gropius* und *Ludwig Mies van der Rohe,* strahlten weltweit aus.

1918–45 bestand Anhalt als Freistaat und bis 1947 als Bezirk fort, ging dann aber in der neuen Länder- bzw. Bezirksstruktur der ehem. DDR auf (Bezirk Halle). Seit 1990 ist Anhalt ein Regierungsbezirk innerhalb des Bundeslandes Sachsen-Anhalt mit Dessau als Bezirkshauptstadt.

☐ Biosphärenreservat Mittlere Elbe

Im Raum Dessau und in den Regierungsbezirk Magdeburg übergreifend erstreckt sich auf einer Fläche von ca. 43 000 ha das Biosphärenreservat Mittlere Elbe. Die historische Entwicklung dieses großen Reservats, das sich über acht Landkreise erstreckt, begann mit dem Anhaltinischen Naturschutzgesetz von 1923. 1957 und 1964 wurden die wichtigsten Beschlüsse zur Ausweisung des Landschaftsschutzgebietes (LSG) ›Mittlere Elbe‹ gefaßt. Der Steckby-Lödderitzer Forst (zwischen Aken und Tochheim; seit 1929 NSG) wurde 1979 von der UNESCO als Biosphärenreservat anerkannt, und dieses wurde 1988 um die Dessau-Wörlitzer Kulturlandschaft erweitert. Durch Einbeziehung weiterer Bereiche der Auelandschaft wurde 1990 aus dem ehemals zweigeteilten Reservat das Biosphärenreservat Mittlere Elbe geschaffen.

Ein derart enger Zusammenhang von Natur- und Kulturlandschaften wurde früher nicht gesehen. Neu ist auch die ganzheitliche Sicht aller vom Wasserhaushalt der Elbe (und Mulde) abhängigen Auelandschaften. Die Konsequenz war die Zusammenfassung der im einzelnen beträchtlich unterschiedlich ausgestatteten Landschaftsteile unter einer Verwaltung (Träger: Ministerium für Umwelt und Naturschutz des Landes Sachsen-Anhalt). Das Biosphärenreservat gliedert sich entsprechend der Naturausstattung, der kulturhistorischen Entwicklung, der bisherigen Nutzung und der spezifischen Eignung seiner Landschaftsteile in vier **Schutzzonen.**

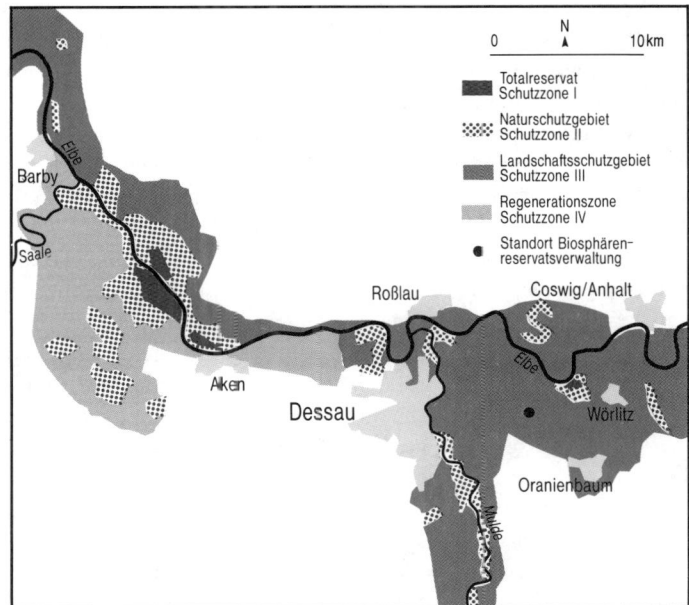

Biosphärenreservat Mittlere Elbe (Beschreibung der Schutzzonen I–IV umseitig)

Schutzzone I: Kernzone. Sie umfaßt acht Total-reservate (624 ha), vorwiegend im Auewald, aber auch in forstlich begründeten Eichen- und Kie-fernbestockungen auf den Talsandterrassen. *Schutzzone II: Pufferzone.* Sie beinhaltet 12 Na-turschutzgebiete (6200 ha). Es sind naturnahe Aueökosysteme, die aus Auewäldern (größter zusammenhängender Auewaldkomplex in Mit-teleuropa), Auewiesen und Altwässern bestehen. In den amphibischen Lebensräumen mit ihren Extremen zwischen Überflutung und Austrock-nung haben sich artenreiche Lebensgemeinschaf-ten entwickelt. Die Erhaltung des Elbebibers (Hauptverbreitungsgebiet mit über 300 Exem-plaren) ist ein Hauptanliegen.

Schutzzone III: Harmonische Kulturlandschaft. Diese größte Zone des Biosphärenreservats setzt sich aus Landschaftsteilen zusammen, die unter Landschaftsschutz gestellt sind (26 400 ha). Der wichtigste Bestandteil ist die in der zweiten Hälfte des 18. Jh. bewußt gestaltete Dessau-Wörlitzer Kulturlandschaft (unter Denkmal-schutz), die bewahrt, gepflegt und rekonstruiert werden soll. Zu dieser Zone gehört auch das Roßlau-Dornburger Elbtal.
Schutzzone IV: Regenerationszone. Ebenfalls unter Landschaftsschutz stehende Landschafts-teile (10 000 ha), die bisher intensiv genutzt wurden, z. T. geschädigt sind und zu einem Raum vorbildlicher Landschaftspflege werden sollen.

Dessau – Von der Residenz- zur Industriestadt

Die Stadt Dessau (94 000 Einw.) entstand vermutlich um 1180 auf einer in die Fluß-niederungen von Mulde und Elbe vorgeschobenen Talsandzunge (urkundlich 1213). Hier verlief die von Halle und Magdeburg kommende, nach Brandenburg und Berlin führende ›Hohe Straße‹, bevor sie in die Hochwassergebiete beider Flüsse eintrat. Früh schon wurden Brücken über Mulde und Elbe errichtet (vgl. Roßlau).

Dessau war eine Stadt der Kaufleute, Handwerker und Ackerbauern. Ihre Bedeutung lag in der Marktfunktion. Der Marktplatz befand sich südlich der Marienkirche, ehemals Großer Markt, später Schloßplatz genannt. Nördlich der Marienkirche entstand schritt-weise das Rathaus, dem sich Richtung Elbe der Kleine Markt anschloß. Die Repräsen-tationsfunktionen lagen in den Händen angesehener Patrizierfamilien, die ihre Ämter im 14. und 15. Jh. oft über mehrere Generationen ausübten.

Dessau war also keine Residenzstadt von Anbeginn. Die anhaltischen Fürsten der älteren Zerbster Linie hielten sich in der erst 1316 urkundlichen Burg nur gelegentlich auf. Erst nachdem die eigene Nebenlinie des Fürstenhauses in Dessau entstanden war (1474) und diese alle übrigen anhaltischen Besitzungen erlangt hatte (1570) und damit zur jüngeren Stammlinie der Fürsten von Anhalt geworden war, wurde die Residenzfunktion wirksam. Die mittelalterliche Burg wurde zur Residenz ausgebaut, die auch der Stadt einen merklichen Aufschwung verlieh. Als Dessau 1603 wiederum zum Sitz einer anhaltischen Linie wurde, war es bereits zur wichtigsten der anhaltischen Residenzen aufgerückt. Die Fürsten bekannten sich sehr früh zur Reformation Luthers (1534), entschieden sich aber 1596 für den Calvinismus, den sie gegenüber den Lutheranern tolerant vertraten.

Nach dem Dreißigjährigen Krieg kam der Aufbau schleppend in Gang. Erst unter Fürst Leopold konnte die Stadt wieder erweitert werden. Der Fürst ließ die aus der zweiten

Hälfte des 13. Jh. stammende Stadtmauer abreißen; eine neue Stadtmauer (1708–12) schloß auch die bisherigen Vorstädte ein. Der Siebenjährige Krieg brachte außergewöhnlich hohe finanzielle Belastungen. Unter Fürst Franz dehnte sich dann die Stadt nach Süden aus; es entstanden zahlreiche klassizistische Stadtpalais und im später eingemeindeten Vorland die schönen klassizistischen Schlößchen und die Landschaftsparks: Großkühnau, das Luisium und das Georgium.

Mitte des 19. Jh. änderte sich die Struktur Anhalts grundlegend. Die von Berlin ausgehende Anhalter Bahn (1841), die nach Bitterfeld, Halle und Leipzig weitergeführt wurde (1857), verschaffte diesen Städten mit dem Dessauer Wallwitzhafen (1859) Zugang zur Elbe. Die Erschließung des Bitterfelder Kohlereviers und eine besonders vorteilhafte Besteuerung gaben der Wirtschaft erhebliche Impulse. Es entstanden bedeutende Großunternehmen: 1855 die Continental-Gas-Gesellschaft, nach 1880 Werke der Schwermaschinenindustrie, der chemischen Industrie, des Waggonbaus, die Zuckerfabrik ›Fine‹, Brauereien usw. Die 1896 gegründeten Junkerswerke gingen 1920 zur Flugzeugproduktion über (erstes Ganzmetall-Flugzeug). Die Funktion als Landeshauptstadt Gesamt-Anhalts führte zum Bau zahlreicher vergrößerter Verwaltungsgebäude und auch zur Erweiterung des Schlosses. Zählte Dessau um 1880 erst wenig über 20 000 Einw., so 1939 122 000 Einw. Die Stadt umgab sich mit ausgedehnten Siedlungen, in denen Ideen des ›Bauhauses‹ zum Tragen kamen.

Der Zweite Weltkrieg hinterließ Dessau als eine der am meisten zerstörten Städte Deutschlands. Der schwere Bombenangriff vom 7. März 1945 hatte 84% der Innenstadt vernichtet. – Erfolgte der Wiederaufbau in den 50er Jahren im Bemühen, durch viergeschossige Häuserzeilen eine Annäherung an das frühere Stadtbild zu finden (s. Kleiner Markt, jetzt Zerbster Straße, und nördliche Verlängerung der Kavalierstraße), so hat man seither vor allem industriell gefertigte Typenbauten im inneren Stadtkern errichtet.

Einen *Rundgang* durch die Reste der früheren Innenstadt beginnt man am besten am alten Marktplatz, an der **Schloßkirche St. Marien** (Zweitbau 1506–54). Bald nach der Weihe der Kirche (1523) wurde in Dessau die Reformation eingeführt (1534). Der besondere Wert der Ausstattung bestand in einer Vielzahl vornehmlich aus der Malerwerkstatt Lucas Cranach d. J. stammender Gemälde (1552/53), die vom biblischen Denken im Sinne der lutherschen Theologie zeugten. Bei der Renovierung der Kirche Ende des 18. Jh. wurde ein Teil der Innenausstattung (Fürstenstuhl, Empore, Schranke) neogotisch verändert. Der Krieg hinterließ eine ausgebrannte Ruine mit eingestürztem Gewölbe. Von den Holztafelgemälden blieben lediglich vier erhalten (s. u. Johanniskirche). Die Ruine ist erst nach der Wiedervereinigung – als Vorstufe für die geplante Instandsetzung – überdacht worden. – Auf dem Vorplatz steht das *Denkmal des Fürsten Leopold* (1860 nach einem Berliner Modell von Schadow nachgegossen).

Richtung Osten (Mulde) schließt sich das ehemalige **Schloß** an. Nachdem sein Vorläuferbau von 1341 im 15. Jh. erst teilweise zerstört und dann völlig abgebrannt war, fielen die maßgeblichen Bauetappen in das 16. Jh., als das Schloß zu einer repräsentativen vierflügligen Residenz der Renaissance ausgebaut wurde, und in die Mitte des 18. Jh., als es

nach Plänen von Knobelsdorff zur offenen Dreiflügelanlage umgestaltet wurde. Geld-
mangel zwang zum Abbruch der Arbeiten, so daß äußerlich ein Torso zurückblieb, während das Innere nach der Art des Rokoko glänzend ausgestattet war. Klassizistische Auf-
fassungen fanden in den 60er Jahren des 18. Jh. Eingang (Ausbau des Festsaals und des
Rundkabinetts für die Fürstin durch Erdmannsdorff). Seit dem Bombenangriff ist – neben
dem Rest einer Tordurchfahrt – nur die Ruine des Westflügels übriggeblieben (*Johann-
bau;* 1530–33 von Ludwig Binder unter Verwendung mittelalterlicher Mauern; spätgotische und Renaissanceformen noch erkennbar). Der vorgesetzte polygone Treppen-

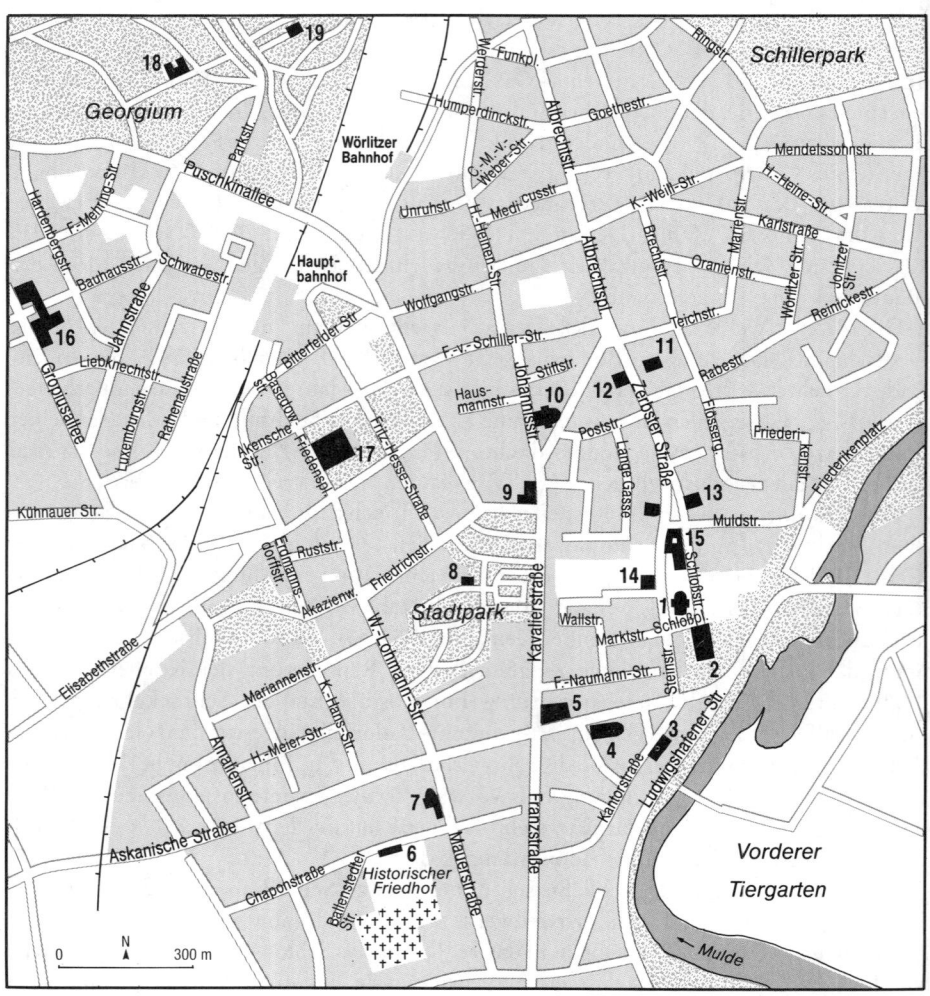

turm folgt dem Vorbild von Schloß Hartenfels in Torgau. Diese Ruine soll wieder ausgebaut werden. – Der Weg führt weiter zum ehemaligen **jüdischen Kantorhaus** in der Kantorstraße (1889). Dort Gedenktafeln für den Philosophen Moses Mendelssohn (1729–86) und den Komponisten Kurt Weill (1900–50), die in diesem Wohnviertel geboren wurden. – In der Askanischen Straße erreicht man die **Georgenkirche**, erbaut 1712–17 anstelle einer Spitalkapelle. Das querliegende elliptische Schiff mit Westturm wurde 1818–21 von C. I. Pozzi kreuzförmig erweitert. Das 1945 ausgebrannte Innere ist seit der Wiederherstellung modern gestaltet. – Das *Backsteingebäude Ecke Kavalier-/Askanische Straße* (Untergeschoß 1750) fällt durch seinen quadratischen Eckturm auf (Anbau 1847 nach dem Vorbild des Campanile des Hospitals St. Spiritus in Trastevere bei Rom, Ende 15. Jh.). Ursprünglich Unterkunft für Kriegsinvaliden, wurde das Gebäude 1903 zur Kunsthalle umfunktioniert; seit 1927 *Museum für Naturkunde und Vorgeschichte.* – Sehenswert ist der **Historische Friedhof,** der 1787–89 nach Plänen von Erdmannsdorff angelegt wurde. Die nach dem Vorbild italienischer Camposanti geschaffene klassizistische Anlage war der erste kommunale Friedhof für alle christlichen Konfessionen in Deutschland. Man betritt ihn durch einen *Portalbau* in Form eines antiken Triumphbogens; die Sandsteinfiguren versinnbildlichen Schlaf und Tod (in den Rundbogennischen) sowie Hoffnung (Bekrönung). Die fast quadratische Anlage ist von Mauern umschlossen, hinter denen Grabgewölbe liegen. Zu den gestalterisch auffallenden Grabstätten zählt das *Mausoleum* des russischen Fürsten und Philantropen *Nikolaus Putjatin* (mit einer Liedertafel). Sein Wunsch, in Dessau beigesetzt zu werden, verrät die Geistesverwandtschaft mit den dortigen Philantropen. An der Umfassungsmauer findet man auch die Gräber zahlreicher bedeutender Persönlichkeiten des Dessau-Wörlitzer Kulturkreises, darunter des Dichters Wilhelm Müller (›Am Brunnen vor dem Tore‹), des Pädagogen Gottfried Neuendorf und nicht zuletzt des Baumeisters Erdmannsdorff (würdige Erinnerungstafel). – Auf dem Askanier(Bebel)platz vor dem Friedhof steht der gelbe Backsteinbau des ehemaligen **Arbeitsamtes** (heute AOK), 1927 von Walter Gropius entworfen, ein hervorragendes Beispiel für die Auffassung des Bauhauses von streng funktionaler Architektur. – Der Rückweg führt durch den **Stadtpark,** den früheren Palaisgarten, wo ein längeres Stück der *Akzisemauer* von 1712 erhalten geblieben ist. Die Gaststätte und Galerie (seit 1966) ist im Ursprung eine *Orangerie* (1780), die zum klassizistischen *Teehäuschen* umgebaut wurde. Im Park finden sich einige sehenswerte Werke der Bildhauerkunst: die Bronzeplastik *Zentaurgruppe* von Reinhold Begas (ursprünglicher Standort am Schloß) sowie *Denkmäler,* die an *Wilhelm Müller* (1891 von Herbert Schubert mit einer Büste von Friedemann Hubold) und *Moses Mendelssohn* (1979 von Gerhard Geyer) erinnern.

Die **Kavalierstraße** ließ Fürst Leopold 1712–14 als Repräsentationsachse von Süden mit Blick auf die Johanniskirche anlegen. Im Parkbereich war sie von Palais der Prinzen flankiert (beim Bombenangriff zerstört). Vorbei am neogotisch gehaltenen **Hauptpostamt** (Sandstein; 1901 von Hake; Turmhöhe bei der Wiederherstellung herabgesetzt) gelangt man zur **Johanniskirche,** einem im Grundriß dem griechischen Kreuz angenäherten Bauwerk in holländischem Barock (1688–93 von Martin Grünberg; Westturm 1694–99, 1838 erhöht). Ihr südlicher Vorplatz ist der Rest des ehemaligen Neumarkts. Das 1944 bis auf die Umfassungsmauern zerstörte Kirchenschiff wurde 1953–55 in Anlehnung an die alten Formen wieder aufgebaut. Heute Gotteshaus der vereinten Kirchengemeinden St. Johannis und St. Marien. Seit 1990 mit hervorragender Orgel der Fa. Eule. 1992 fanden beidseits von Altar und Orgel drei der aus der Marienkirche geretteten großformatigen Tafelbilder ihren Platz: ein Abendmahl von Lucas Cranach d. J. (Christus mit Reformatoren und anhaltischer Fürstenfamilie); Christus am Ölberg mit Porträt des Fürsten Georg, Cranachwerkstatt, 1553–61; sowie Kreuzigung, Cranachwerkstatt, 1564/65.

Ein paar Schritte von der Johanniskirche entfernt (Johannisstr. 18) liegt das *Haus* des Apothekers und Naturforschers *Samuel Heinrich Schwabe,* der hier die Periodizität der Sonnenflecken entdeckte (1838; Gedenktafel). – Über die nördliche Abzweigung der Kavalierstraße – erst nach dem Krieg quer durch das Trümmerfeld neu angelegt – gelangt man zur *Anhaltischen Landesbücherei* und zur *Katholischen Kirche* (neogotisch, 1854–57). Das letzte Stück Weges nimmt man über die Zerbster Straße, in der sich noch Reste einiger Stadtpalais erhalten haben: **Palais von Brankony** (1797 unter Mitwirkung von Erdmannsdorff); gegenüberliegend **Palais Fürst Dietrich** (1752), wo Basedow das Philanthropinum unterhielt und später Prinzessin Henriette Amalie ihre Gemäldesammlung unterbrachte; am ehemaligen Kleinen Markt, der platzartigen Erweiterung der Zerbster Straße, das **Palais Graf Waldersee** (1792–95 von Erdmannsdorff; 1945 ausgebrannt, zur Stadtbibliothek wieder aufgebaut). Ein Abstecher hinüber zum Markt führt zum sog. **Pfeifferschen Haus,** dem ältesten erhalten gebliebenen Wohnhaus Dessaus (1595); unter dem steilen Dach drei Speicherböden. – Der Rundgang endet am **Rathaus.** Das stattliche Bauwerk (1899–1901, Entwurf Reinhard und Süßenguth, Berlin) zeigt in der Außenansicht Formen der Neorenaissance, im Inneren aber bereits Anklänge an den Jugendstil. Beim Neubau wurden zwei Sandsteinportale vom Vorgänger des Rathauses (1563 und 1601) übernommen. 1945 brannten die Obergeschosse aus, wobei die wertvolle Inneneinrichtung verlorenging. Der große Schaugiebel stürzte ein, der hohe Turm blieb jedoch erhalten. Der Wiederaufbau erfolgte in vereinfachten Formen.

Außerhalb der beschriebenen Ringroute sind zu empfehlen: im unmittelbaren Stadtbereich, westlich der Johanniskirche, das **Bauhaus,** eines der wichtigsten und interessantesten Architekturdenkmäler des 20. Jh. Heute versteht es sich als eine wissenschaftliche und künstlerische Arbeitsgemeinschaft mit den Bereichen Werkstatt, Sammlung und Akademie. Wesentliche Themen sind sozial- und umweltorientierte Stadt- und Raumplanungen. – Das **Landestheater,** 1938 außergewöhnlich groß erbaut, ersetzt das frühere Hoftheater (1855 und 1922 abgebrannt).

Dessau, Bauhaus

In Stadtrandlage und Vororten

Schloß und **Park Georgium** *(Anhaltische Gemäldegalerie)*. Im Nordwesten der Stadt, im Vorfeld der großen Elbschleife, 1780 im Auftrage des Prinzen Johann Georg von Erdmannsdorff quadratisch angelegt, 1893 durch seitliche Anbauten erweitert (Farbabb. 16). In dem von Eyserbeck entworfenen Park zahlreiche klassizistische Parkbauten von Erdmannsdorff sowie das ehem. **Mausoleum,** ein Kuppelbau nach Art der italienischen Hochrenaissance, 1794–98 von Franz Schwechten.

Schloß Luisium *(Museum der Goethezeit)*. Im Nordosten Dessaus, in der Muldeaue (rechte Flußseite), 1774–77 nach dem Entwurf von Erdmannsdorff für die Fürstin Luise klassizistisch errichtet. Die Deckenmalerei des Südzimmers (Bibliothek) versinnbildlicht die reiche Gedankenwelt der Fürstin (Frauengestalten in der Beschäftigung mit den sieben freien Künsten). Auch hier hat Eyserbeck das Umfeld zu einem *englischen Garten* gestaltet; wiederum mit verschiedenen Gartenarchitekturen. Eine Sichtschneise führt vom Schloß zur *Kirche* von *Jonitz* (1725, jetzt Dessau-Waldersee), der Herzog Franz 1816/17 einen klassizistischen Turm mit abschließendem Obelisk hinzufügen ließ; im Sockelgeschoß das Mausoleum des Fürstenpaars.

Schloß Mosigkau *(Museum)*. Fürst Leopold ließ es 1752–57 für seine Tochter Anna Wilhelmine als Rokokoschloß errichten (Entwurf Knobelsdorff, Ausführung durch einhei-

Schloß Mosigkau, Gartensaal mit Gemäldegalerie

mische Baumeister). Die geschmackvolle Inneneinrichtung ist weitgehend erhalten. Der lichtdurchflutete *Gartensaal* enthält eine Gemäldegalerie holländischer Meister, überwiegend aus der Erbschaft der oranischen Fürstin Henriette Katharina. Mit den südlich vorgesetzten *Kavalierpavillons* und *Dienerhäusern* entsteht ein Ehrenhof, der zum französischen Park gestaltet ist (begonnen von Christoph Friedrich Brose). Nach dem Tod der Besitzerin (1780) diente das Schloß bis nach 1945 als Stift adliger Damen (Friedhof nördlich des Gartens).

Dessau-Großkühnau. Dorfkirche; erster neoromanischer Backsteinbau Deutschlands, 1828–30, Werkstücke von Friedemann Hunold. Schiff mit Rundtonne gewölbt; im Chor halbes Klostergewölbe. Bemerkenswert auch der große *Landschaftspark*, 1753–64 von Leopold Ludwig Schoch beim ehem. Schloß angelegt, 1814–20 erweitert. Im Ostteil Reste der *Burg Reina*, zerstört erstes Viertel 14. Jh.

Dessau-Törten. Im Südosten Dessaus (Nähe Autobahnabfahrt) von den Bauhaus-Architekten Walter Gropius und Hannes Meyer 1926–30 angelegte **Wohnsiedlung.** Bemerkenswert u. a. die fabrikmäßige Herstellung aus Beton.

Im weiteren Umfeld Dessaus

Schloß und *Park* **Oranienbaum** (3700 Einw.) ließ sich Fürstin Henriette Katharina ab 1673 zum Sommersitz ausbauen. Der Holländer Cornelis Ryckwaert errichtete 1693–98 das heutige **Schloß**, eine Dreiflügelanlage im niederländischen Barock. Im Inneren ist vor allem der kreuzgewölbte *Sommerspeisesaal* erhalten, bemerkenswert wegen der Verkleidung von Wänden und Decke mit Delfter Fliesen, darunter fünf großen Fliesengemälden. Den **Park**, seit 1683 im französischen Stil angelegt, ließ Fürst Franz 1783–97 nach englischer Art erweitern. Nachdem man schon vorher einige Schloßräume im chinesischen Stil ausgestaltet hatte, wurden die neueren Parkteile mit chinesischen Gartenarchitekturen (*Glockenturm* und *Teehäuschen,* Entwurf Hesekiel) versehen. Seit dem zweiten Viertel des 19. Jh. wurde das Schloß nur wenig benutzt; heute Staatsarchiv. – Die Hauptachse der planmäßigen Ortsanlage (1683) ist auf das Schloß ausgerichtet. Den *Marktplatz* zieren vier monumentale Sandsteinvasen und, als Wahrzeichen der Stadt, ein schmiedeeisernes *Orangenbäumchen* mit vergoldeten Früchten (1690). – Die **Stadtkirche** (1704–12), auf einer den Marktplatz kreuzenden, parallel zum Schloß verlaufenden Querachse errichtet, kennzeichnen ihr quergelagerter ovaler Grundriß, das hohe Mansarddach mit dem Dachreiter, die umlaufende Holzempore sowie das von vier Kolossalsäulen gestützte Kuppelgewölbe.

Oranienbaum, Blick vom Marktplatz mit dem Orangenbäumchen zum Schloß

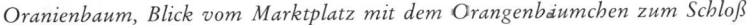

Bei **Wörlitz** (seit 1440 Stadt, 2300 Einw.) ließ Fürst Franz im Überschwemmungsland der Elbe – hinter den Deichen – eine der edelsten *Schloß*- und *Parkanlagen* des Zeitalters der Aufklärung schaffen (hintere Umschlagklappe). Entscheidend für die Wahl dieses Standortes waren ein Altarm der Elbe und die Deiche, die malerische Ansichten und vielseitige landschaftsgestalterische Möglichkeiten boten.

Kernstück der Wörlitzer Anlagen ist das frühklassizistische **Schloß** (1769–73; *Museum*). Erdmannsdorff entwarf es im Stile der englischen, von Palladio beeinflußten Landsitze, wobei Schloß Claremont von Henry Holland (1763/64) das wichtigste Vorbild abgab. Das Belvedere auf der Wasserseite (Palmensaal, 1784) ist nachträglich angebaut. Herrschen äußerlich klar durchdachte, doch schlichte Formen vor, so empfing die Innengestaltung viele schmückende Details, die einer programmatischen Idee untergeordnet sind. Erdmannsdorff fuhr 1770/71 zum dritten Mal nach Italien, speziell zu Studien für die innengestalterischen Entwürfe. Die Hauptaussagen entstammen der griechischen und römischen Mythologie, reich und geschmackvoll wie nicht zuvor in Deutschland wiedergegeben. Unverkennbar sind die römischen und pompejanischen Vorbilder. Zwei chinesische Räume verweisen auch auf den asiatischen Kulturkreis. Der Bauherr verstand sein Schloß als herrschaftliches ›Gartenhaus‹. Er umgab es nach drei Seiten mit Gartenanlagen, deren Dimensionen damals in Deutschland einzig waren.

Unser **Rundgang** kann nur einige Sehenswürdigkeiten herausgreifen: Unmittelbar am Schloß liegt der *Schloßgarten*. Seine Nordseite bildet das Ufer des langgestreckten *Wörlitzer Sees*, dessen natürliche Arme und künstlich angelegten Kanalverzweigungen zu den verschiedenen Parkbereichen mit weiteren Seen führen. Praktisch sind alle Parkteile wahlweise zu Fuß wie

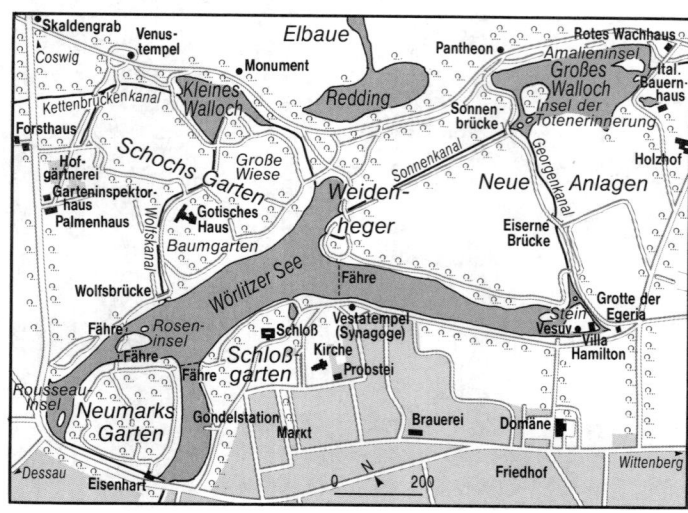

Parkanlagen von Wörlitz

Wörlitz, Blick über den Wörlitzer See mit Schloß und Stadtkirche

auch mit der Gondel erreichbar. – Nur ein schmaler Wasserarm trennt den Schloßgarten von *Neumarks Garten,* wo im Frühjahr reichlich Magnolien und Zieräpfel blühen. Hier findet sich der **Eisenhart** und der **Bibliothekspavillon,** zwei kleine antikisierende Rechteckbauten (1779–84), die auf gewölbten Unterbauen von Raseneisenstein stehen. Im **Südseepavillon** auf dem Eisenhart wird eine ethnographische Sammlung gezeigt, deren Stücke *Johann Reinhold Forster* und Sohn Georg während der zweiten Cookschen Weltumseglung zusammentrugen. Die *Rousseauinsel* (1782) hat ihr Vorbild in der Grabstätte des Philosophen im Park von Ermenonville. Die Felsengänge des **Labyrinths** (1784) versinnbildlichen die Irrungen und Wirrnisse des Lebens, mit Büsten von Gellert und Lavater.

Fähren führen über die *Roseninsel* zu *Schochs Garten,* der von vielen als der schönste Teil des Parks empfunden wird. Den architektonischen Mittelpunkt bildet das wie ein Märchenschloß in rotblühende Magnolien und riesenhafte Tulpenbäume (Liriodendron) eingebettete **Gotische Haus** (1773–1813; Entwurf Erdmannsdorff, Ausführung Hesekiel; *Museum*), ein Anziehungspunkt auch wegen der hier anzutreffenden zahlreichen Pfauen. Es besteht aus zwei winklig zusammengefügten Teilen, der eine durch venezianische Gotik, der andere durch die englische Tudorgotik inspiriert (Farbabb. 15). Die Innenausstattung übernahm Bestandteile des alten Dessauer Schlosses (Decke im Gartensaal, um 1685; Büsten oranischer und Dessauer Fürsten, um 1650/1700; Kamin mit Harzer Eisenplatten im Rittersaal, 16. u. 17. Jh).

Kostbar ist die Sammlung von mehr als zweihundert, überwiegend schweizerischen *Glasgemälden* (15.–17. Jh.). Im Kirchensaal eine Sammlung von Gemälden gotischer Kathedralen. – Entlang intim gestalteter Azaleenpflanzungen und Blumenbeeten zwischen Fliederreihen gelangt man zum **Floratempel** (1796). Der Weg führt über die **Kettenbrücke**, vorbei am *Betplatz des Eremiten* und der *Zelle des Mystagogen* zum mächtigen *Hochwasserdamm* (1765–1805 aufgeschüttet), der den Park nach Norden abschließt. Elbwärts schweift der Blick über weite Auewiesen und weitere Altarme. Auf der Deichkrone stehen der **Venustempel** (1794) und das den Vorfahren des Fürsten gewidmete **Monument,** ein Findlingsbau mit einer hohen Säule aus Pompeji (1801–07).

In östlicher Richtung schließt sich die naturnäher gebliebene *Neue Anlage* an. Am *Großen Walloch* ließ Fürst Franz sein **Pantheon** für die Antikensammlung errichten (1795/96). Die Anlage beschließt mit einem weiteren See, der im Westen die *Herderinsel* umfaßt. Im Osten des Sees trifft man auf eine weitere, aufgeschüttete Insel, wo der Fürst und Erdmannsdorff ihre Impressionen vom Golf von Neapel und Sizilien konzentriert bewahren wollten. Ihr Kernstück ist der **Stein**, eine Zusammentürmung von Findlingen, Eisenhart und Bruchsteinen geschichtsträchtiger Gegenden Italiens. Der

künstliche Felsen überdeckt Aushöhlungen, die teils nach der Art italienischer *Grotten* wasserdurchspült sind, teils mit ihren Gängen und Kabinetten an römische *Katakomben* erinnern sollen. Die Spitze aus lavaähnlichen Schlackesteinen imitiert den *Vesuv;* im Inneren wurde zu Gartenfesten ein Holzfeuer entfacht, das den ›Vulkan‹ auflodern ließ. Das Steinwerk bildet eine halbrunde Einbuchtung, die Nachbildung eines griechischen *Amphitheaters* (Freilichtbühne). Auf dem südöstlichen Vorsprung erhebt sich die sorgsam ausgestattete, verkleinerte Nachbildung der **Villa** des Diplomaten und Altertumsforschers *Sir William Hamilton* auf dem Posilipo bei Neapel (1791–94).

In diesem Parkbereich bestehen fließende Übergänge zum landwirtschaftlich genutzten Umfeld. Von einer an die ›Villa Hamilton‹ anschließenden Weinpergola überblickt man eine lange ›lombardische‹ Pappelallee, die zum **Italienischen Bauernhaus**, einem Geschenk des Herzogs Karl August von Weimar (1795), hinführt.

Die Parkanlagen waren von Anbeginn jedermann zugänglich. Der Garten sollte Erholung bieten wie auch kulturell und ästhetisch bilden. Die landwirtschaftliche Nutzung einzelner Teile durch Obstbau, Acker und Weide nach englischem Vorbild sollte mit neuen Produktionsmethoden vertraut machen.

Eine langgestreckte Platzanlage verband das Schloß mit dem **Rathaus** (1792–95 von Erdmannsdorff). Auch der Schloßherr benutzte die nur wenige Schritte vom Schloß entfernte **Stadtkirche St. Peter** (1200 geweiht). 1805–09 wurde sie durch Hesekiel umgebaut und erweitert. Besonderer Wert wurde auf die Neugestaltung des Turms gelegt, bei der wahrscheinlich Liebfrauen in Brügge Pate stand. Zur Ausstattung zählen Gemälde der Cranachwerkstatt (Luther und Melanchthon, 1535), von Lucas Cranach d. Ä. (Lutherbildnis, 1547) sowie der Brüder Olivier (1810). Unweit der Stadtkirche ließ der Fürst einen kleinen Rundbau (**Vestatempel;** 1789/90 von Erdmannsdorff) errichten, den er der jüdischen Gemeinde als Andachtsraum (**Synagoge**) zur Verfügung stellte; heute Ausstellungshalle zur Toleranzpolitik.

Die Industriegemeinde **Vockerode** (2300 Einw.) liegt auf halbem Wege zwischen Wörlitz und dem Dessauer Luisium. Das hier auf Braunkohlenbasis arbeitende **Kraftwerk**

Elbe wurde in zwei Phasen (1936–38 und 1953–59) erbaut; Leistung: 384 Megawatt. Zur Kühlung werden stündlich 60 000–80 000 m³ Elbwasser entnommen. – Die **Dorfkirche** ist ein stattlicher neugotischer Backsteinbau (1810–18 von Hesekiel), mit Doppelturmfront, die Wölbung als Spitztonne mit aufgelegten Stuckrippen.

Im Waldgebiet der Oranienburger Heide (zwischen Vockerode und Oranienbaum) entstand um die Jahrhundertwende ein **Jagdschlößchen** im Norwegerstil. Hier ist die *Verwaltung des Biosphärenreservats Mittlere Elbe* untergebracht.

Das Dessau-Magdeburger Elbtal

Die Klimagunst des mitteldeutschen Trockengebiets erreicht ihren Höhepunkt. In den Feuchtgebieten der Elbaue führt die größere Sommerwärme zu einer in Mitteleuropa einmalig kraftvollen, artenreichen Vegetation. – In historischer und kultureller Hinsicht werden mit der Nähe zu Magdeburg wichtige Berührungspunkte der karolingischen und der frühdeutschen Beziehungen zu den slawischen Völkerschaften an der Elbe-Saale-Linie erreicht. Hier lagen erstrangige Ausgangspunkte der deutschen Ostexpansion (Leitzkau). Die auflebende christliche Kultur brachte ein reichbestücktes Verbreitungsgebiet des romanischen Kirchenbaus hervor (›Straße der Romanik‹). Als Territorialherren haben die Erzbischöfe von Magdeburg Spuren in Kirchen, Klöstern und Burgen hinterlassen. Die Renaissance fügte den Schloßbau hinzu (Leitzkau). Nach dem Dreißigjährigen Krieg errichteten die Fürsten von Anhalt ihre barocken Schlösser (Zerbst, Dornburg), während Brandenburg-Preußen, die neue Landesherrschaft im vormaligen Erzbistum, außerhalb von Magdeburg kaum noch kunsthistorisch bemerkenswerte Neuschöpfungen hinzufügte.

☐ **Links der Elbe**
Von Dessau nach Magdeburg
Im Umfeld von Dessau lassen sich von modernen Verkehrswegen Blicke in naturhafte *Auewälder* werfen: von der Autobahn zwischen den Abfahrten Dessau-Ost und Dessau-Süd in das Tal der unteren Mulde und von der Chaussee Dessau – Aken in die hier breit der Elbe angelagerten Wald- und Wiesenbruchareale. Hinweisschilder erinnern an die Zugehörigkeit zum *Biosphärenreservat Mittlere Elbe*.

Im Winkel von Mulde- und Elbaue schließt sich am südwestlichen Stadtrand von Dessau die *Mosigkauer Heide* an (geologisch eine Fortsetzung der Dahlener und der Dübener Heide). Der Aue und dieser Heide folgt fächerförmig ausladend die zwischen Mulde und Saale liegende *Bernburg-Köthen-Bitterfelder Ackerebene*, ein ziemlich ebener, waldarmer Landstrich von 70–100 m Höhe, der in Saalenähe näher an die Elbe herangreift als in Muldenähe. Im östlichen Teil dieser Ebene überwiegen Sand- und Lehmböden, während nach Westen weichselkaltzeitlicher Löß zunimmt. Nur wenige Endmoränenzüge durchragen diese Lößdecke, die unter dem Einfluß einer Steppenvegetation am Ausgang des Eiszeitalters in tiefgründige Schwarzerde umgewandelt worden ist.

Die Saale

Im Fichtelgebirge am Großen Waldstein entspringend, hat sie bis zur Mündung bei Barby das nördliche Bayern mit Hof, Ostthüringen und Halle durchflossen und dabei die Nebenflüsse Luppe und Weiße Elster (rechts), Schwarza, Ilm, Unstrut, Wipper und Bode (links) empfangen. Mit 413 km ist sie (nach der Moldau) der zweitlängste Nebenfluß der Elbe, mit 24 079 km² derjenige (nach Moldau und Havel) mit dem drittgrößten Einzugsgebiet. Früher diente sie der Flößerei, die bei Lobenstein begann. Ein Floßgraben verband die Saale mit der Luppe bei Wallendorf und der Weißen Elster bei Possen. Die Saale ist auch für die Schiffahrt ausgebaut worden (bis Unstrutmündung bei Naumburg, 95 km Lauflänge); hier schlossen Handelswege nach Süddeutschland an. Die Schiffahrt setzt sich auf der Unstrut fort (weitere 71 km). Zur Zeit der Kettenschiffahrt war die Kette von der Elbe bis Halle verlegt. Im derzeitigen Zustand ist die Saale allerdings nur mit Kähnen von 750 t bis Halle-Trotha und 300 t bis Naumburg und Artern befahrbar.

In Verbindung mit dem Vertrag über die Vollendung des Mittellandkanals (1926) wurde auch das ›Gesamtprojekt Südflügel des Mittellandkanals‹ beschlossen, das den Ausbau der Saale bis oberhalb von Merseburg (Kreypau) für 1000-t-Schiffe vorsah; dort sollte der Bau des Saale-Elster-Kanals ansetzen (Anschluß von Leipzig an Saale, Elbe und Mittellandkanal). Als erstes sind die für die Wasserhaltung der Schiffahrtsstraße nötigen Talsperren an der oberen Saale fertiggestellt worden (Bleiloch, Hohenwarte, zu den größten in Europa zählend; wichtige Energieerzeuger). Der Krieg unterbrach jedoch diese Arbeiten. Ihre Wiederaufnahme ist seit Herstellung der deutschen Einheit erneut aktuell.

Das wichtigste Lößgebiet, die *Magdeburger Börde,* erstreckt sich von Elbe und Saale bis zu Ohre und Bode. Es ist eine flachwellige Hochfläche aus Geschiebemergel, die stufenweise von Nordwesten nach Osten abfällt. Die durchschnittliche Höhe liegt bei 100 m. Einzelne Hügel, zumeist Reste saalekaltzeitlicher Endmoränen, überragen die Fläche um 20–30 m. Die Lößablagerungen erreichen hier eine Mächtigkeit bis zu 2 m.

In der Börde macht sich die *Regenschattenwirkung* des Harzes besonders bemerkbar. Die durchschnittliche jährliche Niederschlagsmenge sinkt unter 500 mm/Jahr. Es gibt nur wenige Wasserläufe. – Das Zusammentreffen von Wärme und Trockenheit führt zur Verbreitung kontinentaler Pflanzenarten, wobei – anders als im ähnlich klimabegünstigten Raum Meißen – solche östlicher Herkunft überwiegen (Federgras, Frühlings-Adonisröschen, Feld-Mannstreu usw.).

Eine vor- und frühgeschichtliche Besiedlung entstand nur an den wenigen Gewässern, an Randgebieten dieser Landschaft. Eine stärkere Besiedlung erfolgte erst im 4. und 5. Jh. durch die germanischen Angeln. Sie brachten von ihren vorherigen Wohnplätzen die vielen Ortsnamen mit der Endsilbe -leben mit. Angeln, Hermunduren und Warnen bildeten den Stamm der Thüringer – das betrachtete Gebiet trug bis ins 13. Jh. die Bezeichnung Nordthüringen. Der Name ›Börde‹ taucht erstmals Mitte des 14. Jh. auf (vermutlich abgeleitet vom Wort bören = Abgabenzahlen; Teil des direkt von Magde-

264

burg verwalteten erzbischöflichen Territoriums). Aus dem politischen wurde ein geographisch-landschaftlicher Begriff, dem Topographen im 16. und 17. Jh. den Zusatz ›Magdeburger ...‹ gaben.

Auf dem fruchtbaren Boden ist der ursprüngliche subkontinentale Traubeneichen-Winterlinden-Hainbuchen-Wald (Eichenmischwald) nach der Besiedlung schnell durch Ackerbau verdrängt worden, besonders in den elbnahen Teilen, wodurch der steppenartige Charakter verstärkt worden ist. Seit der intensiven Nutzung im 19. Jh. haben sich im Ackerland bestenfalls Inseln einer Hundsrosen-Feldulmen-Gesellschaft erhalten, vermutlich eine Sekundärvegetation. Die charakteristischen Tiere der offenen Landschaft sind Feldhase, Hamster, Rebhuhn und Fasan. Wo man in der jüngsten Zeit Hänge mit Pappeln bepflanzt hat, haben sich Singvögel wieder vermehrt. Aber die früher häufige Zwergtrappe gibt es seit 1925 nicht mehr. Mit der nochmals intensivierten Ackerbaukultur nach 1945 verschwanden auch manche charakteristischen wärmeliebenden Steppenpflanzen, wie Adonisröschen und Wiesenkuhschelle.

In der Börde gelangt hohes Wasserspeichervermögen der Schwarzerde bei einem ausgeglichenen Wärmehaushalt zur Geltung, was den Anbau anspruchsvoller Kulturen (Zuckerrüben, Weizen) ermöglicht. In den an die Elbe heranführenden Kreisen Köthen, Schönebeck, Magdeburg und Wolmirstedt sind die Böden von der zweitbesten und in den westlich anschließenden Kreisen von der allerbesten Güte (besser als im vergleichbaren sächsischen Lößhügelland). Allerdings besteht wegen der Leewirkung des Harzes in heißen, trockenen Sommern Dürregefahr, so daß man in den letzten Jahrzehnten Beregnungsanlagen gebaut hat. – Bei vorherrschender, sehr reicher Landwirtschaft fehlt es nicht an Industrie.

Die Stadt **Aken** (10 000 Einw.) entstand an einer seit alters benutzten Elbfurt (wendische Burgwallanlage, frühdeutsche Burg). Die flämischen Kolonisten brachten Erfahrungen in der Kultivierung von hochwassergefährdetem Land wie auch den mundartlichen Namen der alten Kaiserstadt Aachen mit. Erste Siedlung 1121 abgebrannt, Neugründung in regelmäßiger Gitterform (urkundlich 1162, Stadtrecht seit 1270). Befestigung mit Mauer und Graben seit etwa 1300. 1355 gründete der sächsische Herzog Rudolf den Komturhof des Deutschritterordens, der bis 1717 bestand. Nach den Herzögen von Sachsen regierten die Erzbischöfe von Magdeburg (1338), die Kurfürsten von Brandenburg (1680), und ab 1790 diente Aken Preußen als Garnison. – Aken war eine Ackerbürgerstadt, seit dem ausgehenden Mittelalter auch Standort des Schiffbaus, des Elbhandels und Wohnsitz von Elbeschiffern. Seit dem 13. Jh. besaß es das Stapelrecht für alle auf der Elbe herabkommenden Holzflöße (reger Holzhandel; Versorgung der Salzsiedereien Groß-Salze, Schönebeck und Halle). 1887 gab es 135 Schiffseigner und 141 Fahrzeuge mit über 38 000 t Tragfähigkeit. 450 Akener waren in der Schiffahrt beschäftigt. Es bestanden zwei Werften. 1890 Bau des Hafens. – Im 19. und 20. Jh. Industrialisierung. 1934 Gründung des Akener Werkes der IG Farbenindustrie AG (Produktion nach 1945 auf Sintermagnesit umgestellt).

Der Stadtkern hat bei Wachstum der randlichen Neubauviertel sein historisches Bild bewahrt. Bemerkenswert sind die **Pfarrkirchen St. Marien** und **St. Nikolai,** im Ursprung aus dem 13. Jh. stammende spätromanische, dreischiffige Pfeilerbasiliken mit jeweils zwei niedrigen achteckigen Türmen und giebelbekröntem Glockenhaus. Beide

wurden nach dem Stadtbrand von 1485 unter Benutzung des spätromanischen Mauerwerks spätgotisch wieder aufgebaut. Die Marienkirche verfügt über einen spätgotischen
Flügelaltar, um 1500; darüber ein großer Triumphkruzifixus um 1460, barock restauriert;
die Nikolaikirche über eine große, achteckige Sandsteintaufe sowie zwei Grabsteine
Geistlicher mit Ritzzeichnungen, 1345 und 1371. – Das **Rathaus** wurde 1490 spätgotisch
erbaut und 1609 nach Art der Spätrenaissance erweitert. Mit gefälliger Giebel- und Ein-
gangsgestaltung; innen alte Gewölbe und Stuckdecken. Neben dem Rathaus die alte
Stadtschule von 1560. – Es gibt Reste der ehem. *Burg* (jetzt Schule) mit einem achteckigen
Turm am Burgtor. Von der mittelalterlichen *Stadtbefestigung* haben sich Teile der Stadtmauer und zwei Stadttore erhalten. – Bemerkenswerte Wohnhäuser: *Steinerne Kemenate*
aus dem 13. Jh. und ein Patrizierhaus von 1584. – *Heimatmuseum.*

Der auf 11 km Länge die Elbe säumende *Steckby-Lödderitzer Forst* ist mit 3500 ha
das größte zusammenhängende Areal eines naturnah gebliebenen Auewaldes in ganz
Europa, in seinen Ausmaßen nur vergleichbar mit den Auewäldern der Save. Seine
Bedeutung besteht in den urigen, periodisch überschwemmten Hartholzbeständen
(Eiche, Ulme, Esche) und den reichlich eingestreuten Altwassern. Das Gebiet zeichnet
sich durch einen besonders reichen Bestand an seltenen, in ihrer Existenz bedrohten
Arten aus. Hier liegt das Hauptverbreitungsgebiet des Elbebibers. Dieser Forst steht seit
1929 unter Naturschutz. 1979 als Biosphärenreservat, 1987 als Important Bird Area

Auewald im Steckby-Lödderitzer Forst

und 1991 als Europareservat international anerkannt. Er bildete den Kern für das 1990 geschaffene *Biosphärenreservat Mittlere Elbe;* große Teile sind Totalreservat geworden.

Die nahe der Saalemündung liegende kleine Industrie- und Elbhafenstadt **Barby** (5000 Einw.) war einst die Hauptstadt einer Grafschaft. Eine Wagenfähre gibt es unweit stromaufwärts, eine Eisenbahnbrücke etwas elbabwärts. – Ein deutscher Burgward zur Sicherung der Grenze gegen die Slawen kam 974 an das adlige Damenstift Quedlinburg. Die *Burg* war von Wassergräben umgeben; innerhalb einer größeren Hauptburg befand sich eine Innenburg. – Im frühen 12. Jh. entstand die planmäßige Stadtanlage nach Magdeburger Stadtrecht, deren Grundriß sich bis heute erhalten hat. Die Stadt erhielt eine Befestigung mit ursprünglich fünf Toren. Barby litt unter wiederholten Katastrophen: Verheerungen im Dreißigjährigen Krieg und Überschwemmungen im Hochwassergebiet von Elbe und Saale. – Ende des 12. Jh.–1659 regierten die Grafen von Arnstein, 1680–1746 Herzog Heinrich von der wettinischen Seitenlinie Sachsen-Weißenfels. Er ließ an Stelle der alten Burg (schon Anfang 9. Jh. erwähnt) 1687–1715 das **Barockschloß** errichten. Im weiteren kam Barby zu Anhalt-Zerbst, Magdeburg und schließlich zu Preußen. Das nicht mehr als Residenz genutzte Schloß samt Amtsvorwerk pachtete 1748 Graf Heinrich XXVI. von Reuß jg. Linie (Reuß-Ebersdorf) und überließ es seinem Schwager, dem Grafen von Zinzendorf, für dessen Herrnhuter Brüdergemeinde, die hier ein Seminar (prominentester Schüler: F. D. Schleiermacher), eine Druckerei und eine Sternwarte einrichtete. Im Schloß wurden auch Synoden der Herrnhuter abgehalten. Bei dem Brand 1917 sind nahezu alle Kunstwerke vernichtet worden. – Die Stadtbürger lebten traditionell von Ackerbau, Elbeschiffahrt und Schiffbau. 1879 Bau der Elbebrücke für die ›Kanonenbahn‹ Berlin – Wetzlar. Im 20. Jh. Herstellung von Nährmitteln (Maizena AG), Konserven und Möbeln sowie Baustoffindustrie. – Am 13. April 1945 bildeten die Amerikaner einen Brückenkopf über die Elbe, sahen aber vom weiteren Vormarsch auf Berlin ab.

Sehenswert ist vor allem die **Kirche St. Johannis,** die ehem. Klosterkirche der Franziskaner. Nachdem das zugehörige Kloster in der zweiten Hälfte des 14. Jh. abgebrannt war, diente sie bis 1715 den Grafen von Barby als Schloß- und Begräbniskirche. Der schlichte, turmlose und einschiffige Bau (frühgotisch, 1264–71) enthält einige künstlerisch überaus wertvolle Ausstattungsstücke, namentlich die in Fachkreisen stark beachteten Grabdenkmäler für die Grafen von Barby, die eine vierhundertjährige kunstgeschichtliche Entwicklung von der figürlichen Ritzzeichnung zur Vollplastik (Einflüsse der Prager Schule) und reliefierten Grabplatte widerspiegeln.

Zu empfehlen ist ein *Abstecher* nach der nahen Saale-Stadt **Calbe** (13 500 Einw.); einst Sommerresidenz der Erzbischöfe von Magdeburg, mit Resten der mittelalterlichen Stadtbefestigung, spätgotischer *Pfarrkirche St. Stephan,* repräsentativen Bürgerhäusern am Markt (17. Jh.) und Roland vor dem Rathaus (steinerne Nachbildung des 1945 zerstörten hölzernen von 1321). – In **Groß Mühlingen** (1080 Einw.) (zwischen Calbe und Schönebeck) *Renaissanceschloß,* ehemals Residenz der Grafen von Barby. Beim Ort Moränenreste mit Aussichtsturm und Blick auf das Elbtal.

Im Umfeld von Schönebeck erreicht die Elbe einen Landstrich mit nutzbaren Steinsalz-lagern. Stellenweise tritt die Sole in natürlichen Quellen zutage. Unterhalb von Schönebeck mündet das von solchen Quellen gespeiste Flüßchen *Sülze* (!). Im Sülzetal wächst eine reiche Flora von salzgebundenen und salzliebenden Pflanzen (Queller, Sode, Strandaster; *Flächennaturdenkmal ›Pfingstwiese‹*). Die Bewohner der Sülzetalorte **Beyendorf, Sohlen** und **Sülldorf** gewannen seit dem Mittelalter aus den natürlichen Quellen Kochsalz.

Zum wichtigsten Ort der Salzgewinnung wurde **Schönebeck.** Die heutige Kreisstadt (40 000 Einw.) ist durch die Vereinigung dreier Gemeinden mit unterschiedlicher Geschichte entstanden: Das schon 936 urkundliche **Frohse,** ehedem Sitz eines Königs-hofs und 1012 von Heinrich II. an das Erzstift Magdeburg geschenkt, ist eine kleinstäd-tische Siedlung geblieben, aber wegen des Elbehafens wichtig. – **Elmen,** das heutige Salz-elmen, verdankt seine Entstehung den schon vor 1015 bekannten Solquellen. Die ersten Siedebetriebe waren im Besitz des Erzstifts Magdeburg. Durch deren schnelles Anwach-sen entstand der Ort Groß-Salze, der 1290 Stadtrechte erhielt, sich ein eigenes Rathaus baute und mit einer Stadtmauer umgab. Die hier ansässigen Solgutsbesitzer (Pfänner) kauften Anfang des 14. Jh. auch die Anlage in Elmen. – **Schönebeck** entstand an einem Elbübergang. Sein Aufschwung (Stadtrecht im frühen 13. Jh.) wurde durch Fische-rei und Salzhandel und vor allem durch die Laufverlegung der Elbe in größere Nähe zur Stadt gefördert. Schönebeck war im frühen 14. Jh. im Besitz der Herren von Barby, wurde 1372 an das Erzbistum Magdeburg verkauft und fiel 1687 an Kurbrandenburg, das unter Friedrich I. mit der strikten Durchsetzung des königlichen Salzregals begann. 1705 erfolgte die Gründung der Königlichen Saline Schönebeck, der die Salinen in Elme und Groß-Salze eingegliedert und alsbald auch die Salzproduktion im benachbarten Sülzetal geopfert wurden. Für die Salinenarbeiter verschlechterten sich die Lebensbedingungen (Streik 1743). Schließlich nahm der preußische Staat das Monopol völlig wahr, indem er die verbliebenen selbständigen Pfänner auszahlte. Nachdem die staatliche Saline in Halle wesentlich billiger arbeitete, war Preußen um Modernisierung der technologischen Prozesse bemüht (Förderung der Sole mit einem von Pferden bewegten Paternosterwerk, dann mit Windmühle und ab 1792 mit Dampfkraft). Um den beim Salzsieden entstehen-den Brennholzverbrauch einzuschränken, errichtete man 1763–65 das 17 m hohe *Gradier-werk,* das 1776 auf 1837 m verlängert wurde. Die gradierte Sole wurde in Röhren nach Schönebeck geleitet und dort in ›Koth-Gebäuden‹ (Pfannhäusern) ›versotten‹. Schöne-beck war zur größten Saline Deutschlands geworden. Seit 1787 wurde auch Soda herge-stellt. Und ab 1802 wurde Salzelmen zum Kurbad ausgestaltet. Um das Gradierwerk ent-standen Parkanlagen. 1871/72 wurde das *Kurhaus* nach römischem Vorbild gebaut (Architekt Quistsop). Für die Salzproduktion wurde ab 1889 ein neuer Schacht abge-teuft, aus dem man nun das im Untertagebetrieb nach dem Spritzverfahren gelöste Salz aus 445 m Tiefe hochpumpte. 1967 wurde schließlich das Salzsieden in Schönebeck einge-stellt, da die Siedesalzproduktion gegenüber dem Schachtbau auf Steinsalz unrentabel geworden war. Das Solbad in Schönebeck-Salzelmen entwickelt sich aber weiter. 1992 wurde der stationäre Betrieb von den Waldburg-Zeilschen Kliniken übernommen. –

Die Saline Schönebeck im Jahr 1771 (Salzhafen). Gemälde

Ansonsten ist die Wirtschaft des Kreises Schönebeck überwiegend von Industrie bestimmt. Schönebeck ist auch eine Stadt der Schiffer geblieben (Schifferberufsschule ›Elbe‹ im Ortsteil Frohse).

Schönebeck

Die dem Schutzpatron der Schiffer und Fischer geweihte **Stadtkirche St. Jakobi** ist eine aus Bruchstein errichtete dreischiffige, in der Anlage frühgotische, flachgedeckte Basilika, zweite Hälfte 13. Jh.; im 18./19. Jh. nach dem Beispiel der Stephanskirche in Calbe umgebaut. Ungewöhnlich sind die fünf weitgespannten, sehr hohen rundbogigen Arkaden zwischen glatten Pfeilern, vermutlich 18. Jh. Bemerkenswert auch das Triumphkreuz mit zwei Schnitzfiguren (Madonna und Katharina), zweite Hälfte 15. Jh. – Von der ehem. *Stadtbefestigung* stehen noch Teile der *Stadtmauer* sowie der *Salzturm* als Rest eines Stadttors; seit 1714 mit einer gefälligen barocken Haube versehen. Ferner gibt es auf dem Breiteweg einige barocke und klassizistische *Bürgerhäuser*. Der aufwendige Bau des **Rathauses** wurde 1893 in historisierenden Formen errichtet. Davor *Brunnen* von 1908 mit den vier Symbolfiguren der Stadt: Bergknappe, Schiffer, Arbeiter, über allen die Frau mit der Wasserschale, die Elbe verkörpernd. In der ehemaligen **Synagoge** heute das Schalom-Haus.

Bad Salzelmen

Der bedeutendste Sakralbau ist die **Pfarrkirche St. Johannis.** Das Baptisterium ist spät-romanisch. Baubeginn des massigen querrechteckigen, zweitürmigen Westbaus 1430, der Westhälfte des Schiffs um 1485; die Osthälfte 1519 vollendet. Die dreischiffige spät-gotische Hallenkirche mit polygonal geschlossenem Chor wurde 1536/37 unter L. Binder mit schönen, in den einzelnen Schiffen unterschiedlichen Netz- und Sterngewölben ver-sehen. In allen vier Ecken des Innenraums Wendeltreppen, was die Planung steinerner Emporen bezeugt; doch wurden erst 1680 Logen, Emporen und das überreiche Gestühl für den städtischen Rat und die Pfännerschaft in Holz ausgeführt. An der Orgelempore Passionsgemälde. Auch die übrige barocke Ausstattung ist fast vollständig erhalten. Bemerkenswert u. a.: reichgeschnitzte Schranke zum Altarraum, 1682 von Tobias Wil-helmi aus Magdeburg; Altaraufbau, Holz, 1665 von G. Giegaß aus Magdeburg; Kanzel 1678 von Maximilian Dreißigmark aus Halle, der Korb von einem Palmbaum getragen; Taufstein 1682 von Wilhelmi mit Reliefdarstellungen; zwei Kruzifixe, 1550 und Barock; mehrere Epitaphien 17. und 18. Jh. Nördlich der Kirchen Gedenksäule, Sandstein, datiert 1514, mit Kreuzigungs- und Gethsemanerelief. – Das ehem. **Rathaus** wurde 1407 begon-nen, im Kern spätgotisch; Portal, Fenster und Fachwerktürmchen 18. Jh.; heute *Kreis-museum Schönebeck.* – Mehrere ansehnliche *Fachwerkhäuser* 16.–18. Jh. – *Technische Denkmale:* **Gradierwerk,** 1756–65, nur noch ca. 300 m erhalten, mit einer alten Wind-kunst. Steinerner **Solturm,** 1776, 32 m hoch; ursprünglich eine Holländerwindkunst zur Soleförderung. – Umliegend die *Kuranlagen.* – Reste der um 1450 erbauten *Stadtmauer; Turm* des Alt-Salzer Tors.

☐ Rechts der Elbe
Auf der alten Heer- und Salzstraße nach Magdeburg

Die Straße Zerbst – Leitzkau – Gommern verbindet Wittenberg und Dessau mit Magde-burg auf dem kürzesten Wege, indem sie die Schlingen der Elbe abschneidet. Auch die leicht abseits dieser Route gelegene Stadt Burg ist Bestandteil dieser Landschaft.

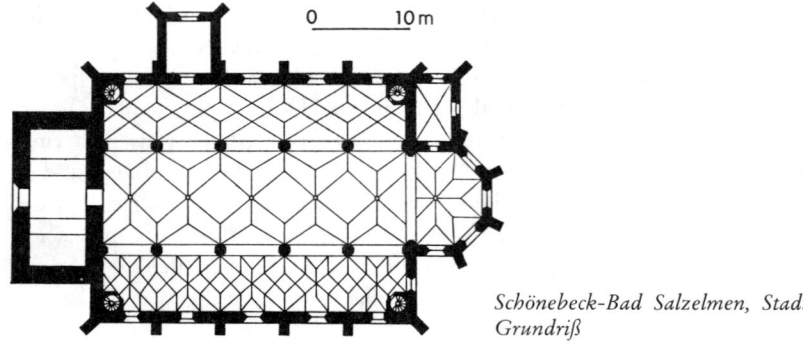

Schönebeck-Bad Salzelmen, Stadtkirche, Grundriß

Schönebeck-Bad Salzelmen, Pfarrkirche St. Johannis, Blick zum Chor

Die Kreise Zerbst und Burg sind durch den *Westfläming* geprägt – eine wellige, sandige Hochfläche mit einzelnen Zügen und Kappen von Endmoränen, der an der westlichen Abdachung, zur Elbe hin, ein flaches Grundmoränengebiet vorgelagert ist. Indem der Landverkehr einerseits der hochwassergefährdeten Elbaue auszuweichen und andererseits größere Umwege zu vermeiden sucht, begibt er sich geradewegs über eine auffallend hohe Endmoränenkuppe (Scheitelpunkt bei Leitzkau 113 m ü. M.).

Ist linkselbisch das Klima stark kontinental beeinflußt, so rechtselbisch ab Zerbst bereits maritim. Entsprechend erlangen in der floristischen Ausstattung des Westfläming atlantische Leitpflanzen größeres Gewicht.

Anders als im waldreichen Hohen Fläming sind im Westfläming offenbar schon früh größere Waldflächen gerodet worden (zahlreiche prähistorische Funde). Der Ackerbau überwiegt gegenüber der Grünlandwirtschaft. Doch im Gegensatz zur linken Elbseite sind rechtselbisch die Bodenverhältnisse wenig günstig (in den Niederungen vielfach anmoorig, auf den Grundmoränenplatten sandig-lehmig). Im Kreis Roßlau sind die Ackerzahlen besonders schlecht, besser schon im Kreis Zerbst, im sogenannten *Zerbster* (Acker-)*Land* (Kartoffeln, Roggen). Erst im Kreis Burg weisen die Böden höhere Qualität auf (seit den 30er Jahren auch Zuckerrübenanbau).

In demographischer Hinsicht nähert sich der Kreis Zerbst den Verhältnissen an der norddeutschen Mittelelbe. Die Bevölkerungsdichte bleibt gegenüber allen anderen Kreisen, die sich südwestlich anfügen, erheblich zurück. Die Industrialisierung ist extrem gering. Die ungünstigen örtlichen Beschäftigungsmöglichkeiten lassen viele Bewohner in den Nachbarkreisen Arbeit suchen.

Eine zusätzliche Besonderheit ist der *Elbauenstreifen* zwischen Roßlau und Magdeburg. Als sumpfig und regelmäßig vom Hochwasser heimgesucht, ist ihm der siedelnde Mensch weitgehend ferngeblieben. Demzufolge konnte er sich als das bedeutendste naturnahe Elbauengebiet erhalten. Die wenigen Ortschaften befinden sich oberhalb der eigentlichen Aue auf dem trockenen Rand des Vorfläming.

Die Kreisstadt **Zerbst** (17400 Einw.) entstand, wo die Alte Salzstraße die Nutheniederung querte, am Schnittpunkt weiterer Fernstraßen. Es gab schon eine slawische Wasserburg, wahrscheinlich der Hauptort des Slawengaus Ciervisti, der 948 dem neuen Bistum Brandenburg zugeordnet wurde. Eine bescheidene deutsche Marktsiedlung bildete sich vielleicht schon im 10. Jh., die aber 983 beim großen Slawenaufstand zerstört wurde. Die bald wieder eingerichtete deutsche Burg wurde 1007 vom Polenherzog Boleslav Chrobry erobert, der Teile der Bewohner zwang, mit ihm nach Polen zu ziehen. 180 Jahre schweigen die Quellen. Erst 1196 ist von einem Burgward die Rede. Wahrscheinlich gelangte Zerbst Anfang des 12. Jh. erneut in deutsche Hand. Zunächst war Zerbst Reichsbesitz. 1307 konnte der anhaltische Askanier Fürst Albrecht I. die Stadt an sich bringen und 1319 die Lehnshoheit über sie durchsetzen. – Es entstanden eine Burgsiedlung in unmittelbarer Nachbarschaft der alten Wasserburg mit der Kirche St. Bartholomäi (1300 zum Chorherrenstift erhoben) und die Marktsiedlung um die Nikolaikirche. Im 13. Jh. wuchsen beide Siedlungskerne zusammen. Vor den Stadtmauern (Ende 13. Jh.–15. Jh.)

entwickelte sich das Städtchen *Ankuhn*, dessen Bürger, möglicherweise niederländischer Herkunft, mit der Kultivierung der Nuthemoore die Grundlage für die Bedeutung von Zerbst als Stadt des Gartenbaus legten. Obwohl im hohen Mittelalter die größte und wichtigste Stadt in Anhalt, blieb Zerbst bis ins 16. Jh. der älteren köthenschen Linie der Askanier untertänig. Die Fürstengräber in der ehemaligen Burgkirche St. Bartholomäi, der Stiftskirche (16. Jh.), zeugen aber schon von einer Vorzugsstellung. – Zerbst war die erste bedeutende Stadt nach Wittenberg, die die Reformation annahm. Luther predigte bereits im Mai 1522 im Augustinerkloster. Nach der Reformationszeit entstand in Zerbst und in Anhalt ein Richtungsstreit innerhalb der evangelischen Kirche zwischen Lutheranern und Reformierten (Calvinisten). 1582 gründete Fürst Joachim Ernst von Anhalt aus den beiden Stadtschulen das reformierte Gymnasium illustre, eine Art kleiner Universität und Hochburg des reformierten Glaubens, an der bis 1798 die Juristen und Theologen für ganz Anhalt ausgebildet wurden. – Seit dem ausgehenden 14. bis zum frühen 17. Jh. wurde die Stadtentwicklung vorwaltend vom Bürgertum getragen (Rathaus, Stadtkirche St. Nikolai, Straßenzüge mit stilvollen Häusern des 16. und 17. Jh.).

Die Bedeutung von Zerbst für den Adel stieg sprunghaft, als die Söhne des Fürsten Joachim Ernst († 1586) das damals einheitliche Fürstentum Anhalt in vier Fürstentümer (die Linien Dessau, Bernburg, Zerbst und Köthen) aufteilten. Zerbst erblühte zu einer für seine Größe bemerkenswerten Hauptstadt und schmückte sich mit der ansprechenden Architektur eines kleinfürstlichen Barock (Schloß, Trinitatiskirche, Wohnhäuser fürstlicher Bediensteter). Am Hof wirkten bedeutende Persönlichkeiten. Eine wichtige Episode war die Ehe der Sophie Friederike Auguste, Tochter des Fürsten Christian August von Anhalt-Zerbst, mit dem russischen Thronfolger und späteren Zaren Peter (III.). Nach dessen Ermordung bestieg die Zerbster Fürstentochter als Katharina II. (›die Große‹) selbst den Zarenthron.

Der Niedergang von Zerbst begann im Siebenjährigen Krieg (1756–63, erhebliche Kriegskontributionen). Der regierende Fürst Friedrich August verließ 1758 sein Land. Die im 18. Jh. in Zerbst entstandenen Manufakturen (Fayencen, Gold- und Silberwaren) konnten den Abstieg nicht aufhalten. Das Schwergewicht verlagerte sich nach Dessau. 1797 starb die Zerbster Fürstenlinie aus; die Stadt und Teile des Landes Anhalt-Zerbst wurden Anhalt-Dessau zugeschlagen. Zerbst sank in Provinzialität. In der zweiten Hälfte des 19. Jh. ließen sich nur kleinere, vorwiegend mit der Landwirtschaft verbundene Industriebetriebe nieder. – Der schwere amerikanische Luftangriff vom 16. 4. 1945 legte fast alles innerhalb der Stadtmauern Gebaute in Schutt und Asche. Anfängliche Versuche, an traditionelles Bauen anzuknüpfen, mündeten 1959 in einem jegliche Traditionen negierenden typisierten Wohnungsbau. Bemühungen, einige kultur- und kunsthistorisch wertvolle Bauten wiederherzustellen, schleppen sich hin.

Die **Stifts- und Hofkirche St. Bartholomäi**, als Gotteshaus der Burgsiedlung entstanden, wurde 1215 geweiht. Im Kern spätromanische kreuzförmige Basilika aus Bruchsteinen. Bei der Erhebung zur Stiftskirche (1300) Chor nach Osten verlängert. Im frühen 15. Jh. wurde das Langhaus in einer Mischung von Back- und Bruchsteinen in der Breite

Zerbst,
Trinitatiskirche

des Querschiffs zur vierjochigen Halle erweitert. Wölbung zweite Hälfte 15. Jh. Als Glockenturm diente der ehemalige Wachturm der Burgsiedlung, der folglich freisteht. Als Stiftskirche war das Bauwerk Begräbnisstätte anhaltischer Fürsten. Beim Bombenangriff 1945 wurden das Langhaus und der Renaissancegiebel des Glockenturms zerstört. Erhalten blieben das Querschiff und der Chor; dort romanische Architekturreste und Wandgemälde (um 1220/30). Bei der Restaurierung wurden die Vierungspfeiler mit der Wölbung weitgehend erneuert, während das schöne Netzgewölbe im Chor original ist. Der Wiederaufbau des Langhauses als Sommerkirche ist abgeschlossen. Von der einst reichen Ausstattung ist der größte Teil verlorengegangen. Gerettet wurden Gemälde (u. a. Taufe Christi von Lucas Cranach d. J., 1568, mit Bildnissen des Fürsten Wolfgang von Anhalt und Reformatoren, im Hintergrund die Stadt Wittenberg), Grabplatten und Zinnsärge von Fürsten. – Die große **Stadtkirche St. Nikolai** (zweite Hälfte 15. Jh. von Hans und Mathias Kumoller) ist immer noch eine vom Krieg ausgebrannte *Ruine;* derzeit Sicherungsarbeiten. – Die **Trinitatiskirche** schuf 1683–96 der am Zerbster Hof wirkende holländische Architekt Cornelis Ryckwaert nach dem Vorbild niederländischer Kirchen; typische protestantische Predigtkirche. Auf dem Grundriß eines griechischen Kreuzes ein Zentralbau mit quadratischen Anbauten in den Ecken und hohem Zeltdach über dem Mittelquadrat. Vor den vier Kreuzarmen kräftig übergiebelte Risalite mit reichem plastischen Schmuck; sehr dekorative Wirkung. Das Bauwerk wurde 1945 bis auf die Umfassungsmauern zerstört. Wiederhergestellt; innen neugestaltet. Die plastischen Teile der großen Altarschauwand von Giovanni Simonetti (1690) konnten restauriert werden, während ihre Gemälde verloren sind. Bei der Neuausstattung mit Kanzel (frühes 17. Jh.), Nebenaltar (Rubenskopie, zweites Viertel 17. Jh.) und Orgel (18. Jh.) halfen thüringische Kirchengemeinden.

In Zerbst gibt es vier *Klosterbauten* aus dem 13. und 14. Jh. Am besten und am umfangreichsten erhalten sind die Baulichkeiten des **Franziskanerklosters St. Johannis** (Barfüßerkloster, 1252 vollendet, um 1400 erneuert, jetzt Gymnasium); durch Umbau kaum noch als Kirche zu erkennen. Chor und Klostergebäude heute *Heimatmuseum.* Vom ehemaligen **Augustinereremiten-Kloster** stehen noch die ehemalige Kapelle und Reste des Kreuzgangs (heute Speisesaal eines Feierabendheimes).

Das **Schloß** war eine barocke Dreiflügelanlage. Der Mittelflügel, ein Frühbarockbau, 1681–96 nach Entwürfen von Cornelis Ryckwaert und Giovanni Simonetti, der westliche Seitenflügel 1705–43, seit 1720 von Joh. Christoph Schütze, der östliche Seitenflügel 1744–49 von Friedrich Friedel unter dem Einfluß oder nach Plänen von Wenceslaus von Knobelsdorff. Nach der Aufhebung der Residenzfunktion stand das Schloß lange Zeit weitgehend leer. 1921 wurde es zum anhaltischen Landesmuseum eingerichtet, 1945 schwer beschädigt. Während die Trümmer des Mittel- und des westlichen Seitenflügels abgetragen wurden, steht der östliche Flügel als Ruine. Erhalten sind der *Schloßpark,* die *Reitbahn* (1724–27, jetzt Stadthalle), der *Marstall* (jetzt Wohnhaus) und das chinesische *Teehäuschen* (1724). – Das 1945 zerstörte *Rathaus* ist nicht wieder aufgebaut worden. Aber der *Roland* (1445/60 von Meister Curd) und das vergoldete Metallfigürchen der *Butterjungfer* (nachweisbar 1403, jetzige Figur 1647) stehen wieder auf dem Markt. – Von den einstmals zahlreichen historischen *Wohnbauten* sind seit dem Bombenangriff nur wenige erhalten. Beachtlich: Markt Nr. 12 (Spätrenaissancegiebel), 13 (Barockhaus von 1718), 16 und 17 (ornamentierte Fachwerkhäuser); auf der ›Breite‹ u. a. das Gildehaus (1655); mehrere Häuser in der Schloßfreiheit. – Fast vollständig erhalten ist der aus dem 15. Jh. stammende Mauerring der ehem. **Stadtbefestigung** von 4,2 km Länge und bis zu 7 m Höhe; unten Feldstein, oberes Drittel Backstein; die Zinnen im 19. Jh.

Zerbst, Rolandfigur auf dem Marktplatz

überwiegend ergänzt. Streckenweise Wehrgang mit Fachwerkbedachung; dazu mehrere Wehr- und auch Mauertürme (in Schloßnähe ›Kiekinpot‹, 1396, sowie drei mit Tortürmen versehene *Stadttore*).

Im Dorf **Steckby**, beim *Steckby-Lödderitzer Forst* gelegen, befindet sich die *Staatliche Vogelschutzwarte* für Sachsen-Anhalt, die eine Pionierrolle bei der Durchsetzung des Naturschutzes in den Elbauewäldern des Steckby-Lödderitzer Forstes und den angrenzenden Kiefernforsten des Westfläming spielte. U. a. populationsökologische Forschungen an bestandsbedrohten Arten, besonders an Großtrappe, Schwarzstorch, Weißstorch, Wiedehopf und Greifvögeln; zeitweilig auch umfassende Arbeiten zum Elbebiber (Forschung, Markierung, Umsiedlung), Aufzucht und Freilassung von Großtrappen. Seit der Einrichtung des Biosphärenreservats Spezialisierung auf ornithologische Naturschutzaufgaben.

Schloß Dornburg, am kürzesten von Leitzkau erreichbar, gilt als das bedeutendste Werk des ausgehenden Barock in Sachsen-Anhalt. Nach dem Tode des Fürsten Christian August von Anhalt-Zerbst bekam seine Gemahlin Johanna Elisabeth von Holstein-Gottorp, die Mutter von Katharina der Großen, das Vorgängerschloß als Wohnsitz zugewiesen. Nachdem dieses 1750 abgebrannt war, beauftragte die Witwe den aus Zerbst stammenden Hofarchitekten J. F. Stengel mit einer großzügigen Dreiflügelanlage, von der aber nur das stattliche, schön gegliederte Hauptgebäude fertiggestellt wurde. Die Stukkaturen im Inneren stammen größtenteils von Johann Gottlieb Bossmann. Da die Geldmittel infolge des Siebenjährigen Krieges versiegten und die Bauherrin 1760 verstarb, blieb auch der Innenausbau unvollendet. Nach dem Aussterben der Zerbster Linie 1793 fiel Dornburg an Anhalt-Köthen, im weiteren Verlauf in private Hände. 1945 brannte das Schloß durch Kriegseinwirkung z. T. aus; nach vieljähriger Verwahrlosung 1953–62 umfassende denkmalpflegerische Maßnahmen; bis 1991 als staatliches Archiv genutzt (heute nicht zugänglich).

Leitzkau, 6 km von der Elbe entfernt und 60 m über dem Flußniveau gelegen (1300 Einw.), war einer der ersten frühdeutschen Siedlungspunkte östlich der Elbe und beherrschte das östliche Vorfeld von Magdeburg. Von hier aus führte der von Sümpfen unbehinderte Weg auf die Höhen des Fläming und weiter bis zur Oder. Deshalb war Leitzkau einer der wichtigsten Ausgangspunkte für ostwärts gerichtete Kriegs- und Eroberungszüge wie auch für Missionsarbeit. Schon Bischof Wigo von Brandenburg (983–1018) hatte nach dem großen Slawenaufstand von 983 einen Hof eingerichtet, der aber 1017 wüst lag, weil er wahrscheinlich von Polenherzog Chrobry zerstört wurde. In Leitzkau sammelten sich 995, 997, 1005 und nochmals 1029 unter Otto III. und Heinrich II. die deutschen Heere für den Kampf gegen die slawischen Liutizen und Polen. Vermutlich 1133 veranlaßte Erzbischof Norbert von Magdeburg die Einrichtung eines Prämonstratenserstifts (vom Magdeburger Liebfrauenkloster besiedelt). 1140 erfolgte die Weihe der Kirche St. Peter, der späteren Dorfkirche, wohl des ersten sakralen Steinbaus östlich der Elbe bei Magdeburg. 1147 wurde das Kloster auf eine Anhöhe außerhalb des Ortes verlegt und großzügig zu einem der bedeutendsten Gründungen des Prämonstra-

Leitzkau, Schloß, sog. Althaus

tenserordens östlich der Elbe ausgebaut. Stiftskirche 1155 geweiht. Leitzkau war auch provisorisches Domkapitel für die von aufständischen Slawen zerstörte und vorübergehend aufgegebene Diözese Brandenburg (mehrmals Zuflucht des Brandenburger Bischofs). Fortan waren die obersten Kirchenherren von Leitzkau Stellvertreter des Bischofs von Brandenburg und als solche für das Ihlegebiet zuständig. Nach der Reformation wurde das wohlhabende Stift säkularisiert (1564). Der Markgraf von Brandenburg verkaufte es dem als Söldnerführer reich gewordenen, aus Niedersachsen stammenden Oberst Hilmar von Münchhausen, der schon in seiner Heimat zu den Förderern der Weserrenaissance gehört hatte. Er ließ seit 1564 das Stift zu einem bedeutenden Renaissanceschloß umbauen, das 1945 durch Artilleriebeschuß und Materialplünderung arg in Mitleidenschaft gezogen wurde.

Die ehemalige **Stiftskirche** wurde nach dem Vorbild der Magdeburger Liebfrauenkirche als dreischiffige, kreuzförmige romanische Basilika mit einem dreitürmigen Westbau errichtet; die nachreformatorischen Gutsherren beseitigten das Altarhaus und die

Nebenchöre und nutzten das Querhaus als Scheune. Sie veränderten die Turmfront völlig. Fortan diente nur das Mittelschiff als Schloßkirche, die 1945 zur Ruine wurde. Die 1965 abgeschlossene Restaurierung hat die überkommene romanische Bausubstanz gesichert. Trotz der Beschädigungen durch den Umbau bis 1609 ist noch manch schmückendes Detail der Stiftskirche erhalten (ornamentierte Kämpfer und Kapitelle, Reste der romanischen Ausmalung in einigen Arkadenbögen). Was vor allem fehlt, sind die ursprüngliche Flachdecke und die gesamte Ausstattung.

Der älteste Teil der *Schloßbauten* ist das 1564 unter Hilmar von Münchhausen errichtete und bis 1600 von seinem Sohn Statius veränderte **Neuhaus,** das rechtwinklig an den Südturm der ehem. Stiftskirche anschließt. Die wichtigsten schmückenden Elemente der Außenansicht sind die hohen Staffelgiebel der Zwerchhäuser und der nördlichen Stirnseite, der vom Boden über drei Etagen aufragende, ebenfalls mit Staffelgiebel bekrönte rechteckige Flacherker (Hofseite, nach Art der Weserrenaissance), der halbrunde Treppenturm und die schönen Portale. Im Inneren Reste der alten Ausgestaltung. Der Ostflügel, das sogenannte **Althaus,** wurde auf Grund seiner starken Kriegszerstörung abgerissen. Erhalten sind nur ein Bauteil mit Schweifgiebel und der achteckige Treppenturm, an den sich die viergeschossigen, nach italienischem Vorbild gestalteten *Loggien* anschließen. Sie stellen die Verbindung zum **Hobeck-Schloß** her, das im 15. Jh. wahrscheinlich dem Propst als Wohnung diente, im 16. Jh. aber umgebaut wurde; in dessen Innerem eine schön bemalte Balkendecke sowie ein Kamin von 1592. – Heutige Nutzung: Basilika für Sommerkonzerte, Neuhaus sowie Erd- und 1. Obergeschoß von Schloß Hobeck als Schulgebäude, 2. Obergeschoß von ›Hobeck‹ als Standesamt und Galerie mit wechselnden Ausstellungen, der Park u. a. als Reitanlage.

Empfehlenswert ist ein *Abstecher* nach **Loburg** (2700 Einw.). Die *Stadtkirche St. Laurentius* trägt seit der Erneuerung (zweite Hälfte 16. Jh.) drei für mitteldeutsche Kirchen seltene Volutengiebel. Ungewöhnlicher Raumeindruck der einschiffigen Halle durch Holztonne mit aufgelegten Holzrippen in Nachahmung gotischer Netzgewölbe; an den Kreuzungspunkten Wappenscheiben. Des weiteren *Barby-Hof* (Gutsanlage der Herren von Barby) und ein mittelalterlicher *Bergfried*. Ein *Storchenhof* sorgt für Pflege und Schutz der Storchenbestände.

Gommern (6300 Einw.) liegt in der Niederung des Nebenflusses *Ehle,* die von hier an 3 km entfernt parallel zur Alten Elbe fließt. Der Ort hatte wegen der zwischen Gommern und den Orten Plötzky und Pretzien bestehenden Steinbrüche (Abbau von Gommernquarzit, einem harten, kristallinen Sandstein; ab etwa 1140 Baumaterial für viele Kloster-, Dorf- und Stadtkirchen) schon im Mittelalter Bedeutung, trug aber lange Zeit dörflichen Charakter. Die politischen Verhältnisse waren verwickelt. Das Amt Gommern war mit 16 umgebenden Orten eine Exklave Kursachsens, die an brandenburgisches (Leitzkau), anhaltisches (Dornburg), barbysches und magdeburgisches (seit 1680 brandenburgisches) Gebiet grenzte. Über längere Zeiten (13.–16. Jh.) war die Burggrafschaft an das Erzbistum bzw. die Stadt Magdeburg verpfändet. 1808 mußte Sachsen das Amt Gommern an das napoleonische Königreich Westfalen abtreten (dessen einziger Besitz östlich der Elbe). 1815 fiel es an Preußen. – Im 19. Jh. begann sich der Ort durch Entstehung von Industriebetrieben auszudehnen (u. a. Kartonagen, Zuckerfabrik, Dampfmühle). Vor allem entwickelte sich der Steinbruchbetrieb (nun vor allem Gewinnung von Straßenschotter; Ende 19. Jh. Haupterwerbsquelle). 1963 wurden die letzten Steinbrüche aufgelassen; das 1957 eingerichtete Zentrum für die Erdöl- und Erdgaserkundung bot einen gewissen Ersatz. Seit 1991 erneute Umstrukturierung.

Die mittelalterliche **Wasserburg** (948 urkundlich), der eine slawische Wallburg vorausging, ist mit Ober- und Vorburg, Wassergräben und Wällen in großen Teilen erhalten. Markant der freistehende Bergfried in der Oberburg und der Torturm am Zugang zur Vorburg. 1578 ließ Kurfürst August von Sachsen an Stelle der (verfallenen) Burg ein *Jagdschloß* errichten, das auch Sitz des Amts war. Im 19. Jh. zur Haftanstalt mit Amtsgericht umgebaut; seit 1990 in Privatbesitz (Entwicklung zum Hotel mit Brauerei). – Ev. **Pfarrkirche**; im Kern romanische Pfeilerbasilika, 13. Jh. Nach Zerstörung im Dreißigjährigen Krieg Ende des 17. Jh. wieder instandgesetzt. Ende 19. Jh. stark verändert und mit Apsis erweitert; Innenausbau ebenfalls 19. Jh. Von der barocken Ausstattung stammen vor allem die reich geschnitzte Kanzel (erstes Viertel 18. Jh.) und die Taufschüssel (1687). – Ansehnliche *Bürgerhäuser:* Apotheke und Pfarrhaus (17. Jh.).

Im wald- und wiesenreichen Ortsviereck Gommern – Plötzky – Pretzien – Dannigkow liegt die *Gommersche Heide* (in das Biosphärenreservat Mittlere Elbe hineinreichend). Hier gibt es eine Vielzahl aufgelassener Steinbrüche mit idyllischen Seen. Seit der Abbau vollständig beendet ist, hat man das Areal zu einem bis zur Elbaue reichenden Naherholungsgebiet erschlossen (Campingplätze, Bademöglichkeiten, Bungalowsiedlung). Die große, vegetationslose Flugsanddüne *Fuchsberg* ist zum Naturdenkmal erklärt. – *Technische Denkmale: Klusbrücke* (Richtung Magdeburg; s. d.); *Wehr* zur Ableitung des Elbehochwassers in der Gemeinde **Pretzien** (163 m lang, 1889 auf der Pariser Weltausstellung mit einer Goldmedaille ausgezeichnet). Naturlehrpfad.

Magdeburg – Kaiserpfalz und Kaufmannsstolz

Keine andere Stadt an der Elbe strahlte im Mittelalter einflußreicher aus. Unter den Sachsenkaisern wurde in Magdeburg europäische Geschichte gestaltet. An der Grenze zu den slawischen Gebieten gelegen, war Magdeburg der wichtigste Ausgangspunkt für die Germanisierung und die Christianisierung Ostelbiens. Später verlor Magdeburg seine Führungsrolle, aber es behielt seine naturgegebenen Lagefaktoren. Die Verkehrsgunst, die mit der Herstellung des Binnenwasserstraßenkreuzes (Elbe-Havel-Kanal, Mittellandkanal) weiter verstärkt worden ist, wird ergänzt durch das fruchtbare Hinterland der Magdeburger Börde. Diese vorteilhaften wirtschaftlichen Voraussetzungen gaben der Stadt nach zweimaliger fast völliger Vernichtung (1631 und 1945) die Kraft zum Wiederaufbau in veränderten Zeitläuften. Magdeburg (rd. 270 000 Einw.) ist die einzige Großstadt zwischen Dresden und Hamburg und verfügt über den größten Binnenhafen in den neuen Bundesländern. In Magdeburg hat die Regierung des Landes Sachsen-Anhalt ihren Sitz.

☐ Landschaftliche Lage

Im Magdeburger Stadtgebiet drängt sich die Elbe dicht an den Domfelsen. Die Stadt ist weitaus überwiegend auf dem höheren, überschwemmungsfreien Westufer errichtet, während vor der Flußregulierung das überschwemmungsgefährdete Ostufer von Siedlungen gemieden wurde. – In der Magdeburger Elbaue bestehen mehrere Elbarme. Ursprünglich schlängelte sich der Fluß windungsreich dahin, wie noch der Lauf der *Alten Elbe* erkennen läßt, die bis ins 10./11. Jh. den Hauptstrom bildete, bevor sich die Elbe ins heutige Bett, die *Strom-Elbe,* verlagerte (vor 1012). Aber der alte Lauf blieb ein schiffbarer Nebenarm, der erst 1874 im Interesse des Hochwasserschutzes durch Zutun des Menschen vom Fluß abgetrennt und zum Totarm gemacht wurde. Damals baute man auch den *Umflutkanal,* der bei unerwünschten Hochwasserspitzen geöffnet wird. – Auf der großen Landzunge zwischen Strom-Elbe und Alter Elbe besteht das *NSG Kreuzhorst.* In dem artenreichen Auegebiet kommt noch der Elbebiber vor.

In Magdeburgs Stadtgebiet werden die Überschüttungen des Tertiärs und des Pleistozäns von *emporgepreßten älteren Gesteinen* durchbrochen. Obwohl sich diese im Bereich der Elbe etwas absenken, fallen in der Alten Elbe bei Niedrigwasser ein 30 m breites Riff von Grauwacke und ähnlich in der Strom-Elbe Felsriegel von Sandsteinen und Schiefertonen trocken. Die Emporpressungen setzen sich am Elbufer mit dem Domfelsen (Oberrotliegendes) fort. Der Felsriegel erzeugte im Flußbett einen Gefälleknick und demzufolge höhere Fließgeschwindigkeit, was die Schiffahrt erschwerte. Vor der Erfindung des Dampfschiffs war ein großes Aufgebot an Schiffsziehern vonnöten. Die ab 1866 im Bereich des Domfelsens durchgeführten Experimente leiteten die Kettenschiffahrt ein.

Bei Magdeburg bestand eine nahezu ganzjährig nutzbare *Furt.* Trotzdem war die Überquerung der Elbe, ihrer Nebenarme und der Aue schwierig. Um den Handelsweg besser passierbar zu machen, wurden schon früh aufwendige Kunstbauten vorgenommen. Ein wichtiges Glied bis zum Erreichen der hochwasserfreien Niederterrasse war der im 15. Jh. aus Bruchstein aufgeschüttete 7,6 km lange *Klusdamm.* 32 Brücken führten über die einzelnen Elbarme (1753). Die längste, die Lange Brücke bei Pechau (1571), besaß acht große Gewölbe mit insgesamt 80 m Länge. 1816 sollen 20 steinerne und 42 hölzerne Brücken die Wasserarme überspannt haben.

☐ Karolingische Ansiedlung

In der Berührungszone mit den Slawen errichteten die Sachsen vielleicht schon in vorfränkischer Zeit einen befestigten Platz. Ihr späterer Königshof wurde wahrscheinlich nach dem Kriegszug von 784 angelegt; urkundlich aber erst 805 unter Karl dem Großen erwähnt. Somit ist Magdeburg (von ›Magadaburg‹ = Mägdeburg) die älteste deutsche Stadt am Elblauf. – Magdeburg war der am meisten nach Osten vorgeschobene Ort des Frankenreichs an der Grenze zu den slawischen Stämmen. An der Furt liefen Verkehrsverbindungen fächerförmig zusammen, die Magdeburg zum Fernhandelsplatz prädestinierten. Die germanischen Völkerschaften (Sachsen) lieferten Waffen, Salz und Tuche, die slawischen vor allem Pelze, Honig und Sklaven. Letztere wurden über Zwischenhändler an die Mauren in Spanien verkauft. Später ließ Karl der Große Waffenverkäufe an die Slawen verbieten. Magdeburg wurde zunehmend zum bevorzugten Brückenkopf für militärische Vorstöße in die slawischen Gebiete.

Den Kern der auf leicht erhöhtem Plateau entstandenen Ansiedlung bildete der spätere Domplatz, wo wahrscheinlich eine erste Festungsanlage errichtet wurde (Reste bei archäologischen Grabungen freigelegt). Um den wichtigen Elbübergang beidseits überwachen zu können, ließ König Karl, der Sohn Karls des Großen, 806 auch auf der rechten Elbseite ein Kastell erbauen. Nachdem eine erste Ansiedlung von Kaufleuten, Handwerkern und Dienstmannen in Ufernähe zu Füßen der Festung schon in der zweiten Hälfte des 9. Jh. vom Hochwasser zerstört worden war, bildete sich die eigentliche Altstadt auf dem hochwasserfreien Plateau heraus, die im weiteren auf die Elbterrassen übergriff.

☐ Ottonische Anlage – Zentrum der Reichspolitik

Der Aufschwung setzte ein, nachdem König Heinrich I. seinem Sohn, dem nachmaligen Kaiser Otto dem Großen, gestattet hatte, Magdeburg seiner jungen Gemahlin, der englischen Prinzessin Editha (912–946), als Morgengabe zu übereignen. Hatte sich bereits unter Heinrich I. der Schwerpunkt des Reichs nach dem Herzogtum Sachsen verlagert, so erhob Otto I. (936 Krönung zum deutschen König) Magdeburg, den Lieblingsaufenthalt in seiner Jugend, zur Hauptstadt des heranwachsenden deutsch-römischen Imperiums. In dem Maße, wie sich die Grenze des deutschen Königtums ostwärts verschob, wurde Magdeburg dessen politische und geographische Mitte. Der einstige Grenzsaum wandelte sich zu dem, was spätere Generationen ›Mitteldeutschland‹ nannten.

Kaiser Otto setzte eine rege Bautätigkeit in Gang, die im **Dombau** gipfelte, für den die ravennatisch geprägte Aachener Kaiserkirche Maßstäbe gesetzt hatte. Bereits 937, zwei Jahre vor seiner Thronbesteigung, stiftete er ein dem hl. Mauritius gewidmetes Benediktinerkloster (Moritzkloster), das als Reichskloster dazu ausersehen war, Zentrale für die Missionierung der Elbslawen zu sein. Es war ungewöhnlich reich mit Grundbesitz dotiert und nahm wichtige kommunale Rechte wahr.

Nach seiner Krönung zum deutsch-römischen Kaiser (962) betrieb Otto eine Neuordnung der kirchlichen Organisationsstruktur. War bisher Mainz das in die östlichen Grenzgebiete reichende erzbischöfliche Zentrum, und gehörte Magdeburg zum Bistum Halberstadt, so wollte er eine besondere östliche Kirchenprovinz mit dem erzbischöflichen Sitz in Magdeburg schaffen. Seine Pläne setzte er gegen den Widerstand des Erzbischofs von Mainz und des Bischofs von Halberstadt durch. Zum ersten Magdeburger Erzbischof wurde Adalbert, ein Mönch der Klosters St. Maxim in Trier, geweiht. Dem neuen Erzbistum Magdeburg wurden die Bistümer Halberstadt, Merseburg, Zeitz/Naumburg, Havelberg, Brandenburg und Meißen unterstellt.

Die klösterliche Moritzkirche, die Grabkirche der verstorbenen Editha und von ihm auch zur späteren eigenen Grablege bestimmt, ließ Kaiser Otto zum erzbischöflichen Dom umbauen. Bauablauf und architektonische Gestalt sind nicht voll geklärt. Die starke Einbindung Italiens in Ottos Reichs- und Heiratspolitik müssen jedoch erheblichen Einfluß gehabt haben.

Die **Pfalz** Ottos des Großen entstand ab etwa 930 auf dem befestigten Areal des heutigen Domplatzes. Es gelang, die Grundmauern der Königshalle, das Kernstück der Anlage, bei Grabungen (seit 1959) freizulegen. Offenkundig war diese Pfalz durch die Alterspfalz Karls des Großen angeregt, wies aber auch zahlreiche Besonderheiten auf. Beispielsweise thronte der Kaiser in Aachen in der Apsis der westlichen Schmalseite, in Magdeburg aber in einer Apsis der Langseite. In Aachen hatte Karl der Große vor der Pfalzkapelle das aus Ravenna geholte Reiterdenkmal vom Palast Theoderichs in der Tradition Roms als imperiales Hoheitszeichen aufstellen lassen. In Magdeburg könnte auch ein Reiterdenkmal gestanden haben, was dann vielleicht das Vorbild für den Magdeburger Reiter des 13. Jh. abgab (s. Baudenkmale).

Anregungen stammten auch aus Byzanz, woher wohl der Gedanke stammte, den in Aachen ebenerdigen Thronsaal in das Obergeschoß zu verlagern. Das spätrömische Vorbild wird auch in der Übernahme von ursprünglich dem Sakralbau zugehörenden Motiven in den Profanbau vermutet (apsidiale Eingangsnische, an Kirchentürme erinnernde Treppentürme). Offenbar bestand die Absicht, das Bauwerk zu ›sakralisieren‹ (Symbol für den Anspruch des Bauherrn, die kaiserliche Regierung namens Christi auszuüben).

☐ Erzbischöfliches Regiment

Nachdem Kaiser Otto verstorben war, verselbständigte sich der Klerus zu der in Magdeburg alleinbestimmenden Macht; der hohe weltliche Adel behielt freilich maßgeblichen Einfluß auf die Wahl der Erzbischöfe. Ausgestattet mit Markthoheit, Münz- und Zollrecht sowie Gerichtsbarkeit blieben diese bis ins 16. Jh. die Herren der Stadt und des zum Erzstift gehörenden Territoriums.

Erzbischof Gero vollendete in der ersten Hälfte des 11. Jh. die Stadtmauer. Erzbischof Norbert von Xanten, der 1121 im französischen Prémontré den Prämonstratenser-Orden gegründet hatte, förderte von Magdeburg aus die Missionierung der slawischen Bevölkerung und die Besiedlung Ostelbiens mit deutschen Zuwanderern. Erzbischof Wichmann von Seeburg (von Kaiser Friedrich I. ›Barbarossa‹ eingesetzt) entfaltete Magdeburg in der zweiten Hälfte des 12. Jh. voll zum Zentrum der deutschen Ostpolitik.

☐ Stadt der Kaufleute

Erzbischof Wichmann gestaltete den Alten Markt und seine Umgebung mit der Johanniskirche zu einer Kaufmannssiedlung aus und erweiterte die Stadt nach Westen. Er veranlaßte auch die Trockenlegung von Sümpfen im Stadtbereich und den Hochwasserschutz (Deichbau). Unter ihm entwickelte sich die Schiffahrt, vor allem elbabwärts. Er reformierte das bisherige Kaufmannsrecht. 1188 erhielt die Bürgerschaft das Stadtrecht, dessen Fest-legungen (›Magdeburger Recht‹) für viele Städte maßgebend wurden. Von Magdeburg gingen auch weitreichende Impulse zur Kodierung der allgemeinen Rechtsverhältnisse aus (›Sachsenspiegel‹ des Eicke von Repgow). Unter Erzbischof Albrecht II. erfolgte im ersten Drittel des 13. Jh. die zweite planmäßige Erweiterung der Stadt nach Norden. Magdeburg erreichte 3000 Einwohner. Von der wirtschaftlichen Kraft zeugt der Neubau des Doms (ab 1209).

Magdeburg war im Mittelalter der nach Hamburg wichtigste Handelsplatz an der Elbe. Vom Westen brachten Kaufleute Gewürze, Silber, Metallerzeugnissse, Schmuck-waren und Tuche, vom Osten Pelze, Häute, Honig und Wachs. Die wichtigsten heimi-schen Ausfuhren bestanden aus Börde-Getreide und Salz. Magdeburg profitierte vom Stapelrecht. Seit dem 13. Jh. war Magdeburg mit der Hanse verbunden (Jahr des Bei-tritts ungeklärt). – Um 1400 hatte Magdeburg etwa 30 000 Einwohner. Die Pest riß zwar immer wieder Lücken, die Verluste wurden jedoch durch Zuzug vom Lande rasch ausge-glichen. Im Spätmittelalter gehörte Magdeburg zu den größten Städten Deutschlands.

☐ Reformation und Dreißigjähriger Krieg

Zur Reformationszeit vertrat der machtbesessene Erzbischof Albrecht, auch Bischof von Halberstadt und Erzbischof von Mainz, die römische Politik besonders nachdrücklich, während sich in der Bevölkerung die kirchliche Opposition ausbreitete. 1524 kam Luther nach Magdeburg, um seinen Freund Nicolaus von Amsdorf als ersten evangelischen Superin-tendenten einzusetzen. Als sich die lutherische Reformation im gesamten Erzstift ausbreitete und die Stadt 1530 dem Schmalkaldischen Bund zur Verteidigung der Reformation beitrat, ver-bündete sich Albrecht mit Kaiser Karl V. Nach der Schlacht von Mühlberg (1547) forderte der Kaiser auch von Magdeburg die Unterwerfung; doch die Stadt beugte sich nicht, und sie wider-setzte sich auch dem Druck des Augsburger Interims (1548), mit dem der Katholizismus als alleiniges Glaubensbekenntnis wieder einge-führt werden sollte. Daher fanden viele Inte-rimsgegner in Magdeburg Zuflucht. 1550/51 belagerte Kurfürst Moritz von Sachsen die Stadt, um die über sie verhängte Reichsacht zu

Otto von Guericke (1602–86).
Zeitgenössischer Kupferstich

Alt- und Neustadt von Magdeburg. G. Braun, kolorierter Stich, 1574

vollstrecken. Magdeburg kam jedoch glimpflich davon, da inzwischen der Kurfürst selbst mit dem Kaiser brach. 1567 trat auch das Domkapitel zum Protestantismus über.

Während des Dreißigjährigen Krieges forderte Kaiser Ferdinand II. vom Erzbistum die Rückgabe der säkularisierten Besitzungen und die Wiedereinsetzung eines katholischen Erzbischofs, und Wallenstein verlangte von der Stadt die Aufnahme einer kaiserlichen Besatzung (1629). Magdeburg schloß sich daraufhin den Schweden an. Im März 1631 begann der kaiserliche Oberbefehlshaber Tilly die Belagerung mit mehr als 3000 Soldaten, und am 10. Mai eröffnete der kaiserliche General Pappenheim den Angriff. Die Kaiserlichen fielen plündernd und mordend über die Bevölkerung her. Die gesamte Stadt ging in Flammen auf; verschont blieben nur der Dom, das Kloster Unser Lieben Frauen und ein paar Fischerhütten. Von den 30 000 bis 35 000 Einwohnern verloren 20 000 ihr Leben. Die Überlebenden flohen. Als die Schweden 1632 in die Trümmerwüste einrückten, sollen nur noch um 450 Menschen in der Stadt gewesen sein.

Es war der Magdeburger Patriziersohn *Otto Gericke,* seit 1666 als *von Guericke* im Adelsstand, der die Stadt aus der Katastrophe herausführte. In Mathematik, Festungsbau, Jura und modernen Sprachen ausgebildet, war er schon vor dem Krieg Ratsmitglied.

Nach dem Krieg lieferte er die Pläne für die Wiederherstellung der zerstörten Stadt. Nun schon Bürgermeister (1646–76), vertrat er Magdeburgs Interessen bei den Friedensverhandlungen in Osnabrück: Magdeburgs Forderung nach Wiederherstellung der alten Bürgerprivilegien wurde im Friedensvertrag stattgegeben; der Traum, für Magdeburg die Reichsunmittelbarkeit zu erlangen, ließ sich aber nicht erfüllen.

Neben seiner Amtsfunktion unterhielt Otto von Guericke ein Experimentallabor. Er erfand die Luftpumpe, eine Elektrisiermaschine, ein Barometer usw. Die Gesetze des Vakuums demonstrierte er mit den luftleer gepumpten ›Magdeburger Halbkugeln‹, die 16 kräftige Pferde nicht zu trennen vermochten. – Der Neuaufbau Magdeburgs nach dem Dreißigjährigen Krieg dauerte weit über die Lebenszeit dieses bedeutenden Mannes hinaus, etwa 90 Jahre lang.

☐ Preußische Herrschaft

In dem 1648 zu Münster geschlossenen Frieden wurden das Bistum Halberstadt und das Erzbistum Magdeburg dem Kurfürstentum Brandenburg zugesprochen. 1666 rückten brandenburgisch-preußische Truppen im Erzbistum und in Magdeburg ein. Nachdem Preußen 1714 die bis dahin in Halle regierenden Regionalbehörden nach Magdeburg umgesiedelt hatte, wurde Magdeburg zum neuen Verwaltungszentrum des ›Herzogtums Magdeburg‹. Die alten Privilegien des Rates wurden Schritt für Schritt beschnitten. 1680 hatte die Stadt 8000, nach der Pest von 1681 nur noch 5155 Einwohner. Noch immer gab es mehr zerstörte als bewohnte Häuser. Dennoch betrieb Preußen seit 1679 den Ausbau Magdeburgs zu seiner stärksten Landesfestung (nach Plänen von G. C. von Walrave).

Brandenburg-Preußen war aber auch bemüht, die Stadt wieder aufzubauen und wirtschaftlich zu beleben. Sein Kurfürst verlieh Magdeburg das Vorrecht, als einzige von Magdeburg bis Tangermünde Korn zu verladen, was den Magdeburger Elbhandel erneut aufblühen ließ. Zahlreiche Religionsflüchtlinge wurden angesiedelt. Zu Beginn des 18. Jh. umfaßte die pfälzische Kolonie 2000 und die französische (Hugenotten) 1600 Personen. Die Einwanderer trugen wesentlich zum Aufschwung bei. 1797 gab es 43 Manufakturen, vor allem für Strümpfe, Tuche, Bandwaren, Handschuhe, Tabakwaren, Fayencen und Steingut. Der rege Export gab der Elbschiffahrt weitere Aufträge. Nach dem Bau des Plauer Kanals (1745) konnte Börde- und Altmarkgetreide in großen Mengen in den Berlin-Potsdamer Raum gelangen. Friedrich II. erneuerte das Stapelrecht Magdeburgs. Das wirtschaftliche Wohlergehen spiegelte sich im Bau zahlreicher barocker Bauten wider. Schöne Bürgerhäuser entstanden um den Alten Markt und am Breiten Weg, Amtsbauten des absolutistischen Staates am Domplatz.

☐ Napoleonische Zeit

Obwohl die Garnison Magdeburg über 24000 Mann und 800 Geschütze verfügte, kapitulierte auch sie 1806 nach einer Belagerung durch 7000 Franzosen. Die Eroberer stellten das Plündern erst ein, nachdem die Stadt 150 000 Taler Kontribution gezahlt hatte.

Als Napoleon 1806 die Kontinentalsperre verhängte, strukturierte Magdeburg seine Wirtschaft nachhaltig neu. Da überseeischer Rohrzucker nicht mehr zu haben war, entwickelten die Magdeburger die Zuckerproduktion aus Börde- und Altmarkrüben. Da Kaffeebohnen fehlten, stellte man Kaffee-Ersatz aus Zichorie her. – Die Franzosen machten Magdeburg zur Hauptstadt des Elbedepartements, das aus der Börde und der Altmark bestand und dem Königreich Westfalen des Jérôme Bonaparte einverleibt war. Auf ihrem Rückzug zogen sie ihre ganze westfälische Armee in Magdeburg zusammen.

☐ Gründung der Provinz Sachsen; das industrielle Zeitalter

Nachdem Preußen Magdeburg wieder in Besitz genommen hatte, gliederte es seine Verwaltung neu. Auf dem Wiener Kongreß (1814/15) waren ihm erhebliche Teile des Königreichs Sachsen zugefallen. Das vergrößerte preußische Territorium im Raum von Elbe und Saale wurde zur ›Provinz Sachsen‹ mit Magdeburg als Provinzialhauptstadt zusammengefaßt. 1830 erreichte die Bevölkerung mit 20 000 Einwohnern zwar nicht einmal die des Spätmittelalters, aber erstmals wieder den Stand von 1631. 1840 hatte die Stadt schon 50 000 und 1865 70 000 Einwohner.

Die ersten Industrien entstanden im südlichen Vorfeld der Festung, wo auch die ersten Eisenbahnen endeten: in Buckau; spätere im Nordteil der Stadt, bei den Eisenbahnlinien nach Potsdam und Stendal und dem großen Hafengelände. Um 1840 überwogen noch die Leder-, Porzellan-, Zucker-, Zichorien- und Seifenproduktion. Den Strukturwandel kündete der Stapellauf des ersten völlig in Magdeburg gebauten Raddampfers an (1839). In Buckau siedelten sich zwischen 1850 und 1870 – nach dem Schiffbau – Maschinenfabriken, Eisengießereien, Kesselschmieden an, die sich in den Gründerjahren zu Großbetrieben entwickelten und mit ortsfremden Unternehmen fusionierten. Mit zunehmender Spezialisierung wurde Magdeburg zu einem Zentrum des Schwermaschinenbaus und der Rüstung (Granaten, Geschütze, Panzerplatten). In Salbke bei Magdeburg errichteten die Chemiker Fahlberg und List die erste Fabrik zur Herstellung des Zuckerersatzstoffs Saccharin. Die Bevölkerungszahl stieg von 84 000 1871 auf 280 000 Einwohner 1910.

Die Aufhebung der Festung ermöglichte die großen Stadterweiterungen im Norden und Süden, die allerdings ohne Rücksicht auf städtebauliche Erfordernisse vorgenommen wurden. Vielfach chaotische Zustände veranlaßten den Stadtrat zu Beginn der 20er Jahre, einen Generalbebauungsplan in Auftrag zu geben (Architekten: Bruno Taut und Johannes Göderitz), der für die gesamte Periode bis zum Zweiten Weltkrieg maßgeblich war und Magdeburg zahlreiche im Sinne der Bauhausbewegung architektonisch ansprechende und funktional durchdachte Baugruppen verschaffte. Bis 1939 hatte sich die Einwohnerschaft auf 307 000 erhöht.

☐ Zweiter Weltkrieg und Nachkriegsperiode

1945 erlebte Magdeburg sein zweites Inferno. Am 16. Januar flogen 500 US-amerikanische Bomber einen Großangriff, ihnen folgten am späten Abend 371 britische Bomber. Es war der elfte Angriff auf die Stadt. Es gab Tausende Tote, Zehntausende Verwundete, 220 000 Obdachlose. 80 Prozent der Altstadt und 30 Prozent der Vorstädte waren vernichtet. Die Betriebe des Schwermaschinenbaus hatten bis zu 80 Prozent ihrer Anlagen verloren.

Die Wiederaufbauleistung war immens. Die großflächigen Zerstörungen erlaubten es, den Grundriß des Straßennetzes teilweise zu verändern. Magdeburg wurde wieder eine bedeutende Industriestadt (Schwermaschinenbau, allgemeiner Maschinenbau, Obst- und Gemüseverarbeitung und chemische Industrie). Die Gründung der Technischen Universität, der Medizinischen Akademie, des Pädagogischen Instituts und mehrerer Fachschulen hat Magdeburg zu einem bedeutenden Bildungszentrum werden lassen. Der DDR-typische Wohnungsbau gestaltete allerdings ganze Stadtviertel monoton.

☐ Bauten im Domviertel
Dom St. Mauritii et Catharinae
Die ottonische Anlage: Wie bei Grabungen (1926 und 1960) unter dem jetzigen Dom aufgefundene Mauerteile folgern lassen, handelte es sich bei der von Otto dem Großen im Jahre 955 gestifteten Kathedralkirche um eine *dreischiffige*, wahrscheinlich *kreuzförmige Säulenbasilika.* Der östliche Chor war von zwei quadratischen Türmen flankiert, in denen sich in Kryptahöhe zwei schmale *Grabkammern* befanden – in der östlichen lagen die Gräber der inzwischen aus der Klosterkirche umgebetteten Königin Editha und von Kaiser Otto. Chor und Krypta waren von einer hufeisenförmig gerundeten Apsis abge-

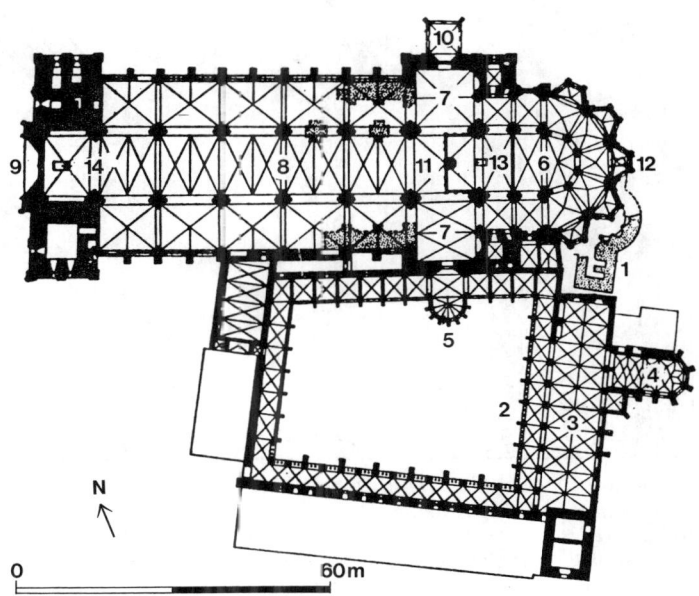

Magdeburg, Dom
St. Moritz und Katharinen, Grundriß
1 Reste des ottonischen Doms
2 Kreuzgang
3 Remter
4 Marienkapelle
5 Brunnenkapelle
6 Chor
7 Querhäuser
8 Mittelschiff
9 Westquerbau
10 Paradiesvorhalle (kluge und törichte Jungfrauen)
11 Lettner
12 Grabtumba Königin Editha
13 Grabmal Otto I.
14 Grabmal Erzbischof Ernst von Sachsen

N

0   60m

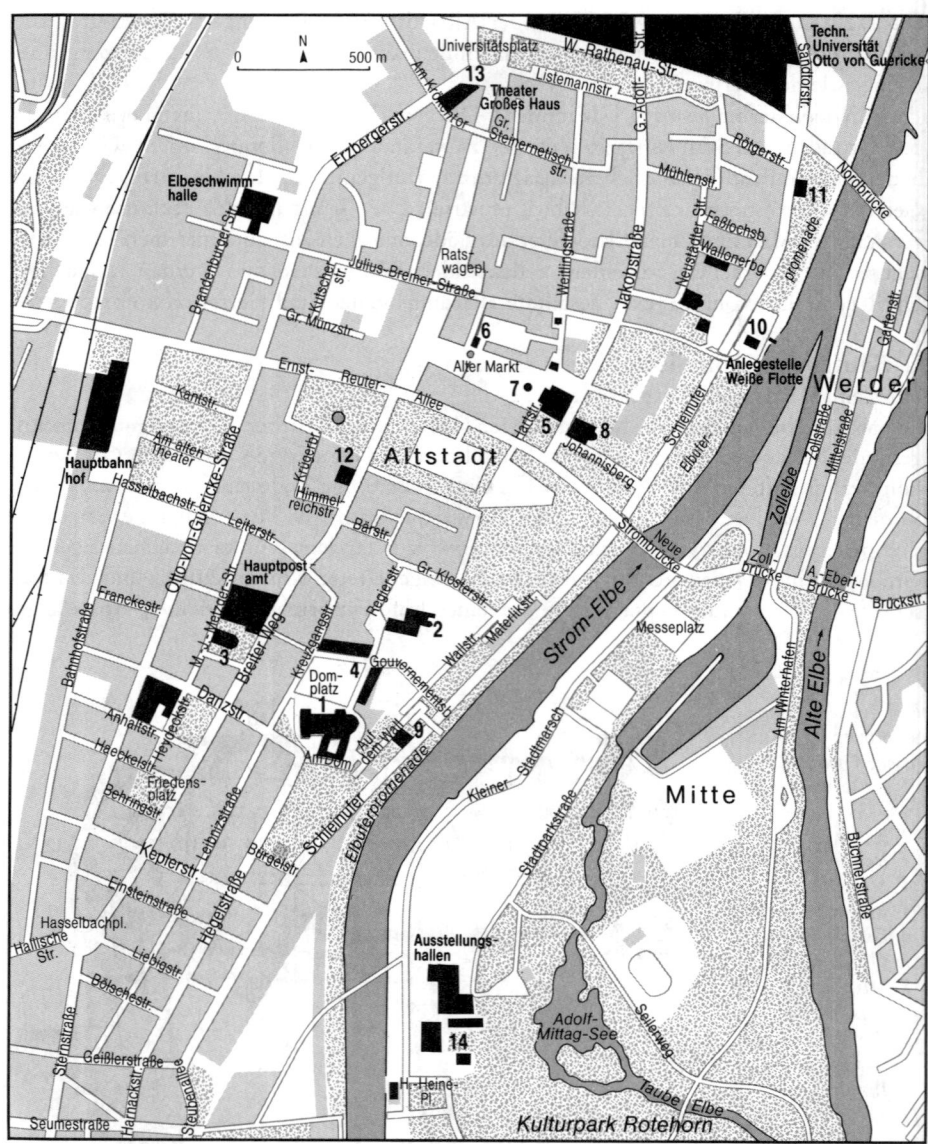

Magdeburg 1 Dom St. Mauritii et Catharinae 2 Kloster Unser Lieben Frauen 3 Stiftskirche
St. Sebastian 4 Stadtpaläste am Domplatz 5 Rathaus 6 Halle an der Buttergasse 7 Magdeburger Reiter 8 Kirche St. Johannis 9 Kik in de Köken 10 Petriförder 11 Lukasturm
12 Barockhäuser Breiter Weg 178 und 179 13 Großes Haus 14 Stadthalle mit Aussichtsturm
und Pferdetor

schlossen. Der Innenraum der *Krypta* war in fünf Schiffe gegliedert. Wahrscheinlich bestand westlich vor dem Langhaus ein *zweites Querschiff*. Das Langhaus mündete dort in einen kleinen, vermutlich eingetieften dreischiffigen Raum, eine Art Krypta, die wahrscheinlich wiederum von zwei Türmen flankiert war. Noch weiter im Westen folgte ein *Atrium*, das den Bezirk bis zum westlichen Querhaus umschloß. Ganz im Westen war dem Bau eine runde Taufkirche (Baptisterium) vorgelagert.

Kaiser Otto I. verfuhr in Magdeburg genauso wie einst Karl der Große beim Bau seiner Aachener Pfalzkirche: Er ließ für den Dom und vielleicht auch für die Pfalz fertig zugehauene Bauglieder *(Spolien)* aus Italien, überwiegend wohl aus *Ravenna*, heranschaffen, darunter viele Tonnen schwere Marmor- und Granitsäulen mit skulptierten Basen und Kapitellen.

Wie sich an Umbauten und Erweiterungen von Chor und Krypta nachweisen läßt, wurde am Dom bis in die erste Hälfte des 11. Jh. weitergebaut. In den 60er und 70er Jahren des 12. Jh. wurde schließlich dem Südflügel ein zweigeschossiger, spätromanischer *Kreuzgang* als Klausur angefügt, dessen Vollendung bis in die Gotik hineinreichte. Hier wohnten die Angehörigen des Domkapitels; hier lag ihr Prozessions- und Versammlungsareal.

Von diesem alten Dom- und Klausurkomplex sind nur noch Relikte zu sehen, insbesondere die ›ottonische Krypta‹, die 1008 erstmals geweiht und 1049 erweitert wurde, bemerkenswert auch wegen des schön gemusterten Fußbodens, sowie im Kreuzgang 16 spätromanische Gewölbejoche mit rippenlosem Kreuzgewölbe. Die hier zu findenden Werke der Bildhauerkunst (abwechslungsreiche Würfelkapitelle) sind bereits einheimisch und lassen in ihrer Reife die Nachfolge der Bauhütte von Königslutter (drittes Viertel 12. Jh.) erkennen.

Die gotische Kathedrale: Karfreitag 1207 wurde die kaiserliche Kathedrale von einem Brand verheerend heimgesucht. Offenbar waren nur die Umfassungswände stehengeblieben. Obwohl die Wiederherstellung die einfachere Lösung gewesen wäre, beschloß *Erzbischof Albrecht,* ein völlig neues Bauwerk zu errichten. Er nutzte die Brandkatastrophe, um den stilistisch neuartigen Kathedralen nachzueifern, die er in Frankreich gesehen hatte. 1209 begann der aus Quadern von Seehausener Keupersandstein aufgeführte Neubau. Auch viele abgerissene Werksteine dienten erneut als Baumaterial.

Der Baukörper: Das neue Bauwerk wurde fast nicht auf den Fundamenten des früheren errichtet. Wie bei den Schenkeln eines Zirkels weicht die Längsachse von einem fast identischen Scheitelpunkt im Osten mit spitzem Winkel nach Südosten zu aus. Infolgedessen mußten auch Teile des Kreuzgangs beseitigt werden, wodurch sich sein Grundriß vom Rechteck zum Trapez wandelte. Nur der erhaltene zweigeschossige Südflügel hat die Parallelität zur Achsenrichtung des ottonischen Doms bewahrt.

Der Neubau wurde im Osten mit dem Kapellenkranz begonnen. Bis zum Tode von Erzbischof Albrecht (1232) entstanden der Chor bis zur Empore, die auf der Nordwestseite bereits angefangen wurde, die Osttürme und der Unterbau des Querhauses sowie später nicht benutzte Fundamente des Langhauses.

Magdeburg, Dom, Blick vom Kreuzgang auf die Ostseite der Turmfront und Langhaus nach Osten

Der Umstand, daß man sich – sehr früh für Deutschland – die französische Gotik zu eigen machen wollte, führte allerdings zu Unsicherheiten im Umgang mit dem Vorbild. Die vorgesehene Übernahme des französischen Kathedraltypus glückte nicht sofort. Der Chorumgang ist im Untergeschoß noch *spätromanisch* – trotz des durchgängig verwendeten Spitzbogens. Und auch dabei erfolgten mehrere Planänderungen. Noch unter *Erzbischof Burkhard* (bis 1235) wurde die Chorempore begonnen, die sich auch im Langschiff fortsetzen sollte. Aber auch hier ergaben sich bald Probleme und Unzulänglichkeiten.

Der Durchbruch zum vollendet Neuen, zur *Frühgotik,* gelang mit Hilfe des zisterziensischen Walkenried, wo damals die Klosterkirche durch maulbronnisch-burgundische Bauleute emporwuchs. Sollte der Hochchor ursprünglich ein sechsteiliges Gewölbe erhalten, wie es bereits im Nordflügel des Querhauses ausgeführt und beibehalten wurde, so führten die Zisterzienser für Chor, südliches Querschiff und Mittelschiff die Doppelung queroblonger Kreuzgewölbe ein. Gleichzeitig wurde mit dem Plan einer durch-

Magdeburg, Dom,
südlicher Chorumgang

gängigen Emporenkirche gebrochen. Es reifte das Konzept für die sich heute präsentierende *dreischiffige, kreuzförmige Gewölbebasilika* mit Hochchor und abschließendem ⁵/₁₀-Polygon, in der nur der Chor über einen geräumigen, zweigeschossigen Umgang verfügt.

Mit dem neuen Bauplan gingen die Arbeiten im Chor schnell voran. Überreste des alten Doms – Säulen aus Porphyr, Granit und seltenen Marmorarten ravennatischen Ursprungs – wurden traditionsbewußt und schmückend an sichtbarer Stelle verwendet. Da die alten Kapitelle für den neuen Standort zu groß waren, wurden den so verwendeten ottonischen Säulenschäften antikisierende Kapitelle nachgebildet. Mit seiner ungewöhnlichen Höhe und Weite und den großen, wenn auch gerundeten Arkaden bietet sich der *Chor* als ein beeindruckender frühgotischer Raum dar. – Im *Langhaus* wurde eine radikale Hinwendung zur Gotik vollzogen. Nachdem man hier vom Bau einer Empore abgekommen war, wurden die Fundamente für erheblich breitere Seitenschiffe gelegt. Man entschloß sich zu wesentlich schlankeren Mauern, als sie bisher üblich waren.

Die schon begonnenen Zwischenstützen wurden wieder entfernt und die Durchbrüche zu den Seitenschiffen durch Erhöhung der Pfeiler beträchtlich erweitert. Um den dadurch bedingten statischen Veränderungen gerecht zu werden, wurden über den Arkadenscheiteln und ihnen gegenüber an den Außenwänden der Seitenschiffe Hilfsdienste eingefügt. Die vierteiligen Gewölbe erhielten eine fünfte Rippe, die auf den Diensten aufliegt. Daraus ergibt sich als wichtigstes Gliederungselement ein stetiger Wechsel von breiten und schmalen Strebepfeilern. Die Gliederung in fünf Joche ist kaum noch wahrnehmbar; vielmehr überwiegt der Eindruck, der von den zehn Halbjochen ausgeht. Der Einzug der Zwischendienste ermöglichte es, dem einzelnen Joch im Mittelschiff beidseits und den Außenwänden der Seitenschiffe je zwei Fensterbahnen zuzuordnen, was die reiche, klare Gliederung der Längsfronten herbeiführte und alle Teile des Langhauses optisch zu weiträumiger Länge und Höhe dehnt und mit Licht durchflutet. Im Mittelschiff reichen die Fenster vom Ansatz des Querschiffs bis hinauf in den Gewölbescheitel, dicht unter die Mauerkrone. In den Fensterbereichen sind die tragenden Wände faktisch auf die Pfeiler und Dienste beschränkt. Um dem Bauwerk besseren Halt zu geben, verstärkte man die rudimentären Wände auf der Fassadenseite durch vorspringende Mauerpfeiler, wodurch das innenseitige Gliederungselement im Gleichtakt aufgenommen ist.

Im Zeitraum von etwa sechs Jahrzehnten wuchsen Chor, Querhaus und Teile des Langhauses empor. Nach einer Zwangspause wegen Geldmangels wurde 1306 Baufreiheit für den Turmzwischenbau und die drei unteren Turmgeschosse an der Westseite gegeben. 1311 waren die drei östlichen Joche der drei Kirchenschiffe benutzbar. Der letzte tatkräftige Bauherr des Langhauses war Erzbischof *Otto von Hessen* (1327–61), dessen Brustbild der westliche Schlußstein des Mittelschiffs eingemeißelt trägt. Gleichzeitig kamen die Arbeiten an *Kreuzgang* und *Klausur* voran. Auch hier ist der schrittweise Übergang zu hochgotischen Formen nachvollziehbar. Der Kreuzgang wurde im Osten mit einem Remter versehen, dessen neun Gewölbestützen ihrem Ursprung nach antike, aus dem ottonischen Dom stammende, zerschnittene Säulenschäfte sind.

Im Jahre 1363 war die neue Domanlage samt Klausur mit Remter soweit fertiggestellt, daß die Schlußweihe feierlich vollzogen werden konnte. An dieses Ereignis erinnert der damals gestiftete große *Marmoraltar* (im Chor stehend). Nicht lange vorher hatte man das Taufbecken in Form eines monumentalen Kelchs mit flachem, achteckigem Fuß aus einem antiken Porphyrstein gearbeitet.

Zur Trennung von Chor und Langhaus verwendete man zunächst die aus dem ottonischen Dom stammende Chorschranke, bis 1445 der herrliche *Lettner* aus Seehausener Sandstein unter Meister Johann Brochstebe begonnen wurde. – 1450 wurde dem Remter nach einem Brand im Dormitorium die architektonisch feingliedrige spätgotische *Marienkapelle* angefügt. Die daneben befindliche Redekinkapelle ist etwas älter (1405).

Erzbischof Ernst (1464–1513) betrieb die Arbeiten an der Westseite energisch. Die *Türme* wurden im Sinne älterer sächsischer Kunst als geschlossene Mauermasse in einfacher kubischer Form gebaut. Schlicht aufstrebend beginnt auch der Turmzwischenbau. Der Schmuck seines Untergeschosses sind die Figuren des Stifters (Otto der Große) und des Schutzpatrons (Mauritius), denen das elegant-schlichte Portal den Rahmen verleiht. Darüber baut sich eine inzwischen *spätgotische* Sinfonie von *Maßwerkgestaltung* und Kleinplastiken auf, welche die burgartige Schwere der vier unteren Turmgeschosse aufhebt. Wo der großartige Giebel des Zwischenbaus endet, gehen auch die Türme zu Feingliedrigkeit über, die in den krabbenbesetzten Turmpyramiden ausklingt. 1520 war diese Anlage fertiggestellt.

Währenddessen war dem Turmzwischenbau eine neue Funktion gegeben worden. Erzbischof Ernst, Sohn und Bruder sächsischer Kurfürsten, ließ die schon fertige Eingangshalle zu seiner privaten Kapelle und Grablege umgestalten *(Ernstkapelle)*. Aus dieser Zeit stammen das bemerkenswerte Maßwerkgewölbe mit der Wappenausmalung und der Prunksarkophag (s. u.), während die figürlichen Allegorien auf Heidentum, Judentum und Teufel an den Kapitellen aus der früheren Bauperiode datieren.

Da sich die *nachträgliche Erhöhung des Baukörpers* erst beim Bau der Querschiffe und des Langhauses voll durchgesetzt hatte, wies das Bauwerk in der Außenansicht Disharmonien auf. Um den Anblick zu verbessern, wurden die alten Chormauern nachträglich aufgestockt; den kahlen Mauern wurden Chorarkaden und schließlich die Galerie aufgesetzt und als schmückendes und vereinheitlichendes Band um das Bauwerk herumgeführt. An den Giebeln des Querhauses wurde die nachträgliche Erhöhung des Mauerwerks durch Blendmaßwerk kaschiert. Eine die Außenansicht vorzüglich auflockernde Lösung fand man für die Überdachung der Seitenschiffe, indem man jedem einzelnen Seitenfenster einen kleinen Giebel aufsetzte und dabei die Ornamentik der Seitenschiffgiebel rhythmisch wieder aufgriff. Die unvollendeten Osttürme sind nicht mehr als Torsos erkennbar, seit man ihren Stumpfflächen Fialentürmchen aufsetzte.

Alles in allem dauerte der Bau des Magdeburger Doms mehr als drei Jahrhunderte. Letztlich entstand der erste deutsche Großbau nach französisch-gotischem Plan und einer der größten deutschen Dome. Trotz der eigenartigen Baugeschichte (wiederholte Unterbrechungen des Baugeschehens, Veränderung des Bauplans, Mischung sehr unterschiedlicher architektonischer Quellen) bietet er im Gesamteindruck eine ansprechende Synthese.

Nachdem diese herrliche Kathedrale den Dreißigjährigen Krieg fast unversehrt überdauert hatte, wurde sie vernachlässigt und dem Verfall preisgegeben. Die Wiederbesinnung der Romantiker auf das Mittelalter verhalf ihr zu umfassender Restaurierung (1826–34). Dann rissen die Luftangriffe im Zweiten Weltkrieg tiefe Wunden. Nach vorbildlichen denkmalpflegerischen Arbeiten konnte der Gottesdienst 1957 wieder aufgenommen werden.

Gedenken an Otto den Großen. Die Gebeine Kaiser Ottos I., des Stifters, und seiner Gemahlin Editha waren nach dem Kryptaneubau in den Nordostturm des ottonischen Doms verlagert worden. Das Kaisergrab mußte jedoch beim Domneubau der Scheitelkapelle des Chorumgangs weichen. Die *Tumba Ottos I.* erhielt nun im Chor des Neubaus einen liturgisch betonten Platz. Das an ihr besonders Beeindruckende ist die bewußt gewählte Schlichtheit. Eine glatte Marmorplatte bedeckt die Grabkiste aus festem Stuck, deren einzige Zierde in eingetieften rechteckigen Feldern besteht. Ursprünglich war auf eine Inschrift verzichtet worden. Eine solche dürfte erst Mitte des 13. Jh. ergänzt worden sein. Sie ging im Laufe der Zeit verloren und wurde in der heutigen Form 1937 aus Anlaß der Jahrtausendfeier des Regierungsantritts des Kaisers und der Gründung des Magdeburger Moritzklosters wieder angebracht. Ottos erste Gemahlin Editha wurde hingegen beim Domneubau im 13. Jh. nicht umgebettet. Erst um 1506 wurde ihr im Chorumgang eine *Gedächtnistumba* errichtet, und zwar genau am Platz über ihrer Grabkammer im ottonischen Dom (s. u.) – Die Pflege der Erinnerung an den großen Kaiser zieht sich über Jahrhunderte hin: Ein in den 40er Jahren des 13. Jh. in der Westwand über den Arkaden des Kreuzgangostflügels angebrachter *Fries* (Putzritzzeichnung) zeigt Kaiser Otto, von seinen beiden Gemahlinnen umgeben. Auch eine dominierende Pfeilerfigur (erstes Viertel 14. Jh.) am Westfrontportal stellt höchstwahrscheinlich den Kaiser dar.

Bildwerke

Der Magdeburger Dom enthält zahlreiche Meisterwerke der Bildhauerkunst und des Bronzegusses, deren Entstehung sich über rund tausend Jahre erstreckt. Der bereits für den Baukörper betonte harmonische Zusammenklang verschiedener Stilepochen findet sich in den Bildwerken bestätigt.

Am ältesten sind die als *Spolien* eingearbeiteten Stücke der Spätantike *aus Ravenna und Byzanz.* Zeitlich folgen die aus dem ottonischen Dom übernommenen Arbeiten der Romanik. Um 1160 datieren die neun *Reliefplatten* aus Marmor in der Marienkapelle des Remters, mit

denen die romanische Bildhauerkunst einen Höhepunkt erreichte (wahrscheinlich aus Oberitalien; durch den Bildersturm verstümmelt). Sie dürften ebenso wie die rahmenden Säulchen – spätantike Spolien – zur früheren Chorschranke und dem Ambo (Predigtkanzel) gehört haben. – Aus dem ottonischen Dom stammt auch die im Chor stehende *Osterlichtsäule* (erste Hälfte 12. Jh.; ornamentiert mit Schlangen, die sich in den Schwanz beißen).

Mitte des 12. Jh. verfügte das Magdeburger Erzbistum über eine Hütte, die höchst qualitätvolle *Gießarbeiten* anfertigte und auch weit ent-

Magdeburg, Dom, Portal der Paradies- vorhalle: ›Kluge Jungfrauen‹

fernte Abnehmer fand (Nowgorod, Verona). Zwei Grabplatten für Magdeburger Erzbischöfe im Chorumgang, die eine für Friedrich von Wettin (1142–52), die andere, nicht geklärt, für Wichmann von Seeburg (1152–1192) oder Ludolf (1192–1205), zeigen bereits eine deutliche Entwicklung und zählen zu den ältesten in Deutschland. – Für den Chorumgang entstanden schon in der ersten Neubauphase beeindruckende *Steinreliefs* im spätromanischen Übergangsstil, insbesondere prächtige Türbogenfelder. Die Pfeiler boten Gelegenheit für reiche Kapitellgestaltung, als deren Meister je ein rheinischer, westfälischer und französischer vermutet werden.

Mit dem Bau des gotischen Doms ab 1209 setzte ein neuer Aufschwung der bildhauerischen Tätigkeit ein. Im zweiten Viertel des 13. Jh. (Frühgotik) arbeitete die *Magdeburger Bildhauerwerkstatt* offenbar für ein vereinheitlichendes, stückreiches *Figurenprogramm*, dessen Bestandteile aber heute im Dom verstreut anzutreffen sind, wie die sechs überlebensgroßen Figuren der Kirchenpatrone Moritz und

Innozenz, die Apostel Paulus, Petrus, Andreas und Johannes d. T. (auf den ravennatischen Säulen im Bischofsgang stehend) sowie die in die Chorwand eingefügten Reliefs.

Kurz vor der Mitte und im dritten Viertel des 13. Jh. brachte Magdeburg, wohl angeregt von den Kathedralen in Chartres, Reims und Bamberg, Bildhauerarbeiten hervor, die zu den besten europäischen dieser Zeit zählen. An den Vorbildern geschult, entwickelten die mitteldeutschen Meister eine eigenständige Gestaltungsfähigkeit, die die Magdeburger Werkstatt in schöpferische Nachbarschaft zu den Meistern von Naumburg, Meißen und Halberstadt rückte. In der diesseitigen Sicht des von Frömmigkeit erfüllten Menschen und gestützt auf eine hervorragende Beobachtungsgabe gelang eine bewundernswürdige realistische und zugleich verinnerlichte Darstellung. Diese kurze *Renaissancebewegung* innerhalb der Gotik dauerte in ihrer besonders produktiven Blüte rund dreißig Jahre.

Den Übergang veranschaulichen die Figuren der zwei Schutzpatrone im Chor, der hl. Katharina und besonders des hl. Mauritius. Dieses

Magdeburg, Dom,
Portal der Paradies-
vorhalle: ›Törichte
Jungfrauen‹

Werk ist für seine Zeit (um 1240) als *Monumentaldarstellung eines Negers* einmalig. Obwohl nur noch ein Torso, besteht die Ausstrahlung kraftvoll-zurückhaltender Würde fort.

Seinen Höhepunkt erreichte das bildhauerische Schaffen dieser Phase mit den *Statuen der zehn klugen und törichten Jungfrauen.* Obwohl sich alle in der Grunddisposition – Gesicht, Haartracht und Kleidung, naive Frische und graziöse Anmut, Drastik der Gebärden und ungehemmter Affekt – ähneln, so daß der Eindruck entsteht, als habe der Meister zehnmal dieselbe Jungfrau abgebildet, bringen sie in Mimik und Gestik völlig unterschiedliche Gemütsverfassungen zum Ausdruck. Mit ihrer unübertroffenen Feinheit der Arbeit und ergreifenden Ausdruckskraft zählen sie zum Bedeutendsten, was die deutsche Plastik des 13. Jh. hervorgebracht hat. Beachtlich auch die benachbart aufgestellten etwas jüngeren Figuren Ecclesia und Synagoge.

Im letzten Drittel des 13. Jh. wandte sich die Darstellung wieder einer mehr typisierenden Formensprache zu, verdeutlicht vor allem durch das große Marmorstandbild der Wundertätigen Madonna im Südarm des Querhauses, deren Ausdruck sich dem Transzendenten zuwendet. – Die Weihe des Doms (1311 bzw. 1363) erforderte die Aufstellung der *Altäre*, des *Taufbeckens* und des *Chorgestühls* (Eiche, um 1345; im Jahre 1844 teilweise erneuert).

Unter den zahlreichen Werken der Hoch und Spätgotik gibt es auch sehr qualitätvolle. Erstmals seit der Mitte des 13. Jh. gelangten wieder diesseitige Menschenantlitze zur Darstellung. Ein Beispiel ist das Retabel zu einem *Elisabethaltar* (jetzt in der Marienkapelle, Remter des Kreuzgangs). Es zeigt neben einer Kreuzigung Szenen aus dem Leben der hl. Elisabeth. Ein segnender Bischof verkörpert wohl Erzbischof Otto von Hessen (1327–61), der sich auf seinem Grabstein (am südöstlichen Vierungspfeiler) als (Ur-)Enkel der hl. Elisabeth bezeichnet. Erstmals machen sich auch böhmische Einflüsse bemerkbar, wie an der Grabplatte für Erzbischof Albrecht von Querfurt (1382–1403, Nordwand des Querhauses) und der Vespergruppe, Pietà (um 1400). Das Relief der heiligen Sippe im nördlichen Seitenschiff (um 1530) zeigt bereits eine Mischung aus Elementen der Spätgotik und der Renaissance; typisch sind die Riemenschneiderköpfe.

Die späte Gotik erreichte ihren Höhepunkt mit zwei *Sarkophagen*, Prachtstücken des Totengedenkens, die bereits den Übergang zur Renaissance ahnen lassen. Die *Bronzetumba Erzbischofs Ernst* († 1513) in der Ernstkapelle (zwischen den Westtürmen) hatte der Kirchenfürst bereits 1495 bei Peter Vischer in Nürnberg in Auftrag gegeben. Die Deckplatte zeigt die lebensgroße Figur des Erzbischofs. Auf den vier Seitenteilen erscheint das Trauergefolge (Klagefiguren) in Gestalt der Zwölf Apostel sowie der Schutzpatrone der von Ernst in Personalunion regierten Hochstifte zu Magdeburg und Halberstadt, St. Moritz und St. Stephan. Das *Gedächtnisgrabmal* (Kenotaph) für die 946 verstorbene erste Gemahlin Kaiser Ottos I., die englische Königstochter *Editha* (im Chorumgang, s. o.) ließen Erzbischof Ernst und der hohe Magdeburger Klerus an der Wende vom 15. zum 16. Jh. aus Sandstein arbeiten (Übernahme wesentlicher Gestaltungselemente Peter Vischers). Auf der Deckplatte ruht die Königin fast schon wie eine junge Bürgersfrau, in einem Schwebezustand zwischen Leben und Tod. Der schöne wappenhaltende Engel an der westlichen Stirnseite erinnert abermals an Riemenschneider.

Reformationszeit und Renaissance brachten dem Dom einige hervorragende Epitaphe, mit Arbeiten von Hans Klintzsch, Christoph Kapup und Sebastian Ertle. Kapup lieferte auch die *Kanzel* (1595–97), die zu den Höhepunkten der deutschen Spätrenaissance zählt. Die Stützfigur: Apostel Paulus nach einem Stich von Hendrick Goltzius; die Brüstung des Aufgangs: ein Relief von Sintflut, Sündenfall und Erschaffung Evas; der Kanzelkorb: der segnende Christus mit Weltenkugel als Hauptrelief, daneben Johannes d. T. (li.) und die beiden Patrone des Doms (re.); der zweigeschossige Schalldeckel: das Obergeschoß von Freifigürchen der sechs

Magdeburg, Dom. Ernst Barlach, Mahnmal für die Toten des Ersten Weltkriegs, 1929

Tugenden getragen, als Krönung der Reichsapfel und der doppelköpfige Reichsadler. Christoph Dehne, dessen Epitaphe zum Frühbarock hinführen, war der letzte der großen Meister des Doms; der Bildhauer fiel wahrscheinlich 1631 der Erstürmung Magdeburgs zum Opfer.

Die bildhauerische Tätigkeit wurde nach dreihundertjähriger Pause noch einmal im 20. Jh. von Ernst Barlach aufgenommen – mit seinem *Mahnmal für die Toten des Ersten Weltkriegs* (1929), einem Hauptwerk des Expressionismus und einem der bedeutendsten Werke der Antikriegskunst der 20er Jahre. Das Kreuz vereint eine Gruppe von sechs Soldaten und ist für den dominierend Standhaften die einzige Stütze. Der Kreuzbalken verbindet je einen

Soldaten Deutschlands und der Entente zur Schicksalsgemeinschaft. Die Toten fußen schon halb in der Erde – Verstümmelungen sind durch das Tuch verhüllt. Rechte Kräfte feindeten das Denkmal unverzüglich an; 1934 wurde es aus dem Dom entfernt, 1937 als ›entartet‹ abgeurteilt und beschlagnahmt. Seit 1956 befindet es sich wieder auf dem ursprünglichen Platz.

Kloster Unser Lieben Frauen

1017/18 als Augustiner-Chorherrenstift eingerichtet, das die bedeutenden Klöster von Jerichow, Havelberg und Brandenburg gründete. Es ist das älteste erhalten gebliebene Bauwerk Magdeburgs. Mit seinen klaren, schlichten Architekturformen verkörpert es einen der schönsten romanischen Baukomplexe Mitteldeutschlands.

Die **Kirche** wurde ab 1064 aus Grauwackebruchsteinen als dreischiffige Basilika mit Querschiff errichtet, 1160 vollendet und nach dem Brand von 1188 wieder hergestellt. Charakteristisch die Langhausarkaden mit ihrem Wechsel von Rot und Weiß. Unter dem Chor mit Apsis befindet sich eine dreischiffige frühromanische Krypta mit Kreuzrippengewölben. Das die Ansicht prägende westliche Turmhaus ist von zwei Rundtürmen flankiert. Die Vorhalle im Zwischenturmbau ist als großer Emporenraum gestaltet. Das ursprünglich flachgedeckte Langhaus wurde um 1220/30 frühgotisch eingewölbt.

Magdeburg, ehem. Klosterkirche Unser Lieben Frauen von Südosten

Nördlich der Kirche befinden sich die **Klausurgebäude** mit dem romanischen **Kreuz-gang** (zwischen 1135 und 1150). Wesentliche Bestandteile: das *Brunnenhaus* (östlicher Kreuzgangflügel), das *Alte Refektorium* (Nordflügel), das *Poenitentiarium,* die dreischif-fige *Hochsäulige Kapelle* (Südflügel) und das zweischiffige *Sommerrefektorium* (West-flügel). Die monumentalen Tonnengewölbe und das Brunnenhaus widerspiegeln die Verbindungen zur französischen Ordensheimat.

Die inzwischen säkularisierte Klosteranlage wurde im letzten Krieg stark beschädigt. Bei der Restaurierung (bis 1953) wurde die eingestürzte gotische Chorwölbung durch eine Holzdecke ersetzt. In der Hochsäuligen Kapelle befindet sich seit 1976 die *Nationale Sammlung Kleinplastik.* Der völlig zerbombt gewesene Westflügel des Stifts wird als *Konzerthalle* genutzt.

Stiftskirche St. Sebastian
Diese 1015 gegründete dreischiffige Hallenkirche ist im Kern romanisch, vorwiegend Mitte des 12. Jh.; mit Querschiff und einem kurzen Seitenschiff an der Nordseite des einschiffigen Chors; der Westbau zweitürmig. Der Chor wurde im 14. und 15. Jh. gotisch umgebaut und erweitert, das Langhaus um 1500 zur spätgotischen Halle verändert. Die Türme erhielten nach dem Dreißigjährigen Krieg barocke Ziegelhauben. Die Kirche ist katholisch, seit 1878 Propsteikirche im Erzbistum Paderborn, heute Dom des katholischen Bischofs von Magdeburg.

Am Domplatz gibt es mehrere **Stadtpaläste,** allesamt wertvolle Barockbauten. Bemer-kenswert an der Ostseite (Nr. 1) die *Neue Möllenvogtei* (1745) und im Hof die *Alte Möllenvogtei* (1600). Anschließend (Nr. 2 und 3) das ehem. *Königliche Palais,* 1700–02 von G. Simonetti. Hier befand sich zuvor das Erzbischöfliche Palais (bis 1631), davon noch der Chor der *Kapelle St. Gangolf* (14. Jh.) erhalten. Das prächtige Gebäude daneben (Nr. 4) 1732 von Christian Knaut. Es folgen (Nr. 5) die *Dompropstei,* 1706–14 von C. Gerlach und G. Simonetti, und die *Domdechanei,* 1728. An der Nordseite sind Nr. 7–9 zu beachten, 1723–28 vom Festungskommandanten G. C. von Walrave erbaut. Alle diese Gebäude sind im letzten Krieg schwer beschädigt und wieder hergestellt worden.

☐ **Baudenkmale in der alten Bürgerstadt**
Rathaus am Alten Markt. Auf Resten der 1207 abgebrannten zweischiffigen Halle der Gewandschneider oder Kürschner wurde im 12./13. Jh. ein erstes Rathaus erbaut. Nach den Zerstörungen von 1631 entstand 1691–98 auf alten Grundmauern der zweigeschossige Barockbau von Heinrich Schmutze, schön gegliedert durch Arkaden, einen Risalit mit Segmentgiebel und einen säulengetragenen Portikus. Das Walmdach krönt ein offener Dachreiter. Im letzten Krieg weitgehend zerstört und nach den alten Plänen (mit einem Erweiterungsbau an der Nordseite) wiedererrichtet. Nur der *Ratskeller,* eine zweischif-fige, auf mächtigen Achteckpfeilern ruhende spätromanische Anlage (um 1230/40), geht auf die Halle der Kürschner zurück.

Halle an der Buttergasse. Es handelt sich um das Untergeschoß des spätromanischen Innungs- oder Kaufhauses der Gerber, das einst zur Umbauung des Alten Marktes gehörte. Die mit Zwickelkapitellen versehenen Rundpfeiler gliederten den Raum ursprünglich in zwei Schiffe. Um 1200 wurde das Kreuzgratgewölbe eingezogen, was eine Neuaufteilung in vier Schiffe erforderte. Nur das Tonnengewölbe im südlichen Teil ist jünger (1716). In die Fassade sind neuerdings Magdeburger Hauszeichen eingelassen, die aus den Trümmern der 1945 zerstörten Stadt geborgen werden konnten (heute Weinrestaurant).

Magdeburger Reiter. Standbildgruppe auf dem Alten Markt gegenüber der Gerichts- und Ratsstube, das neben dem Dom wichtigste Wahrzeichen Magdeburgs. Die Hauptfigur, offenkundig eine Herrscherpersönlichkeit, sitzt auf einem gezügelten Roß. Die beiden begleitenden Jungfrauen, die für den Namen der Stadt stehen, treten demgegenüber zurück; aber auch sie sind künstlerisch wertvoll – stilistisch stehen sie den klugen und törichten Jungfrauen am Domportal nahe. Diese Standbildgruppe ist zweifelsohne im 13. Jh. von der damals in voller Blüte stehenden Domwerkstatt geschaffen worden.

Nächst dem Bamberger Reiter verkörpert sie das älteste nördlich der Alpen entstandene Reiterstandbild und wohl das *erste freifigürliche Reiterstandbild* auf deutschem Boden überhaupt. Das Vorbild ist in spätrömischen und byzantinischen Kaiserdarstellungen zu Pferde zu sehen. Bei der Magdeburger Bürgerschaft besteht die über Generationen verfestigte Meinung, daß der Reiter Kaiser Otto I., den Erbauer der Stadt, darstellt. Einen aktenkundigen Beweis gibt es nicht. Ein Denkmal im heutigen Sinne, das dem Andenken des Abgebildeten gewidmet ist, sollte das Standbild wohl kaum sein, jedenfalls nicht in erster Linie. Ähnlich den Roland-Standbildern dürfte es als ein im Herzen der Bürgerstadt aufgestelltes Hoheits- und Gerichtssymbol des erzbischöflichen Stadtherrn aufzufassen sein. Nach dem Zweiten Weltkrieg hat man die aus Sandstein gemeißelten Originalfiguren in das Kulturhistorische Museum der Stadt überführt. Die heute am Alten Markt zu sehende Gruppe besteht aus Bronzeabgüssen der Lauchhammer-Hütte (1961).

›Magdeburger Reiter‹ (Original). Kulturhistorisches Museum, Magdeburg

☐ Weitere Sehenswürdigkeiten

Kirche St. Johannis, am Geländeabbruch zur Elbe gelegen. Diese älteste Kirche Magdeburgs ist 1015 als ecclesia mercatorum (= Kaufmannskirche) erwähnt und möglicherweise mit einer schon 941 genannten Kirche identisch. In der Krypta finden sich Reste der vielleicht noch ottonischen Anlage. Im 15. Jh. erfolgte der Umbau zur dreischiffigen, spätgotischen Hallenkirche mit Apsis. Der zweitürmige Westbau ist älter (um 1200, spätromanisch). St. Johannis war jahrhundertelang die Hauptpfarrkirche. Luther predigte hier 1524 (*Luther-Denkmal* neben der Kirche); Otto von Guericke wurde in ihr beigesetzt. Die Kirche brannte 1945 aus und ist nicht wieder aufgebaut worden. Die Ruine bestimmt aber noch immer die Stadtsilhouette. 1982/83 wurde sie mit einem Bronzeportal des Magdeburger Bildhauers Heinrich Apel versehen, das dem Gedenken der Toten des Zweiten Weltkriegs und des Dreißigjährigen Kriegs gewidmet ist. In der Ruine steht das in antifaschistischer Tradition fußende Standbild ›Der Gekreuzigte‹ von Fritz Cremer. Vor der Ruine die Plastik ›Trümmerfrau‹, ebenfalls von Apel.

Ehemalige Wehranlagen. Reste der *Stadtmauer* bestehen an der Uferpromenade zwischen der Schiffsanlegestelle und dem Lukasturm. Ein *Stadttor* hat sich im Möllen-Vogteigarten (dicht östlich am Dom) erhalten. Einstige Wehrtürme sind *Kiek in de Köken* (zwischen Dom und Elbuferpromenade), *Petriförder* (an der Schiffsanlegestelle) und *Lukasturm* (an der Elbebrücke, mit ›Lukasklause‹).

Bürgerhäuser, Theater. Bot sich der Breite Weg bis 1945 als barocke Prachtstraße dar, so haben sich nur zwei relativ kleine *Barockhäuser* erhalten: *Nr. 178* und *179,* beide um 1728, mit Giebelfiguren. – Das Theatergebäude **Großes Haus** wurde beim Neubau 1950 dem kriegszerstörten Vorgängerbau von 1795 (Entwurf von Erdmannsdorff) angeglichen. – Prunkvolle Geschäfts- und Wohnhäuser der Gründerjahre sind vor allem am Hasselbachplatz zu finden.

Magdeburg besitzt zahlreiche **Denkmäler,** u. a. zur Erinnerung an *Martin Luther, Karl Leberecht Immermann, Otto von Guericke, Eicke von Repgow, Johann Andreas Eisenbart* (›Doktor Eisenbart‹), *Till Eulenspiegel* (Brunnen) und *Friedrich Friesen.*

☐ Gärten, Parks, Ausflugsziele

Volkspark. Unter Bürgermeister August Wilhelm Francke (erste Hälfte 19. Jh.) entwickelte sich Magdeburg zur Stadt der Parks und Gärten. Auf dem Gelände des von den Franzosen zerstörten *Klosters Berge* entstand nach den Plänen von Peter Joseph Lenné der erste deutsche Volkspark (1824), ursprünglich 30 ha groß. Das zugehörige *Gesellschaftshaus* entwarf das Büro von Karl Friedrich Schinkel. 1896 entstand ein Komplex von öffentlichen *Gewächshäusern;* nach dem letzten Krieg wieder aufgebaut und erweitert (u. a. großes Palmenhaus).

Herrenkrugpark. Am Ostufer der Elbe gelegen. Auch hier entstanden ein Volkspark (1829 Erweiterungsplan von Lenné) und ein Gesellschaftshaus. Letzteres nach den Kriegszerstörungen abgetragen. Beliebtes Ausflugsziel mit seltenen Gehölzen. Seit 1906 im anschließenden Bereich *Pferderennbahn.*

*Magdeburg,
Kulturpark Rotehorn,
Pferdetor*

Kulturpark Rotehorn. 1872 auf einer zwischen *Alter Elbe* und *Strom-Elbe* gelegenen und ihrerseits von der *Tauben Elbe* (mit einem See) durchflossenen Insel gegründet. Anläßlich der Deutschen Theaterausstellung 1927 entstand hier der Klinkerbau der **Stadthalle** (Entwurf Wilhelm Deffke und Johannes Göderitz). Kernstück ist der Hallenraum für 4000 Personen. Die Bauzeit von nur 4½ Monaten war eine Meisterleistung. Zu dem ursprünglichen Komplex gehören ein 60 m hoher *Aussichtsturm* und das *Pferdetor* am Eingang (Entwurf Prof. Albinmüller; Ausführung Max Roszdeutscher und Fritz Maenicke). 1945 zerstört, bis 1966 wieder hergestellt. Seither Bau weiterer Mehrzweckhallen. – **Zoologischer Garten.** Heimattiergarten, 1958 im Vogelgesang-Park angelegt.

Die mittlere Elbe in Norddeutschland

An dem von Rothensee und Hohenwarthe flankierten *Magdeburger Tor* tritt die Elbe in einen neuen Laufabschnitt ein: Mitteldeutschland endet – Norddeutschland nimmt seinen Anfang. Im norddeutschen Abschnitt der Mittelelbe (250 km Stromlänge) senkt sich das Spiegelniveau des Flusses allmählich von 44 m ü. M. vor Magdeburg auf 21 m in Nähe der Havelmündung und 4 m vor Lauenburg.

Landschaftsgeschichte: Am Ende der letzten Kaltzeit waren die Höhen des Fläming und der Colbitz-Letzlinger Heide noch nicht getrennt. Die Urelbe folgte dem Südwestrand des Südlichen Landrückens und behielt ihren schon oberhalb von Magdeburg genommenen nordwestlichen Kurs im Ohre-Aller-Weser-Urstromtal bei. Demzufolge mündete sie wie die heutige Weser bei Bremen. Erst seit er den Südlichen Landrücken im *Magdeburger Tor* durchbrochen hat, biegt der Fluß noch im Stadtbereich von Magdeburg in sanftem Bogen aus südwestlicher in nordöstliche Laufrichtung ab. Er ist in das jugendlichere Entwässerungssystem der Urhavel eingedrungen.

Aber der Elblauf im neuen Flußgebiet war instabil. Zunächst wandte sich die Elbe in mehreren Läufen der Havel zu. Und auch im annähernd heutigen Bett fand sie keine Ruhe. Unreguliert noch, verwilderte sie. Das Vorrücken der Nordsee im Mündungsbereich (Bremsung der Fließgeschwindigkeit durch Laufverkürzung) begünstigte Pendelbewegungen, die in historischer Zeit einige Orte ihre Elblage verlieren ließen (s. Wolmirstedt und Jerichow).

Nördlich des Magdeburger Tores fehlen Aufragungen älterer geologischer Entstehung. Das Elbtal liegt einzig in Ablagerungen des Pleistozän und des Quartär eingebettet da. Zur Herausbildung eines die Elbe begleitenden periglazialen Lößlandes kam es nicht. Auch strecken sich die diesen Talabschnitt begrenzenden Endmoränenzüge nicht mehr derart lang hin wie oberhalb von Magdeburg. Weithin reduzieren sich Endmoränen zu kuppigen Hügeln. Wichtiger wird der Wechsel von Grundmoränenplatten und darin durch nacheiszeitliche Erosion eingeschnittene Niederungen.

Klima: Bald unterhalb von Magdeburg endet der kontinentale Einfluß mit größerer Sommerwärme und geringeren Niederschlägen. Kontinentale Pflanzen des mitteldeutschen Trockengebiets finden sich im äußersten Falle bis zur Ohre und dem Elbtal bei Rogätz. Die Elblande geraten unter den Einfluß der Nordsee, in den Bereich des *ozeanischen Klimas*. Charakteristisch sind Westwinde, höhere Luftfeuchtigkeit, größere Niederschlagsmengen, geringere Temperaturschwankungen und mildere Winter, was neben allgemein in Mitteleuropa verbreiteten Arten andere Leitpflanzen heimisch macht. Während linkselbisch wohl zuerst in der Colbitz-Letzlinger Heide Stechpalme, Glockenheide, spezielle Ginsterarten usw. zu beobachten sind, dringen rechtselbisch ozeanisch getönte Pflanzenarten sogar bis in den Westfläming vor. Die naturbedingten Wälder der Altmark, der Prignitz, Mecklenburgs und Niedersachsens bestehen vor allem aus Eiche, Birke, Buche und Hainbuche; sie sind jedoch besonders im 19. Jh. weithin durch Kiefernforsten verdrängt worden. – In den Biotopen der Elbaue ändert sich die floristische Zusammensetzung. Das Vorkommen einiger Schwimmblattgewächse, die wärmeres Wasser verlangen, endet bei Magdeburg, während die Gelbe Seekanne, bedingt durch die größere Winterwärme, überhaupt erst ab Tangermünde vorkommt.

Geschichte: Auch in diesem Elbeabschnitt nahmen im 10. und 11. Jh. die *Grenzkämpfe* mit den Slawen dramatische Züge an. Die schon über die Elbe vorgedrungene deutsche Vorhut mußte sich noch einmal zurückziehen (s. Havelberg), bis die Slawen endgültig unterworfen waren. In der Kolonisationsperiode blieben diese Gebiete Schwerpunkte der Reichs- und Kirchenpolitik. Die sich ansiedelnden niederdeutschen Kolonisten kultivierten mit den aus ihrer Heimat mitgebrachten Erfahrungen und Techniken (Deichbau, Melioration) das noch sumpfige und von Überschwemmungen bedrohte Land. Mit diesen frühen Zuwanderungen entstand auch die *Sprachgrenze:* Das Niederdeutsche greift zwar in das Gebiet oberhalb von Magdeburg hinein, besonders ostelbisch, endgültig und unumstritten setzt es sich aber erst unmittelbar nördlich von Magdeburg durch.

Beachtung verdienen auch die Unterschiede in der bäuerlichen *Volksarchitektur.* Im Südwesten der Altmark und im Kreis Perleberg herrscht noch das Dreiseitengehöft Mitteldeutschlands vor. Aber im Nordwesten der Altmark (Kreis Salzwedel) und an der mecklenburgischen Elbe ist bereits das *Niederdeutsche Hallenhaus* typisch, mit Wohnung, Scheune und Stall unter einem Dach.

Niederdeutsche Vorbilder wirken auch in das sakrale und stadtbürgerliche Bauen hinein. In der Gotik der Altmark und der Prignitz verzahnen sich die von Magdeburg, Lüneburg und Lübeck herkommenden Einflüsse. Die Bischöfe von Havelberg stehen voll in der Tradition Magdeburgs, aber der Dom von Stendal und die vom Bistum Havelberg errichtete Wallfahrtskirche in Wilsnack sind bereits von der Johanneskirche in Lüneburg angeregt.

Nachdem die in west- und mitteldeutscher Tradition stehenden Ordensbauhütten im Kloster- und Kirchenbau zunächst mit Feld- und mit von weither geholten Bruchsteinen gearbeitet hatten, belebten die flämischen Kolonisten das Brennen von *Ziegelsteinen* aus örtlichen Lehmvorkommen. Dieser Wandel ist an den reich vertretenen romanischen Kirchen in Altmark und Prignitz erkennbar. Mit dem Material Ziegel modifizierte Norddeutschland auch die folgenden Stilrichtungen zu bodenständigen Backsteinvarianten.

Auch der Wohnhausbau suchte aus der Not an Stein die Tugend im lokal verfügbaren Material. Nur die reichsten Patrizier und Burgmannen leisteten sich Portale und Gewände aus Sandstein. In der Regel verschwindet aber das in Sachsen und Sachsen-Anhalt so beliebte Sitznischenportal – in Norddeutschland erfolgte die *Portalgestaltung* vorherrschend mittels Fachwerk, das durch Schnitzwerk und Malereien ausgeschmückt wurde.

Tendenzen der Stagnation: Die Mittelebegebiete in Norddeutschland waren nicht immer ›rückständig‹ und provinziell. Im 14. Jh. sah der in Prag residierende römisch-deutsche Kaiser im altmärkischen Elbabschnitt den zweiten Schwerpunkt seines Reichs (s. Tangermünde). Zahlreiche hiesige Städte nahmen als Mitglieder der *Hanse* an weitgespannten Handelsbeziehungen teil.

Schon die im späten Mittelalter zustande gekommene ›ostelbische‹ Sozialstruktur (Entrechtung der einstigen Kolonisten, Ausbreitung des Großgrundbesitzes) bedeutete eine Zäsur. Die allgemeine Verarmung durch den Dreißigjährigen Krieg sowie die Auflassung vieler Bauernwirtschaften und ihr Zuschlag zu den Rittergütern im Ergebnis dieses Krieges nahmen der Region weitere Kräfte. Die durch diesen Krieg geschlagenen Wunden vernarbten zwar – das künstlerisch-architektonische Ergebnis ist die weitgehend barocke Ausstattung wiederhergerichteter romanischer und gotischer Kirchen –, aber die Perioden des Aufstiegs zu Wohlstand und der Zusammenfassung größerer materieller Potentiale im architektonischen Gestalten endeten weitestgehend. Die Altmark und die Prignitz hatten vollends aufgehört, ein Schwerpunkt in der Regentschaft von Kaiser, König und Landesherr zu sein. Innerhalb Kurbrandenburgs verlagerte sich der wirtschaftliche Schwerpunkt von der Altmark, von der Elbe, zu den neuen Zentren Preußens, nach Spree und Havel. Auch für Mecklenburg und das Herzogtum Lüneburg waren die Besitzstreifen an der mittleren Elbe Randgebiete. Gleichzeitig wuchsen auf den großen Grundbesitzungen die treuesten Diener der konservativen Staatsordnung heran. Die wirtschaftliche und soziale Stagnation und die damit verbundene extreme Provinzialität dauerten bis ins 19., teils 20. Jh. an.

Bevölkerung und Wirtschaft: Nachdem die Elbe den Ballungsraum Magdeburg durchquert hat, vermindert sich – nach kürzerem Übergang in den Kreisen Wolmirstedt und Burg – die Bevölkerungsdichte. In der Altmark (ausgenommen der Kreis Stendal), im Elbe-Havel-Winkel, in der Prignitz, in Mecklenburg und im Wendland fällt sie in den an die Elbe grenzenden Kreisen teilweise in die unterste Gruppe der Bevölkerungsstatistik ab (unter 50 Einw./km²). Entsprechend vermindert sich die Häufigkeit der Siedlungen mit mehr als 10 000 Einwohnern drastisch.

Ebenso liegt der Anteil der in der *Industrie* Beschäftigten (abgesehen von den Kreisen Burg und Stendal), in der niedrigsten Gruppe, die die Statistik ausweist (unter 10/km²). Nennenswerte Industrien siedelten sich nur an Schnittstellen des Eisenbahnverkehrs an: im wesentlichen in Stendal und Wittenberge.

Die Randgebiete der norddeutschen Mittelelbe sind demzufolge einseitig agrarisch geprägt. Auch die *Forstwirtschaft* ist, ausgenommen die Colbitz-Letzlinger Heide und die Göhrde, wenig bedeutend. Der auf den Grundmoränenplatten aus Geschiebemergel hervorgegangene humus- und kalkreiche Boden wird vor allem vom *Ackerbau* genutzt (Roggen, Kartoffeln, Zuckerrüben). Unter klimatisch etwas günstigeren Bedingungen bestehen auch ausgedehnte Obst- und Gemüsekulturen (Arneburg; in trockenen Jahren Verregnung von Elbwasser).

Die Kreise mit relativ günstiger Bodenfruchtbarkeit und hohem Ackerlandanteil (Stendal, Genthin und Perleberg) sind jedoch in der Minderzahl. Die Bodenfruchtbarkeit der meisten ist wenig günstig, was zu einer Betonung der *Grünlandwirtschaft* führt. Auch in der Elbaue werden nach Abholzung, Deichbau und Melioration die grundwasserreichen Niederungen vor allem als Weide genutzt, wobei der Viehbesatz geringer als im ackerbaulich stärkeren Süden ist.

Am Rande und innerhalb des Kulturlandes haben sich allerdings ausgedehnte, noch weitgehend naturnahe Gebiete erhalten, auf die sich heutzutage die Bestrebungen des Landschafts- und Naturschutzes konzentrieren. Neben kleineren Naturschutzgebieten besteht vor allem zwischen Havel und Lauenburg das hundert Kilometer lange *Naturreservat Elbtalaue,* das die Naturschützer der elbanrainenden Bundesländer zum Nationalpark erklärt haben möchten.

Dem *touristischen Erlebnis* sind spezifische Züge gesetzt. Hinsichtlich der späten Romanik und der Gotik begegnet dem Reisenden eine attraktive Kunstlandschaft. Wer freilich bedeutendere Zeugen nachfolgender Kunststile sucht, muß sich bescheiden. Geringere ökonomische Leistungskraft und die auf überspitzter Ungleichheit beruhende Sozialstruktur haben das künstlerische Schaffen gehemmt. – Was den Reiz dieser Landschaft ausmacht, liegt gerade in der dünnen Besiedlung, dem vorherrschend Ländlichen, der noch vorwaltenden Ruhe; in der Weite des Flußlaufs Elbe und der angrenzenden Wiesen und Weiden; in der Vielzahl an Nebenflüssen und Kanälen; im seltenen Artenreichtum der Vogelwelt. Auch gibt es hohe Aufwehungen von Dünen, teilweise wie an der Küste. – Die in weitem Abstand verstreuten Städte und Städtchen, vielfach mit ehrwürdigen Kirchen, Rathäusern und Rolanden, die Straßen von Fachwerkbauten gesäumt, sind frei von Hektik. Dabei ist es eine Großregion mit bewegter Geschichte. Ihre Zeugen sind Großsteingräber und Ringwälle, ehem. Klöster und Uferburgen, nach Kriegen und Feuersbrünsten wiedererrichtete Gemeinwesen, Herrenhäuser, die einst von einflußreichen Geschlechtern bewohnt waren. In einem Umfeld mit idealen Möglichkeiten für naturnahe Erholung fügt sich ein Mosaik von historischer Größe und Menschenschicksalen.

Nördlich von Magdeburg

☐ Links der Elbe: Von Magdeburg in die Altmark

Die *Börde* setzt sich noch ein Stück nördlich und nordwestlich von Magdeburg bis zur Ohre fort. Jenseits der Ohre beginnt die *Altmark,* die sich im Norden bis zum Hannoverschen Wendland erstreckt. Im Osten wird die Altmark vom linken Elbufer begrenzt.

Der im 14. Jh. entstandene Begriff ›Altmark‹ besagt, daß hier der älteste Teil der Mark Brandenburg lag. Verfassungsrechtlich ist er allerdings nicht anwendbar, denn eine politische Einheit ›Altmark‹ gab es zu keiner Zeit. Freilich nahm dieses Gebiet neben den anderen brandenburgischen Landschaften schon seit dem 14. Jh. eine Sonderstellung ein. Es bildeten sich ein altmärkisches Bewußtsein und eine altmärkische Mundart heraus. Die Stände der Altmark hatten jahrhundertelang in Stendal und in anderen Orten ihre Zusammenkünfte. Seit der Reformation gab es auch einen Generalsuperintendenten für die Altmark. Diese Regionalidentität ist durch die Abtrennung der Altmark von Brandenburg und den Anschluß an die Provinz Sachsen (1815/16) verstärkt worden, zumal sich die altmärkischen Stände weiter zur Kurmark rechnen durften; erst 1876 mußten sie sich in den Kommunalverband der preußischen Provinz Sachsen eingliedern lassen.

Naturräumlich bildet die Altmark keine Einheit. Ihr Südteil ist von der *Colbitz-Letzlinger Heide,* einem Glied des Südlichen Landrückens, durchzogen. Es ist ein flachwelliges Gebiet von 80–100 m Höhenlage, dem einige Moränenkuppen aufgesetzt sind, die in den elbfernen *Hellbergen* 160 m und fast Mittelgebirgscharakter erreichen, im Elbebereich aber niedriger bleiben (bei Rogätz 106 m). Die Hydrographie ist dem des Fläming ähnlich. Im Inneren ist die Heide abflußlos. Die Flüßchen entspringen in den zertalten Rändern. Zur altmärkischen Elbe wenden sich die Tanger und die Milde, die im weiteren Biese und an ihrer

Mündung Aland heißt. Die im elbabgewandten Teil entspringende Jeetze erreicht erst im Wendland die Elbe.

Ursprünglich trug die Heide Mischwälder, vorwiegend Eiche, Buche, Linde und Birke. Als hier Kurprinz Johann Georg von Brandenburg wegen des erheblichen Wildbestands 1535 sein Jagdrevier einrichtete, verzichtete das Erzstift Magdeburg auf die Landeshoheit über Letzlingen, und ansässige Großgrundbesitzerfamilien, wie die von Lüderitz und die von Bismarck, tauschten ihre anliegenden Besitztümer gegen anderswo gelegene ein. (So gelangten die von Bismarck nach Fischbeck und Schönhausen jenseits der Elbe.) Im 19. Jh. sind jedoch die meisten Laubwälder abgeholzt und bis auf Restbestände durch Kiefernforsten ersetzt worden. Dennoch blieb diese Heide bis zum Ersten Weltkrieg kaiserliches Hofjagdgebiet; und sie ist noch immer eines der größten zusammenhängenden Waldgebiete Deutschlands. Die Heideböden werden nur dort ackerbaulich genutzt, wo eine genügend große Tonkomponente ein zu rasches Versickern der Oberflächenfeuchtigkeit verhindert. Der Heidesüdrand enthält starke Tonhorizonte, die als Wasserstauer geeignet sind und auch Sickerwasser der Ohre aufnehmen (wichtig für die Wasserversorgung Magdeburgs).

Im Nordosten der Altmark geht der altmärkische Landrücken in eine bis zur Elbaue reichende ebene bis flachwellige, 40–60 m hoch liegende Grundmoränenlandschaft über. Netzartig verzweigte Niederungen lassen einzelne, ackerbaulich genutzte oder mit Wald bestandene *Platten* entstehen. Ihre Steilabfälle formen Säume von landschaftlichem Reiz. Steilufer bestehen an der Elbe bei Tangermünde und Arneburg. Bei Dequede (nahe Seehausen) fällt die Arendseer Platte am Elbenebenfluß Biese-Aland um 50 m zur Wische ab.

Die *Wische* ist das größte zusammenhängende Auegebiet der Altmark. Am Auslauf der Arneburger Hochfläche beginnend und von Elbe und Biese-Aland eingefaßt, endet sie bei Schnackenburg, wo der Aland mündet. Dieses tiefliegende Niederungsgebiet, früher teilweise von Eichenmischwald bedecktes Wiesen- und Bruchland, ist nach Westen geneigt, so daß die Entwässerung auf dem viel längeren Weg über den Aland erfolgt. Vor den Eindeichungen war die Wische ein Musterbeispiel für häufig wiederkehrende, weitflächige Überschwemmungen. Die hauptsächliche Gefahr ging nicht von der tiefer eingeschnittenen Elbe, sondern vom Aland und seinen Zuflüssen aus. Die früher häufigen Überflutungen haben mächtige Ablagerungen von schwerstem Aueton hinterlassen. Der Boden ist zwar relativ fruchtbar, aber auch schwer kultivierbar.

Eingestreut sind der Besiedlung leichter zugängliche Talsandflächen. Die älteste deutsche Ansiedlung ist Werben (1005; am erhöhten Elbhang). Zu einer dichteren Besiedlung kam es ab 1160, als Albrecht der Bär die Niederlassung niederländischer und flämischer Kolonisten förderte, die ihre in der alten Heimat bewährten Kultivierungstechniken mit Erfolg anwandten. Seither gab es in der Wische Marschhufendörfer (auch Reihendörfer) und Einzelgehöfte im kultivierten Kolonistenbereich sowie unregelmäßige Rittergutsdörfer. Deichgenossenschaften, die nach wiederholt revidierten Deichordnungen ab 1695 arbeiteten, waren teilweise auch für den Bau und den Unterhalt weit entfernter Deiche, bis nach Hämerten am Elbufer bei Stendal, zuständig, da dorther und besonders vom Alandzufluß Uchte die allergrößte Überschwemmungsgefahr ausging.

Der Mittellandkanal bei Magdeburg

Der Kanal folgt ab etwa Oebisfelde der Ohresenke, dem einst von der Urelbe durchflossenen Ohre-Aller-Weser-Urstromtal. Aber er vereint sich nicht direkt mit der Ohre, sondern bleibt weithin parallel zu ihr. Um auf die Hochufer der Elbe bei Rothensee und Hohenwarthe zu gelangen, nimmt er auch nicht am Gefälle der Ohre teil, sondern nähert sich der Elbe mit unveränderter Spiegelhöhe, im letzten Abschnitt sogar auf der Krone eines künstlich aufgeschütteten Dammes. Der Abstieg zur Elbe in das Hafengelände von Magdeburg erfolgt über eine Abzweigung, den Abstiegkanal, und zwar in *einem* Schritt mit Hilfe des 1938 fertiggestellten *Schiffshebewerkes Rothensee.* Liegt der Kanal bei Groß Ammensleben noch 5 m über dem natürlichen Gelände, so beträgt der Niveauunterschied zum Mittelwasser der Elbe im Hebewerk 15 m.

Schiffshebewerk Rothensee bei Magdeburg

Der Hauptstrang des Kanals führt geradewegs am Schiffshebewerk vorbei. Mittels einer Trogbrücke über die Elbe soll er direkten Anschluß an das ostelbische Kanalsystem erhalten. Der Zweite Weltkrieg unterbrach die bereits begonnenen Arbeiten, und der DDR fehlten die Mittel für ihre Wiederaufnahme. Darum müssen Schiffe, die die Elbe queren wollen, immer noch den Umweg über Schiffshebewerk, Abstiegkanal, Magdeburg und Elbefahrt bis zum Elbe-Havel-Kanal bei Niegripp in Kauf nehmen. Der Bundeswegeplan sieht die Vollendung des Vorkriegsprojekts vor.

Bei der Kreisstadt **Wolmirstedt** (12 000 Einw.) floß die Elbe bis Mitte des 13. Jh. wesentlich westlicher. Das Dorf **Rothensee**, heute links der Elbe und Ortsteil von Magdeburg, lag rechts von ihr, und die Elbe reichte bis Wolmirstedt heran; die Ohre mündete unmittelbar beim Ort. Durch die Laufverlegung der Elbe verlor Wolmirstedt seine Elblage, und die Ohre benötigt noch 20 km, bevor sie bei Rogätz die Elbe erreicht. Das heutige Ohrebett zwischen Wolmirstedt und Rogätz ist das seinerzeit von der Elbe verlassene.

Die Lage an Ohre und Elbe gab Wolmirstedt große Bedeutung. Im Ortsteil *Elbeu* lag seit alters der wichtige Übergang über die sumpfige Ohreniederung für die Straße Magdeburg – Stendal – Wittenberge, die den hier bestehenden langen Elbbogen abschneidet; und von hier aus ließ sich die Elbe nach Burg überqueren. Bodenfunde belegen Niederlassungen und Wehrbauten prähistorischer Völker. Von der um 800 von den Slawen errichteten *Hildagsburg* sind noch Reste erkennbar. Im Jahre 780 kam Kaiser Karl der Große, um mit den Ostsachsen und den Slawen Verhandlungen zu führen. Im 10. Jh. ging die slawische Burg in deutsche Hand über, und schon 1136 war Elbeu königliche Zollstätte an der damals hier vorbeifließenden Elbe. Wolmirstedt selbst wurde erst um 1009 im Zusammenhang mit einer **Burg** am Zusammenfluß von Elbe und Ohre erwähnt. Um ihren Besitz und damit die Kontrolle des Zugangs zur Altmark rivalisierten im weiteren verschiedene Landesherren, bis sie 1319 den Erzbischöfen von Magdeburg zufiel. Diese machten Wolmirstedt zu einem ihrer bevorzugten Residenzorte. Sie nahmen umfangreiche Neu- und Umbauten vor (1480 Alte Residenz; 1575–83 Neue Residenz). Es entstanden die *Schloßkapelle*, mit filigranhaftem Blendmaßwerk, gut erhalten, im Westteil noch Reste von Wandmalereien (um 1580), und der mit seinen Gewölben im ehemaligen Burggraben fußende *Palas* (Amtsgericht und *Heimatmuseum*). Für Wolmirstedt wichtig war auch das 1228 gestiftete *Zisterzienser-Nonnenkloster*, das 1732 in ein adliges Stift umgewandelt wurde. – Nach den Zerstörungen im Dreißigjährigen Krieg blieb eine durchgreifende Wiederbelebung unter dem Regime von Brandenburg-Preußen aus. Einen Aufschwung brachten die Erhebung zur Kreisstadt (1816) sowie der Bau der Bahn Magdeburg – Wittenberge (1849); Industrieansiedlung durch Zuckerfabrik, Gerberei, Maschinenfabrik. 1973 wurde im benachbarten **Zielitz** ein Kaliwerk in Betrieb genommen.

Sehenswert ist die *Benediktiner-Klosterkirche* in **Groß Ammensleben** (1140 geweiht), eine dreischiffige romanische Pfeilerbasilika, die nach Bränden 1231 und 1300 gotisch erneuert wurde. Beachtlich sind das Südportal (um 1170), Sandsteinskulpturen (14. Jh.) sowie der spätbarocke Hochaltar (1769; Altarblatt 1615).

Der *Barleber* und der *Jersleber See* (94 und 40 ha) sind ertrunkene Kiesbaggergruben und beliebte Naherholungsgebiete Magdeburgs. – Das Gebiet um Wolmirstedt mit dem Unterlauf der Ohre und den beiden künstlichen Seen ist zum *LSG Jersleber* und *Barleber See* mit *Elbe-Ohre-Niederung* (3548 ha) erklärt. Angeschlossen sind das *Biberschongebiet Ohre* und das *NSG Rogätzer Hang* im Rogätz-Ohre-Tal (29 ha). – Beim nahen **Colbitz** (2900 Einw.) gibt es im *LSG Ramstedter Lindhorst* den größten zusammenhängenden Lindenwald Deutschlands, wahrscheinlich ein Relikt aus der postglazialen Wärmezeit (225 ha). Auf Grund der alten Bestockung sind 44 Brutvogelarten (viele Höhlenbrüter!) anzutreffen.

Rogätz (2170 Einw.) entstand an der im Mittelalter stärker benutzten Straße Lüneburg – Gardelegen – Burg – Niederlausitz – Schlesien, die hier die Elbe überschritt. Die auf eine slawische Wallburg folgende deutsche Burg, 1144 erstmals erwähnt und 1243 vom Erzbistum Magdeburg ausgebaut, später im Besitz derer von Alvensleben, wurde im Dreißigjährigen Krieg zerstört. Erhalten haben sich nur ein Stück Uferrandmauer und der mächtige, aus Findlingsquadern gebaute einzellige *Wohnturm* (›Klutturm‹). Mit seinen drei Geschossen erreicht er eine Höhe von etwa 30 m (Grundfläche: 11,6 × 13,1 m). Die unteren stammen aus dem 12. Jh., die Aufstockung um das Doppelte erfolgte um 1243. Im 20. Jh. wurde er zu einem Wasserbehälter hergerichtet. – Im *Herrenhaus* daneben (1897) wohnte Max Planck 1943–45 (Gedenktafel). Die *Dorfkirche,* um 1700 auf romanischen Resten erbaut, verfügt über eine qualitätvolle Ausstattung (16./17. Jh.) sowie interessante Grabsteine (14.–18. Jh.), insbesondere derer von Alvensleben.

Bis **Buch** nahe Tangermünde durchfließt die Elbe das *NSG Schelldorfer See* (175 ha; ausgedehnte Röhrichtbestände; Fischadler, Kranich). Nördlich schließt das *NSG Bölsdorfer Haken/Bucher Brack* an (780 ha; Rückzugsgewässer und Feuchtflächen mit Röhrichten, seltenen Pflanzen und Vögeln).

☐ **Tangermünde – ein ›Rothenburg an der Elbe‹**

Tangermünde (11 000 Einw.) präsentiert sich als ein selten wohlerhaltenes Kleinod mittelalterlicher Architektur. Der gesamte Stadtkern steht unter Denkmalschutz. Besonders eindrucksvoll ist der Anblick von der Elbseite her. Über leicht ansteigendem Hang gruppiert sich eine Stadtsilhouette mit zahlreichen Türmen und Toren (Umschlagvorderseite). – Eine in der Nachfolge einer slawischen Wallburg angelegte sächsische Grenzsicherungsburg (1009 erstgenannt) ließen die Askanier im 12. Jh. zur stärksten Festung

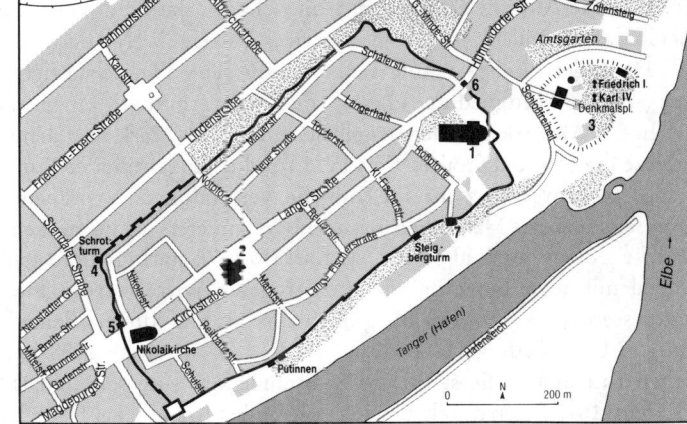

Tangermünde
1 *Pfarrkirche*
   St. Stephan
2 *Rathaus*
   (Heimatmuseum)
3 *Burg*
4 *Schrotturm*
5 *Neustädter Tor*
6 *Hühnerdorfer Tor*
7 *Elbtor*

Tangermünde. Matthäus Merian d. Ä., Kupferstich, 1631

der Mark Brandenburg ausbauen. Seit Anfang des 13. Jh. war sie Sitz markgräflicher Vögte. Auf dem ›Prälatenberg‹ neben der Burg gründete der Askanier Heinrich von Gardelegen um 1185 ein Chorherrenstift (1188 nach Stendal verlegt). – Die südwestlich der Burg entstandene Altstadt erlangte im frühen 13. Jh. das Stadtrecht. Tangermündes Blütezeit fiel in das 14. und 15. Jh. Die Haupterwerbszweige waren der Handel und die Bierbrauerei. Dank der Elblage dehnte Tangermünde seine Handelsbeziehungen bis nach Lübeck aus (seit 1368 Mitglied der Hanse). Zugleich vermittelte Tangermünde den Handel zwischen der Altmark und dem ostelbischen Teil der Mark Brandenburg. Ihren Höhepunkt erlebte die Stadt, als Kaiser Karl IV. 1373 die Tangermünder Burg nach der von Prag zu seiner Nebenresidenz machte, um die Verbindungen zwischen dem deutschen Süden einerseits und der Hanse und Brandenburg andererseits zu stärken. Die kaiserliche Gunst währte jedoch nur fünf Jahre. Als Karl IV. 1378 starb, fiel die ganze Mark Brandenburg und damit auch Tangermünde nach längeren Wirren an die Hohenzollern, die engere Interessen verfolgten. Die Burg blieb aber als Sitz kurfürstlicher Amtsleute von Bedeutung. – Der Niedergang setzte im 16. Jh. ein. Schon ab 1488 hatten die brandenburgischen Kurfürsten die städtische Selbständigkeit eingeschränkt (Herrschaft patrizischer Gilden). 1617 fielen durch einen verheerenden Brand zwei Drittel der Stadt in Schutt und

Asche (anschließend Verbrennung der als Urheberin bezichtigten Grete Minde; s. die Novelle von Theodor Fontane). Vollends zum Verhängnis wurde der Dreißigjährige Krieg. Vierzehnmal erschienen die verschiedenen Kriegsparteien. Weitere Stadtbrände 1676 und 1678 und Epidemien verzögerten die Erholung. Am Ende hatte Tangermünde völlig an Bedeutung verloren. – Im 19. Jh. erlebte Tangermünde eine für altmärkische Verhältnisse beachtliche Industrialisierung (Zucker, Schokolade, Konserven, Leim, Schiffsreparatur; nach dem Zweiten Weltkrieg Faser- und Spanplatten). Aber die Stadt erhielt keinen direkten Anschluß an die Hauptstrecken der preußischen Eisenbahn; eine Straßenbrücke über die Elbe wurde erst 1932/33 gebaut (1945 gesprengt und wiedererrichtet).

Die **Pfarrkirche St. Stephan** (Umschlagvorderseite) wurde zwischen 1184 und 1188 als Dom für ein geplantes Bistum begonnen, erlangte die Funktion aber nie. Die ursprünglich romanische Backsteinbasilika war wahrscheinlich der Klosterkirche von Jerichow ähnlich, während die heutige dreischiffige Hallenkirche dem Stendaler Vorbild folgt. Baubeginn wahrscheinlich 1376; Vollendung der Halle um 1485 und des Zweiturmbaus (94 m, höchster Kirchturm der Altmark) um 1450–1500. Der Baukörper ist von Gitter- und Fischblasenfriesen umgürtet. Heutige Gestaltung des weithin sichtbaren Giebels an der Südfront Ende des 17. Jh. Nach dem Brand von 1617 Wiederherstellung des Inneren, insbesondere Einbau der Emporen. Im Barock (1712) empfing der nördliche Turm die offene, achteckige Helmlaterne, während der südliche sein steiles Walmdach behielt.

An Ausstattung hinterließ das Mittelalter einige Bauplastik sowie Reste spätgotischer Wandmalerei (zweite Hälfte 15. Jh.). Nachreformatorisch sind vor allem die Kanzel (1619, Sandstein mit Alabasterteilen, wahrscheinlich aus einer Magdeburger Werkstatt, vielleicht von Christoph Dehne), der große dreigeschossige Altaraufbau (1705, Holz), die Orgel (1624 von Hans Scherer d. J. aus Hamburg) und die Emporen (1617; 1720 mit Szenen aus dem Alten und dem Neuen Testament bemalt). Unter den Grabdenkmälern (15.–19. Jh.) ist das für Bürgermeister P. Guntz († 1598) besonders beachtlich.

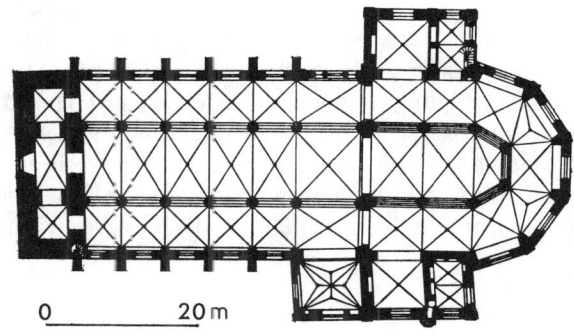

Tangermünde, St. Stephan,
Grundriß

0   20 m

Das **Rathaus** ist eines der schönsten der norddeutschen Backsteingotik. Es besteht aus einem Ost- und einem Westflügel (um 1430, wohl von dem Stettiner Baumeister Hinrich Brunsberg oder nach seinen Plänen errichtet, sowie um 1480). Dieser Komplex war nicht als eigenständiges Bauwerk gedacht, sondern als eine Erweiterung des älteren, aus dem 14. Jh. stammenden Fachwerk-Rathauses, das beim Stadtbrand von 1617 in Flammen aufging. Da dem erhalten gebliebenen backsteinernen Anbau ein eigener Zugang von außen fehlte, wurde 1618 eine hölzerne Außentreppe angelegt. Erst 1846 schuf Friedrich August Stüler den heutigen Aufgang aus Stein mit dem abschließenden achteckigen, historisierenden Türmchen. Der eigentliche Blickfang ist die prächtige *Ostfassade* (Farbabb. 18) von 1430, die die diffizilsten Formen märkischer Backsteindekoration aus glasierten und einfach gebrannten Formziegeln aufweist; als Krönung über hohen Strebepfeilern und hell geputzten Blenden neun frei gegen den Himmel gestellte Maßwerkrosetten von harmonischer Unterschiedlichkeit. – Die Mittelpfeiler in den Sälen des Ostflügels bilden die Mittelpunkte herrlicher Sterngewölbe. Im schlichteren Westflügel öffnet sich der südlich vorspringende Teil des Erdgeschosses zu einer kreuzrippengewölbten Laube, in der früher Gericht gehalten wurde. Auch die zweijochige Ratsstube im Obergeschoß decken Sterngewölbe. In diesem historischen Bau befindet sich das *Heimatmuseum*. Ein neues *Rathaus* ist schräg gegenüber errichtet worden (1913/14 nach Plänen von Otto Stiehl).

Die **Burg** wurde unter Karl IV. zur Residenz des Kaisers ausgebaut. Die nicht allzugroße, aber repräsentative Anlage wurde im Dreißigjährigen Krieg (1640) von den Schweden größtenteils zerstört und nie wieder voll aufgebaut. Aus der Zeit Karls IV. haben sich Teile der *Ringmauer,* der *Bergfried* oder *Kapitelturm* (ein rechteckiger, etwa 50 m hoher Bau von sechs Geschossen; das obere, ursprünglich wohl aus Fachwerk, stammt von der Restaurierung 1903) sowie die ›*Kanzlei*‹, ursprünglich ein Saalbau für Festlichkeiten, erhalten. Das *Burgtor* (›Gefängnisturm‹) im Nordwesten gehörte hingegen nicht zur Pfalz, sondern wurde erst um 1480 hinzugefügt (die Wappenblenden und das Zickzackziegelmuster sind original, Zinnenkranz und Kegeldach stammen von 1902). Der schlichte Barockbau des ehemaligen **Amtshauses** an der Elbfront wurde 1699–1701 für den brandenburgischen Kurfürsten Friedrich I. errichtet (im Keller ein Rest vom ehemaligen Palas). – Zum Ausgang des 19. Jh. würdigte Tangermünde die Verdienste *Karls IV.* durch Aufstellen eines mit dem Blick auf die Elbe gerichteten *Standbilds* (Ausführung Ludwig Cauer). Das zugehörige Sockelrelief versinnbildlicht das Heilige Römische Reich.

Tangermünde zählt zu den wenigen Städten Deutschlands, deren mittelalterliche **Stadtbefestigung** noch vollständig erhalten ist. Um 1300 errichtet, besteht sie überwiegend aus Backstein. Nur bei wenigen, vermutlich etwas älteren Abschnitten an der Nordseite, wurden Feldsteine verbaut. Entsprechend dem regelmäßigen Grundriß der Stadt formt sich der Mauergürtel zu einem Rechteck. Lediglich an der Tanger-Elbe-Front paßt sich die Linienführung den Gegebenheiten des Hanges an (hier größtenteils

Tangermünde, Neustädter Tor und Turm der Nikolaikirche ▷

erneuert). An den unverändert gebliebenen Strecken bestehen vielfach noch die im 50-m-Abstand vorspringende *Weichhäuser*.

Zur Mauer gehörten vier *Ecktürme*. Am besten erhalten ist der **Schrotturm** im Nordwesten, ein Rundturm mit vier erkerartigen Anbauten (spätes 15. Jh.; 1825 auf 47 m aufgestockt). An der Elbfront gibt es drei weitere quadratische Mauertürme, von denen der **Steigbergturm** dem Schutz des Elbtors und einer zur Tanger führenden Treppe diente. Das Stadtbild prägen auch die drei *Stadttore:* Beim **Neustädter Tor** besteht eine deutliche Verwandtschaft zum Uenglinger Tor in Stendal; beide vermutlich von Steffen Boxtehude um 1450 erbaut. Der spitzbogige Durchfahrtsbau ist von einem Turmpaar flankiert; einfach gehalten der niedrigere, rechteckige Turm (um 1300), äußerst schmuckvoll hingegen der Rundturm mit dem reichverzierten Turmaufsatz. Der Wehrgang wurde 1895–97 hinzugefügt. Vom **Hühnerdorfer Tor** ist nur der Torturm des Haupttors erhalten (quadratisches Untergeschoß um 1300, achteckiger Aufsatz etwa 1460/70). Durch das malerische **Elbtor** (um 1470; Anbau der Wachtstube um 1500) führt die Straße zum Hafen hinab. Der Blickfang von der Elbseite ist die große Spitzbogennische, die das Fallgitter aufnahm.

Bürgerhäuser. Die Schrecken des 17. Jh. haben nur wenige ältere Wohngebäude übriggelassen, namentlich das Renaissancehaus *Schloßfreiheit 5* (1543; Fachwerkobergeschoß 17. Jh.). Beim Wiederaufbau nach den Kriegs- und Brandkatastrophen begnügten sich die meisten Bürger mit schlichten Fachwerkhäusern. Giebel und Traufe stehen zumeist zur Straße, das Obergeschoß häufig über das Untergeschoß vorkragend. Einigen wurden aber auch auffallende Ausschmückungen zuteil, vornehmlich in den beiden Hauptstraßen; beachtlich besonders *Kirchstraße Nr. 18, 20, 23, 31, 48, 59* (die schönste Rundbogentür) und *60* sowie *Lange Straße 42, 46* und *47*. Die meisten Häuser entstanden laut Inschrift 1617–19 und 1679. Träger und Portaleinfassungen sind mit rustikalem, doch zierlichem Schnitzwerk versehen; die Balken tragen Inschriften mit frommen und anderen Leitsprüchen *(Kirchstraße 48* und *59)*. Nach dem neuerlichen Stadtbrand von 1816 verstand man es, klassizistische Häuser in die Bebauung des 17. Jh. harmonisch einzufügen *(Lange Str. 53/Adler-Apotheke* und *54)*. In vielen stattlichen Häusern gibt es mächtige alte Keller als die letzten Zeugen des einst verbreiteten Bierbrau-Gewerbes.

Arneburg (2200 Einw.) liegt auf der Hochfläche eines steil zum Elbufer abfallenden kaltzeitlichen Landrückens, an einer alten Furt der Straße Stendal – Havelberg. Stadtrechte wurden Arneburg nie verliehen. Aber der *Burgberg* (schöner Blick über die Elbniederung), von der Hochfläche durch einen tiefen Graben getrennt, war von erheblicher Bedeutung. Eine befestigte Siedlung bestand schon in der Bronzezeit; später slawische Wallburg; vermutlich um 925 unter Heinrich I. deutsche Reichsburg (978 als ›Harneburg‹ ersterwähnt). Die Burg war eine der wichtigsten Grenzfesten an der mittleren Elbe und die wichtigste in der östlichen Altmark. In Arneburg befand sich auch das erste Benediktinerkloster der Altmark (977); hier entstand angeblich auch deren älteste Kirche. Nach dem Slawenaufstand von 983 eroberten die Slawen die Burg und hielten sie eine Zeitlang besetzt. 1006 und 1012 kam Heinrich II. nach Arneburg, um mit den Slawen zu verhandeln. Im weiteren gelangte Arneburg in den Besitz des Erzbistums Magdeburg, dann der Askanier und später der Hohenzollern. Im Mittelalter hielten sich einige brandenburgische Herrscher gern in Arneburg auf. Im Dreißigjährigen Krieg wurde Arneburg häufig von den kriegführenden Parteien besetzt und geplündert. In diesem Krieg und endgültig durch den verheerenden Brand von 1767 verlor die Stadt ihre gesamte mittelalterliche Bausubstanz. Abseits der großen Entwicklungen geblieben, zeigt sich das Ortsbild heute weitgehend in dem Zustand, der nach dem Brand von 1767 durch regulierten Wiederaufbau entstanden ist. Es dominieren schmucke Fachwerkhäuser. – Die Haupterwerbszweige waren jahrhundertelang die Landwirtschaft auf fruchtbarem Mergelboden, der Getreidehandel und die Brauerei; auch waren hier Fischer und Schiffer ansässig. In den letzten Jahrzehnten weitete sich der Obstbau aus; Obstbaumplantagen nehmen zwei Fünftel der Flur ein, weshalb Arneburg zur Zeit der Baumblüte gern besucht wird.

Sehenswert ist die **Pfarrkirche St. Georg.** Dieser ursprünglich romanische Bau mit Flachdecken folgt im Grundriß dem lateinischen Kreuz. Der rechteckige Chor knickt mit seiner Mittelachse zum stattlichen Querschiff, dem rechteckigen Langschiff und dem Westturm nach Süden ab. Um 1200 aus Feldsteinen gebaut, erhielt das Bauwerk im 13. und 14. Jh. Zutaten aus Backstein. Schon im 17. und 18 Jh. verändert, wurde es nach dem Stadtbrand von 1767 ausgebaut (Erhöhung des Schiffs). Die Altarwand entstand 1791. 1868 nochmalige Umgestaltung im Geiste der Neugotik. Der Turm fällt durch seine Mächtigkeit auf (breiter als das Langschiff). – *Heimatmuseum* im Rathaus; davor *Schillgedenkstein. NSG Arneburger Hang* mit naturnahen Hartholzbeständen. Vom Fährhaus ausgehender *Lehrpfad.*

Altenzaun war ein bedeutender Schauplatz der Befreiungskriege. Nach der Schlacht bei Jena und Auerstedt ging hier das geschlagene Korps des Herzogs von Weimar am 26. Oktober 1806 in Richtung Sandau über die Elbe. Den unter Marschall Soult folgenden Franzosen leistete der preußische General von Yorck am Geestgraben mit kaum 400 Mann erfolgreich Widerstand, bis der Übergang gesichert war. *Denkmal* nördlich von Altenzaun.

Zwischen Arneburg und Werben gibt es im Hinterland einige Gutsdörfer, in denen bekannte Ministerialienfamilien, berühmte Offiziere und Staatsmänner ihren Stammsitz hatten: In **Hindenburg** lebten die Vorfahren des gleichnamigen Generalfeldmarschalls im Ersten Weltkrieg und späteren Reichspräsidenten. – Zwei Jahrhunderte (1598–1778) waren die bekannten *von Schulenburg* Inhaber des Guts **Walsleben**. – Mit dem Anwesen in **Königsmark** verbinden sich die Namen *Graf Hans Christoffer von Königsmark* (1600–1663; schwedischer Feldmarschall im Dreißigjährigen Krieg), seiner Enkelin *Marie Aurora Gräfin von Königsmark* (1662–1728; Geliebte Augusts des Starken) sowie ihres Bruders *Philipp von Königsmark* (1665–94); wegen Liebesbeziehungen zur hannoverschen Kurprinzessin Sophie Dorothea ermordet.

☐ Stendal – ›Hauptstadt‹ der Altmark

Die in einer Bruchniederung zwischen zwei Armen der Uchte um 1160 gegründete Marktsiedlung Steinedal nahm im Mittelalter eine bedeutende Entwicklung. Ende des 12. Jh. erhielt Stendal das Magdeburger Recht, das im weiteren zum ›Stendaler Recht‹ modifiziert wurde, sowie Zollfreiheiten und das Münzrecht (›Stendaler Brakteaten‹). Zeitweilig planten die Askanier, Stendal zum Sitz eines altmärkischen Bistums zu erheben (nicht realisiert). Der wirtschaftliche Aufschwung im 13. und 14. Jh. beruhte vor allem auf der Tuchmacherei und dem Zwischenhandel sowie Stendals Lage an Handelsstraßen nach den norddeutschen Hafenstädten – über einen mittlerweile stillgelegten Seitenarm hatte Stendal seinerzeit Zugang zur Elbe –, nach Brandenburg, Magdeburg und Braunschweig. Enge Fernhandelsbeziehungen bestanden nach Wismar, Lübeck und den Ostseeländern; als Handelspartner finden sich auch Erfurt, Nürnberg und Augsburg erwähnt. 1359 wurde die Mitgliedschaft in der *Hanse* ausdrücklich genannt (möglicher-

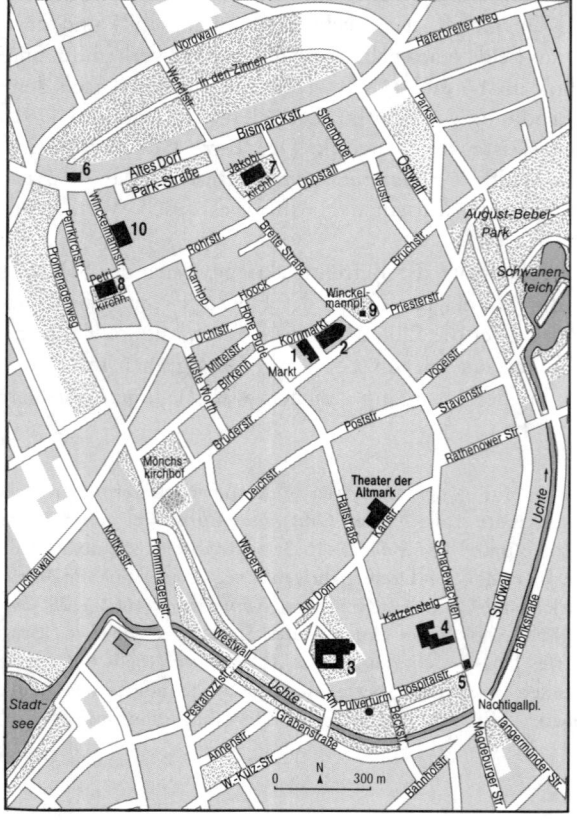

Stendal
1 Rathaus und Roland
2 St. Marienkirche
3 Dom St. Nikolai
4 St. Katharinenkloster
  (Altmärkisches Museum)
5 Tangermünder Torturm
6 Uenglinger Torturm
7 Pfarrkirche St. Jakobi
8 Pfarrkirche St. Petri
9 Winckelmann-Denkmal
10 Winckelmann-Memorial-
  museum

weise älter). Einflußreiche Familien der Patrizierschicht stärkten ihre wirtschaftliche Macht, indem sie in der Umgebung bedeutenden Landbesitz als markgräfliches Lehen an sich brachten. So erwarb der Stendaler Patrizier *Claus von Bismarck* 1345 das Lehen an *Burgstall* (nördlich von Rogätz), damals eine der bedeutendsten Burgen der Altmark, womit die von Bismarcks in den schloßgesessenen Adel aufrückten. Im 15. Jh. war Stendal sowohl hinsichtlich seines Handels als auch seiner Bevölkerungszahl (etwa 8000 Einw.) die bedeutendste Stadt nicht nur der Altmark, sondern der ganzen Mark Brandenburg. Die architektonische Gestaltungskraft erreichte mit zahlreichen Sakral- und Profanbauten der Backsteingotik ihren künstlerischen Höhepunkt. – Aber schon Ende des 15. Jh. wurden Stendals Rechte durch den Landesherrn beschnitten. Auch die Sequestration nach der Reformation ging zu Lasten Stendals, indem das Vermögen des Domstifts der Universität Frankfurt a. d. Oder übertragen wurde. Im Dreißigjährigen Krieg und nach der Pestepidemie von 1682 verarmte die Stadt völlig – sie sank zu einer unbedeutenden Landstadt herab (1670 etwa 2500 Einw.). Stendal wurde von den neueren Zentren Preußens überflügelt. – Erst nachdem Stendal im 19. Jh. Eisenbahnknotenpunkt geworden war, blühte die Stadt wieder auf (Lebensmittelindustrie, Eisenbahnwerkstatt; nach dem Zweiten Weltkrieg Dauermilchwerk, Maschinenbau, Stahlmöbelwerk, Erdöl- und Erdgaserkundung). In den 80er Jahren wurde mit der Errichtung eines Kernkraftwerks begonnen, von dessen Vollendung jedoch aus sicherheitstechnischen Gründen Abstand genommen wird. Die Umstrukturierung bedingte stark fluktuierende Einwohnerzahlen (1972: 36 800; 1989: 50 800; 1993: 47 250 Einw.).

Der *Marktplatz* bietet mit dem Rathaus und der Hauptpfarrkirche St. Marien eines der schönsten Platzbilder Norddeutschlands. – Das **Rathaus** wurde Anfang des 15. Jh. mit dem *Laubenflügel* (Gerichtslaube) begonnen und stand Ende des 15. Jh. als Dreiflügelanlage. Die Räume wurden mit Kreuz- und Sternwölbung versehen. Bemerkenswert sind: das *Kagelwit-Zimmer* (heute Trauzimmer) im Obergeschoß des *Corpsflügels;* im Gewölbeschlußstein Medaillon, das wohl den seinerzeit regierenden Kurfürsten Joachim I. darstellt. Ferner die große *Ratsstube* im 2. Obergeschoß des *Ratsflügels;* hier reichgeschnitzte Raumvertäfelung (dat. 1462), die in spätgotischer Ornamentik neben dem Stadtwappen Bildnisse von Kaiser und Kurfürsten zeigte, von denen aber nur noch eines erhalten ist; beachtlich besonders das die Eingangstür umfassende Schnitzwerk. Die heute die Außenansicht des Rathauses bestimmenden Schweifgiebel stammen vom Ende des 16. Jh., als der Backsteinbau zum Putzbau mit sparsamem Sandsteinzierat im Zeitgeschmack der Spätrenaissance gewandelt wurde. Vor dem Laubenflügel steht ein steinerner *Roland* von 1525, der drittgrößte Deutschlands (7,80 m; Stützsäule von 1698; das Original wurde nach Sturmschaden 1972 durch eine Kopie ersetzt). – Am 4. Mai 1945 fanden im Stendaler Rathaus die Verhandlungen zwischen General von Edelstein und Vertretern der amerikanischen Armee statt. Tags darauf kapitulierte die östlich der Elbe stehende ›Armee Wenck‹ (letztes Kriegsaufgebot Hitlerdeutschlands) in Stendal.

St. Marien war die Ratskirche. Vom alten Bauwerk sind nur die Untergeschosse des Westhauses (um 1340) und das wiederverwendete profilierte Sandsteinportal (14. Jh.)

erhalten. Der heutige Backsteinbau (1435–47) ist eine dreischiffige Hallenkirche mit Rundpfeilern, reichprofilierten Arkadenbögen und Kreuzrippengewölben. Zwischen den nach innen gezogenen unteren Teilen der Strebepfeiler sind rings um den Bau Kapellen eingefügt. Die Seitenschiffe setzen sich im Chorumgang fort. Der Westbau trägt zwei Türme (um 1400–60; Turmhelme frühes 16. Jh.). Bemerkenswert ist die kleine *Marientiden-Kapelle* (›Taufkapelle‹) mit formschönem, sich zu einem gedrehten Stern fügenden Dreistrahlgewölbe. Von der *Ausstattung* besonders zu beachten: außen – Sandsteinrelief einer Kreuzigungsgruppe um 1440 (1794 hierher versetzt); innen – Lettner (zweite Hälfte 15. Jh., in zweiter Hälfte des 16. Jh. neu zusammengestellt), in der unteren Gitterzone spätromanische Schnitzfiguren (um 1220), darüber eine edle Triumphkreuzgruppe (1380/90); doppelflügliger Hochaltar; hölzerne Kanzel mit Gemälden von Andreas Blome (1566–71); in Kelchform gestaltete und reichdekorierte bronzene Taufe (1474); eichenes, üppig geschnitztes Chorgestühl von Hans Ostwalt (1508). Die Orgel von Hans Scherer (um 1580) ist die Erweiterung einer älteren Schleifladenorgel, was von langer Musiktradition zeugt. Die Orgelempore von 1827 verwendet ältere bemalte Brüstungsfelder.

Die Besichtigung des **Doms St. Nikolai** sollte mit einem Besuch des ehemaligen Katharinenklosters wie auch mit einem Gang zum Tangermünder Tor und zum Pulverturm verbunden werden, alles im Süden der Altstadt. Dem heutigen Bauwerk ging ein erster spätromanisch-frühgotischer Dom mit Klausur voraus (1258 geweiht), der 1423–67 vom Augustiner-Chorherrenstift wesentlich erweitert wurde. Die Wiederherstellung des 1945 schwer beschädigten Bauwerks zog sich bis 1956 hin. Der dem Kathedraltyp folgende Dom, ein bedeutendes Beispiel norddeutscher Backsteinkunst der Spätgotik,

◁ *Stendal, St. Marien,*
Blick nach Osten

Stendal, Dom
St. Nikolai, Hochaltar

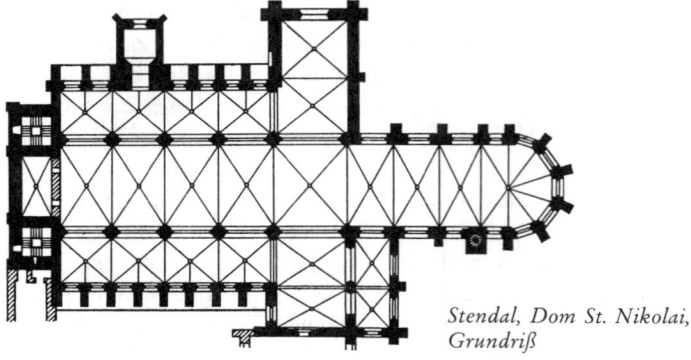

Stendal, Dom St. Nikolai,
Grundriß

ähnelt in der Anlage der nur wenig älteren Wallfahrtskirche St. Nikolai in Wilsnack. Die dreischiffige Halle des Langhauses ist durch das mit Empore versehene Querhaus vom einschiffigen Chor klar geschieden. Verhältnismäßig niedrige Säulen tragen das busige Kreuzrippengewölbe. Eingezogene Strebepfeiler fangen deren Schubkraft ab, wodurch längs der Seitenschiffe kapellenartige Nebenräume entstehen. Der querrechteckige Westbau (Unterbau erste Hälfte 13. Jh.) trägt zwei Türme; das Portal zum nördlichen Querschiff mit Blendrose und je einer Sandsteinfigur der Heiligen Nikolaus und Bartholomäus (viertes Viertel 14. Jh.). – Von den Kapitelgebäuden haben sich u. a. Teile der *Klausur* (13. Jh.) und der zweischiffige *Kapitelsaal* (vollendet 1463) sowie der *Kreuzgang* erhalten.

Berühmt ist der Dom für seinen reichen Bestand an *Glasmalereien* (1425–70, Ergänzungen 19. Jh.). Nach norddeutscher Art ist die Lebensgeschichte Jesu und einiger Heiliger dargestellt; dazu Reste eines Jüngsten Gerichts im nördlichen Seitenschiff. Zur bemerkenswerten *Ausstattung* zählen: Lettner (um 1240; 1965 wurden ihm vermutlich vom spätromanischen Lettner stammende Reliefs eingesetzt); Relieffiguren der Zwölf Apostel und des hl. Nikolaus aus Sandstein (um 1240, Naumburger Schule; in die Dienste des Chors eingefügt); großes steinernes Altartabernakel auf Sandsteinpfeiler in der südöstlichen Querhausecke; Schnitzaltar im Chor, nach 1945 aus Resten dreier Altäre neu zusammengefügt, vorzüglich die Anbetungsgruppe im Schrein (um 1420–30); Chorgestühl mit freiplastischen Figuren und Reliefs aus dem Alten Testament, Sitzfiguren der Propheten, Allegorien usw. (um 1430); hölzerne Kanzel (1744); sehr große Sandsteintaufe in gedrungener Kelchform – Becken romanisch, Fuß spätgotisch, 1946 hier aufgestellt; die Vielzahl wertvoller Grabsteine (um 1500–zweite Hälfte 18. Jh.).

Das **St. Katharinenkloster** wurde 1456 durch Kurfürst Friedrich II. von Brandenburg als Frauenkloster für den Benediktiner-Orden gestiftet und nach der Säkularisation 1539 in ein protestantisches Damenstift umgewandelt. Erhalten sind die ehemalige **Klosterkirche** (zweite Hälfte 15. Jh.), im Chor Kreuzigungsrelief aus der vorausgegangenen Spitalskapelle (1441) sowie Reste der *Klausur* mit dem *Kreuzgang*.

Von der ehemaligen *Stadtbefestigung* haben nur geringe Reste der Mauer (im Norden der Stadt), der Pulverturm und von den einstigen Stadttoren zwei Tortürme überdauert. Der **Tangermünder Torturm** ist wohl das älteste Torgebäude einer Stadtbefestigung in Norddeutschland. Der quadratische Unterbau, zweigeschossig mit rundbogiger, tonnengewölbter Durchfahrt, besteht aus Feldstein, erstes Viertel 13. Jh.; Aufbau um 1440 mit zinnenbewehrter Plattform, vier erkerartig auskragenden Ecktürmchen und mittlerem runden Turmaufsatz aus Backstein. Der **Uenglinger Torturm** ist nach dem Lübecker Holstentor wohl das schönste mittelalterliche Stadttor Norddeutschlands, um 1450/60 wahrscheinlich von Steffen Boxtehude als Backsteinbau unter Verwendung von Teilen eines älteren Feldsteintors errichtet. Über dem quadratischen Untergeschoß mit spitz-

bogiger Durchfahrt erheben sich drei Obergeschosse mit vier erkerartig auskragenden Ecktürmchen, deren ornamentale Gliederung sich mit der Höhe steigert. Auf der Plattform fußt ein runder Turmaufsatz. – Beachtenswert sind auch die mittelalterlichen *Pfarrkirchen St. Jakobi* und *St. Petri*, beide im Norden der Altstadt. – *Denkmäler* erinnern an zwei große Söhne Stendals: an *Johann Joachim Winckelmann* (1717–68), den Begründer der klassischen Archäologie und der modernen Kunstwissenschaft (1859, Entwurf Ludwig Wichmann) sowie an den in Eichstedt bei Stendal (Pfarrhaus) geborenen späteren Afrikaforscher *Gustav Nachtigal* (1834–85), der seine Jugendjahre (1840–52) in Stendal verbrachte (Büste von Anders). – *Museen: Altmärkisches Museum* im ehem. St. Katharinenkloster und *Winckelmann-Memorialmuseum.* – In Stendal bestehen ein *Tiergarten* und das *Theater der Altmark.*

Das Städtchen **Werben** (950 Einw.) entstand in strategisch wichtiger Lage. Hier befand sich die einzige Stelle, wo man direkt von der Elbe in die Havel und an deren höher gelegenes Nordufer gelangen konnte, während sonst der Mündungslauf der

Stendal, Uenglinger Torturm von Westen

Havel durch Sümpfe von der Elbe getrennt war. Hier trafen sich die Salzstraße von Lüneburg mit den von Süden kommenden, nach Mecklenburg, Brandenburg und Pommern
führenden Straßen. – Die Stadt hat ihren Ursprung in einer nicht erhaltenen Grenzburg,
die wahrscheinlich eine *Reichsburg* war (erste Erwähnung 1005). Kaiser Heinrich II.
verhandelte hier mit den Wenden und hielt in der Burg 1005 und 1012 Reichstage ab,
ebenfalls Kaiser Konrad II. 1032. Die Burg wurde 1035 durch Konrad II. neu befestigt,
gelangte aber schon im folgenden Jahr vorübergehend wieder in den Besitz der Slawen.
Vor 1160 kam sie unter die Herrschaft Albrechts des Bären, der von hier aus die Kolonisierung der Gebiete östlich der Elbe und nördlich der Havel wie auch die Besiedlung
der umgebenden Wische betreiben ließ. Hier wurde ein Elbzoll erhoben. 1160 übergab
Albrecht der Bär die Burg dem Johanniterorden, um sich dessen Mithilfe bei der Kolonisation zu versichern. Es war die erste Deutschordens-Niederlassung im damaligen
Nordosten des Reichs, von der aus die Deutschordens-Provinz Mecklenburg und
Pommern geleitet wurde (bis 1326). – Die bei der Burg entstandene Siedlung erhielt
1151 das Markt- und Stadtrecht. Als ›Reichsstadt‹ unterstand sie keinem landesfürst-
lichen Amt. Die Stadtmauer wurde im 13. Jh. errichtet. Seit 1358 ist Werbens Mitgliedschaft im Städtebund der Hanse nachgewiesen. Die Bewohner lebten von Landwirtschaft, Kornhandel und Tuchweberei, von Elbeschiffahrt und Fährverkehr. – Nach der
Reformation wurde die bis dahin dem Johanniterorden inkorporierte Kirche Stadtkirche
(1542). Die umfangreichen Pfründe des Ordens bestanden als evangelische Kommende
fort, bis sie 1809 unter Napoleon in eine Domäne verwandelt wurden. – Ende des
16. Jh. verlor Werben den Status einer Reichsstadt. Im Dreißigjährigen Krieg sicherten
sich die Schweden den Elbübergang. Im Juli/August 1631 hielten die Schweden zwischen
Deich und Elbe ihr Heerlager. Vor der Landspitze an der Havelmündung errichteten
sie eine stark bewehrte Schanze, um die bis 1641 mit wechselndem Kriegsglück gerun-
gen wurde, bis sie der brandenburgische Kurfürst 1641/42 schleifen ließ. Durch den
Krieg weitgehend zerstört, verarmte Werben vollends. Die Bevölkerungszahl sank von
3000 auf 500. Im weiteren verlor Werben auch seine einstige verkehrsstrategische Bedeutung. Die Entscheidung, den modernen Landverkehr Wittenberge – Magdeburg über
Seehausen – Stendal zu leiten (bei Wittenberge 1844 Bau einer Straßen- und Eisenbahnbrücke), lenkten den Fernverkehr in 20 km Entfernung an Werben vorbei, weshalb der
Ort ein stilles Ackerbürgerstädtchen blieb.

Trotz zahlreicher Brände und Überschwemmungen konnten sich ansehnliche Back-
steinbauten und erhebliche Reste der alten Fachwerkbebauung erhalten. Sehenswert ist
vor allem die **Pfarrkirche St. Johannis.** Anstelle einer romanischen Anlage (1160 erwähnt) wurde Anfang des 13. Jh.–1300 ein gotischer Ziegelbau geschaffen. Bis 1466 entstand die heutige dreischiffige Hallenkirche auf Achteckpfeilern und mit Kreuzrippengewölben. Teile der Seitenschiffsmauern benutzen Reste aus dem 12./13. Jh. Der
alte, im unteren Teil tonnengewölbte spätromanische Westturm wurde beibehalten und
1220–30 auf 52 m gotisch aufgestockt. Das Langhaus wurde 1410–30, der Chor 1440–66
vollendet. Wegen unterschiedlicher Pfeilerhöhen ist das Mittelschiff gegenüber den

Werben, Pfarrkirche
St. Johannis

Seitenschiffen leicht erhöht, aber die kunstvolle Ausführung – man achte auf die Profilierung von Pfeilern und Bögen – macht den Unterschied unauffällig. Vortrefflich auch die Außengestaltung: Als äußerer Schmuck fallen Friese aus glasiertem Blendmaßwerk, Rundscheiben, Tonreliefs usw. auf. Die unterhalb der Traufe und an den Strebepfeilern entlanglaufenden erinnern an St. Stephan in Tangermünde (Weiterentwicklung). Vor allem aber wirkt diese Kirche durch ihre massige Erscheinung: den gedrungenen, wehrhaften Rechteckturm und das außergewöhnlich, fast auf Turmhöhe hochgezogene Satteldach (mit Dachreiter). Kunsthistoriker sehen in dieser Kirche eine spätgotische Backsteinumsetzung der wehrhaften, breitgelagerten romanischen Bruchsteinkirchen der Altmark.

Im Gegensatz zur Stadt litt die Kirche im Dreißigjährigen Krieg wenig, so daß hervorragende mittelalterliche Kunstwerke erhalten geblieben sind, namentlich die spätgotischen *Glasmalereien* der Chorfenster (u. a. Weltgericht, Ma-rienleben, Petruslegende), der *Annen-Altar-Schrein* (1513/14 von Helmeke Borstel, Hamburg) sowie der Hoch- oder *Hauptaltar*. Dieser besteht aus zwei 1721 übereinander angeordneten, qualitätvollen Flügelaltären, stilistisch

der Werkstatt Francke in Hamburg naheste-
hend. Der obere Dreieinigkeitsaltar stammt von
1500–10, der untere Marienaltar (im Schrein
Fürbitte der Maria) von etwa 1430; mit Taber-
nakelkrönung. Man beachte auch die großartige
Verzierungsweise der Umrandung! Zu den
Schätzen der Kirche zählen ein großer fünf-
armiger Leuchter (1487) und ein Taufkessel in
Pokalform (1489) aus der Werkstatt des Hamburger Rotgießers Hermann Bonstede.

Die **Stadtbefestigung** war eine der ersten Norddeutschlands aus reinem Backstein.
Erhebliche Stadtmauerreste am Westwall mit Mauerturm (1270–80). Von den einst vier
Stadttoren hat sich das schöne *Elbtor* mit zinnenbekröntem Rundturm, Torbogen und
Wehrgang (um 1460) erhalten; heute Aussichtsturm und *Heimatstube*. – Das **Rathaus**
von 1460/70 wurde Mitte des 18. Jh. abgerissen, ausgenommen das Kellergeschoß (Ratskeller mit spätgotischem Kreuzgewölbe), das 1792/93 einen neuen einstöckigen Aufbau
im klassizistischen Stil erhielt und 1908 um ein zweites Geschoß aufgestockt wurde; in
den Giebelpartien Anklänge an den Jugendstil. Davor ein *Gustav-Adolf-Denkmal,* das
an das schwedische Feldlager erinnert (1931 aufgestellt). – Grabplatten von Ordensmit-
gliedern der Komturei finden sich in der Kirche und am Rathaus.

Seehausen, eine typische altmärkische Landstadt (rd. 5000 Einw.), entwickelte sich im
Kräftefeld von Wische und Elbe. Die Altstadt
mit der Jakobikirche entstand um 1150/60 im
Schutze einer wohl schon im 11. Jh. gegründeten landesherrlichen Burg in einer Schleife des
Aland und die Neustadt um 1170 in der daneben folgenden Flußschleife. Während die Altstadt bereits um 1260 aufgegeben und das
Gelände (Bahnhofsvorstadt) erst im 19./20. Jh.
wieder bebaut wurde, bildete sich die Neustadt
seit Mitte des 13. Jh. zur eigentlichen Stadt heraus. Um sie besser verteidigen zu können, umgab
man sie mit einem Kanal von Aland-Wasser
(Umflutgraben). Im Stadtzentrum gabelt von
der Hauptstraße Stendal – Wittenberge eine
zweite Hauptstraße zur Fähre in Werben ab,
wodurch ein Markt mit spitzwinklig-dreiecki-
gem Grundriß entstanden ist. Während des
Dreißigjährigen Krieges wurde die Stadt mehrfach geplündert und zerstört; der Aland versandete, und der Elbhafen und damit die Elbschiffahrt kamen außer Gebrauch. Die Stadt
lebte fortan nur noch von Ackerbau, Viehzucht
und Kornhandel. Erst der Chaussee- und Eisenbahnbau Mitte des 19. Jh. ließen Industrie entstehen (Maschinen- und Konservenfabrik, Müh-
len- und Sägewerke).

Die **Pfarrkirche St. Peter und Paul** ist im
Ursprung spätromanisch. Die im späten 12. Jh.
aus Feldstein errichtete dreischiffige kreuzförmige Basilika erhielt im frühen 13. Jh. einen
doppeltürmigen Westbau aus Backstein und
wurde Mitte des 15. Jh. zur dreischiffigen, weiträumigen spätgotischen Halle mit Kreuzrippengewölben und Rundpfeilern umgebaut. Vom
Vorgängerbau blieben die Ostwand des Querschiffs, der Triumphbogen und die Untergeschosse des Turmbaus erhalten. Die Türme wurden um zwei Geschosse und der Zwischenbau
um ein Geschoß gotisch aufgestockt. Dem schönen spätromanischen Stufenportal baute man
1486 die Marienkapelle vor, die heutige Vorhalle. Der figurenreiche Schnitzaltar (Anfang
16. Jh.) ist wohl niederländischer Herkunft; in
der Mitte eine Kreuzigungsdarstellung, seitlich sechs kleinere Passionsszenen; 1868 neugotisch gefaßt. Die Kanzel (1710) schmücken
reiche Akanthusschnitzereien, eine Figur Johannes d. T. als Träger, Figuren der Zwölf Apostel
an der Treppenbrüstung und Christus als Weltrichter auf dem kronenartigen Schalldek-

kel. – Von der ehem. *Stadtbefestigung* mit ursprünglich fünf Toren sind Teile der Mauer und das *Beuster Tor* (Torturm, 15. Jh.) erhalten. Der *Fangelturm* (15. Jh.) diente der Verteidigung der Vorstädte. – Unter den alten *Bürgerhäusern*, zumeist zweigeschossige Fachwerkbauten, ist das ehem. *Gewandschneidergildehaus* (1686) hervorzuheben. – Das *LSG Ostrand der Arendseer Hochfläche* reicht bis an den Stadtrand. Dort beim Höhenzug *Barsberge* die tief eingeschnittene *Wolfsschlucht* (Flächennaturdenkmal). – Im Umfeld empfehlenswert: Kreisstadt **Osterburg**; Stiftskirche in **Beuster** und die Klosterkirche in **Krevese**.

☐ **Rechts der Elbe: Von Magdeburg in den Elbe-Havel-Winkel**

Die Elbe erreicht das große, spitze, von ihr und der Havel gebildete Landdreieck. Es war vornehmlich von Magdeburg und Havelberg aus kolonisiert worden, gelangte im weiteren zu Kurbrandenburg und ist heute Bestandteil von Sachsen-Anhalt. Im Süden dieser Landschaft lehnt sich die Elbe an den Westfläming an (Kapaunberg 105 m, bei Hohenwarthe 76 m). Der nördlich anschließende Teil trägt ähnliche Züge wie die Altmark, ist aber, da vom letzten Vorstoß des Eises, der Weichselkaltzeit, geprägt, um 150 000 Jahre jünger. Eine Abfolge von Niederungen beginnt mit der *Havelländischen Mark*, einem früher hochgradig Überschwemmungen ausgesetzten Elbauenland. Sie leitet zum *Fiener Bruch* über, einer Nachfolgelandschaft des ehemaligen *Glogau-Baruther Urstromtals*, einer Talsandebene, die ursprünglich weithin Flachmoor war, im 18. Jh. durch ein System ausgedehnter Abflußgräben trockengelegt wurde und heute als Dauergrünland genutzt wird. Im flachen Land zwischen Elbe und Havel gibt es streckenweise kaum eine Wasserscheide, so daß es der Elbe erleichtert war, wiederholt zur Havel auszubrechen. Zwischen Genthin und Schönhausen finden sich mehrere in Südwest-Nordost-Richtung verlaufende, zur Havel hinführende Senken ehemaliger Elbläufe, die stellenweise von Dünen begleitet sind und die Grundmoräne in zahlreiche Hügel aufgegliedert haben. Dieses Land eignete sich hervorragend für die Anlage von Schiffahrtskanälen. Vor Havelberg erreicht die Elbe schließlich das *Land Schollene* (s. u.).

Um **Lostau** und **Hohenwarthe** erstreckt sich beidseits der Autobahn das große, zwischen Magdeburg und Burg eingebettete und bis Niegripp reichende *LSG Zuwachs-Külzauer Forst* (5040 ha), ein Gebiet größter naturräumlicher Vielseitigkeit (Feuchtgebiet mit zahlreichen Altläufen und Restseen der Elbe). Zur Minderung der Hochwassergefahr wurde der hiesige Elblauf 1742 begradigt.

Nach dem Passieren der Elbmündung erreicht die Elbe bei Lostau den *Weinberg*, eine um 34 m steil vom Elbeniveau ansteigende Erdmoränenkuppe; ein geologisch wie floristisch interessantes Areal (76 m; Fernblick über das Elbtal; NSG). Der Hang gibt Aufschluß über die Ablagerungen des Tertiär und den Ablauf des Eiszeitalters. Die Vegetation ist charakteristisch wärmeliebend: Feldulmenwald mit dichtem Unterholz geht in eine Trockenrasengesellschaft über.

In **Hohenwarthe** (970 Einw.) richtete das Magdeburger Erzbistum 1313 eine Elbzollstation ein. Mönche pflanzten in geschützter Lage Weinreben. Auf der Anhöhe steht eine kleine spätromanische Kirche, deren Westgiebel seit dem 19. Jh. eine offene Glockenarkade trägt. Vor dem letzten Krieg hatte man nördlich des Ortes ein Stück Kanalbett für den Anschluß an den Mittellandkanal ausgehoben, und am Ufer ragen schon die Widerlager für eine künftige Kanalbrücke auf. Im Krieg wurden die Arbeiten eingestellt, aber ihre Fortführung ist vorgesehen. Ein Schiffshebewerk soll den Höhenunterschied zwischen der Anhöhe und dem tieferen Elbe-Havel-Kanal überwinden.

Bei *Niegripp* und *Parey* zweigen je ein Kanal ab, die die Elbe mit dem Plauer See und damit mit der Havel verbinden. Die Wasserhaltung zur Elbe geschieht in beiden Fällen durch Schleusen. Der ältere dieser Kanäle ist der 35 km lange, bei Parey einmündende *Plauer* oder *Pareyer Kanal* (1743–45 fertiggestellt; später für 600-t-Schiffe ausgebaut). 1868–72 wurde der bei Bergzow südwestlich abzweigende, 30 km lange *Neue Plauer Kanal* geschaffen, den man nach 1919 als *Elbe-Havel-Kanal* zur Teilstrecke des *Mittellandkanals* für 1000-t-Schiffe ausgebaut hat. Im längsten Stück nimmt er eine begradigte, direkt auf Hohenwarthe hinführende Richtung. Solange jedoch die Überquerung der Elbe bei Hohenwarthe-Rothensee noch nicht möglich ist, benutzt die Schiffahrt den Auslaß in die Elbe südlich von Niegripp. Dort herrscht ein reger kommerzieller Schiffsverkehr; im Sommer treffen sich viele Bootstouristen.

Parey, von Otto I. 946 dem Bistum Havelberg zugewiesen, war später Havelberger Lehen derer von Plotho, die sich hier wiederholt Schlösser bauten. Das erste wurde 1499 von der Elbe weggerissen. Danach entstand ein großer, von einem Mauerring umgebener Renaissancebau. 1736 abgebrannt, trat an dessen Stelle der heutige bescheidene *Barockbau.* – Die Lage am Plauer Kanal begünstigte im 19. Jh. eine rege Ziegelindustrie, die in jüngerer Zeit, unterstützt durch den jüngeren Elbe-Havel-Kanal, durch Betonindustrie ergänzt wird.

Die Kreisstadt **Burg** (26 400 Einw.), zwischen dem äußersten Ende des Westfläming und der Havelländischen Mark am Eintritt der Ihle in die Elbniederung gelegen, ist seit alters der wichtigste rechtselbische Verkehrsknoten im Mittelelbegebiet. Hier treffen sich die Hauptfernstraßen, die die Elbe bei Magdeburg oder Rogätz kreuzen, mit denen, die dem Elblauf folgen. Die günstige Verkehrslage wird durch die jüngeren Kanal- und Autobahnbauten bestätigt. – Eine deutsche Burg, die an die Stelle einer slawischen Wallburg trat, ist seit 948 nachweisbar. Sie gehörte zu den wenigen ostelbischen Stützpunkten, die sich nach dem Slawenaufstand von 983 behaupten konnten. Entsprechend diente Burg dem Erzbistum Magdeburg als Ausgangspunkt für die Heidenmission. – Die Stadt entfaltete sich auf einem fast quadratischen Grundriß, der diagonal von der Ihle durchflossen wird. Im Nordosten, rechts der Ihle, liegt die ältere burgnahe *Oberstadt* mit gewachsener, noch ziemlich unregelmäßiger Straßenführung, im Südwesten, links der Ihle, die um 1150 mehr systematisch angelegte *Unterstadt*. Um den Fischmarkt gruppiert sich ein Bereich, der aus der älteren slawischen Siedlung hervorgegangen ist. Im 13. Jh. wurden die Stadtteile vereinigt, erhielten eine gemeinsame Befestigung und fünf Stadttore. Die Schartauer Straße entwickelte sich zur Hauptgeschäftsstraße. – Seit der ersten Hälfte des 12. Jh. erfolgte ein starker Zustrom von Flamen und Niederländern, von denen sich viele auch in den angrenzenden Niederungssümpfen niederließen. Für sie bildete sich Mitte des 13. Jh. das Burger Landrecht (jus Burgense) heraus. Die Flamen waren vor allem Tuchmacher, während die Niederländer die Bierbrauerei einführten und sich als Dammbauer verdient machten. Die Stadtentwicklung erlebte im 15. Jh. einen Höhepunkt, als Burg nach Magdeburg und Halle die drittgrößte Stadt im Erzstift Magdeburg war. – Der Dreißigjährige Krieg und die Pest 1680 verursachten erhebliche Bevölkerungsverluste. Die Feuersbrunst von 1677 zerstörte über die Hälfte der Stadt. Erneuten Aufschwung brachte die vom neuen Landesherrn Brandenburg-Preußen (seit 1687) geförderte Einwanderung aus Piemont, der Pfalz, Schwaben, der Schweiz und Frankreich. Burg wurde eine wichtige Garnisonsstadt. – Die Stadt lebte von Landwirtschaft, Bierbrauerei und Tuchmacherei. In der zweiten Hälfte des 19. Jh. faßte die Lederverarbeitung Fuß (Gerberei, Schuhfabrikation, Handschuhmacherei); heute Fabrikation von ›Burger Knäckebrot‹, Küchenmöbeln und Edelstahlblechen.

Die Altstadt konnte ihr historisch überkommenes Bild ohne wesentliche Kriegsschäden bewahren. Sehenswert sind besonders die beiden großen, weitgehend aus Naturstein errichteten Kirchen. Die **Oberkirche Unser Lieben Frauen** enthält von einem spätromanischen Vorgängerbau die zweitürmige Westfront und die halbkreisförmige Apsis des nördlichen Kreuzarms (13. Jh.). 1356 begann die gotische Chorerweiterung; 1412–55 Umbau des Langhauses – Wölbung mit einem schlichten Kreuzrippengewölbe. Wandmalereien in der Turmhalle zweites Viertel des 14. Jh.; Reliefs mit Heiligen in spitzbogigen Nischen an der Westwand letztes Viertel des 14. Jh., Relief einer Marienkrönung an der Nordwand 15. Jh. In der zweiten Hälfte des 16./Anfang 17. Jh. nochmaliger Umbau in Renaissanceformen. Es wurde der reizvolle, durch Schweifbögen abgeschlossene Ostgiebel aus Backstein errichtet; der Südturm erhielt seinen schlanken, spitzen Helm, während der Nordturm für eine Türmerwohnung erhöht und ihm eine geschweifte Haube aufgesetzt wurde. Im weiträumigen Inneren blieb das gotische Gewölbe nur im Langhaus erhalten, während es im Chor 1592 durch eine prachtvoll gefelderte und gemalte Holzdecke ersetzt wurde. Die Renaissanceausstattung schuf weitgehend Michael Spieß aus Magdeburg. Seine bedeutendsten Werke: der gewaltige Altaraufsatz (1607); von ihm wahrscheinlich auch die Taufe (1611) mit sechs figurenreichen Alabasterreliefs an der Kuppa und nachweislich das qualitätvolle Epitaph von 1609 für Bürgermeister J. Rudolph († 1599) mit dem Relief zum Thema der Mensch zwischen Tod und Erlösung nach dem Cranachschen Vorbild. Ob auch die herrliche, von einer Paulusfigur getragene Kanzel (1608) von Spieß stammt, ist umstritten.

Die **Unterkirche St. Nikolai** (1186 ersterwähnt) ist ein spätromanischer Bau aus Granitquadern, Sandstein und wenigen Ziegelteilen, vorzüglich in der Technik und weitgehend im ursprünglichen Zustand erhalten. Die östliche Dreiapsisanlage und die geschlossene Zweiturmfassade mit ihren schlanken Helmen im Westen folgen der Klosterkirche von Jerichow. Im Inneren klare Gliederung durch rundbogige Arkaden und Fenster. Anfang des 17. Jh. wurde die vorherige Flachdecke durch eine Holztonne mit aufgelegten bzw. aufgemalten Netzrippen ersetzt, was die monumentale Wirkung der

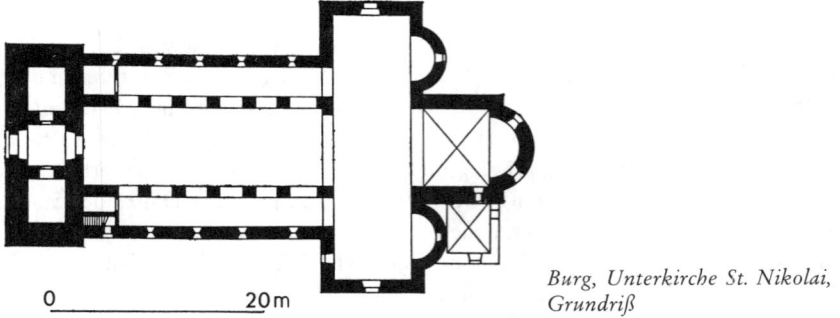

Burg, Unterkirche St. Nikolai, Grundriß

Grundanlage sogar verstärkt; ursprünglich mit Szenen aus den beiden Testamenten und Jüngstem Gericht bemalt. Im Turmzwischenbau befindet sich die Türmerwohnung. Die in der Renaissance wurzelnde Sandsteinkanzel von Michael Spieß (um 1610) prägt eine dem Raum angepaßte Zurückhaltung. Die Trägerfigur des Moses und Alabastermedaillons verkörpern biblische Themen. Im übrigen tritt das Bürgerlich-Profane selten stark hervor (Vorstellung des Künstlers durch Wappen und Umschrift; kniendes Stifterehepaar mit einer langaufsteigenden Reihe der Söhne und Töchter im Gebet). Barock ist der hohe, zweigeschossige hölzerne Altaraufsatz von Johann Peter Krause (1699/1700), als Hauptbild Gethsemane. – Das **Rathaus** enthält im Kellerbereich Reste des Erstbaus von 1224–63. 1550 erfolgte der Neubau in Renaissanceformen, 1702 Umbau im Barockstil; 1893 wurde das dritte Geschoß aufgesetzt. – An **Wohnbauten** sind nur wenige ältere erhalten. Das wahrscheinlich älteste ist das Haus *Hainstr. 12* (Vorderseite 16. Jh./Rück-

Burg, Unterkirche St. Nikolai, Kanzel

seite 14. Jh.); an einem Eingangsbalken Markierung eines der vielen Ihlehochwasser. Das Fachwerkhaus *Berliner Str. 38* wurde 1589 vom Gewandschneider Daniel Schinne errichtet, mit Schmuckfassade, die Toreinfahrt noch spitzbogig; in ihm brach 1808 ein Tuchmacheraufstand gegen die mechanische Tuchmacherei aus. Das Fachwerkhaus *Bergstr. 7* (›Schiefes Haus‹, mit Hausinschrift) wurde Ende des 17. Jh. erbaut. Aus dem frühen 19. Jh. gibt es mehrere ansehnliche klassizistische Putzbauten. – Von den alten **Stadttoren** steht noch der Torturm des ehemaligen *Berliner Tors* (auch Marien- oder Obertor genannt; 14. Jh.; im Dreißigjährigen Krieg teilweise zerstört, 1989–92 rekonstruiert). Der *Freiheitsturm,* auch Kuhturm genannt, entstand außerhalb der ersten Stadtbefestigung als Wohnturm eines Freihofs (Magdeburg unterstellte Burgwartei). Der *Hexenturm* (11./12. Jh.) bekam seinen Namen von der hier inhaftiert gewesenen ›Schwarzen Barbara‹, die im Jahre 1600 auf dem Scheiterhaufen verbrannt wurde; bis 1700 Wehr- und Wachtturm.

Die an einem rechten Altarm der Elbe gelegene Kleinstadt **Jerichow** (2100 Einw.) besitzt die *älteste romanische Klosterkirche* östlich der Elbe. Auf Grund ihrer überragenden künstlerischen Qualität und als einzig vollständig erhaltener romanischer Backsteinbau Norddeutschlands zählt sie zu den bedeutendsten Denkmälern der deutschen mittelalterlichen Architektur. Ihr ergreifender Raumeindruck resultiert aus dem Zusammenspiel einer Linienführung von edelster Schlichtheit, wohlgelungener Proportionierung der einzelnen Komponenten und meisterhaft akzentuierter Farbgebung (Kontrast von sparsamem Weiß und tiefem Rot des Backsteins). Sie diente als Leitbild für viele nachfolgend zwischen Elbe und Havel errichtete kleinere Ziegelkirchen.

Der Ort entwickelte sich aus einem slawischen Fischerdorf am Ostufer des damaligen Elblaufs. Auch der Ortsname ist slawischen Ursprungs, also ohne Bezug zum biblischen Jericho. In der ersten Hälfte des 12. Jh. gehörte Jerichow zu den Allodien des Grafen Rudolf von Stade, der 1144 im Kampf gegen die Dithmarschen fiel. Sein Besitz gelangte an seinen Bruder Graf Hartwig, Dompropst von Bremen und Domherr in Magdeburg, der ihn 1144 den Prämonstratensern von Magdeburg schenkte. Noch unter Graf Hartwig entstand an Stelle einer slawischen Wallanlage ein Burgward zur Sicherung der Straße Magdeburg – Havelberg (im Dreißigjährigen Krieg zerstört, im weiteren abgebrochen und zum Park gestaltet). Das 1144 vom Liebfrauenkloster in Magdeburg aus gegründete Prämonstratenserstift, das sich vornehmlich der Slawenmission widmen sollte, hatte seinen Platz an der Stelle der späteren Stadtkirche, wurde aber schon 1148 an den heutigen Standort verlegt. Die Stiftskirche entstand gleichzeitig mit dem Dom in Havelberg und in enger Beziehung zu ihm. Wichtig für die Standortwahl des Stifts war die Elblage. Nach großzügiger Bautätigkeit setzte der Niedergang ein, verursacht vor allem durch die Hochwasserkatastrophe von 1336, die den Lauf der Elbe verlegte und den Fluß seither in 3 km Entfernung an Jerichow vorbeifließen läßt. Auch waren die Prämonstratenser in den Schatten der Zisterzienser getreten, die sich verstärkt östlich der Elbe betätigten. Dem Bedeutungsverlust ist es wahrscheinlich zuzuschreiben, daß die romanische Anlage nicht wie vielfach anderenorts gotisch überformt wurde. Nach der Säkularisation (1552) wurde die Stiftskirche zur Pfarrkirche umfunktioniert. Aber die Bürgerschaft gab der Stadtkirche den Vorzug. Erst im 19. Jh. erkannte man den architektonischen Wert des ehemaligen Klosters. Die erste umfassende Restaurierung der Stiftskirche erfolgte 1856, die jüngste nach Beschädigungen im Zweiten Weltkrieg ab 1950.

Die um 1150 begonnene **Klosterkirche** des ehem. **Prämonstratenserstifts** besteht im Sockel aus Feldstein und im weiteren Bau aus Backstein. Nur einige Strukturteile (Säulen der Krypta) verwenden Werkstein. Sie ist eine kreuzförmige dreischiffige Basilika mit ausgeschiedener Vierung. Der mit einer hochliegenden, halbrunden und gewölbten Apsis abschließende quadratische Chor ist in einem hohen, weiten Bogen zum flachgedeckten Langhaus geöffnet. Eine Änderung der ursprünglichen Bauplanung brachte für die beiden Seitenschiffe je einen eigenen Nebenchor mit halbrundem, apsidialen Abschluß. In den wohl schon 1172 beendeten Baukörper wurde um 1178 unterhalb des Hauptchors und der Vierung die erhöhte, zweischiffige Krypta eingebaut. Der weitgeöffnete Zugang über breite Treppen und je zwei Rundbogen verleihen dem Bau eine zusätzliche Dimension in die Tiefe. Die *Krypta* ziert an den Kapitellen eine für Norddeutschland einzigartig reiche, sehr eigenwillige Ornamentik (muschelartige Palmetten, diamantierte Bänder, Köpfe u. a. m.). Während die Schiffe und das viereckige Hauptchorjoch flache Holzdecken aufweisen, schließen die Krypta mit Kreuzgratgewölben und die Seitenchöre mit Tonnengewölben ab. Da der Einbau der Krypta das Langschiff beengt hatte, wurde ihm um 1200 ein weiteres Joch nach Westen angefügt. Aus dieser Zeit stammt das aufwendige, gestufte *Westportal*. Der Baukörper mit dem zweiseitig nach Innen geöffneten unteren Turmgeschoß gelangte um 1240 zum Abschluß. Damals wurden auch die drei Terrakotta-

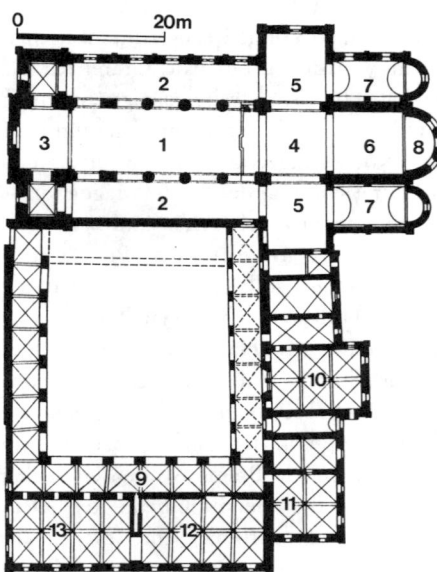

Jerichow, Klosterkirche, Schiff nach Osten ▷

Kloster Jerichow, Grundriß
1 Langhaus
2 Seitenschiffe
3 Westbau mit Türmen
4 Vierung
5 Querschiffe
6 Chorquadrat
7 Nebenchöre
8 Hauptapsis
9 Kreuzgang
10 Kapitelsaal
11 Küche
12 Sommerrefektorium
13 Winterrefektorium

reliefs (Madonna zwischen zwei Bischöfen) in den Portalnischen angebracht. Die zweitürmige Anlage wurde in der zweiten Hälfte des 15. Jh. beendet. Der zwischen den beiden
gedrungenen *Türmen* leicht hervortretende hohe Mittelteil – mit Glockengeschoß unter
quergestelltem Satteldach – hat eine wichtige gestalterische Funktion. Im Inneren der
Kirche bestehen Reste von *Wandmalereien:* in den Vierungsbögen byzantinische Mar-
morimitationen aus der Bauzeit; in der Apsis die Umrisse einer Marienkrönung, Anfang
15. Jh. Zur gegenständlichen *Ausstattung* gehören der große Sandsteinaltar; ein 1856
im Bauschutt wiederentdeckter Osterleuchter (um 1170), im Sockel, in Arkaden gefaßt,
Flachreliefs sechs hochromanischer Halbfiguren; eine Sandsteintaufe (zweites Viertel
13. Jh.); das schöne Sandsteinrelief der Marienkrönung in der Krypta (viertes Viertel
14. Jh.); ferner vier Sandsteinepitaphe. – Die **Klausur** schließt an die Südseite der Kirche
an, im Kern spätromanisch. Der Ostflügel mit *Dormitorium, Kapitelsaal, Parlatorium*
und *Brüdersaal*, drittes Viertel 12. Jh.; der südliche *Kreuzgang* mit dem zweischiffigen
Sommer- und *Winterrefektorium* wurde gegen 1240 hinzugefügt. Die gesamte Anlage ist
kreuzgratgewölbt. Beachtlich die kunstvoll skulptierten Kapitelle der Freipfeiler. Im
ehemaligen *Dormitorium* ist ein *Museum* eingerichtet.

Die **Stadtkirche** wurde im ersten Viertel des 13. Jh. nahe dem alten Burgwall als einschiffiger Backsteinbau errichtet. Der Fachwerkturm ist ein Anbau des 17. Jh. Die heutige Fenstergestaltung stammt aus dem 18. Jh. Die hölzerne Hufeisenempore mit Bibel-
sprüchen an der Brüstung wurde im 17. und die Kanzel im 18. Jh. hinzugefügt. Bemerkenswert ist die Kirche wegen ihrer Grabdenkmale, darunter besonders zu beachten
das von Sebastian Ertle geschaffene Wandepitaph für M. von Arnstedt († 1606).

Nördlich von Jerichow – Heimat der Familien von Bismarck und Katte

Ab Fischbeck (Elbbrücke nach Tangermünde) beginnt ehemaliges, im Zuge der Bodenreform 1945 aufgeteiltes Gutsland derer von Bismarck, die 1561 aus der Altmark her-
übergekommen waren und ihren Sitz in **Schönhausen** (2170 Einw.) nahmen. Aus der
Familie gingen mehrere preußische Minister und zahlreiche hohe Offiziere hervor,
darunter der nachmalige Reichskanzler *Fürst Otto von Bismarck*, der am 1. April 1815 in
Schönhausen geboren wurde. 1845 erbte er das Gut Schönhausen I. Als angesehener
Gutsherr wurde er Kreis- und Landtagsabgeordneter; und nach der schweren Hochwasserkatastrophe im Frühjahr 1845 wurde er für die Elbestrecke von Jerichow bis
Sandau zum Deichhauptmann gewählt. Als sich seine politische Tätigkeit auf höhere
Ebenen verlagert hatte, hielt sich Otto von Bismarck selten in Schönhausen auf. Das
Gut blieb jedoch in Familienbesitz. – Das *Schloß* auf dem Gut *Schönhausen I* (dem Wesen
nach mehr Gutshaus), im Dreißigjährigen Krieg wie auch das Dorf fast vollständig zerstört und 1642 durch die von Bismarcks wieder aufgebaut, befand sich nördlich der Kirche.
Es bestand aus einem schlichten barocken Hauptgebäude und einem Südflügel. Beim
Kampf um den Brückenkopf Tangermünde wurde es 1945 leicht beschädigt und diente
noch einige Jahre Flüchtlingen als Wohnstätte. Obwohl restaurierbar, wurde das Hauptgebäude im Jahre 1958 abgerissen, um Erinnerungen an seine Vergangenheit zu tilgen.

Fürst Otto von Bismarck (1815–98).
Franz von Lenbach, Gemälde, um 1890

Mitten im Gutshof entstand eine Häuserzeile für Neusiedler. Überdauert haben der Seitenflügel und der Park. Eine Wiedererrichtung des Hauptgebäudes wird derzeit erwogen, die Eröffnung eines *Bismarck-Museums* vorbereitet. – Die Bismarcks besaßen auch das Gut *Schönhausen II*, das allerdings zeitweilig in bürgerliche Hände übergegangen war. Das zugehörige Gutshaus wurde 1885 dem inzwischen berühmt gewordenen Reichskanzler als ›Nationalgabe des deutschen Volkes‹ übergeben. Als Museum nahm es Erinnerungsstücke des Kanzlers und ihm zugeeignete Geschenke auf (jetzt weitgehend im Bismarck-Museum zu Friedrichsruh in Aumühl; s. dort). Das Gutshaus zu Schönhausen II hat eine barocke Außenansicht und innen noch barocke Stuckarbeit. Seit den 50er Jahren beherbergt es eine Schule – jetzt Bismarck-Gymnasium.

Sehenswert ist die **Marien- und Willebrordkirche** (Dorfkirche), eine dreischiffige Backstein-Pfeilerbasilika mit sechs Jochen ohne Querschiff. Sie wurde unter dem Einfluß der Klosterkirche von Jerichow gebaut und ist deren bedeutendster Nachfolgebau (Weihe 1212). Nachdem sie im Dreißigjährigen Krieg ausgebrannt war (1642), wurde sie durch August (II.) von Bismarck wieder hergestellt und barock überformt (1665–1712). So trägt das Mittelschiff seit 1712 eine flache Putzdecke (Spiegelgewölbe mit wenigen Stuckverzierungen). Die ursprüngliche romanische Grundanlage ist jedoch weitgehend erhalten geblieben. Die Ausstattung stammt aus zwei Perioden: Alt sind der Taufstein mit dem Blattfries unter der runden Kuppa (Anfang 13. Jh.), die romanische Altarmensa sowie der bildhauerisch bedeutende Triumphkruzifixus (um 1212). Die Zeit der barocken Wiederherstellung (Ende 17./Anfang 18. Jh.) fügte den Altaraufsatz, die Kanzel und die

Herrschaftsempore hinzu, besonders die beiden letzten reich geschnitzt. Als Urheber der üppigen Akanthusschnitzereien wird der Meister der Brandenburger Kanzel vermutet. Die Kirche enthält zahlreiche Grabdenkmäler und Epitaphien der Familien von Bismarck und der mit ihr wiederholt durch Heirat verbundenen von Katte, 16.–18. Jh. – Im April 1995 wurde in Schönhausen ein *Gedenkstein* für die Gefallenen der Armee Wenck enthüllt.

Die Familie *von Katte* hatte ihren Sitz im weiter östlich gelegenen Dorf **Wust** (870 Einw.). Nach dem Dreißigjährigen Krieg (1730) erbaute der als Feldmarschall im Dienst König Friedrich Wilhelms I. stehende Graf Hans Heinrich von Katte das *Gutshaus*. Bei gelegentlichen Besuchen des Königs in Wust schlossen der begleitende Kronprinz Friedrich (später ›der Große‹) und der Sohn des Feldmarschalls Hans Hermann Freundschaft. Nachdem der Kronprinz den jungen Katte in seine Fluchtpläne eingeweiht hatte, wurde dieser wegen Mitwisserschaft vor den Augen des gefangengehaltenen Friedrich 1730 in Küstrin hingerichtet. – Die *Dorfkirche* ist ein im Kern spätromanischer Backsteinbau (um 1200). Sie war bereits derart baufällig, daß sie abgerissen werden sollte, konnte aber im ›letzten Moment‹ gerettet und 1981 neu eingeweiht werden. Die Ausstattung wurde durch Hans von Katt(e) († 1684) veranlaßt. Bemerkenswert ist die ihm gewidmete, von Palmenbäumen flankierte Grabplatte, jetzt gegenüber der Kanzel stehend. An die Apsis anschließend der Gruftbau derer von Katte. Hier liegen auch Vater Hans Heinrich († 1740, Prunksarg) und Sohn Hans Hermann bestattet. – Bei Wust ist ein *slawischer Burgwall* erhalten (8./9. Jh.).

Annäherung von Elbe und Havel

Das bei Wust noch breit ausladende Talsandland wird in Richtung Norden und Elbe immer mehr vom *Land Schollene* eingeengt, das sich wie eine höher gelegene Insel zwischen Elbe und Havel schiebt. Es kündigt sich mit der weiten, von Kiefern bestandenen Sanderfläche der *Klietz-Schönhauser Heide* an. Der Sockel des Landes Schollene ist eine Grundmoränenplatte, auf die mit den *Kamerschen Bergen* (99 m) Reste einer Endmoräne der Würm- oder Weichselvereisung aufgelagert sind. Bei Schollene trennen beide Flüsse nur noch 15 km Abstand. Die Spitze dieses Moränenkeils schiebt sich nordwärts bis zur Mündung der Havel vor. Der jungpleistozäne Landschaftscharakter äußert sich in verhältnismäßig großen Höhenunterschieden. Die Nordostflanke bildet das Tal der unteren Havel, das zum Landschaftsschutzgebiet erklärt ist. Sein Kerngebiet ist das an die Elbe heranreichende, als ›Feuchtgebiet internationaler Bedeutung‹ eingestufte *NSG Untere Havel*.

Von den unmittelbar an der Elbe liegenden Ortschaften ist die Stadt **Sandau** (1100 Einw.) die wichtigste. Hier bestand der Elbübergang für die sich in Havelberg bündelnden Straßen. Entsprechend hatte Sandau allezeit strategischen Wert. Der Burgwall spielte in den slawisch-deutschen Grenzkämpfen eine erhebliche Rolle. Die vermutlich im 12. Jh. ausgebaute Burg benutzten im 13. und 14. Jh. auch die Markgrafen von Brandenburg als zeitweilige Residenz. 1322 ließ Agnes, die Witwe des Markgrafen Waldemar, Sandau befestigen. Und nachdem Sandau 1354 dem Erzstift Havelberg zugefallen war, wurde es in dessen Vorfeld 1417 zur Festungsstadt ausgebaut. Erzbischof Dietrich (1361–71) ließ auch das Schloß in der Elbniederung errichten, das jedoch 1695 abbrannte. Übriggeblieben ist das schmucklose Amtshaus. Brandenburg-Preußen siedelte 1691 Kolonisten an und ließ 1703 die Befestigungsanlagen schleifen, machte jedoch die Stadt 1793 zur Garnison. Im Industriezeitalter stagnierte die Entwicklung. Zu Ausgang des Zweiten Weltkrieges kam es bei Sandau zu schweren Kämpfen, bei denen die Stadt erhebliche Zerstörungen erlitt. – Sehenswert ist die aus der askanischen Zeit stammende **Pfarrkirche St. Nikolai,** eine querschifflose Basilika (um 1200) mit quadratischem Chor, halbkreisförmiger Apsis und zweitürmiger Westanlage, die in der Nachfolge der Klosterkirche Jerichow steht. Nach einem Brand hatte man sie 1695 barock ausgebaut; seit der Restaurierung von 1858/59 bietet sich der romanische Ursprung wieder rein dar. Ein Artillerietreffer ließ den Westturm 1945 zur Hälfte einstürzen.

Havelberg – Domstadt an der Havelmündung

Havelberg ist eine Kreisstadt mit 7300 Einw. Ursprünglich Bestandteil der märkischen Ostprignitz, ist der Kreis heute der nördlichste rechtselbische des Bundeslandes Sachsen-Anhalt. Kaiser Otto I. hatte diesen Platz 948 zum Mittelpunkt eines *Bistums* erhoben, das zunächst dem Erzbistum Mainz und seit 968 dem Erzbistum Magdeburg unterstand. Die Bischofskirche auf dem Hochgelände über der Havel nimmt wahrscheinlich den Platz eines vormaligen slawischen Heiligtums ein. Nachdem der große

Havelberger Werft.
Peter Schenk,
Kupferstich, um 1680

337

Slawenaufstand von 983 der Christianisierung der ostelbischen Gebiete Einhalt geboten hatte, mußten die Havelberger Bischöfe für anderthalb Jahrhunderte außerhalb der Diözese residieren. Nach ihrer Rückkehr kurz vor 1150 wurde Havelberg der wichtigste Ausgangspunkt für die deutsche Kolonisation im Havelland und in der Prignitz. 1170 erfolgte die Neuweihe des Doms. Das ihm angeschlossene Prämonstratenserstift wurde nach 1500 in ein Kapitel von Weltgeistlichen und um 1580 in ein evangelisches Domherrenstift umgewandelt (aufgelöst 1819). Dom und Stift bildeten eine in sich geschlossene, ursprünglich befestigte Bischofsstadt.

Dom St. Marien. Von der vor 983 errichteten Bischofskirche sind keine erkennbaren Spuren erhalten. Der bestehende Bau hat seine Wurzeln in dem romanischen Bauwerk, das um oder kurz vor 1150 begonnen und 1170 geweiht wurde. Der aus Grauwackebruchsteinen errichtete Dom war eine dreischiffige Basilika, die im Gegensatz zu den Gepflogenheiten des 12. Jh. über kein Querschiff verfügte. Der *Westbau* war wegen der unsicheren Verhältnisse in den gerade zurückeroberten Gebieten als wehrhafter Zufluchtsort für den Bischof und das Domkapitel geschaffen. Über dem dritten Obergeschoß befand sich kein weiterer Turmaufbau, sondern eine zur militärischen Verteidigung geeignete, zinnenbewehrte Plattform. Dieser Anlage wurde aber schon um 1200 ein Glockengeschoß aufgesetzt. – 1270 brach im Dom ein Brand aus – die Wiederherstellung geschah im gotischen Stil, nun in Backstein. Von dem romanischen Bauwerk konnte jedoch viel übernommen werden. Der Westbau blieb weitgehend unverändert; man hielt an den Dimensionen des dreischiffigen Grundrisses fest. Die Veränderungen waren

◁ *Havelberg, Dom St. Marien,*
  Mittelschiff nach Osten

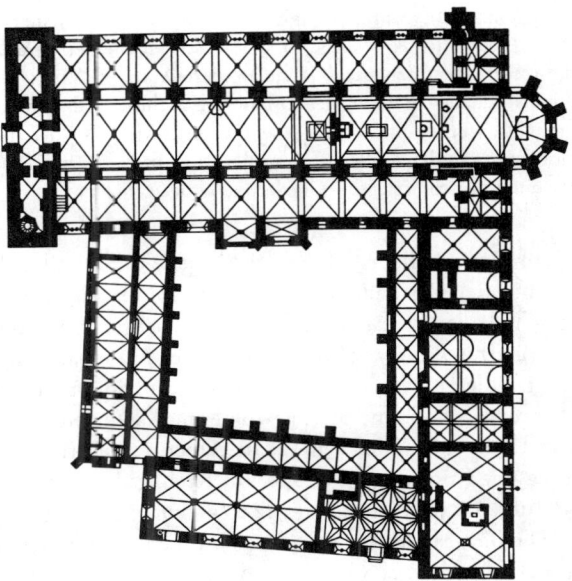

Havelberg, Dom St. Marien und
    Klausur, Grundriß

dennoch gravierend. Dem romanischen Mauerwerk wurde nach dem Vorbild der Magdeburger Liebfrauenkirche ein gotisches Gerüst aus gegliederten Backsteinpfeilern mit spitzbogigen Arkaden vorgeblendet; das *Mittelschiff* wurde wesentlich erhöht und mit Strebepfeilern versehen; die gotischen Spitzbogenfenster beginnen dort erst oberhalb der früheren, romanischen; die Seitenschiffe erhielten spitzbogige Fenster, die nun in den Achsen der Arkaden liegen. Die halbkreisförmige Apsis wurde durch ein $5/8$-Polygon ersetzt. Indem man den die Seitenschiffe weit überragenden Chortürmen hohe gotische Fenster einbrach und dem Mittelschiff rechtwinklig angelehnte Satteldächer aufsetzte, wurde das turmartige Aussehen verdrängt und der Eindruck eines Querschiffs erzeugt. Der gotische Umbau war um 1330 (Weihe des Hauptaltars) im wesentlichen abgeschlossen. Erst 1907/08 wurde der Westfront ein weiteres Turmgeschoß hinzugefügt.

Der Dom besitzt eine wertvolle **Ausstattung.** *Mittelalterlich:* Im Zusammenhang mit dem gotischen Umbau entstanden: die *Triumphkreuzgruppe* (Ende 13. Jh., modern bemalt); drei große *Sandsteinleuchter* (um 1300), die beiden seitlichen durch je zwei originelle Skulpturen gestützt (Mönch und Novize; Koch u. Kellermeister); das mit reichem Schnitzwerk versehene *Chorgestühl* (teils Ende 13., teils zweites Viertel 14. Jh.); der durch aufwendige Schnitzarbeit bemerkenswerte *Zweisitz* (um 1430, die Bekrönung um 1700); mehrere Reliefs und Skulpturen (um 1400 – drittes Viertel 15. Jh.). Um 1400 konzentrierten sich die bildhauerischen Aktivitäten auf den *Lettner,* der in das Mittelschiff gestellt wurde und auch die Seitenschiffe abgrenzt, um den Chor zu vergrößern. In einer architektonisch reichen Gliederung trägt er eine Serie von 20 Reliefs der Passion Christi sowie 14 vollplastische Skulpturen von Maria, den Aposteln und Heiligen, als deren Urheber mehrere, meist böhmische Künstler vermutet werden. Besonders im nördlichen Seitenschiff verfügt der Dom über bedeutende Reste von *Glasmalereien* (ab frühes 14. Jh.). Die Tumba des Johann von Wöpelitz erinnert an einen besonders tatkräftigen, kunstliebenden Bischof (1385–1401). – *Nachmittelalteriich:* 1587/88 entstand die hervorragend gearbeitete Sandstein-*Taufe.* Üppiger Barock sind die hölzerne *Kanzel* (1693) und der prächtige *Hochaltar* (1700). Dem Förderer dieser Periode gilt das aufwendige Epitaph D. H. von Estorff in der oberen Nordkapelle, um 1700. Die *Orgel* fertigte 1777 Gottlieb Scholtze aus Ruppin.

Dem Dom schließt sich an der Südseite die Dreiflügelanlage der **Stiftsgebäude** an. Die wichtigsten Bestandteile sind 12. Jh.: im Ostflügel der *Kapitelsaal* und die *Küche* (Erdgeschoß) sowie das *Dormitorium* (Obergeschoß), im Südflügel das *Winter-* und das *Sommerrefektorium* (Erdgeschoß). Der *Kreuzgang* wurde wohl erst Mitte 13. Jh. angebaut. Zuletzt erfolgte die Einwölbung, im Sommerrefektorium offenbar noch im 14. Jh., während das schöne Sterngewölbe im Winterrefektorium kaum vor der zweiten Hälfte des 15 Jh. entstanden sein dürfte. Über dem Portal am Westflügel Sandsteinrelief Anbetung der Könige, gegen 1400. Im Kreuzgang mehrere Sandsteinreliefs und Grabplatten 16. und 17. Jh. Heute *Prignitz-Museum.*

Die *Bürgerstadt* entwickelte sich auf engem Raum in einer Schleife der Havel unterhalb des Bischofsberges, von diesem durch einen künstlich ausgehobenen Stadtgraben getrennt, der die Stadt zur Insel machte und eine Stadtmauer erübrigte. Die Hauptstraße erhielt ringförmige Gestalt. An der höchsten und zentralen Stelle entstand der durch fünf Straßen mit dem Ring verbundene Marktplatz. Von der Ringstraße führten zwei kurze Straßen zu den beiden Stadttoren. Im Dreißigjährigen Krieg wurde die Stadt verwüstet. Nur drei Häuser sollen unbeschädigt überdauert haben. Erst 1876 wurde die Inselstadt mit den übrigen Siedlungen auf dem Festland zu einer Gemeinde vereint. – Zu den wichtigsten Bauten der zeitgenössischen Stadt zählt das auf mittelalterlichen Kellergewölben errichtete spätklassizistische **Rathaus**. Rechts davon erhebt sich die **Stadtkirche St. Laurentius,** eine dreischiffige Backsteinkirche (wohl Anfang 15. Jh.; der Turm jünger). Die Ausstattung ist überwiegend barock (Kanzel, Taufe, Orgelprospekt). Bemerkenswert ist ein neogotisches Altarziborium von 1817, an der Rückwand Gemälde der Kreuzabnahme von Bernhard Rhode. – Bei dem Stadtbrand von 1870 gingen viele *Bürgerhäuser* verloren. Einige ansehnliche Fachwerkgiebel- und -traufenhäuser aus dem 17. und

Havelberg, Domberg

18. Jh. sind aber noch erhalten (Inschriften und Ornamentschmuck). Es gibt auch mehrere schlichte klassizistische Putzbauten.

Die Stadt lebte im Mittelalter von den Leistungen für das Domstift sowie von Fernhandel und Fischerei. 1319 trat sie der Hanse bei. Als nach dem Dreißigjährigen Krieg der brandenburgische Kurfürst Friedrich Wilhelm über eine starke Hochseeflotte zu verfügen wünschte, wurde der Schiffbau der Haupterwerbszweig. Für die 1687 gegründete *kurbrandenburgische Werft* wurden holländische Schiffbaumeister gewonnen; Leiter war der aus Holland stammende Kaufmann und Reeder Benjamin Raule. In Havelberg stellte man aber nur die Schiffsrümpfe her, die in Hamburg ausgerüstet wurden. Allein schon ihr Transport über Havel und Elbe gestaltete sich schwierig. Da die Fahrt auf eigenem Kiel unmöglich war, wurden kleinere Einheiten auf Flöße aufgebockt, während man für größere pontonähnliche, lenzbare Schwimmkörper, sogenannte Kamele, einsetzte. Auf diese Weise gelangte Kurbrandenburg zu 15 vorzüglichen, nach holländischem Zuschnitt gebauten Hochseeschiffen. Aber schon 1702 wurde die Werft an das Domstift verkauft. Sie baute hinfort nur noch Flußschiffe, und nach dem Rückgang der eigenen Schiffahrt von Havelberg wurde sie zu einer Schiffsreparaturwerft umgestaltet. – Nach dem Zweiten Weltkrieg entstanden einige kleinere Industriebetriebe.

Nördlich der Havelmündung

Bei Havelberg biegt die Elbe nach Nordwesten ab. Bei Rühstedt, an der Havelmündung, hat sie 21 m ü. M. erreicht. Bis zur Einmündung in die Nordsee benutzt sie die Fortsetzung des *Berliner Urstromtals,* das vor etwa 10 000 Jahren durch die Schmelzwässer der Weichselvereisung geschaffen wurde. Der in seiner Fließgeschwindigkeit abgebremste Fluß schlingert, von Altarmen begleitet, in Mäandern dahin. Ab Havelmündung bis zum Beginn der Gezeitenwirkung benötigt er etwa 100 km; die Aue ist 7–15 km breit.

Es ist ein vielgestaltiger Naturraum von malerischer Weite und anregender Ruhe. Der vom Hochwasser periodisch überströmten, mit Schlick bedeckten Talaue im engeren Strombereich schließen sich jenseits der Deiche durch aufsteigendes Grundwasser (Qualmwasser) vernäßte Zonen an. In den etwas höheren Lagen folgen Talsandflächen, auf denen am Ende der letzten Vereisung Dünen aufgeweht wurden. Dazu gibt es die Hochwasserrückstauräume der Nebenflüsse, in deren Unterläufe das Elbhochwasser eindringt. In die Talaue eingestreute erdgeschichtlich ältere Geestinseln ergänzen das Bild. Während die unter Qualmwassereinfluß stehenden Auen- und Dünenbereiche rechts der Elbe verbreiteter sind, ist links der Elbe mehr Geestland anzutreffen.

Diese Landschaft zählt zu den artenreichsten Lebensräumen Mitteleuropas. Entsprechend hat man sie – länderübergreifend – als *Naturreservat Elbtalaue* unter Schutz gestellt. Es umfaßt den 100 km langen Abschnitt der Elbtalniederung zwischen der Einmündung der Havel in die Elbe bis zur Grenze der Gezeitenwirkung bei Lauenburg (etwa 1000 km²). *Naturschutzzentren* befinden sich in Rühstädt (Brandenburg), Tripkau

(Amt Neuhaus/Niedersachsen; auch für den mecklenburgischen Abschnitt zuständig) und Hitzacker (Niedersachsen). Das Reservat bietet Lebensraum für mehr als 100 gefährdete Farn- und Blütenpflanzen. Viele finden sich in den Resten der ursprünglichen, flußnahen Auewälder. Als botanisch besonders reichhaltig erweisen sich auch die periodisch über-fluteten Sandtrockenrasen mit einer Fülle blühender Kräuter, von denen die meisten in der Elbtalniederung ihre westliche Verbreitungsgrenze erreichen. Im Reservat leben minde-stens 50 bedrohte Vogelarten, darunter der Weißstorch mit 150 Brutpaaren. In der kalten Jahreszeit wird es zum Rastplatz und Zugraum für Gäste aus dem Norden. Es gibt 11 Lurcharten. Das Mosaik trocken-warmer und feuchter Lebensräume ermöglicht eine Artenvielfalt an Insekten. Allein bei Schmetterlingen, Bienen und Libellen hat man mehr als 200 gefährdete Arten festgestellt.

Dieser Teil der Elbe lag schon in früheren Zeiten ziemlich abseitig. Einige Elbhäfen hatten wohl regionale Bedeutung; vor allem aber wurde der Fluß vom Durchgangsver-kehr benutzt. – Für die anrainenden Landesherrschaften (Brandenburg, Mecklenburg, Hannover-Niedersachsen, Holstein) bildete die Elbe, von zwei kleinen, flußübergreifen-den Landstrichen abgesehen (s. Amt Neuhaus), die Grenze. Die Verkehrsbeziehungen drängten in die größeren Orte innerhalb dieser deutschen Teilstaaten. Folglich führt keine Eisenbahn von Ort zu Ort an der Elbe. Es bestehen nur zwei Überbrückungen: in Wittenberge und Dömitz-Dannenberg; dann erst wieder in Lauenburg. Die relative Isolation wird auch durch das Gegenüber zweier Uferstraßen veranschaulicht. – Seit der Teilung Deutschlands in Besatzungszonen und zwei Staaten (1945–89) bildete die Elbe als innerdeutsche Grenze von bald nach Wittenberge bis dicht vor Lauenburg in dieser Zeit eine martialische Scheide. Am ostelbischen (DDR-)Ufer war die B 195 für den öffentlichen Verkehr gesperrt; die Bewohner einiger Dörfer wurden ausgesiedelt.

☐ Rechts der Elbe: Von Havelberg bis Boizenburg

Die Landschaftsgeschichte der Elbe ab Havelmündung ist eine Fortsetzung derjenigen der Havel. Dieser wichtigste rechte Nebenfluß der Tieflandelbe nahm zur Weichselkaltzeit Urstromtäler verschiedener Rückzugsstadien der jungpleistozänen Inlandvereisung auf, die sich im Raum Rathenow vereinigten und mit der Urhavel einen gemeinsamen Ausfluß hatten. Die heutige Elbe ab Havelmündung war ehedem das untere Glied dieser Urhavel, zu der die Elbe erst im Postglazial nach ihrem Durchbruch bei Hohenwarthe Zugang ge-funden hat. Die wasserreichere Elbe hat den Hauptfluß Havel zum Nebenfluß gemacht.

Die Havelmündung im Sog der Elbe

Es gibt kein besseres Beispiel für *Mündungsverschleppung* in Deutschland! Die Fließ-kraft der Elbe bewirkte, daß die Havel nicht auf direktem Wege den Hauptfluß erreichen kann. Die Elbe hat einen schmalen Landstreifen aufgeworfen, hinter dem sich die Havel reichlich 25 km lang bis Gnevsdorf in nur geringer Entfernung zur Elbe und in annähernd parallelem Lauf zu ihr hinzieht. Wiederholt versuchte die Havel, sich einen kürzeren Zugang zur Elbe zu verschaffen, indem sie den trennenden Landstreifen durchbrach. Ent-

Die Havel

Unter den Nebenflüssen der Elbe ist die Havel nach Moldau und Saale mit 341 km der drittlängste. Berücksichtigt man jedoch die *Spree* als Hauptquellfluß, so beträgt der Hauptwasserlauf 579 km Länge. Mit 24 096 km² weist die Havel nach der Moldau das größte Einzugsgebiet auf. Sie entspringt auf dem Mecklenburgischen Landrücken nordwestlich von Neustrelitz aus dem Middelsee (63 m ü. M.), fließt zunächst nach Süden und tritt bei Spandau in die lange Kette der Havelseen ein. Unterhalb von Potsdam wendet sie sich nach Nordwesten, dann nach Westen; bei Plaue biegt sie nach Norden um und mündet gegenüber von Werben in 23 m ü. M. *Stremme, Plaue, Emster, Nuthe* und *Spree* (von links), *Dosse* und *Rhin* (von rechts) sind ihre wichtigsten Zuflüsse.

Wegen ihres geringen Gefälles ist die Havel ab Fürstenberg auf 315 km Lauflänge für Schiffe bis 750 t schiffbar. Da fast überall kanalisiert, bildet sie ab Zehdenick einen wichtigen Schiffahrtsweg. Einige Kanaldurchstiche verkürzen die Havelroute (*Sakrow-Paretzer Kanal* nördlich von Potsdam, *Silo-Kanal* nordwestlich von Brandenburg), stellen kürzere Wasserstraßen zur Elbe her *(Plauer Kanal; Elbe-Havel-Kanal)* und verbinden die Havel mit der Oder *(Großschiffahrtsweg Berlin – Stettin),* womit auch Elbe und Oder verbunden sind. Ein bedeutender Schiffahrtsweg ist auch der durch Berlin fließende Havelnebenfluß *Spree*. Aktuelle Projekte sehen vor, die Havel bis Berlin für Europa-Schiffe (bis 1000 t) auszubauen (von Umweltschützern wegen befürchteter nachteiliger ökologischer Folgen und unverhältnismäßig hoher Kosten kritisiert).

sprechend galt lange Zeit der zwischen Quitzöbel und Neuwerben in die Elbe mündende Havelarm als Hauptmündung der Havel. Da er dem linkselbischen Werben fast gegenüberliegt, war diese alte Hansestadt seinerzeit gleichsam Mündungshafen der Havel. Und auch der Mensch war bestrebt, dieser Landschaft seinen Willen aufzuzwingen. Seit 1770 ist die Einmündung der Havel in die Elbe dreimal durch künstliche Eingriffe verlegt worden, um die *Gefahr des Wasserrückstaus* aus der Elbe in die Havel und in die Havelniederung zu verringern. Bei Quitzöbel hat man drei Wehrtore errichtet, die der Havel für die Schiffahrt nötige Wasserstände verleihen und die Wasserzufuhr in Elbe, Untere Havel und Gnevsdorfer Vorfluter regulieren. Letztlich hat man den langen Mündungsabschnitt der Havel völlig abgeriegelt. Seit 1935 erfolgt die Einfahrt auf kürzestem Wege von Havelberg geradeaus durch die *Untere Havel-Wasserstraße,* die kurz vor Erreichen der Elbe mit der Schleuse am Havelberger *Mühlenholz* versehen ist. Die Arbeiten zur Flutkontrolle wurden 1949 mit der Inbetriebnahme der Schleuse in Gnevsdorf abgeschlossen. Aber der trennende Wall zwischen der Elbe und dem Mündungsabschnitt der Havel ließ sich durch nichts aus der Welt schaffen. Offiziell gilt Gnevsdorf wieder als der *Mündungsort* der Havel. Für den Touristen lohnt der Blick über den Elbe und

Havel trennenden schmalen Landstreifen. Die Absperrung durch Schleusen und die Fernhaltung der kommerziellen Schiffahrt hat im *Mündungslauf* der Havel einen ruhigen, idyllischen Flußlauf in unzerstörter Natur entstehen lassen, der ideale Möglichkeiten für Angler und besinnliche Kanufahrten bietet.

Am Mecklenburger Landrücken

Im Hinterland der Talaue erstreckt sich der *Mecklenburger Landrücken*. Als Endmoräne markiert er die äußerste Grenze des Eisvorstoßes während der jungpleistozänen Weichselkaltzeit. Seine höchste Erhebung findet er zwischen Perleberg und Parchim (Ruhner Berge, 177 m). Er bildet die Hauptwasserscheide zwischen Ost- und Nordsee.

An der der Elbe zugekehrten Südabdachung des Landrückens befindet sich der heterogene Landschaftskomplex der Heidesandgebiete und Niederungen der früheren Westprignitz, heute ein bis zur Elbe reichender Zipfel des Bundeslandes Brandenburg (Kreis Perleberg) und Südwest-Mecklenburgs. Die zur Elbe entwässernden Flüsse Karthane, Stepenitz, Löcknitz, Elde, Rögnitz und Boize folgen meist geradlinig den einstigen Schmelzwasserrinnen, bis sie vor ihrer Mündung der talabwärtsgerichteten Verschleppung durch die Elbe unterliegen.

Südlich des Landrückens haben sich im Raum Perleberg – Parchim – Ludwigslust – Hagenow – Boizenburg schon stärker eingeebnete saalekaltzeitliche Grund- und Endmoränen (Altmoränen) erhalten, die zwar von den weichselkaltzeitlichen Gletschern selbst nicht mehr erreicht wurden, aber auf weiten Flächen von den Auswaschungen ihrer Schmelzwasser (Sandaufschüttungen, ›Sander‹) überdeckt sind. Aus ihnen ragen Inseln von Altmoränenresten empor.

Ein Altmoränengürtel reicht von Havelberg bis Bad Wilsnack. Die sanften Höhen (bis 61 m ü. M.) tragen einen teilweise parkartigen Waldbestand. Große Teile sind zu Landschaftsschutzgebieten erklärt.

Nördlich von Wittenberge schließt sich die *Perleberger Heide* an, der in dem von Lenzen, Ludwigslust, Lübtheen, Neuhaus und Dömitz umgrenzten Gebiet die *Griese Gegend* mit weiten Flugsandfeldern und Binnendünen folgt. Beide Landschaften sind für ihre nährstoffarmen Böden berüchtigt. Die Schwierigkeiten für die Bodennutzung werden teilweise durch Grundwasserferne verstärkt. – Eintönig sind diese wenig fruchtbaren Landstriche indes nicht. Ihre verbreiteten Wälder, von Natur aus Buchen-Kiefern-Mischwälder sowie Stieleichen-Birkenwälder sind auf den besonders armen Böden allerdings überwiegend in Kiefernwälder umgewandelt worden. Für Abwechslung sorgen sanfte Hügel und die reichlich vorhandenen kleineren Flußläufe und Kanäle wie auch die Wiesen und Weiden in den kaltzeitlichen Schmelzwasserrinnen. In den letzten Jahrzehnten wurde viel getan, um die Grünlandwirtschaft auf den feuchten Böden der Niederungen (Elbe, Karthane, Löcknitz, Lewitz) ertragreicher zu gestalten.

Die relativ besten Bedingungen für die Landwirtschaft bestehen, wo auf saalekaltzeitlichen Grundmoränen auch für ackerbauliche Nutzung gut geeignete sandig-lehmige Böden vorkommen (Neuhaus, Sumte, Kreis Hagenow). Als Beweis für die Urbarmachung von Waldland ließ man früher einzelne Bäume in der Feldflur stehen, womit sich der Grundeigentümer jahrelange Steuerfreiheit sicherte. Deshalb gibt es zahlreiche Starkeichen. – Verbreitet sind noch Bauerngehöfte vom Typ des niederdeutschen Hallenhauses. Das Dorf **Rühstädt** (300 Einw.), unweit der Havelmündung, war als Stammsitz der von Quitzows von Bedeutung. Dieses einflußreiche märkische Geschlecht hatte die um 1150 von Zisterziensermönchen erbaute Kirche von Rühstädt zu ihrer Grablege bestimmt. Nachdem 1717 die Rühstädter von Quitzows ausgestorben waren, schenkte König Friedrich Wilhelm I. Schloß und Ländereien seinem Generalfeldmarschall Friedrich Wilhelm von Grumbkow. Dessen Erben verkauften den Besitz 1776 an Magdalena Charlotte von Jagow, geb. von Bismarck; bis 1945 blieb er im Besitz dieser Familie. – Der Ort verfügt über das schönste *Barockschloß* der Prignitz, das wahrscheinlich aus einer Wasserburg hervorgegangen ist. Nach einem Brand 1782 wurde es im Rokokostil wieder aufgebaut; heute Pflegeheim. – Die **Dorfkirche** ist im Kern ein Backsteinbau aus dem 13. Jh., der 1890 erneuert wurde; mit 30 m hohem Westturm. In der Apsiskuppel beachtenswerte spätgotische Malerei. An die gemeinsame Nutzung durch Gutsherren und Dorfbewohner erinnert die Patronatsloge. Der Flügelaltar ist von 1439. Die Orgel (1738) stammt vom Silbermann-Schüler Joachim Wagner. Beachtung verdienen zahlreiche, zum Teil bedeutende Grabplatten und Gedenksteine für ehemalige Schloßherren. Künstlerisch besonders wertvoll ist das Marmorrelief Mutter mit Kind für Bertha von Schulenburg, geb. von Jagow († 1835), angefertigt 1835 vom Schadow-Schüler Friedrich Drake. Unter der Westempore drei Marmorbüsten von Angehörigen der Familie von Jagow (Großvater, Sohn, Enkel) von Friedrich Wichmann und Karl Cauer. – In jüngerer Zeit hat sich Rühstädt als das storchenreichste Dorf Deutschlands einen Namen gemacht. 1970–92 konnten 500 Jungstörche beringt werden. 1992 sind 40 Jungstörche aufgezogen worden. Es besteht ein Storchen- und Naturschutz-Informationshaus. Im Sommer wird alljährlich das ›Storchenfest‹ gefeiert.

Zu empfehlen sind Besuche in einigen Orten der weiteren Umgebung. **Bad Wilsnack** (3400 Einw.), am Rande der Elbniederung am Flüßchen Karthane gelegen, war im Mittelalter, seit dem ›Wunder von den drei blutenden Hostien‹ (1383), ein auch von weither vielaufgesuchtes Wallfahrtsziel. Mit den reichlichen Einnahmen wurde die kunsthistorisch beachtenswerte **Wallfahrtskirche St. Nikolaus** gebaut (1430 vollendet). Zur bemerkenswerten Ausstattung zählen das lebensgroße *Standbild* des Havelberger Bischofs Johann von Wöpelitz (zweiter Nordpfeiler von Westen), ein bedeutendes Zeugnis der Großplastik um 1400. Großartig sind die unter Stendaler und Lübecker Einfluß entstandenen *Glasmalereien* (zweites Viertel 15. Jh.). Als sich nach der Reformation niemand mehr für das von Luther scharf attackierte ›Wilsnacker Wunderblut‹ interessierte, verarmte der Ort, bis ihm das 1907 eröffnete Eisenmoorbad neue Bedeutung gab.

Die **Plattenburg** (Ortsteil von Kletzke) ist eine im 13. Jh. gegründete Wasserburg, die Markgraf Woldemar 1319 an die Bischöfe von Havelberg verkaufte; von ihnen bis Mitte des 16. Jh. als Residenz genutzt.

Perleberg war ehemals Hansestadt und Hauptstadt der Westprignitz; heute Kreisstadt (15 000 Einw.). Sehenswert ist die im ursprünglichen Zustand erhaltene Altstadt mit dem

*Perleberg, Roland,
Rathaus und Stadt-
kirche St. Jakob*

schönen Backstein-*Rathaus* (Neubau seit 1839 nach einem Entwurf von F. A. Stüler; mit Resten vom 15. Jh.), der *Rolandstatue* (1546) und der *Stadtkirche St. Jakob* (erste Hälfte 15. Jh.). Während von den alten Befestigungsanlagen nur wenig erhalten ist, gibt es einige interessante *Wohnbauten:* Besonders alt und wohlgestaltet Markt 4, ein ehemaliges Kaufmannshaus aus Fachwerk (wohl Ende 15. Jh.); beachtlich auch das Renaissancehaus Kirchplatz 11 (1584). Lohnend das *Kreisheimatmuseum.*

In **Wolfshagen** (Ortsteil von Seddin, nordöstlich von Perleberg) ist mit dem *Königsgrab* eines der größten bronzezeitlichen Gräber erschlossen worden (12 m Höhe, 130 m Durchmesser; etwa 1000 v. Chr.).

Wittenberge, an der Einmündung von Stepenitz und Karthane, ist die bedeutendste Industriestadt zwischen Magdeburg und Hamburg (27000 Einw.). Der im Schutze einer Burg angelegte Ort wurde 1239 ersterwähnt. Die ellipsenförmige Altstadt entstand unmittelbar an der Elbe, wo seit alters ein wichtiger Elbübergang mit einer Fähre bestand, der sich zu einem Verkehrsknotenpunkt entwickelte. Die Stadtrechte wurden 1300 durch Otto Gans, Herr zu Putlitz, bestätigt. Das wichtigste Zeugnis der mittelalterlichen Geschichte ist der quadratische, für Sonderausstellungen genutzte **Steintorturm** (Anfang 14. Jh.). Jünger ist die **Alte Burg** in der Putlitzstraße, ein auf dem ehemaligen Burggelände 1669 als Wirtschaftsgebäude errichteter Fachwerkbau, der das *Stadtmuseum* beherbergt. Zu wirklicher städtischer Selbstverwaltung kam Wittenberge erst 1809. – 1823 wurde die erste Fabrik (Ölmühle) gegründet. Die Stadt erlangte wachsende Bedeutung, seit sie zum Kreuzungspunkt der Eisenbahnstrecken Hamburg – Berlin (1846) und Magdeburg – Schwerin geworden war und in diesem Zusammenhang eine *Elbbrücke* (Straße und Eisenbahn) sowie den Hafen erhielt. Seit der zweiten Hälfte des 19. Jh.

*Wittenberge,
Hafenansicht*

erfolgten verstärkt Industrieansiedlungen: Nähmaschinenwerk (1903 als Singerwerke gegründet), Zellstoff- und Zellwollewerk, Reichsbahnausbesserungswerk, Ölwerke, Webereibetrieb. Das Stadtgebiet streckte sich in die Länge; seine Hauptstraßen laufen fächerförmig auf die Altstadt (Elbe) zu. Aus dieser Periode stammen die **Stadtkirche** (1870–72), das **Rathaus** (1912–14) sowie bemerkenswerte funktionalistische **Industriebauten,** besonders der langgestreckte Stahlbeton-Skelettbau des *Nähmaschinenwerks* (Architekt F. Ascher). – Im Zweiten Weltkrieg wurden große Teile der Innenstadt durch Bomben zerstört. Die DDR nutzte den Hafen als Umschlagplatz zwischen der Elbe und den Ostseehäfen Wismar und Rostock, um Hamburg zu meiden. 1978 erfolgte der Bau einer gesonderten Straßenbrücke zwecks Ortsumgehung.

Das Städtchen **Lenzen** (3000 Einw.) liegt am Rande der Elbaue zwischen der Löcknitz und dem durch Salzauslaugung und Erdsturz entstandenen Rudower See. Der Ortsname leitet sich von einem Luncini genannten Burgwall der slawischen Obodriten her, der ein Hauptzentrum des Widerstands gegen das Fußfassen der Sachsen in Ostelbien war. 929 kam es zu einer Entscheidungsschlacht, in deren Ergebnis die Sachsen unter König Heinrich die obodritische Festung eroberten. Nach einer nochmaligen slawischen Periode entstand an der Stelle der slawischen Wehranlage eine deutsche Burg und neben ihr seit etwa 1200 eine deutsche Siedlung. Die 1373 als civitas genannte Stadt wurde nach Salzwedler Stadtrecht verwaltet.

Die **Stadtkirche St. Katharinen** ist eine dreischiffige, kreuzgratgewölbte Hallenkirche aus Backstein mit Querschiff (in den Anfängen 14. Jh.). An den Gurtbögen und den

Schiffsarkaden finden sich spätgotische Malereien. Der Westturm stammt von 1760. Das älteste und wertvollste Ausstattungsstück ist die teilweise vergoldete und bemalte Taufe, ein Bronzeguß, 1486 von Heinrich Grawert aus Braunschweig; vier Katharinenfiguren auf Löwenköpfen tragen das Becken; an der Wandung die Apostel. Die übrige Ausstattung stammt aus der Barockzeit: Altar 1652, dreißigarmiger Kronleuchter aus Messing 1656, Orgel 1708 von Arp Schnitger, Kanzel 1759, Kruzifixus auf der nördlichen Querschiffsempore ebenfalls 18. Jh. Mehrere Epitaphien 16. und 17. Jh. – Die **Burg** war ehemals von der Stadtseite her über eine Zugbrücke zugänglich: ihre starke Ringmauer wurde bis 1725 abgetragen. Erhalten hat sich nur der *Bergfried* (Anfang 13. Jh.). Im Fachwerkbau daneben (17. Jh.) befindet sich das *Heimatmuseum*, mit einem Diorama zur Schlacht von Lenzen (8500 Zinnfiguren). Der südlich anschließende zweigeschossige Wohnbau (1727) trägt ein schönes, von der Berliner Gerichtslaube hierher versetztes Fenster der Spätrenaissance. – Ein Rest der *Stadtbefestigung* ist der *Stumpfe Turm*, ein Rundturm auf achteckigem Unterbau (14. Jh.).

Dömitz (4000 Einw.) entstand auf einer Anhöhe an der Eldemündung. 1259 civitas; 1505 Bestätigung des lübeckischen Rechts. Die Stadt gehörte ursprünglich zum Bistum Ratzeburg, dann den Grafen von Dannenberg und kam schließlich an die Grafen von

Dömitz, Festungstor

349

Schwerin. Als Elbzollstation (bis 1864) war Dömitz ein einträglicher Besitz. Mitte des 16. Jh. erfolgte der Ausbau der 1235 erstgenannten Burg zur mecklenburgischen *Grenzfestung*. 1559–65 schuf der italienische Festungsbaumeister Francesco a Bornau das regelmäßige Fünfeck der **Festung** aus Erdwällen mit Eckbastionen und Wassergraben. Aus dieser Zeit stammt das eindrucksvolle *Festungstor* aus Sandstein nach Art der niederländischen Spätrenaissance (1565). Nach 1620 erfolgte der Ausbau mit massiven Bastionen und Kurtinen nach Plänen von G. E. Piloot, dem sich im 18. und 19. Jh. Modernisierungen und die Einrichtung von *Kasematten* angeschlossen. Aus dieser Periode auch das Innentor (1790). Im Innenhof sind die alten Gebäude durch jüngere ersetzt, ausgenommen das *Kommandantenhaus* (zweite Hälfte 16. Jh.). Im 16. Jh. erhielt auch die Stadt die Form eines unregelmäßigen Fünfecks mit gitterförmigem Straßennetz und Stadtwall, von dem noch große, mit einem Baumgürtel bepflanzte Teile vorhanden sind. Die Festung nahm im Dreißigjährigen Krieg (1627 Kapitulation) und in der napoleonischen Zeit (1809 Eroberung durch den preußischen Major Schill) eine Schlüsselstellung ein. In ihr wurden auch politische Gefangene eingekerkert, unter ihnen der mecklenburgische Dichter *Fritz Reuter* für den Rest seiner Haftzeit (1839/40; ›Ut mine Festungstid‹). Die Anlage präsentiert sich als die größte erhaltene Festung Norddeutschlands. *Museum; Fritz-Reuter-Gedenkstätte.*

Die Wirtschaft konzentrierte sich auf die Verkehrsfunktion. Früher führte eine Fähre nach **Kaltenhof,** dem einzigen mecklenburgischen Dorf auf der linken Elbseite. Vor allem erlangte das Städtchen für den Umschlag zwischen den größeren Elbe- und den kleineren Eldekähnen Bedeutung, nachdem 1836 die hier in die Elbe mündende *Müritz-Elde-Wasserstraße* fertiggestellt war. Für die 120 km lange Strecke Dömitz bis Plau (Ausfluß aus der Oberseenplatte) hatte man 17 Schleusen gebaut, so daß die Elde bis Buchholz (Südostzipfel der Müritz) auf 183,8 km für Schiffe bis 270 t befahrbar geworden ist. Über die Elde und den Müritz-Havel-Kanal steht der Umschlagplatz Dömitz auch mit der Havel und über den Störkanal mit dem Schweriner See in schiffbarer Verbindung. – 1873 wurde bei Dömitz die 1050 m lange *Elbebrücke* der Berlin-Hamburger Bahn nach dem niedersächsischen Dannenberg in Betrieb genommen. 1890 entstand eine leistungsfähigere Hafenanlage. 1934 folgte eine Straßenbrücke.

Nach dem Zweiten Weltkrieg gewann der Hafen von Dömitz noch einmal kurzzeitig regen Zuspruch. Aber die im April 1945 durch alliierte Fliegerbomben zerstörten Elbebrücken blieben viereinhalb Jahrzehnte Symbole der deutschen Teilung. Die Straßenbrücke wurde sofort nach der Wiedervereinigung erneut hergestellt (Inbetriebnahme Dezember 1992). Die zwischenzeitlich verfallene *Schleuse* an der Einfahrt in die Müritz-Elde-Wasserstraße hat man durch eine neue ersetzt, der leider die Klappbrücke von 1836 zum Opfer gefallen ist.

Beim Dömitzer Ortsteil **Klein Schmölen** liegt das *NSG Elbtaldünen,* ein 110 ha großer Dünenkomplex, der sich 600 m breit einige Kilometer parallel zur Elbe hinzieht. Auf den waldfreien Partien (30%) dauern Umlagerungen noch an. Hier gedeihen seltene, kontinentale Pflanzenarten.

8 km nördlich von Dömitz befindet sich in **Tewswoos**, Ortsteil **Laupin**, das vermutlich älteste *niederdeutsche Hallenhaus* in Mecklenburg (1651). Am Wohnteil ein Schaugiebel mit typischem mecklenburgischen Giebeltrapez. Ein ähnliches Gebäude steht in **Eldena** (zweite Hälfte 17. Jh.). Von Dömitz empfiehlt sich ein Abstecher nach **Ludwigslust** (Kreisstadt, 13 000 Einw.), einem Beispiel für absolutistischen Städtebau. Hier residierten 1764–1837 die Großherzöge von Mecklenburg-Schwerin. Sehenswert ist insbesondere das *Neue Schloß* (1772–76, spätbarocker Klassizismus) mit dem *Goldenen Saal,* dessen aufwendige, kunstvolle Dekoration aus Pappmaché das Aussehen von italienischem Marmor vortäuscht. Bedeutend auch der anschließende *Park* von P. J. Lenné (1852–60).

Unsere Reise erreicht das *Amt Neuhaus,* wo die Elbslawen (Polaben) im 12. Jh. dem Bischof von Ratzeburg zinspflichtig waren. 1258 beschlossen die Herzöge von Braunschweig-Lüneburg und Sachsen-Lauenburg, das Gebiet gemeinsam durch Deutsche zu besiedeln, um die Slawen endgültig zu missionieren und den Zehnt durchzusetzen. Nach dem Erlöschen des Herzogtums Sachsen-Lauenburg gelangte das Amt 1689 an das Herzogtum Braunschweig-Lüneburg und seit 1705 an das Kurfürstentum Hannover. Das kleine Territorium wurde 1945 sowjetisch besetzt und dann in die DDR eingegliedert. Gemäß seiner Vergangenheit schloß es sich 1993 dem Land Niedersachsen (Landkreis Lüneburg) an.

In **Tripkau** haben die Verwaltung des *Naturparks Elbtal* und ein Informationszentrum zum Naturschutz ihren Sitz. Die *Dorfkirche St. Mariä* (1757/1864) fällt wegen ihres außergewöhnlich gediegenen Fachwerks auf. – Bei **Stixe** findet sich im *NSG Stixer Wanderdüne* eine der wenigen im Binnenland noch aktiven Parabeldünen. In der Nähe weitere von 5 bis 7 m Firsthöhe, die jedoch wegen Waldbedeckung inaktiv sind. *Lehrpfad.* – In **Stapel** steht die älteste *Kirche* im Amt Neuhaus (Backstein, Ende 13. Jh.); bemerkenswert der spätgotische Kruzifixus, der Kanzelaltar (1680) und die Glocke (1408).

Neuhaus (6000 Einw.) ist der Hauptort des gleichnamigen Amtes. An der Stelle einer umwallten Wasserburg (um 1355) ließ sich Herzog Franz II. um 1600 ein *Residenzschloß* errichten. Die Hofbediensteten bewohnten die Vorburg, aus der der Ort hervorging. Nach ihrem Verfall wurden die Schloßgebäude 1719 abgerissen und das anfallende Material zum Bau des Jagdschlosses Göhrde verwendet. Erhalten sind nur das *Pforthaus* und die ehemalige *Brennerei.* Die Dorfkirche wurde in der ersten Hälfte des 19. Jh. errichtet.

Die Stadt **Boizenburg** (11 600 Einw.) hat eine ähnliche Vorgeschichte wie Neuhaus, gelangte aber im weiteren zur Grafschaft Schwerin und ist daher mecklenburgisch. Die 1255 gegründete Stadt wurde nach lübischem Recht verwaltet. Im 14. Jh. wurde ein Befestigungsgürtel angelegt, der im 19. Jh. zu einer mit Bäumen bestandenen *Promenade* umgestaltet worden ist. Die an der Mündung der Boize gelegene Stadt profitierte von ihrem Zugang zur nahen Elbe sowie der Lage an Handelsstraßen (zur Ostsee sowie Hamburg–Berlin). Als Grenzstädtchen zum Herzogtum Sachsen-Lauenburg hatte Boizenburg einen bedeutenden Zoll. Im Mittelalter war Boizenburg vor allem Zwischenhändler im Salzhandel zwischen Lüneburg und Wismar. Weitere Erwerbszweige waren der Fischfang (Welse und Lachse), der Getreidehandel, Handwerk und die Landwirtschaft. 1845 wurde eine Dampfschiffahrtsgesellschaft gegründet, die vor allem Korntransporte nach Hamburg durchführte. Die wichtigsten Betriebe sind die Schiffswerft (seit 1793) und das Wandfliesenwerk (seit 1903).

Die **Stadtkirche** ist im Ursprung eine Backsteinhalle vom Ende des 13. Jh., die nach dem verheerenden Stadtbrand von 1709 zu einem barocken kreuzförmigen Zentralbau und 1860–65 neugotisch umgebaut wurde. Von der spätgotischen Kirche stammt vor allem der mit barocker Haube versehene quadratische Westturm. Von der barocken Ausstattung sind der Altaraufsatz und die Kanzel übernommen, beide qualitätvoll geschnitzt, mit ausdrucksvollen Figuren. Eine selten zu sehende Arbeit ist das gestickte *Antependium* von 1684 (im nördlichen Seitenschiff), das in acht, von Blumen umgebenen ovalen Feldern Szenen aus dem Alten und Neuen Testament darstellt. – Das **Rathaus** ist ein hübscher zweigeschossiger Fachwerkbau von 1711, mit einem von Holzstützen getragenen Laubengang und übergiebeltem Mittelerker; auf dem abgewalmten Mansarddach ein Laternentürmchen. – Im übrigen ist das Stadtbild von Fachwerkbebauung geprägt. Beachtlich die barocke Fassade am ehemaligen Wohn- und Geschäftshaus *Kirchplatz 13*, jetzt *Museum*. Daneben klassizistische Putzbauten.

☐ Links der Elbe: Durch den Naturpark Elbufer-Drawehn nach Lüneburg

Vor der Mündung des Aland verläßt die Elbe die Altmark (Sachsen-Anhalt). Sie überquert die ehemalige innerdeutsche Grenze nach Niedersachsen. Auf über 100 km Länge säumen in den Kreisen Lüchow-Dannenberg und Lüneburg Niederungen und Höhenzüge in wiederholtem Wechsel den letzten Abschnitt der mittleren Elbe.

Die Niederungen sind *Flußmarschen* der Elbe und der Mündungsläufe ihrer Nebenflüsse Aland, Seege, Jeetzel, Neetze und Ilmenau. Deiche, die sich teilweise an den Nebenflüssen aufwärts hinziehen, schützen das Land vor Überschwemmungen. Die Flächen werden überwiegend als Grün- und Ackerland genutzt. Schöpfwerke sorgen für die Wasserhaltung. Eingestreut liegen Bracks und Tümpel, Altwasser und grundwassernahe Tiefenzonen, in denen sich kleinere Reste der früher durchgängigen Auenwaldbedeckung erhalten haben. In den naturhaften Auebiotopen brütet noch der Kranich. Der Seeadler kommt allerdings nur auf Streifzügen vom benachbarten Mecklenburg herüber. In einigen Dörfern brütet der Storch.

Die überschwemmungsfrei gelegenen Höhenzüge entstanden als *Moränen* des Warthestadiums der Saalekaltzeit. Sie sind Bestandteil des *Drawehn* (slaw. Holzland), der sich als ein etwa 10 km breiter Höhenrücken entlang des Urstromtals der Elbe nach Süden hinzieht. Eine Zertalung, stark wie sonst nur im Jungmoränengebiet, hat auch inselartig isolierte Höhen herausgebildet, die, anders als auf der gegenüberliegenden Elbseite, auch unmittelbar an den Elbrand herantreten, wie der *Höhbeck* bei Gartow und Gorleben (56 m) und die länger hingezogene *Klötzie* zwischen Hitzacker und Neu-Darchau (Kniepenberg 86 m). Da sich die Elbe in diesem Laufabschnitt nach Westen verlagert, hat sie beachtliche Steilufer ausgearbeitet. Leicht landeinwärts gelegen, fehlen solche der *Göhrde*, die aber größere Höhen aufweist (Große Lissa 108 m; maximal 111 m). Nach Süden entfernt sich der Drawehn von der Elbe. Am *Hohen Mechtin* erreicht er seine höchste Erhebung (142 m; Aussichtsturm). – Die höheren, sandigen Lagen trugen bis ins 18. Jh. ausgedehnte Heideflächen, die aber durch Aufforstung in große Kiefernforste verwandelt worden sind. Auf lehmigen Böden gibt es auch noch Reste einer natürlichen Laubwaldvegetation aus Eichen-Birken- und Buchen-Eichen-Mischwäldern. Nur die Göhrde hat sich als das *größte geschlossene Mischwaldareal* Norddeutschlands erhalten. Im 15. Jh. hatten sich die welfischen Herzöge seiner bemächtigt, die angestammten Bewohner ausgesiedelt und ganze Dörfer wüst werden lassen, um hier ihre Hofjagden zu veranstalten. Im übrigen Drawehn wechseln Waldgebiete und Ackerfluren mit kleinen eingestreuten Dörfern. An den Rändern weiten sich Trockentäler zu feuchten Wiesentälern, in denen sich Dorf an Dorf reiht.

In den Wäldern finden sich Reste von jungsteinzeitlichen Großsteingräbern und am Steilufer der Elbe seit der Bronzezeit nachweisbare Burg- und Wohnanlagen. Nachdem zur römischen Kaiserzeit die hier siedelnden Langobarden abgewandert waren, kamen seit dem 8. Jh. slawische Volksgruppen die Elbe herüber und siedelten bis in die Nähe von Uelzen und Lüneburg. Ihre Burgen auf dem Weinberg bei Hitzacker und in Dannenberg waren wohl Adels- und Fürstensitze. Schon Karl der Große versuchte, die Elblinie zu stabilisieren, die aber umkämpft blieb. Die slawische Herrschaft wurde erst gegen Mitte des 12. Jh. abgelöst. Heinrich der Löwe leitete nach dem sächsisch-wendischen Krieg (1225–50) mit der Gründung der vier Grafschaften Lüchow, Dannenberg, Ratzeburg und Schwerin in seinem Herrschaftsbereich die Ostkolonisation ein. Lüchow und Dannenberg sicherten fortan die Verbindungsstraße Magdeburg – Hamburg.

Mit dem Erlöschen der Grafen von Dannenberg (1303) und Lüchow (1320) geriet das Gebiet in den Krieg um die Erbfolge zwischen dem askanischen Brandenburg und dem welfischen Lüneburg. Die Burgen wurden auch wiederholt als Pfänder vergeben. Nach einer instabilen Periode gelangte das Gebiet an das Herzogtum Braunschweig-Lüneburg. Im 16. und 17. Jh. wurden Dannenberg und Hitzacker für etwa hundert Jahre ein eigenständiges Fürstentum, das aber 1671 an die herzogliche Hauptlinie zurückfiel. Diese ging im Kurfürstentum (1692) und Königreich (1814) Hannover auf, das 1866 durch Preußen annektiert wurde und bis 1945 preußische Provinz blieb.

In dieser Zeit wuchs die dörfliche Besiedlung an der Elbrandgeest und im Drawehn nur an wenigen Stellen über das hinaus, was bereits die Wenden in Nutzung genommen hatten. Die Bevölkerung im Osten des Fürstentums Lüneburg blieb zunächst weiter wendisch. Das Drawähnopolabische erhielt sich bis Anfang des 18. Jh. als Umgangssprache, weshalb man dieses Gebiet *Wendland* nannte. 1822 wurden die alten Lüneburger Ämter Lüchow, Dannenberg, Hitzacker und Wustrow auch verwaltungsamtlich unter dem Begriff *Hannoversches Wendland* zusammengefaßt. Obwohl die drawähnopolabische Sprache Mitte des 18. Jh. erloschen war, hat sich der Begriff Wendland für den Landkreis Lüchow-Dannenberg erhalten. Anklänge an die wendische Vergangenheit finden sich aber allein in den zahlreichen, der slawischen Sprache entstammenden Orts- und Flurnamen.

Nirgendwo in Deutschland gibt es so viele *Rundlingsdörfer* wie in den Niederungen der Jeetzel und in den Rodungen des Niederen Drawehn. Früher wurde diese Dorfform sogar als eine typisch slawische aufgefaßt. Diese Meinung ist nicht haltbar, da die meisten dieser Dörfer erst im 12. Jh., d. h. bereits unter deutschem Einfluß angelegt wurden. Zutreffend ist aber, daß sie vorwiegend von Slawen bewohnt waren, so daß sie als typisch wendländisch gelten.

Im 18. – Mitte des 19. Jh. war das Wendland ein blühender Landstrich, wohlhabend durch die Leineweberei. Damals entstanden viele der auffallend reich ausgestalteten *Fachwerkbauten*. Als um 1850 der mechanische Webstuhl das Handweben verdrängte und keine industriellen Arbeitsplätze geschaffen wurden, sanken die Einkommen jäh. Nach 1945 traf dann die deutsche Teilung das Gebiet besonders hart. Der Kreis Lüchow-Dannenberg ragte mit 141 km Demarkationslinie halbinselartig in die DDR hinein und wurde wie ein toter Winkel von Industrien weitgehend gemieden. Demzufolge haben sich die Dörfer und Städtchen in den letzten 150 Jahren kaum verändert. Die Bevölkerungsdichte ist die geringste in der Bundesrepublik (40 Einw./km²). Auch die Natur ist weitgehend intakt geblieben.

Alles in allem nimmt dieser Landstrich – namentlich in den alten Bundesländern – eine ausgesprochene Sonderstellung ein. Zugleich unterscheidet er sich von historisch vergleichbaren Randlandschaften der norddeutschen Mittelelbe, die der DDR zugehörten. Im niedersächsischen Bereich haben die Bewohner ihre Gemeinden pfleglicher behandeln können und zielstrebig den *Fremdenverkehr* gefördert. Gartow und Hitzacker tragen den Titel ›Staatlich anerkannter Luftkurort‹. Man ist bemüht, die Wirtschaftslandschaft mit den Ansprüchen des Naturschutzes und des Fremdenverkehrs in Übereinstimmung zu bringen. Das gesamte Gebiet von der Altmarkgrenze bei Schnackenburg bis Hittbergen (dicht an Lauenburg) ist zum *Naturpark Elbufer-Drawehn* erklärt (750 km²). Ein Fremdkörper, an dem sich die Geister scheiden, ist allerdings das nukleare Entsorgungszentrum in *Gorleben*. – Dieses Randgebiet ist seit der Wiedervereinigung in die Mitte Norddeutschlands gerückt. Das 1945 abgetrennte rechtselbische *Amt Neuhaus* (s. d.) hat zum Kreis Lüneburg zurückgefunden.

Schnackenburg, der erste Ort in Niedersachsen (735 Einw.), liegt an Elbe und Alandmündung. Schiffahrt, die Grenzlage und der Elbzoll (1315–1854) prägten das Wirtschaftsleben. Während der deutschen Teilung lebte die Zollfunktion noch einmal auf. Hier wurde der Flußverkehr zwischen der Bundesrepublik und der DDR kontrolliert, wofür 1965/66 im Mündungsbereich des Aland ein großer Flußhafen gebaut wurde. Diese Episode der deutschen Geschichte ist ebenso vergangen wie die hier beheimatete Schiffahrt. Die abrandige Lage ließ Schnackenburg im Zustand der kleinsten Stadt Niedersachsens verharren. – An die Zolltradition erinnert das zwischen Strom und Hafen gelegene *Amtshaus* am Markt. Die Barockausstattung der romanischen *St. Nikolai-Kirche* (um 1200) ist von Zöllnern gestiftet. Ihr Schmuckstück ist der schwebende Taufengel.

Unweit elbabwärts folgt mit dem *Elbholz* das größte Auewaldrelikt des Naturparks Elbufer-Drawehn. In dessen Hinterland liegt im Bruchland der Seege der Flecken **Gartow** (1300 Einw.). Im 14. Jh. war er Herrensitz des Johanniterordens. Der hannoversche Minister Andreas Gottlieb Graf von Bernstorff ließ hier 1710 das *Schloß* und die schöne *Barockkirche* bauen. Heute ist Gartow ein wichtiges Erholungsgebiet; Bade- und Surfmöglichkeiten am *Gartower See* (50 ha); Freizeit- und Erlebnisbad (Thermalsole); Wildpark im Gartower Forst. In Gartow unterhält der Naturschutzbund eine *Kranichstation* (April bis Oktober Besichtigung möglich). Die Deutsche Bundespost hat für die Funktelefonverbindung nach Berlin einen 344 m hohen Stahlgittermast errichtet, das höchste Bauwerk der Bundesrepublik.

Die Elbe erreicht die hohe Geestinsel des *Höhbeck* (s. o.), entstanden als Umlaufberg zwischen Elbe und Seege. Auf dem Hochufer (Elbübergang nach Lenzen) hatte Karl der Große 789 ein Kastell errichten lassen, das einzige sicher auf Kaiser Karl zurückgehende in Deutschland. 810 wurde es von den Slawen zerstört und sofort wieder errichtet. Reste der Verschanzungen sind noch erhalten. Das *Heimatmuseum* in **Vietze** (300 Einw.) widmet sich der Gartower Landschaft und der Höhbeck-Archäologie.

Bei dem Gorleben folgenden Dorf **Pretzetze** wurden in einem Gefecht 1375 erstmals in Europa Feuerwaffen angewendet. Bei **Kaltenhof** führt seit 1992 wieder eine Straßenbrücke über die Elbe nach Dömitz hinüber (s. d.). In **Damnatz** (350 Einw.) lohnt der Besuch der *Fachwerkkirche* (1617; qualitätvoller Holzaltar). – Dicht an Hitzacker mündet die *Jeetzel*, die in der Altmark Jeetze heißt. Der Fluß war einst bis Salzwedel schiffbar. An ihm liegen die Städte Dannenberg und Lüchow.

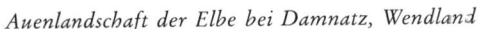

Auenlandschaft der Elbe bei Damnatz, Wendland

Dannenberg (Elbe) (Stadt 8100, Samtgemeinde 13 900 Einw.) war bis 1303 Grafensitz und dann herzoglich-lüneburgisches Amt. Aus der Grafenzeit stammt der zur ehemaligen **Burg** gehörende **Waldemarturm** (13. Jh.; *Heimatmuseum*), in dem 1223–25 König Waldemar von Dänemark und sein Sohn gefangengehalten wurden. 1373 bekam Konrad von Saldern die Burg zum Pfand, unter dem sie zur Basis schlimmer Fehden und Raubzüge wurde, so daß Kaiser Karl IV. 1377 selbst zur Belagerung erschien, um die Herausgabe zu erzwingen. Unter der Dannenberger Linie der Welfen-Herzöge war Dannenberg für hundert Jahre (1569–1671) Residenz und Münzort. Die Herzogsfamilie baute die Burg als Wohnanlage aus und erweiterte auch die 1592 von einem Brand heimgesuchte Stadt.

Die **Pfarrkirche St. Johannis** wurde ab etwa 1400 auf Resten einer älteren Stadtkirche errichtet und diente als Begräbnisstätte der herzoglichen Familie von Dannenberg. Bedeutend ist der *Flügelaltar* mit wertvollen holzgeschnitzten Tafeln und Prophetenfiguren (im Ursprung um 1450, später zugunsten eines Kanzelaltars zerlegt, neuerdings wieder hergestellt). Das große Ölgemälde ist die Kopie eines Weihnachtsbildes des Genuesen Bartolomeo Biscaino (Mitte 17. Jh.). Der kleine Dreiflügelaltar in der Taufkapelle zeigt Moses in der Wüste (li.), die Kreuzigung Christi (re.) und die Auferstehung (Mitte). Der hohe Kirchturm (73 m) trägt alte Glocken (erste und zweite um 1300; die dritte, in Mecheln gegossen, 1539; die vierte und größte 1624 von Meister Nvessel aus

Freilichtmuseum im Rundlingsdorf Lübeln

Hamburg). – Die vorwiegend von Schiffahrt (auf Jeetzel und Elbe), Kornhandel und Handwerk lebenden Stadtbürger bauten sich schöne *Fachwerkhäuser.* Das älteste erhaltene ist *Gundelfingers Gasthaus* (1606), früher eine Posthalterei. Das Fachwerk-*Rathaus* am Markt (1780) trägt die sinnvolle Inschrift: »Wi Börgers hebbn de Last dorvon un mütt dat all betahlen!« – Einige Mahnmale erinnern an schwere Zeiten und patriotische Taten: das Grab auf dem St. Annen-Friedhof an die Freiheitsheldin Eleonore Prochaska (s. Göhrde); auf demselben Friedhof ein Gedenkstein für Theodor Körner, der hier vor der Schlacht bei der Göhrde sein ›Bundeslied‹ dichtete; am Königsberger Platz ein weiteres Mahnmal an die Kaperfahrt des Segelschiffs ›Seeadler‹ im Ersten Weltkrieg. – Nach dem Zweiten Weltkrieg machte die Zerstörung der Elbbrücken Dannenberg zur Endstation eines einst durchgehenden Eisenbahn- und Straßenverkehrs (s. Dömitz). Lüchow war unter den neuen Bedingungen die sich günstiger entwickelnde Stadt; die Kreisverwaltung wurde 1952 dorthin verlegt. Dannenberg hat wieder gewonnen, seit es sich als ›Tor zum Naturpark Elbufer-Drawehn‹ profiliert hat. Es entstanden zahlreiche Einrichtungen für Sport und Touristik. Das kulturell genutzte **Ohmsche Haus** am *Thielenburger See* ist ein großes niederdeutsches Hallenhaus von 1656 (hierher versetzt). Vor der Stadt liegt die *Taube Elbe,* ein ornithologisch interessantes Gebiet.

Lüchow (Stadt 9700, Samtgemeinde 17300 Einw.) ist der Mittelpunkt des Wendlandes. Die Lange Straße ist wie in einem Straßendorf die zentrale Achse der 1274 erstmals urkundlichen Stadt. Hier herrschten die Grafen von Lüchow bis 1317. 1320 erwarb Otto von Braunschweig und Lüneburg die Grafschaft und die Stadt. Ende des 15. Jh. machte Gräfin Anna Lüchow zum Witwensitz welfischer Fürstinnen und baute die Burg zum Schloß um. 1811 fielen zwei Drittel der Stadt einem Brand zum Opfer. Der französische General Compans ließ die Stadt mit breiten Straßen wieder aufbauen. Aus dieser Zeit stammt die vorherrschende Fachwerkbebauung. Erhalten blieb im wesentlichen nur die *Johanniskirche* (13. Jh.). Das Schloß lag schon im 17. Jh. teils verfallen da und ist im 18. Jh. großenteils abgerissen worden. Alle Stürme überdauert hat hier nur der **Amtsturm,** heute das Wahrzeichen der Stadt *(Heimatmuseum)* Als Kreisstadt (seit 1952) hat Lüchow ein modernes Landhaus (Landratsamt) erhalten.

Von der Verbindungsstraße Dannenberg – Lüchow (B 248) erreichbar liegen einige empfehlenswerte Sehenswürdigkeiten: so in **Neu Tramm** das *Historische Feuerwehrmuseum;* in **Breese im Bruche,** einem Rundlingsdorf mit niedersächsischen Hallenhäusern, die prachtvolle *Gutskapelle,* die, 1592 begonnen, ein ländliches Abbild der Celler Schloßkapelle ist (diese war 1560–80 im Stil der Renaissance umgestaltet worden; mit Einflüssen der Weserrenaissance); in dem Rundlingsdorf **Lübeln** ein *Freilichtmuseum,* eines der wenigen deutschen, die in die natürlich gewachsene Landschaft eingebunden sind (mit Gemeinschaftshaus von 1823, Heimathaus von 1733, Haus ›Parum Schultze‹ von 1710 sowie verschiedenen Wirtschaftsgebäuden). – Das Kirchdorf **Satemin** (zu Lüchow) ist mit 25 Bauernstellen der größte Rundling des Wendlandes.

Die Verbindungsstraße Lüchow–Gartow führt zur *Nemitzer Heide,* wo nach einem katastrophalen Waldbrand im Jahre 1975 auf dem trockenen und nährstoffarmen Sandboden eine weite Fläche mit Heidekraut entstanden ist (Wanderwege, Schutzhütten, am letzten Augustwochenende Heideblütenfest).

Hitzacker (Stadt 5000, Samtgemeinde nahe 6600 Einw.) ist der Mittelpunkt des Naturparks Elbufer-Drawehn. Die Lage auf einer Insel in der Jeetzelmündung fast unmittelbar an der Elbe sowie zu Füßen eines Berges, von dem sich Elbe und Jeetzel überwachen ließen, verlieh diesem Platz schon in prähistorischer Zeit eine Schlüsselstellung. Grabungen lassen vermuten, daß hier eine für den Fernhandel auf der Elbe bedeutende bronzezeitliche Niederlassung bestand. An die Einwanderung von Germanen und den Fernhandel mit dem Römischen Reich erinnert das langobardische Fürstengrab bei dem nahen Bauerndorf Marwedel (2. Jh. n. Chr.; Nachbildungen der Grabbeilagen im Heimatmuseum). Herren der *Burg* auf dem Weinberg waren Adlige der jeweils siedelnden Völkerschaften; im 15. Jh. zerstört. – Stadtrecht besteht seit 1258; 1392 trat Hitzacker dem von Lüneburg geführten Städtebund bei; 1446 kam die Stadt zum Herzogtum Braunschweig-Lüneburg. Eine Blüte erlebte Hitzacker nach der Teilung der Dannenberger Linie als Residenz von Herzog August d. J. zu Braunschweig-Lüneburg (1604–34). Das damals gebaute Schloß wurde im Dreißigjährigen Krieg zerstört und im 18. Jh. abgerissen. An die herzogliche Episode erinnern noch das wieder aufgebaute *Kavaliershaus*, das herzogliche Wappen am *Rathaus* und die seinerzeit angelegten *Weinterrassen* am nördlichsten Weinberg Deutschlands (der Weinbau wurde 1713 durch Hagelschlag beendet, 1980 durch Wiederaufrebung neu belebt). – Hitzacker und seine Herrscher profitierten vom Elbzoll (nachweisbar seit 1260–1872). Das *Zollhaus* (1589) ist das älteste Gebäude.

Die neuere Geschichte der Stadt begann mit dem Bau der über Hitzacker geführten Eisenbahn Lüneburg – Wittenberge (1872), der Erschließung zweier Mineralquellen für Trinkkuren (1883/85) sowie dem Bau von Kurpark, Kurhotel und Kurtheater. Ab 1936

Hitzacker, Blick vom Weinberg

wurden auch riesige Rüstungswerkstätten errichtet. Nach dem Kriegsende verlor die Stadt diese Betriebe und vor allem ihr wirtschaftliches Hinterland im linkselbischen Amt Neuhaus. Sie konzentriert sich vollends auf Fremdenverkehr und Kurbadebetrieb. Im Kurviertel neues *Kurmittelhaus;* alljährlich Ende Juli ›Sommerliche Musiktage‹. Weitere Anziehungspunkte: temperiertes Freibad, großer Sportboothafen, eine zum Tanzbaum gezogene Riesenkastanie (17. oder 18. Jh.), Damwildpark, Aussichtsturm auf dem Berg Klötzie am Steilabfall zur Elbe (56 m, Plattform 100 m ü. M.), das *Heimatmuseum* im ehemaligen Zollhaus, das *Archäologische Heimatmuseum* am Hitzacker-See u. a. m. Beachtlich sind auch die Glasmalereien in der *Pfarrkirche St. Johannis* (erste Hälfte 20. Jh.). In Hitzacker besteht ein *Naturschutzzentrum* der Stiftung Europäisches Naturerbe und des BUND (Bund für Umwelt und Naturschutz Deutschland), das sich vornehmlich der Erhaltung der Elbaue-Biotope widmet. Auf Schloß Dötzingen, dem Sitz der früheren Herren von Hitzacker, wurde Claus von Amsberg, der Prinzgemahl von Königin Beatrix der Niederlande, geboren.

Im Hinterland von Hitzacker erstreckt sich das Waldgebiet der *Göhrde.* In ihrem Zentrum, bei der Ortschaft **Göhrde** (700 Einw.), hatte Kurfürst Georg Ludwig von Hannover, der spätere König Georg I. von England, 1705–07 durch Louis Remy de la Fosse ein prunkvolles *Jagdschloß* errichten lassen. Hier gingen Herzog Georg Wilhelm von Celle und König Karl XII. von Schweden das Bündnis gegen König Friedrich IV. von Dänemark ein. – Die Göhrde war am 16. September 1813 Schauplatz einer *Schlacht,* in der ein starker Verband der Verbündeten – Hannoveraner, Preußen, Russen, Schweden, Schotten und Engländer – die Franzosen entscheidend schlug, die folglich die Elblinie aufgeben mußten. Zum ersten Mal auf deutschem Boden wurden Raketen eingesetzt. Knapp 3 km südwestlich vom Bahnhof Göhrde führt ein Trampelpfad zu einem 1984 entdeck-

ten Massengrab, wo ein Denkmal die tausend Gefallenen ehrt.

Im Heimatmuseum **Dahlenburg** (3000 Einw.) befindet sich ein Zinnsoldaten-Diorama, das den Hergang der Schlacht veranschaulicht. Die Heldin dieses Tages war die 28jährige Eleonore Prochaska aus Potsdam, die unter dem Namen ›August Rentz‹ als freiwilliger Lützower Jäger diente. Schwer verwundet, verstarb die tapfere Frau in Dannenberg (Denkmal auf dem St. Annen-Friedhof). – 1827 wurde das vernachlässigte und baufällig gewordene Jagdschloß Göhrde abgebrochen. Erhalten blieb vor allem der *Marstall* (Hauptstallgebäude), den sich Wilhelm I. 1869 zu einem (bescheidenen) Jagdschloß ausbauen ließ. In einem anderen ehemaligen Stallgebäude (1672) ist ein *Waldmuseum* eingerichtet. Für Wanderungen ist der *Breeser Grund* zu empfehlen.

Ab Hitzacker führt die Elbuferstraße durch den Höhenzug *Klötzie.* Auf dem *Kniepenberg* (86 m) abermals ein Aussichtsturm. – Die *Dorfkirche* von **Drethem** (18. Jh.) verfügt über eine schöne barocke Kanzel. Der Ort war seit alters ein religiöser Mittelpunkt, wie der Schalenstein am südlichen Ortseingang bezeugt. In seine künstlichen Vertiefungen wurden wahrscheinlich Fett oder Honig als Opfergabe gestrichen, und das über einen Zeitraum von 2000 Jahren (Kultstein von der Jungstein- bis zur Eisenzeit).

Die Elbuferstraße erreicht den Landkreis Lüneburg. Ab **Walmsburg** gelangt man auf einem Wanderweg zu hier zahlreichen *Großsteingräbern* (besonders eindrucksvoll im

Schieringer Forst). Vor **Wohld** drängt sich die Elbe noch einmal an ein Steilufer (mit gutem Ausblick). Dann erreicht die Elbuferstraße durch den Waldstreifen *Sandbergen* **Bleckede** (Gemeinde mit 12 Ortschaften; 8800 Einw.), den letzten größeren Ort an der mittleren Elbe in Niedersachsen. Heinrich der Löwe unterhielt hier eine Wasserburg gegen die Slawen; und dessen Sohn Herzog Wilhelm von Lüneburg übertrug 1209 die Rechte der 20 Jahre zuvor von seinem Vater zerstörten Stadt Bardowick (s. d.) hierher. Die begonnene Stadtanlage, die den Namen ›Löwenstadt‹ tragen sollte, wurde aber nach dem Tode des Herzogs (1213) nicht weitergeführt. Im 13. Jh. gelangte das Gebiet in raschem Wechsel unter die Botmäßigkeit verschiedener Herren; Bleckede war wegen seines Elbzolls (seit 1271 nachweisbar) begehrt. Es gehörte erst den askanischen Sachsenherzögen, dann den brandenburgischen Markgrafen und war vom späten 14. Jh. bis 1600 Pfandbesitz der Stadt Lüneburg. Nach wiederholten Elbdeichbrüchen beseitigte damals Burghauptmann Fritz von dem Bergen eine Schleife im Flußlauf zwischen Bleckede und Radegast, von der die Überschwemmungsgefahr ausgegangen war. Nach vier schweren Feuersbrünsten zwischen 1627 und 1670 errichteten nachfolgende Generationen Bleckede mit schmucken Fachwerkbauten neu. Der Bau des Elbehafens Ende des 19. Jh. brachte einen gewissen Aufschwung. 1930 wurde die Fleckengemeinde zur Stadt erhoben. 1945 verlor sie dann durch die Grenzziehung ihr rechtselbisches Territorium und wirtschaftliches Hinterland. – An die einstige Burg erinnert der mächtige *Rundturm* von 1500. Auf dem alten Burghof steht das schöne Fachwerkgebäude des **Schlosses** (Amtshaus), der Hauptflügel 1600, der Westflügel 1743 errichtet. Um das Schloß legen sich Wallgraben und Park. Im Mai/Juni ist es alljährlich Schauplatz der *Festspiele* ›Musikalischer Frühling‹. In einem Fachwerkgebäude aus dem 18. Jh. befindet sich das *Heimathaus* (Museum). In der ev. *St. Jacobi-Kirche* reichverzierte Renaissancekanzel; in der kath. *Kirche ›Maria Königin‹* kostbares Kreuz und zeitgenössische Holzschnitzarbeiten von Otto Flath. In *Bleckede-Breetze* hat das Forstamt einen *Findlingsgarten* angelegt (mit Info-Hütte).

Nach Bleckede beginnen die *Elbmarschen* (ausführlich s. u.). Beim anmutigen Fischerdorf **Hohnstorf** (2000 Einw.; lohnender Blick auf Lauenburg) endet die Elbuferstraße. Der letzte nennenswerte Ort an der mittleren Elbe ist **Artlenburg** (1300 Einw.), wo sich im Mittelalter der neben Gartow und Burg wichtigste Elbübergang in Norddeutschland befand (Basis für die Wendenkämpfe von 789). Heinrich der Löwe nahm hier seit 1156 häufig seinen Sitz. Hier befand sich eine Zollstätte für das Lüneburger Salz. Durch die in Artlenburg 1803 mit Frankreich geschlossene Elbkonvention wurde die hannoversche Armee entwaffnet, was in England zur Aufstellung der ›Deutschen Legion‹ führte.

Der Elbe-Seitenkanal

Da die Elbe zwischen Lauenburg und Magdeburg über mehr als zwei Drittel des Jahres Wasserstände von unter 2 m aufweist, die moderne Binnenschiffahrt aber 2,5 m Tauchtiefe verlangt, wurde erwogen, entweder diesen Elbeabschnitt durch neun Staustufen zu regulieren oder einen Umgehungskanal zu bauen. Man entschied sich für den 115 km langen Seitenkanal, der 1968–77 gebaut wurde. Er zweigt am Mittellandkanal zwischen Braunschweig und Wolfsburg ab, überquert auf einer Dammstrecke das Allertal und führt durch die Lüneburger Heide bis zur Einmündung in die Elbe bei Artlenburg (im Staubereich der Elbeschleuse Geesthacht). Der Höhenunterschied zwischen dem Wasserspiegel der Scheitelhaltung (NN + 65 m) und dem Normalstau der Elbe-Staustufe Geesthacht (NN + 4 m) wird durch die Schachtschleuse Uelzen in Esterholz (23 m Fallhöhe) und das Schiffshebewerk Lüneburg in Scharnebeck (38 m Fallhöhe; größtes Doppelschiffshebewerk der Welt) überwunden. Die Strecke Lauenburg – Magdeburg ist auf dem Kanal um 33 km kürzer als auf dem Fluß. Den Kanal passierten 1991 6,4 Mio. Ladungstonnen. Überdies ließen sich im Schiffshebewerk Lüneburg über 2000 Fahrgastschiffe und nahezu 3000 Sportboote durchschleusen. Neben seiner Hauptfunktion als Schiffahrtsweg dient der Kanal dem Hochwasserschutz (so für das Allergebiet mit Wolfsburg) und der landwirtschaftlichen Feldberegnung.

Schiffshebewerk Scharnebeck

Salz- und Hansestadt Lüneburg

Die gesamte Laufstrecke von Bleckede bis zur Einmündung der Ilmenau bei Winsen (Luhe) beschreibt die Elbe einen leicht gestreckten Bogen, in dessen Mittelpunkt Lüneburg liegt (etwa 15 km von der Elbe entfernt). Die Stadt (63 000 Einw.) entwickelte sich an einer Furt der Ilmenau, ehemals als Flußübergang in wendisches Gebiet wichtig. Zu Macht und Reichtum gelangte Lüneburg durch eine schon 956 erwähnte Saline (natürliche Solquellen mit 26% Salzgehalt) und den Salzhandel. Um 950 wurde die herzogliche Burg auf dem Kalkberg gebaut. 1247 Stadtrecht, seit 1267 Hauptstadt des gleichnamigen welfischen Fürstentums. 1378 wurde die Residenz nach Celle verlegt und 1705 das Fürstentum mit dem Kurfürstentum Hannover vereinigt. Lüneburg hatte sich die städtische Unabhängigkeit erkämpft. Durch Handel, Salz- und Kalkgewinnung wurde Lüneburg eines der größten und reichsten gewerblichen Zentren des mittelalterlichen Europa. Die Ilmenau war im Wirtschaftsleben der Stadt ein sehr bedeutender Faktor. Dank ihrer – durch die Gezeitenwirkung begünstigten – Schiffbarkeit war Lüneburg beinahe schon eine Stadt an der Elbe. Das förderte nicht nur den Salzexport; die Stadt nutzte auch ihr Straßenzwangs- und Stapelrecht, um vom Ende des 14.–16. Jh. den Verkehr von der mittleren Elbe zu sich und zur Ilmenau hinzulenken. – Die Blütezeit der Freien Reichs- und Hansestadt Lüneburg fiel ins 15. und 16. Jh. Nach der Reformation verlor sie durch die Öffnung der Elbeschiffahrt und im weiteren durch die Einfuhr westeuropäischen Baien-(Meeres-)salzes an Bedeutung. Nachdem Lüneburg schon im Dreißigjährigen Krieg erneut vom Landesfürsten unterworfen worden war, wurde der Verlust des wirtschaftlichen Monopols besonders im 18. Jh. empfindlich spürbar.

Lüneburg verfügt über eine Fülle bedeutender Sakral- und Profanbauten in einem von Backsteinarchitektur geprägten Stadtensemble, das sich in einzigartiger Geschlossenheit erhalten hat. Das **Rathaus** ist neben dem Lübecker das größte aus dem Mittelalter erhaltene in Deutschland. Mit seinem ab 1230 in Jahrhunderten gewachsenen Grundriß, seiner barocken Schaufront (1720 vollendet) und seiner kostbaren Ausstattung (13.–Ende 19. Jh.) zählt es zu den Sehenswürdigkeiten von internationalem Rang. Höhepunkte sind die Bürgermeister-Körkammer (1491); die Große Ratsstube mit prächtigen Schnitzarbeiten von Albert Soest (1564–82); der

Lüneburg, Rathaus, Detail der Schaufront

ehemalige Festsaal, ›Danzhus‹ des Rates, heute Fürstensaal genannt, und dessen Aufgang. – Bedeutende Backsteinkirchen sind **St. Johannis** (1300–70) mit dem etwas schiefen Turm und einer berühmten Orgel sowie **St. Michaelis** (1376–1485) mit der Fürstengruft der Billunger und Welfen. Die Schifferkirche **St. Nicolai** (1407–40) ziert ein 29 m hohes Sterngewölbe und ein kostbarer Altar. Nur wenige Minuten vom Stadtzentrum entfernt liegt das 1172 gegründete **Kloster Lüne,** das nach zwei Bränden um 1400 in Backstein neu errichtet wurde. Bis zur Reformation Benediktinerkonvent; seither evangelisches Damenstift. Bemerkenswert: in der Brunnenhalle Handsteinbrunnen, im Refektorium freigelegte Wandmalereien, im Kreuzgang farbige Glasfenster und Taustabsteingewölbe; im Kapitelsaal Gemälde der Äbtissinnen; in der *Klosterkirche* Altar (1524), Orgel (1645) und Nonnenchor. Die dem Kloster gehörenden Weißstickereien aus dem 13. und 14. Jh. und farbig gestickten Bildteppiche aus der Zeit um 1500 werden alljährlich Ende August in der festlichen ›Teppichwoche‹ ausgestellt. – Historisch bedeutend sind auch das Glocken-, Korn- oder *Zeughaus* (1482) und der *Kran* am alten Hafen (1346, im 18. Jh. verändert). – In Lüneburg bestehen zahlreiche *Museen,* ein *Stadttheater* sowie eine junge Universität. Die Stadt ist seit 1820 Sol- und Moorheilbad. Während die Salzproduktion 1980 eingestellt wurde, verspricht das *Kurzentrum* eine dauerhafte Zukunft zu haben.

Der Gemüsebauort **Bardowick** (5 km nördlich von Lüneburg; 4700 Einw.) war im frühen Mittelalter der Hauptort des Bardengaus und unter Karl dem Großen Drehscheibe des Fernhandels mit den Slawen. 1189 ließ Heinrich der Löwe die reiche Stadt zerstören, die sich nie wieder zu ihrer früheren Größe erholte. Der ›*Dom*‹ (ehemalige Stiftskirche St. Peter und Paul) ist eine dreischiffige Hallenkirche (vor 1380 – Ende 15. Jh.) mit einer im wesentlichen aus dem 14. und 15. Jh. stammenden Innenausstattung. – Südwestlich von Lüneburg liegt im *Naturpark Lüneburger Heide* mit **Wilsede** das Kernstück dieser für Norddeutschland charakteristischen, gern besuchten Landschaft.

☐ Rechts der Elbe: Im Herzogtum Sachsen-Lauenburg

Bald nach Boizenburg erreicht die Elbe Schleswig-Holstein. 1945–90 hatte sie von der Altmark bis hierher als innerdeutsche Grenze gedient. Im Gebiet der (alten) Bundesrepublik war Lauenburg Zollstation. – Während sich linkselbisch Elbmarschen ausdehnen, drängt sich die Elbe ab Boizenburg nochmals dicht an die *Geest,* den holsteinischen Abschnitt des Baltischen Landrückens, jener der Weichseleiszeit zuzurechnenden jüngsten Endmoräne des Norddeutschen Tieflandes, die heutzutage die Wasserscheide zwischen Nord- und Ostsee bildet. Diese holsteinische Moränenlandschaft entwässert aber vorwiegend zur Trave (Ostsee) und zur Elde (Nordsee) hin. Infolgedessen erhält die Elbe rechtsseitig bis zu ihrer Mündung nur noch unbedeutende Zuflüsse. Den Geestrand entlang führen der *Wanderweg Hohes Elbufer* (Bergedorf – Lauenburg) und eine *Museumseisenbahn* (Bergedorf – Krümmel).

Der Landstrich wurde im 12. Jh. von den Welfen germanisiert. Der heutige Landkreis trägt den Namen *Herzogtum Sachsen-Lauenburg* (Verwaltungssitz in Ratzeburg). Namengebend war die Stadt **Lauenburg** (11 500 Einw.), die zwischen dem Urstromtal der Elbe und der Delvenauniederung am Steilrand eines bis 50 m hohen Altmoränenplateaus liegt (Farbabb. 21). Der Ortsname stammt wahrscheinlich von slaw. lava = Elbe.

Als nach dem Sturz Heinrichs des Löwen die ehemalige Grafschaft Ratzeburg an die brandenburgischen Askanier gelangt war, erkor sich Bernhard I. 1182 Lauenburg zum Hauptsitz seines Herzogtums Sachsen-Lauenburg und erbaute sich hier eine *Burg*, die 1463–77 zu einer stattlichen Anlage erweitert wurde. Zu ihr gehörte der noch stehende Bergfried (1477; im 18. Jh. verändert). Ende des 16. Jh. gestaltete Herzog Franz II. die Burg zum *Residenzschloß* aus. Er legte auch den *Fürstengarten* an. Aus dieser Zeit stammen die Grotte im Park (1590) und der riesengroße *Gingkobaum*. Das Schloß brannte schon 1616 mit Ausnahme des Ostflügels ab, weshalb der Regierungssitz nach Ratzeburg verlegt wurde. Der Plan, es neu zu errichten, kam nicht zur Ausführung, da die Askanier mit dem letzten Herzog Julius Franz 1689 ausstarben. Das Herzogtum kam an die welfische Linie Lüneburg-Celle und an das spätere Kurfürstentum Hannover. 1807–13 war es französisches Staatsgebiet und kam 1815 an Preußen, das es jedoch gegen Schwedisch-Vorpommern mit Dänemark tauschte, so daß Lauenburg fortan eng mit der Geschichte der Herzogtümer Schleswig und Holstein verbunden war. 1848–51 vom Deutschen Bund verwaltet, wurde es 1864 an Preußen und Österreich abgetreten, gegen eine Entschädigung jedoch Preußen allein überlassen.

Die Stadt Lauenburg entstand zu Füßen von Burg und Schloß auf der überschwemmungsfreien Elbterrasse als parallel zum Fluß verlaufende Straßenzeile. Die Vorstädte schoben sich zwischen Schloß und Stadt. Lauenburg war von Anfang an eine *Schiffersiedlung*. Hier wurde 1203–1864 Elbzoll erhoben; und die Stadt verfügte über das Stapelrecht. Besonders profitierte sie vom *Stecknitzkanal* (s. u.), und seit der Neuorientierung des Handels im 16. Jh. hatte sie teil am Umschlag Hamburgs von Übersee ins Binnenland. Man trifft auf viele Zeugen der alten Schiffertradition, insbesondere die *Palmschleuse* und die Exponate im *(Elb-)Schiffahrtsmuseum*. Heute liegt Lauenburg mit der Elbe, dem *Elbe-Seitenkanal* und dem *Elbe-Lübeck-Kanal* an einem wichtigen Wasserstraßenkreuz. Eine *Werft* setzt die Tradition des Schiffbaus fort. Dazu hat Lauenburg erhebliche Bedeutung für den elbüberschreitenden Verkehr, seit im vorigen Jahrhundert die Eisenbahn Lüneburg – Büchen – Lübeck über Lauenburg geführt wurde. Alle zwei Jahre feiert Lauenburg den *Elbschiffahrtstag*.

Lauenburg ist eine der malerischsten Städte an der Elbe. Namentlich die Unter-(Alt-)stadt hat ihr historisches Gepräge bewahrt. Das älteste erhaltene Gebäude ist die **Maria-Magdalenen-Kirche**, eine sehr große einschiffige, tonnengewölbte Halle, die Herzog Albrecht I. nach seinem Sieg über die Dänen (1227) erbauen ließ. Sie diente ebenso der Herzogsfamilie wie der Bürgergemeinde. Die beiden manieristischen Portale wurden Ende des 16. Jh. eingesetzt. 1599/1600 verlängerte man den Chor; sein unterirdischer Teil wurde zur Fürstengruft und der obere zur Ruhmeshalle des Geschlechts der Askanier ausgestaltet. Bedauerlicherweise fiel diese Anlage, ein bemerkenswertes Zeugnis am Übergang von der Renaissance zum Barock, dem Bildersturm von 1827 zum Opfer. Mitte des 19. Jh. wurden die Standbilder des Herzogspaars wieder aufgestellt; das meiste übrige war jedoch verlorengegangen (Reste als Lapidarium im alten Schloßturm). Der Turm in der jetzigen Form wurde erst 1902 hinzugefügt. Von der mittelalterlichen

Lauenburg, ein Salz-schiff aus dem Museum wird von jungen Schiffern auf der ›Schipperhöge‹, dem Gildefest der Schiffer, im Umzug getragen

Ausstattung sind erhalten: die bronzene Taufe, eine von vier geistlichen Figuren getragene Kuppa (1466 vom Lüneburger Gießermeister Cord Friebusch); das doppelseitige Totentanzbild (um 1470); das ausdrucksvolle Triumphkreuz (Ende 15. Jh. aus der Werkstatt von Bernd Notke). Alle Umbauten und Erneuerungen überstand auch der schöne Orgelprospekt (1525). Ein auffallendes Werk ist der große Hängeleuchter (Marienleuchter, 15. Jh.) der Schiffergilde. Eine Urkunde im darunter befestigten Votivschiffchen (nach der Art einer Elbe-Gelle des 18. Jh.) beklagt das Erlöschen der 400jährigen Schifferprivilegien.

Die *Wohngebäude* sind vorwiegend Fachwerkbauten, besonders wertvoll die aus dem 16. und 17. Jh. stammenden. Das älteste Bürgerhaus ist das *Mensingsche Haus* (Elbstr. 49; wahrscheinlich 1573). Bis zum Aussterben der Askanier wurden die Balken reichlich mit Schnitzwerk und frommen Sprüchen verziert. Verbreitet ist Rosettenschmuck. Am *Schreyerschen Haus* (Elbstr. 61; 1581) gibt es Teufelsfratzen, die böse Geister abhalten sollen. Schmuckreich ist auch das im Jahre 1600 als Landessuperintendentur erbaute *Pfarrhaus* (Kirchplatz 1). In der Elbstraße 97 steht eines der schmalsten Häuser Deutschlands (nur 3,05 m breit). – Da das Elbufer keinen Raum für die Stadterweiterung ließ, entwickelte sich die *Neustadt* auf dem Hochplateau (darum Oberstadt) entlang der Fernstraße Berlin – Hamburg (B 5).

Zwischen Lauenburg und Geesthacht fällt das ›Hohe Elbufer‹ in einem steilen Kliff zur Elbe ab. Oberhalb von Geesthacht ragen am *Haferberg* die glazialen Aufschüttungen bis 94 m auf, was bei der Nähe zur Elbe (4 m ü. M.) gebirgsartige Talungen schafft. Dieser Uferabschnitt zählt zu den schönsten Elblandschaften im Raum Hamburg. – Bei **Schnakenbek** (830 Einw.) kam die *Alte Salzstraße* über Artlenburg von Lüneburg herüber.

Vom Stecknitzkanal zum Elbe-Lübeck-Kanal

Kaiser Friedrich I. Barbarossa verlieh der Stadt Lübeck 1188 die Hoheit über die Stecknitz bis zum Möllner See. Die Salztransporte von Lüneburg auf der ›Alten Salzstraße‹ wurden in Mölln umgeschlagen. Die Kähne fuhren beim Ablassen der Stauschleusen auf der Stauwelle. 1390–98 bauten die Lübecker im Einvernehmen mit dem Herzogtum Lauenburg die südlich anschließende Kanalstrecke zur Delvenau und damit zur Elbe. Der *Stecknitz-Delvenau-Kanal*, der nunmehr die Elbe mit Lübeck und der Ostsee verband, war der erste echte Wasserscheitelkanal in Nord-(Mittel-)europa. Der Scheitelpunkt lag in fast 12 m Höhe ü. M. (Möllner See). Für die Überwindung des Höhenunterschieds waren 17 Schleusen notwendig. Die **Palmschleuse** bei Lauenburg von 1393 (so genannt um 1600 nach dem damaligen Schleusenmeister und Wassermüller Palm) war die älteste *Kammerschleuse* Europas. Während die hölzernen Schleusen schnell verfielen, wurde die Palmschleuse 1724 erneuert und mit steinernen Umfassungsmauern versehen. Der Tiefgang betrug zunächst 43 cm. Die Kähne konnten 7,5 t, später 12,5 t laden. Für die 93 km lange Strecke benötigte man drei bis vier Wochen; dennoch war die Transportleistung mit bis zu 1200 Schiffsladungen Salz jährlich gewaltig. Die Lüneburger beanspruchten das Recht der Kanalfahrt für sich, überließen aber das Monopol für den Weitertransport der auf dem Kanal beförderten Güter den Lauenburgern, die damit ebenfalls von der ›Stecknitzfahrt‹ und dem Stapelrecht profitierten. Erst die Elbschiffahrtsakte (1844) gewährte allen Elbuferstaaten freie Fahrt auch auf dem Stecknitzkanal.

Ein neuer, zunächst Elbe-Trave-Kanal und heute *Elbe-Lübeck-Kanal* genannter Wasserweg wurde 1896–1900 gebaut. Er folgt weitgehend der begradigten Linie des mittelalterlichen Kanals, ist aber auf 67 km verkürzt. Die Zahl der Schleusen ist auf sieben reduziert. Ihn können Schiffe bis 80 m Länge, 9,5 m Breite und 2 m Tiefgang befahren. Jährlich benutzen ihn etwa 3000 Schiffe mit 800 000 t Fracht und 6000 Sportboote.

Kammerschleuse (Palmschleuse) bei Lauenburg

Vorher bestand schon die *Ertheneburg* zum Schutz der Überfahrt. Funde reichen bis in die karolingische Zeit zurück. Heinrich der Löwe hielt hier Landesversammlungen ab, zerstörte aber schließlich die Burg, von der nur noch Reste zu sehen sind. Bei der Ortschaft **Grünhof-Tesperhude** sind die Fundamente mehrerer Totenhäuser aus der älteren Bronzezeit (ca. 1200 v. Chr.) freigelegt.

Geesthacht entstand im von der Elbe bedrohten Uferbereich am Fuße der Geest und erlitt früher große Schäden durch Hochwasser und Verlagerung des Elblaufs. Das zeitgenössische Geesthacht ist vor allem eine junge Stadt, die sich in die Geest ausbreitet (Stadtrecht seit 1924; 27 700 Einw.). Im Vorfeld Hamburgs entstanden schon im 19. Jh. Industrien wie die A.-Nobel-Dynamitfabrik. Nach 1945 profilierte sich Geesthacht durch moderne technische und wissenschaftliche Einrichtungen. Die Stadt wurde durch eine Autobahn an Hamburg angeschlossen (Marschenautobahn A 25) und wird als Wohnstadt für Hamburg attraktiv.

Nach 1945 wurden mehrere Großprojekte realisiert: eine *Staustufe* (1955–59), die den Elbespiegel bis zu 2 m über den früheren mittleren Wasserstand hebt. Sie war nötig, damit die Niederelbe auf 12 m ausgebaggert werden konnte. Der Stau dient auch der Wasserhaltung im Elbe-Seitenkanal bis zum Schiffshebewerk in Scharnebeck. Die Schiffahrt benutzt einen künstlichen *Schleusenkanal* (zweite Schleusenkammer 1978–81); ein *Pumpspeicherwerk* (1955–58) mit einem Stausee auf dem Hochufer verwendet in Stunden mit hohem Energiebedarf Elbewasser zur Stromerzeugung; im Ortsteil **Krümmel** errichtete man in der Nachfolge eines Forschungsreaktors (1957) das moderne *Kernkraftwerk* (1984).

Das *Hinterland* von Lauenburg und Geesthacht bietet Sehenswürdigkeiten wie den *Naturpark Lauenburgische Seen* mit dem Elbe-Lübeck-Kanal, dem Ratzeburger See und dem Schaal-See, die Städte **Ratzeburg** (12 500 Einw.; romanischer *Dom* 1160–1220; *Ernst-Barlach-Haus*) und **Mölln** (18 000 Einw.; hier starb *Till Eulenspiegel* 1530, Grab an der *Nikolaikirche,* diese etwa 1200–50; bedeutendstes mittelalterliche Rathaus Schleswig-Holsteins außerhalb von Lübeck). Der *Sachsenwald* erinnert an *Otto Fürst von Bismarck,* der diese Domäne wegen seiner Verdienste um Preußen und die Reichsgründung 1871 als Geschenk erhielt. Im dortigen **Aumühle** (3200 Einw.), Ortsteil *Friedrichsruh,* lohnen das *Mausoleum* und das *Bismarck-Museum.* In neuerer Zeit entstand der *Garten der Schmetterlinge.*

Mölln, Till Eulenspiegel als Brunnenfigur

Die untere Elbe

☐ Im Rhythmus der Gezeiten

Ab Lauenburg, 165 km von der See, gelangt der Fluß in den Bereich, in dem sich die *Tide*, die Ebbe und Flut des Meeresspiegels, in zweimaligem täglichen Wechsel von der Nordsee aufwärts auswirkt und auch in die Unterläufe der hier mündenden Nebenflüsse eindringt. Die Mischung von Fluß- und Meerwasser macht die untere Elbe zu einem der an Fischarten reichsten Flüsse Europas; trotz Abwasserbelastung hat man jüngst 30 Süß- und 35 Salzwasserarten gezählt.

Die Schiffahrt kann den Strömungsunterschied von auflaufendem und ablaufendem Wasser im Rhythmus der Gezeiten nutzen. Der *Tidenkalender* ist dabei ein unentbehrliches nautisches Hilfsmittel. Gravierend ist der negative Aspekt: *Sturmfluten* können über das Flußsystem tief und Verheerung bringend ins Binnenland eingreifen. Seit 1957–59 die Staustufe bei Geesthacht errichtet worden ist, endet die Gezeitenwirkung und damit die Unterelbe schon dort.

☐ Die Flußabschnitte

Die Elbe ist nur noch ein kurzes Stück rechtsseitig durch Geest stabilisiert. Dann führt sie im breiten Urstromtal eine starke Pendelbewegung aus. Bei Moorwerder spaltet sie sich; sie hat ihr *Stromspaltungsgebiet* erreicht, das Ähnlichkeiten mit einem Delta erkennen läßt. Heutzutage wird es von den Hauptarmen *Norderelbe* und *Süderelbe* umfaßt. Bis zu ihrer Abdeichung im 14. und 15. Jh. bestanden außerdem elbaufwärts weitere Flußarme – das Stromspaltungsgebiet war also umfangreicher.

Das heutige Inseloval ist etwa 18 km lang und im Mittelstück fast 7 km breit. In sich war es durch zahlreiche kleinere Wasserläufe und Inseln (›Werder‹) zergliedert. Obwohl man letztere zumeist schon im 12. Jh. eingedeicht hatte, entstanden zwischen dem 12. und 15. Jh. durch Sturmfluten immer wieder neue Wasserläufe und Inseln, bis der Mensch die Oberhand gewann und die Zersplitterung innerhalb der Großinsel zurückdrängte. – Nach 18 km getrenntem Lauf vereinigen sich Norder- und Süderelbe zum wieder einheitlichen Strom: dem rund 100 km langen *Mündungslauf,* der sich wie ein (umgekehrter) Trichter zum Meer öffnet.

☐ Randlandschaften

Das meiste Land im Uferbereich ist nacheiszeitlich entstandene *Marsch*, die, nur wenig über dem Meeresspiegel liegend, ohne Schutzmaßnahmen von der Flut und besonders den Hochfluten erreichbar wäre. Die eiszeitlich entstandene, höhere *Geest* ist hingegen von Sturmfluten nicht erreichbar. In einem überwiegend flachen Land fallen ihre Erhebungen besonders auf, vor allem wo sie kliffartig zur Elbe abbrechen. Während die Geest bei Bergedorf und Reinbek vom Elblauf abrückt, tritt sie bei St. Pauli und Altona erneut an ihn heran. An der Elbchaussee bei Blankenese erreicht sie ihr letztes rechtselbisches Höhenmaximum (92 m ü. M.), überläßt dann aber ab Schulau (Wedel) der Marsch das Feld. Linkselbisch steigt sie in den Harburger Bergen sogar noch einmal auf 155 m an. Eine Geestinsel ist auch die Wingst (Deutscher Olymp 61 m, Silberberg 74 m).

Auf weiten Strecken sind die Randlandschaften agrarisch bestimmt. Aber mitten in ihnen liegen das vielgestaltige Ballungszentrum *Hamburg* und die Verkehrsschwerpunkte Brunsbüttel und Cuxhaven. Industrien haben inzwischen auch die kleineren Städte in und an der Marsch erfaßt. Die Elbe säumen bedeutende Kern- und Wärmekraftwerke. In diesem Flußabschnitt zeigt sich Norddeutschland ebenso von seiner erholsamen Weite wie auch von immenser Wirtschaftskraft.

□ Bewegte Geschichte

Als das Innere Mitteleuropas für die Römer noch im Dunklen lag, begaben sie sich um die Zeitenwende unter Kaiser Tiberius von der Nordsee aus den Fluß aufwärts auf Entdeckungsreise. – Den Franken gelang es unter Kaiser Karl dem Großen, die Sachsen südwestlich der Elbe untertan zu machen. Schwieriger war die Unterwerfung des Sachsenstammes der Nordalbingier (Stormarner). Um auch sie gefügig zu machen, verbündete sich der fränkische Herrscher mit den slawischen und noch heidnischen Obotriten (im heutigen Mecklenburg). Als er endlich auch die Nordalbingier besiegt hatte (804), deportierte er Tausende von ihnen. Das eroberte Gebiet überließ er den Slawen und zog sich wieder über die Elbe zurück. Des Kaisers Operationsbasis befand sich beim heutigen Hollenstedt am Unterlauf der Este (südlich von Buxtehude). Erst als die kriegerischen Dänen nach Süden vorstießen, schickte der Kaiser seine Heere erneut über die Elbe und machte die Eider zur Grenze seines Reichs. Die ausgesiedelten Sachsen, inzwischen weitgehend christianisiert, durften wieder in ihre ursprüngliche Heimat zurückkehren.

Etwa in dieser Zeit, spätestens jedoch unter Kaiser Karls Sohn, Ludwig dem Frommen, begann die einzigartige Rolle *Hamburgs,* das alsbald andere zu Verheerungen und Territorialansprüchen lockte: 845 zerstörten die Dänen die erste Keimzelle Hamburgs. Im Jahre 994 fielen dänische Wikinger erneut über die Elbe ein. Von Nordosten kommend, brachten die slawischen Obotriten mehrmals zwischen 915/16 und 1072 Verwüstung über Hamburg. Unter Fürst Kruto besetzten sie große Strecken nördlich der Elbe und zogen erst 1090 endgültig aus Hamburg ab. 1201 verlor der Schauenburger Graf Adolf III. seine Grafschaft Stormarn und Holstein samt Hamburg an die abermals nach Süden vorgedrungenen Dänen. Erst der mit Unterstützung von Hamburg und Lübeck erreichte Sieg von Adolf IV. bei Bornhöved (1227) befreite das Land von ihnen. Aber das Gebiet unterhalb von Hamburg blieb eine Interessensphäre Dänemarks.

Schleswig-Holstein war schon im 15. Jh. von Christian I. (Haus Oldenburg) mit Dänemark zu einer Union vereint worden. Im Dreißigjährigen Krieg nutzte Dänemark seine Großmachtstellung, um seine Position rechts der unteren Elbe wesentlich aus-

zubauen. Die wichtigsten Zentren Dänemarks waren hier Glückstadt und Altona. Gleichzeitig setzte sich Schweden auf der gegenüberliegenden, niedersächsischen Seite fest, mit
dem Schwerpunkt in Stade. Im Nordischen Krieg wurde dann die Unterelbe zum Neben-
schauplatz des Kampfes zwischen den Dänen und den Schweden (s. Stade). Erst 1715
kaufte Hannover das vordem von Schweden und dann von Dänemark okkupierte linkselbische Territorium zurück. Im weiteren übernahm Preußen das dänisch/schleswig-hol-
steinische (1864) und das hannoveranische (1866) Erbe.

Diesen Verwicklungen zum Trotz entfaltete sich Hamburg zum Missionszentrum für
den europäischen Norden und anschließend zur Schiffahrts- und Handelsmetropole.
Eine kluge Diplomatie und die Entschlossenheit zur militärischen Verteidigung bewahrten der Stadt, die zeitweilig (unter Kaiser Sigismund) Reichsunmittelbarkeit genoß,
auch unter den Bedingungen der Umklammerung durch Dänen, Schweden und Preußen
ihre Unabhängigkeit. Insbesondere vermochte sie die hartnäckigen Hoheitsansprüche
Dänemarks abzuwehren.

Stadtstaat Hamburg – Mittler zwischen Land und Meer

Befördrer vieler Lustbarkeiten,
Du angenehmer Alsterfluß!
Du mehrest Hamburgs Seltenheiten
Und ihren fröhlichen Genuß.

Der Elbe Schiffahrt macht uns reicher,
Die Alster lehrt gesellig sein!
Durch jene füllen sich die Speicher,
Auf dieser schmeckt der fremde Wein.

aus: Friedrich von Hagedorn, ›Die Alster‹

Hamburg ist der Gigant unter den Elbestädten. Sein heutiges Erscheinungsbild läßt vergessen, daß die alte Reichs- und Hansestadt nur einer der Kerne des heutigen Hamburg
war, freilich der dynamischste, der die anderen an sich zog und integrierte. Als Preußen
1864–66 die an das damalige Hamburg grenzenden Landesherrschaften Schleswig-Holstein und Hannover zu seinen Provinzen machte, war Hamburg zu einer Enklave innerhalb Preußens geworden. Das Territorium der Hansestadt umfaßte nur 415 km² mit
307000 Einwohnern. Unmittelbar benachbart bestanden mit Wandsbek, Altona und
Harburg eigene, zu Preußen gehörende Städte. Dieser Zustand dauerte bis in die 30er
Jahre des 20. Jh.

Altona, das zunächst unter der Herrschaft der schauenburgischen Grafen von Pinneberg stand und 1640–1867 zu Dänemark gehörte, war vom Dänenkönig Christian IV.
als Elbehafen ausgebaut worden – in Konkurrenz zu Hamburg. Vor dem deutsch-
dänischen Krieg war Altona die zweitgrößte Stadt Dänemarks und danach die größte
der neuen preußischen Provinz Schleswig-Holstein. – Im letzten Drittel 19. Jh. änderte
Altona seinen Charakter grundlegend. Seit der Einbeziehung in das deutsche Zollge-
biet (1888) wandelte es sich zur bedeutenden Industriestadt (Eisenbearbeitung, Zigarren-,

›Candace‹, Barke aus Altona. Peter Christian Holm, Gemälde, 1860. Im Vordergrund die Altonaer Landungsbrücke mit hölzernem Ponton, der unterschiedliche Wasserstände zwischen Ebbe und Flut ausgleicht

Margarine- und Tapetenherstellung; große Mühlenwerke, Brauereien und Fischkonservenfabriken; Schiffbau). Durch Zuzug und Eingemeindungen stieg die Bevölkerungszahl sprunghaft (1924: 186 000; derzeit als Stadtbezirk 248 000 Einw.). Noch während das preußische Altona und die Hansestadt Hamburg politisch getrennt waren, waren sie städtebaulich – schon in der zweiten Hälfte des 19. Jh. – zu einem Wohnplatz zusammengewachsen. Altona wurde auch an das Hamburger Straßen- und Schnellbahnnetz angeschlossen.

Vergleichsweise kompliziert war die Annäherung von Hamburg und **Harburg.** Beide Städte waren die längste Zeit durch das amphibische, siedlungs- und verkehrsfeindliche Flußspaltungsgebiet getrennt, weshalb sie sich, obwohl am Fluß unmittelbar gegenüberliegend, völlig isoliert voneinander entwickelten. Wegen der Lage an der wasserreichen Süderelbe hätte Harburg günstige Voraussetzungen für den Aufschwung zur Hafenstadt gehabt. Die Möglichkeiten wurden jedoch lange vertan, da die welfischen Landesherren vornehmlich in den Dimensionen ihres Territoriums dachten, in dem Harburg eine Randlage zufiel. – Nachdem aber Harburg 1847 einen Eisenbahnanschluß nach Hannover erhalten hatte und Hannover 1854 dem Deutschen Zollverein beigetreten war, bestand auch in Harburg Anreiz für industrielle Niederlassungen (Maschinen- und Schiffbau, Ölgewinnung aus Palmkernen und Kokosnüssen, Juteverarbeitung, Gummiindustrie). Nun vollzog Harburg mit eigenen Hafenbecken die Hamburger Hafenentwicklung nach. Auch in Harburg schnellte die Einwohnerzahl empor (1925: 73 000; derzeit als Stadtbezirk 194 000 Einw.). Einerseits ließ der Brückenschlag über die Elbarme 1872 die tatsächliche Nähe der beiden gegenüberliegenden Städte spürbar werden; andererseits setzte eine deutliche Rivalität zwischen ihnen ein. Hamburg fühlte sich an der weiteren Entfaltung seines Hafens und seiner Hafenindustrien behindert, da das hamburgische Territorium südlich des Hamburger Freihafens endete und mit Wilhelmsburg das preußische begann.

Hamburg und die Reichsregierung wie auch Hamburg und Preußen verhandelten jahrzehntelang, um ihre Beziehungen zu klären. Immer wieder taktierte Hamburg, um seine Sonderinteressen zu wahren. 1866 trat Hamburg dem von Preußen geführten Norddeutschen Bund bei, und seit der Reichsgründung 1871 wurden Hamburgs Interessen im Ausland durch das Reich wahrgenommen. Aber Hamburg war zunächst streng darauf bedacht, sich mit Stadt und Hafen außerhalb des deutschen Zollgebiets zu halten. Als es ihm 1881 auf Drängen Bismarcks doch beitrat, setzte es einen Kompromiß durch: ein umfangreiches Hafengebiet blieb als Zollausland bestehen. Auf dieser Rechtsgrundlage ist ein großer Teil des Hafengeländes zum **Freihafen** erklärt, innerhalb dessen Grenzen Waren zollfrei gelagert und verarbeitet werden dürfen.

Hinsichtlich der preußischen Nachbargebiete erfolgte eine umfassende Lösung erst 1937 mit dem von der Reichsregierung verabschiedeten **Groß-Hamburg-Gesetz**. Ihm zufolge wurden die Stadtkreise Altona, Wandsbek und Harburg-Wilhelmsburg sowie 27 preußische Landgemeinden zum 1. April 1938 mit Hamburg zusammengeschlossen. Dieses Groß-Hamburg wurde mit Gründung der Bundesrepublik Deutschland in ein deutsches Bundesland umgewandelt, in die **Freie und Hansestadt Hamburg**, die mit eigener Stimme im Bundesrat vertreten ist.

Der Stadtstaat umfaßt (mit den Inseln Neuwerk und Scharhörn im Wattengebiet der Elbmündung) eine Fläche von 755 km², wovon 694 km² Land- und 61 km² Wasserfläche sind. Die größte Ausdehnung des Staatsgebietes beträgt in der Nord-Süd-Richtung (zwischen Duvenstedt und Harburg) und der Ost-West-Richtung (zwischen Bergedorf und Schulau) jeweils 40 km. Auf dieser Fläche leben 1,704 Mio. Einw.

Rechnet man die bis zu 40 km von der Landesgrenze Hamburgs entfernten Gemeinden der benachbarten Bundesländer Schleswig-Holstein und Niedersachsen hinzu, die in der Regel mit dem Stadtstaat eng verflochten sind, so ergibt sich das als **Großraum Hamburg** definierte Gebiet. Hier leben auf einer Fläche von 5123 km² rund 2,6 Mio. Menschen.

☐ Die Elbe – Hamburgs Lebensnerv

Die ureigentlichen Wurzeln Hamburgs fußen in seinem wirtschaftlichen Kernstück, dem Hafen. Der wiederum verdankt seinen Aufstieg zum Welthafen der einzigartigen geographischen Lage. Er entstand einerseits noch im Bereich des Meeres, genauer: nur wenig unterhalb jener Grenze, bis zu der die auflaufende Flutwelle Seeschiffe in den Fluß trägt. Andererseits liegt er schon tief im Binnenland, so daß er auch für Binnenschiffe bequem erreichbar ist. Hamburg war somit zum Umschlagplatz zwischen den beiden Verkehrsträgern prädestiniert. Die Elbe erschließt ihm ein bis Böhmen reichendes wirtschaftliches Hinterland, das durch die abzweigenden schiffbaren Nebenflüsse und das Netz künstlicher Kanäle erweitert wird.

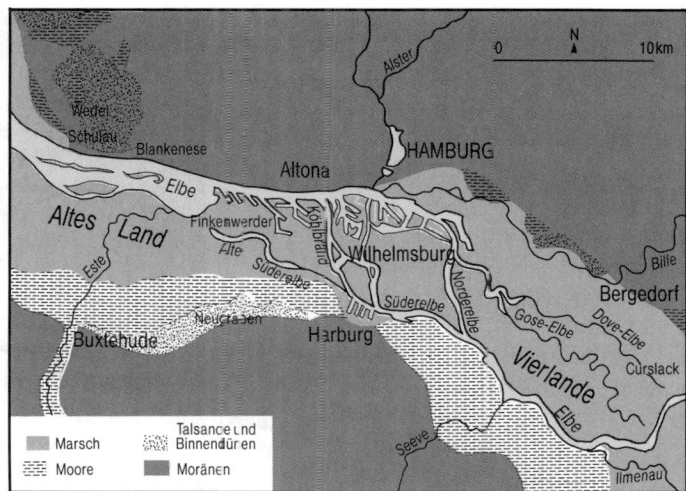

Naturräumliche
Gliederung und
Gewässernetz der
Hamburger Region

Anders das amphibische, verkehrsfeindliche Stromspaltungsgebiet – die früheren elbüberschreitenden Landverbindungen hatten es umgangen. Die alten Fernhandelsstraßen querten die Elbe oberhalb bei Artlenburg und später bei Zollenspieker und unterhalb zwischen Stade und Itzehoe, während jahrhundertelang in Hamburg kein Elbübergang bestand. Gleichwohl profitierte Hamburg auch vom Landverkehr. Genau wo die rechtselbische Elbuferstraße, eine alte, an der Oberkante der Geest verlaufende Fernhandelsstraße, die Alster querte, entstand die Stadt.

Die Konzentration der Wirtschaftätigkeit auf den Hafen im Mündungsbereich der Alster machte die Innenstadt weitgehend zu einer Ansiedlung im Marschland. Hier ist Hamburg – wie Venedig – von Wasserarmen durchzogen und auf Pfählen erbaut. Die Elbe, die Alsterfleete, die Binnen- und die Außenalster, dazu viele Brücken, bestimmen noch heute das landschaftliche Erscheinungsbild. In Randlage, besonders in Richtung Westen, findet sich aber auch Geest.

☐ Von der kaiserlichen Hammaburg zur Bischofs- und Grafenstadt

Spätestens in den 20er Jahren des 9. Jh. ließ Kaiser Karls Sohn und Nachfolger, Ludwig der Fromme, auf einer Geestanhöhe östlich der Alster, nahe dem Dorf Hamm, das Kastell **Hammaburg** errichten, das den Stadtnamen Hamburg prägte. Es kontrollierte die Anlegestelle der Schiffe und die Fernhandelsstraße. 831 wurde Hamburg zum Sitz eines Erzbistums erhoben. Der erste Erzbischof war der aus dem Kloster Corvey kommende Benediktinermönch Ansgar, der als päpstlicher Legat Missionsreisen nach Dänemark und Schweden unternommen hatte und später als ›Apostel des Nordens‹ heiliggesprochen wurde. (Eine Statue des Erzbischofs steht auf der Trostbrücke.) Innerhalb der

Hammaburg erbaute Ansgar 837 die Klosterburg mit dem Mariendom. Nachdem die Wikinger die Anlage 845 zerstört hatten, zog sich Ansgar nach Bremen zurück, das 848 anstelle von Hamburg Sitz des Erzbistums wurde. Unter Erzbischof Adaldag, dem Kanzler Kaiser Ottos des Großen, wurde Hamburg wieder das Zentrum der Mission im Norden, bis sich dort eigene geistliche Schwerpunkte herausgebildet hatten.

Die **älteste Hafenanlage** benutzte einen natürlichen Priel (nördlich der heutigen Ost-West-Straße). Ihr schloß sich eine hochwasserfreie, für den Haus- und Speicherbau geeignete Geestzunge an, auf der sich Handwerker und Schiffskaufleute niederließen. Es entwickelte sich die ›bischöfliche‹ Altstadt, die um 950 etwa 500 Einwohner zählte und das Marktrecht bekam.

Erzbischof Ansgar, ›Apostel des Nordens‹, Skulptur auf der Trostbrücke, Nikolaifleet

Im weiteren rivalisierten die geistliche und die weltliche Macht. Erzbischof Bezelin Alebrand ließ sich zu seinem Schutz einen Wohnturm, das Steinerne Haus, bauen, den ersten bekannten Profanbau aus Stein nördlich der Elbe (Fundamente nahe der heutigen Petrikirche konserviert). Um 1050 folgte der Billunger-Graf Bernhard II. seinerseits mit einer Turmburg nach, die er auf einer Sandbank der Alsterschleife gegenüber der früheren Hammaburg errichten ließ, womit die Keimzelle für eine ›gräfliche‹ Neustadt entstand. Die schwere Sturmflut von 1164 vernichtete jedoch die Befestigung und machte den Hafen durch Verschlickung unbrauchbar.

Hamburgs Rolle wurde durch das nachfolgende Grafengeschlecht der Schauenburger gestärkt, die Kaiser Lothar III. 1111 als Gebieter über Stormarn und Holstein einsetzte. Sie holten Siedler aus Westfalen, Friesland und Holland zur Kolonisierung der Marschen ins Land. Graf Adolf III. erreichte die Wiederaufnahme des Hafenbetriebs in der Alstermündung zu einer Zeit, als sich Hamburg aus seiner Grenzlage befreit hatte und die Hansen, auf Koggen gemeinsam reisende Gruppen von Schiffskaufleuten, dabei waren, ganz Nordeuropa für ihren Handel zu erschließen. Hamburg genoß Zollfreiheit elbabwärts bis zum Meer. Zur Sicherung dieses Anspruchs berief sich die Stadt später auf ein angebliches Privileg Kaiser Friedrichs I. Barbarossa von 1189, wohl eine Fälschung des 13. Jh. (möglicherweise auf einen rechtsunwirksamen Entwurf fußend). Im Bereich der aufgelassenen Vorgängerburg wurde ein 3,2 ha großes Gelände aufgeschüttet und bebaut. In der Mitte entstand die *Nikolaikirche.* Die gräfliche *Burg,* die bereits seit Ende des 12. Jh. Münzen prägte, und die ihr zugehörige Neustadt integrierten alsbald auch die östlich der Alster gelegene Altstadt.

Voraussetzung für die Überlebensfähigkeit der von Hochwasser erreichbaren Stadtteile war der Schutz durch *Einpolderung*. Das Baumaterial für die Deiche gab der Aushub aus neu angelegten Fleeten, die für die Entwässerung der Marscheninseln nötig waren. Die Stadt erhielt einen keilförmigen Zuschnitt. Mitten hindurch führte die Alster, die aufwärts bis zur Neuen Burg von Deichen begleitet war. Auf der Deichkrone verlief die Stadtmauer. Das Alstertief, die Binnenalster, entwickelte sich zum Hafen, der vielen kleineren Kauffahrteischiffen Platz bot. Am Alsterzugang stand das wichtigste Stadttor, das repräsentative Hafentor.

Mitte des 13. Jh. erhielt Hamburg Stadtrecht, und gegen Ende des 13. Jh. entstand am Nikolaifleet das *neue Stadtzentrum* – mit Rathaus, Gericht, Münze, Waage und Zoll. Mit annähernd 5000 Einw. war Hamburg um 1300 eine bedeutende Stadt. Als Mitglied der Hanse (seit 14. Jh.) nahm es am Nordseehandel vor allem mit Bier, Getreide und Salz teil.

Hamburg arbeitete konsequent daran, die Schiffahrtsbedingungen in seinen Gewässern, namentlich die Wassertiefen, zu halten und möglichst zu verbessern. Dafür nutzte man die Räumkraft der Elbe. Durch Staks erhöhte man die Stromgeschwindigkeit; dem Stadt- und Hafenbereich führte man größere Wassermengen zu. Mit diesem Ziel hatte man vermutlich schon im ausgehenden Mittelalter Werder im Stromspaltungsgebiet durchstochen und Wasserläufe reguliert. Indem sich Hamburg schon 1395 in den Besitz der gesamten Norderelbe gesetzt hatte, konnte es den Wasserzufluß bereits im Vorfeld des Hafens durch Dämme und Buhnen verstärken.

☐ Freie Stadt und führendes Wirtschaftszentrum im Norden

Um 1500 zählte Hamburg bereits 15 000 Einwohner. Die Bürgerschaft verstand es, ihre Unabhängigkeit zu stärken. Von seinem holsteinischen Landesherrn löste sich Hamburg schon bis zum 14. Jh. weitgehend. Auch innerhalb der Hanse betrieb die Stadt eine eigenständige Politik. 1510 bestätigte der Augsburger Reichstag Hamburgs Status der Freien Reichsstadt. Da ihn aber der dänische König, der damalige Landesherr von Schleswig-Holstein, nicht anerkannte, zog es Hamburg diplomatisch vor, selber darauf zu verzichten. – Die Bedeutung Hamburgs als Handels- und Umschlagplatz stieg in dem Maße, wie die Seeschiffahrt ihren Aktionsradius zum Träger eines weltumspannenden Handels weitete. Bei der Einführung neuer Organisationsformen in Handel und Schiffahrt ging Hamburg den anderen deutschen Teilstaaten voraus (erstmalig: Börse 1558, Girobank 1619, Handelskammer 1665). Die Hamburger Feuerversicherung (1676) war sogar erstmalig in der Welt. Bedeutende Impulse kamen auch von den im späten 16. Jh. eingewanderten bzw. aus Glaubensgründen Zuflucht findenden Engländern, Niederländern und Wallonen. Der Wohlstand beflügelte auch das kulturelle Leben.

Hamburg, Blick auf das neuerbaute Zentrum an der Binnenalster, auf den Niederhafen ▷
und die Unterelbe. Albert Payne, Stahlstich, um 1860

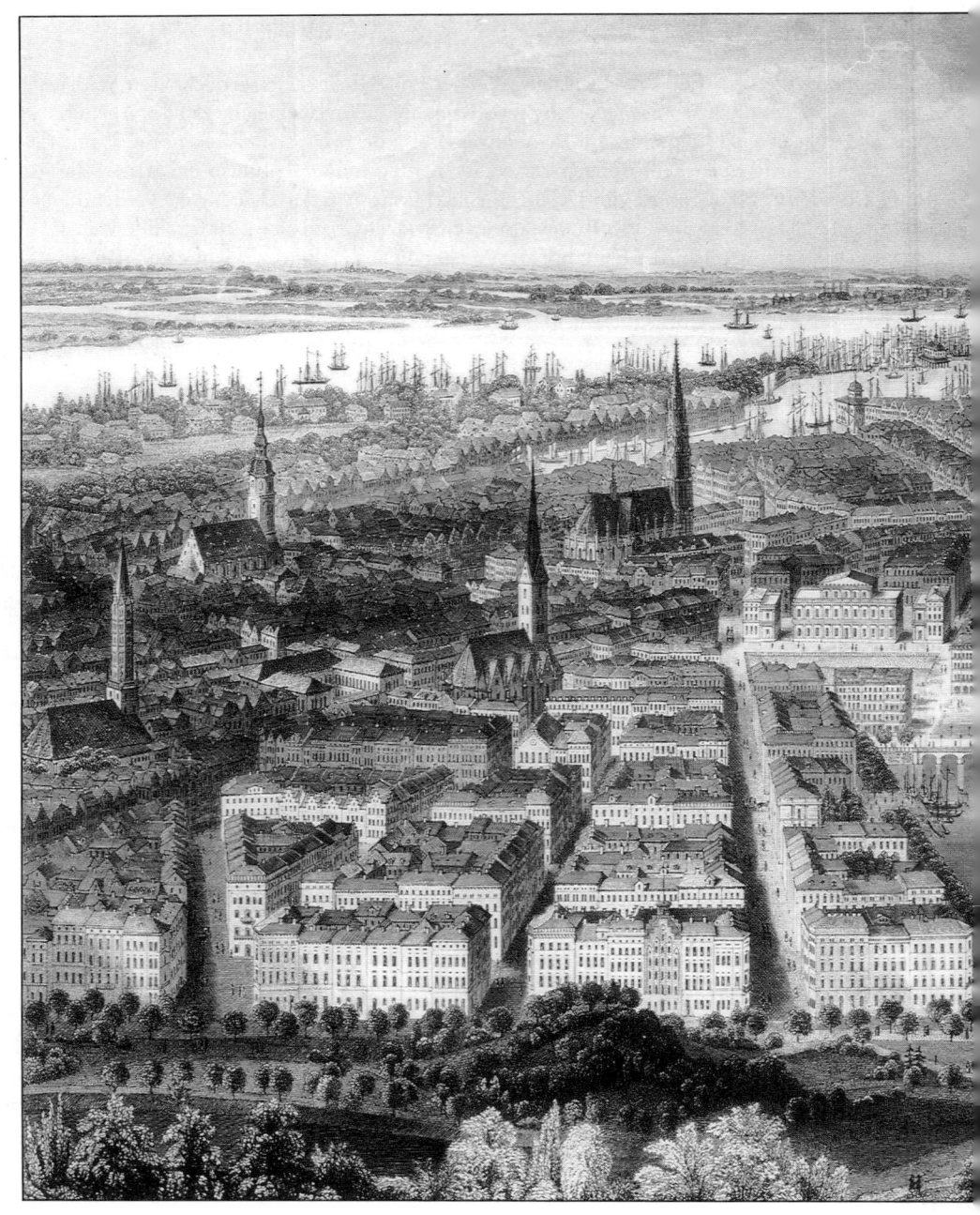

377

1616–25 umgab sich Hamburg mit einer der stärksten Festungen Europas, wodurch es im Dreißigjährigen Krieg Gefährdungen abwenden und seine Selbständigkeit bewahren konnte. Als die Dänen 1686 mit 10 000 Soldaten die Stadt berannten und die Erbhuldigung forderte, konnten die Hamburger den Angriff zurückschlagen. In einer Zeit großer Unsicherheit führten die Hamburger 1668 für ihre Handels- und Walfangschiffe den Begleitschutz durch Kriegsschiffe (Convoy-Schiffahrt) ein. Im Vertrag von Gottorp (1768) vermochte die Stadt endlich auch Dänemark dazu zu bewegen, ihre Unabhängigkeit anzuerkennen.

□ Vom Binnenhafen zum Niederhafen

Während der napoleonischen Zeit gelang es Hamburg nicht, seine bewährte Neutralität zu wahren. Hamburg wurde von den Franzosen besetzt und annektiert (1807–14). Die von Napoleon verordnete Kontinentalsperre lähmte den Seehandel und die Gewässerpflege, d. h. die Existenzgrundlage der Stadt. Als diese Fessel gelöst war, entwickelten sich enge Verbindungen mit Übersee (Handel und Passagierverkehr). 1847 wurde die Hamburg-Amerika-Paketfahrt Aktiengesellschaft (HAPAG) gegründet, die erst mit Seglern und ab 1855 mit Dampfschiffen fuhr und alsbald zur größten Reederei der Welt aufrückte.

Der ›Binnenhafen‹ im Alstertief konnte dem wachsenden Betrieb nicht mehr genügen; auch war er mit 3 bis 4 Fuß durchschnittlicher Tiefe bei Niedrigwasser für die neuen Schiffstypen ungeeignet. Deshalb nutzte man fortan das Flußbett der offenen Norderelbe, die eine Tiefe von 12 Fuß und bei Flut sogar 20 Fuß hatte und damit den damals größten Seeschiffen genügte. Durch Aufhebung der Festung nach der Franzosenzeit bestanden hierfür günstige Bedingungen. Auf dem bisher unbebauten Glacis entstand im Bereich des Hamburgerberges ein neuer Vorort, der seit 1833 den Namen *St. Pauli* trug. Dort legte man den **Außen-** oder **Niederhafen** an, der wiederholt erweitert werden mußte und um 1850 bereits 130 großen und zusätzlich kleineren Schiffen Liegeplätze bot. Am Ufer gab es zwar schon viele Lagerhäuser, kleine Werkstätten und Werften, aber es fehlten ausgedehnte Kaianlagen und vor allem Eisenbahnanschlüsse. Die Großsegler ankerten auf Reede oder machten an den Duckdalbenreihen im Strom fest. Obwohl wirkungsvoll eingespielt, waren die Arbeiten des Ladens und Löschens umständlich. Die im Niederhafen eingehenden Waren mußten in kleine Schiffe (Schuten oder Ewer) umgeschlagen und in ihnen zu den Kais oder den Speichern in der Stadt geschafft werden. – Dennoch funktionierte dieses System. Die innerstädtischen Wasserstraßen waren weitläufig ausgebaut. Über die Fleete konnte jeder Winkel der Stadt per Schiff erreicht werden. Noch Mitte des 19. Jh. wurde Hamburg vornehmlich von der Wasserseite versorgt; und noch in den 80er Jahren des 19. Jh. passierten jährlich bis zu 70 000 Einheiten die Alsterschleuse.

□ Der Hafen im technischen Zeitalter

Um den Umschlag direkt vom Schiff in die Lagerhallen sowie zwischen dem Schiff und dem neuen Landverkehrsmittel Eisenbahn bewerkstelligen zu können, wurde der Bau *künstlicher Hafenbecken* erforderlich. Nach jahrzehntelangen Diskussionen, in denen die aus England und Holland zu Rate gezogenen Fachleute für den Dockhafentyp mit Kammerschleuse plädierten, entschied man zu Ende der 50er Jahre des 19. Jh., es beim offenen **Tidehafen** zu belassen. Um seine Benutzbarkeit zu verbessern, verstärkte man die Räumkraft der Elbe weiter (Durchstich der Kaltehove, Abschneiden der Billwerder Insel, Mündungsverschiebung der Dove-Elbe u. a. m.).

Der Hafenausbau begann in greifbarer Nähe zur Stadt, in deren Südosten, am Nordufer der Norderelbe. Mit dem *Sandtorhafen* entstand 1862–66 eine Anlände, die erstmals unmittelbar an Straßen und Eisenbahnen angebunden war und über Dampfkräne verfügte. Und als nach der Anlage weiterer Kais 1872 der Baugrund am Nordufer der Norderelbe erschöpft war, wurde das gegenüberliegende Südufer vom Großen Veddel bis zum Köhlbrand einbezogen. Ab 1873 entstanden zahlreiche Spezialhäfen.

Hamburg, bislang auf Handel und Schiffahrt spezialisiert, holte nun auch industriell auf. In Nähe der Kais errichtete man eine bedeutende **Seehafenindustrie,** vor allem mit Großwerften (Blohm & Voß 1877), Öl- und Getreidemühlen, Metallerzeugung (Norddeutsche Affinerie) und Wollkämmerei. Die Voraussetzung dafür war der *Brückenschlag.* 1872 wurden die bereits nördlich und südlich der Elbe bestehenden Streckennetze durch Eisenbahnbrücken über die Norder- und die Süderelbe miteinander verbunden. 1887 folgte eine erste Straßenbrücke über die Norderelbe und 1899 eine solche über die Süderelbe. – Diese älteren Brücken markieren seither eine Art Scheidelinie: Seegängige Schiffe können sie nicht passieren und haben darum ihre Anlegestellen unterhalb von ihnen; Flußschiffe legen dagegen oberhalb oder dicht unterhalb an. Die Hamburger Hafenwirtschaft nennt darum den Fluß oberhalb der Brücken ›Oberelbe‹ und unterhalb ›Unterelbe‹.

Seit Hamburg Mitglied des deutschen Zollgebiets war, lagen die alten Speicher an den Fleets im Zollinland. Um die Vorteile des Freihafens (s. o.) ausschöpfen zu können, erbauten die Hamburger Kaufleute in seinem Bereich die **Speicherstadt** (1882–88; Farbabb. 27). Ihr wurde das noch zur Altstadt gehörende, städtebaulich reizvolle Wohnviertel auf der Kehrwieder-Wandrahm-Insel geopfert, das von 20 000 Menschen bewohnt war.

Die neuen Entwicklungen griffen auch auf das Nordufer der Norderelbe über. Hoch über der Elbe, auf einer ehemaligen Bastion, wurde die *Deutsche Seewarte* eröffnet (Neubau 1881). An der Stelle des überflüssig gewordenen Niederhafens baute man die **St. Pauli-Landungsbrücken** (Farbabb. 26), seither der Endpunkt des lokalen Personenschiffsverkehrs im Hafen und auf der Unterelbe. Die Architekten L. Raabe und O. Wöhlecke schufen 1907–09 das 200 m lange *Empfangsgebäude* in monumentalen Jugendstilformen (1975/76 modernisiert). Bei seinem Westende steht der Kuppelbau für die Aufzüge zum *Alten Elbtunnel* (St. Pauli-Elbtunnel). Zwei je 448,50 m lange Tunnelröhren von 6 m Durchmesser führen 3 m unter der Stromsohle der Norderelbe nach Steinwerder hinüber; die PKW-Spur ist nur 1,92 m breit.

☐ Erschließung von Finkenwerder

Nach dem Zweiten Weltkrieg stellte sich der Stückgutverkehr weitgehend auf den Containerumschlag um. Der Hafen wuchs erneut. Zum einen dehnte er sich vom Köhlbrand in Richtung Wilhelmsburg aus, wo vor allem Massengüter umgeschlagen werden. Zum anderen erfaßte er Finkenwerder, die ehemalige Insel zwischen Köhlbrand, Norder- und Süderelbe, die ihren Inselcharakter verloren hat, seit nach der Flutkatastrophe von 1962 die Süderelbe ab Neuenfelde (Altes Land) abgedeicht und ihr im Köhlbrand ein neuer Auslaß in die Norderelbe gegeben worden ist. Finkenwerder erhielt wichtige Kaianlagen. Ihr Herz ist der Waltershofer Hafen mit dem Container-Terminal. Westlich anschließend haben sich am Petroleumhafen die Ölkonzerne BP und Esso mit Raffinerien und Tanklagern niedergelassen. Südwärts davon produzieren die Hamburger Stahlwerke und das Hamburger Aluminiumwerk. An der Nordwestspitze von Finkenwerder betreibt die Deutsche Airbus AG die Rumpfmontage, die Ausrüstung und die integrierte Endmontage des Airbustyps A 321. Zum Werksgelände gehören eine eigene Start- und Landebahn.

Diesen Entwicklungen diente ein weiterer Ausbau des Straßen- und Eisenbahnnetzes. Für einen schnellen Zugang zu den älteren Hafenanlagen auf Steinwerder und zur Hamburger Innenstadt sorgt die 1962 errichtete, fast 4 km lange **Köhlbrandbrücke**. Ihr Kernstück ist die kühn geschwungene Schrägseilbrücke (520 m lang; 54 m über Tidenniedrigwasser). – Unmittelbar neben dem Container-Terminal Waltershof und mit ihm durch eine direkte Zufahrt verbunden verläuft die neue Bundesautobahn A 7. Ihr entscheidendes Glied ist der 1968–75 angelegte (noch) dreiröhrige **Neue Elbtunnel** (Tunnelstrecke 2653 m; bis 28 m unter der Wasseroberfläche bei mittlerem Tidehochwasser), der schräg unter der Norderelbe hinüber nach Othmarschen führt und den Straßenfernverkehr um die Innenstadt leitet.

Die Anpassung des Hafenstandortes an die moderne Zeit kostet einen hohen Preis. Seit dem 19. Jh. befindet sich Hamburg in ständigem Ringen mit der Elbe, um den immer größer werdenden, immer tiefer gehenden Schiffstypen den Zugang zum Hafen zu schaffen und ihnen dort angemessene Liegeplätze zu geben.

☐ Wirtschaftliche Stärke

Im Hamburger **Hafen** werden jährlich über 58 Mio. t umgeschlagen. Der traditionell vorherrschende Überseehandel spielt weiter eine wichtige Rolle. Dazu haben sich jedoch weitere Standbeine der Wirtschaft gefestigt und entwickelt, namentlich das Dienstleistungsgewerbe und die Industrieproduktion. Teils entsprach die Stadt damit allgemeinen Tendenzen des Wirtschaftslebens, teils handelte sie unter dem Zwang, sich auf die nur 20 km vom Hamburger Territorium entfernte innerdeutsche Grenze einzustellen.

Hamburg ist ein wichtiger **Finanzplatz**. Neben anderen Banken hat jede fünfte in Deutschland vertretene Auslandsbank ihren Hauptsitz hier. Hamburg ist der größte Markt für Schiffs- und Warenversicherungen in Deutschland. Hamburgs Börse ist eine der bedeutendsten in Europa. Am Platz florieren vier überregional wichtige **Großmärkte** (für Fleisch, Obst und Gemüse, Blumen sowie Fische und Schalentiere).

Die **Industrie** verarbeitet Importgüter, vor allem Mineralöl, Ölfrüchte, Kaffee, Tee und Tabak. Mit dem Seeverkehr ist der Schiffbau verbunden. Die Luft- und Raumfahrt ist mit der Technischen Basis der Deutschen Lufthansa in Hamburg-Fuhlsbüttel und der Endmontage des ›Airbus‹ auf Finkenwerder vertreten. Bedeutend sind auch Produktion und Export von Bier u. a. m.

In der **Öffentlichkeitsarbeit** nimmt Hamburg eine Spitzenstellung ein. Erheblich ist die Zahl der Werbeunternehmen, der Markt- und Meinungsforschungsinstitute sowie der Bild- und Textredaktionen. Mit der Deutschen Presse-Agentur (dpa) hat die größte deutsche Nachrichtenagentur in Hamburg ihren Sitz. Mit dem Messegelände und dem modernen Congress Centrum Hamburg (CCH) ist Hamburg ein bevorzugter Platz für Kongresse, Ausstellungen und Messen.

☐ Kulturelle Leistungen

Zugleich bietet sich Hamburg als ein *kulturelles Zentrum* von Rang dar. In einigen Bereichen kann es auf lange Traditionen aufbauen, andere künden vom Gründerelan der jüngeren Zeit. Wissenschaft, Kunst und Kultur florieren im Spektrum von Bildungseifer, Forscherdrang, Kreativität und Kommerz.

Die erst 1919 gegründete **Universität** ist seit dem Zweiten Weltkrieg erheblich ausgeweitet worden. Nordwestlich des Dammtores ist ein ausgedehntes Universitätsviertel entstanden (43 000 Studierende). Die mit der Universität verbundene Staats- und Universitätsbibliothek erhielt 1982 einen hochmodernen Neubau. Seit 1979 befindet sich die **Technische Universität Hamburg-Harburg**, die jüngste deutsche Universität, im Aufbau. Des weiteren bestehen mehrere **Hochschulen** (für bildende Künste, für Musik und darstellende Kunst, für Wirtschaft und Politik) und **Fachhochschulen.** In der Stadt selbst und ihrer Umgebung besteht eine ungewöhnliche Vielzahl wissenschaftlicher **Forschungsinstitute.** Ihre Mehrzahl bearbeitet Probleme, die für das Profil Hamburgs charakteristisch sind (z. B. Seewetter, Schiffs- und Tropenkrankheiten, Wasserbau an der Küste, Schiffbau, Fischerei, Kernenergie und Meeresressourcen, Tieftauchtechnik, Wirtschaft, überseeische Länder, Geschichte der Juden in Deutschland, Frieden und Sicherheit).

Hamburg besitzt rund 30 **Theater,** darunter so angesehene Bühnen wie die *Hamburgische Staatsoper*, das *Deutsche Schauspielhaus*, das *Thalia-Theater*, die *Hamburger Kammerspiele* usw. Das *Ohnsorg-* und das *St. Pauli-Theater* führen Stücke in Plattdeutsch und Hamburger Mundart (Missingsch) auf. Das neugebaute *Musiktheater Neue Flora* ist mit Andrew Lloyd Websters Musical ›Phantom der Oper‹ zu einem herausragenden Bestandteil der Hamburger Kunstlandschaft geworden. – Es bestehen drei bedeutende **Orchester:** das *Philharmonische Staatsorchester*, das *Sinfonieorchester des Norddeutschen Rundfunks* und die *Hamburger Sinfoniker.* Die Hamburger Musikhalle ist die wichtigste Stätte des Musiklebens. Im Operettenhaus und in der Neuen Flora gelangen ausschließlich Musicals zur Aufführung.

In Hamburg gibt es rund 440 **Verlage,** darunter 80 reine Buchverlage. Ein großer Teil der deutschen Zeitschriften entsteht in Hamburg. Die Stadt ist führend in der phonographischen Industrie. **Rundfunk** und **Fernsehen** sind mit großen Studios und mehreren Sendern stark etabliert. – Die Vorstellung der **Museen, Sammlungen, Dauerausstellungen, Gedächtnisstätten** usw. könnte Bücher füllen. Einige spiegeln die spezifische Hamburger Atmosphäre wider wie die reichen auslandskundlichen Sammlungen und die *Museumsschiffe* an den Landungsbrücken. Adressen wie *Hagenbecks Tierpark, Planten un Blomen* und *Neuer Botanischer Garten* sind weitbekannt.

Vielgestaltig sind auch die Möglichkeiten, sich in Hamburg zu vergnügen. Das Angebot reicht von niveauvollen Nachtlokalen und Varietés bis zum zwielichtigen Abenteuer. Immer noch ist die *Reeperbahn* eine Hauptattraktion. Die Mischung von Wirtschaftsmetropole, Kulturzentrum und Amüsierplatz macht Hamburg zu einem erstrangigen Anziehungspunkt für Auswärtige. Im Jahr besuchen mehr als 3 Mio. Touristen und Geschäftsreisende die Stadt, davon etwa 1 Mio. aus dem Ausland. Hotels, Pensionen und Gaststätten sind folglich ein weiterer wesentlicher Faktor im Wirtschaftsleben der Stadt.

Nicht zuletzt ist Hamburg ein wichtiges Zentrum kirchlichen Lebens. Nachdem seit der Flucht Ansgars die Stadt tausend Jahre anderen Erzbistümern zugeordnet war (zuletzt Osnabrück), ist sie seit 1995 wieder Sitz eines eigenen *Erzbistums,* dem auch Schleswig-Holstein und Mecklenburg angehören. Die 400 000 Katholiken des Erzbistums Hamburg sind allerdings eine Minderheit unter einer Mehrheit von Protestanten.

Hamburg erlitt im Abstand von hundert Jahren zwei Katastrophen:
- 1842 erfaßte ein mehrtägiger **Stadtbrand** das gesamte Gebiet innerhalb der Wallanlagen. 1100 Häuser, 100 Speicher und zahlreiche öffentliche Bauten verbrannten.
- Im Zweiten Weltkrieg war Hamburg ab 1940 unzähligen **Luftangriffen** ausgesetzt, die im Juli 1943 in einem Flammenmeer gipfelten. Rund 50% der Wohnungen, 80% der Hafenanlagen, die Handelsflotte und 40% der Industrie wurden vernichtet.

☐ Glanzpunkte des Stadtbilds
Denkmale des Mittelalters und des Barock

Das älteste Zeugnis der Geschichte findet man nahe der Petrikirche: Reste der ehem. **Burg** von Erzbischof Bezelin Alebrand, ein Steinring von unbehauenen Findlingen von 11 m Außendurchmesser (Mitte 11. Jh., 1962 bei Ausschachtungsarbeiten entdeckt).

Das weitere Mittelalter hat vier gotische *Hauptkirchen* hinterlassen (alle evangelisch). **St. Petri** (an der Mönckeberg-/Bergstraße) war die Pfarrkirche der Bürger. Eine älteste Kirche ist 1195 urkundlich. Der Vorgängerbau der heutigen Kirche (erste Hälfte 14. Jh.) brannte 1842 ab. Der auf dem alten Grundriß erbaute jetzige neogotische Bau (1844–49) überstand den Zweiten Weltkrieg. Er enthält zahlreiche beim Brand 1842 gerettete Kunstwerke wie die gotische Kanzelbekrönung (1396), eine Sandsteinfigur des Apostel Paulus (um 1440–50) und eine Votivtafel mit der Darstellung des hl. Ansgar (um 1460) aus dem ehemaligen Mariendom. Der Flügelaltar in der Barbarakapelle (um 1490–1500)

Der Brand der St. Nikolaikirche in der Nacht vom 5. auf den 6. Mai 1842, von der Holzbrücke gesehen. Lithographie, um 1843/44

ist 1962 angekauft worden. Der bronzene Türzieher mit Löwenkopf am linken Türflügel des Hauptportals ist eines der ältesten Kunstwerke Hamburgs. Das bedeutendste Kunstwerk dieser Kirche, der Hauptaltar von Meister Bertram (1379), war 1734 nach Grabow in Mecklenburg gelangt (darum ›Grabower Altar‹) und konnte 1903 zurückgekauft werden (jetzt in der Hamburger Kunsthalle). Im Kellergeschoß des *St. Petri-Gemeindehauses* zeigt ein Schauraum die Fundamente der freigelegten *Bischofsburg*.

St. Nikolai (an der Nordseite der Ost-West-Straße) war die Kirche der Seeleute. Die in Nachfolge einer Kapelle von 1195 im 13. und 14. Jh. errichtete Backsteinhallenkirche hatte in der Barockzeit einen neuen Turm erhalten. 1842 ging dieses Bauwerk in Flammen auf. 1846–74 wurde unter dem Eindruck des der Vollendung entgegengehenden Kölner Doms ein neogotischer Neubau unweit des alten Standortes nach einem Entwurf des Engländers Gilbert Scott errichtet. Diese Kirche wurde 1943 fast völlig zerstört. Auf den Wiederaufbau hat man verzichtet; die erhaltenen, ausgebrannten Reste, der steinerne Turm, mit 145 m der dritthöchste Kirchturm in der Bundesrepublik, und die Umfassungsmauern, werden als Ruinenmahnmal bewahrt. Im Durchgang des Turms ist eine Schwarz-Weiß-Mosaikdarstellung zum Thema Ecce homo nach einer Zeichnung von Oskar Kokoschka angebracht, deren farbige Version sich über dem Altar der 1960–62 von Gerhard Langmaack erbauten neuen Nikolaikirche am Harvestehuder Weg befindet.

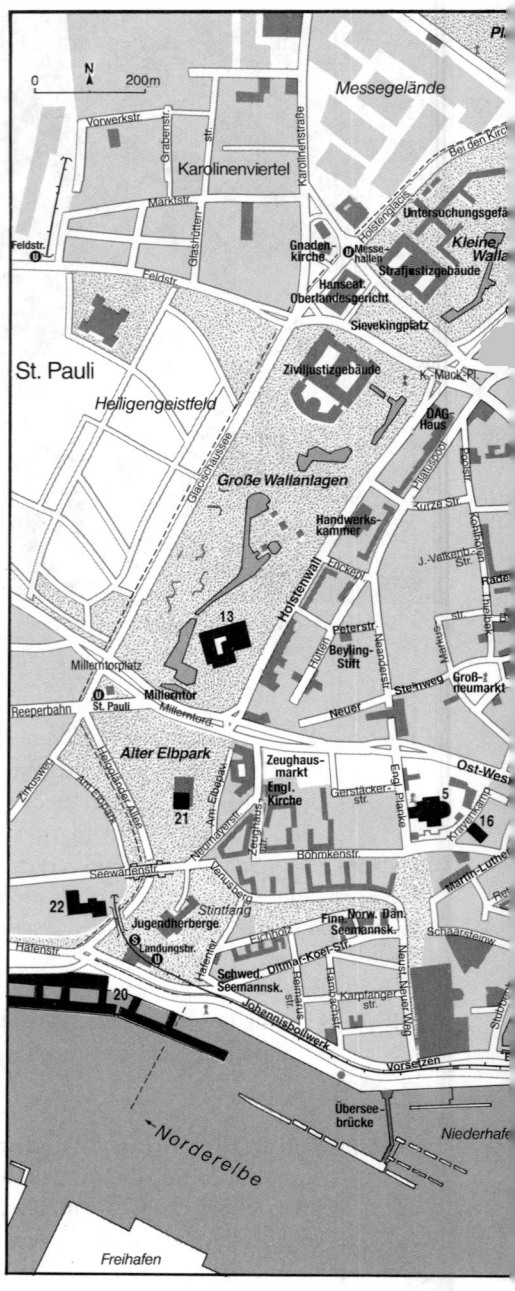

Hamburg
 1 *St. Petri*
 2 *St. Nikolai*
 3 *St. Katharinen*
 4 *St. Jacobi*
 5 *St. Michaelis*
 6 *Neue Börse*
 7 *Rathaus*
 8 *Hamburger Kunsthalle*
 9 *Deutsches Schauspielhaus*
10 *Musikhalle*
11 *St. Marien*
12 *Deichtorhallen*
13 *Museum für Hamburgische Geschichte*
14 *Finanzgebäude*
15 *Chilehaus*
16 *Krameramtswohnungen*
17 *Deichstraße*
18 *Neuer Kran*
19 *Zollmuseum (Zollamtgebäude)*
20 *St. Pauli-Landungsbrücken*
21 *Bismarck-Denkmal*
22 *Seewarte*

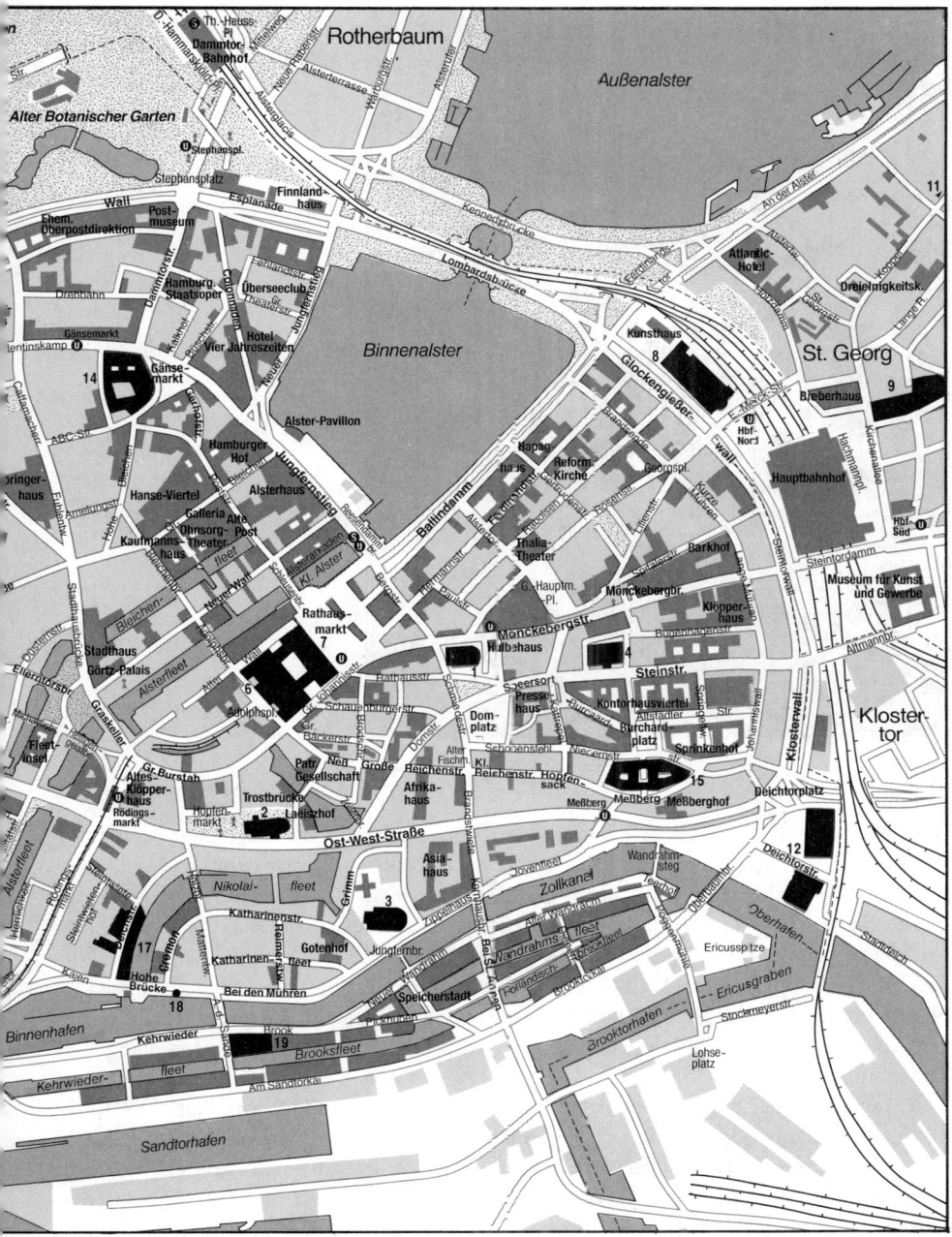

Rotherbaum

Außenalster

Alter Botanischer Garten

Th.-Heuss-Pl
Dammtor-Bahnhof

Stephaospl.
Stephansplatz

Finnland-haus
Esplanade

Wall
Ehem.
Oberpostdirektion
Post-museum

Hamburg.
Staatsoper
Überseeclub
Hotel
Vier Jahreszeiten

Gänsemarkt

14 Gänse-markt

Binnenalster

Alster-Pavillon

Kunsthaus

Glockengießer
8

St. Georg

Breberhaus
9

Hbf
Nord

Hauptbahnhof

Hbf
Süd

Hamburger
Hof
Hapag
ha s
Reform-Kirche
Georospl.

Hanse-Viertel
Alsterhaus

Galleria
Ohnsorg-
Theater
Post

Kaufmanns-haus

Ballindamm

Thalia-Theater
Barkhof

Museum für Kunst
und Gewerbe

Bleichen
Gr. Hauptm.-Pl.
Mönckebergbr.
Klöpper-haus

Stadthaus
Görtz-Palais
Rathaus-markt
7
Mönckebergstr.
Barlhaus
4
Steinstr.

Alsterfleet
Fleet-insel
6
Adolphspl.
Speersort
Presse-haus
Dom-platz
Kontorhausviertel
Burchard-platz
Sprinkenhof

Klostertor

Gr. Burstah
Altes
Klöpper-haus
Rödings-markt
Trostbrücke
2
Laeiszhof
Patr.
Gesellschaft
Gr. Reichenstr.
Afrika-haus
Reichenstr.
Hopfen-sack
15
Meßberg Meßberg Meßberghof
Deichtorplatz

Ost-West-Straße
Asia-haus

Nikolai-   fleet
Grimm
3
Wandrahm-steg
Deichtorstr.
12

Katharinenstr.
Gotenhof
Katharinen-fleet
Jungfernbr.
Zollkanal
Oberhafen

17
Hohe
Brücke
18
Bei den Mühren
Speicherstadt
Ericusspitze
Ericusgraben
Stockmeyerstr.

Binnenhafen
Kehrwieder
Brook
19
Brooksfleet
Brooktorhafen
Lohse-platz

Kehrwieder-
fleet
Am Sandtorkai

Sandtorhafen

11
Atlantic-Hotel
Dreieinigkeitsk.
An der Alster

385

Hamburg, St. Katharinen ▷
am Zollkanal

Hamburg, Hauptkirche
St. Petri

St. Katharinen (am Zollkanal; Südrand der Innenstadt) war die Kirche der Kaufleute. Ein Erstbau ist 1256 urkundlich. Die heutige Kirche entstand jedoch erst im 14.–15. Jh., wobei der Unterbau des Turms vom ersten Kirchenbau (Mitte 13. Jh.) übernommen wurde. Seine schöne Haube mit doppelter Laterne und einer von goldener Krone gezierten Spitze wurde 1603 aufgesetzt. Eine Barockfassade von 1657 stützt den Turm. Die Kirche wurde im Zweiten Weltkrieg stark beschädigt und bis 1963 wieder aufgebaut. Nur wenige Ausstattungsstücke konnten gerettet werden, so daß Werke der Nachkriegszeit überwiegen. In der Turmhalle erinnert eine Gedenktafel an den Untergang des Segelschulschiffs ›Pamir‹ 1957.

St. Jacobi (an der Steinstraße; östliche Innenstadt) ist seit 1255 urkundlich. Der Kern des heutigen Bauwerks, die dreischiffige Halle, wurde 1350 begonnen und 1493 durch das asymmetrische zweite Südschiff erweitert. Die Sakristei mit dem darüber liegenden Herrensaal (dort Malereien und Wappentafeln) ist ein Anbau von 1434–38. Während der Barockzeit wurden der Westfront die heutige Gestalt gegeben (1738–42) und der Nord-

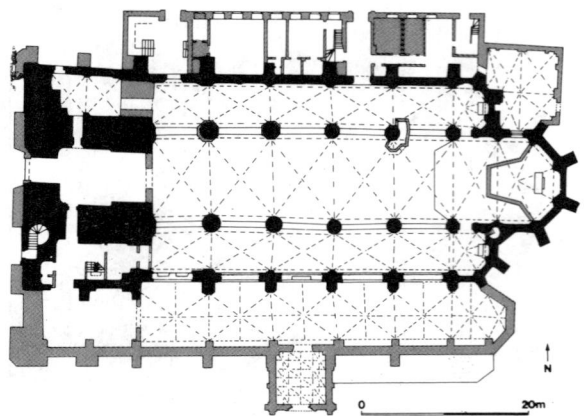

Hamburg, Hauptkirche St. Jacobi, Grundriß, schwarz ausgeführtes Mauerwerk 14. Jh., grau Erweiterungen seit dem 15. Jh.

front die Kirchenschule (heute Gemeindehaus) angefügt. Die Neogotik tauschte den 1588 aufgesetzten kuppelartigen Helm in eine filigrane Spitze (1823; volkstümlich ›Bleistift‹ genannt) und formte die Turmhalle neu (1869). 1944 wurde das Bauwerk weitgehend zerstört. Beim Wiederaufbau bis 1963 erhielt es den neugestalteten spitzen Turm von 128 m Höhe. Erhalten sind wertvolle Ausstattungsstücke: der St. Lukas-Altar (15./16. Jh.) aus dem ehemaligen Mariendom, der St. Petri-Altar der Fischer (um 1508), der St. Trinitatis-Altar der Böttcher (1518), die Marmorkanzel von Georg Baumann (1611, reich mit Alabasterreliefs geschmückt), die Statue des Kirchenpatrons Jacobus (17. Jh.) sowie mehrere Gemälde. Berühmt ist die Kirche für ihre Arp-Schnitger-Orgel (1689–93). Auf dieser größten Barockorgel im norddeutschen Raum (4000 Pfeifen, 60 Register, vier Manuale) spielte u. a. Johann Sebastian Bach (1720).

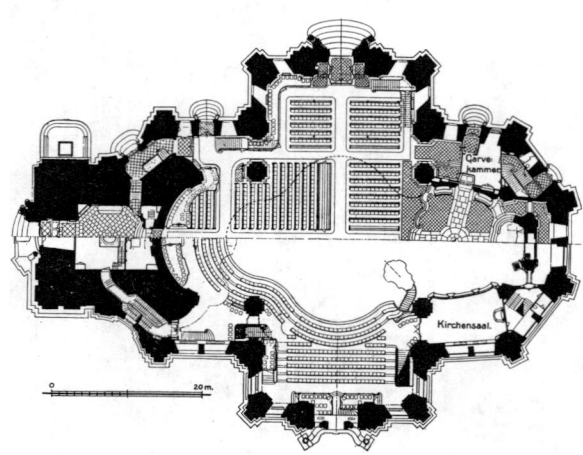

Hamburg, St. Michaelis, Grundriß, oben auf Fußbodenniveau, unten Emporenebene

Hamburg, Hauptkirche St. Michaelis, Innenraum

St. Michaelis (zwischen Englischer Planke und Krayenkamp; südlich der Ludwig-Erhard-Straße) wurde erst im 17. Jh. von kleinen Gewerbetreibenden der Neustadt gestiftet. Ihr erster großer Bau, eine dreischiffige Basilika (1649–61 von Christoph Corbinus und Peter Marquardt) brannte 1750 nach einem Blitzschlag ab. Ihr zweiter (1750–68) entstand als eine Neuschöpfung von Leonhard Prey, vollendet von Ernst Georg Sonnin. Das grandiose, kreuzförmige Bauwerk läßt einen Raumeindruck sehr großer Weite entstehen. Vier Säulen tragen die geschwungen umlaufende Empore; aber die Decke des 27 m hohen *Innenraums* ist freitragend. Fast jeder der 3000 Plätze ermöglicht den Blick auf die kelchförmige Kanzel. Diese Anlage war beispielgebend für nachfolgende evangelische Predigtkirchen dieser Zeit. Carl Philipp Emanuel Bach wirkte an St. Michaelis als Organist. 1906 zerstörte ein Brand abermals die gesamte Kirche mit Turm bis auf die Außenmauern. Die 1907–12 nach dem Sonninschen Vorbild originalgetreu wieder aufgebaute dritte Kirche wurde im letzten Krieg schwer beschädigt und bis 1952 wieder hergestellt. Der von den Hamburgern liebevoll ›Michel‹ genannte 132 m hohe Barockturm bestimmt die Silhouette des Hafenrands. Er trägt die mit 8 m Durchmesser größte Turmuhr Deutschlands. – In der Nähe von St. Michael, näher zu den Landungsbrücken, haben einige in Hamburg ansässige Kolonien von Ausländern ihre kleinen Nationalkirchen errichtet *(Englische, Finnische, Dänische, Norwegische Kirche).*

☐ **Die Stadt des 19. und 20. Jahrhunderts**

Schon vor dem Stadtbrand von 1842 hatte der Senat begonnen, Korrekturen am Stadtbild vorzunehmen. 1804 wurde das Maria-Magdalenen-Kloster mit dem Dom St. Marien abgebrochen, um Raum für ein neues repräsentatives Zentrum zu schaffen. Unmittelbar auf dem Gelände des früheren Klosters eröffnete 1841 die von Carl Ludwig Wimmel und Franz Gustav Forsmann im spätklassizistischen Stil erbaute **Neue Börse** (später erweitert). Es gelang, 1842 das Feuer von ihr fernzuhalten.

Die Zerstörungen beschleunigten die Modernisierung. In keiner anderen Stadt Europas wurde zu dieser Zeit in städtebaulicher Hinsicht Großartigeres geleistet. Die führenden Köpfe der neuen Konzeption waren die Architekten Gottfried Semper und der Hamburger Alexis de Chateauneuf. An den technischen Vorarbeiten war auch der englische Ingenieur William Lindley beteiligt. Ein Prunkviertel entstand mit der Neukonzeption des Rathausmarkts und der Straßenzüge um die Binnenalster. Der Neuaufbau machte Hamburg zu einer vom 19. Jh. geprägten Stadt. Zum Tragen kamen eine Vorliebe für schlichte klassizistische Bauten mit hellgetönten, verputzten Fronten, aber auch für historisierende Fassaden mit einem charakteristischen ›Rundbogenstil‹; nicht selten wurde auf das Vorbild mittelalterlicher Bürgerhäuser zurückgegriffen.

Das wichtigste Bauwerk dieser Epoche ist das unmittelbar an die Börse angrenzende **Rathaus** (Umschlagklappe vorn), um dessen Entwurf Jahrzehnte gestritten wurde. Erst 1885 nahm der Senat den an Vorbilder der nordischen Renaissance angelehnten Entwurf einer von Martin Haller geleiteten Architektengemeinschaft an, der 1886–97 ausgeführt wurde. Das Bauwerk ruht auf 4000 in den morastigen Untergrund gerammten Holzpfäh-

Hamburg, Chilehaus, Fritz Höger, 1922–24

len. Sein Grundeindruck ist von würdevoller Repräsentation bestimmt. Der beidseits von Giebelreihen flankierte Mittelturm erhebt sich zu 112 m Höhe. Die Ausschmückung (Außenfront und Innendekoration) beinhaltet zahlreiche Darstellungen, die an Hamburgs Stadtentwicklung sowie seinen Status als Reichsstadt und Welthafen anknüpfen und zugleich patriotische Gesinnung dokumentieren. Der *Schalenbrunnen* mit der bekrönenden Hygieia-Figur im Ehrenhof ermahnt – nach der Choleraepidemie von 1892 – zur Reinhaltung des Wassers.

Als auf dem Höhepunkt der wilhelminischen Ära in Hamburg große Vermögen angesammelt wurden, flossen Stiftungen wohlhabender Bürger für weitere kommunale Bauwerke. Die Hamburger **Kunsthalle** wurde 1869 eröffnet; ihr Direktor war von 1886–1914 der verdienstvolle Kunstwissenschaftler Alfred Lichtwark. Der *Neubau* der Kunsthalle wendet sich schließlich einem formenstrengen Neoklassizismus zu (1919 eröffnet). Das **Deutsche Schauspielhaus** schwelgt in einem aufwendigen Dekorationsstil, der Bauelemente der Renaissance und des Barock nachempfindet (1900 eröffnet). Weniger aufdringlich gestaltet sich die neobarocke **Musikhalle** (1904–08 nach einem Entwurf von M. Haller und W. E. Meerwein; finanziert durch den Reeder Carl Heinrich Laeisz).

Unter den zahlreichen Kirchenbauten dieser Epoche hebt sich vor allem **St. Marien** an der Danziger Straße in St. Georg heraus, eine Backsteinkirche mit Doppelturmfassade und romanisierenden Formen. Sie ist der erste katholische Kirchenneubau seit der Reformation in Hamburg (erbaut 1890–93 vom Paderborner Diözesanbaurat Arnold Güldenpfennig) und seit 1995 zur erzbischöflichen Domkirche erhoben.

Hamburg profilierte sich auch mit zahlreichen der Wirtschaft dienenden Nutzbauten. Die **Speicherstadt** (Farbabb. 27) ist das bedeutendste Bauensemble der Gründerzeit, das vor allem durch seine Geschlossenheit beeindruckt. An zahlreichen Gebäuden beleben gotisierende Schmuckelemente die Strenge der Backsteinfassaden. Das beginnende 20. Jh. fügte die **Deichtorhallen** als Hauptmarkthallen außerhalb des Zollfreigebiets hinzu (1911/12; jetzt Ausstellungshallen für zeitgenössische Kunst).

Schon vor dem Ersten Weltkrieg und vor allem danach setzte sich eine Bauweise durch, die gemäß der norddeutschen Architekturtradition den Baustoff Backstein betont zur Geltung brachte. Die hervorragendsten Vertreter dieser Richtung waren *Fritz Schumacher* (1909–34 Leiter des Hochbauwesens in Hamburg) und (ab 1933) *Fritz Höger.* Beispielhaft sind das Gebäude des **Museums für Hamburgische Geschichte** (1913–22), das **Finanzgebäude** am Gänsemarkt (1918–26), beide von Schumacher, sowie von Höger das **Chilehaus** (1922–24) im Kontorviertel.

In der Nachkriegszeit wandelte sich die Hamburger Innenstadt noch mehr zur weltstädtischen City. Stahlskelett- und Betonkonstruktionen, Vielgeschossigkeit sowie Fassaden aus Glas und Aluminium haben neue Akzente gesetzt – gelungene, aber auch nicht immer passende. Sie färben Hamburgs Physiognomie kräftig ins Kosmopolitische. Zugleich ist das Bemühen erkennbar, alte Traditionslinien im neuen Zeitgeist fortzuführen, zum Beispiel durch Wiederaufgreifen des eine Zeitlang vernachlässigten Backsteinbaus. Alles in allem ist die stilistische Baustruktur der City vielfältiger geworden.

☐ Alt-Hamburger Milieubauten

Was dem Stadtbrand 1842 und den Zerstörungen des letzten Krieges fast völlig zum Opfer fiel, sind die Gebäude, die den Alltag der einfachen Menschen bestimmten. Nur weniges davon überdauerte. Fast die einzigen erhaltenen Erinnerungsstücke sind die **Krameramtswohnungen und -stuben** am Krayenkamp (nahe bei St. Michael), die letzte Hofbebauung aus dem 17. Jh., sowie das Ensemble althamburgischer Häuser in der **Deichstraße** mit Häusern aus dem 17.–19. Jh., einige von ihnen mit stimmungsvollen Gaststätten. Man trete dort auch durch einen der schmalen Gänge zwischen den Häusern an den **Nikolaifleet** heran. Mit Phantasie kann man sich das lebhafte Treiben vorstellen, das auf dieser einstigen Zufahrt zum Binnenhafen herrschte.

☐ An der Elbe promenieren

Dem Hamburg-Besucher bieten sich viele Möglichkeiten für Rundgänge und Ausflüge. Die Innenstadt besticht mit ihrem weltstädtischen Leben auf Plätzen und Boulevards, mit der Fülle erlesener Geschäfte, aber auch mit den Möglichkeiten, sich in Cafés und Passagen zurückziehen zu können. Wer in dieser pulsierenden City Ruhepunkte sucht, kann beschaulich den Blick über Wasserflächen gleiten lassen: über die schmalen Fleete und die Seeflächen von Binnen- und Außen-alster. Und wer Entspannung im Grünen sucht, findet sie schon ganz im Inneren der Stadt in den Park- und Blumenanlagen auf dem ehemaligen Festungsgürtel westlich der Alster, die unter dem Namen **Planten un Blomen** zusammengefaßt werden. Mehrere Internationale Gartenschauen (zuletzt IGA 1973) haben aus ihnen Kleinodien der Gartengestaltung gemacht.

Keine Route lehnt sich näher der Elbe und dem Hafen an als die **Hafenmeile,** der 6 km lange Uferstreifen zwischen dem Deichtormarkt und Övelgönne. In den letzten Jahren hat man die Straßen, die die Elbe begleiten, ausgebaut. Bei dieser Gelegenheit entstand der geklinkerte **Promenadenweg,** der streckenweise auf den Kai- bzw. Flutschutzmauern unmittelbar an der Hafenkante entlangführt. Zahlreiche Guß-platten vermitteln Erklärungen zur Ge-

Hamburg, Krameramtswohnungen

Hamburg, Binnenhafen und Speicherstadt

schichte des jeweiligen Uferabschnitts. – Im Osten beginnend, ergeben sich Ausblicke auf den Oberhafen und den Zollkanal. Unter den Brücken, die hinüber zur Kehrwieder-Wandrahm-Insel führen, hat die *Brooksbrücke* insofern historische Bedeutung, als der Kaiser 1888 anläßlich der Eröffnung des Freihafens und der Speicherstadt eigenhändig den Schlußstein in sie einfügte. Im Bereich der Hafenmeile führen drei Zollstellen in die **Speicherstadt,** die eine der Sehenswürdigkeiten Hamburgs geblieben ist, zumal sie im Zweiten Weltkrieg nur wenig getroffen wurde; am besten lernt man sie auf einer Hafenrundfahrt kennen. Wer den Fußweg entlang der Hafenmeile fortsetzt, gelangt zum **Binnenhafen.** Stadtseitig liegen das Kontorhausviertel, die Katharinenkirche, das Nikolaifleet mit der Deichstraße und das Alsterfleet. Gegenüber der Mündung des Nikolaifleets steht der historische **Kran.** Auf der Südseite wird der Binnenhafen vom *Kehrwieder-Brook* begrenzt, der über die Niederbaumbrücke zugänglich ist. Hier lohnt sich der Besuch des **Zollmuseums** im Zollamtgebäude. Die Promenade erreicht nun das Herrengrabenfleet und den **Niederhafen,** der schon am stadtseitigen Ufer der Norderelbe liegt. Auf der Stadtseite ist zwischen den Straßen Stubbenhuk und Neustädter Neuer Weg die ›Medienstadt‹ von Gruner + Jahr entstanden, von der es nicht mehr weit zur St. Michaelis-Kirche ist. Im Becken am Johann-Bollwerk haben zwei **Windjammer-Segler** aus dem 19. Jh. festgemacht, die besichtigt werden können.

Auf dem Bollwerk führt die Promenade zu den **St. Pauli-Landungsbrücken,** auf deren Rückseite der Jugendstilpavillon den Eingang zum (alten) **Elbtunnel** markiert. Auf der Stadtseite erheben sich im Bereich der alten Festungsanlagen das **Bismarck-Denkmal** (etwas versteckt) und die **Seewarte.** An der anderen Elbseite reihen sich Dock an Dock; in ihrer Mitte die Werft von Blohm & Voß. Über die Hafenstraße, deren Ausbau noch bevorsteht, ist der **Fischmarkt** (jeden Sonntagmorgen bis 9.30 Uhr) erreicht. Ein paar Straßenzüge nördlich lädt das Vergnügungsviertel von **St. Pauli** mit der Reeperbahn ein.

Die Hafenmeile erreicht **Altona.** Den Geesthang hinauf führt die **Palmaille,** einst die eleganteste Straße Altonas. Als ein Gesamtkunstwerk war sie von den Wohnbauten geprägt, die der dänische Architekt Christian Frederik Hansen und in dessen Nachfolge sein Neffe Matthias Hansen 1786–1825 im Stil des norddeutschen Klassizismus errichtet hatten (einige erhalten). Auf diesem Wege erreicht man das Altonaer **Rathaus** (Bezirksamt). Es entstand 1896–98 unter Verwendung von Teilen (besonders Rückfront) des 1844 von Gottfried Semper errichteten Stationsgebäudes des ›dänischen‹ Bahnhofs der abgetragenen Altona-Kieler Eisenbahn, der ›Ostseebahn‹ Christians VIII. Das Giebelrelief schuf Karl Gerbers unter Mitwirkung von Ernst Barlach. Vor dem Gebäude ein *Reiterstandbild Kaiser Wilhelms I.* (1898 von G. Eberlein); in den Grünanlagen erinnert ein schwarzer Steinblock an die von den Nationalsozialisten verschleppten Altonaer Juden (1989 von Sol LeWitt). In Rathausnähe befinden sich oberhalb des Elbufers die *Fachhochschule für Seefahrt* (am Beginn der Elbchaussee) und die *Bundesanstalt für Fischereiforschung* (an der Palmaille); außerdem die evangelische **Christianskirche** (1735–38, benannt nach dem dänischen König Christian IV.,), eine barocke Saalkirche; ihr von 42 Glocken gebildetes Glockenspiel wurde 1938 im thüringischen Apolda

Hamburg, historischer
Kran am Binnenhafen

Hamburg-Altona,
Altonaer Rathaus und
Reiterstandbild Kaiser
Wilhelms I.

hergestellt; in der kleinen Grünanlage davor (ehemals Friedhof) das Grab des Dichters Klopstock. Auf der elbabgewandten Seite schließen sich an das Rathaus der Paul-Nevermann-Platz und der Platz der Republik an, die auf dem Gelände der genannten früheren Eisenbahn entstanden. Hier trifft man auf den bronzenen *Stuhlmannbrunnen* (1900), dessen um einen Fisch kämpfende Zentauren die Rivalität Altonas und Ham-

Hamburg, Blick auf ▷
den Süllberg
in Blankenese

Hamburg, Jenisch-
Haus im Jenisch-Park,
Othmarschen

burgs als Fischmärkte versinnbildlichen. Anlieger sind das nach einem Großbrand von 1980 neuerrichtete Gebäude des **Altonaer Museums** und das **Altonaer Theater.** Zwischen Rathaus und Elbuferrand liegt die Grünanlage **Altonaer Balkon,** von der man einen eindrucksvollen Blick über die Elbe, den Hamburger Hafen, den Köhlbrand (Zufluß der Süderelbe) mit seiner hochgeschwungenen Hängeseil-Brücke und – in der Ferne – zu den Harburger Bergen hat. Unmittelbar am nördlichen Elbufer darunter erstreckt sich, vom Steilufer eingeengt, das Hafengelände Altonas. Im ehemaligen Altonaer **Fischereihafen** ist 1991 ein großer **Terminal** für die Englandfähre in Betrieb genommen worden; künftig sollen hier auch Luxusliner anlegen. Eine zu den Altonaer Kaianlagen führende Eisenbahnstrecke überwindet den Geestabfall in einem unter dem Altonaer Rathausgelände entlangführenden **Tunnel,** der mit 920 m der längste Eisenbahntunnel in Norddeutschland ist. Zwischen Neumühlen und Övelgönne lockt schließlich der **Museumshafen.**

Die Exkursion entlang der Elbe führt schließlich auf die Spuren wohlhabender Kaufleute und Reeder, die 1831 die am Altonaer Rathaus beginnende **Elbchaussee** anlegen ließen. In der Folge entstanden an ihr zahlreiche noble **Villen** mit fast schloßartigem Charakter, nicht wenige mit Gärten von parkartiger Größe, von denen einige bis zur Elbe hinabreichen. Diese Anhäufung von Reichtum und wohlbekannten Namen der Hamburger und Altonaer Geschäftswelt machte die Elbchaussee zu einer der berühmten Straßen Europas. Wer die Beschaulichkeit bevorzugt, nimmt den unmittelbar am Fluß entlangführenden Elbuferweg. Nach Villen und Parks, wie *Donnerspark, Rosengarten* und *Schröders Elbpark,* endet die Hafenmeile. Wer aber Lust dazu verspürt, kann ihre Fortsetzung im **Elbuferweg** weiterbeschreiten. Das nächste Ziel ist hier die **Landungs-**

brücke **Teufelsbrück,** oberhalb der sich der 1797 im englischen Stil angelegte **Jenisch-park** (43 ha) hinstreckt. Das Tal des ihn durchfließenden Flüßchens *Flottbek* steht unter Naturschutz. Im nordwestlichen Teil des Parks ließ sich der Hamburger Senator Martin Johann Jenisch ein Herrenhaus im klassizistischen Stil errichten (nach Entwürfen von Karl Friedrich Schinkel und Franz Gustav Forsmann; heute ist das **Jenisch-Haus** Außenstelle des *Altonaer Museums* mit Ausstellungen zur hanseatischen Wohnkultur). Unweit davon wurde 1960–62 das **Ernst-Barlach-Haus** errichtet, das der Hamburger Zigaretten-Industrielle Hermann F. Reemtsma für seine Ernst-Barlach-Sammlung gestiftet hat (Holzplastiken, Bronzen, Keramiken, Zeichnungen, Druckgrafik). Diesem idyllischen Flecken liegt am Südufer **Finkenwerder** gegenüber, einstmals als Insel nicht minder verträumt, bis ihr das 20. Jh. die nüchterne Architektur von Industriewerken, Öltanks und Containerhäfen aufgestülpt hat.

An der Elbe zieht sich Altona bis **Blankenese** hin, wo sich der *Baursberg* bis 92 m aufbaut. In dem alten Fischer- und Fährdorf, in dem auch Seeschiffe registriert waren, hatten zuerst Kapitäne und Lotsen ihre Alterssitze. Später wurde Blankenese ein begehrter Wohnort für begüterte Familien. Der schönste Platz ist der *Süllberg* (85 m), wo Erzbischof Adalbert von Bremen im 11. Jh. eine Burg hatte erbauen lassen. Von der Terrasse des jetzigen Ausflugslokals besteht ein herrlicher Blick auf den Fluß, seine lange Sandinsel (NSG) und hinüber nach Finkenwerder und ins Alte Land.

Zwischen Hamburg und dem Mündungstrichter

Ist die Elbe oberhalb von Hamburg einige hundert Meter breit, so weitet sie sich sofort unterhalb von Hamburg – ab **Neuenfelde,** wo sich früher die Süderelbe mit der Norderelbe vereinte – zu einem gewaltig breiten Strom. Im Land Kehdingen mißt sie schon 3 km Breite. – Im Flußbett liegen einige gestreckte *Sandinseln,* wie *Schweine-, Neß-, Hanskalb-* und *Pagensand.* Die frühere Insel *Bützflether Sand* bei Stade ist inzwischen landfest und Industriestandort geworden. Bei **Drochtersen** gabelt sich die Elbe in den Hauptarm und den Nebenarm der *Wischhafener Süderelbe,* die die eingedeichte Insel *Krautsand* umfassen.

Der Elbeabschnitt Hamburg–Cuxhaven ist als Zufahrt nach Hamburg einer der am meisten befahrenen Seewege der Welt. Leuchttürme und Radar sorgen für sichere Schifffahrt bei Nacht und Nebel. Keine einzige Brücke führt über die Elbe. Seit die frühere Fährverbindung von Cuxhaven nach Brunsbüttel eingestellt worden ist, besteht nur eine *Fähre* von überregionaler Bedeutung: die auch von vielen Fernfahrern benutzte zwischen **Wischhafen** und **Glückstadt.**

☐ Küstenschutz auch am Fluß

Schon ab Schnackenburg tragen einige Auelandschaften die Bezeichnung ›Marsch‹. Diese ›Marschen‹ der mittleren Elbe sollte man jedoch besser als Auen bezeichnen. Wohl waren

Deich im Alten Land

auch sie vor ihrer Eindeichung überschwemmungsgefährdet – aber durch den Fluß allein und nicht zusätzlich durch die Gezeiten wie die erst an der unteren Elbe anzutreffenden Marschen im engeren Sinne. Diese bestehen aus fruchtbarem *Klei,* einen durch die Gezeiten abgelagerten Schlick. Die Sedimentation setzte etwa um 2000 v. Chr. ein, als der ansteigende Meeresspiegel den heutigen Bereich des Elbtals erreichte. Längs der Elbe und der Unterläufe ihrer Nebenflüsse häuften sich Sinkstoffe an, die die eiszeitlichen Flußsande mit bis zu 6 m Mächtigkeit überlagern. Im Uferbereich bildeten sich Wälle von maximal 2 m Höhe über NN. Nach den Außenbezirken wird die Kleidecke dünner. Hier gibt es auch teilweise unter Meeresspiegelhöhe liegende Streifen von Nieder- und

Moderner Deich in Lühe

Hochmooren, das *Sietland,* das die Marschen von den Geestgebieten trennt. Einiges ist naturbedingt, anderes eine Folge der Kultivierung (durch Trockenlegung unter das Meeresspiegelniveau abgesackte Marsch). Um die Gemeinden **Ilienworth** und **Wanna** trägt die unter dem Meeresspiegelniveau liegende Landschaft den Namen *Hadler Sietland.* Im *Moor* von **Bützfleth** (eine nach Stade eingemeindete Ortschaft an der Elbe) liegt der tiefste Punkt 0,8 m unter NN. Die mit 3,54 m unter NN tiefste deutsche Landstelle befindet sich bei **Neuendorf** in der Wilster Marsch.

Während die Geest in der jüngeren und mittleren Steinzeit (etwa 8000 bis 2000 v. Chr.) besiedelt wurde, erfolgten die ersten Niederlassungen des Menschen in der sich nur langsam aufschlickenden Marsch erst kurz vor Beginn der Zeitrechnung. Eine systematische Landerschließung begann sogar erst zwischen dem 11. und 13. Jh. Zuwanderer aus benachbarten und ferneren Gegenden Deutschlands kamen herbei. Ihre erfahrenen Lehrmeister waren Holländer. Die von ihnen eingeführte Kultivierungstechnik sollte an der unteren Elbe Schutz sowohl vor Hochwasser des Flusses als auch vor den unvergleichlich gefährlicheren Hochfluten des Meeres gewährleisten.

Zum Schutz der Landwirtschaft wurden anfangs 1,4 m hohe Sommerdeiche aufgeworfen. Da sie keine Sicherheit vor höheren Fluten gaben, erbaute man die Höfe auf *Wurten,* künstlichen Erdaufschüttungen. Als der Meeresspiegel weiter anstieg, ging man seit dem 12./13. Jh. zum Bau von *Ringdeichen* über. Die Hauptperiode der Erstbedeichung zog sich bis ins 15. Jh. hin. Aber auch später entstanden noch einige *Köge,* namentlich an der Elbmündung in Dithmarschen (zuletzt 1933–36). Erstmals war es möglich, die Marschen auch ohne Wurten zu besiedeln. Opfer blieben allerdings nicht aus, weil die Deiche allzuoft brachen. Auch ging bereits bedeichtes Marschland wieder verloren, an der Elbe besonders rechtsseitig. Größere Sicherheit erforderte immer höhere Deiche (s. u.). Probleme bereitete auch unerwünschter Wasserzustrom von der Geest und aus dem Sietland. Ihnen begegnete man mittels niedriger Hinterdeiche und spezieller Abzugsgräben.

Die ständige *Entwässerung* der Marschen war fast ebenso wichtig wie die Eindeichung. In den Sietlandgebieten gar mußte das Wasser erst auf mindestens Meeresspiegelniveau gehoben werden, um es zum Abfluß bringen zu können. Nach holländischem Vorbild wurden früher mit Windkraft betriebene *Schöpfanlagen* verwendet. Allein in der Wilster Marsch gab es einst 300 *Bockmühlen;* seit der Umstellung auf Elektrizität ist einzig die von **Honigfleth/Stördorf** am ursprünglichen Standort erhalten geblieben. Anschauliche Beispiele für die alte Schöpftechnik finden sich auch im *Vierländer Freilichtmuseum* zu **Curslack.**

☐ **Dörfer der Elbmarschen**

Mit der Urbarmachung der Marschen entstand zwischen dem 11. und dem 15. Jh. der bis heute für sie charakteristisch gebliebene Siedlungstyp der *Marschhufendörfer,* die ab Bleckede elbabwärts das ländliche Siedlungsbild der Elbtalniederungen bestimmen. Im ersten Siedlungsschritt wurde die Lage unmittelbar an der Innenseite des Elbdeichs bevorzugt, auf dem die Fahrwege verliefen. Hinter den Höfen erstrecken sich beetartig lang und schmal die *Streifenfluren* oder *Hufen*, die netzförmig von Entwässerungsgräben, den Knicks, als unerläßlicher Voraussetzung für die landwirtschaftliche Nutzung durchzogen sind. Als sich später auch Fischer, Schiffer, Deicharbeiter und andere weniger Grund besitzende ›kleine Leute‹ niederließen, bebauten sie auch die Deiche selbst auf ihren Innenseiten. Mit der intensiveren Nutzung erfolgten auch tiefer in den Marschen Dorfgründungen, die meisten beidseits von Straßen, die selbst von breiten Abzugsgräben, den Wettern, begleitet waren. Willkommene Standorte waren des weiteren die Ufersäume von Gewässern, die die Marschen durchfließen und eine ähnliche Verkehrsfunktion einnahmen wie die Fleete in Holland.

Die Marschbauern waren von Anbeginn frei und selbständig. Sie verfügten über recht weitgehende Rechte der Selbstverwaltung. Kernstücke waren die Deichverfassungen. In Holstein wurden diese Privilegien seit dem 15. Jh. beschnitten, so daß es hier auch größeren Adelsbesitz gibt; auf der niedersächsischen Seite erhielten sie sich in Rudimenten länger, teilweise bis ins 19. Jh.

Der hohe Aufwand für die Kultivierung machte sich bezahlt. Die Marschbauern standen wirtschaftlich günstig da. Die meisten verfügten über reichlich Land, hatte doch die Hufengröße ursprünglich 20 bis 25 ha betragen. In Teilen der Wilster Marsch und in Dithmarschen bildete sich sogar ein Großbauernstand mit Höfen bis zu 40 ha heraus. Aber auch Kleinbauern und Kätner fanden auskömmliche Existenzen, wo ihr Obst und Gemüse Absatz fand. Generell war die Lage der Marschbauern günstiger als die der benachbarten Geestbauern, denn die Marsch war ertragreicher als die Sand-, Moor- und Heideböden der Geest.

Da die Landwege in den Marschen die längste Zeit des Jahres grundlos morastig waren, war der Warenverkehr auf die kleinen Elbe-Nebenflüsse angewiesen. Auf ihnen erreichte man in der einen Richtung die trockneren Elbuferhöhenwege der Geest, in der anderen die Elbe. Obst und Gemüse waren dem Nahverkehr, vor allem nach Hamburg, vorbehalten; Weizen und Braugerste fanden bis nach Spanien und Italien, nach England, Skandinavien und Rußland Absatz.

Die Wirtschaft der einzelnen Marschen ist unterschiedlich strukturiert. Die Bauern der *Vierlande* haben sich vor allem auf Gemüse- und Blumenzucht für Hamburg spezialisiert. In einigen Orten findet man ein Gewächshaus neben dem anderen. Im *Alten Land* hatten Mönche schon im 12. Jh. die Obstbaumzucht eingeführt; heute ist es mit 3 Mio. Obstbäumen auf annähernd 15 000 ha das nördlichste zusammenhängende Obstanbaugebiet der Welt (Äpfel, Kirschen, Birnen, Pflaumen, dazu Erdbeeren). Zur Apfel- und Kirschblüte sind einige Landstriche ein einziger Blütengarten. In **Jork** (Altes Land) besteht eine Versuchsanstalt für Obstbau. Im anschließenden *Land Kehdingen* ist der Obstbau gleichfalls zu Hause. Wichtig ist auch die Rinderhaltung; und noch immer wird die Zucht der Pferderasse Hannoveranisches Warmblut betrieben (war früher sehr verbreitet). In den holsteinischen Marschen herrscht die Viehzucht vor, aber auch hier wird Obst und viel Gemüse angebaut. In der *Haseldorfer Marsch* wachsen im Deichvorland die Kopfweiden, die den früher sehr zahlreichen Korbflechtern das Material lieferten. Die *Wilster Marsch* ist für ihren Käse bekannt. Bei **Uetersen** und **Elmshorn** liegt im Berührungsbereich von Marsch und Geest das größte Baumschulengebiet der Erde.

Die einstige wirtschaftliche Besserstellung der Bauern der Marsch gegenüber denen der Geest besteht allerdings kaum noch, seit neue Agrarmethoden die Erträge auf den leichter bearbeitbaren Geestböden steigen ließen. Auch ist der Ackerbau in den Marschen nicht mehr lohnend wie früher, weshalb sich die Grünlandwirtschaft ausweitet. Verbreitete Flurbereinigung verwischt die alten Streifenfluren. Das hier traditionell beheimatete niederdeutsche Hallenhaus ist zu groß geworden und entspricht nicht mehr modernen Wohn- und Wirtschaftsbedingungen.

☐ Eine reiche Bauernkultur
An den Dörfern kann man jedoch den Wohlstand ablesen, zu dem die Bauern der Elbmarschen schon vor Jahrhunderten gelangten. Kunstsinn, Fleiß und Traditionsbewußtheit

Altengamme, Kirche St. Nikolai

Vierländer Freilichtmuseum (Rieck-Haus) in Curslack

brachten überdies eine entwickelte Volkskultur hervor. In einigen Elbmarschen konzentrieren sich auffallend viele **bäuerliche Wohnhäuser** von reicher Gestaltung. Der Haustyp ist überall das in Fachwerk errichtete niederdeutsche Hallenhaus. Für die Vierlande und das Alte Land (weniger für Kehdingen) sind geschnitztes Fachwerk und in den gemauerten Teilen vielfältig variierte Ziegelmuster typisch. Besonders schöne, alte Bauernhäuser findet man in den Vierlanden am Hausdeich von **Neuengamme** (Nr. 413 von 1552 und Nr. 81 – Kornspeicher ›Spieker‹) und am Deich von **Curslack** (Hufnerhaus Rieck, jetzt Vierländer Freilichtmuseum). Das Wetteifern der Bauern um die schönsten Häuser erreicht im Alten Land seinen Höhepunkt, vor allem in und um **Jork,** in **Steinkirchen** und im **Guderhandviertel** (in Richtung Horneburg). Der Eingang in die Gehöfte des Alten Landes führt häufig durch *Prunk-* oder *Prachtpforten,* von denen leider schon viele verschwunden sind, weil sie der modernen Verkehrstechnik entgegenstehen. Schöne Beispiele aus dem 17. und 18. Jh. sieht man in **Neuenfelde,** Ortsteil **Nincop** (Farbabb. 20). Früher wurde auch die Stubenmalerei sehr gepflegt. Auch sparte man nicht an anspruchsvollem *Mobiliar.* Die Vierlande waren berühmt für ihre Intarsienmöbel und die Wilstermarsch für ihre Truhen. Großer Wert wurde der *Tracht* beigemessen; und da sich die Bauern Schmuck leisten konnten, gab es ein leistungsfähiges *Silberschmiedehandwerk* (z. B. Silberfiligranwerkstätten in **Buxtehude**).

Auch die **Dorfkirchen** bieten Einzigartiges. In den Vierlanden findet man durchweg und im Alten Land überwiegend **Fachwerkkirchen** mit zumeist separat stehenden *Glockentürmen.* Ihre Ausstattung ist bemerkenswert. Für die Vierlande sind mit Intarsien (Blumengewinde, Vögel und andere Tiere) reich dekorierte Gestühle kennzeichnend; an den Männerbänken befinden sich eisengeschmiedete, bemalte Hutständer in Form von Blumen, Tieren und Wappen. Den Höhepunkt phantasievoller Gestaltung erreicht die *Kirche St. Nikolai* in **Altengamme,** eine der schönsten Dorfkirchen Norddeutschlands (Anfänge 13. Jh.), der Innenraum in einem üppigen landschaftstypischen Bauernbarock gestaltet. Am anderen Ende der Elbmarschen, im Land Hadeln, steigern sich die Bauernkirchen mit *St. Nicolai* in **Altenbruch** und *St. Jacobi* in **Lüdingworth** zu wuchtiger Größe (s. d.).

Nicht nur in den Stadtgemeinden, auch in den Dörfern der Elbmarschen wurde die hohe Kunst des Orgelspiels gepflegt. In **Neuenfelde** (Altes Land) besaß *Arp Schnitger,* in der zweiten Hälfte des 17. – Anfang des 18. Jh. der bedeutendste Orgelbauer Norddeutschlands, einen Bauernhof; in der dortigen Kirche liegt er begraben. Unter den vielen Schnitger-Orgeln, die auch auf dem Lande zu finden sind, sind besonders die von **Steinkirchen** (östlich von Stade) und **Lüdingworth** (die bedeutendste ländliche) hervorzuheben.

Aber auch das zeichnete die Elbmarschen: Die Nationalsozialisten errichteten 1938 im Vierländer **Neuengamme** eines ihrer berüchtigten Konzentrationslager. Von den 135 000 Häftlingen, die hier und in den Nebenlagern gefangengehalten wurden, kam die Hälfte um.

☐ Aktuelle Umweltprobleme

Besondere Gefahren drohen den Elbmarschen durch *Sturmfluten.* Die aus der Deutschen Bucht eindringenden Hochwasser verdichten sich im Mündungstrichter. Bei hohen und langandauernden Hochfluten wird der Abfluß der Elbe behindert: Meeres- und Flußhochwasser kombinieren sich. Die im Flußsystem der unteren Elbe bei Sturmfluten auftretenden Fluthöhen sind nachweisbar höher geworden. Menschenwerk hat wesentlich dazu beigetragen. Erstens ist das abfließende Wasser durch Vordeichungen und Deichbegradigungen sowie das Absperren der Flüsse bei Sturmfluten eingeengt worden. Zweitens hat die Vertiefung und Verbreiterung der Fahrrinne die Auflaufgeschwindigkeit des Wassers und somit seinen Druck verstärkt. War die Fahrrinne zu Mitte des 19. Jh. stellenweise nur 2 m tief, so ist sie heute auf 13,5 m ausgebaggert worden. Neuere Pläne Hamburgs streben eine Vertiefung auf 15 m an.

Nach der Flutkatastrophe in Holland 1953 hatte man auch in Deutschland Überlegungen für einen besseren Küstenschutz angestellt. Bevor jedoch die eingeleiteten Maßnahmen zum Tragen kamen, richteten die Sturmfluten von 1962 und 1976 in den Randgebieten der Elbe schwere Schäden an. Bei der Sturmflut von 1962 stieg das Wasser am Pegel Cuxhaven auf 5,36 m und Stadersand auf 5,74 m über NN. Entlang der Oste, an der Schwingemündung und besonders in Hamburg brachen die Deiche.

Sperrwerk an der Stör

Nach 1962 wurde der Küstenschutz energisch betrieben. Die Deiche an der Elbe wurden verstärkt oder dichter am Elbufer neu errichtet. Betrug die Deichhöhe – jeweils über NN – im frühen 18. Jh. 5 m und Mitte des 19. Jh. 6,5 bis 7 m, so liegt sie derzeit bei 8,5 bis 9 m. Gleichzeitig hat sich das Profil der Deiche geändert: An der Basis sind sie breiter geworden, und ihre Böschungen wurden flacher. An den Nebenflüssen griff der Deichbau immer tiefer ins Binnenland ein. In neuerer Zeit hat man einige Mündungen der Elbe-Nebenflüsse mit regulierbaren *Sperrwerken* versehen (z. B. an Oste, Krückau und Stör). Die Sicherung von Leben und Gut ist so immer aufwendiger geworden.

Zu einem Problem wird auch das der Elbe entnommene Baggergut, das bei der kontinuierlichen Freihaltung des Hafens und bei der Vertiefung der Fahrrinne anfällt. Es enthält in dem von der oberen und mittleren Elbe herangeführten Schlick vielerlei Schadstoffe, die in der unteren Elbe, begünstigt durch die Tide, erstmals zur Ruhe kommen. Insbesondere wirken die Hamburger Hafenbecken wie eine große Kläranlage. Die umweltschonende Deponie dieses Schlicks ist längst nicht gelöst.

Heikel sind die Verhältnisse für die *Vogelwelt,* der die untere Elbe ein wichtiger Lebensraum ist. Ihr wurde zum Verhängnis, daß den nach den Sturmfluten getroffenen Schutzmaßnahmen eine komplexe ökologische Begleitplanung fehlte. In Nordkehdingen (und nicht nur dort) wurden durch den Bau des neuen Winterdeichs in den 70er Jahren der Grundwasserspiegel abgesenkt, die meisten Marschbeete eingeebnet und drainiert, die Sammelgräben verrohrt; die Anzahl der Wasserflächen und der periodisch überschwemmten Flächen ist erheblich verringert, die Ufer sind versteilt worden. Etwa die Hälfte der Flächen im ehemaligen Außendeich hat man umgebrochen. Wirtschafts-

und Deichverteidigungswege durchziehen das einst menschenleere Gebiet. 85–90% des extensiven Grünlandes sind verschwunden.

Die Wirkungen auf die Vogelwelt sind gravierend. Bei jüngeren Zählungen hat man zwar noch 134 Vogelarten (Brutvögel, Durchzügler, Wintergäste) festgestellt, von denen mehr als 30% auf der ›Roten Liste‹ stehen (Erfassung der in ihrem Fortbestand gefährdeten Arten); doch nach Melioration und Rückgang des Feuchtgrünlandes hat sich bei fast allen Wiesenbrutvögeln die Anzahl der Brutpaare drastisch verringert, in der Regel um mindestens die Hälfte.

Diesen Trend hofft man mit dem 1977 verabschiedeten *Naturschutzprogramm Unterelbe* entgegenzuwirken. Das Land Niedersachsen und der Landkreis Stade kauften innerhalb des ehemaligen Außendeichs Flächen auf und haben inzwischen 600 ha östlich der Ostemündung bei Balje als *Wildvogelreservat Nordkehdingen* ausgewiesen. Es soll als Feuchtgrünland mit höherem Grundwasserstand und einer an den ökologischen Bedürfnissen der Vögel ausgerichteten Weidenutzung als ein Vorranggebiet für Wiesenbrüter, Rast- und Wintergäste erhalten werden (s. a. ›Praktische Reiseinformationen‹, *Natureum Niederelbe*).

☐ Städte und Schlösser im Weichbild der Elbmarschen

Unterhalb von Hamburg liegen einige mittelgroße und kleinere Städte mit interessanter Geschichte und schöner Stadtanlage, die allesamt zum Besuch einladen. Einige entstanden an den Elbuferhöhenwegen, was die Bedeutung von Uetersen, Elmshorn oder Pinneberg ausmacht. Die wichtigeren liegen an den kleinen Nebenflüssen der Elbe. Unter ihnen befanden sich einst sogar recht regsame Häfen, wie Stade an der Schwinge und Itzehoe an der Stör. Einige nahmen früher am Handel der Hanse teil; von hier fuhren Walfangschiffe aus. Noch in der jüngeren Vergangenheit bedienten die hier beheimateten Ewer und Küstenmotorschiffe Hamburg, Cuxhaven, Küstenorte an der Nordsee sowie die Ost- und Nordfriesischen Inseln. In diesen Häfen ist es jedoch ruhig geworden. Sie sind für die tiefergehenden, modernen Schiffe zu flach geworden. Einige hat man völlig abgedeicht; andere sind durch den Bau von Sperrwerken an den Mündungen der Nebenflüsse vom Elbverkehr weitgehend abgeschnitten worden. Die meisten Häfen, die überlebt haben, werden nur noch von Sportbooten und Ausflugschiffen angelaufen. Kleinere Frachtschiffe sind nur noch in Itzehoe und Elmshorn zu sehen.

Links der Elbe (Niedersachsen)

Buxtehude (33 600 Einw.) ist im Bannkreis von Hamburg nach dem Zweiten Weltkrieg erheblich gewachsen. Der kleine Fluß Este tritt hier in die Elbmarschen ein. Ein Königshof ›Buochstaden‹ wird 959 genannt. Die seit 1135 nachweisbare Endung ›... hude‹ erinnert an das Vorhandensein einer Anlegestelle. Unweit von ihr entstand 1196 ein Benediktiner-Nonnenkloster, später das bedeutendste Frauenkloster im Gebiet der Süderelbe. 1280–85 ließ der Bremer Erzbischof Giselbert von Brunckhorst im Moorstreifen zwischen Geest und Marsch bei diesem Kloster eine neue Stadt, die heutige Altstadt, bauen. Die *Este* wurde in einem breiten Graben, dem Viver (von holl. Weiher), um die Stadt herumgelegt und zugleich im grachtenähnlichen Fleet, dem innerstädtischen Hafen, mitten durch die Stadt geführt. Seine Blütezeit erlebte Buxtehude nach der Verleihung des Stader Stadtrechts (1328) und dem Anschluß an die Hanse (1363) im 14. und 15. Jh. Geschichte und wirtschaftliche Entwicklung waren derjenigen von Stade ähnlich (s. d.).

Die **St. Petrikirche** (1296–Ende 14. Jh.) ist ein dreischiffiger Backsteinbau mit einem achteckigen Turm von 72 m Höhe (dieser nach einem Brand 1853 neu errichtet), als Basilika im Gebiet der gotischen Backsteinhallenkirchen neben der später erbauten Lüneburger Nicolaikirche einzig dastehend. Das bedeutendste Ausstattungsstück ist ein *Passionsaltar* zu Ehren des Magisters Gherhardt Halephage, gemalt um 1500 von Wilm Dedeke, einem Meister der Lübecker Notke-Schule. Der berühmte *Marienaltar,* ein Werk aus dem Umkreis des Meisters Bertram von Minden (um 1410), befindet sich als Leihgabe in der Kunsthalle Hamburg (Foto in der Kirche). Vorzüglich ist auch die Knorpelschnitzerei der frühbarocken *Kanzel* (1673/74). In der Nähe der Kirche gibt es mehrere alte *Bürgerhäuser* mit prachtvollen Giebeln, Utluchten, Dielen und Hinterhöfen, wie das **Abthaus,** das Stadthaus der Erzäbte von Harsefeld vom Anfang 15. Jh. (1618–28 neu erbaut), und das **Fuhrmannshaus** vor 1553 (1979 rest.).

Die Stadt erlitt aber auch große Verluste durch den Stadtbrand von 1911, dem z. B. das aus dem frühen 15. Jh. stammende **Rathaus** zum Opfer fiel; an dessen Stelle steht ein Neubau mit Jugendstilelementen, im Ratssaal große Wandbilder zum alten Buxtehude. Ein Wahrzeichen der Stadt ist auch die **Flethmühle,** eine Getreidemühle aus dem 19. Jh. inmitten der Stadt, die 1979 zum Wohn- und Geschäftszentrum umgestaltet wurde. Im

Buxtehude, Fleet

Norden der Stadt liegen der *Estehafen* und unweit davon der *Zwinger,* ein Teil des ehemaligen Marschtors (1539). Volkstümliche zeitgenössische Plastiken im Stadtbild verweisen auf die reiche örtliche *Sagenwelt.*

Die Kreisstadt **Stade** (48 300 Einw.) entstand etwa 4 km oberhalb der Mündung der
schiffbaren *Schwinge* auf einem Vorsprung der Geest zu Marsch und Moor (Fährplatz
für die Fernhandelsstraße Niederlande – Skandinavien). 994 erstmals anläßlich einer
Plünderung durch die Normannen urkundlich erwähnt. Die Grafen von Stade unterhiel-
ten im 11. und 12. Jh. auf dem künstlich aufgeschütteten Spiegelberg eine Burg, von der
aber nichts erhalten ist. 1038 erhielt eine weitere, erzbischöfliche Siedlung vom Kaiser
das Markt-, Münz- und Zollrecht. Vor 1181 verlieh Heinrich der Löwe den von ihm
vereinigten Siedlungen erste Stadtrechte. 1236 erhielt Stade das volle Stadtrecht. 1279
wurden die ›Stader Statuten‹ nach dem Vorbild des Hamburger Stadtrechts im ›Silber-
nen Codex‹ aufgenommen und später von Buxtehude, Otterndorf und Freiburg übernommen. Als Mitglied der Hanse erlebte Stade eine mehr als ein Jahrhundert andau-
ernde Blütezeit, während der die Stadt auch größte Unabhängigkeit genoß. Stade war
zunächst neben, dann nach Hamburg die mächtigste Stadt an der Unterelbe. Seit dem

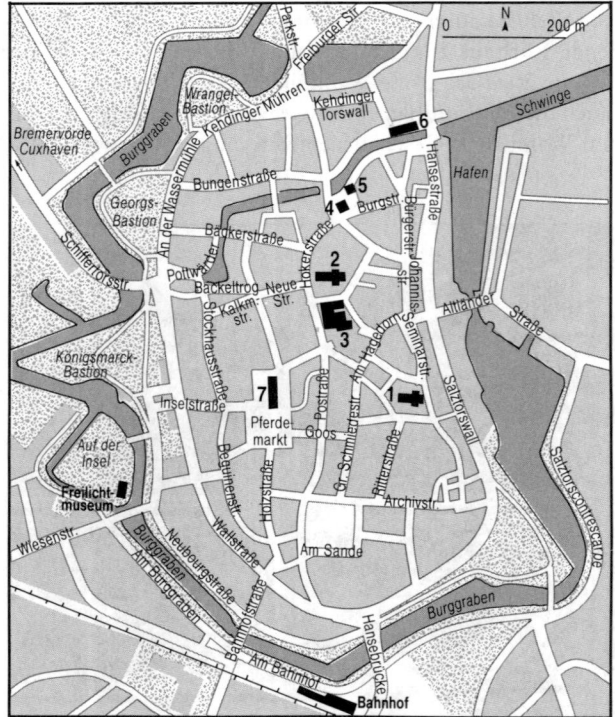

Stade
1 Kirche St. Wilhaldi
2 Kirche St. Cosmae
  et Damiani
3 Rathaus
4 Stadtwaage
5 Tretkran
6 Schwedenspeicher
  (Regionalmuseum)
7 Zeughaus

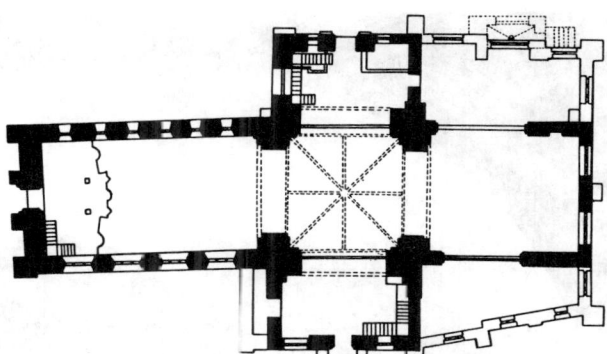

Stade, St. Cosmae et Damiani, Grundriß, schwarz: Rekonstruktion des ursprünglichen Grundrisses

15. Jh. ging jedoch die wirtschaftliche Bedeutung gegenüber Hamburg zurück. Die flache Schwinge war dem wachsenden Schiffsverkehr nicht gewachsen; der Hafen war zu klein. Um 1600 kam der Fernhandel ganz zum Erliegen. – Am Ende des Dreißigjährigen Krieges eroberten die Schweden auch Stade, das sie im Westfälischen Frieden (1648) zugesprochen erhielten. Noch während des Krieges hatten sie damit begonnen, Stade zur Verwaltungshauptstadt für ihre norddeutschen Besitzungen im Landdreieck von Weser und Elbe (die säkularisierten Stifte Bremen und Verden) und einer starken *Festung* auszubauen, womit sie der Stadt neue Bedeutung gaben. Das schlimmste Ereignis während der Schwedenzeit war der verheerende Stadtbrand von 1659. Drei Viertel der Häuser und fast alle mittelalterlichen Kunstschätze wurden zerstört. Zu den bedeutendsten Überbleibseln im Profanbau zählen das reich geschmückte Renaissancehaus Bäckerstr. 1–3, das ›Hökerhaus‹ Hökerstr. 29 und das Wirtshaus der Brauereiknechte Knechthausen 22. Die meisten Häuser von historischem Wert stammen aus der zweiten Hälfte des 17. Jh. Eine erfolgreiche dänische Belagerung im Jahre 1712 richtete nochmals erhebliche Schäden an. Der Wiederaufbau des 18. Jh. prägte ebenfalls das Stadtbild. – Nachdem die Dänen Stade 1712 erobert hatten und drei Jahre besetzt hielten, verkauften sie die Stadt 1715 an das Kurfürstentum Hannover. Auch im 1866 nachfolgenden Preußen blieb Stade Verwaltungssitz und wurde Hauptstadt eines Regierungsbezirks. – Im Zweiten Weltkrieg blieb Stade von Luftangriffen weitgehend verschont. Die seit 1973 durchgeführte Sanierung der Altstadt hat Stade zu einer der Perlen norddeutscher Städte gemacht.

Die wichtigsten Zeugen der mittelalterlichen Architektur sind die gotischen Hallenkirchen **St. Wilhaldi** (13./14. Jh.) und **St. Cosmae et Damiani** (13. Jh.). St. Cosmae verfügt mit dem Gertrudenaltar über eine alte hamburgische Arbeit (um 1500), die aus der im 19. Jh. abgerissenen Nicolaikirche übernommen ist. Ansonsten entstand die Ausstattung nach dem Stadtbrand in barocker Fassung neu. Hervorzuheben ist in St. Wilhaldi die grundlegend restaurierte Orgel des Bremer Meisters Erasmus Bielfeldt (1736), mit einem besonders großen, reichgegliederten und anspruchsvoll geschnitztem Prospekt. St. Cosmae erhielt nach dem Brand einen Schnitzaltar des Hamburger Bildhauers Chri-

Stade, am Alten Hafen

stian Precht (1677), eine Marmortaufe (1665) und die Orgel von Berendt Huß, die unter der Mitwirkung seines Gesellen Arp Schnitger entstand (1669–73; 1972–75 restauriert). – Unweit von St. Cosmae verläuft die gebogene **Hökerstraße,** die Hauptgeschäftsstraße, mit schönen *Fachwerkhäusern* (insbesondere Nr. 5, 17, 29 und 37). Hier auch das im Übergangsstil von der Renaissance zum Barock gehaltene **Rathaus** (1668); über dem Prunkportal drei Steinfiguren (Klugheit, Gerechtigkeit und Merkur verkörpernd) sowie das von zwei Löwen gehaltene Wappen des schwedischen Königs Karl XI.; im Rathauskeller noch gotische Gewölbe vom Vorgängerbau (1279). Auf dem **Fischmarkt,** wo seit dem 14. Jh. alle in Stade ankommenden Waren verzollt werden mußten, das Gebäude der **Stadtwaage.** Anschließend der **Alte Hafen,** wo der 15 m hohe hölzerne **Tretkran** steht (Rekonstruktion des Originals von 1661). Seit 1967 können keine Schiffe mehr einlaufen, aber das Hafenbecken soll wieder zur Schwinge geöffnet und als Museumshafen eingerichtet werden. Auf der Westseite des Hafens mehrere schöne historische Bürgerhäuser (Farbabb. 19) sowie der **Schwedenspeicher** (1692–1705), in dem der Proviant für die schwedische Garnison gelagert wurde; über dem Eingang das Wappen von Karl XII.; heute *Regionalmuseum*. Am *Pferdemarkt* findet man das **Zeughaus** der schwedischen Besatzung (1697–99; zum Kino umgestaltet, z. Z. ungenutzt). Rund um die Stadt legt sich ein Gürtel ehemaliger Festungsanlagen, die – bis auf wenige Kasematten und den ausgezackten *Burggraben* – zu ausgedehnten Grünanlagen umgestaltet sind. – In jüngerer Zeit entstand an der Schwingemündung der Vorhafen **Stadersand** und das neue *Industriegelände* (Öltanklager, chemische Industrie, Kernkraftwerk, Saline).

Rechts der Elbe (Schleswig-Holstein)

Wedel/Holstein (31 400 Einw.) erfreut sich direkter Elblage und wächst fast übergangslos mit Hamburg(-Rissen) zusammen. Der Ort war die längste Zeit nur ein Flecken; Stadtrecht besteht erst seit 1875. Auf dem Marktplatz wurden seit der zweiten Hälfte des 15. Jh. Viehmärkte abgehalten (Großauftriebplatz für Magerochsen aus Jütland und dem gesamten schleswig-holsteinischen Raum). Die Marktgerechtigkeit wurde 1768 durch den dänischen König Christian VII. bestätigt. Ihr Symbol und Wedels Wahrzeichen ist der **Roland** von 1558; die Sandsteinfigur stellt einen Kaiser (Karl den Großen?) mit Schwert und Reichsapfel dar. Der *Ochsenmarkt* wird noch heutzutage alljährlich im April abgehalten. In der Stadtmitte liegt der Mühlenteich mit ehemaliger Wassermühle (seit 1314). In Wedel wurde *Ernst Barlach* 1870 geboren (*Museum* im Geburtshaus). – Durch den Stadtteil *Schulau* gelangt man zum *Hafen,* wo Schiffsverbindungen nach Hamburg und dem Alten Land bestehen. Daneben befindet sich die beliebte Ausflugs-

*Schiffsbegrüßungsanlage ›Willkomm Höft‹
am Schulauer Hafen*

gaststätte **Schulauer Fährhaus** und davor am Elbufer die Schiffsbegrüßungsanlage **Willkomm Höft**. Hier werden alle auf der Elbe ein- und auslaufenden Schiffe von mindestens 500 TDW von Sonnenaufgang bis in den Abend hinein begrüßt bzw. verabschiedet. Im Untergeschoß des Fährhauses befinden sich ein *Buddelschiff-* und ein *Muschelmuseum*. Auf dem *Elbwanderweg* gelangt man elbabwärts alsbald zum größten **Yachthafen** Europas (derzeit 220 000 m², Kapazität 960 Boote; Erweiterung geplant). – In Wedel bestehen einige Industriewerke (Heizkraftwerk für Hamburg, Telefunken System Technik/Deutsche Aerospace, Mineralölwerk von Mobil).

In **Uetersen** (18 000 Einw.), knapp 10 km landeinwärts gelegen, lohnt vor allem der Besuch des *Rosariums* (mehr als 30 000 Rosen). Die Stadt rühmt sich, den schönsten Rosengarten Europas zu besitzen.

Glückstadt (12 000 Einw.) ließ König Christian IV. von Dänemark auf dem Reißbrett entwerfen und gegen die Ratschläge seiner Baumeister in die Elbmarsch zwischen Rhin und Stör setzen. Die Stadt ist nach dem Ideal der italienischen Renaissance planmäßig angelegt und mit ihrem Grundriß einmalig im deutschen Sprachraum. Der Entwurf stammt wahrscheinlich von dem Franzosen Pacheval; für die Bastionssysteme war der niederländische Wallbaumeister Abraham de la Haye verantwortlich. Es war der Traum des Dänenkönigs, mit Glückstadt und seinem Hafen an der Elbe einen ›Nordseehafen‹ zu besitzen und Hamburg Konkurrenz zu machen; zugleich sollte es der dänischen Machtpolitik eine günstige militärische Operationsbasis sichern. Die Bauarbeiten begannen 1617; 1618 erhielt die Stadt Festungscharakter, 1624 Marktrecht. 1629/30 errichtete der König *Schloß Glücksburg,* das er als Nebenresidenz nutzen wollte (Entwurf Willem van Steenwinkel unter Beteiligung von Gebhard Jürgen Tietge und Georg Kriebel). Auch machten die Dänen die Stadt zum Verwaltungssitz, mit Münzstätte (1618–67), Regierungskanzlei (seit 1649), Sitz der Landesregierung (seit 1773) und des obersten Gerichts für das Herzogtum Holstein (bis zum Abzug der Dänen 1863). In Glaubensfragen herrschten liberale Verhältnisse. Unter einer vorherrschend protestantischen Bevölkerung fanden spanisch-portugiesische und holländische Juden sowie niederländische Glaubensflüchtlinge Aufnahme; auch Katholiken durften sich ansiedeln. Mitte des 18. Jh. betrieben Glückstadter Schiffe neben Frachtverkehr Walfang im Eismeer, Robbenjagd bei Spitzbergen und Heringsfang in der Nordsee. Die vom dänischen Königshaus viel weiter gesteckten Pläne ließen sich jedoch nicht verwirklichen. Der Hafen versandete zunehmend und wurde ein gewöhnlicher Fischereihafen. Stürme und Sturmfluten richteten immer wieder große Schäden an. Das Schloß wurde schon nach 1708 abgebrochen.

Aber der historische Stadtkern hat sich – begünstigt durch das Ausbleiben der erhofften wirtschaftlichen Entwicklung – weitgehend im ursprünglichen Zustand erhalten. Charakteristisch ist der große, an einem Fleet zentral gelegene, sechseckige *Marktplatz,* von dem zwölf Radialstraßen strahlenförmig zu den früheren Stadttoren und Bastionen der Festung (1814–16 geschleift) sowie zum Hafen ausstrahlen. Diese Straßen sind spinnwebenartig durch eine Ringstraße und an ihren Enden durch einen Rundweg mit-

Glückstadt, Stadtkirche

einander vernetzt. Der Marktplatz lehnt sich an ein langes *Fleet* an, das die Hauptver-kehrsachse der Stadt bildete. Man hatte es im vorigen Jahrhundert zugeschüttet, aber in jüngerer Zeit im Zuge der Stadtsanierung wieder hergestellt. Auf der Westseite des Marktplatzes steht das 1642 im Stil der niederländischen Spätrenaissance erbaute und 1872 nach alten Plänen wieder aufgebaute **Rathaus,** das der Börse in Kopenhagen ähnelt. Auf der Ostseite des Marktplatzes liegt die ev.-luth. **Stadtkirche,** der erste Neubau eines evangelischen Gotteshauses in Holstein (1618–21). Stadtbildprägend ist der Barock-turm mit langgestreckter Haube und der Glücksgöttin Fortuna über der Königskrone als Wetterfahne. Innen trennt ein schmiedeeiserner Lettner das tonnengewölbte Kirchen-schiff vom Chorraum. Im Zusammenklang der verschiedenen barocken Ausstattungs-stücke entsteht ein harmonischer Raumeindruck. Der Altar ist allerdings bereits der dritte, und der schöne Orgelprospekt ist seit der Orgelerneuerung in Burg auf Fehmarn. Die vom Kreuz getragene Krone am Altar verweist auf den besonderen Status der Stadt; die vier grandiosen Messingkronleuchter – Glückstadter Arbeiten – zeugen von der örtlichen Handwerkerkunst. Auch gibt es zahlreiche Hinweise auf die einst bedeu-tende Glückstadter Schiffahrt und Fischerei. Die *Bronzebüste* des Königs Christian IV. neben der Kirche ist eine gelungene Nachbildung des Kopenhagener Originals und wurde 1992 anläßlich der 375. Jahrfeier Glückstadts aufgestellt. – Zahlreiche *Palais* und *Bür-gerhäuser* des 17. und 18. Jh. künden vom damaligen Reichtum. Bemerkenswert: das **Brockdorff-Palais** am Fleet (erbaut 1631/32 vom Gouverneur und Kommandanten der Stadt, dem Grafen Christian von Pentz, einem Schwiegersohn Christians IV.; Planung W. v. Steenwinkel und H. Bolten; heute *Dethlefsen-Museum* und *Archiv*) sowie das **Wasmer-Palais** mit dem großen Festsaal im Obergeschoß (die prächtigen Stukkaturen von

Andrea Maini 1728/29 im Stil Ludwigs XIV.; ehedem Sitz des Obergerichts und der Regierungskanzlei; hier erklärte Dänemark 1807 England den Krieg). Die Straße *Am Hafen* gilt als die bedeutendste Uferstraße Norddeutschlands. Das *Provianthaus* und das *Brückenhaus* sind die letzten Gebäude der Schloßanlage. – Im Hinterland von Glückstadt liegt die *Kremper Marsch*. Das 1570 erbaute *Rathaus* im Hauptort **Krempe** (2150 Einw.) ist eines der schönsten Baudenkmäler niederdeutscher Renaissance.

Jenseits der Stör erreicht die Elbe die *Wilster Marsch,* die sich nach Westen bis zum Nord-Ostsee-Kanal erstreckt. Die zur Stör fließende Wilsterau war einmal ein bedeutender Schifffahrtsweg, verlor aber nach dem Kanalbau schnell an Bedeutung. **Wilster** (4500 Einw.; seit 1282 mit Stadtrecht) zeigt ein von schönen Giebeln und altem Fachwerk geprägtes Stadtbild. Das **Alte Rathaus**, ein prächtiger Fachwerkbau von 1585, rechnet zu den schönsten Renaissancebauten Schleswig-Holsteins. Das **Neue Rathaus** war einst das Palais der Familie Doos (1775–80; Baumeister unbekannt, eventuell, zumindest beratend, Ernst Georg Sonnin). Zahlreiche Bauteile und Einrichtungsstücke stammen aus dem seinerzeit gerade abgerissenen Schloß Friedrichsruh bei Drage/Itzehoe. Witwe Doos vermachte das Palais der Stadt. Auch als Rathaus kündet es noch von der anspruchsvollvornehmen bürgerlichen Bau- und Einrichtungskunst des ausgehenden 18. Jh. (schöner Ratssaal; im Park Gartenplastiken). Die Doossche Bibliothek, mit 10 000 Bänden eine repräsentative Sammlung der Goethezeit, ist heute im Alten Rathaus untergebracht. – Die **St. Bartholomäus-Kirche**, 1775–80 von Ernst Georg Sonnin im spätbarocken Stil erbaut, ist ein Prototyp des protestantischen Kirchenbaus in Norddeutschland. Von der Vorgängerkirche wurde nur der Turm in den Neubau integriert und dabei um 4 m auf 52 m angehoben. Charakteristisch sind die beidseitige Verjüngung des Kirchenschiffs zu einem Achteck, der strenge Kanzelaltar mit sparsamstem Säulen- und Figurenschmuck und die ausschwingenden Emporen. Diese Kirche faßte ursprünglich 2000 Besucher! Im Zweiten Weltkrieg stark beschädigt

und danach wieder hergestellt, sind heute noch 1200 Sitzplätze vorhanden.

Itzehoe (34 000 Einw., Hauptstadt des Kreises Steinburg) ist am Geestrand in einer – 1975 verfüllten – Schleife des Flusses *Stör* entstanden. Hier lag die einzige Befestigung der Sachsen in Holstein, die 1032 dem Angriff der Slawen widerstand. Auf dem sächsischen Burgwall ließen die Schauenburger Grafen von Holstein 1238 eine steinerne Burg errichten. Die Verleihung des Stapelrechts 1260 bildete die Grundlage für die wirtschaftliche Entwicklung

Wilster, St. Bartholomäus

*Itzehoe, neues
Stadttheater*

der Stadt, innerhalb der allerdings des längeren vier Gemeinwesen mit unterschiedlicher Gerichtsbarkeit bestanden: der Burgbezirk (Neustadt) in der zur Insel gemachten Störschleife, die Stadt mit lübischem Recht, der Klosterbezirk und der Bereich der Grafen zu Rantzau auf Breitenburg. 1657 ließ Karl X. Gustav von Schweden die Alt- und die Neustadt beschießen und fast völlig einäschern. Einzig der Rest des gotischen Kreuzgangs in der Laurentius-Kirche überdauerte. Das **Rathaus** am Markt der Neustadt stammt von 1695; 1893 um ein Stockwerk erhöht. *Im Ständesaal* daneben tagten die holsteinischen Stände. Beiden gegenüber wurde 1981 ein neues *Rathaus* errichtet; einige Gestaltungselemente sollen an die alte Burg erinnern. Der **Klosterhof**, mit kleinen Konventsgebäuden, Park und Teich ist eine ausgesprochen romantische Anlage. Daneben befindet sich die **St. Laurentius-Kirche**, die Stadt und Konvent 1716–18 auf den Grundmauern der 1657 zerstörten gotischen Vorgängerkirche errichten ließen. Der hohe Turm wurde 1894 aufgesetzt. Ein hervorragendes Meisterwerk ist die barocke Altarwand aus der Werkstatt des Hamburger Schnitzers Hein Baxmann, deren

24 geschnitzte Felder kleinfigurig biblische Geschichte erzählen; dazu passend die Kanzel mit fünf geschnitzten Bildern von einem anderen Künstler. In der zugänglichen Krypta Prunksärge adliger Familien. Des weiteren empfehlenswert: das **Palais Prinzeßhof**, in dem drei Prinzessinnen als Vorsteherinnen des adligen Klosterkonvents residierten (17. Jh., heute *Kreismuseum*), die **St. Jürgen-Kapelle** (1230) mit eindrucksvollen barockzeitlichen Deckengemälden (1660) sowie das **Germanengrab** am *Galgenberg* im Nordwesten der Stadt. Dort hat man einen 9 m hohen Grabhügel aus der frühen Bronzezeit (1450–1250 v. Chr.) mit einem Gewölbe überbaut und zugänglich gemacht. Eine herausragende architektonische Leistung ist das auf dem Gelände der zugeschütteten Störschleife erbaute **Stadttheater** (1992 eingeweiht).

Schlösser und Herrenhäuser beidseits der Elbe

Die in den Marschen vorherrschende bäuerliche Struktur macht Herrenhäuser und Schlösser zur Ausnahme; nur vereinzelt gibt es sie.

Schloß Agathenburg bei Stade, 1655 als repräsentativer Sitz des schwedischen General-

415

gouverneurs Hans Christoph von Königsmarck erbaut, 1921 abgebrannt und originalgetreu wieder aufgebaut; jetzt Kulturzentrum.

Schloß Haseldorf, dicht an der Elbe nordwestlich von Wedel, Besitz des Prinzen von Schönaich-Carolath; 1804 von C. F. Hansen im klassizistischen Stil als Wasserschloß erbaut; im Schloßpark exotische Bäume. Um die Jahrhundertwende wirkte auf Haseldorf der Dichter und Mäzen Emil von Schönaich-Carolath, der bedeutende Literaten zu sich einlud (Detlev von Liliencron, Richard Dehmel, Rainer Maria Rilke u. a.).

Gut der Familie von Kielmannsegg in **Seestermühle,** in Elbnähe zwischen den Flüssen Pinnau und Krickau. Das Schloß brannte 1713 ab und wurde nicht wieder aufgebaut. Erhalten hat sich ein *Lusthaus* mit einer Marke der Sturmflut von 1815.

Schloß Heiligenstedten zwischen Wilster und Itzehoe. Adliges Marschgut. Nach einer vorausgegangenen ritterlichen Wehrburg (13. und 14. Jh.) und einem Renaissancebau des italienischen Baumeisters Franz von Rocha (1583) erbaute der französisch-dänische Architekt Nicolas Jardin 1769 im Auftrage des Grafen Otto Blome, dänischer Gesandter in Paris und Petersburg, ein Barockschloß, das J. E. Mose 1851 in seine heutige Gestalt brachte. Als Hotel und Gaststätte genutzt.

Schloß Breitenburg, als Besitz der Grafen zu Rantzau-Breitenburg auf einer Moorinsel in der Stör bei Itzehoe errichtet. Wallensteins Truppen zerstörten das alte Schloß im Dreißigjährigen Krieg. Im 18. Jh. wurde es wieder aufgebaut und erhielt 1898 seine heutige Form. Der geschmiedete *Schloßbrunnen* zählt zu den schönsten in Deutschland. Bei einer Besichtigung sehenswert: *Spiegelsaal, Rittersaal, Bildergalerie, Thorvaldsen-Galerie* und die alte *Schloßkapelle.* Von der ›Amönenhöhe‹ (Gaststätte) Blick über Marsch und Stör.

Mündungsbucht, Mündung und Außenelbe

Zwischen *St. Margarethen* und *Brunsbüttel* erreicht die Elbe ihre Mündungsbucht. Früher lag hier das *Böschhaus,* die mit einem Leuchtfeuer gekoppelte Hauptstation der Elbelotsen. Unterhalb von Brunsbüttel weitet sich die Elbe zu 10 und 15 km Breite. Eine solche Flußbreite ist für Deutschland einmalig; sie wird nicht einmal vom Rhein erreicht. Allerdings ist die Bucht auf der Nordseite überwiegend von Watten (Neufelder Watt, Medemsand) ausgefüllt. Bei Flut sind diese Flächen wasserbedeckt, bei Ebbe fallen sie trocken. Wegen der Watteninseln muß sich die Fahrrinne nahe beim Südufer halten.

Brunsbüttel (13 700 Einw.) beherrscht den Eintritt in die Mündungsbucht. 1286 als eines der alten Kirchspiele Dithmarschens ersterwähnt, entwickelte sich sein Hafen früh zu einem Handelsplatz für Getreide und Vieh. 1648 fiel auch Brunsbüttel an Dänemark, das den Ort zu einer Festung ausbaute. Deichbrüche und Landverluste machten es nötig, den Ort 1674 der Elbe zu überlassen und landeinwärts einen neuen anzulegen. Sein Kern hat sich in den Grundzügen erhalten. Die den Mittelpunkt bildende **Jakobuskirche** besitzt einige interessante Ausstattungsstücke, wie der nach dem Kirchenbrand von 1719 vom dänischen König Friedrich IV. gestifteten Barockaltar (geschnitzt 1650 von Johann Henning aus Heide; aus der Glückstädter Schloßkirche überführt) sowie den Königstuhl (oder Fürstenloge) für Friedrich IV., eine seltene Auszeichnung für eine Bauernkirche. Neben ihr steht mit dem **Matthias-Boie-Haus** (1779; Gemeindehaus) eines der schönsten Fachwerkhäuser des Landes. – Als 1717 bei der großen Weihnachtssturmflut der Elbdeich bei Brunsbüttel brach, entstand die heutige *Braake*, deren Abdämmung 1762 erreicht werden konnte. Seit 1772 hieß der Ort *Brunsbüttel-Eddelaker-Koog;* 1907 in *Brunsbüttelkoog* geändert. – Die einzigartige strategische Lage dieses Küstenbereichs – Erreichbarkeit durch Hochseeschiffe, ein gewisser Schutz innerhalb der Mündungsbucht sowie Nähe zur Nord- und zur Ostsee – veranlaßte die Marinestrategen des Deutschen Reichs zu Ausgang des 19. Jh., hier zum Bau des **Nord-Ostsee-Kanals** anzusetzen. Dadurch nahm die kleine Kooggemeinde eine schwungvolle Entwicklung; Brunsbüttel erhielt aber erst 1949 die Stadtrechte. In jüngerer Zeit zahlreiche Eingemeindungen, Bau mehrerer Häfen an Elbe und Kanal (u. a. landeseigener Ölhafen). Mit

Der Nord-Ostsee-Kanal

Der in den Jahren 1887–95 erbaute Kanal, bis 1919 zu Ehren Wilhelms I. ›Kaiser-Wilhelm-Kanal‹ genannt, verbindet die Elbe bei Brunsbüttel (Nordsee) mit der Kieler Förde (Ostsee). Ausschlaggebend für seinen Bau war die Absicht, die deutsche Kriegsflotte durch schnelles Umsetzen beliebig an allen deutschen Küsten einsetzen zu können. Schon nach zehn Jahren erwies er sich als zu klein, weshalb er 1907–14 auf 103 m verbreitert und auf 11 m vertieft wurde. Es entstanden die seinerzeit größten Schleusen der Welt in Brunsbüttel und Holtenau.

Heute treten militärstrategische Interessen zurück. Die Wasserstraße, nunmehr auch ›Kiel-Kanal‹ genannt, ist der meistbefahrene Seekanal der Welthandelsflotte. Hamburg, das in nur einer Tagesreise von der Ostsee erreichbar geworden ist, hat größeren Nutzen von ihm als Kiel.

Eine Fahrt durch den Kanal dauert je nach Verkehrsdichte und Schiffsgröße zwischen 6,5 und 8,5 Stunden. Das Begegnen und Überholen von großen Schiffen geschieht in 12 Ausweichstellen (Weichen). Schiffe über 3,1 m Tiefgang sind lotsenpflichtig. Der Kanal wird jährlich im Durchschnitt von rund 60 000 Schiffen aus 70 Ländern mit ca. 85 Mio. BRT befahren, das entspricht etwa 20% der Welthandelsflotte in BRT. Hinzu kommen 16 000 Sportfahrzeuge. Die wichtigsten Güter sind: Stückgüter, Erdöl, Holz, Kohle, Getreide, Düngemittel, Erze, Zellulose.

Brokdorf und Brunsbüttel setzt sich die Kette der am Elbufer installierten Kernkraftwerke fort. Von der neuen vierspurigen *Hochbrücke* über den Kanal (Verbindung zwischen Dithmarschen und Wilster Marsch; Durchfahrthöhe: 42 m) eindrucksvoller Blick über Hafen- und Industrieanlagen.

Otterndorf (6000 Einw.) ist das Zentrum des *Landes Hadeln*, das ehemals zum Herzogtum Sachsen-Lauenburg gehörte. Der Ort liegt ein kurzes Stück vor der Mündung des Elbe-Nebenflusses *Medem*, in der der zur Weser führende Hadelner Kanal endet. Otterndorf entstand um das Jahr 1000; Stadtrecht besteht seit 1400. Als Wurtsiedlung angelegt, ist Otterndorf seit etwa 1450 eingedeicht. 1988 wurde der Seedeich an der Elbe auf 8,70 m erhöht.

Otterndorf hat den Charakter einer alten Landstadt ungewöhnlich gut bewahrt. Die **St. Severi-Kirche** (14. Jh.) ist ein dreischiffiger, mit Kreuzgewölbe versehener Backsteinbau. Das reichgeschnitzte Altarretabel zeigt im Hauptbild ein Abendmahl mit der seltenen Flankierung durch Figuren von Adam und Eva (1664 von Gebhard Jürgen Titge). Überörtliche Bedeutung kommt auch der *Kanzel* (Farbabb. 28) zu, die als raumgreifende Anlage die Fläche des südwestlichen Chorjochs voll ausfüllt. Der Korb ruht auf einer Figur des Moses mit den Gesetzestafeln. In den Feldern der ungewöhnlich langen Brüstung findet sich ein stückreiches Figurenprogramm (geschnitzt 1644 von dem Glückstädter Bildhauer M. Jürgen Krübeln). – Um die Kirche gruppieren sich: das dreigeschossige Fachwerkgebäude der **Lateinschule** (erbaut 1614, bis 1891 als Schule genutzt) – der Altertumsforscher, Übersetzer und Dichter Johann Heinrich Voß war eine Zeitlang ihr Rektor (1778–82); der frühere **Bullsche Speicher;** das **Voß-Haus,** wo Johann Heinrich Voß die Übersetzung von Homers ›Odyssee‹ vollendete; das herrschaftliche Haus **Der Klönschnack,** das Herzog Franz von Sachsen-Lauenburg um 1600 erbauen ließ. Durch die Reichenstraße führt der Weg zum **Rathaus** (1583); die moderne Brunnenplastik eines Fischotterpärchens davor verkörpert das Wappentier der Stadt. Gegenüber steht das **Kranichhaus** (17. Jh.), das 1712 ein Hamburger Gewürzhändler für ein Zweiggeschäft erwarb. Die ansehnliche Fassade ist 1763/64 angefügt worden. Die Giebelzier ist ein Kranich, das Symbol der Wachsamkeit (heute Museum). – In den letzten Jahrzehnten hat Otterndorf seine Freizeiteinrichtungen stark ausgebaut (seit 1985

Otterndorf, St. Severi, Grundriß   1 Taufkessel   2 Altarretabel   3 Stollenschrank   4 Degen   5 Kanzel   6 Christusfigur   7 Pastorenstuhl   8 Kanzellektor   9 Fürstenlektor   10 Männerlektor   11 Orgelempore   12 Doppelleuchter der Schneidergilde   13 Melanchthonbildnis   14 Lutherbildnis

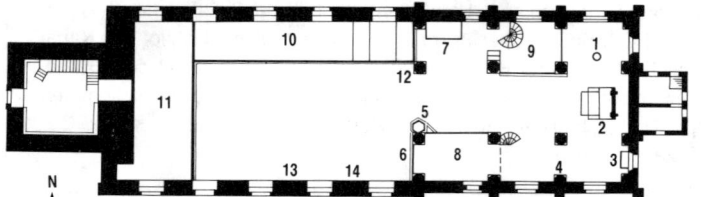

als Erholungsort staatlich anerkannt). Eine Anlage in Elbnähe (7,5 ha) verfügt hinter dem Deich über Seglerhafen, Regattastrecke und Süßwasser-Badesee sowie vor dem Deich über einen Grünstrand; auch gibt es im Ort ein Sole-Hallenbad, eine Reitanlage usw. Zweimal im Jahr ist Otterndorf Schauplatz des ›Germanischen Fünfkampfs‹.

Altenbruch (1600 Einw.) und **Lüdingworth** (2000 Einw.), seit 1972 in Cuxhaven eingemeindet, sind für ihre *Bauernkirchen* bekannt. Ihre Größe und reiche Ausstattung brachte beiden den Beinamen ›Bauerndom‹ ein. **St. Nicolai** in Altenbruch (13. Jh.; im Kern Feldstein) kennzeichnet die 45 m hohe Doppelturmfront (15. Jh.), die den Elbeschiffern als Orientierungshilfe diente; freistehend ein dritter, hölzerner Glockenturm (1646). Bedeutend sind der dreiflüglige Schnitzaltar (um 1500) sowie die Orgel von Johann Hinrich Klappmeyer aus der Schule Arp Schnitgers mit sehenswertem Prospekt (um 1700). Die auf einer Wurt errichtete Kirche **St. Jacobi** in Lüdingworth ist im Kern eine romanische Feldsteinkirche (um 1200). Das Schiff bedeckt eine 16feldrige Holzbalkenkonstruktion (Ende 16. Jh.). Der dreischiffige Chor mit Kreuzrippengewölbe aus Backstein ist nachträglich angebaut (Anfang 16. Jh.). Den Grundeindruck bestimmt die farbenfreudige Ausstattung des 17./18. Jh. Die Balkendecke ist reich bemalt. Der Hauptaltar (1665), dreigeschossig und figurenreich, zeigt im Hauptfeld eine qualitätvolle Kreuzigungsszene. Die Kanzel (um 1700) ist von einer Mosesfigur getragen, der Schalldeckel von zahlreichen Figuren bekrönt; die Brüstungsfelder tragen reiches Schnitzwerk mit

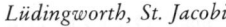

Lüdingworth, St. Jacobi

biblischen Szenen. Die lange Empore (Anfang 18. Jh.) zieren Rankenschnitzwerk und Familienwappen der Inhaber. Ein geschnitzter Posaunenengel (1660 von Jürgen Heitmann) hängt von der Decke herab. Von den übernommenen älteren Stücken sind bedeutend: der Taufkessel und der Buchadler des Lesepults (beides aus Bronze, Anfang 14. Jh.); der dreiflüglige Lüderskooper Altar mit einer Folge von acht geschnitzten biblischen Szenen (1430/40); das Triumphkreuz (Anfang 16. Jh.). Die Orgel von Antonius Wilde, erbaut 1598, vergrößert 1682 von Arp Schnitger und 1775 neu angelegt, ist eine der berühmtesten Norddeutschlands. Am Turm eine Tafel zum Gedenken an den 1733 in Lüdingworth geborenen Arabienforscher Carsten Niebuhr.

□ An der Mündung

Cuxhaven (56 000 Einw.), am äußersten Ende der Elbmündung gelegen, ist für die Hinausreisenden die letzte, für die Ankommenden die erste Station auf dem Festland. Wer Cuxhaven besaß, beherrschte den Zugang zur Elbe. Nachdem sich die Sachsen 797 den Bekehrungsversuchen Karls des Großen widersetzt hatten, errichteten Missionare eine erste Kirche im eingemeindeten *Altenwalde*. Um 1000 übernahmen die Wikinger die sächsische Siedlung und verwüsteten das Land Hadeln. Im 14. Jh. übten hier die Ritter Lappe eine Grundherrschaft aus. Ihren Wohnsitz hatten sie in einem zwischen 1390 und 1400 erbauten Wohnwehrturm der alten Wurtensiedlung **Ritzebüttel.** Weil sie vor-

Cuxhaven   1 Kurmittelhaus und Meerwasserbrandungshallenbad   2 Lesehalle   3 Musikpavillon   4 Haus der Kurverwaltung   5 Meerwasserfreibad   6 Strandhaus Döse   7 Kurparkhalle   8 Kugelbake   9 Seebäderbrücke   10 Alte Liebe   11 Schloß Ritzebüttel   12 Bahnhof   13 Kreisverwaltung   14 Informationszentrum Nationalpark Wattenmeer (Ortsteil Sahlenburg)

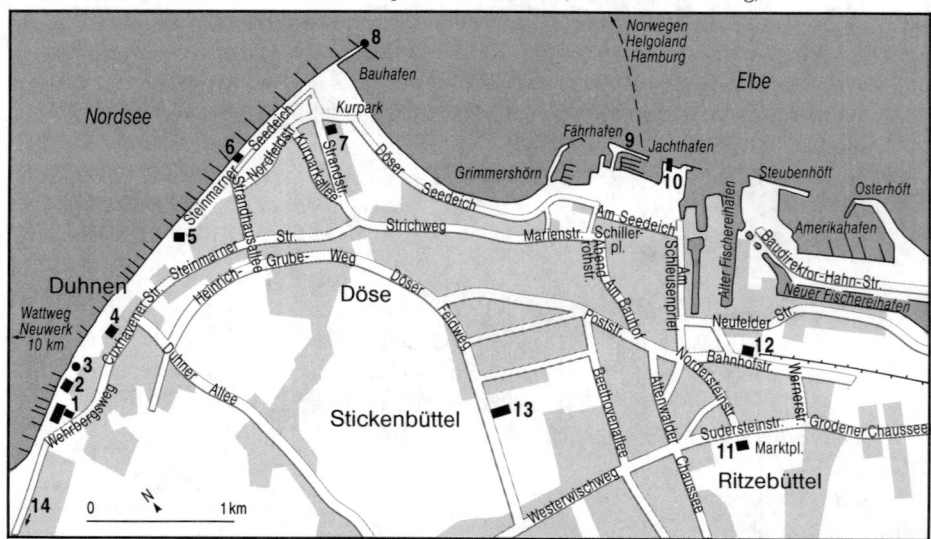

Cuxhaven, die Kugelbake markiert das Ende der Elbe und den Beginn der Nordsee

zugsweise See- und Strandräuberei betrieben, verbündeten sich die Handelsherren der Hanse mit den Friesen gegen sie. Hamburg, das schon die Insel Neuwerk in Besitz genommen hatte, übernahm 1394 auch das Amt Ritzebüttel. Der Wehrburg baute es 1619 einen Vorbau an, dem das neue *Schloß* im Stil des 18. Jh. folgte, wo ein Hamburger Amtmann residierte. – Das Wirtschaftsleben spielte sich unmittelbar an der Elbe ab, wo um 1577 erstmals eine Deichreihensiedlung, das spätere Kuxhaven, genannt wird. 1872 vereinigten sich Ritzebüttel und Cuxhaven. Die Gemeinde blieb bis 1937 bei Hamburg und gelangte nun als Stadt an die preußische Provinz Hannover.

Cuxhavens wirtschaftliche Bedeutung liegt in seiner Doppelfunktion als *Hafen* und Seebad. Die erste Anlegestelle war die *Alte Liebe*, heute eine beliebte Aussichtsplattform (1733; 1981 abgebrochen und neu gebaut). 1892 wurde der Bau des *Neuen Hafens* begonnen; in jenem Jahr etablierte sich auch die kaiserliche Marine in Cuxhaven; 1902 verlegte die HAPAG ihren Schnelldampferverkehr hierher; und 1908 eröffnete Hamburg den Nordsee-Fischereihafen und einen Fischmarkt. 1912 folgte eine Anlegestelle für Überseeschiffe (Steubenhöft) und 1914 der Ausbau des Amerikahafens. Nach erheblichen strukturellen Veränderungen ist Cuxhaven Heimathafen für zahlreiche Fischfangschiffe, Fangfabrikschiffe, Hochseekutter und Seebäderschiffe; es gibt große Fischauktions- und -verarbeitungshallen, auch Werften. Auch ausländische Trawler bringen ihre Fänge zum Cuxhavener Fischmarkt. Kreuzfahrtschiffe legen in Steubenhöft an. Von der Ro-Ro-Anlage bestehen Liniendienste nach England und Skandinavien. Sportsegler stehen drei große Yachthäfen zur Verfügung. – Das *Seebad* wurde 1816 mit dem ersten Badehaus eröffnet. Nach dem letzten Krieg wurden die *Kureinrichtungen* besonders in den eingemeindeten Orten erheblich ausgebaut. 1964 erhielt Cuxhaven für die Ortsteile *Duhnen, Döse* und *Grimmershörn* die staatliche Anerkennung als Nordseeheilbad. 1983 wurde das *Veranstaltungszentrum Kugelbake-Halle* eröffnet. Die dortige Landspitze flankiert eine Mole, auf deren äußerstem Ende die *Kugelbake,* das Wahrzeichen Cuxhavens steht (seit 1718; mehrfach erneuert). Hat sie auch ihre Bedeutung als nautisches Zeichen weitgehend verloren, so zeigt sie noch heute an, daß an dieser Stelle die Elbe endet und das offene Meer beginnt.

☐ Die Außenelbe

Die Elbe fließt in die *Deutsche Bucht* der Nordsee. Der Küstenbereich neigt sich sehr allmählich, so daß weite Flächen bei Ebbe als *Watt* trockenfallen. Zwischen den Watten fließt die Elbe als *Außenelbe* dahin. Dank der Anziehungskraft, die Hamburg und der Nord-Ostsee-Kanal ausüben, ist diese Strecke der am meisten befahrene Seeweg der Welt. Die Kugelbake von Cuxhaven passieren jährlich etwa 80 000 Schiffe.

Der von der Schiffahrt benutzte Hauptstrom führt von Cuxhaven auf den *Mittelgrund* zu. Für auslaufende Schiffe liegen an der Backbordseite der Kleine Vogelsand mit der

>Die Insel Neuwerk vor der Elbe, mit dem alten Thurm im Watt zur Ebbezeit.< H. W. B. Eschke, Holzstich, 1887

Insel Neuwerk und der Scharnhörn Sand, an der Steuerbordseite der Gelbsand und der Große Vogelsand. Die weitgehend zusammenhängende Kette von Sanden vom Medemsand bis zum Großen Vogelsand mißt 22 km Länge. Jenseits davon folgt noch einmal tieferes Wasser, das die Bezeichnung *Norderelbe* trägt. Weiter nördlich schließen sich die Marner Platte und der Buschsand mit der Insel Trischen an. – Die Schiffahrt muß sich an das vorgeschriebene Fahrwasser halten, um nicht auf Sandbänken aufzulaufen. Von den Gefahren künden die Wracks zweier auf dem Großen Vogelsand gestrandeter Schiffe.

Da die Watten dazu neigen, ihre Umrisse zu verändern, hat man die Außenelbe von der Kugelbake an auf 11 km Länge durch einen *Leitdamm* stabilisiert. Diese Strecke ist intensiv durch *Seezeichen* gesichert. **Leuchttürme** in Cuxhaven (seit 1805), auf Neuwerk (s. u.) und auf dem Großen Vogelsand weisen den Weg. Seit der ersten Hälfte des 19. Jh. ankerten auch bemannte **Feuerschiffe** zwischen der Kugelbake und dem Großen Vogelsand, nach ihren Positionen mit ›Elbe‹ und entsprechender Ziffer benannt. Die Besatzungen halfen in Seenot, beobachteten den Schiffsverkehr, Wind, Wasser und Wetter und gaben Meldungen weiter. An ihrer Stelle bilden seit 1988 ferngesteuerte Miniatur-Feuerschiffe ohne Besatzung eine *Radarlinie*. Das Feuerschiff ›Bürgermeister Oswald‹, genannt ›*Elbe 1*‹, liegt jetzt zur Besichtigung im Cuxhavener Hafen.

☐ Inseln im Wattenmeer

Vor der Elbemündung liegen *Neuwerk, Scharhörn* und *Trischen;* sie tragen den Charakter von Halligen. Ständig bewohnt und wirtschaftlich genutzt ist allein **Neuwerk** (3 km²; ca. 40 Einw.). Seit 1286 diente sie Bremer und Hamburger Kaufleuten als Fischmarkt. 1299–1310 erbaute Hamburg das den Inselnamen prägende ›*Nige Wark*‹ (neues Werk), einen **Turm,** der zum Seezeichen wie auch Zufluchtsort bei Angriffen oder Hochfluten bestimmt war (45 m hoch; seit 1814 mit einem Leuchtfeuer; von der Aussichtsplattform Blick über Insel und Wattenmeer bis zu den Mündungen von Elbe und Weser, bei klarem Wetter bis nach Helgoland). Hier residierte ein Amtmann, der hamburgische Schiffahrtsinteressen wahrnahm. 1937 gelangten Neuwerk und Scharhörn zu Cuxhaven und damit zu Hannover und Niedersachsen, gingen jedoch 1969 erneut an Hamburg über. – Des weiteren sehenswert: ein *naturkundliches Informationszentrum* sowie der *Friedhof der Namenlosen,* eine Begräbnisstätte für Seeleute, die das Meer ans Land spülte; Gedächtniskreuze aus angeschwemmtem Treibholz. Zwei Bauern bewirtschaften das seit 1556 eingedeichte Acker- und Wiesenland, das ein Drittel der Insel umfaßt. Eine wichtige Einnahmequelle ist der Fremdenverkehr. Die Insel erreicht man mit dem Schiff oder bei Niedrigwasser mit dem Pferdefuhrwerk oder zu Fuß. Die 10 km Fußwanderung von Duhnen oder Sahlenburg (Cuxhaven) durch das Watt dauert ca. 2–3 Stunden; von Neuwerk nach Scharhörn braucht man nochmals anderthalb Stunden.

☐ Nationalparks vor der Elbemündung

Die sich von den Niederlanden über Deutschland bis Dänemark erstreckenden Wattenflächen sind einzigartig. Neben dem Hochgebirge zählen sie zu den letzten größeren Naturlandschaften Mitteleuropas. Zahlreiche Tier- und Pflanzenarten haben sich an die extremen Bedingungen optimal angepaßt. So dient das Watt vielen *Fischarten* als Kinderstube. Ohne ein intaktes Wattenmeer wäre auch ein großer Teil der *Watt-* und *Wasservogelwelt* der nördlichen Halbkugel zum Aussterben verurteilt, da es für sie Brut-, Nahrungs- und Rastgebiet ist. Auch die *Seehunde* haben hier ihren Lebensraum. Nur hier finden sie die für Paarung, Geburt und Aufzucht der Jungen notwendigen Sandbänke und ein entsprechendes Nahrungsangebot. Auf den bei Niedrigwasser trockenfallenden Sandbänken regenerieren sich ganze Seehundrudel durch Sauerstoffaufnahme für ihre Tauchgänge. – Die Watten vor der Elbemündung sind ein wesentlicher Teil dieser Landschaft. Auf Scharhörn gibt es z. B. die größte Seeschwalbenkolonie an der Nordsee. Und wenn man sich vom Elbe-Fahrwasser in Nebengewässer begibt, sind auf Sandbänken nicht selten Gruppen von 50–60 Seehunden anzutreffen.

Das Wattenmeer ist ein komplexes System, das sich aus zahlreichen Einzelelementen mit spezifischen Verhältnissen, wie Sand- und Schlickwatt, Dünen, Strand, Salzwiesen, Rinnen und Prielen, zusammensetzt. Im Spannungsverhältnis von Ökonomie und Ökologie ist es ein sehr empfindliches Ökosystem, gefährdet u. a. durch Wasserverschmutzung und Lärmbelästigung (reger Schiffsverkehr, Ölbohrplattform, Pipelineprojekt). – Die Idee, das Watt unter Schutz zu stellen, reicht bis in die Vorkriegszeit zurück. Das Außendeichland von Neuwerk, der Vogelsand sowie die Inseln Scharhörn und Trischen sind schon des längeren Vogel- bzw. Naturschutzgebiete.

Nachdem Schleswig-Holstein und Niedersachsen in den 80er Jahren ihre Wattenmeere zu Nationalparks erklärt hatten, folgte Hamburg 1990 im Mündungsgebiet der Elbe mit der Gründung des *Nationalparks Hamburger Wattenmeer* nach. Damit besteht im gesamten deutschen Wattenmeer ein einheitlicher Schutzstatus. Aber der Hamburger Nationalpark setzt auch neue Maßstäbe: Zum ersten Mal sind in einem deutschen Nationalpark Jagd, Fischerei und Muschelfang völlig verboten. Einen Fortschritt stellt auch das Zonierungskonzept dar: Rund 90% der Wattfläche liegen in der Zone I und dürfen nicht betreten werden. Der Tourismus wird gesteuert. Scharhörn dürfen Besucher nur in Begleitung des Vogelschutzwarts betreten. Bei ›Erlebnisfahrten‹ zu den Seehundbänken dürfen die Tiere nicht belästigt werden.

1500 m südwestlich der stark veränderlichen und bedrohten *Düneninsel Scharhörn* hat man 1,5 Mio. m³ Sand zu der neuen *Insel Nigehörn* aufgespült, die ausschließlich Vogelreservat sein und für den Fall des Verlusts von Scharhörn den von dort vertriebenen Vögeln eine neue Heimat geben soll.

☐ Sehnsucht Helgoland

Mit dem Großen Vogelsand enden die Watten. Mit ihnen findet auch die Außenelbe ihr Ende. Aber noch bis etwa 35 km von der Mündung ist zu erkennen, wo sich das graugrüne Elbwasser mit dem Wasser der Nordsee mischt. Noch weithin bewirkt die Elbe eine Aussüßung des Meerwassers.

Helgoland erhebt sich vor der Elbmündung aus dem Meer (35 sm/ca. 65 km von Cuxhaven und 90 sm/ca. 165 km von Hamburg entfernt). In der Saalekaltzeit aber, als das Oberflächenniveau des Weltmeeres einen Tiefstand erreicht hatte und die südliche Nordsee trockenlag, strömte die Urelbe an dem damals festländischen Helgoland vorbei, um bei der Weißen Bank zu münden. Als dann mit dem Abschmelzen des Eises das Meeresspiegelniveau wieder anstieg, verlagerte sich die Elbmündung flußaufwärts. Helgoland wurde zur Hochseeinsel und seit der Sturmflut von 1721 zur Doppelinsel. Daher auch wäre es zu weit gegriffen, in einem Besuch Helgolands noch eine Elbefahrt zu sehen.

Helgoland, Felseninsel in der Deutschen Bucht: Blick vom Klippenrandweg zum Nordhorn

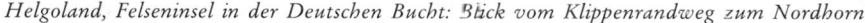

Aber die 2½ Stunden Schiffsreise von Cuxhaven (5½ Stunden von Hamburg) oder der Flug lohnen. Historische Erinnerungen werden wach: Auf Helgoland dichtete August Heinrich Hoffmann von Fallersleben (Denkmal) 1841 die spätere deutsche Nationalhymne. Die Insel war damals noch in britischem Besitz; sie gehört erst seit 1890 zu Deutschland. Gern lassen wir uns auch von den heutigen Sehenswürdigkeiten anlocken: von Helgolands *Felsen* und dem *Klippenrandweg,* vom *Nordseeheilbad,* von den *Dünen* mit dem FKK-Strand, dem *Meerwasser-Freischwimmbad* (ca. 26 °C) u. a. m. Mit Interesse vernehmen wir, was Forscher der *Vogelwarte* und des *Seewasser-Aquariums* über die Lebewelt der Lüfte und des Wassers zu berichten wissen. Wir lassen uns berauschen vom Klang der Wellen, von der Reinheit der Luft und der Weite des Horizonts.

Die meisten Reisenden schauen bereits vorwärts, auf das Meer hinaus, wo sich die größeren Schiffe in ihre jeweiligen Fahrtrichtungen zerstreuen. Auf Helgoland und auf den auslaufenden Schiffen wendet sich der Blick aber auch zurück – zum Festland, zur Elbe, zur Heimat.

»Rot ist die Kant',
Grün ist das Land,
Weiß ist der Sand –
das sind die Farben
von Helgoland.«

Erläuterung der Fachbegriffe

Akanthus Mittelmeerische Distelart mit großen, gezackten, an den Rändern eingerollten Blättern; seit der Antike ein in stilisierter Form verbreitetes Dekorationsmuster in Baukunst und Kunstgewerbe

Altan Eine bis zum Erdboden unterbaute Plattform (eine Art Balkon) an oberen Stockwerken

Ambo (griech.: Erhöhung) Meist steinernes Podium mit Lesepult in der altchristlichen und frühmittelalterlichen Basilika (Vorläufer der Kanzel)

Anlände (Schiffersprache) Anlegestelle für Schiffe, Boote und Flöße; für das Anlandgehen geeignet

Antependium (lat.: das Davorhängende) Schmückende Verkleidung der Frontseite des Altarunterbaus aus kostbarem Stoff, bearbeiteten Metall- oder Holztafeln

Apsis Meist halbrunder, mit einer Halbkuppel überdeckter Raum, der sich zu einem Hauptraum hin öffnet; in der christlichen Baukunst überwiegend der östliche Abschluß einer Kirche

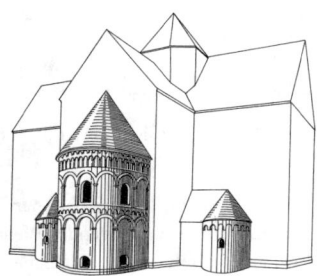

Architrav Der den Oberbau tragende Hauptbalken über Säulen oder Pfeilern

Arkade Bogenstellung über Säulen oder Pfeilern

Atlant Steinerne Gebäude- oder Gebälkstütze in Form einer männlichen Figur, benannt nach dem das Himmelsgewölbe stützenden Titan Atlas der griechischen Mythologie; weibl. Gegenstück Karyatide

Atrium Von Säulen getragener Innenhof des römischen Wohnhauses mit einer mittleren Öffnung im Dach; in der christlichen Baukunst von Säulenhallen umgebener westlicher Vorhof einer Kirche

Baptisterium Kirchliches Bauwerk neben einer Hauptkirche zum Vollzug des Taufaktes

Basilika Drei- und mehrschiffige Kirche, deren Mittelschiff höher und breiter ist als die Seitenschiffe, so daß der durchfensterte Obergaden für Lichteinfall sorgt. In der römischen Architektur: Markt- und Gerichtshalle, in der christlichen Baukunst früh bevorzugter Kirchentypus

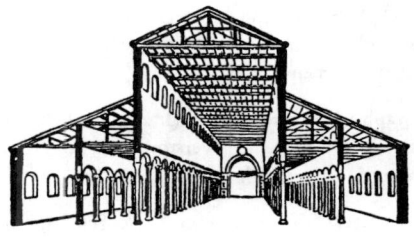

Bergfried, Belfried (franz.: beffroi) Hauptturm einer Burg, als Beobachtungsstand und letzte Zufluchtsstätte bei Belagerungen

Blende Einer Mauerfläche vorgelegte, rein dekorative Scheinarchitektur; z. B. Blendarkaden, -bogen, -fenster, -maßwerk

Buhne Quer in den Fluß gestellter Dammkörper zum Zweck der Ablenkung der Strömung (Verhinderung von Uferabbrüchen) und zur Einengung des Strombettes (Beschleunigung der Fließgeschwindigkeit, dadurch Anregung der Räumkraft des Flusses und Vertiefung seines Bettes)

Burgward(t) Ursprünglich ein alleinstehender Beobachtungs- und Verteidigungsturm. In den eroberten slawischen Gebieten an der Elbe eine zum Mittelpunkt der Verwaltung gemachte Burg

Busung Einzeln durch tiefheruntergreifende Querverbindungen isolierte Gewölbefelder (gebuste Gewölbe)

Dachreiter Schlankes Türmchen auf dem First eines Daches

Deich (niederdt. diek) Wallartige Aufschüttung zur Abwehr von Überflutungen des Hinterlandes; anzutreffen entlang von Flüssen und an der Küste. Im oberdeutschen Sprachraum Damm genannt

Dienst Langes, dünnes Viertel-, Halb- oder Dreiviertelsäulchen, das als Teil eines Bündel- oder Wandpfeilers die Rippen des Gewölbes oder der Bögen aufnimmt

Dormitorium Schlafsaal der Mönche in einem Kloster

Du(c)kdalbe Gruppe eingerammter Pfähle, die in Häfen ohne Kaimauern das Festmachen von Schiffen ermöglichen

Epitaph Erinnerungsmal (Inschrift, figürliche Darstellung) für einen Verstorbenen, aber kein Grabmal

Ewer, Ever Ein- oder zweimastiges Schiff mit flachem Boden zur Fluß- und Küstenschiffahrt und zum Fischen; ursprünglich nur mit Segel betrieben

Exedra 1. Halbkreisförmige Erweiterung mit Sitzplätzen an den Säulengängen öffentlicher Gebäude oder Plätze bzw. in Wohnhäusern der Antike 2. Apsis der altchristlichen Kirche

Fiale (griech.: Gefäß) Architektonisches Zierelement der Gotik: spitz zulaufendes Ziertürmchen auf Strebepfeilern oder seitlich von Wimpergen

Fleet, Fliet (niederdt.) Kanal oder kanalisierter Wasserlauf zur Wasserführung im Marschland. Traditionell landschaftsgebundene Hauptbahn des Verkehrs, auch in Städten, oft anstelle von Straßen oder ihnen gegenüber dominierend

Geest In Nordwestdeutschland üblicher Begriff. Im Gegensatz zur überschwemmungsgefährdeten

→Marsch höher gelegenes, überschwemmungsfreies, zumeist hügeliges Land; in der Regel glazialen Ursprungs (Moränen, Sander); zumeist weniger fruchtbar, oft sandig

Gewände Schräg geführte, seitliche Mauerfläche (Laibung) einer Fenster- oder Portalöffnung; oftmals profiliert und mit Säulen und Skulpturen geschmückt

Gewannflur In zumeist regelmäßigen Streifen (Gewannen) aufgeteiltes Kolonisationsland. In trockengelegten und in Kultur genommenen →Marschen häufig anzutreffen

Glacis Erdanschüttung vor dem äußeren Grabenrand einer Festung

Halle/Hallenkirche, Hallenkrypta Kirche bzw. Krypta, deren Schiffe genau oder fast gleich hoch sind

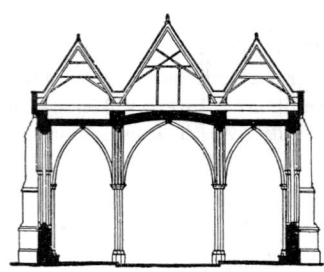

Haufendorf Dörfliche Siedlung mit unregelmäßigem Grundriß

Hermen Steinplastiken. In griechischer Tradition ein sich nach unten verjüngender Pfeiler mit einer Bekrönung durch einen göttlichen oder menschlichen Kopf

Invokation (lat.) Anrufung Gottes

Joch Gewölbeabschnitt in Längsrichtung

Kämpfer (Kämpferkapitell) Architekturelement zwischen Kapitell und aufliegendem Bauteil, meist würfelähnlich

Kapitell Oberer Abschluß von Säule, Pfeiler oder Pilaster mit ornamentaler, figürlicher oder pflanzlicher Dekoration. Dorisches Kapitell: bestehend aus wulstförmigem Kissen (Echinus) und Akabus. Ionisches Kapitell: Volutenkapitell; ein beiderseits eingerollter Volutenkörper liegt über einem Wulst mit Eierstab und angeordneten Akanthusblättern; je zwei diagonal gestellte Voluten bilden die Ecken und tragen einen Abakus (konkav eingezogen, eine Blume auf jeder Seitenmitte)

Kartusche Zierrahmen für Wappen, Inschriften und dergl.

Kenotaph Leergrab

Klausur In Klöstern der allein den Mönchen vorbehaltene Bezirk

Krabbe In der Gotik blattförmiges Ornament an den Kanten von Fialen, Wimpergen und anderen Baugliedern

Krypta Unterirdisch gelegener Raum unter dem Ostabschluß einer Kirche zur Aufbewahrung von Reliquien; Grabstätte von Heiligen und Märtyrern. Später auch Grablege für geistliche und mitunter weltliche Würdenträger

Kurtine Wall zwischen zwei Bastionen einer Festung

Laterne Runder oder vieleckiger durchfensterter Aufbau über einer Decken-, Gewölbe- oder Kuppelöffnung

Laube, Laubengang Ein meist überwölbter Gang an der Front eines Gebäudes

Lavagemälde Ein mit einer der lavierten Federzeichnung (Lavierung) nahestehenden Technik angefertigtes Gemälde. In eine mit harter Linienführung durchgeführte erste Malstufe wird mit weichem Pinsel hineingearbeitet, um bessere Schattenwirkung sowie weiche Grenzen und Tonwerte zu erlangen.

Lettner Trennwand mit einem oder mehreren Durchgängen zwischen Chor und Mittelschiff einer Kirche – zur Scheidung von Priestern und Laien

Lettner

Lünette Halbkreisförmiges, dekoriertes Feld über einer Tür oder einem Fenster

Lukarne (frz.) Dachfenster (→Zwerchhaus)

Mansarddach, Mansarde Giebeldach von gebrochener Form, wobei der untere Teil steiler ist als der obere; das – zumeist bewohnbare – Dachgeschoß wird Mansarde genannt

Marsch Durch Anschwemmung und Sedimentation von Fluß- oder Meeresschlick entstandenes Land, das fruchtbar, aber (im Naturzustand) überschwemmungsgefährdet ist (→Deich, Polder). Entsprechend der Entstehung unterscheidet man Fluß- oder Meeres(Küsten)marschen

montan hier: im Gebirge vorkommend (z. B. montaner Fichtenwald)

Moräne Von Gletschern bewegter und abgelagerter Gesteinsschutt unterschiedlicher Korngröße. Man unterscheidet Grundmoränen (unter dem Gletscher entstanden) und Endmoränen (vom Gletscher vor sich hergeschoben)

oblong Längsrechteckig

Palas 1. Wohn- oder Saalbau der mittelalterlichen Burg 2. Saalbau einer Pfalz

Periglazial Breiter, eisfreier Saum am Rande des Gletschereises, hier der pleistozänen (kaltzeitlichen) Inlandvereisung Mitteleuropas; mit Besonderheiten des Klimas (Winde vorherrschend vom Gletscher her) und der Bodenbildung (Lößablagerung)

Pfalz Residenz der deutschen Könige und Kaiser im Mittelalter

Pilaster Der Wand oder einem anderen Bauglied vorgelegter vertikaler Mauerstreifen mit Basis und Kapitell

Poenitentiarium Klosterraum (-zelle), in dem ungehorsame Mönche bestraft wurden, u. a. durch Arrest

Polder Zwecks Fernhaltung von Hochwasser sowie zur Trockenlegung und Entwässerung von Deichen umschlossenes Landstück

polygonal Mehreckig

Portikus Eine von Säulen getragene und meist von einem Dreiecksgiebel überfangene Vorhalle, die der Hauptfront eines Gebäudes vorgelagert ist

Prahm Flaches Wasserfahrzeug, das zum Laden und Löschen von Schiffen sowie bei Hafen- und Wasserstraßenarbeiten verwendet wird

Predella Auf der Mensa aufsitzender Sockel eines Retabels oder eines Flügelaltars

Priel Rinne im Wattenmeer

Quadriga Viergespann (z. B. als Bekrönung eines Triumphbogens)

Ravelin Außenwerk (Vorwerk) im Festungsbau, sichert das Glacis

Reede Ankerplatz für Seeschiffe, zumeist vor einem Seehafen gelegen

Refektorium Speisesaal eines Klosters

Remter Speisesaal (Refektorium) der Ordensburg

Retabel Mit Gemälden oder Skulpturen geschmückter Altaraufsatz

Risalit Ein in ganzer Höhe eines Bauwerks vorkragender Mittelteil, der auch als Eck- und Seitenrisalit zur Auflockerung der Fassade beiträgt

Sander Zumeist fächerförmige Ablagerung von Grobmaterialien (Geröll, Kies), verursacht durch Auswaschung von →Moränen und Materialumsetzung durch Schmelzwasser. In Mitteleuropa an den Rändern der früheren Inlandvereisung in Richtung Urstromtal anzutreffen.

Schlußstein Oberster, als letzter eingesetzter Stein eines Bogens oder eines Kreuzrippengewölbes; oft mit Ornamenten (Wappen, Köpfen, Tieren usw.) geschmückt

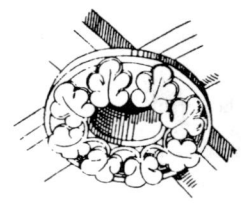

Schute Breitgebautes, flaches Wasserfahrzeug, das in Seehäfen und auf Wasserstraßen dem Warentransport dient

Spolien Wiederverwendete Bauteile, z. B. Säulen, Kapitelle usw. aus einem abgebrochenen, älteren Gebäude

Stak 1. Flößerstange. Instrument zur Bewegung von Flößen; auch für Wasserfahrzeuge zum Abstoßen per Hand (Staken). 2. Eingerammte Stangen, Pfosten und Planken zur Ablenkung des Flußwassers, in der Wirkung →Buhnen vergleichbar

Supraporte Bemaltes oder reliefiertes, gerahmtes Feld über dem Türsturz

Tide (niederdt. für Gezeiten) Durch die Schwerkraft des Mondes verursachte Schwankungen des Meeresspiegels. Bei Flut steigt er an, und die Wasserfläche breitet sich im Küstenbereich und in die Flußtäler hinein aus; bei Ebbe verläuft der Vorgang umgekehrt. Die Schwankungen im Verhältnis zum Normalwasser ergeben den Tidenhub

Triforium Laufgang in der Kirchenwand zwischen Arkaden oder Emporen und der Fensterzone

Tumba Rechteckiges Grabdenkmal, mit einer Grabplatte darauf, die entweder reliefiert oder mit einer vollplastischen Darstellung des Toten gestaltet ist

Tympanon 1. Bogenfeld über einem mittelalterlichen Portal, meist mit plastischem Schmuck 2. Giebelfeld eines antiken Tempels

Utlucht (Auslucht) Meist mehrgeschossiger Erker an Gebäuden, an einer oder zu beiden Seiten des Eingangs, jedoch nicht vorkragend, sondern über einem Sockel vom Erdboden aufsteigend

Vierung Ort der Durchdringung von Lang- und Querhaus einer Kirche

Visierung Zeichnung, graphischer Entwurf für ein Kunstwerk; im Mittelalter und in der Renaissance verwendeter Begriff

Volute Spiral- oder schneckenförmiges Ornament an Kapitellen der ionischen Ordnung; in Renaissance und Barock werden auch Giebel und Konsolen mit Voluten geschmückt

Zwerchhaus Dachausbau, großer Dacherker, der mit einem senkrecht zur Hauptrichtung des Daches gestellten Querdach gedeckt ist

Abbildungsnachweis

Archiv für Kunst und Geschichte, Berlin
Abb. S. 25, 32, 172, 219, 221 li., 249 re., 283, 335
Constantin Beyer, Weimar   Farbabb. 13
Klaus G. Beyer, Weimar   Abb. S. 338
Bilderberg (Wolfgang Kunz), Hamburg
Farbabb. 20
Günter Brinkmann, Hamburg   Farbabb. 25
Gesche-M. Cordes, Hamburg   Abb. S. 18, 355, 365,
367, 387, 393, 395, 396 u., 397, 399, 405, 407, 410,
411, 415
Eberhard Czaya, Berlin   Abb. S. 231 re., 366
Fridmar Damm, Köln   Umschlagklappe vorn,
Umschlagrückseite, Farbabb. 7, 10, 19, 22, 24, 27
Georg Dehio, Handbuch der deutschen Kunst-
denkmäler, Deutscher Kunstverlag München
Abb. S. 270, 274, 287, 313, 322, 330, 332, 339
Deutsches Historisches Museum, Berlin
Abb. S. 10, 43, 49, 163, 168, 222, 269, 337, 371,
376/7
Ernst Paul Dörfler, Steckby   Abb. S. 266
Barbara von Girard, München   Abb. S. 362
Dieter Gutmann, Dresden   Abb. S. 45, 46/47, 84,
86, 87, 91, 93, 94/95, 98, 433, 446
Hamburger Kunsthalle (Fotowerkstatt Elke Wal-
ford)   Farbabb. 23
Hans-Christoph Hoffmann, Bremen   Abb. S. 466
Wolfgang Krammisch, Dresden   Farbabb. 2, 3;
Abb. S. 50
Peter Kühn, Dessau   Umschlagklappe hinten,
Farbabb. 14, 15, 16
Kulturhistorisches Museum Magdeburg
Abb. S. 284, 301 (Fotoatelier Schütze)
Lutherhalle Wittenberg (Wilfried Kirsch)
Abb. S. 221 re., 224
Hans Meyer-Veden, Hamburg   Abb. S. 374, 386,
389, 396 o., 402, 403, 463
Florian Monheim, Düsseldorf   Farbabb. 17, 28;
Abb. S. 320, 349, 356, 358, 361, 413, 414, 465
Florian Monheim / Roman von Götz, Düsseldorf/
Dortmund   Abb. S. 333, 347

Museum für Hamburgische Geschichte (Fischer-
Daber Foto-Studio), Hamburg   Abb. S. 383, 422
Werner Neumeister, München   Farbabb. 5, 8, 9;
Abb. S. 2, 16, 51, 52, 54, 56, 58–63, 65, 66, 70, 71,
73–77, 80, 81, 105, 107, 109, 123 u., 125, 128, 132,
133, 136, 138, 149, 151, 153, 204, 230, 235, 245,
271, 303, 321, 330, 341, 348, 419, 425, 454
Werner Otto, Oberhausen   Umschlagvorderseite,
Farbabb. 21
Michael Pasdzior, Hamburg   Farbabb. 26
Udo Pellmann, Dresden   Farbabb. 1, 4, 6, 12;
Abb. S. 29, 117, 123 o., 131, 421
Werner Preuß, Köln   Abb. S. 127
Ingrid Rulff, Dresden   Farbabb. 11
Sächsische Landesbibliothek, Abt. Deutsche Foto-
thek, Dresden   Abb. S. 35, 39, 40, 83, 97, 103,
112–114, 118, 129, 145, 174
Horst Schmeck, Köln   Abb. S. 391, 394
Sigrid Schütze-Rodemann, Halle/Saale
Farbabb. 18; Abb. S. 154, 160, 164, 167, 202/203,
212, 229, 231 li., 233, 238/239, 242, 257–259, 261,
274, 275, 277, 290, 291, 292, 296–299, 309, 315,
323, 325
Staatliche Schlösser und Gärten Wörlitz, Oranien-
baum, Luisium   Abb. S. 249 li.
Stadtarchiv Stade / Ev.-luth. Kirchengemeinde St.
Cosmae-Nicolai, Stade   Abb. S. 409
Stadtmuseum Dresden   Abb. S. 100
Verlag Schnell & Steiner GmbH, München
Abb. S. 418
Verwertungsgesellschaft Bild – Kunst, Bonn
Farbabb. 23
Elke Walford Fotowerkstatt Hamburger Kunsthalle
Farbabb. 23

Zitat auf S. 111 aus Erich Kästner, Als ich ein kleiner Junge war, © Atrium Verlag, Zürich, 1957

Karten und Pläne: DuMont Buchverlag, Köln und
Christian Heße, Köln

Praktische Reiseinformationen

Informationsstellen

Cuxhaven
Kurverwaltung Cuxhaven
Cuxhavener Str. 92
27476 Cuxhaven
✆ 0 47 21/40 40
Fax 0 47 21/4 90 80

Dresden
Dresden Information
Informationszentrum
Prager Straße 10
01069 Dresden
✆ 03 51/4 95 50 25
Fax 03 51/4 95 12 76
April–Sept. mo–sa 9–20 und so 9–14 Uhr,
Okt.–März mo–mi 9–18, sa und so 9–14 Uhr

Zweigstelle:
Neustädter Markt (Fußgängertunnel)
01097 Dresden
✆ 03 51/5 35 39
Mo–mi 9–18, do 9–18.30, fr 9–19, sa und so
9–15 Uhr

Hamburg
Tourismus-Zentrale Hamburg
Burchardstr. 14
20095 Hamburg
✆ 0 40/30 05 10
Fax 0 40/30 05 12 53

Lauenburg a. d. Elbe
Fremdenverkehrsamt Lauenburg
Amtsplatz
21481 Lauenburg
✆ 0 41 53/59 09 80 oder 59 09 81
Fax 0 41 53/5 28 90

Lüneburg
*Fremdenverkehrsverband
Lüneburger Heide e.V.*
Lüner Weg 22

21335 Lüneburg
✆ 0 41 31/5 20 63

Verkehrsverein Lüneburg
Rathaus
21335 Lüneburg
✆ 0 41 31/30 95 93 oder 3 22 00

Magdeburg
Magdeburg Information
Amt für Fremdenverkehr und Bäder
Alter Markt 9
39104 Magdeburg
✆ 03 91/5 41 47 04 (Zimmervermittlung)
✆ 03 91/5 41 47 94 (Informationen, Stadtführungen, Kartenvorverkauf)
Fax 03 91/3 01 05
Mo–fr 10–18 und sa 10–13 Uhr

Meißen
Tourist-Information Meißen GmbH
An der Frauenkirche 3
01662 Meißen
✆ 0 35 21/45 44 70
Fax 0 35 21/45 82 40

*Regionaler Fremdenverkehrsverband
Sächsisches Elbland*
Loosestr. 17/19
01662 Meißen
✆ 0 35 21/85 27 71
Fax 0 35 21/85 31 18
(Ansprechpartner für Sächsische Weinstraße)

Pirna
Fremdenverkehrsbüro der Stadt Pirna
Dohnaische Str. 31
01796 Pirna
✆ 0 35 01/28 97
Fax 0 35 01/8 43 31

Fremdenverkehrsverband Sächsische Schweiz e.V.
Zehistaer Str. 9

01796 Pirna
✆ 0 35 01/8 54 55
Fax 0 35 01/8 54 56

Radebeul
Fremdenverkehrsamt der Stadt Radebeul
Pestalozzistr. 6a
01445 Radebeul
✆ 03 51/76 27 73 oder 72 26 31
Fax 03 51/76 29 02
Mo, mi, do, fr 10–17 und di 10–18 Uhr

Stade
Fremdenverkehrsamt Stade
Bahnhofstr. 3
21682 Stade
✆ 0 41 41/40 14 50 oder 37 38

Stendal
Fremdenverkehrsamt Stendal
Kornmarkt 8
39576 Stendal
✆ 0 39 31/21 61 86

Torgau
Torgau-Information
Fremdenverkehrsbüro der Stadt
Schloßstr. 11
04860 Torgau
✆ 0 34 21/71 25 71

Wittenberg
Fremdenverkehrsbüro
Wittenberg Information
Collegienstr. 29
06886 Lutherstadt Wittenberg
✆ 0 39 41/22 39
Fax 0 39 41/25 37

Wittenberge
Stadtinformation
Bahnstr. 56
19322 Wittenberge
✆ 0 38 77/42 19
Mo–fr 10–18 Uhr

Schiffs- und Bootsreisen auf der Elbe

Für das Kennenlernen der Elbe und ihrer Randlandschaften bestehen zahlreiche Möglichkeiten.
Vor allem kann man auf dem Fluß selbst fahren
oder seine anrainenden Bereiche zu Lande bereisen.
Die deutsche Einheit und die Veränderungen in
der Tschechischen Republik haben in allen Flußabschnitten unbegrenzte Bewegungsfreiheit geschaffen.

Fahrten mit Luxusschiffen
Mehrtägige Reisen
Die bequemste Art, weite Strecken der Elbe zu
bereisen, bieten die mit Luxusschiffen durchgeführ-
ten mehrtägigen Elbe-Kreuzfahrten. Der größte
Veranstalter ist die KD-Reederei mit den Schiffen
›MS Clara Schumann‹ und ›MS Theodor Fontane‹.

Köln-Düsseldorfer Deutsche Rheinschiffahrt AG
Frankenwerft 15
50667 Köln
✆ 02 21/2 08 80, Telex 8 88 13 26
Fax 02 21/20 88–2 31

Die längste Fahrstrecke der KD-Reederei (6 Tage)
besteht zwischen Lauenburg (Hamburg) und Lovo-
sice/Lobositz (Bustransfer nach Prag). Außerdem
werden die Abschnitte (Hamburg) Lauenburg –
Bad Schandau (Dresden), (Dresden) Bad Schandau – Wittenberg (3 Tage) sowie Wittenberg –
Dresden – Lovosice (Prag) (5 Tage) befahren. Auf
der unteren Elbe führen Routen von Hamburg
nach Kiel (3 Tage) und von Kiel nach Lauenburg
(Hamburg). Ein Begleitbus ermöglicht an den
Anlegestellen Landausflüge zu den Hauptsehens-
würdigkeiten.

Weitere Veranstalter

Peter Deilmann, Reederei (›MS Dresden‹)
Am Hafensteig 17–19
23730 Neustadt in Holstein
✆ 0 45 61/6106-0, Auto-✆ Fu 0 16 11 40 59 47

Jens von der Heide (›MS Königstein‹)
Kapitän, Korrespondentreeder
An der Alsterschleife 8
22399 Hamburg
✆ 0 40/6 02 51 01, Auto-✆ Fu 0 16 12 43 20 46

Schiffsagentur Mittelelbe
Service-Büro Jüngel, Vermittlung von Schiffsreisen
An der Elbe 11
06886 Lutherstadt Wittenberg
✆ 0 34 91/6 67 65 5, Fax: 0 34 91/6 675 52

Tagesausflüge

Möglichkeiten für Tagesausflüge auf der Elbe mit Fahrgastschiffen lokaler Reedereien bestehen vor allem an den Ausgangs- und Anlaufpunkten Poděbrady, Děčín, Bad Schandau, Dresden, Meißen, Magdeburg, Hitzacker, Lauenburg, Geesthacht, Hamburg und Cuxhaven. Besonders frequentiert sind die Fahrten von Dresden in das Elbsandsteingebirge und nach Meißen sowie zu den Schiffshebewerken in Rothensee (von Magdeburg) und Scharnebeck (von Lauenburg und Geesthacht).

Fahren mit Sportbooten

An der Elbe bestehen zahlreiche Wassersportzentren wie Rudervereine, Yachthäfen u. ä. Wildwasserfahrten können in den Wehranlagen von Brandýs nad Labem-Stará Boleslav geprobt werden. Die Elbe ist auch auf dem Wege, (wieder) ein wichtiger Fluß für Wasserwanderungen zu werden.

Es gibt Enthusiasten, die sich auf der Elbe mit der Strömungsenergie abwärts treiben lassen, was freilich viel Zeit erfordert. Verbreiteter ist das Befahren mit Paddelbooten, Kanus und Sport-Motorbooten.

Der Wassersportbetrieb zieht sich weit in die von der Elbe ausgehenden Nebenflüsse (vor allem Havel und Elde) und Kanäle hinein, besonders wo sie zu reizvollen Binnenseen hinführen (Havel-Seen, Mecklenburgische Seenplatte, holsteinische Seen). Einige dieser Nebenflüsse und Kanäle, die früher als Wasserstraßen Bedeutung hatten, werden heute vorwiegend von Sportbooten benutzt. In anderen summieren sich in beiden Fällen rege kommerzielle Schiffahrt und Sportbootverkehr.

Wo die Elbe breiter und ruhiger dahinfließt, sind auch reichlich Segelyachten anzutreffen. Der erste bedeutendere Yachthafen befindet sich in Hitzacker. Größere bestehen im Umfeld von Hamburg (Wedel). Die Nähe zu Nord- und Ostsee macht die Elbe hier zum Ausgangspunkt für Fahrten in diese Gewässer.

Der die Elbe befahrende Wassersportler bewegt sich auf einer Wasserstraße, wo es die einschlägigen Verkehrsregeln zu beachten gilt. Von grundsätzlicher Bedeutung ist auch, daß sich die Elbe in zwei Bereiche teilt. Die mittlere und obere Elbe rechnen als **Binnenwasserstraße**, die untere Elbe (Hamburg abwärts) als **Seewasserstraße**. Für die jeweiligen Abschnitte sind für die Führung von Sportmotor- und Sportsegelbooten die entsprechenden Berechtigungsnachweise erforderlich.

Vor dem Antritt von Bootswanderungen sollte man sich anhand von Wasserwanderatlanten und -handbüchern mit den Gegebenheiten der Wasserstraße vertraut machen und erforderlichenfalls *Auskünfte* bei den Wasser- und Schiffahrtsämtern sowie den Wassersportverbänden einholen, die spezielle Merkblätter herausgeben. Wichtige Adressen sind:

Wasser- und Schiffahrtsamt Dresden
km 0–290,7 / Grenze – Saalemündung

Wasser- und Schiffahrtsamt Magdeburg
km 290,7–502,2 / Saalemündung – Dömitz

Wasser- und Schiffahrtsamt Lauenburg
km 502,2–607,7 / Dömitz – Stadtgrenze Hamburg

Wasser- und Schiffahrtsdirektion Nord, Kiel
km 607,7–727,7 / Hamburg – Seegrenze

Besondere Aufmerksamkeit ist den Übernachtungsmöglichkeiten zu widmen. Der Wassersportler sollte seine Teilstrecken genau planen. Auf einer Tagesreise wird man in der Regel einen für Sportboote zugelassenen Ankerplatz antreffen. Campingplätze in Ufernähe sind jedoch noch ungleichmäßig verteilt und auf einigen Flußstrecken nicht unbedingt auf einer Tagesfahrt zu erreichen.

Die Elbroute auf dem Landweg

Eisenbahnstrecken

Die mittleren und unteren Abschnitte der Elbe werden nicht von Eisenbahnen begleitet. Dort läßt sich die Elbe vom Zug aus allein von den wenigen Brücken der querenden Hauptstrecken wahrnehmen (Riesa, Wittenberg, Dessau, Magdeburg, Wittenberge, Lauenburg, Hamburg). Wer jedoch von Dresden nach Prag fährt, dem bieten sich vom Zug ab Heidenau weithin großartige Ausblicke auf das Durchbruchstal im *Elbsandsteingebirge* und im *Böhmischen Mittelgebirge* (Porta Bohemica). Diese Fahrt wird besonders im Frühjahr zur Baumblüte zum Erlebnis. Auch zwischen Nymburk und Königgrätz sowie im Riesengebirgsvorland verlaufen Eisenbahnstrecken entlang dem Fluß.

Reisen mit dem Auto

Völlig anders sind die Möglichkeiten für den Autotouristen. Im Berührungssaum von Sachsen und Böhmen, in den genannten Durchbruchstälern, bündeln sich Fernstraßen und Schienenstränge. Von Bedeutung sind einige mehr oder minder an der Elbe entlangführende Touristen-Routen: die *Sächsische Weinstraße* (Pirna – Diesbar – Seußlitz/ Freistaat Sachsen), Teilstücke der *Straße der Romanik* (Sachsen-Anhalt), die *Elbuferstraße* (Naturpark Elbufer-Drawehn im Kreis Lüchow-Dannenberg sowie in Teilen des Kreises Lüneburg/Niedersachsen), die *Obstmarschenstraße* (Altes Land und Land Kehdingen/Niedersachsen), die *Störtebekerstraße* (Land Kehdingen und Land Hadeln/Niedersachsen) und die *Grüne Küstenstraße* (besonders elbnah im Bereich Glückstadt – Brunsbüttel/Schleswig-Holstein).

In einigen Flußabschnitten führen auch Straßen untergeordneter Wertigkeit unmittelbar am höher gelegenen Rand der Elbauen entlang und geben malerische Ausblicke auf die Elbe frei; teilweise dienen sogar die Kronen von *Elbuferdeichen* als Straße. Besonders beeindruckend sind Fahrten auf den Deichen der *Vierlande* (Geesthacht – Ham-

burg). In den Gebieten mit breiten, überschwemmungsgefährdeten Auen rücken zwar die Straßen vom Fluß ab, und sie schneiden vielfach Flußschlingen ab, aber zumeist findet man Wege, die nahe an die Elbe heranführen, besonders wo die Auen landwirtschaftlich genutzt werden.

Wandern und Radfahren

Nicht nur dem Wassersportler bietet das Elbtal beste Möglichkeiten für aktive Erholung. Die Leitlinie des Flusses und die Reize des Flußtales laden zu sportlicher Fortbewegung zu Fuß oder mit dem Fahrrad ein. Am Elbufer entlangführende Wanderwege gibt es in vielen Touristen- und Naherholungsgebieten. Schon im 19. Jh. wurden sie vor allem in den klassischen Wandergebieten Sachsens und Böhmens angelegt und markiert (vor allem im Riesen- und im Elbsandsteingebirge; mit großer Auswahl von Wanderkarten).

Nach dem Zweiten Weltkrieg führte die Besinnung auf gesunde Lebensweise zu einem starken Aufschwung des Radwanderns. Benutzt werden häufig die Kronen von Elbuferdeichen und alte Treidelpfade. In den alten Bundesländern – in Niedersachsen, im Großraum Hamburg und in Schleswig-Holstein – sind entlang der Elbe fast lückenlos Radwanderwege geschaffen worden, die sich großer Beliebtheit erfreuen.

Auch in den neuen Bundesländern gibt es viele Möglichkeiten, einzelne Elbabschnitte mit dem Fahrrad zu befahren. Oft ist hier die Ländlichkeit noch ausgeprägter, so in Mecklenburg, wo das Elbufer sogar erst wieder seit dem Fall der innerdeutschen Staatsgrenze allgemein zugänglich geworden ist. Ausgesprochene Radfahrwanderrouten sind aber noch nicht ausgewiesen. Der Freistaat Sachsen hat wohl als erstes neues Bundesland die Schaffung einer Elbwanderroute für Fuß- und Radwanderer in Auftrag gegeben.

Wattwandern

In den Watten des Elbmündungsbereichs bestehen für den Wanderer besondere Bedingungen, z. B. bei den beliebten Fußwanderungen von *Cuxhaven* nach den *Inseln Neuwerk* und *Scharhörn:* Die Watten sind nur in jenen Stunden betretbar, in denen sie trockenfallen. Im Interesse der eigenen Sicherheit sind die dafür infrage kommenden Stunden zu beachten. Der *Tidekalender* wird in Touristenzentren durch öffentliche Aushänge bekanntgemacht und ist bei den Informationsstellen erhältlich.

Achtung: Wer die Zeiten für mögliches Wattwandern nicht einhält, begibt sich in **Lebensgefahr!**

Schutzgebiete

Entlang der Elbe reihen sich zum Teil sehr ausgedehnte Schutzgebiete, die unterschiedlich eingestuft sind und in denen demzufolge differenzierte Schutzbestimmungen gültig sind *(Nationalparks, Biosphärenreservat, Natur- und Landschaftsschutzgebiete, Naturparks, Vogelreservate).* An den Grenzen dieser Gebiete sind in der Regel für den Naturschutzbereich geläufige Hinweisschilder aufgestellt. Man beachte Beschränkungen der Zugänglichkeit bzw. bestimmte auferlegte Verhaltensregeln!

Übernachtungsmöglichkeiten, Camping

In den ausgesprochenen Urlaubsgebieten gibt es genügend Übernachtungskapazitäten (Näheres ist bei den regionalen und örtlichen Fremdenverkehrs-Informationen zu erfragen). Für einige Elbwanderrouten sind auch Übernachtungen in Jugendherbergen zu buchen.

Campingplätze sind an der Elbe sehr ungleichmäßig verteilt, und nicht alle, die bei elbnahen Orten bestehen, befinden sich in Elbuferlage. Namentlich in den häufig überschwemmten Auenstreifen und in den Schutzgebieten fehlen solche, teilweise auf sogar recht langen Elbestrecken (Näheres s. in den einschlägigen Campingplatz-Verzeichnissen).

Daraus können sich namentlich für den Wasserwanderer Probleme ergeben. Zwar wird im allgemeinen geduldet, wer sein Zelt für eine Nacht unmittelbar am Fluß aufstellt und nicht mit Schutzbestimmungen und allgemeingültigen Regeln für das Verhalten in der Natur in Konflikt gerät. Grundsätzlich ist jedoch das *Zelten in der freien*

Natur verboten. Wer dennoch an der Elbe zelten möchte, dem sei empfohlen, sich zuvor bei den zuständigen Verwaltungen und Grundeigentümern die Erlaubnis einzuholen.

Abstecher in entferntere Randlandschaften

Viele Touristen, die den Elbraum bereisen, werden sich für mehr als nur den Fluß und seinen Ufersaum interessieren. Bei einer Beschränkung auf ein begrenzteres Reisegebiet ist es möglich, auch von der Elbe weiter abzuschweifen und dabei die regionale Vielfalt intensiver kennenzulernen. Solchen Reisenden sei empfohlen, sich mit weiterführender Regionalliteratur vertraut zu machen.

Aussichtspunkte und Fernblicke

Entlang der Elbe finden sich in nahezu allen Laufabschnitten Gelegenheiten, von landschaftlich exponierten Punkten lohnende Ausblicke auf Fluß und Tal und die am Elbufer entstandenen Kulturleistungen zu genießen. Namentlich wo die Elbe inmitten historisch und architektonisch bedeutsamer Städte mit **Brücken** überspannt ist, öffnen sich, mitten vom Fluß betrachtet, Sichten, die die Einheit des Naturphänomens Fluß und des Menschenwerks Uferstadt besonders eindringlich empfinden lassen. Schon die Vedutenmalerei des Barock und später die Maler der Romantik entdeckten den Zauber dieser Vermählung. Diese Maler waren es auch, die die besten Aussichtspunkte als Standorte für ihre Staffeleien aufspürten. Ein herausragendes Beispiel ist das Elbtal von *Dresden* und *Pirna* mit seinen ›Canalettoblicken‹. – Aber auch Städte und Städtchen, die oftmals ganz andere Wesenszüge zeigen, öffnen sich mit einladenden Uferfronten. Ob ein mehr historisch geprägtes Gemeinwesen (wie die frühere Hanse- und Pfalzstadt *Tangermünde*) oder eine durch aktuelle Geschäftigkeit sprühende Weltstadt (wie *Hamburg*) – ihre jeweils eigene und einzige Schönheit, ihr spezifisches Wesen, wird man im Berührungsraum von Stadt und Fluß immer am intensivsten erfassen.

Um den Reiz der Flußlandschaft zu erfassen, bedarf es oft keiner Brücke, nicht der punktuell fixierten Aussicht. Geeignete Aussichtspunkte strecken sich oft zur Länge des Weges. Man findet sie bei der Anfahrt über die Flußaue, beim Spaziergang auf Uferpromenaden, auf ehemaligen Treidelpfaden und auf Deichen, beim Bummel an Schiffsanländen, auf Fähre und Ausflugsschiff, im Blick von der anderen Uferseite.

Ausblicke auf Fluß, Tal und Ufer gewinnen an Eindringlichkeit, wo die Natur den Fluß in Höhendifferenzen eingebettet hat. Im *Riesengebirge* wird die Mühsal des steilen Abstiegs von der Elbquelle in den Elbgrund (oder umgekehrt) auf einem beträchtlichen Teil des Weges durch den herrlichen Blick über das Tal zum *Elbfall* aufwogen. Im weiteren Elblauf entdeckten schon vor- und frühgeschichtliche Völkerschaften die strategische Bedeutung weiter Ausblicke von den Höhen am Rande des Flusses. Wo immer man heutzutage an der Elbe auf frühere **Burgen** beziehungsweise ihre späteren Umwandlungen, namentlich zur Festung oder zum Schloß, trifft, haben sie ihren Wert als Aussichtspunkte bewahrt. Solche Burgen entstanden an der Elbe in großer Zahl! Wohlgestaltete Burgen oder Burgruinen findet man in Böhmen innerhalb flacherer Elblandschaften vor allem auf basaltischen Aufragungen, z. B. in Gestalt der Burg auf dem *Kunětická hora/Kunietitzberg* vor Pardubice/Pardubitz und der *Hasenburg/Házmburk* im südlichen Vorland des Böhmischen Mittelgebirges; ein hervorragender Aussichtspunkt ist hier auch der sagenumwobene *Řip/Georgsberg*. Burgen oder ihre Umwandlungen zu Festungen mit wichtigen Fernblicken säumen auch Ein- und Ausgänge der schluchtartigen Durchbruchstäler der Elbe: im Böhmischen Mittelgebirge *(Střekov/Schreckenstein,* im Elbsandsteingebirge (z. B. *Rathen* und *Wehlen, Papststein,* Festungen in *Königstein, Pirna* usw.), bei Meißen *(Bosel, Meißner Burgberg, Diesbar-Seußlitz, Neuhirschstein).* Einige, wie der Georgsberg und die Festung Königstein, rangieren als touristische Ziele an vorderster Stelle.

Die strategische Wichtigkeit der Burgen, inbegriffen die Wertung ihres Ausblicks auf die Elbe, wurde näher zur Gegenwart hin von einer seelisch-kulturell verfeinerten Landschaftsrezeption überlagert beziehungsweise abgelöst: Der Fernblick sollte hinfort das Gemüt anregen und Genuß bereiten. Dieser Sinneswandel beim Blick über die Elbe bezeugt der Übergang vom Burgenbau zur **Schloßbaukunst:** die Umwandlung von Burgen in Schlösser und der Neubau von Schlössern. Die *Albrechtsburg* in *Meißen,* der erste Schloßbau in Deutschland, eröffnete diesen Reigen. Wo immer der Betrachter seinen Standpunkt hat – im Schloß (von dort Blick auf Elbaue, Elbe und weites Elbtal) oder das Auge auf Schloßberg oder erhöhtes Elbufer mit Schloß gerichtet – hier findet er die schönsten Blickpunkte. Und mehr noch als bei den Burgen: Die von Schlössern markierten Stationen einer Elbereise sind dicht gereiht, namentlich in Böhmen *(Hradec Králové/Königgrätz, Pardubice/Pardubitz, Brandys n. Lab./Brandeis, Poděbrady/Podiebrad, Mělník),* in Sachsen *(Dresden, Meißen, Torgau)* und Anhalt *(Prettin, Pretzsch, Wittenberg, Coswig;* jeweils Beispiele). Der neue Geist bei der Wahl von Bauplätzen mit Fernsichten über das Elbtal spricht besonders nuanciert aus der Terrassenanlage des Grafen Sporck in *Kukus/Kuks:* Der Blick durch das Spalier der großartigen Barockstatuen hinab zur Elbe sollte dem hier promenierenden Kurgast Erbauung, seelisches Gleichgewicht und Genesung verschaffen. – Die schöne Aussicht, der Fernblick mußte aber nicht immer durch ein Schloß gekrönt sein. Namentlich in den Weinanbaugebieten entstanden Aussichtspunkte mit **Lusthäusern, Belvederes** und **Ausflugsgaststätten** *(Mělník, Radebeul).*

Ein wichtiger Bauherr an Aussichtspunkten war auch die Kirche, die an den besonders schön gelegenen Stellen **Dome** *(Meißen, Magdeburg),* **Klöster,** *(Mělník)* und **Wallfahrts-** und **Pfarrkirchen** *(Stará Boleslav/Altbunzlau)* errichtete, betont gefördert auch durch die Landesherren *(Dresdner Hofkirche).* Bei dem Aussichtspunkt in Mělník, der den Blick zum Zusammenfluß von Elbe und Moldau freigibt, besteht eine lückenlose Kontinuität von der vorgeschichtlichen Wehr- und Wohnanlage über die mittelalterliche Burg zum Renaissance- und Barockschloß, und das in Einheit mit einer Klosteranlage sowie einem neuzeitlichen Weinbergrestaurant. – Jedenfalls war herrliche Aussicht in allen Fällen einer der Hauptgründe, hier und nicht anderswo zu bauen. Die Verbindung von Fernblick und Architektur (Blick von und/oder auf) ist für den heutigen Touristen besonders reizvoll.

Die Wander- und Kletterbewegung hat schließlich die ganze Breite der Aussichtspunkte, vor allem auch in der nicht be- und verbauten Natur, erschlossen. **Wanderwege** führen im *Elbsandsteingebirge* auf die steilen, einzelstehenden ›Steine‹, die großartige, weite *Panoramablicke* über das Gebirge und das Elbtal bieten, wie *Děčínský Sněžník/Hoher Schneeberg* (721 m), *Zirkelstein* (385 m), *Großer Zschirnstein* (563 m), *Papststein* (451 m), *Königstein* (360 m) und *Lilienstein* (414 m). Wanderwege halten sich direkt an den langgestreckten *Steilabfällen zur Elbe,* wo sich Aussichtspunkte wie kostbare Perlen zu einer Kette reihen, wie zwischen Schmilka und Bad Schandau *(Elbleiten* mit *Kleiner Bastei* und *Schrammsteine)* sowie zwischen Kurort Rathen und Stadt Wehlen *(Bastei,* 305 m). Hervorragende Aussichtspunkte sind auch die *Gipfel* vulkanischen Ursprungs (Großer Winterberg, 552 m; *Kaiserkrone,* 355 m). Der an steilen *Felsnadeln (Barbarine* u. a.) kletternde Bergsteiger wird mit einmaligen Talblicken und Fernsichten belohnt.

Das *Tiefland* hat ebenfalls bergige Komponenten, die sich als Aussichtspunkte anbieten. Sie finden sich namentlich an den durch Einschneiden der glazialen Überschüttungen entstandenen *Steilufern* der mittleren und unteren Elbe und auf einigen Geestbergen in Nachbarschaft der Elbmarschen. Solche Höhepunkte im ansonsten eher flachen Land, die teilweise auch hier in alten Zeiten Burgen Baugrund gaben, bieten insbesondere die *Griboer Schweiz* bei Wittenberg, die Ausläufer des *Westfläming* mit dem *Weinberg* (76 m) bei Hohenwarthe, die Bergufer am *Elb-Höhenweg* im *Naturpark Elbufer-Drawehn* und dort besonders der *Höhbeck* nach Schnackenburg (66 m) und die *Klötzie* bei Hitzacker, das *Hohe Elbufer* zwischen Lauenburg und Geesthacht, die *Schwarzen Berge* bei Hamburg-Harburg und der *Süllberg* in Hamburg-Blankenese (75 m). – Wo an der unteren Elbe die Hochufer

enden, verschaffen die Kronen flußnaher **Deiche** der Elbmarschen (z. B. *Vierlande, Altes Land)* und **Leuchttürme** *(Insel Neuwerk,* Blick über Watten und Elbmündung) lohnende Ausblicke.

Hatten schon Burg- und Schloßherren den Horzont ihrer Fernblicke durch Kunstbauten erweitert (vor allem Wachttürme), so erkannte der Klerus die optische Fernwirkung von **Glockentürmen.** Leder sind dem heutigen Touristen zu wenige zugänglich. Wo es aber möglich ist, sie zu begehen, wie in *Wörlitz* (zu Füßen das Gartenreich des Fürsten Franz) oder an *St. Michaelis in Hamburg* (Blick über Stadt und Hafen), sollte man die Mühe des Treppensteigens nicht scheuen.

Das ausgehende 19. und das 20. Jh. fügten schließlich an besonders lohnenden Aussichtspunkten rein profane Kunstbauten hinzu, die allein für der Touristen und einzig zum Zwecke der Aussicht errichtet wurden. Dazu zählt vor allem die Vielzahl von **Aussichtstürmen,** von denen hier nur eine Auswahl genannt sei: im Elbsandsteingebirge auf dem *Papststein* (linkselbisch gegenüber von Bad Schandau, 415 m); bei *Dresden* rechts der Elbe auf dem *Borsberg* (oberhalb von Pillnitz, 335 m) sowie links von ihr bei *Heidenau-Gommern* und der *Fichte-Turm* am Plauenschen Ring (oberhalb von Dresden-Plauen); in der *Dübener Heide* auf der *Schönen Aussicht* (bei Bad Schmiedeberg, 182 m); im *Fläming* auf dem *Hubertusberg* (bei Coswig/Anh.); in der *Magdeburger Börde* auf dem *Winterberg* (bei Calbe, 121 m) und auf einer Anhöhe bei Schönebeck (78 m); mehrfach in der **Klötzie** bei Hitzacker (u. a. **Kniepenberg,** 86 m); auf dem *Süllberg* in Hamburg-Blankenese (75 m, z. Z. nicht zugänglich); in der *Wingst* auf dem *Deutschen Olymp* (61 m). Einen besonderen Höhepunkt des Fernblicks über die Elbe verschafft die *Verbindungsbrücke* zwischen den Felsnadeln der *Bastei.* Nicht zu vergessen seien auch die ›Bismarck-Türme‹ bei *Radebeul* und *Burg.* In jüngster Zeit sind weitere Möglichkeiten hinzugekommen: Wer die **Fernmeldetürme** auf dem *Hohen Schneeberg* bei Děčín/Tetschen, in *Dresden-Wachwitz* oder in *Hamburgs* Planten un Blomen besucht hat, wird die auf ihnen genossenen Panorama-Fernblicke immer in Erinnerung behalten.

Kulturelle Einrichtungen

Museen, Sammlungen, Kirchen, Parks, Gärten, Theater, Konzerte

Die Elbe in Böhmen

Ostböhmen

Chlum (bei Hradec Králové/Königgrätz)
Zur Erinnerung an die Schlacht von Königgrätz (1866) bestehen ein **Heeresmuseum** (Waffen, Uniformen, Karten), ein **Mausoleum** für die Gefallenen und ein **Aussichtsturm**

Chlumec nad Cidlinou/Chlumetz an der Zidlina
Schloß Karlova Koruna/Karlskrone der Familie Kinský
50351, ⌀ 04 48/92 61 19
Kunst des Barock in Böhmen, in Zusammenarbeit mit der Nationalgalerie Prag. Schloßpark (20 ha) mit geschützten Gehölzen.
Mai–August 8–17 und Sept. 9–16, tägl. außer mo; April und Okt. nur sa und so 9–16 Uhr

Chrudim
Okresní muzeum/Kreismuseum
53701, Chrudim IV, Rosselovo nám. 86
⌀ 04 55/24 34
Mai bis Okt. tgl. außer mo 9–12 und 13–17 Uhr

Muzeum loutkářských kultur/Museum des Puppenspiels
Chrudim I, Bretislova 74, ⌀ 04 55/29 10
Ausstellung von Puppen aus aller Welt. Alljährlich veranstaltet die Stadt ein Festival der Puppenspielbühnen mit internat. Beteiligung
Mai–Okt. tägl. um 9, 11, 13 und 15 Uhr; Nov.– April tägl. außer sa und so um 9, 11 und 13 Uhr.

Dvůr Králové nad Labem/Königinhof an der Elbe
Městské muzeum/Stadtmuseum
54400, Kohoutuv dvůr
⌀ 04 37/38 00

Mai–Sept. tägl. außer mo und Okt.–April di–fr 9–12 und 13–17 Uhr

Zoologischer Garten
Vor allem afrikanisches Großwild (Safari-Park).

Hořice/Horitz
Městské muzeum/Stadtmuseum
50801, Revoluční nám. 160
⌀ 04 35/24 97
Geschichte der Stadt, der Gewerbe, der Textilindustrie und der Steinmetzkunst. In der Fachschule für angewandte Kunst *Skulpturengalerie*. *Tägl. außer mo 9–12 u. 13–16 Uhr*

Holice
Africké muzeum – Památník Emila Holuba/ Afrikanisches Museum – Emil Holub-Gedenkstätte
53401, Holubova 1/768, Kulturní dům
⌀ 04 56/2676
Leben und Werk des Afrikareisenden Emil Holub

Hostinné
Galérie antického umění/Galerie antiker Kunst
Außenstelle des Museums für das Riesengebirgsvorland in Trutnov/Trautenau
54731 Hostinné
⌀ 04 38/94 22 39
Mai–Okt. tägl. außer mo 9–12 und 13–17 Uhr

Hradec Králové/Königgrätz
Krajské muzeum Východních Čech/ Bezirksmuseum für Ostböhmen
50039, Protifašistických bojovníků 465
⌀ 0 49/2 34 16
Natur Nordostböhmens, Archäologie, Geschichte, Numismatik, Glas, Keramik, Kunstgewerbe, Schmiedeeisen (vorw. Jugendstil), Militaria zur Schlacht von 1866

Krajská Galérie
50002, Žižkovo nám. 35
⌀ 0 49/27078
Tschech. Malerei und Plastik des 20. Jh., zeitgen.

Kunst. – Theater. Alljährlich Smetana-Klavier-Wettbewerb.

Jaroměř/Jaromirsch
Městské muzeum/Stadtmuseum
55101, Husova tr. 295
✆ 04 42/27 31
Di–fr 9–16, sa und so 9–12 Uhr; an gesetzl. Feiertagen geschl.
Im Stadtteil Josefov/Josephstadt *Habsburger-Festung*.

Jilemnice/Starkenbach
Krkonošské muzeum/Riesengebirgsmuseum
51401, Harrachovský zámek, Jilemnice 75
✆ 04 32/21 66
Natur, Besiedlung seit 14. Jh., Anfänge des tschech. Wintersports, Bildergalerie, Glas, Volkskunst
Tägl. außer mo 8–12 und 13–16 Uhr

Kuks/Kukus
54443, ✆ (04 37) 47 61
Barockkomplex des Grafen F. A. Spork (1692 beg.)
Spital mit barockzeitlicher Apotheke, Statuen-Lapidarium von M. B. Braun, Kirche und Krypta, Garten und Friedhof
Mai–August 9–18, Sept. 9–17 Uhr, tägl. außer mo; April und Sept. nur sa und so 9–16 Uhr

Kunětická Hora/Kunietitzberg
53352 Staré Hradište
Burg mit Sammlungen und Touristenhotel

Pardubice/Pardubitz
Státní zámek/Staatl. Schloß
Krajské muzeum Východních Čech/Bezirksmuseum für Ostböhmen
53116, ✆ 0 40/5 1578 05
Naturwiss. Sammlung, wertvolle ornitholog. Abt., Archäologie, Numismatik, Waffen, Kunstgewerbe und angew. Kunst, Glas, Spielzeug, Dokumentation zum Pferdesport
Mai–Okt. tägl. 10–17 Uhr

Východočeská galérie/Ostböhmische Galerie
Gemälde, Plastiken, Graphik. Im Schloß befindet

sich auch das Denkmalinstitut.
Tägl. außer mo 10–17 Uhr

Přelouč
Městské muzeum/Stadtmuseum
53501, ul. 9, května č. 197
✆ 04 57/26 28

Ratibořice
Schloß, 55203 Česká Skalice
✆ 04 41/5 21 23
Historische Interieurs (1. Drittel 19. Jh.)
Angrenzend Naturpark und Babickatal.
Mai–August 8–17, Sept. 9–16 Uhr, tägl. außer mo.; April und Sept. nur sa, so und feiertags 9–16 Uhr.

Vrchlabí/Hohenelbe
Krkonošské muzeum/Riesengebirgsmuseum
54300, Husova 213 (ehem. Kloster)
✆ 04 38/24 28
Reiche und vielseitige Sammlung zur Natur, Geschichte und Kultur des Riesengebirges und des Nationalparks.
Tägl. außer mo 9–12 und 13–16 Uhr

Mittelböhmen

Brandýs nad Labem-Stará Boleslav/Brandeis an der Elbe-Altbunzlau
Okresní muzeum Praha-Východ/Kreismuseum Prag-Ost
25001 Brandýs n. L.
Arnoldinský dům, Nám. 9, května č. 97
✆ 02 02/26 88
Natur und gesellschaftl. Entwicklung des Kreises, darunter slawische Archäologie, Waffen

Jabkenice/Jabkenitz
Smetanova myslivna/Smetana-Forsthaus
Zweigstelle des Tschech. Musikmuseums in Prag
29445 Jabkenická obora č. 32
✆ 03 26/9 89 22
Leben und Werk des Komponisten Smetana (1824–1884)
April–Sept. 9–12 und 14–16, Okt.–März 10–12 und 14–16 Uhr, jeweils tägl. außer mo

Kačina
Schloß, 38531 Nové Dvory
𝄐 03 27/7 11 70
Ausstellung des Landwirtschaftsmuseums, Natur-
park, Schloßpark
April–Okt. tgl. 8–17 Uhr

Kokořín/Kokorschin
Burg der Familie Spacek
27723, 𝄐 0102/0206, App. 28 oder 35
Historische Interieurs des Palas mit Waffensammlung. In der Umgebung Naturschutzgebiet
Mai–August 8–17. Sept. 9–17, tägl. außer mo; April
und Okt. nur sa, so und feiertags 9–16 Uhr

Kolín
Regionální muzeum/Gebietsmuseum
28000, nám. Obránců míru 8 und Brandlova
ul. č. 24, 27 und 35
𝄐 03 21/2 39 22 und 2 29 88
Regionale Archäologie, Numismatik, Literatur und
Kunst, Volkskunde zum mittleren Elbtal
Di–fr 9–16, sa und so 9–12 und 13–16 Uhr

Kutná Hora/Kuttenberg
Okresní muzeum/Kreismuseum
Direktion: 28480, Kublov č. 14
𝄐 03 27/21 59
Archäologie, Geschichte, Bergbau

Hrádek/Schlößchen
Barborská 28
𝄐 03 27/21 59
Mittelalterl. Bergbau; im Garten alte und heutige
Bergbautechnik
April–Okt. tägl. außer mo 8–12 und 13–17 Uhr

Kamenný dům/Steinernes Haus
nám. 1. máje č. 183
𝄐 03 27/28 21
Örtl. Kunsthandwerk 14.–19. Jh.
April–Okt. tägl. außer mo 8–12 und 13–17 Uhr

Vlašský Dvůr/Welscher Hof
28400, Vlašský dvůr
𝄐 03 27/27 01
Königliche Münze. Münzprägung in Kuttenberg

1300–1726; Kapelle mit Barbaraaltar – April–Okt.
tägl. außer mo 9–12 und 13–16 Uhr

Voršyilský klášter/Ursulinerinnen-Kloster
𝄐 03 27/29 08
Ausstellung zur Geschichte des Klosters; Kunst-
handwerk mittelböhmischer Denkmalobjekte
Mai–August 8–17, Sept. 9–17, tägl. außer mo; April
und Okt. nur sa und so 9–16 Uhr
Außerdem Tyl-Theater und zugängl. Teil des alten
Bergwerks Orsel.

Liběchov/Liboch
Schloß mit Expozice asijských kultur
27721, Statní zámek
𝄐 02 06/97 11 36
Sammlung asiatischer Kunst des Náprstek-Museums
in Prag
Tägl. außer mo 9–17 Uhr

Mělník
Schloß
27601, 𝄐 02 06/24 21
Ausstellung der böhmischen Barockkunst, histo-
rische Interieurs aus den Melníker und Horiner
Sammlungen der Familie Lobkowicz

Nymburk/Nimburg
Vlastivědné muzeum (Heimatmuseum)
28800, Tyrsova 174–6, 𝄐 03 25/24 73
Natur, Geschichte, Heimatkunde; Dokumentation
zur Entwicklung des Eisenbahnverkehrs
Mo und di 7.30–16, mi und fr. 7.30–15, do 7.30–18
Uhr, sa und so nach Voranmeldung.

Theater, Sternwarte

Obříství
Památnik Bedřicha Smetany (Bedrich-Semtana-
Gedenkstätte)
27742, Na Lamberku
𝄐 02 06/6 12
Leben und Werk des Komponisten Smetana, bes.
Entstehung der Oper ›Die verkaufte Braut‹, Zim-
mer des Komponisten mit Stilmöbeln
Fr–so 9–16 Uhr

Poděbrady/Podiebrad
Polabské muzeum (Elbemuseum)
29055, Palakého tř. 68/III
⊘ 03 24/26 40
Paläontologie, Archäologie, Zoologie, Volkskunde,
landwirtschaftl. Gerät, Handwerk, Glas, Blau-
druck, Hinterglasmalerei
Mai–Okt. tägl. außer mo 9–12 und 14–17 Uhr

Theater, Schiffsausflüge auf der Elbe

Nordböhmen

Benešov nad Ploučnice/Bensen an der Poltzen
Schloß
40722, ⊘ 04 12/9 45 75
Historische Interieurs
Mai–August 9–18, Sept. 9–17, tägl. außer mo; April
und Okt. nur sa, so und feiertags 9–16 Uhr

Česká Lípa/Böhm. Leipa
Okresní vlastivědne muzeum
(Kreisheimatmuseum)
470334, nám. Osvobození 297
⊘ 04 25/27 90
Mineralogie, Archäologie, Kunsthandwerk,
bildende Kunst (alte Drucke)
Tägl. außer mo 9–12 und 13–17 Uhr

Děčín/Tetschen
Okresní muzeum – Muzeum labské plavby
(Kreismuseum – Museum der Elbschiffahrt)
40501 Děčín IV, tř. Československé mládeže 1/31
⊘ 04 12/2 23 44
Tägl. außer mo 9–12 u. 13–17 Uhr

Zoo, Ausflugsschiffahrt

Doksany/Doxan
Kloster
41182, ⊘ 04 11/9 72 03
Romanische Kirche und Krypta (Anfang 13. Jh.).
Andere Gebäude für Besucher nicht zugänglich
Tägl. außer mo Mai–Sept. 9–17, April und Okt.
9–16 Uhr.

Duchcov/Dux
Schloß
41901, ⊘ 04 17/93 53 01
Interieurs mit historischen Möbeln aus den Sammlungen des Kunstgewerbemuseums in Prag; Fürstengarten und Naturpark mit neuem Pavillon
Mai–August 9–18, Sept. 9–17, tägl. außer mo; April
und Okt. nur sa und so 9–16 Uhr

Libochovice/Libochowitz
Statní zámek/Staatl. Schloß
41117, ⊘ 04 19/9 43 91
Historische Interieurs (Sala terrena, repräsentativer
Saturn-Saal); Gedenkstätte für den hier geborenen
J. E. Purkyně
Mai–August 8–17, September 9–17, täglich außer
mo; April 9–16 und Oktober 9–17 Uhr, nur sa
und so

Litoměřice/Leitmeritz
Okresní vlastivědné muzeum/
Kreis-Heimat-Museum
41201, Mirové nám. 171/40
⊘ 04 16/20 19
Archäologie, Geschichte, Volkskunde
Tägl. außer mo 10–12 und 13–17 Uhr

Severočeská galérie výtvarného uměni/
Nordböhmische Galerie der bildenden Künste
41247, Michalská 7
⊘ 04 11/23 38
Di–sa 10–12, so und feiertags 9–12
und 14–17 Uhr

Außerdem: **Mácha-Gedenkstätte.** Mittelalterliche
unterirdische Gänge. Alljährlich im Sept. **Lei-**
stungsschau ›Der Garten Böhmens‹ (Obst, Gemüse, Blumen)

Nový Bor/Haida
Sklářské muzeum/Glasmuseum
Außenstelle des Museums für Glas und Bijouterie
in Jablonec nad Nisou/Gablonz an der Neiße
47301, nám. Míru 105
⊘ 0 24/21 96
Tägl. außer mo 9–12 und 13–16 Uhr

Ploskovice/Ploschkowitz
Schloß
41142, ℘ 04 16/86 92
Interieurs mit Malereien von J. Návratil; Ausstattung meist historisierend aus der Zeit des zweiten Rokoko; ältere Kollektion von Gemälden und Grafiken
Mai–August 8–17, Sept. 9–17, tägl. außer mo; April und Okt. nur sa und so 9–16 Uhr

Říp/Georgsberg
41187 Krabcice
Gedenkstätte zur Erinnerung an die Anfänge der slawischen Besiedlung und des Sieges Sobeslavs I. über Kaiser Lothar III. in der Schlacht bei Chlumec/Kulm. Areal und Interieur der Rotunde. Vielfältige Ausflugsmöglichkeiten in die Umgebung
Mai–August 9–18, Sept. 9–17, tägl. außer mo; April und Okt. sa und so 9–16 Uhr

Teplice/Teplitz
Krajské muzeum/Bezirksmuseum
41500, Zámecké nám. 14
℘ 04 17/21 35
Heimatkunde, Geschichte des Kreises und des Kurortes, Ludwig-van-Beethoven-Gedenkraum, Bildergalerie, ständige Ausstellung der naiven Kunst
Tägl. außer mo 9–12 und 13–17 Uhr

Alljährlich **Musikfestspiele** mit Werken von Beethoven. Sport: Schwimmhalle mit Thermalwasser; Sport- und Eissportstadion

Terezín/Theresienstadt
Památník Terezín/Gedenkstätte Theresienstadt
41155, Malá pevnost, č. 304
℘ 04 16/9 22 25 und 9 24 42
Erinnert an die Opfer des faschistischen Konzentrationslagers
April–Sept. tägl. 7–18.30; Okt.–März tägl. 8–15.30 Uhr

Exposice Historie/Historische Ausstellung
Komenského 148–150
℘ 9 25 55
Tägl. außer mo 10–15 Uhr

Třebenice/Trebnitz
Muzeum Českého granátu/Museum böhmischer Granate
41113, Loucká, ul.
℘ 04 19/9 43 16
Förderung und Verarbeitung des Halbedelsteins

Ústí nad Labem/Aussig an der Elbe
Okresní muzeum/Kreismuseum
Sammlungen und wissenschaftliche Abt.: 40004 Ústí n. L. – Trmice, Zámecká 12, ℘ 0 47/2 51 09. – Ausstellung: Lidické nám. 1, ℘ 0 47/2 43 88
Geschichte der Region, naturwissenschaftl. Sammlung, Handwerk, Industrie, Numismatik, Kunst
Di–sa 8–18 Uhr

Theater, Zoo in Krásné Březno, Eissportstadion; Thermalbäder in Kliše und Brná n. L.; Burgruine **Střekov/Schreckenstein**

Die obere Elbe in Sachsen (Staatsgrenze bis Riesa)
Elbsandsteingebirge (Grenze bis Stadt Wehlen)

Cunnersdorf
Heimatstube
01848, Cunnersdorf Nr. 37
℘ 03 50 21/9 38
Ortsgeschichte, Volkskunst, Leben der Waldarbeiter und Bauern

Kurort Gohrisch
Grenzstein-Lapidarium
01824, Pladerbergstr. 43 b
℘ 03 50 21/5 45
Geschichte der Grenzsteine in der Sächsischen Schweiz

Hohnstein
Burg
01848, Markt 1
℘ 03 59 75/2 02
Geschichte der Burg und des Hohnsteiner Puppenspiels; Jugendherberge

Königstein
Festung
01824, Postfach 02/06

✆ 03 50 21/3 74, Fax 3 75

Bergfestung, größte Festungsanlage Europas (9,5 ha).
Mitte April–Sept. 9–20, Okt. 9–18, Nov.–April
9–17 Uhr, 24. Dez. geschl.
Ausstellungen (geöffnet 10–18 Uhr) – *Torhaus:* Geologische Entwicklung und frühgeschichtl. Besiedlung der Sächsischen Schweiz; *Neues Zeughaus:*

Blick von der Festung Königstein

Festungsbau und Militärgeschichte von 1806–1945;
Altes Zeughaus: Entwicklung des Artilleriewesens
in Sachsen; *Schatzhaus:* Sonderausstellungen; *Georgenburg, Brunnenhaus, Proviantmagazin/Faßkeller:*
Dokumentationen zur Baugeschichte und zur Geschichte des Staatsgefängnisses, des Brunnens und
der drei Riesenweinfässer.

Nationalpark Sächsische Schweiz
Nationalparkverwaltung
Schandauer Str. 36

✆ 03 50 21/2 29, Fax 4 46

Krippen
Gedenkstätte ›Friedrich-Gottlob-Keller‹ und Holzschliffmuseum
01814, Fr.-Gottlob-Keller-Str. 54

✆ 03 50 28/4 01

Fax 3 66

Erfindung des Holzschliffs

Naundorf
Robert-Sterl-Haus
01796, Verw.: Naundorfer Str. 99,
01829 Stadt Wehlen

✆ 0 35 20/2 16

Letzte Wohn- und Arbeitsstätte des Malers Robert
Sterl (1867–1932)

Ottendorf
Technisches Denkmal Neumannmühle
01855, Kirnitzschtalstr. 3

✆ 03 59 71/20 02

Geschichte des Sägewerkes

Kurort Rathen
Burg Neurathen
01824, Verw.: Basteistr. 79, 01847 Lohmen
Burganlage aus dem 13. Jh.

Felsenbühne
Europas schönstes Naturtheater. Aufführungen der
Landesbühne Sachsen (s. Radebeul). Spielzeit in
der Regel Anfang Mai bis Ende Sept. Kasse tägl.
(außer Mo) 9–15 Uhr, ✆ 03 50 24/4 96

Bad Schandau
Heimatmuseum
01814, Badallee 10, ✆ 03 50 22/21 73

Tourismus-, Stadt- und Bergsteigergeschichte

Sebnitz
Heimatmuseum
01855, Bergstr. 9

✆ 03 59 71/25 90

Stadtgeschichte, Geschichte der Kunstblume,
einheimische Künstler und ihre Werke

Stolpen
Museum Burgruine
01833, Schloßstr. 10

✆ 03 59 73/63 87

Vier Burghöfe mit Aussichtsplateau, Hauptwache
(Waffensammlung), Marstall, Folterkammer, Kornboden, Schössertum, Burgverliese, Gerichtssaal,
Coselturm, Saigerturm, zahlreiche Burgkeller,
Feuerlösch- und Wasserkunst

März, Apr., Okt., Nov. 9–16, Mai–Sept. 9–17 Uhr.
Im Winter Burganlage geschl. bzw. Öffnungszei-
ten witterungsabhängig

Stadt Wehlen
Pflanzengarten und Heimatstube
01829, Lohmer Str. 18
✆ 03 50 24/4 13
Zur Geschichte der Elbeschiffahrt und der Stein-
brecherei, gläserner Bienenstock, Geschichte der
Burgruine Alt-Wehlen, Pflanzen der Sächsischen
Schweiz, Gebirgs- und Steinpflanzen

Dresden, Landeshauptstadt des Freistaats
Sachsen
(s. auch in Stadtnähe Freital, Graupa und Radebeul)

Museen

Zwinger
01067 Dresden
Gemäldegalerie Alte Meister
Semperbau
✆ 03 51/4 84 01 20
Di–so 10–18 Uhr

Historisches Museum, Rüstkammer
Semperbau
✆ 03 51/4 84 01 26
Prunkwaffen und -geräte. Krönungsornat Augusts
des Starken
Di–so 10–18 Uhr

Porzellansammlung
Eingang Sophienstr.
✆ 03 51/4 84 01 27
Neben der des Serail in Istanbul die größte der
Welt
Mo–mi, fr–so 10–18 Uhr

Mathematisch-Physikalischer Salon
Sammlung historischer wissenschaftl. Geräte, Uhren,
Erd- und Himmelsgloben, Rechentechnik, Atlan-
ten; davon zahlreiche im Übergang vom Ge-
brauchsgegenstand zum Kunstwerk
Mo–mi, fr–so 9.30–17 Uhr; mo geschl.

Staatliches Museum für Tierkunde
Eingang Kronentor
✆ 03 51/4 95 25 03
Das Tier in der Kulturgeschichte
Tägl. außer mo 9–16 Uhr

Albertinum
01067 Dresden,
✆ 03 51/4 95 30 56
Mo–mi, fr–so 10–18 Uhr; do geschl.

Gemäldegalerie Neue Meister
Grünes Gewölbe (Königliche Schatzkammer)
Bedeutendste Schatzkammer Europas. Prunkgegen-
stände und Juwelen

Skulpturensammlung
Eingang Georg-Treu-Platz
Zumeist römische Nachschöpfungen griechischer
Meisterwerke; europäische Bildwerke vom frühen
Mittelalter bis zur Gegenwart

Münzkabinett
Residenzschloß
01067 Dresden. Eingang Sophienstraße
✆ 03 51/4 94 31 10
Bauausstellung zum Schloß, Sonderausstellung des
Historischen Museums
Mo–mi, fr–so 10–18 Uhr

Staatliches Museum für Mineralogie und
Geologie
Augustusstr. 2 (rechts der Freitreppe zur Brühlschen Terrasse)
✆ 8 03 51/4 95 24 46
Entwicklungsgeschichte der Erde. Belegstücke zum
sächsischen Bergbau
Mi–so 10–13 und 14–16 Uhr; mo und di geschl.

Stadtmuseum
Landhaus
Wilsdruffer Str. 2
01067 Dresden
✆ 03 51/4 95 23 02
Tägl. 10–18 Uhr; fr geschl.

Verkehrsmuseum
Johanneum am Neumarkt

Augustusstr. 1
✆ 03 51/4 95 30 02
Fahrzeuge aller Verkehrszweige
Di–so 10–17 Uhr; mo geschl; fr halber Eintritts-
preis

Staatliches Museum für Völkerkunde
Japanisches Palais
Palaisplatz
01097 Dresden
✆ 03 51/5 25 91, Fax 03 51/5 32 98
Wechselnde Ausstellungen zur Geschichte, Kultur
und Lebensweise vornehmlich außereuropäischer
Völker
Mo–do 9–17, so 10–17 Uhr; fr und sa geschl.

Landesmuseum für Vorgeschichte
Japanisches Palais
Archäologische Forschungen in Sachsen
Mo–do 9–17, so 10–16 Uhr; fr und sa geschl.

Museum für Volkskunst
Jägerhof
Köpckestr. 1
01097 Dresden
✆ 03 51/57 08 17
Sächsische Volkskultur, insbesondere vorindustrielle
Zeugnisse der bäuerlichen Kultur sowie der Hand-
werker, Gewerbetreibenden und Bergleute aus dem
Erzgebirge, dem Vogtland und der Oberlausitz
Di–so 10–18; mo geschl.

Deutsches Hygiene-Museum
Lingnerplatz 1
01069 Dresden
✆ 03 51/4 84 60
Erstes und größtes Gesundheitsmuseum der Welt;
berühmt durch seine ›Gläsernen Figuren‹
Di–so 9–17; mo geschl.

Museum zur Dresdner Frühromantik
Kügelgen-Haus, Hauptstr. 13
01097 Dresden
✆ 03 51/5 47 60
Mi–so 10–18; mo und di geschl.

Kupferstich-Kabinett
Güntzstr. 34

01069 Dresden
✆ 03 51/4 59 38 13
Eine der ältesten und reichsten Graphiksammlun-
gen der Welt
Mo–fr 9–16.30, di, do 9–18 Uhr; sa und so geschl.

Militärhistorisches Museum
Olbrichtpl. 3
01099 Dresden
✆ 03 51/5 92 32 50–53, Fax 03 51/5 92 32 65
600 Jahre deutsche Militärgeschichte
Di–so 9–17 Uhr; mo geschl.

Mahn- und Gedenkstätte im Georg-Schumann-Bau der Technischen Universität Dresden
Münchner Platz 3
01187 Dresden
An dieser Stelle wurden 1939–45 über 2000 anti-
faschistische Widerstandskämpfer hingerichtet
Mo–fr 9–16 Uhr

Technisches Museum
Reinhold-Becker-Str. 5
01277 Dresden (Striesen)
✆ 03 51/3 54 85
Mo, di, do, fr 9–16, mi 9–18, sa 11–16 Uhr;
so geschl.

Leonhardi-Museum
Grundstr. 26
01326 Dresden (Loschwitz)
Ausstellungshaus und Atelier des Fabrikanten und
Malers Eduard Leonhardi (1828–1905); heute Gale-
rie der Volkskunst und Ausstellungshaus für junge
Dresdner Künstler
Mi–fr 14–18 und sa, so 10–18 Uhr. Museum ganz-
jährig; Ausstellungssaal nur April–Okt.

Kraszewski-Museum
Nordstr. 28
01099 Dresden
✆ 03 51/5 44 50
Zufluchtsstätte des polnischen Schriftstellers, Histo-
rikers und Patrioten Josef Ignacy Kraszewski
1873–79. Erinnert an die vielfältigen geistig-kulturellen und politischen Beziehungen zwischen
Sachsen und Polen

Mi–so und feiertags 10.30–18 Uhr. Nov.–März nur nach Anmeldung über Stadtmuseum mögl., ✆ 0351/4951202

Buchmuseum der Sächsischen Landesbibliothek
Marienallee 12
01099 Dresden
✆ 0351/52677
Geschichte des Buchwesens 9.–20. Jh.
Mo–fr 9–16, sa 14 Uhr Führung; so geschl.

Carl-Maria-von-Weber-Gedenkstätte
Dresdner Str. 44
01326 Dresden (Hosterwitz), unweit des Schlosses Pillnitz
✆ 03351/39234
Ehemaliges Winzerhaus; Sommersitz des Komponisten, der hier einige seiner Hauptwerke schrieb
Mi–so 13–18 Uhr; mo und di geschl.

Schillerhäuschen
Schillerstr. 19
01326 Dresden (Loschwitz)
Gartenhäuschen im Körnerschen Weinberg, wo Friedrich Schiller am ›Don Carlos‹ arbeitete und seine ›Ode an die Freude‹ schrieb
April–Okt. sa und so 10–17 Uhr

Kunstgewerbemuseum Schloß Pillnitz
✆ 0351/39225, 39231, 39556
Fax 0351/39556
Ständige Ausstellungen im Wasser- und Bergpalais. Entwicklung des europäischen Kunsthandwerks und -gewerbes 13.–20. Jh.
Mai–Okt. 9.30–17.30 Uhr. Bergpalais mo, Wasserpalais di geschl.

Theater, Konzert

Dresdner Philharmonie
Kulturpalast am Altmarkt
Pf 120368, 01005 Dresden
Besucherabt., Eingang Schloßstr., 1. Etage, mo–fr 10–18 Uhr, ✆ 0351/4866306.
Kartenservice rund um die Uhr: ✆ 0351/4866306. Kartenservice im Kulturpalast, Schloßstr. mo–fr. 9–18; sa und so 10–14 Uhr, ✆ 0351/4866666

Sächsische Staatsoper Dresden
Theaterplatz 2, 01008 Dresden
Abendkasse eine Stunde vor Vorstellungsbeginn

Staatsschauspiel Dresden mit:
Schauspielhaus
Ostraallee 3, 01067 Dresden
Abendkasse ✆ 0351/484 24 29

Kleines Haus
Glacisstr. 28, 01099 Dresden,
Abendkasse ✆ 0351/52631

Probebühne I
Im Schauspielhaus
Vorverkauf im Schauspielhaus mo, mi, do und fr 10–18, di 10–18,30, sa 10–15 Uhr; Vorverkauf für alle Spielstätten des Staatsschauspiels im Kleinen Haus mo–sa 16–20 Uhr, so ab 1 Stunde vor Vorstellungsbeginn

Staatsoperette Dresden
Pirnaer Landstr. 131, Pf 450104, 01257 Dresden
✆ 0351/2238763.
Kartenbestellungen ✆ 0351/2238763 (Tag und Nacht). Vorverkauf in der Schinkelwache am Theaterplatz (s. Sächsische Staatsoper Dresden) sowie Theaterkasse Staatsoperette Dresden, ✆ 0351/2231261 und 2231656, di–fr 12–15 und 15.20–19.30 Uhr, sa, so und feiertags 1 Stunde vor Veranstaltungsbeginn

Weitere Theater

Landesbühnen Sachsen (Stammhaus s. Radebeul) mit Aufführungen im *Parktheater Dresden* im Großen Garten am Palaisteich (Theatersommer) und Konzerten u. a. im *Zwingerhof*, im *Parktheater*, im *Schloßpark Pillnitz*, im *Barockgarten Großsedlitz* (Konzertsommer).
Theater Junge Generation, Dresdner Brettl, Kabarett Die Herkuleskeule, Puppentheater der Stadt Dresden, theater 50, Kulturpalast, Podium, Projekttheater
Besucherdienst mit Kartenvorverkauf für Sächsische Staatsoper Dresden, Staatsschauspiel Dresden, Staatsoperette Dresden sowie einige Vorstel-

lungen der Landesbühnen Sachsen, des Theaters der Jungen Generation, der Herkuleskeule und des Dresdner Brettl's in der *Wache* am Theaterplatz, ℘ 03 51/4 84 23 52–3 53, Fax 03 51/4 84 26 92: mo, di, mi und fr 12–17, do 12–18, sa 10–13 Uhr

Verschiedenes

Katholische Hofkirche
Größter Kirchenbau Sachsens (1737–55 von Gaetano Chiavari), seit 1980 Kathedrale des Bistums Meißen-Dresden. Rokokokanzel von Permoser, Altargemälde von Mengs und Silbermannorgel; in der Gruft Sarkophage der Wettiner und in einem Gefäß das Herz Augusts des Starken
Führungen durch Kirche und Gruft: mo–do 11 und 14, fr, sa 13 und 14, so 13 Uhr. Sonderführungen anmelden ℘ 03 51/4 95 51 35

Brühlsche Terrasse und Kasematten
Führungen durch die Kasematten der Festungsanlage mo–fr 14, 15.30 und 17 Uhr

Großer Garten mit:
Botanischer Garten
Stübelallee, ℘ 03 51/4 59 31 85
Mitte Febr.–Mitte Okt. tägl., Gewächshäuser 10–18 Uhr, Garten 8–18 Uhr

Zoologischer Garten
℘ 03 51/47 15 44 5
Sommerhalbjahr tägl. 8.30–19, Winterhalbjahr tägl. 9–17 Uhr

Dresdner Parkeisenbahn
℘ 03 51/4 59 31 34

Schloß Albrechtsberg
Bautzener Landstr. 130
01324 Dresden
℘ 03 51/5 56 55
Schloß des Prinzen Albrecht von Preußen. Park- und Schloßführungen vorher anmelden

Weiße Flotte
Schiffahrten April–Oktober elbaufwärts in die *Sächsisch-Böhmische Schweiz* und elbabwärts nach *Meißen* und *Riesa*.

Bestellanschrift: Georgenstr. 6, 01097 Dresden, Pf 976
Auskunft und Einsatzleitung: Terrassenufer 2, 01067 Dresden, ℘ 03 51/5 02 26 11

Windbergbahn
Erste deutsche Gebirgsbahn (1856 erbaut). Kurvenreiche Auffahrt vom *Plauenschen Grund* zum *Plateau Obergittersee* mit herrlichen Aussichten auf Dresden, den Plauenschen Grund und auf Freital. Streckenlänge Dresden-Hbf. – Gittersee 11,4 km, Dauer je Fahrt 40 Minuten. Fahrten Mai–Okt. Charterfahrten über: Sächsischer Museumseisenbahn Verein Windbergbahn e.V., Hermann-Michel-Str Pf 77–31, 01189 Dresden

Das Elbtal bei Dresden und Meißen
(Pirna bis Riesa; s. auch Dresden)

Kurort Berggießhübel
Heimatstube
01819, Karl-Marx-Str. 20
℘ 03 50 23/2 27
Geschichte des Erzbergbaus, Eisenbahngeschichte, Hochwasser 1927

Diesbar-Seußlitz 01612
Schloßgarten und Weinberge. Das zugehörige Barockschloß (1725) ist nicht zugänglich (Seniorenheim)

Dohna
Heimatmuseum
01796, Am Markt 2
℘ 0 35 29/51 26 28
Stadt- und Burggeschichte. Wohnkultur, Geologie und Mineralogie

Freital
Haus der Heimat im ehemaligen Schloß Burgk (Renaissance, 16. Jh.).
01705, Burgker Str. 61
℘ 03 51/64 15 62
Vielseitiges Heimatmuseum, insb. Geschichte des Steinkohlenbergbaus im Plauenschen Grund (bis

1959), bergmännische Volkskunst; originalgetreu hergerichteter Abbaustollen; Gemälde und Graphiken Dresdner Künstler erste Hälfte 20. Jh.
Di–fr 13–16, sa, so 10–17 Uhr; mo geschl.

Bad Gottleuba
Heimatmuseum
01816, Vierzehnnothelferweg
𝄐 03 50 23/2 71
Stadtgeschichte, Talsperrenbau, Geologie, Industrie und Bergbau

Graupa
Richard-Wagner-Museum
01827, R.-Wagner-Str. 6
𝄐 03 50 01/4 82 29
Leben und Wirken des Komponisten
Di–so, feiertag 9–12 und 13–16 Uhr

Heidenau-Großsedlitz
Barockgarten
01809, Parkstr. 85
𝄐 03 35 29/5 19 212

Liebstadt
Schloß Kuckuckstein
01825, Am Schloßberg 1
𝄐 03 50 25/2 83
Familiengeschichte derer von Karlowitz

Meißen
Staatliche Porzellan-Manufaktur Meißen
01662, Talstr. 9
𝄐 03 52 1/46 80
Schauwerkstatt. di–so 8.30–12.30 und 13.30–16.30 Uhr
Schauhalle: mo 9–16, di–so 8.30–16 Uhr
Geschenkboutique di–so 9–17 Uhr. Ostern, Pfingsten, Weihnachten mo geöffnet.

Albrechtsburg
01662, Domplatz 1
𝄐 03 52 1/47 07 10
Mo–so 10–18 (saisonbedingt); letzter Einlaß 17 Uhr; im Januar geschl.

Dom
01662, Domplatz 7
𝄐 03 52 1/45 24 90
Mai–Sep. mo–so 10–18, Okt.–April mo–so 9–16 Uhr

Frauenkirche (Turmbesteigung)
01662, Marktplatz
𝄐 03 52 1/45 13 16
Mai–Okt. tägl. 10–12 und 13–16 Uhr. Glockenspiel 6× tägl. (6.30, 8.30, 11.30, 14.30, 17.30, 20.30 Uhr)

Nikolaikirche
Roman. Kirche um 1150. Seit 1920 Gedächtniskirche für die Opfer des 1. Weltkriegs mit den größten Porzellanfiguren der Welt
𝄐 03 52 1/45 13 16
Mai–Okt. mo–do und so 14–16 Uhr, fr und sa geschl.

Stadttheater
01662, Theaterplatz 15
𝄐 03 52 1/45 27 33

Heimattiergarten Siebeneichen
𝄐 03 52 1/45 45 25 91

Schloß Siebeneichen
𝄐 03 52 1/45 28 44
Heim-Volkshochschule (Kurse, Ausstellungen, Schloßcafé)

›Sächsische Winzergenossenschaft‹ Meißen e. G.
01662, Bennoweg 9
𝄐 03 52 1/73 32 93
Führung mit Weinverkostung

Zinngießerei Lehmann
01662, Burgstr. 27
𝄐 03 52 1/45 29 75
Führungen mo–fr 9–18, sa 10–14, so 10–12 und 13–16 Uhr

Moritzburg
Barockschloß
01468, 𝄐 03 52 67/4 39
Kunsthandwerk, Jagdtrophäensammlung
April–Okt. di–so 10–17, Nov. 10–16, Dez. 10–15 Uhr. Jan. und Febr. geschl.

Fasanenschlößchen
Apr.–Okt. tägl. 9–16 Uhr

Sterbehaus der Malerin Käthe Kollwitz
Gedenkausstellung im Rüdenhof
✆ 03 52 67/2 36, 3 89
April–Okt. sa, so, feiertags 13–18 Uhr. Im Winterhalbjahr nach Vereinbarung

Wildgehege
Mai–Okt. tägl. 10–18, im Winterhalbjahr nur sa und so. Fütterung tägl. 14.30 Uhr

Neuhirschstein
01594
Burgartige Schloßanlage

Pirna
Stadtmuseum
01796, Klosterhof 3
✆ 0 35 01/31 30, Fax 8 42 66
Stadtgeschichte

Landschloß Pirna-Zuschendorf mit Bonsaigarten
Di–fr 14–18, sa, so 10–12, 13.30–17 Uhr

Radebeul
Sächsisches Staatsweingut Schloß Wackerbarth
01445, Am Jacobstein
✆ 03 51/72 27 28
Wein- und Sektverkostungen ab 10 Personen (nach Vereinbarung). Besichtigung der Produktionsstätten. Gutsverkauf von sächsischen Qualitätsweinen und -sekten tägl. 10–18 Uhr

Karl-May-Museum
01445, Karl-May-Straße, Pf 01 02 67
✆ 03 51/76 27 23, Fax 03 51/76 26 44
Völkerkundliche Ausstellung im Wild-West-Blockhaus *Villa Bärenfett* zu Leben und Kultur der nordamerikanischen Indianer: vorkolumbische Zeit, Athapasken in Alaska und Kanada, Indianer der Nordwestküste, Indianer Kaliforniens, Pueblo-Indianer, Indianer des östlichen Waldlandes, Waldläufer, Prärieindianer, Widerstandskampf und Geistertanzbewegung, Gegenwart und moderne indianische Kunst.

Karl-May – Leben und Werk. Ausstellung von biographisch-literarischen Sachzeugen in der *Villa Shatterhand,* dem Wohnhaus des Schriftstellers Gezeigt werden u. a. Silberbüchse, Bärentöter und Henrystutzen, die Gewehre der Romanhelden Winnteou und Old Shatterhand, im Original. Gastronomie im Museum
März–Okt. di–so 9–18; Nov.–Febr. di–so 9–16; mo (außer an Feiertagen), 1. Jan., 24. u. 31. Dez. geschl.

Museum Hoflößnitz
01445, Knollweg 37
✆ 03 51/7 56 16
Historische Weingutsanlage mit eigenem Weinberg. Museum für Weinbau und Lebenskultur. Wechselnde Sonderausstellungen und Veranstaltungen. Thematische Weinverkostungen von Elbtalweinen. Feste zum Wandel der Jahreszeiten. Im Obergeschoß die Wohnräume des Kurfürsten Georg II. (Anfang 17. Jh.).
Museum: di–fr und so 14–17, sa 10–17 Uhr. Schoppenstube: di–do 14–17, fr 14–20, sa 10–20, so 14–20 Uhr

Landesbühnen Sachsen
01445, Stammhaus Meißner Str. 152
✆ 03 51/70 42 14
Oper, Operette, Musical, Ballett, Schauspiel, Konzert. Kasse: mo–fr 9–17 Uhr. – Sommerspielstätte u. a. Felsenbühne Rathen (s. Sächsische Schweiz). Konzerte im Schloß Wackerbarth, im Museum Hoflößnitz und in der Lutherkirche.

Puppentheatersammlung
01445, Barkengasse 6
✆ 03 51/7 43 73
Zeugnisse des Puppentheaters in all seinen Formen (19. Jh. bis Gegenwart). Dauerausstellung ›Rotkäppchen und Stülpner Karle‹. Wechselnde Kabinettausstellungen
Di–fr 9–16, letzter So im Monat 10–16 Uhr (Familientag; mit Puppentheateraufführungen)

Stadtgalerie
01445, Hauptstr. 20
✆ 03 51/76 23 87

Wechselnde Ausstellungen der Malerei, Graphik, Plastik, Fotografie usw. Kunstverkauf. Abendveranstaltungen
Di 10–18, mi–fr 14–18 Uhr

Volkssternwarte

01445, Auf den Ebenbergen 3
✆ 03 51/7 59 45
Fernrohrbeobachtungen, Führungen zum Thema ›Sternenhimmel des Monats‹
Mo–fr ganztägig, sa 15 und 19 Uhr, Gruppen nach Voranmeldung

Traditionsbahn Radebeul e.V.

01445, Pf 01 02 56
✆ 03 51/4 61 41 00
Seit 1884 betriebene *Schmalspurbahn;* täglich mit Dampfloks befahrene Strecke *Radebeul – Moritzburg – Radeberg.* Höhepunkte sind die Traditions-, Karl-May-, Wein- und Nikolausfahrten. Gruppen können Extrazüge oder Sonderwagen bestellen.

Führungen ›Rund um die Hoflößnitz‹

Auf alten Winzerpfaden von Juni bis Ende Sept. jeden So 15 Uhr. Treffpunkt: vor dem Museum Hoflößnitz. Dauer ein bis zwei Stunden; abschließend Weinprobe. Sonst nach Voranmeldung im Fremdenverkehrsamt

Riesa

Heimatmuseum

01589, Poppitzer Platz 3
✆ 0 35 25/73 41 53
Di–fr 9–12 und 13–17, sa und so 14–17 Uhr; mo geschl.

Städtische Galerie

01587 Bahnhofstr. 1, ✆ 0 35 25/73 30 49

Technisches Museum

Das im Umbau und Erweiterung befindliche Museum soll im ehem. Schalthaus der Stahl- und Walzwerk Riesa AG untergebracht werden. Thematischer Schwerpunkt: Eisenwerksentwicklung in Sachsen.

Riesaer Symphoniker

01589, Kirchstr. 3, ✆ und Fax 0 35 25/73 36 69

Heimattiergarten Riesa

01589, Rathausplatz 1
✆ 0 35 25/70 02 47
60 Wildarten
April–Sept. tägl. 8–18, Jan.–März 9–16 Uhr

Scharfenberg

01665
Schloß, z. Z. nicht zugängig

Weesenstein

Schloß

01809, Am Schloßberg 1,
✆ und Fax 03 50 27/4 26
Schloßmuseum mit histor. Interieurs, Tapetensammlung 18./19. Jh.

Die mittlere Elbe in Mitteldeutschland (Mühlberg bis Rothensee)

Das Elbtal bei Torgau und Wittenberg (Mühlberg bis Coswig/Anhalt)

Coswig/Anhalt
Museum Coswig im Klosterhof
06869, Schloßstraße 57
✆ 03 49 03/21 52
Stadtgeschichte, Geschichte der Töpferei und Elbeschiffahrt
Di–fr 10–17, sa und so 14–17 Uhr (Okt.–April nach Vorbestellung)

Bad Düben
Landschaftsmuseum der Dübener Heide
04849, Burg Düben, Neuhofstr. 3
✆ 03 42 43/2 36 91
Geologie, Landschaft und Volkskunde der Dübener Heide, Dübener Stadtgeschichte, örtliches und landschaftsgebundenes Handwerk (z. B. Mühlen, Eisenhammer, Papiermühlen, Pechhütten, Kohlenmeiler). Michael-Kohlhase-Gedenkstätte. Erinnerungsstücke zum Aufenthalt Napoleons auf der Dübener Burg. Elbaue-Fernwasser-Versorgung Ostharz – Dübener Heide – Mittelelbe.
Di–fr 9–12 und 13–16, sa, so 9–12 und 13–17 Uhr

Graditz
Gestüt
04886, Dorfstraße
☎ 0 34 21/22 80/27 81
Führungen nach Anmeldung

Gräfenhainichen
06773
Paul-Gerhardt-Kapelle
Galerie- und Ausstellungsraum mit wechselnden
Ausstellungen
Di–so 10–12 und 12.30–16 Uhr

Museum alter Druckmaschinen

Mühlberg/Elbe
Stadtmuseum in der 1531 erb. Klosterpropstei
04931, Klosterstraße 9
☎ 03 53 42/6 87
Elbeschiffahrt und -fischerei, sakrale Kunst, bürgerliche Wohnkultur im 18. und 19. Jh., örtliches
Handwerk. Im ehem. Konventsaal Gemälde- und
Porzellansammlung, im Kellergewölbe Lapidarium.
In Vorbereitung eine Dauerausstellung über Kriegs-
gefangenen- (1939–45) und NKWD-Speziallager
(1945–48)
Di–do 13–16, fr 10–14, jeden 1. u. 3. So im Monat
13–16 Uhr

Prettin
Museum Schloß Lichtenburg
06922, ☎ 03 53 86/23 82
Feudalismus/Mittelalter, Weinbau, Brot- und Kü-
chengewölbe, Stadtgeschichte Prettin, Territorial-
geschichte 1945–61, Mahn- und Gedenkstätte zum
KZ Lichtenburg
Jan.–Dez. di–fr 9–12 und 13–16 Uhr; März–Okt.
auch sa und so 13–16 Uhr

Gneisenaustadt Schildau
Gneisenau-Memorial
04889, Gneisenaustr. 2
☎ 03 42 21/2 47
Dokumente, Uniformen, Gemälde und Schautafeln
zum Wirken von Generalfeldmarschall Neidhardt
von Gneisenau in dessen Geburtshaus (Bauern-

haus, 17. Jh.). Besuch z. Z. nur nach Voranmeldung möglich.

Torgau
04860
Schloß Hartenfels
Museum: Stadtgeschichte: Di–so 9.30–12 und
13–16.30 Uhr. *Aussichtsturm:* di–so 9.30–12 und
13–16 Uhr

Stadtkirche St. Marien mit dem Grabstein der
Katharina von Bora

Schloßkirche, von Martin Luther als erster protestantischer Kirchenbau 1544 eingeweiht.

Lutherstadt Wittenberg
Lutherhalle. Reformationsgeschichtliches
Museum
06886, Collegienstr. 54
☎ 0 34 91/2671/2672
Elf Räume, darunter der große Hörsaal und die
Lutherstube. Geschichte der Reformation; Leben
und Werk Martin Luthers. Zu den Kostbarkeiten
des Museums gehören seltene Dokumente, biblio-
phile Raritäten, alte Bibelhandschriften und -drucke,
Flugschriften aus dem Bauernkrieg, Graphiken von
Dürer und anderen Künstlern der Renaissance,
Tafelgemälde, darunter zahlreiche Werke Cra-
nachs, die Lutherkanzel, das Universitätskatheder,

Universitätskatheder in der Lutherhalle

Münzen, Medaillen usw. Jährlich rund hundert-tausend Besucher.
April–Okt. di–so 9–18, Nov.–März 10–17 Uhr

Melanchthonhaus
06886, Collegienstr. 60
✆ 0 34 91/32 79
Wohnhaus von Philipp Melanchthon. Dessen Leben und Wirken. Stadtgeschichte des Mittelalters. Im zweiten Obergeschoß das Scholarenzimmer. Reizvoller Garten.
Sa–do 9–17 Uhr; fr geschl.

Stadtkirche St. Marien
06886, Kirchplatz
✆ 0 34 91/32 01
Mai–Okt. mo–sa 9–12 und 14–17, so 11–12 und 14–17 Uhr; Nov.–April mo–sa 10–12 und 14–16, so 11–12 und 14–16 Uhr; Gottesdienst so 10 Uhr

Schloßkirche ›Allerheiligen‹
06886, Schloßplatz
✆ 0 34 91/25 85
95-Thesen-Tür, Grab Martin Luthers, Grab Melanchthons, Gruft Askanier-Fürstenfamilien
April–Okt. di–sa 9–12 und 14–17, so 10–12 und 14–17 Uhr; Nov.–März di–sa 10–12 und 14–16, so 11–12 und 14–16 Uhr; Gottesdienst so 9 Uhr

Museum für Natur- und Völkerkunde ›Julius Riemer‹
Schloß Wittenberg
✆ 0 34 91/26 96
Entwicklungsgeschichte der Tierwelt. Geschichte und Kultur Afrikas und Ozeaniens
Di–so 9–17 Uhr

Stadtgeschichtliches Zentrum
Schloß Wittenberg
✆ 0 34 91/20 46
Mo–do 9–15 Uhr (nach vorh. Anmeldung)

Mitteldeutsches Landestheater mit *Großem Haus*, *Studio-Bühne* und *Brett'l-Keller*
06886, Thomas-Müntzer-Str. 14/15
✆ 0 34 91/8 21 57, Fax 0 34 91/8 21 57, Besucherabt. Markt 10, ✆ 20 85, Abendkasse ✆ 8 21 13; Brett'l-Keller im Schloßhof, ✆ 31 64

Dessau-Wörlitzer Kulturlandschaft

Dessau
Anhaltische Gemäldegalerie
Georgium
06846, Puschkinallee 100
✆ 03 40/3 87 4
Deutsche und niederländische Gemälde 16.–19. Jh. Glanzstücke von Lucas Cranach d. Ä. (z. B. ›Der Dessauer Fürstenaltar‹).
Mi–so 10–18 Uhr. Kunstbibliothek mi–fr 10–18 Uhr. Konzerte im Tischbeinsaal

Luisium
Museum der Goethezeit. Derzeit wegen Restaurierung geschl. In der wärmeren Jahreszeit so Sommerkonzerte.

Bauhaus Dessau
06845, Gropiusallee 38
Sammlung, ✆ 03 40/49 19
Dauerausstellung aus den Beständen des Bauhauses der 20er Jahre. Sonderausstellungen
Di–so 10–17 Uhr

Experimentelles Studio Dessau-Nord
Werkstatt und Ausstellungen

Museum für Naturkunde und Vorgeschichte
06842, Askanische Straße 32
✆ 03 40/48 24
Vor- und Frühgeschichte der Heimat, Lebensräume in der Aue, Tiere und Pflanzen der Heimat
Di–fr 9–18, sa und so 13–18 Uhr

Museum Mosigkau
06847, Knobelsdorffallee
✆ 03 40/83 11 81
Große Teile der ›Oranischen Erbschaft‹ in der Galerie holländischer und flämischer Meister des 17./18. Jh. Möbel, Fayencen, Kunsthandwerk und Porzellane des 18./19. Jh.
Di–so 9–18 Uhr. Schloßbesichtigungen nur innerhalb einer Führung, letzte 16.30 Uhr. Gruppen bitte anmelden!

Museum für Stadtgeschichte
06844, Kavalierstraße (Scheibe Nord) Durchgang am Hotel ›Stadt Dessau‹

✆ 03 40/23 60
Ausstellungen.
Di–fr 10–12 sowie di 14.30–18 und do 14.30–16
Uhr. Leitung: Wolfgangstr. 13 (ehem. Pestalozzi-
schule), ✆ 03 40/29 13

Tierpark Dessau
06846, Querallee 8
✆ 03 40/44 26
Auf 11 ha befinden sich 540 Tiere in 143 Arten.
Täglich 8–18 Uhr

Landestheater mit *Foyer-Theater, Studio*
und *Puppentheater*
06844, Friedensplatz
✆ 03 40/75 70

Wörlitz
06786
Schloßmuseum
Mai–Sept. mo 13–18, di–so 10–18 Uhr; April und
Okt. mo 13–17, di–so 10–17 Uhr. Beginn der
letzten Führung ca. 1 Stunde vor Schließung des
Museums.

Museum Gotisches Haus
Mai bis September mo 13–18, di–so 10–18 Uhr;
April und Okt. mo 13–17, di–so 10–17 Uhr. Be-
ginn der letzten Führung ca. 30 Minuten vor
Schließung des Museums.

Südsee-Pavillon auf dem Eisenhart mit Georg-
Forster-Sammlung
Mai–Sept. 10–18 Uhr; April und Okt. 10–17 Uhr;
mo geschl.

Synagoge
Ausstellung zur Toleranzpolitik in Anhalt-Dessau
Besichtigung auf Wunsch und nach Möglichkeit
(Anmeldung im Schloß)
Mo–fr 10–16 Uhr

Galerie am Grauen Haus
Sonderausstellungen zumeist Juni–Sept.; di–so 10–18
Uhr

Oranienbaum
06785

Museum Schloß Oranienbaum
Im Seitenflügel des Schlosses Ausstellung zur Ge-
schichte von Schloß, Park und Stadt Oranienbaum
sowie den Beziehungen zwischen dem Fürstentum
Anhalt-Dessau und den Niederlanden
Di–so 10–17 Uhr

Das Dessau-Magdeburger Elbtal
(Von Aken bis Rothensee)

Aken (Elbe)
Heimatmuseum
06358, Köthener Str. 15
Geschichte und Erwerbsleben Akens. Geschichte
der Elbeschiffahrt: Schiffsmodelle, Schifferklei-
dung, Vereinsleben der Schiffer, von Schiffern mit-
gebrachte und angefertigte Souvenirs.
Sa 15–17, so 10–12 Uhr

Burg bei Magdeburg
Berliner Torturm
Besichtigung und Führungen nach Voranmeldung
in der Burg-Information, 39288, Schartauer Str. 10,
✆ 0 39 21/68 95

Sankt-Nikolai-Kirche (Unterkirche)
Di–fr 14–16 Uhr

Kirche Unser Lieben Frauen (Oberkirche)
Ganztags geöffn.

Museum
Derzeit im Aufbau

Groß Mühlingen
39221
Renaissanceschloß
Kleine Galerie mit wechs. Ausstellungen u. Hei-
matstube
Sa und so 14–17 Uhr oder auf Anmeldung. Im
Rittersaal Konzerte, Lesungen und andere Ver-
anstaltungen. Schloßcafé.

Leitzkau
39279
Schloßanlage
Führungen Mai–Sept. sa, so und feiertags 10 und

14 Uhr. Sonst nach Voranmeldung im Büro (2. OG
Schloß ›Hobeck‹) oder ✆ 03 92 41/2 57. Ansprechpartner, G. Mrotzek, Althaus 29

Rothensee
39326
Schiffshebewerk
Siehe Magdeburg, Weiße Flotte

Schönebeck/Elbe
Museum des Landkreises Schönebeck
Im ehemaligen Rathaus
des Ortsteils Salzelmen
39218, Pfännerstr. 41
✆ 0 39 28/52 40
Geschichte des Kreisgebietes, insb. Salzgewinnung,
Elbeschiffahrt, Tiere der Heimat (Elbebiber)
Di–fr 13–17, sa 14–18, so 10–17 Uhr

Wolmirstedt
Kreismuseum
In der Schloßdomäne
39326, ✆ 03 92 01/2 13 63
Lebens- und Arbeitsverhältnisse des 18.–20. Jh. in
der Magdeburger Börde und in der Colbitz-Letz-
linger Heide, Ur- und Frühgeschichte des Kreises,
Zinnherstellung, Gläser, Porzellane, Keramiken,
Fayancen 17.–19. Jh.
Di–fr 10–12 und 13–15.30, sa und so 13–17 Uhr.
Gaststätte im Schloßkeller.

Zerbst
39261
Heimatmuseum Zerbst
Im ehem. Franziskanerkloster
Die Sammlungen sind nach der weitgehenden
Vernichtung des *Landesmuseums für Anhalt* im
Zerbster Schloß (April 1945) neu angelegt. Be-
sondere Exponate: Hausurnen und ein Depotfund
aus der Bronzezeit, Teile des Zerbster Ratszinns,
Fayencen des 18. Jh., darunter aus der Zerbster
Manufaktur, sowie ein Gemälde der späteren Zarin
Katharina II von Rotari.
Di–fr und so 10–12 und 14–16 Uhr, mo und sa
geschl; sonst nach Vereinbarung.

Magdeburg
Museen
Kulturhistorisches Museum mit Museum für Naturkunde und Technikmuseum
39104, Otto-von-Guericke-Str. 68–73
✆ 03 91/3 26, Fax 03 91/3 26 46
Stadtgeschichte, Leben und Werk Otto von Gue-
rickes, Gemälde und Graphiken (u. a. Barlach,
Nolde, Liebermann, Slevogt), Möbel und Kunst-
handwerk, Zoologie (Tierwelt des Magdeburger
Raumes), Entomologie (Insekten), Mineralogie,
Technikgeschichte und Antriebsmaschinen des
Magdeburger Schwermaschinenbaus und des Lan-
des Sachsen-Anhalt, Sonderausstellungen.
Di–so 10–18 Uhr

Kloster Unser Lieben Frauen
39104, Regierungsstr. 4–6
✆ 03 91/3 37 41
Ständige Ausstellungen: oberes Tonnengewölbe –
Sammlung deutscher Plastik des 20. Jh. Magdebur-
ger Kunstsammlung; mittleres Tonnengewölbe –
Sakrale Holzplastik des 15.–18. Jh.
Di–so 10–18 Uhr. Führungen zur Geschichte und
Architektur des Klosters di und sa 14.30 Uhr.

Konzerthalle ›Georg Philipp Telemann‹ in der
ehem. Klosterkirche
jetzt mit zeitgenössischen Gobelins, Sonderausstellungen und regelmäßigen Konzertveranstaltungen.
Konzertkasse: im Kloster, ✆ 03 91/3 37 41, App. 29
oder 37
Di und mi 11–14, do und fr 15–18 Uhr und eine
Stunde vor Konzertbeginn.

Lukasklause
39104, Schleinufer 1
✆ 03 91/55 13 97, di–so 10–18 Uhr

Johanniskirche
39104, Jakobstraße, Sonderausstellungen
Mi–so 10–18 Uhr

Schiffsmuseum
Seitenradschleppdampfer ›Württemberg‹
39114, Heinrich-Heine-Platz
Mi–so 10–18 Uhr

**Gedenkstätte für die Opfer des Stalinismus
in Sachsen-Anhalt**
39124, Umfassungsstraße 79 (am Moritzplatz)
Anm. ☎ 03 91/22 25 92

Schulmuseum
Entwicklung des Schulwesens in der Stadt nach
1945; Aspekte der Schulgeschichte Deutschlands
nach dem Zweiten Weltkrieg (Vorhaben wiss. Einrichtungen mehrerer Bundesländer).
Anm. ☎ 03 91/61 63 28

**Theater, Konzerte
Freie Kammerspiele**
39104, Otto-von Guericke-Str. 64
☎ 03 91/3 08 93
Saal u. Probebühne I und II. Selbst. Ensemble.
Tradit. und altern. Spielangebote (auch für Kinder)

Kabarett ›Die Kugelblitze‹
39104, Breiter Weg 200
☎ 03 91/3 57 40
Saal und ›Brettl‹. Vorverk. di 10–13 und 15–17.30,
mi–fr 15–17.30. Abendkasse 18–20 Uhr (an Vor-
stellungstagen)

Konzerthalle ›Georg Philipp Telemann‹
Näheres s. o. Museen, Kloster Unser Lieben Frauen

Theater der Landeshauptstadt
Drei-Sparten-Theater: Schauspiel, Musik, Ballett
Theaterkasse: Universitätsplatz 1, ☎ 03 91/5 18 35,
Spielstätte: Jerichower Platz

Städtisches Puppentheater
39104, Warschauer Str. 25
Programme für Kinder und Erwachsene. Auftritte
auch in unkonventionellen Spielstätten
Kasse: mo–fr 10–16, di und do 10–18 Uhr

**Messen, Kongreß- und Tagungsstätten
Stadthalle**
39114, Heinrich-Heine-Weg 1
☎ 03 91/3 37 71, Fax 55 17 97

Congress Center Magdeburg
39124, Schmidtstr. 27a,
☎ 03 91/24 20, Fax 24 25 33

AMO Kultur- und Kongreßhaus
39104, Erich-Weinert-Str. 27
☎ 03 91/68 48 04, Fax 3 01 30

**Weiteres
Gruson-Gewächshäuser**
39104, Schönebecker Str. 129 a
Artenreiche exotische Pflanzensammlung, darunter
tropischer Regenwald, Kakteen und andere Sukku-
lenten, Palmen; auch Vögel, Fische, Kaiman. Wechselnde Ausstellungen.
Ganzjährig di–so Sommerhalbjahr 9–17, Winterhalbjahr 10–16 Uhr. Führungen nach Voranm.

Zoologischer Garten
39124, Am Vogelsang 12
Ca. 200 Säuger, 1200 Vögel, Dickhäuterhaus, Streichelgehege mit Zwergziegen; Rarität: Seidenäff-
chen, Lisztäffchen, neu: Giraffenhaus
April–Sept. 8–19, Okt.–März 8 Uhr bis Dämmerung. Führungen nach Anmeldung, ☎ 03 91/
27 82 19

Telemann-Zentrum
39104, Liebigstr. 10
Erbepflege des in Magdeburg geborenen Komponisten

Literaturhaus
39104, Thiemstr. 7
☎ 03 91/4 49 95
Geburtshaus des Schriftstellers Erich Weinert
(1890–1953). Museum, Lesebühne, Kinoraum, Ausstellungen und Veranstaltungen der kleinen Form,
Podium der ›Literarischen Gesellschaft‹

**Magdeburger Verkehrsbetriebe AG,
Abt. Weiße Flotte**
39104, Petriförder
☎ 00 37 91/3 78 13 54, Fax 37 91/3 00 46
Fahrten auf der Elbe und auf Kanälen, auch zum
Schiffshebewerk Rothensee

**Kirchen
Dom St. Mauritius**
Domplatz
Gottesdienste so und feiertags 10 Uhr; Dommusik

14tägig sa 19 Uhr; Besichtigung tägl. 10–18 (16) Uhr; Führungen 10 und 14 Uhr, Anm. in der Domküsterei, Remtergang 2, ✆ 03 91/3 24 14

St. Sebastian
Altstadt
Tägl.; Gottesdienste so 7.30, 9, 10.30 und 18 Uhr

St. Petri
Altstadt
Tägl. 8 Uhr bis Dämmerung. Führungen im Pfarrbüro zu vereinbaren.

Wallonerkirche St. Augustini
Altstadt
Gottesdienst so 10; Besichtigung mo–fr 9–16 Uhr, im Gemeindebüro Neustädter Str. 6 melden. Anm. ✆ 03 91/5 39 96

Hoch- und Fachschulen
Pädagogische Hochschule
39104, Brandenburger Str. 9 a
✆ 03 91/55 18 01

Medizinische Fachschule ›Dr. Otto Schlein‹
Am Bezirkskrankenhaus Magdeburg
39112, Fermersleber Weg 45
✆ 03 01/67 33 75

Fachhochschule Magdeburg
39104, Am Krökentor 2
✆ 03 91/55 10 91

Technische Universität ›Otto von Guericke‹
39106, Universitätsplatz 2
✆ 03 91/5 59 20

Die mittlere Elbe in Norddeutschland (nördlich Hohenwarthe bis Geesthacht)

Altmark, Brandenburg, Mecklenburg, Amt Neuhaus

Arneburg
Heimatmuseum
Im Rathaus, 39596, Breitestr. 14 b
✆ 03 93 21/21 02
Vor- und Frühgeschichte der östlichen Altmark,

Stadtentwicklung
Di–fr 9–16, so 13–16 Uhr

Boizenburg/Elbe
Museum
19258, Kirchplatz 13
✆ 03 88 47/20 74
Ur- und frühgeschichtliche Besiedlung, Stadtgeschichte im 18. und 19. Jh., 200jährige Schiffbautradition, Herstellung keramischer Wandfliesen, ländliche Volkskultur im westlichen Mecklenburg, Sonderausstellungen
Di–fr 10–12 und 14–16, so 14–16 Uhr

Dömitz
19303
Museum Dömitz
Auf der Festung
✆ 03 87 58/24 01
Im ehem. Kommandantenhaus *Heimatmuseum* – Geschichte der Festung und der Elbe- und Elbe-Schiffahrt; im Festungsturm mit Burgkapelle – *Fritz-Reuter-Gedenkstätte*
April–Nov. di–fr 9–17; sa und so 10–18 Uhr

Havelberg
39539
Dom mit Klausur
Im Ursprung gotische Basilika, im 14. Jh. prachtvoll neugestaltet.

Prignitz-Museum
Im einstigen Domstift, am Dom
✆ 03 93 87/4 22
Ur- und Frühgeschichte des Havelberger Gebiets; Stadtgeschichte; Schiffbau, Schiffahrt und Fischerei; Baugeschichte des Doms
Di–fr 9–12 und 14–17, sa 9–12, so 10–12 und 14–16 Uhr

Jerichow
39319
Klosterkirche
Dreischiffige romanische Basilika (12./13. Jh.), ältester Backsteinbau östlich der Elbe. Kirche des ehem. Prämonstratenser-Klosters (1144–1552).

Besichtigung: wie Klostermuseum. Gottesdienst: so und feiertags 10 Uhr

Klostermuseum

✆ 03 93 43/2 85

Mit wiederhergestellten Klausurräumen (Kapitelsaal, Sommer- und Winterrefektorium), Kreuzgang und Ausstellung im Dormitorium zur Geschichte des Klosters. Forschungsstätte zur mittelalterlichen Backsteinarchitektur im Elbe-Havelgebiet.
April–Okt. tägl. 10–17, Nov.–März di 10–12 und 13–16 Uhr

Lenzen/Elbe

Heimatmuseum

19309, Burghof

✆ 03 87 92/6 29

Volkskunde, Deichmodell der Elbniederung, Diorama der Schlacht bei Lenzen (929) mit 8500 Zinnfiguren
Di–fr 9–11, so 14–16 Uhr

Ludwigslust

19288

Schloß mit Goldenem Saal
Führungen s. Tafel am Eingang oder ✆ 0 38 74/2 62

Neuhaus/Elbe

Heimatstube

19273, Rosengartenweg
Jeden 1. So im Monat 15–17 Uhr

Stendal

Altmärkisches Museum im ehemaligen Katharinenkloster
39576, Schadewachten 48

✆ 0 39 31/21 24 15

Stadtgeschichte, mittelalterliches Kunsthandwerk, besonders sakrale Kunst, früher Buchdruck (1467), Reformation, Kulturgeschichte des 18. und 19. Jh., Industrialisierung der Altmark, Gustav Nachtigal
Di–fr 10–12 und 14–17, sa und so 13–16 Uhr (Mai–Okt. 13–17 Uhr)

Winckelmann-Museum im Geburtshaus von Johann Joachim Winckelmann

39576, Winckelmannstr. 36/37

✆ 0 39 31/21 20 26

Biographische Dokumente, Werkausgaben, Zeichnungen und Druckgraphik sowie Gipsabgüsse griechischer Plastik und antike Kleinkunst. Umfangreiche wissenschaftliche Bibliothek. Sonderausstellungen zur Archäologie und Antikerezeption
Di–so 10–12 und 13–17 Uhr

Theater der Altmark (Landestheater Sachsen-Anhalt Nord)
39576, Moltkestraße

✆ 0 39 31/21 22 12, Kasse ✆ 0 39 31/21 31 81

Tierpark Stendal am Stadtsee

✆ 0 39 31/41 50 68

Jan.–Febr. 9–16, März–April 9–17, Mai–Sept. 8–18, Okt. 9–17, Nov.–Dez. 9–16 Uhr

Dom und St. Marien
Mai–Sept. 10–12 und 15–17 Uhr

Tangermünder Tor (Altmärkisches Museum)
Sa und so 14–17 Uhr

Uenglinger Tor
April–September sa und so 10–12 und 14–16 Uhr, sonst nach Absprache mit ›Stendal-Information‹,

✆ 0 39 31/21 61 86

Tangermünde

39590

Museum Tangermünde im alten Rathaus

✆ 03 93 22/29 21 (ü. Stadtverw.)

Stadtgeschichte und Elbeschiffahrt
10–17 Uhr, mo geschl.

St. Stephanskirche
Sa 15–16, so 11–12 Uhr

Stadtführungen mit Besichtigung des Rathausfestsaals nach Anmeldung bei Tourist-Info, 39590, Marktstr. 13, ✆ 03 93 22/37 10

Tripkau

19273

Naturschutzstation

Werben
39615
Heimatstube im 1460 erbauten Elbtor.
Obertor mit Aussichtsplattform. Anmeldung über
Rathaus-Fremdenverkehr.

Wittenberge (Prignitz)
Stadtmuseum ›Alte Burg‹
19322, Putlitzstr. 2
✆ 0 38 77/31 82
Entwicklung Wittenbergs vom Ackerbürgerstädtchen zur Industriestadt, Haushaltsnähmaschinen,
Elbeschiffahrt, Wohnkultur der Arbeiter, Sonderausstellungen
Mi–so 10–12 und 14–16 Uhr; mo und di geschl.
oder nach Vereinbarung

Kulturhaus
19322, Bahnstr. 56
✆ 0 38 77/33 91 und 33 92
Theater, Kino, Konzerte, Foyer-Galerie

Elbufer-Drawehn, Lüneburg, Lauenburg

Bleckede
21354
Heimathaus
Di–so 10–12 und 15–17 Uhr

Breese im Bruche
29479
Gutskapelle (16. Jh.)
✆ 0 58 55/3 01
Führung jeden Fr 14.30–15.30 Uhr. Gruppen n. V.

Dahlenburg
21368
Heimatmuseum
St.-Laurentius-Kapelle
✆ 0 58 51/6 11
Schlacht in der Göhrde (1500 Zinnsoldaten) u. a.
Mai–Sept. so 10–12 Uhr und n. V.

Dannenberg/Elbe
29451
Heimatmuseum

Waldemarturm
April–Okt. mi, fr, sa 15–17 Uhr, so und feiertags
10–12 und 14–16 Uhr und n. V. bei der Stadtverwaltung

Friedrichsruh (zu Aumühle)
21521
Bismarck-Museum
✆ 0 41 04/24 19
April–Sept. di–so 9–18, mo 14–18 Uhr; Okt.–
März di–fr 9–16, sa und so 10–17 Uhr; mo geschl.

Bismarck-Mausoleum
✆ 0 41 04/30 03
Sommerhalbjahr tägl. 9–18 Uhr, mo vormittags
geschl.; Winterhalbjahr tägl. 9–16 Uhr, mo geschl.

Garten der Schmetterlinge
Schloßgärtnerei
✆ 0 41 04/60 37
Tägl. 9–18 Uhr, ab Zeitumstellung im Herbst
9–17 Uhr

Geesthacht
21502
Krügersches Haus
Heimatmuseum
21502, Bergedorfer Str. 28
✆ 0 41 52/133 67
Di und fr 14–17, do 14–20, jeden 2. und 3. So
14–18 Uhr

Alte Dampfzüge der Arbeitsgemeinschaft Geest-
hachter Eisenbahn e.V.
Info-✆ 0 41 52/13-0; an Betriebstagen ✆ 0 41 52/
778 99

Staustufe mit Elbschleuse

GKSS-Forschungszentrum
Besichtigung n. V.
✆ 0 41 52/8 70

HEW-Pumpspeicherwerk
✆ 0 41 52/7 40 21
10–12 und 12.30–16 Uhr, außer mo. Gruppen nur
n. V.

Göhrde
29473
Waldmuseum
✆ 0 58 55/675
März–Okt. di–so 14–17, so auch 10–12 Uhr

Hitzacker
29456
Walter-Honig-Heimatmuseum im alten Zollhaus
✆ 0 58 62/88 38 oder 76 26
April–Okt. di–fr 10–12 und 15–17 Uhr

Archäologisches Zentrum am Hitzacker-See
✆ 0 58 41/12 02 45/46
April–Okt. mi–sa 10–18 Uhr und n. V.

Informationsstelle Naturschutz in der Amtsscheune
29456, Marschtorstr. 4–6, ✆ 0 58 62/77 66

Lauenburg/Elbe
21481
Elbschiffahrtsmuseum mit stadtgeschichtl. Abt.
✆ 0 41 43/59 09 84/83
März–Okt. mo–fr 10–13 und 14–17, sa und so 10–17 Uhr; Nov.–Febr. mi, fr, sa, so 10–13 und 14–16.30 Uhr

Historischer Raddampfer ›Kaiser Wilhelm‹
Gebaut 1900 in Dresden-Neustadt. In den Sommermonaten Fahrten zwischen Lauenburg, Schnakenburg und Hamburg
Anfragen ✆ 0 41 53/3 34 35 oder 59 09 81

Lübeln
29482
Freilichtmuseum Wendlandhof
✆ 0 58 41/36 75
Di–so 14–18, Mai–Sept. auch 10–12 Uhr

Lüchow (Wendland)
29439
Schloß- und Grafschaftsmuseum im Amtsturm
✆ 0 58 41/1 26–49/50
April–Sept. di 15–18, do 9.30–12 Uhr für Schulen und Gruppen und 15–18, sa 15–18 Uhr

Lüneburg
Altes Rathaus
21335, Am Ochsenmarkt
✆ 0 41 31/30 92 30
Führungen di–fr um 10, 11, 12 und 14 Uhr; sa, so und feiertags 10, 11, 14 und 15 Uhr

Brauereimuseum
21335, Heiligengeiststr. 39 (Nähe Salzmuseum)
✆ 04 31/4 10 21 oder 7 13 2 00
Tägl. 10–12 und 15–17 Uhr

Deutsches Salzmuseum – Industriedenkmal Saline Lüneburg
21335, Sülfmeisterstr. 1
✆ 0 41 31/4 79 00
Mai–Sept. mo–fr 10–18, in den Wintermonaten 10–17 Uhr; ganzjährig sa und so 10–17 Uhr

Kloster Lüne
21337 Lüneburg
✆ 0 41 31/5 23 18.
1. April bis 15. Okt. mo–sa 9–11.30 und 14.30–17.30, so 11.30–12.30, 14–17 Uhr; im Winter n. V. Die Hungertücher und Altardecken werden jedes Jahr für 10 Tage um den 24. August gezeigt.

Museum für das Fürstentum Lüneburg
21335, Wandrahmstr. 10, Di–fr 10–16 Uhr

Ostpreußisches Jagd- und Landesmuseum
21335, Salzstr. 25–26
✆ 04 31/4 18 55
Mo–fr 10–12 und 15–17; sa und so 10–12.30 Uhr

Bootsfahrten auf Ilmenau, Elbe und Kanälen,
✆ 04 31/3 10 16

Scharnebeck
21379
Schiffshebewerk
Info-Pavillon, ✆ 0 41 53/34 35

Vietze
29478
Höbeck-Museum
✆ 0 58 46/5 32 und 4 07
April–Okt. mi, sa, so und feiertags 17–18 u. n. V.

Die untere Elbe

Hamburg (Auswahl)

Museen, Ausstellungen

Hamburger Kunsthalle
20095, Glockengießerwall (Altstadt, am Hauptbahnhof)
✆ 0 40/2 48 25 26 10
tägl. außer mo 10–18, do bis 21 Uhr

Museum für Kunst und Gewerbe
20099, Steintorpl. 1 (St. Georg, am Hauptbahnhof)
✆ 0 40/2 48 25 26 30

Hamburgisches Museum für Völkerkunde
20148 HH-Harvestehude
Rothenbaumchaussee 64
✆ 0 40/44 19 55 24

Museum für Hamburgische Geschichte
20355, Holstenwall 24 (Neustadt)
✆ 0 40/3 49 12 23 60

Museum für Hamburgische Geschichte

Altonaer Museum in Hamburg. Norddeutsches Landesmuseum
22765 HH-Altona, Museumstr. 23
✆ 0 40/3 80 75 14

Hamburger Museum für Archäologie und die Geschichte Harburgs – Helms Museum
21073 HH-Harburg, Museumsplatz 2
✆ 77170/6 09

Harburger Stadtgeschichte im Ausstellungsgebäude ›Alte Feuerwache‹
21073 HH-Harburg, Hastedtstr. 30–32
✆ 0 40/77170–26 31
Di–so 10–17 Uhr (siehe auch Rosenberg-Ehestorf: Freilichtmuseum am Kiekeberg)

Museum der Elbinsel Wilhelmsburg
21109 HH-Wilhelmsburg, Kirchdorfer Str. 163
✆ 0 40/7 54 26 09
Mai–Okt. so 16–18 Uhr

Museen der Universität Hamburg: u. a. *Museum der Nutzpflanzen, Mineralogisches Museum, Zoologisches Museum, Geologisch-Paläontologisches Museum*

Museum für Bergedorf und die Vierlande
Schloß Bergedorf
21029 HH-Bergedorf, Bergedorfer Schloßstraße
✆ 0 40/72 52 25 09
So, di, do 10–17 Uhr

Rieck-Haus
Vierländer Freilichtmuseum. Außenstelle des Altonaer Museums in Hamburg
21039 HH-Curslack, Curslacker Deich 248
✆ 0 40/7 23 12 23
April–Sept. di–so 10–17, sonst di–so 10–16 Uhr

KZ-Gedenkstätte Neuengamme
21039 HH-Neuengamme, Neuengammer Heerweg
✆ 0 40/7 23 10 31
Di–so 10–17 Uhr

Hauptkirchen
St. Jacobi-Kirche
20095, Jakobikirchhof 22 (Altstadt)
✆ 0 40/3 27 77 44/45
Mo–fr 10–16, sa 10–13 Uhr. Gottesdienste so 10 Uhr, 1. So im Monat 18 Uhr plattdeutsch. Konzerte auf der Schnitger-Orgel (Anfrage)

St. Petri-Kirche
20095, Mönckebergstr./Bergstr. (Altstadt)
✆ 0 40/32 44 38
Mo–fr 8–18, sa 9–17 Uhr. Gottesdienste u. a. so 10 und 18 Uhr, mo–fr 7.30 Gottesandacht, 13 Uhr Gebet

St. Katharinen-Kirche

20457, Katharinenkirchhof 1 (Altstadt)

☏ 040/336275

10–16, Mai–Sept. 10–18 Uhr. Gottesdienst so 10 Uhr

St. Michaelis-Kirche

20459, Michaeliskirchplatz (Neustadt)

☏ 040/366588

16. 3.–14. 11. mo–sa 9–18, so ab 11.30 Uhr; im Winter 10–16; so 11.30–16. Gottesdienste so 10 und 18 Uhr, Orgelmusik mit Kurzandacht mo–sa 12, im Sommer zus. 17 Uhr (nicht sa), Andacht mit Abendmahl mi 6.45 Uhr

Andere Sehenswürdigkeiten

Rathaus

20095 Rathausmarkt (Altstadt)

☏ 040/3681206 1–2

Mo–fr 10–15, sa und so 10–13 Uhr, nur mit Führung halbstündl.; nicht bei Veranst.

Börse

20457, Adolphsplatz 1 (Altstadt)

Wertpapierbörse ☏ 040/367444. 11.15 Uhr Film-Info. Handelskammer Hamburg ☏ 361381

Bischofsturm

20095, Speersort 10 (Altstadt)

Verw. der Gemeinde St. Petri

☏ 040/324438

Mo–fr 10–13 und 15–17, sa 10–13 Uhr

Carl Hagenbecks Tierpark

22527 HH-Stellingen, Hagenbeckallee

☏ 040/5400147

Tägl. ab 8 Uhr

Gartenbauausstellung mit Tropenhaus und Fernmeldeturm

Elbmarschen, Geest, Elbmündung
Niedersächsische Elbseite

Agathenburg bei Stade

21684

Schloß (Herrensitz Mitte 17. Jh.).

Für Veranstaltungen genutzt

Auskünfte ☏ 04141/64011

März–Okt. di–sa 14–18, so 10–18 Uhr, Nov.–Febr. jeweils nur bis 17 Uhr

Balje

21730

Natureum Niederelbe

Zufahrt über Neuhaus oder das Oste-Sperrwerk. Naturkundemuseum und ökologische Station des Kreises Stade. Fernrohrbeobachtung freilebender Wasservögel.

☏ 04753/391

Di–so 10–18 Uhr; Zufahrt über die B 73 (Neuhaus) immer, über das Oste-Sperrwerk nur di–do 10–17 und sa und so 10–18 Uhr

Buxtehude

Museum für Regionalgeschichte und Kunst

21614, Stavenort 2

☏ 04161/52923

Di–fr 13.30 –17.30, sa und so 10.30–17.30 Uhr

Museum Ovelgönner Wassermühle

21614, Hemberg 7

☏ 04161/83182

So 10.30–12 und 15–17 Uhr. April–Okt. Mahlbetrieb mögl.

Cuxhaven

Elbe 1

Einblicke in das Leben auf dem *Feuerschiff*

Deichstr./Zollkaje, 27472, An der Klappbrücke

☏ 04721/34121

Di–fr 13–17, so und feiertags 10–17 Uhr

Karl-Waller-Museum

Dauerausstellungen Schiffahrt und Hafen; im oberen Stockwerk die **Karl-Waller-Abteilung (Museum) für Vor- und Frühgeschichte**

27472, Südersteinstr. 28

☏ 04721/62822

Mo–fr 9.30–13 und 15–18; sa 9.30–13 Uhr

Nationalpark-Zentrum Cuxhaven

Dauerausstellung zu Watt, Salzwiesen, Dünen und Wattenmeer sowie zum Nationalpark ›Niedersächsisches Wattenmeer‹

Hans-Claußen-Str. 19, im Strandhochhaus

27476 C.-Sahlenburg
📞 0 47 21/2 86 81
April–Okt. mo–do 10–17, fr 10–18, sa, so, feiertags
14–18 Uhr; Nov.–März mo–do 10–16, fr 10–13,
so 14–17 Uhr, sa geschl.

Uns lütt Schiffsmuseum
Schiffsmodelle, nautische Instrumente, Marinemale-
rei, Buddelschiffe, Scrimshaws
27476 C.-Duhnen, Wehrbergsweg 7
📞 0 47 21/4 81 58
Mitte März–Mitte Okt. tägl. 10–13.30 und 15–18
Uhr

Wrackmuseum
Aus gesunkenen Schiffen
27476 C.-Stickenbüttel, Dorfstr. 80
📞 0 47 21/2 33 41
Mitte März–Ende Okt. di–fr 9–12 und 15–18, sa,
so, feiertags 10–12 und 15–18 Uhr; mo geschl.

Schloß Ritzebüttel z. Z. im Umbau

Theater usw.: Stadttheater. Sprechtheater. Spielzeit Okt.–Mai.

Döser Speeldeel. Niederdeutsche Bühne mit Komö-
dien und ernsten Stücken.
Kugelbake-Halle. Ganzjährige Gastspiele.

Helgoland
27498
Aquarium der Biologischen Anstalt Helgoland
43 Schaubecken
📞 0 47 25
Im Sommer 10–16.30 Uhr

Jork
Museum Altes Land
Altländer Fachwerkhaus; Obstbau, Handwerk,
Schiffahrt
21635, Westerjork 49
📞 0 41 62/57 15
April–Okt. di–so 11–17; Nov.–März mi, sa, so
13–16 Uhr

Galerie-Holländer-Windmühle ›Aurora‹ von 1856
Im Ortsteil Borstel, Am Elbdeich 1

Mai tägl. 10–14, sa 13–17, so 12–16 Uhr oder n. V.
📞 0 41 62/63 95

Lühe
39291
Schiffahrtsmuseum im *Twielenflether Leuchtturm*
Schiffsmodelle 1893 bis Gegenwart
Besichtigung n. V., 📞 0 41 04 1/7 68 13 (H. H. Völ-
kers) oder 7 68 72 (H. Nodorp)

Otterndorf
21762
Museum im Kranichhaus
Historisches Wohn- und Geschäftshaus
📞 0 47 51/1 31 31.
Im Sommer di–fr 10–12 und 14.30–16.30, sa und
so 10–12 Uhr; 14. 9.–14. 5. di und do 10–12 Uhr

Kranichhaus (Museum)

**Museum moderner Kunst des Landkreises
Cuxhaven – studio a**
Stadtscheune, 21762, Sackstr. 4
📞 0 47 51/1 31 34

Sonderausstellungen
Mi–fr 10–13 und 15–18, sa und so 13–19 Uhr

Torhaus-Sammlung Labiau/Ostpreußen
21762, Am Großen Specken 6
✆ 0 47 21/4 81 58
Kulturgut aus dem Patenkreis Labiau.

Rosengarten-Ehestorf
21224
Freilichtmuseum am Kiekeberg
Außenstelle des Helms-Museums Hamburg
✆ 0 40/7 90 76 62 und 7 90 63 57
März–Okt. di–fr 9–17, sa und so 10–18 Uhr;
Nov.–Febr. di–so 10–16 Uhr.

In der Nähe **Wildpark Schwarze Berge.** Morgens
ab 8 Uhr

Stade
Heimatmuseum
21682, Inselstr. 12
✆ 0 41 41/40 15 41 und 4 42 15
Volkskundliche Sammlung; Gemälde aus Worps-
wede und anderer Maler aus dem ›nassen Dreieck‹
zwischen Elbe und Weser
Mo–do 8–12 u. 14–16; fr 8–12 Uhr. – Benachbart:

Freilichtmuseum auf der Insel
✆ 0 41 41/40 15 41 und 4 42 15
Mai–Sept. tägl. außer mo 10–13 und 14–17 Uhr

Kunsthaus
21682, Am Wasser West 7
✆ 0 41 41/4 48 24
Gemälde aus der Worpsweder Künstlerkolonie.
Ö: wie Schwedenspeicher-Museum

Schwedenspeicher-Museum
21682, Am Wasser West 39
✆ 0 41 41/32 22
Vor- und Frühgeschichte der Region; Stadtgeschichte
Di–fr 10–17, sa und so 10–18 Uhr

Technik- und Verkehrsmuseum Stade
21682, Freiburger Str. 60
✆ 0 41 41/28 88

Mai–Sept. di–fr 13–16; sa und so 10–16 Uhr; mo
geschl.

Privatmuseum Baumhaus ›Alt Stade‹
21682, Wasser Ost 28
✆ 0 41 41/4 54 34
März–Okt. sa 15–18, so 10–12 und 15–18; Nov.–
Febr. so 15–17 Uhr

Patenschaftsmuseum Goldap in Ostpreußen
21682, Große Schmiedestr. 5
✆ 0 41 41/6 40 11
Geschichte und Kultur des Patenkreises Goldap
in Ostpreußen
Mo–do 8–12 und 14–16; fr 14–16 Uhr

Wingst
21789
Waldmuseum
Am Waldmuseum 11, ✆ 0 47 78/4 90. Ö: n. V.

Baby-Zoo
Tierkinder-Aufzuchtstation mit Streichelgehege
und exotischen Kleintieren
Mitte März–Ende Okt. di–fr 9–12 und 15–18, sa,
so und feiertags 10–12 und 15–18 Uhr; mo geschl.

<u>Holsteinische Elbseite</u>

Appen/Uetersen
Luftwaffen-Museum
Marseille-Kaserne

Stade, Schwedenspeicher-Museum

25482, Hauptstr. 140
✆ 0 41 22/80 67, App. 5 10 und 5 11
Militärische Luftfahrt seit 1887. Historische Flug-
zeuge, Geräte und Waffen
Tägl. 9–17, Einlaß bis 16 Uhr; mo geschl.

Brunsbüttel
Heimatmuseum
25541, Markt 4
✆ 0 48 52/72 12
Regionale kulturgeschichtl. Sammlung
Di–so 14–17, mi auch 10–12 Uhr u. n. V.

Elmshorn
Industriemuseum
25335, Catharinenstr. 1 (Nähe Bhf.)
✆ 0 41 21/23 13 99 oder 21 34 44
Di, fr, sa 14–17, so 14–19, mi, so 10–12 und 14–17
Uhr

Konrad-Struve-Museum
25335, Bismarckstr. 1
✆ 0 41 21/23 13 07 und 7 51 90
Örtliche Früh-, Kultur- und Wirtschaftsgeschichte
So 10–12 und 15–18,
mi 17–19 Uhr u. n. V.

Glückstadt
Dethlefsen-Museum im Brockdorff-Palais (17. Jh.)
25348, Am Fleth 43
✆ 41 24/64 48 oder 64 49
Regionale Vor- und Kulturgschichte, Volkskunde,
Walfang
Sa 15.30–17, so 10–12 und 15–18 Uhr u. n. V.

Heiligenstedten
25524
Schloß
Als Hotel genutzt
✆ 0 48 21/8 73 35–37

Itzehoe
Kreismuseum Prinzeßhof
25524, Kirchenstr. 20
✆ 0 48 21/6 95 20 und 6 92 60

Kulturgeschichte Kreis Steinburg und Stadtgeschichte Itzehoe
Tägl. außer mo 10–12 und 15–18, do –20.30 Uhr

Theater Itzehoe
✆ 0 48 21/67 09 30–31

Kellinghusen
25548
Museum
✆ 0 48 22/39 47
Örtliche Keramiktradition
Di–do, sa, so 14–17 Uhr;
mo und fr geschl.

Krempe
Historisches Rathaus
25361, Am Markt 1
✆ 0 48 23/8 16
Mo–fr 8–12 Uhr

Marne
Heimatmuseum
25709, Museumsstr. 2
✆ 0 48 51/8 01 34 und 7 30
Regionalgeschichte, Volkskunst

Uetersen
Museum Langes Tannen
25436, Heidgrabener Straße
✆ 0 41 22/27 24
Bürgerliche Wohnkultur vom Barock bis 1925,
Stadtgeschichte
Mi 10–12 und 14–17, sa 14–17, so 10–12 und 14–17
Uhr u. n. tel. V.

Rosarium
Lohnerd während der Blütezeit

Wedel/Holst.
Ernst-Barlach-Museum/Geburtshaus
22880, Mühlenstr. 1
✆ 0 41 03/15 150
Tägl. außer mo 10–12 und 15–18 Uhr

Heimatmuseum
22880, Küsterstr. 5, ✆ 0 41 03/132 02
Stadtgeschichtl. Sammlungen
Tägl. mo und di, sa und so 14–17 Uhr

Schiffsbegrüßungsanlage in Wedel-Schulau

Buddelschiff-Museum
Schulauer Fährhaus
Tägl. 10–18 Uhr; Nov.–Febr. mo geschl.

Wilster

Altes Rathaus
25554
Op de Göten
✆ 0 48 23/2 55

Neues Rathaus
25554
Rathausstr. 4
✆ 0 48 23/5 02

Alle in diesem Buch enthaltenen Angaben wurden vom Autor nach bestem Wissen erstellt und von ihm und dem Verlag mit größtmöglicher Sorgfalt überprüft. Gleichwohl sind – wie wir im Sinne des Produkthaftungsrechts betonen müssen – inhaltliche Fehler nicht vollständig auszuschließen. Daher erfolgen die Angaben ohne jegliche Verpflichtung oder Garantie des Verlags oder des Autors. Beide übernehmen **keinerlei Verantwortung und Haftung** für etwaige inhaltliche Unstimmigkeiten. Wir bitten dafür um Verständnis und werden Korrekturhinweise gern aufgreifen (DuMont Buchverlag, Postfach 10 10 45, 50450 Köln).

Literaturverzeichnis (Auswahl)

Unser Literaturverzeichnis berücksichtigt vor allem Titel, die den Fluß selber behandeln. Wer sich über die an der Elbe liegenden – überaus vielen – Städte und Landschaften näher informieren will, sei auf die Überfülle an spezieller Regionalliteratur verwiesen. Der Zugang wird durch die Literaturverzeichnisse in anderen Werken erleichtert, darunter in Lexiken, Kompendien u. ä. m. sowie in DuMont-Reiseführern zu Regionen, die von der Elbe durchflossen werden. Sie bieten zudem die Möglichkeit, auch Landschaften näherzutreten, die sich dem Elbraum anlehnen, aber in diesem Reiseführer vernachlässigt werden mußten, weil sie bereits von der Elbe fortführen.

Sehenswürdigkeiten und Randlandschaften an der Elbe in Lexiken, Kompendien u. ä.

Architekturführer DDR, Hrsg. Bauakademie der DDR, Institut für Städtebau und Architektur, Berlin. Ausgaben zu einzelnen Bezirken. Chyský, J., M. Skalnik, V. Adamec, Reiseführer durch die Tschechoslowakei, Prag 1964 (dt.)

Dehio, Georg: Handbuch der deutschen Kunstdenkmäler (in neuen Bearbeitungen).

Neue Bundesländer – bearbeitet von der Arbeitsstelle Kunstgeschichte bei der Deutschen Akademie der Wissenschaften zu Berlin bzw. dem Institut für Denkmalpflege, hg. im Akademie-Verlag Berlin. Bände für die Bezirke Dresden, Karl-Marx-Stadt (Chemnitz), Leipzig (1965), Halle (1976), Magdeburg (1974) sowie Neubrandenburg, Rostock, Schwerin (1968); dazu ergänzende Bildbände unter dem Titel ›Kunstdenkmäler‹.

Alte Bundesländer – die Bände Bremen, Niedersachsen (1976) u. Hamburg, Schleswig-Holstein (1971), hg. im Deutschen Kunstverlag München.

Der Bezirk Magdeburg. Natur- und Kunstdenkmale. Hg. v. Kulturhistorischen Museum Magdeburg 1961

Die Bezirke der Deutschen Demokratischen Republik. Ökonomische Geographie. 2. Aufl., Gotha/Leipzig 1976

Handbuch der historischen Stätten Deutschlands, Alfred Kröner Verlag Stuttgart, insbesondere die Bände 1. Schleswig-Holstein und Hamburg (1964), 2. Niedersachsen und Bremen (1969), 8. Sachsen (1965), 10. Berlin und Brandenburg (1985), 11. Provinz Sachsen-Anhalt (1975)

Bramer, H., u. a.: Physische Geographie Mecklenburg-Vorpommern, Brandenburg, Sachsen-Anhalt, Sachsen, Thüringen. Gotha 1991

Historische Landeskunde Mitteldeutschlands. Hrg. v. Hermann Heckmann, Würzburg. Bände zu den einzelnen Bundesländern

Historischer Führer, Stätten und Denkmale in den Bezirken ... Hg. Urania-Verlag Leipzig, Jena, Berlin. Ausgaben Dresden, Cottbus (1982), Leipzig, Karl-Marx-Stadt (1981)

Kohl, H., J. Marcinek u. B. Nitz: Geographie der DDR, 3. Aufl., Gotha/Leipzig 1980

Lexikon der Kunst, Bd. I–V, Leipzig 1968–78

Müller, Hans, Dome, Kirchen, Klöster. Kunstwerke aus zehn Jahrhunderten. Berlin/Leipzig, 2. Aufl. 1986 (Tourist-Führer)

Piltz, Georg: Kunstführer durch die DDR. Leipzig, Jena, Berlin 1969

Polte, Wolfgang, Reiseratgeber CSSR. Berlin/Leipzig, 6. Aufl. 1977

Rybár, Ctibor, Tschechoslowakei. Reiseführer, Informationen, Fakten. Prag 1982 (dt.)

Werte der deutschen Heimat, später unter dem Titel Werte unserer Heimat, Berlin, Hrsg. Deutsche Akademie der Wissenschaften zu Berlin, später Akademie der Wissenschaften der DDR, Geographisches Institut, später Institut für Geographie und Geoökologie, Arbeitsgruppe Heimatforschung. Mehrere Bände.

Wurlitzer, Bernd: Museen, Galerien, Sammlungen, Gedenkstätten. Berlin, Leipzig, 3. Aufl. 1987 (Tourist-Führer)

Zugängliche Burgen und Schlösser und andere ausgewählte Denkmäler in der Tschechischen Republik. Zusammengestellt von Statní ústav památkové peče in Prag, 1. Ausgabe 1992 (dt.)

Reisewerke und Bildbände über die Elbe insgesamt und größere Teilstücke

Ebeling, Gerhard: Ein Büchlein von der Elbe. Leipzig 1956

Eckert, Gerhard: Unsere Elbe. Besucht und erlebt zwischen Schnackenburg u. Cuxhaven, Husum 1988

Federau, Bernt / Volker Bartsch: Die Elbe aus der Luft. Elbsandsteingebirge-Nordsee. Hamburg 1991

Hartmanová, Marie / Miroslav Slach: Stříbná píseň. Praha 1973 (Silbernes Lied; tschech., mit deutschem Resümee)

Hudemann, Hildegard / Martin Jank: Die Elbe zwischen Finkenwerder und Scharhörn mit'n beten wat von Helgoland. Hamburg o. J.

Linder, Leo G. / Hans Peter Heinrichs. Die Elbe. Braunschweig 1991

Münnich, C. H. W.: Der Elbstrom von seinem Ursprunge bis zu seiner Mündung in die Nordsee. Dresden 1845

Tschechne, Wolfgang: Die Elbe. Von der Quelle bis zur Mündung. Eine Bildreise. 2. Aufl. 1992

Wandmacher, Ingo: Erlebnis Elbe. Vom Riesengebirge zur Nordsee. Leinfelden-Echterdingen 1992

Will, Carl: Hamburg elbaufwärts – elbabwärts. Hamburg 1957

Sachliteratur über die Elbe und das Elbtal

(Hydrographie, Wasserstraße, Kanäle, Schiffahrt, Flößerei, Wirtschaft, Volkskunde, Ökologie u. ä. m.)

Bäter, H.: Die Elbe als Auswanderungsstrom. In: Lauenburger Elbschiffahrtstag, Lauenburg 1986

Bartos-Höppner, Barbara: Elbsaga. Ein Fluß erzählt Geschichte. Hamburg 1985

Blaschke, Karlheinz: Elbschiffahrt und Elbzölle im 17. Jahrhundert, in: Hansische Geschichsblätter, Bd. 82 (1964), S. 42–54

Blohm, H.: Versuch einer Erörterung der Mittel, durch welche der Handelsverkehr in den Elbgegenden des Fürstentums Lüneburg erhalten und gehoben werden kann. Göttingen 1841

Breuer, Manfred: MS Spree – Fahrgastschiffahrt zwischen Elbe und Oder, Berlin 1985

Bundeswasserstraßen in den neuen Bundesländern, Merkblatt für Wassersportler. Hrsg. Wasser- und Schiffahrtsdirektion Ost, Ausgabe 1994

Der Ausbau des Mittellandkanals zwischen Wolfsburg und Magdeburg. Verkehrsprojekte Deutsche Einheit. Hrsg. Wasser- und Schiffahrtsdirektion Mitte, Hannover o. J. (um 1991)

Der Elbe-Havel-Kanal. Wasserstraße der Zukunft. Hrsg. Wasserstraßenneubauamt Berlin, April 1992

Der Elbe-Seitenkanal, Hrsg. Wasser- und Schiffahrtsamt Uelzen, Ausgabe 1993

Der Elbstrom, sein Stromgebiet und seine wichtigsten Nebenflüsse. 3 Bde., Berlin 1898

Der Nord-Ostsee-Kanal, eine dem internationalen Seeverkehr dienende Bundeswasserstraße von Weltgeltung. Hrsg. Wasser- und Schiffahrtsdirektion Nord, Kiel Dezember 1988

Die Elbe. Ein Lebenslauf. Eine Ausstellung des Deutschen Historischen Museums Berlin. Berlin 1992 (Ausstellungskatalog)

Die Elbe. Wirtschaftsader oder Lebensraum? BUND-Berichte 10, September 1991

Düntzsch, Helmut / Werner Hinsch: Ernst-Wilhelm Dietze (1827–1915), ein Wegbereiter im Flußschiffbau. Lauenburg 1987

Ein Schiff für die Umwelt. Von der Elbquelle bis zur Nordsee. ›Projekt Elbe‹ des ökomenischen Arbeitskreises für Gerechtigkeit, Frieden und Bewahrung der Schöpfung und des Bundes für Umwelt u. Naturschutz, Lüneburg. Aug.-Sept. 1991

Elbe – Fluß oder Kanal. Die krumme Elbe als deutsche Altlast? Tagungsband. Hrg. Öko-Projekt Elberaum, Evangelische Akademie der Ev.-Luth. Landeskirchen Sachsens u. a., Dresden 1992

Elbe-Lübeck-Kanal. Erhaltung eines Wasserweges. Hrsg. Wasser- und Schiffahrtsdirektion Nord, Kiel April 1990

Faist, Helmut: Die Wasserstraße Elbe in der DDR. In: bn-Binnenschiffahrts-Nachrichten, Nr. 5, März 1990

Geistefeld, Heinz: Untersuchungen zur Geschichte der Flößerei und Flößereiverwaltungen in Kursachsen. 2 Bde. (Diss.), Eberswalde 1963

Gerdau, Kurt: Elbe 1. Feuerschiff der Stürme. Herford 1988

Greenpeace Studien:
Ergebnisse der Meß- und Aktionsfahrt der Beluga im Frühjahr 1990

Der Rhein – kein Vorbild für die Elbe. November 1991

Happach-Kasan, Christel / Müller, Walter: Der Elbe-Lübeck-Kanal, die nasse Salzstraße. Neumünster 1992

Heinen, Winfried (Hrsg.): Elbe, Saale, Unstrut. Gesamtwerk deutscher Wein. Ohne Ort u. Jahr

Heinrich, Fritz: Aus der 1000jährigen Elbschiffahrtsgeschichte. Dresden 1991

Jahn, Erhard: Wind- und Wassermühlen im Bezirk Magdeburg. In: Magdeburger Blätter, 1989

John, Gerhard Heinz: Die Elbflößerei in Sachsen, Diss. Leipzig 1934

Jüngel, Karl: Unser Heimatstrom. Die Elbe und die Umgebung Wittenbergs – einst und jetzt. Hrg. vom Stadtgeschichtlichen Museum Lutherstadt Wittenberg 1984

Jüngel, Karl: Schiffmühlen – Eine Flotte, die fast immer vor Anker lag. Hrg. vom Landschaftsmuseum der Dübener Heide. Bad Düben 1988

Jüngel, Karl: Die Elbe. Geschichte um einen Fluß. Böblingen 1993 (mit ausführlichem Literaturverzeichnis)

Kettmann, G.: Sprache der Elbschiffer, Teil II, Halle 1961

Kindt, Hubert: Die Entwicklung der Elbe als mitteleuropäische Binnenschiffahrtsstraße. Hrsg. Wasser- und Schiffahrtsdirektion Nord. Kiel 1990 (mit ausführlichem Literaturverzeichnis)

Kirchner, Nora: Die Elbe in Mythen, Märchen und Erzählungen. München 1988 (Knaur-Taschenbücher, Band 1580)

Lauenburger Hefte zur Binnenschiffahrtsgeschichte. Eine Schriftenreihe des Vereins zur Förderung des Lauenburger Elbschiffahrtsmuseums e. V. (mit zahlreichen Titeln)

Mai, E.: Die Magdeburger Elbschiffahrt im 18. Jahrhundert. In: Magdeburgs Wirtschaftsleben in der Vergangenheit, Magdeburg 1925

Marcinek, Joachim: Das Waser des Festlandes, Gotha/Leipzig 1975

Müller, Frank u. Wolfgang Quinger: Mit Dampf und Schaufelrad auf der Oberelbe, Berlin 1988

Niemz, Günter u. Reiner Wachs: Personenschiffahrt auf der Oberelbe, Rostock 1981

Ökologische Studie zum Schutz und zur Gestaltung der Gewässerstrukturen und der Uferrandregionen der Elbe. Hrsg. Internationale Kommission zum Schutz der Elbe (IKSE), Magdeburg, August 1994

Panorama der Elbe. Ansichten des 18. und 19. Jahrhunderts. Eine Ausstellung des Adalbert Stifter Vereins, München, in Zusammenarbeit mit dem Institut Nordostdeutsches Kulturwerk, Lüneburg. Museum Ostdeutsche Galerie Regensburg 29. 9.– 29. 11. 1987, Museum für das Fürstentum Lüneburg 10. 1.–21. 2. 1988 (Ausstellungskatalog)

Petersen, Marcus u. Hans Rohde: Sturmflut. Die großen Fluten an den Küsten Schleswig-Holsteins und in der Elbe. Karl Wachholtz Verlag. 1991[3]

Rosenthal, M.: Volkskunde und Brauchtum der Schiffahrt und des Schiffers. Schönebeck 1937

Rindt, Hans / Heinz Trost: Dampfschiffahrt auf Elbe und Oder, den Berliner und märkischen Wasserstraßen. 3. Aufl. Hamburg 1984

Scharnweber, Jürgen: Elbehafen Dömitz. Zur Geschichte der Binnenschiffahrt zwischen Elbe und Elde. Schwerin 1990

Schmidt, Günther: Schiffe unterm Roten Adler. Rostock 1986

Schumacher, Klaus, u. a.: Flößerei auf der Elbe, Teil 1. Lauenburg 1992

Simon, Manfred: Die Elbe und ihr Einzugsgebiet. In: WWT-Wasserwirtschaft-Wassertechnik, 7/93

Szymanski, H.: Die alte Dampfschiffahrt in Niedersachsen. Hannover 1958

Wachs, R.: Die Dampfer der ersten Dampfschiffahrtsgesellschaft auf Elbe und Havel. Rostock 1975

Werner, E.: Elbe und Elbschiffahrt in Anhalt, o. J.

Wieske, A.: Der Elbhandel und die Elbhandelspolitik bis zum Beginn des 19. Jh. Halberstadt 1927

Weißenborn, B.: Die Elbzölle und Elbstapelplätze im Mittelalter, Halle 1901

Trost, H.: Die Lauenburger Personenschiffahrt. Lauenburg 1987

Zesewitz, S., u. a.: Kettenschiffahrt. Berlin 1987

Zöllner, Curt Wilhelm: Die Bedeutung der Elbe für den mittelalterlichen Handel Sachsens. 1896

Zöllner, Emil: Mein Elbebuch. Elbschiffer, Elbeflößer, Elbefischer in Wort und Bild. Dresden o. J.

Ortsnamenvergleich Deutsch – Tschechisch

Adler	– Orlice	Kunietitzberg	– Kúnětická hora
Altbunzlau	– Stará Boleslav	Kuttenberg	– Kutná Hora
Arnau	– Hostinné		
Aupa	– Upa	Lausitzer Gebirge	– Lužické Hory
Aussig an der Elbe	– Ústí nad Labem	Leitmeritz	– Litoměřice
		Liboch	– Liběchov
Bensen	– Benešov	Libochowan	– Libochovany
Beraun	– Berounka	Libochowitz	– Libochovice
Bethlehem	– Betlem	Liebeschitz	– Liběšice
Biela	– Bilina	Lissa	– Lysá nad Labem
Bodenbach	– Podmokly	Lobositz	– Lovosice
Böhm. Leipa	– Česká Lípa	Luschnitz	– Lužnice
Böhm. Mittelgebirge	– České Stredohori		
Böhm. Schweiz	– České Svycarsko	Maltsch	– Malše
Brandeis an der Elbe	– Brandýs nad Labem	Melnik	– Mělník
Budweis	– České Budějovice	Mettau	– Metuje
		Milleschau	– Milešov
Doxan	– Doksany	Milleschauer Donnersberg	– Milešovka
Dux	– Duchcov	Moldau	– Vltava
Eger	– Ohře	Nimburg	– Nymburk
Elbe	– Labe		
Elbfallbaude	– Labská bouda	Pardubitz	– Pardubice
Elbgrund	– Labský důl	Ploschkowitz	– Ploskovice
Elbwiese	– Labská Louka	Podiebrad	– Poděbrady
		Poltzen	– Ploučnice
Gatschina	– Kačina	Prebischtor	– Pravčická brána
Georgsberg	– Říp		
Groß Tschernosek	– Velké Žernoseky	Ratiborschitz	– Ratibořice
		Raudnitz an der Elbe	– Roudnice nad Labem
Haida	– Nový Bor	Reichenberg	– Liberec
Hasenburg	– Házmburk	Reichstadt	– Zákupy
Hermanitz	– Hermanice	Riesengebirge	– Krkonoše
Herrnskretschen	– Hrensko	Rosenberg	– Růžovský vrch
Hohenelbe	– Vrchlabí		
Hoher Schneeberg	– Děčínský Sněžník	Schneekoppe	– Sněžka
Horschin	– Hořín	Schreckenstein	– Střekov
		Spindlermühle	– Spindlerův Mlýn
Iser	– Jizera	Starkenbach	– Jilemnice
Isergebirge	– Jizerské Hory		
		Teplitz	– Teplice
Jaromirsch	– Jaroměř	Tetschen	– Děčín
Josephstadt	– Josefov	Teufelswand	– Čertova stěna
		Theresienstadt	– Terezín
Kamnitz	– Kamenice	Tissauer Wände	– Tiské stěny
Karlsbad	– Karlovy Vary	Trebnitz	– Třebenice
Kladrub an der Elbe	– Kladruby nad Labem		
Kokorschin	– Kokořín	Unter-Berschkowitz	– Dolní Beřkovice
Königgrätz	– Hradec Králové		
Königinhof	– Dvůr Králové	Weißwasser-Grund	– Údolí Bílého
Kuks	– Kukus	Wottawa	– Otava
Kulm	– Chlumec		

Register

Personen